I0741128

بسم الله الرحمن الرحيم

انتشار خارج از کشور ایران
اچ‌انداس مدیا (تحت کپی‌رایت موسسه سوره مهر)
چاپ بر اساس تقاضا: ۱۳۹۳
شابک: ۷ - ۸۰۲ - ۱۷۵ - ۶۰۰ - ۹۷۸
نقل و چاپ نوشته‌ها منوط به اجازه‌ی رسمی از ناشر است.

سرشناسه: احمد، احمد، ۱۳۱۸ـ
خاطرات احمد احمد/ به کوشش محسن کاظمی. ـ تهران:
شرکت انتشارات سوره مهر، ۱۳۸۷.
۵۷۶ ص.: تصویر، نمونه ـ (دفتر ادبیات انقلاب اسلامی.
خاطرات؛ ۲۶)
ISBN: 978 - 600 - 175 - 802 - 7
فهرست‌نویسی بر اساس فیپا.
۱. احمد، احمد، ۱۳۱۸ـــــ خاطرات. ۲. ایران ـ تاریخ ـ پهلوی،
۱۳۲۰ ـ ۱۳۵۷. الف. کاظمی، محسن، گردآورنده. ب. عنوان.
۳۳ آ ۳۶ الف ۱۴۸۶/ DSR   ۹۵۵/۰۸۲۴۰۹۲
کتابخانه ملی ایران   ۸۰ـ۲۷۴۱ م

نشانی: تهران، خیابان حافظ، خیابان رشت، کوچه‌ی جمشید جم، شماره‌ی ۷۲.
صندوق پستی: ۱۵۸۱۵ ۱۱۴۴   تلفن: ۶۶۴۶۵۸۴۸
تلفن مرکز پخش: (پنج خط) ۶۶۴۶۰۹۹۳ فکس: ۶۶۴۶۹۹۵۱
w w w . i r i c a p . c o m

خاطرات احمد احمد

به کوشش: محسن کاظمی

فهرست

نغمه‌های امید

بازتاب

اسناد و تصاویر

اشاره

انقــلاب اسـلامی ایـران مرهـون مجاهدتهـا و تلاشـهای انسـانهای بی‌شـماری اسـت کـه سـکوت شـامگاهی را بـا خـروش و بانـگ ظلم‌سـتیز خـود شکسـتند و بـا خـون خـود، خـواب مسـتانه را از چشـمان نظـام شاهنشـاهی ربودنـد.

ایـن کتـاب نقـل وقایـع و خاطراتـی آشـنا و غریـب اسـت از کسـانی کـه بـه دنبـال نـور رفتنـد و بـرای آن بهایـی سـنگین پرداختنـد. و نیـز صحبـت از کسـانی اسـت کـه در مـه گرفتـار آمدنـد و بـه بیراهـه رفتنـد و سـر بـه سـراب گذاشـتند.

روایـت حاضـر، خاطراتـی تلـخ و شـیرین از آقـای «احمـد احمـد» اسـت کـه بیـش از هفتـاد سـاعت مصاحبـه کـرد و بیـش از دو سـال رفـت و آمدهـای وقـت و بی‌وقـت و تماسـهای مکـرر و گاه و بی‌گاه مـا را تحمـل کـرد و بـه پرسشـهای روا و نـاروای مـا پاسـخ گفـت.

بـرای احمـد در سـن پیـری دشـوار بـود بـا رجـوع بـه بایگانـی ذهـن خـود خاطـرات چهـل سـال پیـش را بازگـو کنـد. امـا بـا صـرف وقـت، بحـث و گفت‌وگوهـای فـراوان و مراجعـه بـه برخـی کتـب تاریخـی و دوسـتان، ایـن راه همـوار شـد. او بارهـا اذعـان می‌کـرد کـه مصاحبه‌هـا برایـش صحنه‌هـای بازجویـی گذشـته را تداعـی می‌کنـد. چـه سـخت

و طولانـی بـود سـاعت اول مصاحبـه و یافتـن راهـی بـه انبـان ذهـن احمـد! نمی‌دانیـم عرقـی کـه بـر پیشـانی وی نشسـته بـود از گرمـای تابسـتان سـال ۷۶ بـود یـا از اکراهـی کـه در بازگـو کـردن خاطراتـش داشت؟

دفتر ادبیات انقلاب اسلامی

بسم الله الرحمن الرحیم

رَبَّنَا اغْفِرْ لَنَا وَلِإِخْوَانِنَا الَّذِینَ سَبَقُونَا بِالْإِیمَانِ وَلَا تَجْعَلْ فِی قُلُوبِنَا غِلًّا لِلَّذِینَ آمَنُوا رَبَّنَا إِنَّکَ رَءُوفٌ رَحِیمٌ

هرگز به ذهنم خطور نمی‌کرد که روزی برای نقل خاطرات دوران مبارزه‌ام پای مصاحبه بنشینم. گرچه در سال‌های اخیر بارها از راه‌دور از رسانه‌های مختلف برای ضبط و ثبت و انتشار خاطراتم مراجعه می‌کردند، ولی چند دلیل خواسته آنها را نمی‌پذیرفتم. یکی آنکه ضرورتی نمی‌دیدم، دوم اینکه طرح آن آفت پیدا کردن ذهن و دریا در آوری رخدادها در نمایع بود و آخر اینکه واهمه داشتم با بیان خاطرات خود را مطرح کنم. اما در برابر استدلال دوستان دفتر ادبیات انقلاب اسلامی و ذکر آنها نسبت به تأثیر پیام‌رسانی در رسانه واقعی در جوامع اسلامی تعارضم شکسته شد و تن به مصاحبه دادم. تا شاید به دولتی دیگر پیام‌رسان کسانی باشم که در راه خدا ایستادگی کردند.

قطعاً در آگویه؟ من با کاستی‌هایی روبرو هست اسیدانید با انتشار خاطرات و اطلاعات سایرین رفع شود. در انتها لازم است از نیه نخاطر درج مطالبی از خاطراتم تشکر می‌کنم. پیشاپیش طلب عفو می‌کنم. در نیز لازم است از تلاش و جدیت کم نظیر آقای محسن کاظمی که خاطرات را به سئوالات و منابع و اطلاعات مختلف و صبر و حوصله وی در ضبط و ثبت گفته‌ام و تدوین زیبای ادقه و مروت تشکر کنم. در پایان این مجموعه را با سلام بر آستان عصر حاضر حضرت آیت‌الله خامنه‌ای ولی فقیه شیعیان تقدیم می‌دارم.

امین الله قریشی
۶/۱۱/۷۸

مقدمه چاپ دهم

هفت سال پیش وقتی چاپ اول این کتاب منتشر و به جامعه عرضه شد؛ انتشارات خاطرات مبارزان سیاسی رژیم پهلوی، گسترده و ژرفای امروزی را نداشت. چنان‌که در سایت اینترنتی «مرکز اسناد انقلاب اسلامی» در معرفی کتاب (دست‌نوشته‌های) حسین احمدی روحانی نوشته شده است: «انتشار خاطرات احمد احمد دریچه تازه‌ای به روی تحقیقات مربوط به سازمان مجاهدین خلق گشود»، و به عبارتی دیگر رهیافتی نو در رسیدن به برشهایی از وقایع تاریخی و شناخت جریانهای سیاسی دهه ۱۳۴۰ و ۱۳۵۰ ایجاد کرد. از آن پس خاطرات محسن نجات حسینی، لطف‌الله میثمی، سیدکاظم موسوی بجنوردی، مرضیه دباغ، طاهره سجادی، عزت شاهی و... منتشر شد. دامنه تحقیقات درباره سازمان به قدری وسعت یافت که مؤسسه مطالعات و پژوهشهای سیاسی کتاب سه جلدی سازمان مجاهدین خلق را روانه بازار کرد و حتی کوس فرجام آن را نیز به صدا درآورد.

در چنین فضایی کتاب خاطرات احمد احمد جایگاه ویژه‌ای دارد و هنوز دست به دست می‌گردد و مخاطبین بسیاری را به دنبال خود می‌کشد. این ادعا از نقدها و نامه‌های رسیده و منتشر شده در مطبوعات، برگزاری جلسات نقد و بررسی و مسابقه‌ها و نیز حجم زیاد جملات مخاطبین در سایتها و وبلاگهای اینترنتی قابل اثبات است.

طی سالهایی که از انتشار خاطرات احمد می‌گذرد شاهد

درخواستهای بسیاری از سوی مردم بودم و هستم که می‌خواستند و می‌خواهند قهرمان کتاب را از نزدیك ملاقات کنند. احمد نیز تا جای ممکن آنها را در منزل میزبان بود و یا تا چندی پیش که به کمك عصا و چوب زیربغل به سختی پای رفتن داشت در نشست‌ها و برنامه‌های آنها در مراکز دانشگاهی و فرهنگی در تهران و شهرستانها حضور می‌یافت. در تمامی این مدت احمد روز را بدون تماس تلفن و یا ملاقات حضوری در بیان خاطراتش نگذرانده است. نامه‌های بسیاری که در استقبال از این کتاب نوشته شده در آرشیو «واحد تاریخ شفاهی ادبیات انقلاب اسلامی» موجود است.

خشنودی و اقبال جامعه ایرانی از کتاب خاطرات احمد احمد نقطه مقابلی نیز داشت و آن ناراحتی و عصبانیت مخالفین نظام جمهوری اسلامی بویژه سازمان مجاهدین خلق بود که حملات بسیاری به آن کردند، و کسی چون نادره افشاری، از اعضای سابق شورای ملی مقاومت در نوشته پرخاشگرانه تندی با عنوان «آن خودسوزی دلسوزی ملی!!» در اینترنت منتشر کرد و هادی شمس حائری، عضو بریده از سازمان مجاهدین در سالهای اخیر، نقدی ناراحت، مفصل و طولانی نگاشت.

همچنین این کتاب دست‌مایه‌ای شد برای هنرمندان، چنان که در بهمن ۱۳۸۵ دو قسمت از مجموعه مستند «زیادهای خاموش» به زندگی و مبارزات احمد اختصاص یافت.

از زیباترین و جذاب‌ترین تبعات انتشار کتاب، نشانی یافتن از دوستان و هم‌رزمان قدیمی بود. کسانی که سالیان سال دست روزگار آنها را از هم دور کرده بود. کسی چون دکتر یونس محمدی یا همان قهرمان پرتاب نیزه‌ای که قهرمان تحمل شکنجه نیز بود و احمد با نقل خاطره‌ای زیبا از او، اسمش را به یاد نمی‌آورد و در چاپهای قبلی نیز نام و نشان و اطلاعی از وی

پانوشـت نشـد. ولـی امـروز از او در ایـن کتـاب نشـان بسیار است.

هنگامـی کـه بـرای اولین‌بـار در سـال ۱۳۷۹ ایـن کتـاب در دسـت خواننـدگان قـرار گرفـت، هیـچ‌گاه تصـور نمی‌کـردم کـه چنیـن بازتابهایـی را در پـی داشـته باشـد. پـاره‌ای از نامه‌هـای رسیده را در چـاپ سـوم بـه کتـاب افـزودم و از انتشـار بازتابهـای بعـدی بـه سـه دلیـل بـاززدم؛ یـك اینکـه حجـم کتـاب اجـازه چنیـن کاری را نمی‌داد. دوم، نامه‌هـای بعـدی هـم جنس افزوده‌هـای قبلـی بـود و آخـر اینکـه از غلبـه حاشـیه بـر متـن ابـا داشـتم.

وقتـی قـرار شـد بـرای چـاپ دهـم، کتـاب را دوبـاره ویرایـش کنـم، در ابتـدا متأثـر از شـرایط و فضـای زمانه تصمیـم گرفتـم کـه نثـر آن را تغییـر دهـم تـا شـاید بهتـر و نیـاز بیشـتری از مخاطبیـن را پاسـخ بگویـم. ده صفحـه‌ای پیـش نرفتـه بـودم کـه اندیشـیدم و از خـود پرسـیدم چـه ضرورتـی دارد کـه نثـر و ادبیـات خاطـرات را تغییـر دهـم. ایـن کتـاب، زاده شـرایط و فضـای دهـه ۱۳۷۰ اسـت و بـرای شـناختن آن فضـا و شـرایط، حفـظ نثـر بـه روال قبـل لازم اسـت، گرچـه بسـیاری از الفـاظ و ادبیـات پـاره‌ای از جمـلات، امـروز بـه مذاقـم خـوش نمی‌آیـد؛ امـا ایـن امـر دلیلـی بـر مخـدوش کـردن نشـانه‌های آن زمـان نمی‌شـود، پـس تمـام آن صفحـات را پـاره کـرده دور ریختـم و بـه نثر قبلی بسنده کـردم. امـا غلطهـای تایپـی و برخـی اشـتباهات محتوایـی در پاورقیها را ماننـد مناصب نظامـی سـرتیپ طاهـری و یـا نـام حسـینی شـکنجه‌گر را اصـلاح کـردم و یافته‌هـای جدیـد سـرگذشت آن قهرمـان پرتـاب نیـزه را بـه پاورقـی کتـاب افـزودم.

دی ۱۳۸۶
محسن کاظمی
mkazemi69@yahoo.com

اولین آموزه‌ها

تولد و خانواده

در یکـی از روزهـای فصـل بهـار سـال ۱۳۱۸، در روستایی بـه نـام ایریـن نزدیـك اسـلام شـهر در حومـه استان تهـران و در خانـوادهای مذهبـی بـه دنیـا آمـدم. مـن سـومین فرزنـد خانـواده بـودم. در دامـان مـادری پرمهـر و عاطفه و مؤمـن بـه نـام طوبی حاجی تهـرانی تربیـت شـدم. در سـایه پـدرم حسـین احمـد کـه مـردی زحمتکـش، سـاده و بیآلایـش بـود پـرورش یافتـه و بـزرگ شـدم.

پـدرم در همـان روسـتا بـه کار کشـاورزی و دامـداری اشـتغال داشـت. وی بـا اینکـه سـواد کافـی نداشـت، ولـی سـطح فکـرش از همولایتیهایـش بیشـتر بـود و در گرهگشـایی مشـکلات اهالـی روسـتا پیشقـدم میشـد و گاهـی نقـش کدخـدای ده را ایفـا میکـرد. بـه ایـن ترتیـب منـزل مـا بـه محـل رفـع و رجـوع مسـائل و مشـکلات بسـیاری از همسـایگان و اهالـی ده و رتـق و فتـق امـور آنهـا تبدیـل شـده بـود.

مـادرم بـا اینکـه ماننـد پـدرم سـواد نداشـت، ولـی قـرآن را بهخوبی قرائـت میکـرد. بسـیاری از سـورههای قـرآن را از حفـظ بـود و گلسـتان سـعدی را خیلـی خـوب از بـر میخوانـد. او زنـی بـود کـه دایـم در جلسـات مذهبـی و روضه شـرکت میکـرد و از نظـر اعتقـادی و مذهبـی بـه ائمـه اطهـار علیهالسلام ارادت خاصـی داشـت. هـرگاه اسـم یکـی از ائمـه معصومیـن علیهالسلامرا میشنید و یـا بـه یادشان میافتـاد، بیاختیـار اشـك میریخـت. بـه قـول خـودش شـیری کـه بـه مـا داده بـود بـا ایـن اشـكها عجیـن بـود.

برادر بزرگم، مهدی نام دارد. او مردی متدین و مذهبی است که در طول نهضت امام خمینی رنجها، زحمات و تلاشهای زیادی را متحمل شد. او همواره مورد احترام همه خانواده و فامیل بود و من در مسائل مذهبی و انقلابی از وی الگو گرفتم. در مطالب بعدی شرح مختصری از فعالیتهای وی را خواهم گفت.

برادر دیگرم محمود از بدو تولد با نقیصه کندذهنی و بیماری روانی مواجه شد و در جوانی به علت شدت بیماری، با وجود مراقبتها و درمانهای اعضای خانواده فوت کرد.

خواهرانم خدیجه و فاطمه هر دو متدین، محجبه و مؤمنه‌اند. خواهر بزرگ‌ترم خدیجه خانم در نبود من و برادرم هنگام فرار یا مخفی شدن از دست ساواک، یاور و پشتیبان واقعی والدینم بود. وجود او برای پدر و مادرم هنگام دوری و زندانی شدن ما، آرامش خاطر خوبی بود. او پس از ازدواج هم زحمت زیادی برای پدر و مادرم کشید. مواقعی که در زندان بودم برای رهایی، ملاقات یا جستجوی من زحمت بسیاری می‌کشید.

مهاجرت

در آستانه ورود به مدرسه بودم که خشکسالی ده را فراگرفت و شریان حیاتی آبادی را به خطر انداخت، به نحوی که برای دست‌یابی به آب رودخانه بین اهالی اختلاف و گاهی نزاع روی می‌داد. صاحب (ارباب) روستا، زنی بود به نام خانم بختیاری، گویا وی همسر صمصام بختیاری بود. او نمی‌توانست آب مورد نیاز روستا را تأمین کند و بیشتر به فکر مزارع و باغات خود بود. و درنتیجه وضعیت اهالی رو به وخامت گذارد و تعداد کثیری از آنها پس از فروش مایملک خود به شهرهای اطراف کوچ کردند. وضعیت اقتصادی و معیشتی پدرم نیز به شدت بد شد. او برای رهایی از این مشکل، پیشه کشاورزی را رها کرد. ملک و املاک

خـود را فروخـت و سـرمایه ناچیـزی تهیـه کـرد و دسـت خانـواده را گرفـت و بـه سـوی شـهر روانـه شـد.

پـدرم در محله عباسـی خاکـی (چهارراه عباسـی ـ هـلال احمـر) خانـه‌ای خریـد. ایـن سـاختمان، دو طبقـه و دارای چهار اتـاق بـود کـه یـک طبقـه (دو اتـاق) را اجـاره دادیـم. گـذران مـا از همیـن راه و درآمـدی ناچیـز از فـروش شـیر گاوهایـی بـود کـه از روسـتا آورده بودیـم. بعدهـا پـدرم در شـرکت نفت بـا حقـوق خیلـی کـم به عنـوان کارگـر سـاده اسـتخدام شـد و بـه ایـن ترتیـب بـه قـول معروف آب باریکـه‌ای بـرای خـود و خانـواده‌اش فراهـم کـرد.

محله عباسی و رباط کریم تهران

محلـه عباسـی خاکـی از جهـت فرهنگـی برایمـان تازگـی نداشـت، چـرا کـه بیشـتر سـاکنین آن از مهاجرینـی بودنـد کـه از شـهرها و روستاهای مختلـف به آنجا آمـده بودنـد و بـا خـود، همان فرهنگ سـاده و بـی آلایـش روسـتایی را همـراه داشـتند. مـردان بـرای گـذران زندگـی در کارخانجـات، کارگاههـا و روی زمینهـای کشـاورزی و صیفی‌جـات کار می‌کردنـد. زنهـا نیـز برخـلاف روسـتا تنهـا نقـش مـادری و خانـه‌داری را ایفـا می‌کردنـد.[1]

محلـه مـا آب لوله کشـی و سـالم نداشـت. از ایـن رو دخترهـا و زنها بـا همـان حجـاب سـاده و بـی تکلـف، به‌سـر جویهـای آبـی کـه بـه آب انبارهـا ختـم می‌شـد، می‌رفتنـد و ظرفهـا را شسـته یـا از آب پـر کـرده و بـرای خانـواده خـود می‌آوردنـد.

ترکهـا و فارسـها، بیشـترین قـوم سـاکن در محلـه عباسـی و رباط

---

۱ ـ زنهـا در روسـتاها دوش بـه دوش مـردان و در کنـار همسـر و فرزندانشـان روی زمینهـای کشـاورزی کار می‌کردنـد و یـا بـا حفـظ و نگهـداری دام و طیـور، نقـش مؤثـری در اقتصـاد خانـواده داشـتند. بـا روی آوردن خانواده‌هـای روسـتایی بـه شـهر، زنهـا نقـش و کارکرد خـود را در فضـا و شـرایط شـهر از دسـت دادنـد.

کریـم بودنـد. آنهـا در جشـنها و مراسـم مذهبـی بـه شیوه‌های سـنتی و مختـص بـه خـود عمـل می‌کردنـد. گاهـی ایـن مراسـم بـه صحنـه رقابـت و سـبقت از یکدیگـر بـدل می‌شـد. بـه خاطـر دارم کـه در ایـام عـزاداری مـاه محـرم، بـه اصطـلاح بـرای روکـم کنـی یکدیگـر، سـعی مـی کردنـد دسـته‌های عـزاداری آنهـا وسـیع‌تر، عظیم‌تـر، و باشـکوه‌تر از دیگـری باشـد. از ایـن رو گاهـی ایـن صحنه‌هـا بـه دعواهـا و اختلافهـای محلـی تبدیـل می‌شـد. افـراد محـل هـم بـه کمـک و پشـتیبانی از هم‌ولایتـی و هم‌زبـان خـود می‌شـتافتند.

یکـی از مناطـق نزدیـك بـه عباسـی، قلعه‌مرغـی بـود کـه فرودگاهـی داشـت. مـن گاهـی سـاعتها از بـالای بـام سـاختمان دو طبقـه‌ای بـه تماشـای صحنه‌هـای زیبـای پـرواز و فـرود هواپیماهـای ملخـی می‌نشسـتم. ایـن از قشـنگ‌ترین و جالب‌تریـن صحنه‌هایـی بـود کـه تـا آن روز شـاهد بـودم. بـا پـرواز هـر هواپیمـا، مـن در آسـمان خیـال کودکـی بـه پـرواز درمی‌آمـدم، کـه تنهـا یـاد فقـر، حرمـان و بدبختـی مـردم مـرا بـه دنیـای واقعـی‌ام برمی‌گردانـد.

بـا همـان حـال و هـوای کودکـی آنچـه کـه از درماندگـی، فقـر و بیچارگـی مـردم می‌فهمیـدم برایـم رنج‌آور و آزاردهنـده بـود. بـه دنبـال جـواب ایـن سئوال بـودم کـه چـرا برخـی چنیـن نگـون بخـت و برخـی چنـان خـوش بخـت و مرفـه هسـتند.

دوران کودکی و تحصیلات ابتدایی

وقتـی کـه هفـت سـاله شـدم همـراه بـرادرم محمـود کـه از نظـر ذهنـی و روانـی بیمـار بـود، بـه مدرسـه فروردیـن کـه در همـان محـل بـود مراجعـه کـرده و در کلاس اول نـام نویسـی کردیـم.

بـه خاطـر بیمـاری بـرادرم لازم بـود کـه مـن همیشـه کنارش باشـم. وضعیـت محمـود بـه نحـوی بـود کـه بایـد هرلحظه کسـی در کنـارش می‌مانـد حتـی شـبها بایـد یکـی از اعضـای خانـواده کنـار او اسـتراحت

می‌کرد تا مراقب حال او باشد.[1]

به سبب شرایط بد اقتصادی خانواده ما، تحصیل من با دشواریهایی مواجه بود. به یاد دارم به خاطر نداشتن شلوار، مدت یک هفته به مدرسه نرفتم تا اینکه برادرم مهدی که سرباز بود به مرخصی آمد و یکی از شلوارهای نظامی خود را به من داد. شلوار را به رنگرزی بردم و بعد مادرم آن را برایم کوچک کرد.

سالهای اولیه مدرسه با همان شور و نشاط کودکی و سختیهای اقتصادی طی شد. سالهای آخر دبستان بود که متوجه صحبتهای بعضی از معلمها و گروههایی در مدرسه شدم. صحبتهای آنها با مباحث اعتقادی و مذهبی که فراگرفته و با آن بزرگ شده بودم، منافات داشت. گاهی هم در مساجد یا در جلسات مذهبی‌ای که شرکت می‌کردم، می‌دیدم که روحانیون از آنها انتقاد کرده و به مباحث و صحبتهای آنها جواب می‌دادند. حضور در این فضای دوگانه، آرام آرام ذهن مرا با برخی وقایع که جنبه مذهبی و سیاسی داشت آشنا می‌ساخت و کنجکاوی‌ام را برمی‌انگیخت.

کلاس پنجم بودم که روزی معلم برخلاف معمول گچ و تخته پاک کن را کنار گذاشت و شروع کرد به صحبت درباره خدا و نظام خلقت. او گفت: «خدا چیه؟ خدا کیه؟ این حرفها چیست؟ مگر آدم خودش عقل ندارد که...؟»

صحبتهای او در من خیلی اثر کرد. طوری پریشان شدم که با همان حالت بچگی احساس کردم دیگر میل ندارم به مدرسه بروم. به خانه بازگشته و آنچه را که رخ داده بود برای پدرم تعریف کردم. او که سواد نداشت با همان سطح فکری خود گفت: بچه جان! کفر نگو، حرفهای بی‌دینی نزن! پدرم این واقعه را

---

۱ ـ محمود احمد به دلیل محجوریت از ادامه تحصیل بازماند. پدر و مادرش هیچ‌گاه راضی نشدند که او را به آسایشگاه بسپارند و خود از او سرپرستی و نگهداری کردند. سرانجام محمود در سی و سه سالگی درحالی که احمد در زندان بهسر می‌برد، دار فانی را وداع گفت.

برای دوستش آقای عصار میرمخملیان[1] تعریف کرد و بعد مرا به او معرفی کرد. روزی من به منزل ایشان رفتم. آقای عصار از من درباره مباحث و صحبتهای معلم سئوال کرد. من نیز هرآنچه که شنیده بودم با بغض بازگو کردم. بعد ایشان قلم و کاغذی برداشت و گفت: «این مرد کمونیست است و حرفهای بی‌دینی و کمونیستی زده است، من چیزی می‌نویسم، آن را ببر و در کلاس بخوان!» بعد این گونه نوشت: «بسم‌الله‌الرحمن‌الرحیم، قال رسول‌الله صلی‌الله‌علیه‌وآله من عرف نفسه، فقد عرف ربه، هر که خود را شناخت، پس خدایش را باز می‌شناسد...» او درباره انسان، بدن، روح و جایگاه هر یک در نظام خلقت، مقاله‌ای جالب، خواندنی و طولانی نوشت. بعد از من پرسید: «عمو! آیا تو روح داری یا نداری؟» گفتم: «دارم.» چرا که اگر جوابی غیر از این می‌دادم، می‌گفت که پس با مرده چه فرقی داری؟ آقای عصار درباره فرق آدم زنده با آدم مرده و اینکه آیا روح دیدنی یا نادیدنی (مرئی یا نامرئی) است صحبت کرد. من از این صحبتها خیلی خوشحال شدم و آن پریشان حالی‌ام از بین رفت. با همان حال و هوای کودکی حس کردم که کس دیگری هست که از معلم ما بیشتر می‌فهمد.

من مقاله را پاکنویس کرده و روزشماری می‌کردم تا ساعت زنگ انشاء برسد. روز موعود فرارسید و من پای تخته رفتم و مقاله را خواندم. وسط قرائت مقاله بودم که معلم، صحبتم را قطع کرد و گفت: «این چیست که می‌خوانی؟ چرا این را نوشتی؟» گفتم: «آقا، آن روز که شما آمدید و گفتید که خدایی نیست، من رفتم تحقیق کردم. حالا می‌خواهم نتیجه تحقیقم را بخوانم.»

---

۱ ـ آقای عصار میرمخملیان از روحانیون محلی، با سواد و ملایی بود که با پدر احمد، هم‌ولایتی و بسیار دوست بود و ارتباط خانوادگی صمیمی با خانواده احمد داشت.

رنگ از روی معلـم پریـد، سـرخ شـد و گفـت: «بـس اسـت دیگـر، ادامـه نـده، بـرو بنشین.»

گفتم: «نه، باید تا آخرش را بخوانم.»

بچه‌هـا نیـز بـا مـن هم‌صـدا شـده و گفتنـد: «خـب آقـا بگذاریـد بخوانـد.» او بـه اجبـار رضایـت داد. مـن بعـد از اینکـه مقالـه را بـه پایـان رسـاندم، توضیـح دادم کـه آن‌را چه‌کسـی و بـرای چـه برایـم نوشـته اسـت.

وقـوع چنیـن رویـدادی در دوران تحصیـل ابتدایـی و نظایـر آن دایـم فکـر مـرا بـه خـود مشـغول می‌کـرد. همیشـه بـه دنبـال چرایـی قضایـا و علـت وقایـع بـودم. گاهـی اوقـات بـا مـادرم دربـاره مسـائل اعتقـادی و اصولـی صحبـت می‌کـردم. بـه عنـوان مثـال برایـم قابـل قبـول نبـود کـه خـاک و آب بـه صـورت تصادفـی یـك نعلبكـی را بـه وجـود آورده باشـند.

هنگام فرارسـیدن مـاه محـرم و صفر مرتـب در مجالـس روضه‌خوانی و عـزا شـرکت می‌کـردم و بـا بچه‌هـای هـم سـن و سـال خـود، دسـته سینه‌زنی درسـت کـرده و در کوچه‌هـا راه افتـاده و می‌خوانـدیـم:

باز ماه محرم شد و دلها شکست

قفل دل حضرت لیلا شکست

بـا اینکـه کودکـی بیـش نبـودم ولـی بـا همـان درك و فهـم، هیـچ‌گاه حاضـر نبـودم کـه بـه دروغ قسـم یـاد کنـم. قـرآن زیـاد می‌خوانـدم و در ایـن زمینـه مـادرم کمـك خوبـی برایـم بـود. او همـان طـور کـه بـه رفـت و روب خانـه می‌رسـید، غلطهـای قرآنـی مـرا می‌گرفـت و بـه ایـن طریـق روز بـه روز انـس مـن بـا قـرآن و عشـقم بـه ائمـه اطهـار و معصومیـن علیه‌السـلام بیشـتر می‌شـد.

همـواره فقـر و فلاکـت اقتصـادی و مـادی مـردم دغدغـه ذهنـی مـن بـود. وضعیـت اسـفبار اقتصـادی خانواده‌هـا، در وضعیـت ظاهـری فرزندانشـان کـه بـه مدرسـه می‌آمدنـد، نمـودار بـود. کمتـر دانـش

آمـوزی بـود کـه وضعـش خـوب باشـد. البتـه بعضیهـا کـه پدرشـان در آمـوزش و پـرورش و یـا یـك اداره دولتـی شـاغل بودنـد، کمـی وضعشـان بهتـر از دیگـران نشـان مـی‌داد. در مواقع خاصـی که مسئولین مدرسـه، بـه دانش‌آمـوزان مسـتمند کمکهایـی ازقبیل کفـش و لبـاس مـی‌دادنـد، بیشـتر والدیـن مراجعـه و درخواسـت کمـك می‌کردنـد.

فرهنـگ مهاجـر و قومـی خانواده‌هـا از طریـق دانش‌آمـوزان بـه داخـل مدرسـه نیـز نفـوذ کـرده بـود. دسـته بندیهایـی بیـن آنها براسـاس زبـان و اهلیـت محلـی بـه وجـود آمـده بـود کـه در آن‌تـرك از تـرك، فـارس از فـارس و کُـرد از کـرد حمایـت و پشتیبانی می‌کـرد. مـن نیـز بـا دو تـن از دوسـتانم بـه نامهـای هـادی جامعی و ایرج حقیقت، یـك تیـم سـه نفـره درسـت کـرده بودیـم کـه در اختلافـات و دعواهـای کودکانـه بـه حمایـت و یـاری همدیگـر برمی‌خاسـتیم.

دوران نوجوانی و تحصیلات متوسطه

حـدود پانـزده سـاله بـودم کـه در خیابانهـا شـاهد راه‌پیماییهـا و تظاهـرات هـواداران حـزب تـوده و جبهـه ملـی (گـروه پان ایرانیسـم)[1] علیـه یکدیگـر بـودم. هریـك، گروههـای ضربتـی داشـتند کـه در خیابانهـا بـه زد و خـورد می‌پرداختنـد.[2]

یـادم می‌آیـد در یکـی از راه‌پیماییهـای پان ایرانیسـتها بـه همـراه بـرادرم مهـدی کـه فرمانـده چنـد گـروه چهـار نفـری ضربـت بـود،

---

۱ ـ در دی مـاه سـال ۱۳۳۰، محسـن پزشکپور و محمدرضا عاملی تهرانی، با انشـعاب از حـزب ملـت ایران، سـازمان دیگـری را بـه نـام حـزب پان ایرانیسـت تأسـیس کردنـد. پـان ایرانیسـتها معتقدنـد کـه جهـان بـه ناسیونالیسـم آگاه می‌گرایـد[...] جنبشهای ملی را فقط عناصـر مؤمـن بـه ناسیونالیسـم می‌تواننـد بـه سـوی پیـروزی رهبـری کننـد. ر.ك: تاریخ سیاسی بیست و پنج ساله ایران، صفحات ۱۵۴ و ۱۵۳

۲ ـ قبـل از ۲۸ مـرداد داریـوش فروهـر و محسـن پزشـکپور دو گرداننـده اصلـی پـان ایرانیسـت بودنـد. آنها بـرای خودشـان یـك تشکیلات فاشیسـتی داشـتند کـه هـدف آنها برهـم زدن میتینگهـای حـزب تـوده بـود. ر.ك: خاطرات نورالدین کیانوری، صفحات ۴۲۷ و ۴۲۴

شــرکت کــرده بــودم. راه‌پیمایــان آدمــک پیشــه‌وری[1] را بــه آتــش کشــیدند. آنهـا سـرودها و شـعرهایی را هم‌خوانـی می‌کردنـد ماننـد: برکشیم ما روزی تیغ خود از نیام

تا نماید صبح ما بعد تیره شام

دیـدن ایـن صحنه‌هـا در آن سـن برایـم خیلـی جالـب بـود. بـا شـرکت در ایـن راه‌پیماییهـا بـود کـه اسـم مـن نیـز بـه لیسـت هـواداران آنهـا افـزوده شـد. به‌طـوری کـه بعدهـا وقتـی توسـط سـاواك دسـتگیر شـدم، بـه هـواداری و عضویـت در ایـن گـروه اسـتناد کردنـد.

در دعواهـا و درگیریهـا به‌خصـوص بـا توده‌ایهـا سـعی برایـن بـود کـه کار بـه کلانتـری نکشـد و قضیـه در همـان صحنـه خاتمـه یابـد. در خیلـی از درگیریهـا برخـی دوسـتان از چـوب، چمـاق و چاقـو اسـتفاده می‌کردنـد؛ امـا مـن هیـچ وقـت بـه روی کسـی چاقـو نکشـیدم ولـی بـرای بـه اصطـلاح روکـم کنـی، گاهـی بـا دوستانـم، چاقـو رد و بـدل می‌کردیـم.

وقتـی وارد دبیرسـتان شـدم، بـرادرم مهـدی درس و مدرسـه را رهـا کـرد و بـه همـان ششـم ابتدایـی اکتفـا کـرد و بـه پدرمـان گفـت: «آقـا جـون! از مـا دو نفـر یکـی بایـد درس بخوانـد و دیگـری کار کنـد، تا زندگی‌مـان بچرخـد.» بـا ایـن طـرز تفکـر، او بـه سـراغ کار و کارگـری و مـن بـه دنبـال درس و تحصیـل رفتـم.

---

۱ ـ سـیدجعفر جعفرزاده پیشـه‌وری در زاویـه از قـراء خلخـال متولـد شـد، در جوانی بـه روسـیه رفـت و بـه بلشـویكها پیوسـت. وی از کمونیسـتهای باسـابقه و عضـو سـابق حـزب تـوده بـود کـه در دوره رضاخـان بـه جـرم داشـتن مـرام اشـتراکی ده سـال زندانی شـد. او پـس از وقایـع شـهریور سـال ۱۳۲۰ روزنامـه آژیـر را منتشـر کـرد. و توانسـت بـه نماینـدگی دوره چهاردهـم مجلـس شـورای ملـی انتخـاب شـود، ولـی اعتبارنامـه‌اش رد شـد. بـه آذربایجـان بازگشـت و فرقـه دمکـرات آذربایجـان را در ۲۱ آذرمـاه ۱۳۲۴ تشکیل داد. بـا حمایـت مسـتقیم دولـت شـوروی اعـلام اسـتقلال کـرد و مجلـس خلـق آذربایجـان را تشـکیل داد. پـس از خـروج ارتـش سـرخ و رفـع حمایـت شـوروی از وی، غائلـه فرقـه دمکـرات آذربایجـان در ۲۱ آذرمـاه ۱۳۲۵ شکسـت خـورد و پیشـه‌وری بـه شـوروی گریخـت و یـك سـال بعـد در اثـر یـك سـانحه اتومبیـل درگذشـت.

سیکل اول را در دبیرستان جامی به پایان رساندم و باید برای سیکل دوم یکی از سه رشته ادبی، ریاضی و طبیعی را انتخاب می‌کردم. چون درس ریاضی‌ام خوب بود، آن را انتخاب کردم. دبیرستان جامی این رشته را نداشت. به ناچار در دبیرستان علامه واقع در چهارراه اناری ثبت نام کردم. فاصله این مدرسه تا منزل ما زیاد بود. من به دلیل نداشتن پول کرایه همیشه با پای پیاده این مسیر طولانی را طی می‌کردم.

از نکات قابل توجه آن دوره، فضای نامناسب و وضعیت بد حجاب و پوشش خانمها بود. حتی دختران دبیرستانی تحت تأثیر فرهنگ مبتذل حاکم بودند. از این رو تحصیل برای خانمهای باحجاب و مذهبی در آن شرایط، سخت و یا حتی ناممکن بود. خواهر من نیز مانند بسیاری از دخترخانمها به همین دلیل از ادامه تحصیل پس از اتمام کلاس ششم ابتدایی بازماند. برادرم محمود نیز به خاطر وخامت بیماری ذهنی و بحران روحی و روانی، تا کلاس سوم ابتدایی بیشتر نخواند. درنتیجه تنها فرد مدرسه‌ای خانواده من بودم و از این بابت همیشه موردتوجه والدین و فامیل قرار داشتم.

روزها درس می‌خواندم و شبها به خاطر کمک به خانواده، در یک انبار نیمه کاره شرکت نفت واقع در شهرری نگهبانی می‌دادم و در ماه ۸۰/۴ ریال حقوق می‌گرفتم. پس از گذشت دو سال تحصیلی از سیکل دوم در دبیرستان علامه، تصمیم گرفتم به مدرسه مروی بروم. دبیرستان مروی در محله شمس العماره و مقابل مدرسه علمیه مروی و یکی از دبیرستانهای خوب و هم ردیف با دبیرستان دارالفنون و ادیب بود. بچه‌های این دبیرستان خیلی شلوغ و پرسر و صدا بودند و گاهی از طریق کوچه‌ای که مدرسه علمیه مروی در آن بود، اقدام به فرار از مدرسه می‌کردند. من در میان آن همه هیاهو، سکوت وحشتناک و مرگباری را

می‌دیدم که ناشی از ظلم و ستمی بود که بر سرنوشت آنان توسط حکومت جائر شاه جاری بود. گاهی در حیاط دبیرستان درحالی که کتابی در دست داشتم، دقایق طولانی به این نوجوانان و سرنوشتی که در آینده خواهند داشت فکر می‌کردم. و تنها با صدای زنگ مدرسه بود که خود را از این اندیشه و فکر رهانده و به کلاس می‌رفتم.

در طول چندین سال تحصیلم در دبیرستان معلمین بسیاری را دیدم که حالات، رفتار و سکنات آنها برایم معنی داشت. آنها که وابستگی به رژیم داشتند و جیره خوار آن بودند در ستایش کرامات ملوکانه اعلی‌حضرت! بسیار یاوه‌سرایی می‌کردند و هر روز با یک مد و ادا و اطوار سرکلاس می‌آمدند. آنها که ماهیت مستقلی داشتند و از روحی آزاد برخوردار بودند با توجه به خفقان موجود، دست به عصا و محافظه کارانه مطالبی علیه ظلم و جور می‌گفتند تا روح ناشکفته جوان را در باغ آزادی بیدار کنند. معلمینی نیز بودند که تنها به‌دنبال رزق و روزی خود بوده و آهسته می‌آمدند و آهسته می‌رفتند تا به قول معروف شاخ گربه به آنان نخورد و همه چیز را در سکوت و آرامش برگزار کرده و تنها به بیان مطالب درسی بسنده می‌کردند.

در چنین فضای چند بعدی‌ای رشد و نمو می‌کردم و دنبال گمشده‌ای بودم. روحم آرام نداشت و از وضع موجود بی تاب و بی قرار بودم. هرچه که در اطرافم رخ می‌داد، مرا به فکر وامی‌داشت و در پی آن عکس العمل از خود نشان داده و به آن حساس می‌شدم.

اولین تجربه زندان

نمره قبولی برای دانش‌آموزان در سالهای اول تا پنجم دبیرستان ۷ و برای سال ششم ۱۰ بود. در سال تحصیلی ۳۹ ـ ۱۳۳۸ من

شـاگرد کلاس ششـم بـودم کـه متوجـه یـك نارضایتـی عمومـی در سـطح دانش‌آمـوزان شـدم کـه تبدیـل بـه یـك حرکـت و تظاهـرات صنفـی شـد.

آمـوزش و پـرورش در اطلاعیـه‌ای اعـلام کـرد کـه نمـره قبولـی بـرای دانش‌آموزان پنجـم دبیرسـتان و بـه پاییـن، نمـره ۱۰ است. ایـن خوشـایند دانش‌آمـوزان نبـود. درنتیجـه خیلـی سـریع از خـود واکنـش نشـان دادنـد. بـا اینکـه مـن در کلاس ششـم دبیرسـتان بـودم و مصوبـه جدیـد هیـچ ارتباطـی بـه سرنوشـت تحصیلـی مـن نداشـت، ولـی چـون آن را ناعادلانـه دیـدم بـر آن شـدم تـا بـا دیگـر دانش‌آمـوزان همـراه شـده سـر بـه اعتـراض بـردارم. درنتیجـه بـه راه‌پیمایـی و تظاهـرات آنهـا پیوسـتم.

دانش‌آمـوزان مدرسـه مـروی در ایـن تظاهـرات و شـلوغی نقـش خیلـی جـدی ای داشـتند. مـن می‌دیـدم کـه سـکوت، بـه دسـت همیـن دانش‌آمـوزان شکسـته می‌شـد و دیگـر از هیاهـوی بچگانـه و جوانـی خبـری نبـود. همـه یکپارچـه جـوش و خـروش بودنـد.

معترضیـن در مقابـل اداره کل آمـوزش و پـرورش شـهر تهـران، واقع در حوالی خیابـان سـی تیـر ضلـع شـمالی پـارك شـهر اجتمـاع کردنـد. مـا هـم کـه بـه دنبـال گمشـده خـود بودیـم بـه آنجـا رسـیدیم. دیگـر نتوانسـتیم خشـم خـود را فـرو بنشـانیم. در یـك لحظـه تظاهـرات بـه خشـونت گراییـد. مـن و دیگـر دانش‌آمـوزان شـلوغ کردیـم و شیشـه‌های سـاختمان آمـوزش و پـرورش را کـه مشـرف بـه خیابـان بـود، شکسـتیم و بـا فریـاد شـعارهایی دادیـم.[1]

بعـد از پایـان تظاهـرات بـا یکـی از دوسـتانم بـه طـرف سـه راهـی روزنامـه اطلاعـات حرکـت کردیـم. در بیـن راه متوجـه شـدیم کـه چهـار نفـر سـایه بـه سـایه بـه دنبـال مـا می‌آینـد. کمـی سـرعتمان را

____

۱ ـ شعارها علیـه شاه و سلطنت نبـود، بلکـه بیشـتر علیـه دکتر اقبـال و عوامـل دولـت بود.

زیاد کردیم. آنها نیز چنین کردند. از سه‌راهی روزنامه اطلاعات به سمت باغ ملی رفتیم و آنها همچنان در تعقیب ما بودند. غروب فرا رسید و هوا رو به تاریکی می‌رفت. آن چهار نفر در نقطه‌ای ما را محاصره کردند. ناگهان یکی مرا گرفت و دیگری به دستم دستبند زد. از صحبت آنها فهمیدم که ما را از زمانی که اقدام به شکستن شیشه‌ها کردیم زیرنظر داشتند. پرسیدم: «چه شده؟» گفتند: «ساکت باش! بیا برویم، معلوم می‌شود.» رو به دوستم کردم و گفتم: «شما برو و به خانواده‌ام اطلاع بده که مرا در خیابان دستگیر کردند.» آن چهار نفر به زور مرا سوار ماشین کرده و به کلانتری شماره ۹ بردند. بلافاصله سروانی از راه رسید و پرسید: «چه شده؟» گفتند: «در راه‌پیمایی امروز، هم روی چهارپایه رفته و شعار داده است و هم با سنگ زده و شیشه‌ها را شکسته.» سروان گفت: «گزارشش را بنویسید.» آنها هم گزارش نوشتند و بعد مرا داخل اتاقی بردند.

ساعت ۹ شب، برای اولین مرتبه خود را در اتاقی شلوغ، تنها می‌دیدم. دلم گرفت ولی احساس بودن می‌کردم. در همان حال خود را در برابر سئوال پدر و مادرم می‌دیدم و در ذهنم دنبال پاسخهایی برای آنها بودم. و اصلاً به سؤالاتی که قرار بود از طرف مأمورین طرح شود فکر نمی‌کردم.

به غیر از من ۲۴ دانش‌آموز دیگر از جمله هشت نفر از مدرسه خودمان (مروی) در آنجا بودند. لحظات اول خیلی برایم سنگین گذشت، ولی کم‌کم با دیگر دانش‌آموزان مشغول صحبت شدم. از یکدیگر درباره علت و نحوه دستگیری پرسیدیم. مشخص شد که آنها هم به دلیل شکستن شیشه و دادن شعار بازداشت شده‌اند. با گذشت زمان اضطراب ما بیشتر و بیشتر می‌شد.

ساعت ۱۱ شب هنوز هیچ خبری نبود. آثار گرسنگی کم‌کم پیدا می‌شد. تا آن لحظه هیچ غذایی به ما نداده بودند. نیمه شب

شد. دو وانت آوردند و ما را سوار بر آنها کرده و با خود بردند. هوا تاریك و ظلمانی بود. متوجه نبودیم که در چه مسیری حرکت می‌کنیم. فقط به نظرم آمد از آب كرج (بلوار کشاورز) گذشتیم. به جایی رسیدیم که تقریبا خالی از سکنه بود. وارد فضایی وسیع شدیم که دور تا دورش را سیم خاردار کشیده بودند. همین‌طور که وانتها مسیر سربالایی را می‌پیمودند، من از دو مأمور نگهبان پرسیدم که ما را کجا می‌برید؟ جواب داد: «ساکت باش! خفه!» دوباره پرسیدم. جواب نداد. تهدید کردم و گفتم: «یا می‌گویید اینجا کجاست یا خودمان را پایین می‌اندازیم.» آنها نرم شدند و گفتند: «نه! تو را به‌خدا این کار را نکنید، اینجا قزل‌قلعه است، ما شما را تحویل می‌دهیم. ولی خب پس فردا آزادتان می‌کنند. اگر خودتان را بیندازید پایین، ماشین پشت سری زیرتان می‌گیرد و هم برای شما و هم برای ما دردسر درست می‌شود. پس این کار را نکنید.» پلیسی که این صحبت را کرد، پلیس خوبی بود و راهنمایی و نصیحتی به ما کرد که بعدها خیلی به دردمان خورد. او گفت: «ببینید اینجا زندان قزل قلعه است. دیگر سر و کارتان با قنداق تفنگ و شلاق است، آن‌قدر بر سرتان می‌زنند تا بمیرید. هیچ کس هم از هیچ چیز مطلع نخواهد شد. حالا هر ذری وری به ما گفتید و فحش دادید عیبی ندارد، ولی باید اینجا هرچه به شما گفتند بگویید چشم. کوتاه بیایید. حواستان جمع باشد. شما محصلهای این مملکت هستید، خودتان را به دردسر نیندازید، هرچه گفتند قبول کنید. شما هم بچه‌های ما هستید.»

وارد قزل قلعه شدیم. زندانی که دیوارهای خاکی بلندی حدود هفت متر و با ضخامت و قطر حدود دو متر داشت. از وانت پیاده شدیم و به ردیف ایستادیم. گفتند که بند کفشها و کمربندهایتان را باز و جیبهایتان را خالی کنید. بعد به هر نفر کیسه‌ای دادند و گفتند وسایلتان را در آن بریزید و تحویل دهید. ابتدا کسی جدی

نگرفت و همه به هم نگاه می‌کردیم. یکی از درجه‌داران جلو آمد و به اولین نفر گفت: «باز نکردی؟! در نیاوردی؟!» بعد با قنداق تفنگ محکم به‌سر آن بچه زد. او هم کنترل خود را از دست داد و محکم به دیوار خورد و به زمین افتاد. با دیدن این صحنه فهمیدیم مثل اینکه قضیه خیلی جدی است. سریع کمربندها و بند کفشها را باز کرده و جیبهایمان را خالی کردیم.

بعد چند سرباز خواب آلود را آوردند تا موهای سر ما را بتراشند. سرهای تراشیده بچه‌ها دیدنی بود! هر که را می‌دیدی بی‌اختیار خنده‌ات می‌گرفت، غافل از اینکه سر خودت بدشکل‌تر از دیگری و موجب خنده آنهاست. بعد از تراشیدن موهای سر، ما را داخل حمام سربازی بردند و گفتند که چون تمام بندها و سلولها پر است، باید اینجا بمانید.

حمام شد زندان ما! وضعیت بسیار نامناسبی بود. از سقف آن آب می‌چکید و کَفَش خیس بود و نمی‌شد نشست. به غیر از ما دانش‌آموزان دیگری را هم که در تظاهرات شرکت داشته و دستگیر شده بودند، به آنجا آوردند. جمع ما در این حمام که حکم زندان را داشت، حدود ۱۲۰ نفر بود. تراکم جمعیت در آن فضای محدود اجازه هر تحرکی را از ما سلب کرده بود. چون همه جا خیس بود و جمعیت زیاد و فضا محدود؛ به ناچار مانند شیرینی چیده شده در کنار هم ایستادیم. وضعیت رقت‌بار و آزاردهنده‌ای بود. ما مجبور بودیم در همان حالت ایستاده بخوابیم. بر اثر خستگی و گرسنگی مفرط برخی مواقع همه خوابشان می‌برد. جالب اینکه گاهی یکی از بچه‌ها که خوابش می‌برد روی دیگری می‌افتاد و او هم روی نفر بعدی و همین طور تا آخر ادامه می‌یافت؛ و بعد دوباره همه بلند شده و می‌ایستادند.

شرایط خیلی سخت و دردآوری بود. آن هم برای دانش‌آموزان

کم سن و سالی که از کانون گرم خانواده، جدا شده و بی هیچ تجربه‌ای به چنین سرنوشتی دچار شده بودند. سه شبانه روز ما را در چنین شرایطی بدون غذای مناسب نگه داشتند. غذایی که به دستور ساقی ـ رئیس زندان ـ به ما می‌دادند شامل ته مانده دیگها و بشقابهای سربازها و زندانیان بود و از کیفیت بسیار پایین و پَستی برخوردار بود. آنها دلیل می‌آوردند که به خاطر حضور ما جیره غذایی به اندازه کافی دریافت نمی‌کنند و آنچه را هم که به ما بذل(!) می‌کنند، از باقی مانده غذای سربازها و زندانیان دیگر است. با این وصف و پس از گذشت سه روز آمدند و از بچه‌ها پول جمع کردند تا غذای مناسبی برایشان تهیه کنند. این غذا شامل نان بربری دو ریالی و مختصری پنیر یا حلوا ارده بود. البته همه پول همراهشان نبود و بعضیها هم پولهایشان را در اولین شب داخل کیسه وسایلشان ریخته بودند. من هرچه داشتم پرداختم و در خرید غذا برای دانش‌آموزان زندانی سهیم شدم. این پول را در قبال کار در انبار شرکت نفت دریافت کرده بودم.

شبهای بعد برنامه‌ای ریختیم که جمعیت ۱۲۰ نفری به دو قسمت شوند. ساعتی گروه اول بخوابد و گروه دیگر بیدار باشد و ساعتی بالعکس عمل شود. بیشتر بچه‌های دانش‌آموز در قید اقامه نماز نبودند و بهانه‌هایی برای نخواندن نماز می‌آوردند. عده کمی نماز می‌خواندند. به دلیل تراکم جمعیت، نماز خواندن هم مشکل بود. باید دو نفر در دو طرف نمازگزار می‌ایستادند تا فضایی را باز کرده و فشار موجود را مهار کنند.

در طول شبانه روز تنها سه وعده (صبح، ظهر و عصر) برای رفتن به دستشویی فرصت می‌دادند. از آنجا که تعداد توالتها کم بود، صبحها صف طویلی تشکیل می‌شد و گاهی انتظار برای رسیدن نوبت باعث می‌شد که نماز صبح قضا شود. از این رو در بیشتر مواقع با تیمم نماز می‌خواندیم.

یکـی از دانش‌آموزان کلاس پنجـم به نـام لولاگـر جـزو بازداشت شـدگان بـود. او پسـری جـوان و چـاق بـود که خیلی خـوب نقـش بازی می‌کـرد. هـر غـروب وقت مراسـم شـامگاه، وقتـی کـه می‌خواسـتند بـه اصطـلاح پرچـم همایونـی(!) را پاییـن بکشـند، او می‌نشسـت و گریـه می‌کـرد و می‌گفت: «مـن مامانـم را می‌خواهـم!» همیـن طـور اشـکهایش شُرشُـر می‌ریخت. وقتی بچه‌ها نیـاز بـه دستشـویی داشـتند، می‌گفتنـد: «لولاگـر بـه داد مـا بـرس!» او بـا حالتـی واقعی شـروع بـه گریـه می‌کـرد و شکمش را می‌گرفـت و سـر و صـدا راه می‌انداخت کـه «آی مُـردم آی... بـه‌دادم برسیـد...»! هرکـه او را می‌دیـد بـاورش می‌شـد کـه الان او جـان به‌سـر می‌شـود. آن وقت سـرگروهبان می‌آمـد و در را روی او و بقیـه بـاز می‌کـرد و بـه ایـن شـکل مشـکل بچه‌ها رفـع می‌شـد.

سـه روز کـه از بازداشـت دانش‌آموزان گذشـت، مـا را از آن حمـام و فضـای کثیـف بـه بند ۴ زنـدان آوردند. در همیـن روز یـك عده کـه تقریبـا سـن و سـال کمتری داشـتند و بالطبـع دارای روحیـات بچگانه‌ای بودنـد، دور دیـوار محوطـه قـزل قلعـه نشسـتند و زدنـد زیـر گریـه و مـادر و پدرشـان را خواسـتند. سـاقی ـ رئیس زنـدان ـ آمـد و بـه آنهـا فحـش داد و گفـت: «اینجا چـه خبـر است؟! آبروی زنـدان سیاسـی را برده‌ایـد، آخـر ایـن چـه وضعـش اسـت! شـما مثلاً زندانـی سیاسـی هسـتید!» صحبتهـای سـاقی بـرای بعضیها خیلی جالب بـود زیـرا تا آن موقـع نمی‌دانسـتند سیاسـی یعنی چـه و سیاسـی کیسـت، لذا بـا تعجب بـه هـم نگـاه می‌کردند. سـاقی پـس از کمـی صحبت سـرگروهبان را صداکـرد و گفـت: «بـرو ماشـین را بیـاور، اینهـا را ببـر بریـز دم آب کـرج (بلـوار کشـاورز)، اینجا مکتب‌خانـه بـاز کرده‌ایـد... هـه!!»

سـرگروهبان رفـت و دو تـا اتوبـوس آورد و همـه آنهـا را سـوار کـرد و بـه آب کـرج (بلـوار کشـاورز) بـرد و رهایشـان کـرد. بـه ایـن وسـیله آنهایی کـه گریـه می‌کردنـد از حبـس خلاصـی یافتنـد و مـا ماندیـم.

ایـن ضـرب المثلـی شـد بـرای بعدهـا و می‌گفتنـد کـه طـرف سـابقه زنـدان دارد، زنـدانـی اسـتوار سـاقی اسـت.[1]

از روز سوم بـه بعـد، بـه دلیـل آزادی زندانیان بکاء (گریان) فضـا و مـکان بـرای مانـدن، بازتـر و وسیع‌تر شـد و وضعیـت غـذا نیـز بهبـود یافت.

روزی مـا را در محوطـه قـزل قلعـه جمـع کردنـد و یکـی از افـراد شـهربانی برایمـان سـخن‌رانی کـرد و گفـت: «اینهـا (دانش‌آمـوزان زندانـی) هیـچ کدامشـان با شـاه و مملکـت مخالفـت نداشته و ندارند، اینهـا بچه‌هـای مـا هسـتند. جوانهـای مـا هسـتند. اینهـا بـا دکتـر اقبـال و دار و دسـته‌ای کـه نمـره قبولـی هفـت را ده کرده‌انـد، مخالفنـد. بچه‌هـا! مگـر ایـن طـور نیسـت؟» کـه همـه یـك صـدا گفتنـد: «بله!» بعـد او ادامـه داد: «خُـب، اینجا یـك تعهدنامـه‌ای اسـت کـه شـما آن را امضـا می‌کنیـد و بعـد آزاد می‌شـویـد.» همـه بچه‌هـا خوشـحال شـدند واز جا پریدنـد و سـوت و دسـت زدنـد. خلاصـه از همـه یـك امضـا گرفتنـد و بعـد سـوار ماشـین کـرده و بردنـد. نزدیکیهـای میـدان ۲۴ اسـفند (میـدان انقلاب) رهایمـان کردنـد و گفتنـد: «برویـد خانـه هایتـان! آزادیـد.»[2]

مـن از میـدان ۲۴ اسـفند مسـتقیم بـه طـرف عباسـی خاکـی رفتـم. وقتـی کـه وارد کوچه‌هـای محلـه شـدم هرکـس کـه سـر و وضعـم را می‌دیـد، می‌خندیـد. زیـرا در زنـدان سـرم را بـا پسـتی و بلنـدی

---

۱   ـ بـا کاربـرد ایـن ضـرب المثـل بـرای اشـخاص مشـخص می‌کردنـد کـه او زندانـی بـوده و بـه خاطـر آن گریـه بچگانـه آزاد شـده اسـت!

۲   ـ سـابقه زنـدان احمـد در ایـن دوره، بعدهـا هنگام دسـتگیری بـه خاطـر عضویت در حـزب ملـل اسـلامی مـورد اسـتناد اطلاعـات شـهربانی قـرار گرفـت. در پرونـده حـزب ملـل اسـلامی ۱۸ ـ ۶ ـ ۵۸ آمـده اسـت: «احمـد احمـد متهـم ردیـف شـش در روز تظاهـرات دانش‌آمـوزان در سـال ۱۳۳۸ بـه علـت ادای جمـلات اهانت‌آمیـز بـه نخست‌وزیـر وقـت، توسـط مأموریـن بـه ایـن اداره معرفـی کـه ضمـن [نامـه] شـماره ۵/۱۶۷۱۲۸ س ـ ۳۸/۱۰/۲۲ بـه سـاواك تحویـل شـد.» پرونـده شـهربانی ـ شـعبه بازجویـی به تاریخ ۱۳۴۴/۹/۲۲

زیـادی تراشـیده بودنـد و شـکل ناجـوری پیـدا کـرده بـود.

وقتـی بـه منـزل رسـیدم، خانـواده‌ام از آزادی غیرمنتظـره‌ام تعجب کـرده و خوشـحال شـدند. گفتنـد، آخـر چـرا بـه کاری کـه بـه تـو مربـوط نیسـت دخالـت می‌کنـی؟... و مـن گفتـم: «حـالا کـه شـده...»

چنـد روز کـه از آزادیـم گذشـت بـه مدرسـه (دبیرسـتان مـروی) رفتم. روی تابلـو اعلانـات بـه اصطـلاح لیسـت سیاهی را چسـبانده و اسـم پنجاه نفـر از جملـه مـن در آن درج شـده بـود. نوشـته بودنـد کـه اینها اخراجنـد. بـه ایـن ترتیـب در آن سـال تحصیلـی همـه مـا پنجاه نفـر را کـه متشـکل از تعـدادی کلاس پنجمـی و ششـمی بودیـم، مـردود کردنـد.

در خـرداد یـا تیرمـاه همـان سـال (۱۳۳۸) بـه مدرسـه رفتـم تـا بـرای بـار دوم در کلاس ششـم ثبـت نـام کنـم، ولـی آنهـا از نـام نویسـی مـن خـودداری کردنـد. در ۲۷ شـهریور بـاز بـه مدرسـه مراجعـه کـردم. دیـدم دانش‌آموزان در یـک صـف طویـل ایسـتاده و بـا فشـار بـه داخـل دفتـر مدرسـه می‌رونـد. بـه خاطـر ازدحـام دانش‌آمـوزان، از نظـم و نزاکـت خبـری نبـود. مـن نیـز خـود را بـا فشـار بـه داخـل دفتـر رسـاندم و بـا اینکـه اسـمم در لیسـت سیاه بـود، ثبـت نـام کـردم و کسـی هـم تـا آخـر آن سـال تحصیلـی متوجـه قضیـه نشـد. بـه ایـن ترتیـب توانسـتم سـال تحصیلـی ۴۰ ـ ۱۳۳۹ را در دبیرسـتان مـروی گذرانـده و موفـق بـه اخـذ دیپلـم در رشـته ریاضـی شـوم.

اعتصاب معلمین و قتل دکتر ابوالحسن خانعلی

در سـال تحصیلـی ۴۰ ـ ۱۳۳۹ بـرای بـار دوم پشـت میـز کلاس ششـم دبیرسـتان نشسـتم. در اردیبهشت مـاه سـال ۱۳۴۰ یـک اعتـراض فرهنگـی در سـطح جامعـه بـه رهبـری محمـد درخشـش صـورت گرفـت. در ادامـه ایـن اعتـراض، معلمیـن بـه دلیـل کمـی حقـوق و

شـرایط بـد اقتصـادی در میـدان بهارستان اجتمـاع کـرده دسـت بـه اعتصـاب زدنـد.

رونـد اعتصـاب و تظاهـرات رو بـه تـدی گذاشـت، درنتیجـه بیـن معلمهـا و نیروهـای نظامـی درگیـری پیـش آمـد. بـر اثر تیرانـدازی مأموریـن نظامـی یکـی از معلمهـای متدیـن دبیرسـتان جامـی بـه نـام دکتـر ابوالحسـن خانعلـی[1] جـان باخـت و دو معلـم دیگـر نیـز زخمـی شـدند. بسـیاری از اعتصابیـون هـم بـه دلیـل وحشـت و ازدحـام بـه وجـود آمـده، هنگام گریـز از صحنه، زیـر دسـت و پا زخمـی شـدند.

ایـن فاجعـه جنایت‌آمیـز موجـب استیضـاح شـریف امامـی ـ رئیـس دولـت وقـت ـ در مجلـس شـد و در پـی آن وی اسـتعفا داد. حقـوق معلمیـن نیـز افزایـش یافـت و محمـد درخشـش[2] ـ رهبر اعتصابیـون ـ بـه عنـوان وزیر فرهنـگ منصـوب شـد.

هنگامـی کـه سـیکل اول دبیرسـتان جامـی را می‌گذرانـدم، بـا ابوالحسـن خانعلی آشـنا شـدم. او معلمـی دلسـوز، متدیـن و بـا اخـلاق بـود کـه از معلمیـن هم‌سـطح سـواد بیشـتری داشـت. پنجشنبه‌ها و جمعه‌هـا بـه امـام‌زاده داوود علیه‌السـلام می‌رفـت و بـه صـورت افتخـاری، کارهـا و امـور آنجا را انجـام می‌داد.[3]

---

۱ ـ ابوالحسـن خانعلـی، دبیـر رسـمی آمـوزش و پـرورش و دانشـجوی دکتـری رشته معقـول و منقـول دانشـگاه تهـران بـود. در روز ۱۲ اردیبهشـت ۱۳۴۲ و در جریـان اعتصاب معلمیـن سـرگرد ناصـر شهرسـتانی، رئیـس کلانتـری ۲ بهارسـتان بـا سـلاح کمـری، خانعلـی را از ناحیـه سـر مـورد اصابـت گلولـه قـرار داد و کشـت.

۲ ـ محمـد درخشـش در سـال ۱۲۹۴ در تهـران و در خانـواده‌ای تهی‌دسـت متولـد شـد. وی تحصیـلات عالـی را در دانش‌سـرای عالـی طـی کـرده و لیسانسـیه تاریـخ و جغرافیـا اسـت. او سـالها دبیـر دبیرسـتانهای پایتخـت بـود. او قبـل از وزارت، سـمتهایی از قبیـل ریاسـت اداره اعـزام محصـل و بـازرس عالـی وزارت فرهنـگ را داشـت. همچنیـن مؤسـس باشـگاه معلمیـن باشـگاه مهـرگان بـود. وی یکـی از عصبانی‌تریـن وزرای فرهنـگ ایـران اسـت. (روزنامـه کرمانشـاه شـماره ۳۸۸۷ ـ خـرداد ۱۳۴۱)

۳ ـ جرایـد در خصـوص ایـن واقعـه نوشـتند: اعتصاب معلمـان مـدارس در تهـران آغاز شـد... بیـن آنهـا و پلیـس زد و خـورد شـده یکـی از معلمـان بـه نـام ابوالحسـن خانعلی بـه ضـرب گلولـه بـه قتـل رسـید و شـش نفـر مجروح شـدند.

این حادثه روی من خیلی اثر گذاشت. نظایر این حادثه در سنین جوانی برای من بسیار عبرت‌آموز بود و راهها و منفذهایی برایم گشود تا بتوانم در شناخت سره از ناسره و حق از باطل با دقت و تأمل بیشتری عمل کنم. این گشایش و حرکت در چنین مسیری در زمانی صورت می‌گرفت که زمینه‌های تباهی و فساد از سر و روی آن می‌ریخت و جوانان بسیاری را در دامان خود اسیر می‌کرد و به غفلت ابدی می‌کشاند. تفریحات کاذب، ورزشهایی چون فوتبال و کشتی، تماشای سینما و تئاتر و... از دیگر اسباب انحراف افکار جوانان بود. من خدا را شاکرم که در محیطی زیستم و پرورش یافتم که نسبت به مسائل اطرافم دست کم بی اعتنا نبودم.

تربیت‌معلم سینا

در حال و هوایی که بیشتر جوانان رغبت به شرکت و حضور در رشته‌های پول‌ساز ازجمله نقشه برداری، اداره ثبت، عمران و نظایر آن را داشتند، من به دلیل علاقه و اعتقادی که به شغل معلمی داشتم و آن را زمینه مؤثری برای تبلیغ می‌دانستم، در امتحان (کنکور) تربیت معلم شرکت کردم و در مرکز تربیت معلم سینا واقع در خیابان سینا پذیرفته شدم و یک سال دوره آموزگاری را گذراندم. البته در سایر کنکورها مانند امتحان اداره ثبت اسناد نیز قبول شده بودم.

روزی در خانه بودم که یکی از دوستانم آمد و گفت: «احمد تو جزء بیست نفر پذیرفته شده معلمی ورزش هستی». من ابتدا حاضر به پذیرش این رشته نبودم. ولی پس از کمی اندیشه و

معلمان پایتخت، پس از یازده روز اعتصاب، با صدور اعلامیه‌ای به اعتصاب خود پایان دادند و مدارس و کلاسهای درس که در این مدت تعطیل بود، برنامه‌های خود را آغاز کردند.

مشاوره با دیگران دریافتم که اگر بخواهم برای اسلام مبارزه و تبلیغ کنم، فرصت خوبی است، زیرا به این ترتیب با دانش‌آموزان زیادی در مدارس مختلف آشنا می‌شدم و در سطح وسیع‌تری به کار تبلیغ می‌پرداختم.

با این طرز فکر وارد عرصه معلمی شدم و با گروهی از نوجوانان ارتباط مستقیم یافتم و برگ جدیدی در زندگی من گشوده شد.

چتر محبت برای بارش خاک

در شهریور سال ١٣٤١ زلزله‌ای شدید شهرستان بویین زهرا از توابع قزوین را تکان داد و منجر به کشته و زخمی شدن دهها هزار نفر شد. مردم بلافاصله در اقدامی خودجوش به یاری زلزله زدگان شتافتند. من که از این حادثه به شدت متأثر بودم، همراه چند نفر از دوستانم در محله عباسی خاکی تهران اقدام به جمع‌آوری کمکهای مردم کردم. مردم محله به دلیل اعتماد و اطمینانی که به ما داشتند، با وجود تنگ‌دستی‌شان کمکهای زیادی در اختیار ما گذاشتند. پس از جمع‌آوری کمکها برای اینکه مطمئن شویم به دست آسیب‌زدگان می‌رسد، تصمیم گرفتیم خودمان آنها را به محل حادثه ببریم. از این‌رو، من همراه هفت‌نفر دیگر از بچه‌های محل، اتوبوس اجاره کرده و به سمت منطقه حادثه دیده رفتیم.

وقتی از بویین زهرا رد می‌شدیم، آثار خرابی و ویرانی بسیار وحشتناک بود. دیواری یک متری در آنجا پیدا نمی‌شد. ما بعد از گذشت سه روز از زلزله، شب هنگام به دهی به نام رودک رسیدیم. آنچه دیدیم تنمان را لرزاند. مردم آواره، وحشت‌زده به دامنه کوه پناه برده بودند و از بناهای روستا تقریبا هیچ‌چیز برجا نمانده بود.[1] خرابی دیوارها، باغها را بدون حصار کرده بود.

---

١ ـ در این روستا و روستاهای اطراف آن، خانه‌ها با خشت، گِل و تیرهای چوبی

شب بدی را گذراندیم. صبح متوجه شدیم که مردم آنجا تُرک زبان هستند و این ده نزدیك پانصد خانوار دارد. جمعیت ده قبل از زلزله به دو هزار نفر می‌رسید که عده‌ای از آنها کشته و زخمی شده بودند و عده‌ای هم در پی سرنوشت مبهم خود به جایی دیگر نقل مکان کرده بودند. آمارهای غیررسمی حکایت از آن داشت که تنها حدود دویست نفر آنجا مانده و بر بقایای ویرانه‌های خود، غزل یأس و ناامیدی می‌خوانند.

با مردم از نزدیك ارتباط برقرار کردیم و وضعیتشان را دیدیم. وحشت زده بودند. می‌ترسیدند. ترس توأم با بهت و حیرت وجودشان را فراگرفته بود. از پس هر پس لرزه‌ای به دامنه کوه پناه می‌بردند. چشمه اشکشان خشکیده بود و مات و مبهوت به ما نگاه می‌کردند، اوضاع عجیبی بود. بادیدن این صحنه‌ها، حال ما به شدت بد شد و منقلب شدیم.

با اینکه رژیم شعار می‌داد که کمکهای وسیعی به مناطق زلزله‌زده گسیل کرده است، ولی تا آن روز تنها از طرف بازار کمکی به آنها رسیده بود.

ما تقسیم اجناسی را که همراه آورده بودیم، به دیگران سپردیم و خودمان مشغول درآوردن جنازه‌ها و مصدومین از زیر خروارها خاك شدیم. آن روزها وسایل پیش‌رفته برای یافتن اجساد نبود، محل اجساد را از جایی که لاشخورها و سایر حیوانات می‌نشستند، شناسایی می‌کردیم.

با دلسوزی وافر و عشق خالص به مردم کمك می‌کردیم. در حفاریها به اجسادی برمی‌خوردیم که بوی گند و عفن می‌دادند، برخی اجساد طوری لِه و متورم شده بودند که هنگام بیرون

____

ساخته شده و فاقد استحکام لازم بود. محل زیست انسان و چارپا در یك جا بود، به طوری که در طبقه زیرین دام و طیور و در طبقه فوقانی انسانها زندگی می‌کردند.

آوردن آنها از زیر آوار، اعضای بدنشان از هم جدا می‌شد. بعد از یک هفته تلاش مستمر، به دلیل نبود صابون و وسایل بهداشتی، دستانمان بوی روغن آدمیزاد می‌داد.

برای غذا از میوه‌های درختان به‌خصوص گردو و آلو استفاده می‌کردیم. ما هر روز، تقریبا بعد از خواندن نماز صبح، بیل و کلنگ برمی‌داشتیم و برای جستجوی اجساد و کمک به مردم می‌رفتیم.

صبح یکی از روزها روی ویرانه‌ای خانمی را دیدم که با پنجه‌هایش خاکها را به اطراف می‌پراکند. او آن‌قدر این کار را ادامه داده بود که سرانگشتانش ساییده شده بود. متوجه شدم که شوهر و سه دخترش زیر خاک مانده‌اند و خودش چند روزی در حالت اغما به‌سر برده است. از دیدن این صحنه خیلی متأثر شدم. هرچه از او سئوال می‌کردیم، با بهت به ما نگاه می‌کرد و بعد دور می‌شد. جالب اینکه در همان نزدیکی گربه‌ای نیز به دور خود می‌چرخید و زار می‌زد.

ما برآن شدیم تا خانواده آن زن را از زیر خاک بیرون بکشیم. بو کشیدیم و بعد نقطه‌ای را پیدا کرده و شروع به کندن کردیم. در این میان که مشغول یافتن اجساد بودیم، این زن گه گاه با زاری به آنجا می‌آمد، می‌ایستاد، نگران به ما نگاه می‌کرد و ناگهان سراسیمه و هراسان دور می‌شد.

از او پرسیدم: «این گربه چرا این جور می‌کند؟»

او گفت: «این گربه هم بچه‌اش زیر خاک مانده.»

درحالی که مشغول کنار زدن تل خاک بودیم، سوراخی روی ویرانه باز شد و گربه با سرعت به داخل آن رفت و کمی بعد، بیرون آمد و سر و صدای عجیبی کرد و دور شد. بعد اجساد سه بچه گربه مرده را یافتیم. ما نقطه دیگری را نیز شکافته و به جستجو پرداختیم تا به اجساد رسیدیم. سه دختر و پدر در کنار

هم بودند. صحنه عجیب و تکان‌دهنده‌ای دیدیم. پدر درحالی که یکی از فرزندانش را به آغوش کشیده بود، جان به جان آفرین داده بود.

در آخرین روزهایی که ما در ده رودك به‌سر می‌بردیم، کم‌کم افراد و گروههایی از ارتش، و شیر و خورشید پیدایشان شد. با استقرار آنها، کارها سامان داده شد. آنها بعضی جاها را به خاطر از بین بردن آلودگی و میکروب به آتش کشیدند.

پس از کاهش التهاب و اضطراب مردم، ما با خاطره‌ای دردناک و با خاطری پریشان و نگران بازگشتیم.

بغضهای ترکیده

تقلید از حضرت امام خمینی

پـس از فـوت آیت‌اللـه العظمـی بروجـردی، رژیـم شـاه تـلاش وافـری کـرد تـا اعلمیت آیت‌الله حکیم را در عـراق رسمیت بخشد و بـه ایـن ترتیـب قـدرت مذهبـی را بـه بیـرون از مرزهـا بکشـد؛ ولی وجـود آیت‌الله خمینـی و مسائلی کـه در روزهای بعد به وجود آمـد عبـث بـودن اقدامـات و پیـش دستیهای رژیـم را ثابـت کـرد.

در سـال ۱۳۴۱ زمانـی کـه دولـت اسـدالله علم لایحه‌ای بـه نـام «انجمنهـای ایالتـی و ولایتـی»[1] را بـه تصویـب رسـاند، نهضتـی در مخالفـت بـایـن لایحـه بویـژه از طـرف علمـا و جامعـه روحانیـون و گروههـای فعـال از جملـه هیئتهای مؤتلفـه اسلامی شکل گرفت و اعلامیه‌هـا و بیانیه‌هـای بسیـاری در مخالفـت بـا آن صـادر شـد.

اعلامیه‌هـا و تلگرافهـای آیـات عظـام، امـام خمینـی، میلانـی، قمـی، شـریعتمداری، گلپایگانـی، مرعشـی نجفـی توسـط وعـاظ ازجملـه مرحـوم حجـت الاسـلام والمسـلمین محمدتقی فلسفـی بـر منابـر مسـجدها و هیئتها خوانده می‌شـد و بـه مـردم توجـه و آگاهی

---

۱ ـ در ۱۶ مهر سـال ۱۳۴۱ دولـت اسـدالله علـم بـاستفاده از تعطیلی مجلس لایحه «انجمنهـای ایالتـی و ولایتـی» را بـه تصویـب رسـاند. ایـن لایحـه دارای سـه نکتـه حایـز اهمیت بـود: ۱ شـرط اسـلام و مسـلمانی از شـرایط نماینـدگی حـذف گردیـد. ۲ نماینـدگان ملـزم به سـوگند یاد کـردن بـه قرآن نبودنـد و ذکـر کتابهـای آسـمانی کافی بـود. ۳ در یکـی از بندهـای کامـلاً عـوام فریـب، تسـاوی کامـل حقـوق اجتماعـی زنان و مـردان ازجملـه شـرکت در انتخابـات قیـد شـده بـود.
سـرانجام در دهـم آذر سـال ۱۳۴۱، بـه خاطر مخالفتهـای اقشـار مختلـف جامعـه بویـژه روحانیـون، دولت عـدم اجـرای لایحـه مزبـور را اعلام کـرد.

مـی‌داد.

بـرای مـن نـام آیت‌اللـه خمینـی بیـن نامهایـی کـه اعلامیـه هایشان خوانـده می‌شـد، ناآشـنا بـود و کمتـر دربـاره او می‌دانسـتم. البتـه بـه طـور محـدود بـرادرم دربـاره سجایای اخلاقـی، علمـی و مبارزاتی ایشـان برایـم سـخن گفتـه بـود. همـه اعلامیه‌هـا خوانـده می‌شـد، امـا آنچـه کـه بـر دل مـن و سـایر مـردم می‌نشسـت و از همـه گیراتـر بـود، اعلامیـه امـام خمینـی بـود. همـان موقـع می‌شنیدم کـه برخی مـردم از یکدیگـر می‌پرسـیدند: «ایـن کیسـت؟ تـا الان کجـا بـوده؟» ولی برایشـان مواضـع صریـح و بی‌پـروای امـام مهـم و مایـه امیدواری بـود کـه موجـب مسـرت و خوشحالی‌شـان می‌شـد. بـه ایـن ترتیـب مـردم بـا اسـم حضـرت امـام آشـنا شـدند. مبارزیـن واقعـی آرام آرام بسـتر اصلـی خـود را یافتـه و بـه سـمت نهضـت امـام خمینـی جـذب شـدند. مـن نیـز اطلاعاتـم از امـام روز بـه روز بیشـتر می‌شـد. دریافتـم کـه امـام بـا وجـود اینکـه از جهـات مقـام و مرتبـت علمـی از بسـیاری از علمـا بالاتـر اسـت ولـی از ارائـه رسـاله خـودداری می‌کننـد.

بـه وضـوح بـه یـاد دارم روزی کـه آقـای فلسـفی در مسـجد ارک اعلامیـه حضـرات آیـات را می‌خوانـد، اعلامیـه حضـرت امـام مـرا بـه شـدت تحـت تأثیـر قـرار داد. بـا وجـود اینکـه امـام هنـوز رسـاله‌ای منتشـر نکـرده بـود، ولـی در دل نیت ایـن را داشـتم کـه بعـد از آن از حضـرت ایشـان تقلیـد کنـم.

پـس از سـیل خروشـان اعتراضـات مردمـی و بیانیه‌هـا و اعلامیه‌هـای معلمـان و روحانیـون، سـرانجام لایحـه «انجمنهـای ایالاتـی و ولایتـی» لغو شـد.

ورود به انجمن ضد بهاییت

بعـد از بـروز چنـد حادثـه پـی در پـی کـه ذکـر آن گذشـت، تحولاتـی فکـری و درونـی در خـود احسـاس کـردم. ایـن تحـول ماننـد

یـك تشـنگی بـود و بـرای سـیراب شـدن بـه دنبـال چشـمه‌های آب می‌گشـتم. در طـول ایـن جسـتجو روزی بـرادرم مهـدی گفـت كـه گروهـی بـه نـام «انجمـن ضـد بهاییـت»[1] وجـود دارد كـه بـا بهاییهـا مبـارزه مـی‌كنـد. بـه مـن پیشـنهاد داد كـه بـه آنهـا بپیونـدم و در كلاسـهای آنهـا حاضـر شـوم.

بـرای ایـن منظـور بـه آقـای مینایـی پـور ـ از اعضـای اولیـه انجمـن ـ معرفـی شـدم. آقـای مینایـی پـور فـردی مخلـص و متـدین بـود كـه بـه كارهـای فرهنگـی بسـیار علاقـه داشـت. پـس از مدتـی حضـور در جلسـات آشـنایی و آمـوزش انجمـن، بـه آقـای مرتضـی خدایـی معرفـی شـدم. او یكـی از معلمیـن و مدرسـین زبردسـت انجمـن بـود كـه تسـلط خوبـی در شـناخت مواضـع انحرافـی بهاییـت داشـت. مـن مدتـی بـه كسـب آموزشـهای مقدماتـی، مبانـی اعتقـادی ـ دینـی و راههـای تبلیـغ پرداختـم.

در ایـن كلاسـها خطـر بهاییـت برایـم محـرز شـد، از ایـن رو بـرای مبـارزه بـا آن بـا جـان و دل بـه فراگیـری مسـائل اسـلامی، اعتقـادی و روشـهایی بـرای نفـوذ و تأثیـر پرداختـم.

دیـری نپاییـد كـه پـس از گـذر از آموزشـهای فشـرده اولیـه، بـه مرتبـه عملـی مبـارزه رسـیدم و وارد جلسـات بهاییهـا شـدم. مـن بـه عنـوان «نعـش»[2] بـه مجالـس بهاییهـا می‌رفتـم و اطلاعاتـی درخصـوص نحـوه

---

1 ـ «انجمـن ضـد بهاییـت» كـه ابتـدا «انجمـن خیریـه حجتیـه مهدویـه» خوانـده می‌شـد، پـس از كودتـای امریكایـی ۲۸ مـرداد ۱۳۳۲ بـه وجـود آمـد كـه بعدهـا بـه نامهـای «انجمـن حجتیـه مهدویـه» و «انجمـن حجتیـه» نیـز شـناخته می‌شـد.

2 ـ «نعـش» نقشـی اسـت كـه افـراد مبتـدی پـس از طـی آموزشـهای لازم در انجمـن بـه عهـده می‌گرفتنـد و بـه واسـطه آن در جلسـات تبلیغـی بهاییهـا نفـوذ می‌كردنـد و افـرادی را كـه گرایشـها و تمایلاتـی بـه فرقـه ضالـه بهاییـت پیـدا كـرده بودنـد، شناسـایی و بـه انجمـن معرفـی می‌كردنـد. انجمـن بـا كادر مجـرب و آگاه‌تـر خـود بـه آنهـا مراجعـه و از انحـراف و انحطـاط كامـل آنهـا جلوگیـری می‌كـرد. بـه افـراد نفـوذی از آن رو «نعـش» می‌گفتنـد كـه آنهـا بایـد بـه خاطـر اطلاعـات محـدود و شـرایط و موقعیـت خـاص خـود نـه تأثیـر می‌گرفتنـد و نـه تأثیـر می‌گذاشـتند. ماننـد نعـش.

کار، فعالیت، نشان و آدرس مسلمانانی که گرایشها و علاقه هایی برای بهایی شدن داشتند، کسب کرده و به انجمن ارائه می کردم. وقتی ما به خانه‌های تبلیغی بهاییها وارد می‌شدیم، آنها به طرق مختلف سعی می کردند تا بفهمند که آیا ما نفوذی هستیم یا نه؟ و چون ما آموزش لازم را دیده بودیم، آنها به هدفشان نمی‌رسیدند.

به عنوان مثال چون آن موقع نوشیدن نوشابه پپسی کولا حرمت داشت، آنها ما را به نوشیدن آن دعوت می کردند، ما نیز از آن می‌نوشیدیم، چرا که در انجمن به ما گفته بودند که در چنین مواقعی نوشابه را بنوشیم و دلیل می‌آوردند که آیت الله بروجردی فقط فرموده که من پپسی نمی‌خورم، این دلیل بر حرام بودن آن نیست. مثال دیگر اینکه افراد ریش‌دار، متصف و منتسب به مسلمانان بودند، ولی طبق اجازه و فتوای آیت‌الله میلانی کسانی که از طرف انجمن در جلسات بهاییها شرکت می‌کردند، مجاز به تراشیدن ریش بودند تا مورد شناسایی قرار نگیرند.

به این ترتیب ما با ریشهای تراشیده به محافل بهاییها رفته و حتی پپسی می‌خوردیم و آنها نسبت به حضور ما شک نمی‌کردند. آنچه در این شناساییها دستگیر من شد، برایم دردناك بود. می‌دیدم بیشتر مسلمانانی که جذب بهاییت می‌شوند، دچار فقر، تنگ‌دستی و مشکلات مالی هستند. آنها به این مسلك و فرقه انحرافی رو می‌آوردند تا مفر و راه نجاتی در زندگی‌شان گشوده شود.

افرادی در انجمن بودند که به آنها «مبلغ» می‌گفتند و مرتبه بالاتری از «نعش» داشتند. آنها به سراغ افرادی که توسط نعشها شناسایی شده بودند می‌رفتند و با معلومات و شیوه‌های خاص خود، کسانی را که در آستانه لغزیدن و گرویدن به بهاییت بودند، نجات می‌دادند.

گاهی ما پس از چند جلسه حضور در خانه‌ها و محافل بهاییها لو رفته و شناخته می‌شدیم. در چنین صورتی جای خود را با نعشی دیگر عوض می‌کردیم. البته روال بر این بود که هر نعشی پس از حضور در چندین جلسه بهاییها و پیشرفت در آموزش به نقش «مبلغ» درآید. من نیز پس از مدتی احساس کردم که دیگر جایگاه یك مبلغ را دارم و در انتظار بودم تا انجمن کارهای تازه‌تری به من محول کند.

در جلسات انجمن با افرادی آشنا شدم که بعدها هریك به نحوی در خط مبارزه و مخالفت با رژیم طاغوت قرار گرفتند، افرادی مانند: جواد منصوری، محمد میرمحمد صادقی، ناصر نراقی، عباس مظاهری و اکبر اورامی و...

حضور در انجمن به فعالیتهای عادی من خللی وارد نکرد. این دوران مصادف بود با تحصیل من در تربیت معلم سینا. گاهی من فعالیتهای خود را به این مرکز نیز می‌کشاندم و اعلامیه‌ها و جزوات امام(ره) را بین استادان، معلمین و سایر هم‌کلاسها توزیع می‌کردم. آن هم به صورت مخفی و گذاشتن اعلامیه در کشوها و میزهای کلاس.

لرزشی در باورها

شناخت و آگاهی من در خصوص نوع و نحوه شبهات وارده از طرف بهاییت و چگونگی پاسخ به تشکیکهای آنها به حد مطلوب، مناسب و کافی نرسیده بود. فکر می‌کردم با فراگرفتن مطالب کلی و مطالبی درخصوص شیخ احمد احصایی، باب و بهاء می‌توانم در جلسات پرمایه و غلیظ‌تر بهاییها شرکت کنم و تأثیر نگیرم.

روزی آقای خدایی ـ استادم ـ خبر داد که قرار است در جلسه‌ای، قصابی به بهاییت جذب شود، باید او را شناسایی کنید. جلسه

مزبـور قـرار بـود در خانـه‌ای واقـع در خیابـان رضایـی (بعـد از تقاطـع نـواب) تشکیـل شـود.

مـن نیـز در موعـد مقرر در جلسـه حاضـر شـدم. فـردی مجـرب و حـاذق، از مبلغهـای چیـره دسـت بهاییـت بـه نـام کتیرائـی در حـال صحبـت بـود. صحبتهـای او تقریبـا بعـد از غـروب آفتـاب شـروع و تا سـاعت ۱۲/۵ شـب طـول کشـید. او بـا هجویـات خـود بـه اصطلاح دربـاره تحریفهـای قـرآن سـخن می‌گفـت. دربـاره صفـت خاتمیـت حضـرت رسـول صلی‌الله‌علیه‌وآلـه گفـت کـه معنـای ارائـه شـده از طـرف مسـلمین بـرای «خاتـم» غلـط اسـت، و در اصـل «خاتـم» بـه معنـای انگشـتری اسـت و چـه و چـه... او پله‌پلـه جلـو می‌رفـت و آرام آرام یک‌سـری باورهـا و اعتقـادات مـرا درهـم می‌ریخـت. صحبتهـای او کـه بـه نیمـه رسـید، احسـاس سـردی بـه مـن دسـت داد، کـم کـم منجمـد می‌شـدم و هرچـه بیشـتر در خـود فـرو می‌رفتـم، بافـت فکـری و چارچـوب اعتقادیـم بـا آن همـه آمـوزش و تحقیـق درهـم می‌ریخـت.

در آخـر جلسـه چنـان یـخ‌زده و واخـورده بـودم کـه دیگـر بـه فکـر اینکـه قصـاب کیسـت؟ چیسـت؟ و کجـا زندگـی می‌کنـد؟ نبـودم، بایـد خـود را درمی‌یافتـم تا بیـش از ایـن نابـود نشـوم. منقلب و متغیر شـده بـودم. حـال عجیـب و غیرقابـل توصیفـی داشـتم. بـه شـدت از نظـر فکـری و روحـی آسـیب دیـده بـودم و بـه مـرز کفـر رسـیده بـودم. در وضعیتـی بـودم کـه اگـر قبـل از جلسـه نمـاز نخوانـده بـودم، دیگـر نمـاز نمی‌خوانـدم. مـن کـه بـرای شناسـایی فـردی متمایـل بـه بهاییـت و معرفـی او بـه انجمـن و نجـات وی از دام پیـش پایـش، بـه آن جلسـه وارد شـده بـودم، خـودم اسـیر همـان دام شـده بـودم. گویـی در گردابـی فـرو افتـاده بـودم کـه هرچـه دسـت و پا می‌زدم، بیشـتر فـرو می‌رفتـم. نمی‌دانسـتم مسـلمانم یـا بهایـی؟!، زلزلـه‌ای شـدید ارکان اعتقاداتـم را فـرو ریختـه بـود.

از جلسه خارج شدم و بی هدف شروع به راه رفتن کردم، به کجا؟ معلوم نبود! فقط می‌رفتم، گیج و گنگ، گاه به این سو، گاه به آن سو. درد تمام وجودم را فراگرفته بود. به شدت می‌گریستم. ناگهان خود را سر چهارراهی دیدم که باجه تلفنی آنجا بود. تصمیم گرفتم به مرتضی خدایی ـ استادم ـ زنگ بزنم. با انگشتانی لرزان شماره‌تلفن منزل او را گرفتم. تلفن در آن‌سو چند مرتبه زنگ خورد. همسر آقای خدایی گوشی را برداشت. و با کمی تندی گفت: «کیه این وقت شب؟!» گفتم: «منم، احمد احمد، با آقای خدایی کار دارم.» گفت: «آقا، ساعت ۱ نصف شب است! چه‌کار داری؟» گفتم: «کار خیلی مهمی دارم.» او گفت: «آقای خدایی الان خواب است.» من عصبانی شدم و با فریاد گفتم: «خوابیده؟ خانم! برو صدایش کن! او ما را در بیابانی بی سرپناه رها کرده و خودش به این آسانی خوابیده!؟ خانم! از خواب بیدارش کنید، الان وقت خواب نیست! بیدارش کنید تا جواب مرا بدهد و ...»

بعد از یکی، دو دقیقه‌ای مرتضی خدایی گوشی را برداشت و با حالت خواب آلودگی و خمیازه کشان گفت: «بله!» بغض‌ام ترکید و شروع به گریه کردم. او گفت: «بله! احمد! چی شده؟» کمی خود را کنترل کردم و گفتم: «هیچی!، چه می‌خواهید بشود؟» و مانند بچه‌ای که به پدر و مادرش رسیده است، تند و تند صحبت کردم و آنچه را که بر سرم آمده بود گفتم. می‌گفتم و می‌گریستم. درحالی که گاهی نفسهای عمیق می‌کشیدم، شبهات آن مبلغ بهایی را طرح کردم.

بعد از اینکه حرفم تمام شد، ناگهان آقای خدایی زد زیر خنده و گفت: «خب، پس جریان از این قرار است... ، حالا زود بود تو را بفرستم آنجا. اشتباه کردم، باید اول می‌فهمیدم مبلغش کیست، بعد تو را می‌فرستادم. باید بیشتر دقت می‌کردم،

حـالا، می‌خواهـی الان جـواب بگیـری؟ بگـذار بـرای فـردا صبـح بـا هـم صحبـت می‌کنیـم.» هنـوز جوابـی بـه مـن نـداده بـود، ولی صدایـش کمـی مـرا آرام کـرد. گفتـم: «نـه والله، نمی‌تـوانم، تـا فـردا مـن می‌میـرم!» گفـت: «آخـه، الان سـاعت ۱/۵ نیمه‌شب اسـت.» گفتـم: «مـن هنـوز خانـه نرفته‌ام و در خیابـان هسـتم، و بایـد همیـن امشب جـواب مـن را بگـویی و تکلیفـم را مشـخص کنـی.» پرسـید: «آنجـا مناسـب اسـت؟ کسـی مزاحـم نیسـت؟» گفتـم کـه نـه و او گفـت: «پـس، خـوب گـوش بـده!...» او یکـی یکـی بـه شبهات بهاییهـا پاسـخ داد. نزدیـك بـه یـك سـاعت بـا تلفن صحبـت کـرد. هرچـه او بیشـتر صحبـت می‌کـرد، مـن آرامـش بیشـتری می‌یافتـم، گویـی کـه آب بـر آتـش می‌ریختنـد. رفتـه رفتـه التهـاب و عصبانیتـم فروکـش کـرد. سـبك می‌شـدم. احسـاس کـردم کـه حالـم بهتـر و بدنـم گـرم شـده اسـت. دیگـر از آن عصبانیت و ناآرامـی خبـری نبـود. احسـاس آزادی و راحتـی می‌کـردم...

آقـای خدایـی در آخر پرسـید: «خُـب، حالا حالـت چطور اسـت؟» گفتـم: «خوبـم، ولـی شـما بایـد اینهـا را از اول بـه مـا می‌گفتیـد، چـرا نگفتـه بودیـد؟» گفـت: «مـن اشـتباه کـردم، وقتـش نبـود کـه تـو را بـه آن جلسـه بفرسـتم. مبلـغ آن جلسـه سـالیان سـال اسـت کـه در ایـران تبلیـغ بهایـی گـری می‌کنـد و بـرای ایـن جلسـات بایـد امثـال مـن و مینایی‌پـور برونـد. تـو هنـوز کلاسـهای دور اول را می‌گذرانـی و...!»

آن شب، شب خاطره‌انگیـز و بسـیار مهمـی بـود و بـه چشـم دیدم کـه چطور یـك شـخص در یـك لحظـه، همـه چیـز را از دسـت می‌دهد و در لحظـه‌ای دیگـر بـاز بـه آنهـا دسـت می‌یابـد. دریافتـم کـه بایـد بیشـتر مراقب خـود باشـم، چـرا کـه هرلحظـه امـکان فروافتـادن بـه پرتگاههـای هولنـاك هسـت. فهمیـدم کـه چقـدر از جهـت شـناخت ضعیفـم و ظرفیـت فهـم و تجزیـه و تحلیلـم محـدود اسـت. بـا خـود عهـد کـردم کـه در راسـتای ارتقـای شـناخت و بینـش فکریـم تلاش

کنم.

از آن حادثه به بعد با علاقه وافر شروع به مطالعه کتب مذهبی و اعتقادی کردم. با برخی اساتید چون مرتضی خدایی جلسات مفصل بحث و مباحثه گذاشتم و در کلاسهای دکتر نگین و دکتر توانا نیز شرکت کردم. در سخن‌رانیها و منابر وعظ و خطابه علما و روحانیون حاضر شدم و چنان اعتقاد راستین به اصول و فروع اسلام یافتم که بعدها همین بینش مرا از پرتگاههای هولناك دیگر نجات داد.

گریز از تحریم

هدف انجمن حجتیه، مبارزه با بهاییت بود و برای نیل به این هدف از روشهای خاص خود استفاده می‌کرد. انجمن از سیاسی شدن افراد عضو به شدت جلوگیری می‌کرد و سعی داشت که موجبات ناراحتی حکومت را فراهم نسازد. گرچه در آن روزها فرقه ضاله بهاییت با سرعتی زیاد به اشاعه افکار انحرافی خود می‌پرداخت و مبارزه با آن یك ضرورت بود، ولی این همه واقعیت نبود؛ چراکه سرمنشأ رشد و نمو این فرقه، خود رژیم منحوس پهلوی بود و تا زمانی که چتر حمایتی رژیم بر سر این فرقه باز بود، نمی‌شد از رشد آن جلوگیری کرد. کار انجمن حجتیه هم مبارزه با معلول بود، نه علت. به همین دلیل موفقیت آن در رسیدن به هدفش محدود بود. انجمن می‌پنداشت برای اینکه بتواند حیات یابد و به مبارزه خود ادامه دهد، باید با رژیم شاه کنار آید یا دست کم کاری به کار آن نداشته باشد و می‌گفت پرداختن به امور سیاسی، مانع تحقق اهداف انجمن است و آن را یك خط انحرافی می‌دانست. از این رو تصمیم گرفت برای احتیاط از اعضای خود تعهد منع فعالیتهای سیاسی بگیرد. برخی

نیـز زیربـار ایـن تعهـد رفتنـد.[1] انجمـن از آنها می‌خواسـت کـه تضمیـن دهنـد بـه عضویـت هیـچ گـروه و تشـکیلات سیاسـی در نیاینـد و هیـچ نـوع نشـریه و کتـاب سیاسـی بـا خـود بـه انجمـن نیاورنـد. هرکـس ایـن تعهـد و تضمیـن را نمی‌پذیرفـت، بایـد انجمـن را تـرک می‌کـرد. اگـر کسـی حضـور و فعالیـت سیاسـی خـود را از انجمـن مخفـی نگـه می‌داشـت، در صـورت افشـا و لـو رفتـن، دیگـر او را بـه انجمـن راه نمی‌دادنـد.

انجمنیها روزی بـرای اخـذ تعهد و تضمیـن تحریم فعالیتهای سیاسی بـه سـراغ مـن آمدنـد، ولـی مـن از گـردن نهـادن بـه آن خـودداری کـردم و گفتـم کـه تنهـا تعهـد اخلاقـی می‌دهـم کـه هنگام حضـور در جلسـات انجمـن فعالیت سیاسـی نکنـم و بـا خـود مجلـه و نشـریه سیاسـی نیاورم. آنها هـم پذیرفتنـد. بـه ایـن ترتیب توانسـتم ضمـن حضـور در انجمـن بـه فعالیتهـای سیاسـی هـم بپـردازم.

---

۱ ـ «(... فعالیتهـای انجمـن خواسـته یا ناخواسـته مطلـوب سـاواک بـود. مسلما اسناد موجـود در سـاواک و عملکـرد رهبـران انجمـن بایـد نشـان‌دهنده همسـویی و توافقهـای پنهانـی باشـد؛ چـه در انجمـن، انـرژی و قـدرت فعـال جوانان کـه بایـد مقـدار زیـادی از بـار مبارزه را بـر دوش بکشـند، صـرف آمـوزش نقـاط ضعـف فرقـه ضالـه بهاییـت و آثـار و نوشـته‌های بهاییـان می‌شـد. مسلما در ایـن گیـر و دار، معلـول جـای خـود را بـه علـت می‌داد و ایـن انحـراف از روش و منـش اسـلامیت بـود. ایـن تشـکیلات در طـول فعالیتـش از تعـرض سـاواک مصـون مانـد. در مـاده ۱۹ اساس‌نامه انجمـن آمـده اسـت: «انجمـن بـه هیـچ وجـه در امورسیاسـی مداخلـه نخواهـد داشـت.» برهمیـن اسـاس از اعضـای آن تعهـد کتبـی می‌گرفـت.»
ر.ك: سـردار سـرفراز شـهید حجت‌الاسـلام سیدعلی اندرزگـو ـ مرکـز بررسـی اسناد تاریخـی وزارت اطلاعـات
آقـای دکتـر غلامعلـی حـداد عـادل کـه در نوجوانـی بـه مـدت کوتاهـی (سـالهای ۴۵ ـ ۴۳) در ایـن انجمـن فعالیت داشـته در خاطرات خـود در ایـن خصـوص می‌گویـد: «البته آنجـا [انجمـن حجتیه] توصیـه می‌کردند کـه شـما کار سیاسـی نکنیـد استدلالشـان ایـن بـود کـه می‌گفتنـد: حـالا هرکسـی بایـد یـك کار بکنـد، امـا اگـر بخواهیـم وارد عالم سیاسـت شـویم، از ایـن کار بازمی‌مانیـم، [...] اگـر مـا بخواهیـم مثـلاً هـم بـا بهاییـت مبارزه کنیم، هـم بـا دسـتگاه مبـارزه کنیم، شکسـت می‌خوریـم.»
آرشیو واحد تاریخ‌شـفاهی ـ دفتر ادبیات انقلاب‌اسلامی

پس از مدتی، حضور در انجمن را بدون فعالیتهای خاص سیاسی بی ثمر دیدم و نتوانستم مشی انجمن، مبنی بر عدم دخالت در فعالیت سیاسی را هضم کنم و آن را نوعی سازش با حکومت وقت دانستم. به همین دلیل خیلی آرام خود را از جرگه انجمن بیرون کشیدم و با فراغ خاطر به فعالیتهای سیاسی و مذهبی خود پرداختم.[1]

بعدها هنگامی که به خاطر فعالیت در حزب ملل اسلامی دستگیر و روانه زندان شدم، دیدم بیست نفر از اعضای حزب ملل اسلامی عضو انجمن بودند که من نیز آنها را از طریق انجمن می‌شناختم. ساواك به انجمن مراجعه و توضیح خواسته بود. انجمن ضمن ادای توضیحات، تعهدنامه‌ها را به عنوان سندی مبنی بر پرهیز از فعالیتهای سیاسی ارائه و خود را از این جریان دور کرده بود.

---

۱ ـ افراد و اعضای زیادی از انجمن حجتیه، به خاطر همین طرز تفکر بریدند و به فعالیتهای سیاسی پرداختند. انجمن پس از پیروزی انقلاب اسلامی به شکل رسمی‌تر تحت عنوان «انجمن حجتیه مهدویه» شروع به فعالیت کرد. ولی از همان ابتدا بین آنها اختلاف افتاد، برخی طرفدار انقلاب شدند و برخی مخالف. آقای دکتر غلامعلی حداد عادل در خاطرات خود می‌گوید: «آن عده که مخالف انقلاب بودند می‌گفتند در حدیث داریم که تا ظهور آقا امام زمان(عج) هر پرچمی به نام اسلام بلند شود، آن پرچم سرنگون می‌شود. یا مثلاً [آن پرچم [برحق نیست و یك عده برعکس می‌گفتند که ما در راه امام‌زمان(عج) خدمت می‌کردیم، حالا هم نایب برحق امام زمان قیام کرده، باید برویم کمکش کنیم و اینها آمدند در انقلاب [همراه شدند[و اسم خودشان را گذاشتند «عباد صالح». یك عده هم اصلاً بدون اینکه در یك تشکل باشند پیوستند به انقلاب، مثل قطره‌ای در دریای انقلاب گم شدند.»

آرشیو واحد تاریخ شفاهی ـ دفتر ادبیات انقلاب اسلامی

گفتنی است انجمن حجتیه پس از پیروزی انقلاب اسلامی با انقلاب فاصله گرفت و در بعضی موارد نیز رویاروی آن ایستاد. در جشن نیمه شعبان در استادیوم شیرودی و در اولین سال پیروزی، انجمن عناد خود را نسبت به حضرت امام آشکار نمود و در اقدامی کینه توزانه تمثال مبارك معظم لـه را پس از آیات عظام دیگر نصب کرد و علیه انقلاب موضع گرفت. سرانجام انجمن بر اثر مواضع صریح و شجاعانه حضرت امام خمینی تسلیم شد و فعالیت خود را تعطیل کرد.

ادونتیستهای روز هفتم

«ادونتیستهای روز هفتم»[1] جریانی مسیحی بود که به امر تبلیغ آیین مسیحیت، با هدف مقابله با اسلام مبادرت می‌کرد. این جریان در کلیسایی واقع در ابتدای خیابان رشت، تقاطع خیابان پهلوی (ولی‌عصر) تمرکز یافته بود و به نام «کلیسای ادونتیس» معروف بود. در این مرکز سرمایه‌گذاریهای مادی فراوانی صورت گرفته بود و تبلیغات گسترده‌ای در اشاعه مسیحیت می‌کردند. ادونتیستهای روز هفتم در سالهای ۱۳۴۰ تا ۱۳۴۳ در راستای هدف خود و با شیوه‌ای نوین شروع به نشر و توزیع جزوات تبلیغی به نامهای راه مریم و راه عیسی کردند. این جزوات به آدرسهای مختلف در اقصی نقاط کشور و برای افراد مختلف ازجمله مسئولین کشوری و لشکری به‌صورت ماهیانه و رایگان ارسال می‌شد.

پس از مدتی نیز برای همین آدرسها و افراد، کتابهای مختلف و نفیس مسیحی ازجمله انجیل می‌فرستادند تا به تبلیغ خود عمق

---

۱ ـ ادونتیستها ظهورگرایان یکی از سه گروه هزاره‌گرای مسیحیت هستند که اعتقاد به رجعت مسیح دارند. این گروه و دو گروه شاهدان یهود و دیسپنساشنالیستها (مقطع باوران) با خواند کتاب مکاشفه یوحنا معتقدند که مسیح یک دوره سعادت هزارساله ایجاد خواهد کرد.

نهضت ادونتیرم با پیشگوییهای ویلیام میلر (۱۷۸۲ ـ ۱۸۴۹ م) درباره پایان جهان آغاز شد. میلر ابتدا، سال ۱۸۴۳ و بعد ۱۸۴۴ را برای رجحت مسیح و پایان دنیا پیش‌بینی کرد.

چون پیش‌بینی تحقق نیافت، پیروانش از آن پس بدون موعد معین منتظر ظهور عیسی مسیح (ع) هستند، اما این موعد را نزدیک می‌دانند.

وسیع‌ترین و معروف‌ترین فرقه ادونتیستها، فرقه ادونتیست روز هفتم است که جوزف بیتس، جیمز وایت و همسرش الن‌گوله وایت (۱۸۲۷ ـ ۱۹۱۵ م) آن را تأسیس کردند. نخستین مجمع این کلیسای جدید در باتل کریک واقع در ایالت میشیگان در ۱۸۶۳ برپا شد.

ادونتیستهای روز هفتم، روز شنبه (نه یک‌شنبه) را روز مناسب برای عبادت مسیحی می‌دانند. ادونتیستها قبل از تهران، در جلفای اصفهان صاحب کلیسا بودند.

د هند .

من به همراه آقای محمد میرمحمد صادقی و آقای حسین صادقی در کنار مبارزه و مقابله با جریان انحرافی بهاییت، پس از اطلاع از این حرکت مرموز تصمیم به نفوذ به این جریان و مرکز گرفتیم تا شاید با کسب اطلاعات و آگاهی بیشتر، راهی برای مقابله با این حرکت مرموز بیابیم. از این رو خود را به ادونتیستها معرفی کرده و تمایل ظاهری نشان دادیم که می‌خواهیم پس از کسب اطلاعات و آگاهی مسیحی شویم. سپس در جلسات تبلیغی آنها شرکت می‌کردیم.

بعد از گذشت مدتی و حضور در جلسات متعدد ادونتیستها، وانمود کردیم که کاملاً مایل به تغییر آیین هستیم و آنها هم از ما استقبال کرده و با دراختیار قرار دادن کتابها و جزوات رایگان، می‌خواستند میل ما را حتمی و قطعی کنند.

در کلیسای ادونتیس با فرد دیگری به نام مرجانی آشنا شدیم. او نیز می‌گفت که قصد مبارزه با آنها را دارد و برای جلب اعتماد آنها تظاهر می‌کند که مسیحی شده است. مرجانی یک مرحله از ما پیش‌تر رفته بود، زیرا ما خود را علاقه‌مند و مایل به مسیحیت می‌دانستیم، ولی او می‌گفت که مسیحی شده است.[1] او توانست به این ترتیب تا حد زیادی به حوزه‌های ادونتیستهای روز هفتم نفوذ کرده و اعتماد آنها را نسبت به خود جلب کند. پس از پیشرفت خوبی که او در حوزه مرکزی داشت، توانست به ده هزار آدرسی که نشریات راه مریم و راه عیسی و کتابهای آنها ارسال می‌شد، دسترسی پیدا کند. او تمام آدرسها را یادداشت کرد و در اختیار ما قرار داد.

---

۱ ـ مرجانی که گفته‌ها، رفتار و اعمالش در ادونتیستهای روز هفتم مشکوک و شبهه ناک بود، سرانجام به آیین مسیحیت تغییر دین داد و به کشور آلمان گریخت و دیگر خبری از او به دست نیامد.

کار ما تا آن روز گرفتن نشریات و کتابهای متعدد به بهانه پخش و توزیع و درواقع حبس و نگهداری آنها نزد خودمان بود تا به این ترتیب به دست افراد کمتری برسد؛ ولی پس از گرفتن آدرسها تصمیم گرفتیم که ما هم کاری شبیه به آنها انجام دهیم و به همین آدرسها جزوات و کتابهای اسلامی بفرستیم، تا به این طریق فعالیت ادونتیستها را خنثی کرده باشیم.

برای این منظور نشریه ندای حق را که در آن زمان آقای سید هادی خسروشاهی منتشر می‌کرد، انتخاب کردیم. ندای حق حاوی مطالب ارشادی، اسلامی و مذهبی پرمایه و مقتضی با زمان و به خصوص مسائل جوانان بود. با تحقق نقشه ما این امکان فراهم می‌شد تا هرکس که نشریه راه مریم و راه عیسی را می‌خواند، نشریه ندای حق را هم مطالعه کند.

برای عملی شدن فکر و نقشه‌مان با محدودیتهای شدید مالی مواجه بودیم. برای رفع این معضل به چند نفر و به چند جا مراجعه کردیم ولی نتیجه‌ای عایدمان نشد. این طرح در اندیشه و ذهن ما بود تا به طریقی راه گشایش آن را بیابیم.

دیدار با حضرت امام خمینی

اوج‌گیری مخالفتها با لایحه «انجمنهای ایالتی و ولایتی» موجب آشنایی من با نام حضرت امام شد. از آن روز من عاشق و شیفته این پیر فرزانه شدم. برادرم مهدی این راه را بهتر از من رفت، زیرا او با عضویت در هیئتهای مؤتلفه، خود را کاملاً تحت انقیاد و اطاعت رهبر مردمی انقلاب درآورده بود و به دفعات توانسته بود به محضر ایشان برسد و از رهنمودهای او بهره جوید.

اندیشه ارسال نشریه ندای حق به آدرسهایی که مجله راه مریم را دریافت می‌کردند و هزینه‌های مربوط به این کار مانند تهیه پاکت، تمبر و بهای مجله؛ ما را برآن داشت که به طور جدی به

فکـر تأمیـن بودجـه و چـارهای باشیـم.

روزی کـه بـا بـرادرم مهـدی در ایـن خصـوص صحبـت می‌کردم. او گفـت کـه گزارشـی از فعالیتهایمـان بـه محضـر امـام بدهیـد، اگـر کار شـما مـورد تأییدشـان باشـد از شـما حمایـت کـرده و کمـك می‌کند. مـن از او خواسـتم کـه امکان ملاقـات بـا حضـرت امـام را برایمـان فراهـم کنـد. او نیـز پـس از مشـورت بـا حـاج مهـدی عراقـی خواسـته مـا را پذیرفـت و قـول داد کـه در اولیـن ملاقـات بـا امـام، تقاضـای مـا را بـرای دیـدار حضـوری طـرح کنـد.

مـا نیـز مشـغول تهیـه گزارشـی شـدیم تـا بتوانیـم به‌آن‌وسیله نظـر و تأییـد امـام را نسبـت بـه کارهـای خـود جلـب کنیـم. مرجانـی کـه دایـره فعالیتـش گسـترده‌تر و نفـوذی در حـوزه مرکـزی بـود، توانسـت حـدود ۴۸ جلـد کتابـی را کـه دربـاره تبلیـغ میسـیونرهای مسـیحی در ایـران چـاپ شـده بـود، جمـع کنـد. مـا ایـن کتابهـا و یـك سـری نشـریات راه مریـم و راه عیسـی را داخـل یکـی، دو تـا گونـی ریخته و منتظـر شـدیم تـا روز موعـود فرارسـد.

اوایـل سـال ۱۳۴۲ روزی کـه بـرادرم و شـهید حـاج مهـدی عراقـی بـا حضـرت امـام ملاقـات داشتند، مـن، مرجانـی و میرمحمـد صادقـی نیـز بـا آنهـا همـراه شـده و بـه قـم رفتیـم.

شـهید حـاج مهـدی عراقـی و بـرادرم، صبـح بـه دیـدار حضـرت امـام رفتنـد و مـا در حـرم حضـرت معصومـه(س) منتظر آنهـا شـدیم. وقتی از نـزد امـام برگشـتند، بـه مـا گفتنـد: «بـرای همیـن امـروز سـاعت ۳/۵ تـا ۴ بعدازظهـر وقـت ملاقـات بـرای شـما گرفتیـم. مـا بـا شـنیدن این خبـر خیلـی خوشـحال شـدیم. آن روز را در حـرم بـه زیـارت، دعـا و نمـاز گذرانـدیـم تـا سـاعت دیـدار فـرا رسـید.

وارد منـزل حضـرت امـام شـدیم. خانـه‌ای با سـبك و معمـاری قدیمی و بافـت اندرونـی و بیرونـی درمقابلمان بـود. در کنـار حیـاط اندرونـی چنـد تخـت چوبـی قـرار داشـت و روی آن فرش یـا زیلـو بـود. منتظـر

آمـدن امـام شـدیم. امـام آمـد، نـور آمـد. از جـای برخاسـتیم، سـلام دادیـم و ادای احتـرام کردیـم. امـام جـواب سـلاممان را دادنـد، بعـد مـا در مقابـل ایشـان زانـو زدیـم و نشسـتیم و بـا اجـازه ایشـان گـزارش فعالیتهایمـان را ذکـر کردیـم. از مبـارزه و تبلیغ و خطـر میسـیونرهای مسیحی صحبـت کردیـم. دربـاره «ادونتیسـتهایِ روز هفتـم» و اینکـه چـه کسـانی هسـتند و چـه می‌کننـد، توضیـح دادیـم.

مرجانـی بـرای اغـراق گفـت کـه اینهـا (میسـیونرهای مسـیحی) توانسـته‌اند در شهرسـتان همـدان یـك روسـتا را کامـلاً مسـیحی کننـد. بـا ایـن گفتـه، حضـرت امـام بـا هیبـت همیشـگی خـود بـه او نگـاه کردنـد و پرسـیدند: «کجاست؟» مرجانـی متوجـه شـد کـه امـام بـه اغـراق او پـی بـرده و در نتیجـه سـاکت شـد و دیگـر چیـزی نگفـت. ولـی مـا بریـده بریـده حرفهـای خـود را زدیـم و بـا همـان حـال و روح جوانـی گفتیـم کـه مـا قصـد مبـارزه بـا آنهـا را داریـم و می‌خواهیـم پرچـم اسـلام را در همـه جـا بـه اهتـزاز درآوریـم.

بعـد نشـریات راه مریـم و راه عیسـی و کتابهایـی را کـه بـا خـود همـراه بـرده بودیـم، از گونـی درآوردیـم و یـك یـك بـه امـام نشـان دادیـم. بـا صحنـه جالبـی مواجـه شـدیم. امـام هـر جـزوه و کتابـی را کـه می‌گرفتنـد، نگاهـی بـه عنـوان آن می‌کردنـد و می‌فرمودنـد: «دیـده‌ام، دیـده‌ام، ایـن را هـم دیـده‌ام.»

و آنهـا را کنـار دسـت خـود می‌چیدنـد. مـا باورمـان نمی‌شـد کـه امـام ایـن همـه کتـاب و جـزوه را دیـده باشـند، بـه همین‌خاطـر رفتـار ایشـان بـه مـا برخـورد، طوری‌کـه در درون احسـاس ناراحتـی می‌کردیـم. اینکـه امـام حتـی یـك کتـاب را هـم نگفتنـد کـه ندیـده‌ام، بـرای مـا تازگـی داشـت. بغـض گلویمـان را گرفتـه بـود. امـام وقتـی عناویـن همـه کتابهـا را دیدنـد و کنـار گذاشـتند، فرمودنـد کـه دو تـا کتـاب دیگـر هـم هسـت و اسـامی آن دو را ذکـر کردنـد (کـه البتـه مـن الان اسـم آنهـا را بـه خاطـر نـدارم) و دربـاره آنهـا صحبـت کردنـد.

ما جاخوردیم، عجیب بود. ما نتوانسته بودیم به این دو کتاب دسترسی پیدا کنیم.

گویا در آن کتابها به مرزهای کشور شُبهه وارد شده بود و رژیم طاغوت به همین علت اجازه نشر و توزیع آنها را به مسیحیان نداده بود. ما از اطلاع و وقوف امام به این دو کتاب و مطالب آن بسیار شگفت زده شدیم. ناراحتیمان فراموش شد و کمی خود را جمع و جور کردیم. فهمیدیم که ما دچار توهم شده‌ایم وامام خیلی جلوتر از همه حرکت می‌کنند.

بعد از این درس بزرگ، به امام گفتیم که ما ده‌هزار آدرس را که جزوات ادونتیستها به آنجاها ارسال می‌شود به‌دست آورده‌ایم و قصد داریم در مقابل حرکت آنها به همان آدرسها نشریه ندای حق را بفرستیم، ولی مشکل مالی و بودجه‌ای داریم.

حضرت امام (نقل به مضمون) فرمودند: «اینکه مبارزه نیست و اینها شما را به خود مشغول نکنند.» ما دوباره جا خوردیم و با تعجب پرسیدیم: «مبارزه نیست؟! پس چه چیز مبارزه است؟!» امام (نقل به مضمون) فرمودند: «اینها پنجاه سال است در این مملکت کار می‌کنند، نتوانسته‌اند هیچ موحدی را مسیحی کنند. لاابالی کرده‌اند، ولی بی‌دین نکرده‌اند. این جریانات یك سرمنشاء دارد، مثل یك نهر است، شما بروید دنبال سرچشمه. اینها همه از فساد رژیم است، شما بروید دنبال آن، اینها وقتتان را می‌گیرد.»[1]

ما بیشتر منفعل شدیم. دیدیم که امام می‌گویند اینها مبارزه نیست، پس این همه زحمتی که ما می‌کشیم چه می‌شود؟ حضرت امام مطالب خود را ادامه دادند و فرمودند (نقل به

---

۱ ـ آقای محمد میرمحمد صادقی درخصوص این ملاقات و سخنان حضرت امام مطالبی را با اندکی تغییر، در اختیار واحد تاریخ شفاهی دفتر ادبیات انقلاب اسلامی قرار داده‌اند.

مضمـون): «یـك گـروه دارنـد کار می‌کننـد بـه نـام ضدبهایـی، کـه مربـوط بـه آقـای حلبـی اسـت، می‌خواسـتم به‌آنجـا معرفی‌تـان کنـم، امـا آن هـم مبـارزه نیسـت.» بـا مطلب آخـری کـه امام در آن جلسـه فرمودنـد، دریافتیـم کـه ایشـان به همـه زوایـا و ابعـاد وارد و آگاه هسـتند و خیلـی راحـت و صریـح سخـن می‌گوینـد. بـه ایشـان گفتیـم: «پس مـا بایـد چـه کار کنیـم؟ تکلیفمـان چیسـت؟»

حضـرت امـام بـا همـان لحـن شـیرین کـه همـه قشـرها آن را درك می‌کننـد، فرمودنـد (نقـل بـه مضمـون): «همیـن مبـارزه‌ای کـه روحانیـت دارد می‌کنـد، همیـن کار را بکنیـد.»

مـا در ذهـن و فکـر خـود بـه ایـن می‌اندیشـیدیم کـه روحانیـت کار خاصـی نمی‌کنـد. بـه مسـجد و منبـر می‌رود و سخـن‌رانی می‌کنـد. اگـر سخـن‌رانیش خیلـی تنـد باشـد، می‌آینـد او را می‌گیرنـد و چنـد صباحـی بـه زنـدان می‌برنـد. مـا در آن زمـان بیشـتر از ایـن حـد نمی‌توانسـتیم فکـر کنیـم و نمی‌توانسـتیم قبـول کنیـم کـه کار روحانیـت مبارزه اسـت. امـا گذشـت زمـان ثابـت کـرد کـه در فعالیتها و حرکتهـای انقلابـی، آنچـه کـه مفیـد و مؤثـر بـود، همیـن حرکـت روحانیـت بـود کـه موجب سـلامت سـایر فعالیتها و موجب حرکت عظیـم ملـت و امـت اسـلامی شـد. مـا آن روز بـه مبـارزه مسـلحانه، کارهـای تشـکیلاتی و حزبـی و جنگهـای چریکـی می‌اندیشـیدیم و ایـن نـوع حرکتها (وعظ و خطابـه روحانیـون) بـرای مـا مبارزه قلمـداد نمی‌شـد. ایـن گذشـت زمـان بـود کـه خـلاف اندیشـه مـا و صـواب اندیشـه امـام را ثابـت کـرد.

مـدت ملاقـات مـا بـا امام بـه پایـان رسـید. از ایشـان خداحافظی کـرده و بازگشـتیم. تـا ابـد ایـن خاطـره و ملاقـات درس‌آمـوز و عبرت‌انگیـز از لـوح دیـده و دل مـا بیـرون نخواهـد رفـت.

قیام جاودان

دوم فروردیـن سـال ۱۳۴۲ بـه مناسبت سـالروز شـهادت حضرت امـام صـادق علیه‌السـلام، حضـرت آیـت اللـه العظمـی گلپایگانـی مراسـم سوگواری در مدرسـه فیضیـه برگـزار کردنـد کـه مـورد تهاجـم کمانـدوهـا و مأموریـن رژیـم شـاه قـرار گرفـت. درنتیجـه ایـن حملـه، تعـدادی از طـلاب شـهید و مجـروح شـدنـد. ایـن فاجعـه موجـب تأسـف قاطبـه مـردم ایـران به‌خصوص علمـا و روحانیـون شـد. علمـا و مراجع عظـام، بازاریـان، اصنـاف، جمعیتهـا و گروههـای اسـلامی، در حمایـت از حـوزه علمیـه قـم و محکـوم کـردن اقـدام تروریسـتی رژیم، اطلاعیه‌هـا و اعلامیـه هایـی صـادر کردنـد.

در ایـن میـان، اعلامیه‌هـا و خطابه‌هـای حضـرت امـام خمینـی از همـه افشـاگرانه‌تر، صریح‌تـر و شـجاعانه‌تر بـود. ایشـان از وعـاظ، خطبـا و سـخن‌رانان خواسـت تـا از هفتـم مـاه محـرم بـه بعـد، جنایـات رژیـم پهلـوی را افشـا کننـد.

گفتـه می‌شـد کـه قـرار اسـت حضـرت امـام در عصـر عاشـورا بـه مدرسـه فیضیـه برونـد و سـخن‌رانی افشـاگرانه‌ای ایـراد کننـد. در تهـران هـم هیئتهـای مؤتلفـه اسـلامی دنبـال تـدارک برنامـه‌ای بودنـد، تـا روز عاشـورا تظاهـرات و راه‌پیمایـی وسـیع و عظیمـی شـکل دهنـد.

مـاه محـرم فـرا رسـید، جلسـات وعـظ و سـخن‌رانی شـروع شـد. دسـته‌های سـینه زنـی و عـزاداری از طـرف هیئتهـای مردمـی بـه راه افتـاد. تـا روز عاشـورا چنـد روزی نمانـده بـود. هیئتهـای مؤتلفـه درصـدد برگـزاری اجتمـاع بـزرگ روز عاشـورا در مقابـل مسـجد حـاج ابوالفتـح بودنـد، ولـی از طـرف طیـب حاج‌رضایـی[1] و حسـین

---

1 ـ طیـب حـاج رضایـی فرزنـد حسـنعلی از لوتیهـا و قلدرهـای جنـوب شـهر تهـران بـود و بـه آزادگـی و جوانمـردی اشـتهار داشـت. او همـه سـاله در ایام مـاه محـرم الحـرام دسـته عـزاداری و سـینه زنـی بزرگـی در سـطح شـهر بـه راه می‌انداخـت. او همـراه رادمـرد دیگـری بـه نـام حـاج اسـماعیل رضایـی، بعـد از قیـام خونیـن ۱۵ خـرداد توسـط

رمضان یخی[1] نگران بودند که اجتماع آنها را به هم بریزند. از این رو شهید حاج مهدی عراقی از طرف هیئتهای مؤتلفه به دیدار این دو نفر رفت و آنها قول دادند که مراسم روز عاشورای آنها را به هم نریزند.

من صبح عاشورا، خود را به اجتماع رساندم. هرلحظه بر ازدحام مردم افزوده می‌شد. ناگهان یک هیئت پرطمطراق عزاداری از راه رسید. سردسته هیئت فردی به نام ناصر جگرکی[2] بود. گویا برای برهم زدن اجتماع آمده بود. وارد مسجد حاج ابوالفتح شد. اما با تمهید شهید حاج مهدی عراقی[3] و سخنرانی وی، ناصرخان در

ساواک دستگیر شدند و پس از تحمل سخت‌ترین شکنجه‌ها اعدام شهید شدند.

۱   ـ حسین رمضان یخی، از لوتیهای معروف تهران بود و هم‌چون شهید حاج طیب رضایی در ماه محرم دسته عزاداری ویژه هیئت خود راه می‌انداخت.

۲   ـ ناصر جگرکی از گردن کلفتها و لوتیهای جنوب شهر و باغ فردوس بود. او نیز برای خود هیئت و دسته عزاداری داشت. گاه این هیئتها به سردستگی همین لوتیها با هم تزاحم پیدا می‌کردند و درگیر می‌شدند که در این صورت ممکن بود بعضیها زخمی و یا حتی کشته شوند.

۳   ـ شهید حاج مهدی عراقی به سال ۱۳۰۹ در محله پاچنار تهران متولد شد. او از همان دوران کودکی علاقه زیادی به حضور در هیئتهای مذهبی داشت و از دوران نوجوانی در بازار تهران مشغول به کار شد. در شانزده سالگی به عضویت شورای مرکزی جمعیت فداییان اسلام به رهبری شهید نواب صفوی درآمد و در بیشتر تحرکات و فعالیتهای آنها شرکت می‌کرد. او همراه ۳۵۳ نفر به خاطر دستگیری نواب صفوی در زندان قصر متحصن شد.

وی در سال ۱۳۴۱ همراه سایر دوستان و هم‌سنگران خود هیئتهای مؤتلفه اسلامی را راه‌اندازی کرد. شهید عراقی در نهضت ۱۵ خرداد ۴۲ و اجتماع روز عاشورا در مسجد حاج ابوالفتح نقش بسزایی داشت. در بهمن سال ۴۳ همراه هم‌سنگران خود در هیئتهای مؤتلفه در اعدام انقلابی حسنعلی منصور شرکت کرد و به همین خاطر دستگیر و با یک درجه تخفیف به حبس ابد محکوم شد. شهید عراقی در زندان عامل مهمی در انسجام و وحدت نیروهای اسلامی در مقابل گروههای مارکسیستی بود. او در سال ۱۳۵۵ از زندان آزاد شد و مبارزات خود را در بیرون از زندان پی گرفت. شهید عراقی با هجرت امام خمینی به پاریس رفت و هنگام بازگشت امام از همراهان ایشان بود.

او بعد از پیروزی انقلاب اسلامی به عضویت شورای مرکزی حزب جمهوری اسلامی درآمد و مسئولیتهای مختلفی چون سرپرستی زندان قصر، عضویت در

محذورات اخلاقی قرار گرفت و بازگشت.

پس از سخن‌رانی حاج مهدی عراقی، به سمت سرچشمه حرکت کردیم و از آنجا به مجلس، بعد چهارراه مخبرالدوله، چهاراه استانبول، سفارت انگلیس و میدان فردوسی رفتیم. در برخی نقاط توقف کرده و سخن‌رانی کوتاهی نیز صورت می‌گرفت. بعد از این مسیرها به سمت دانشگاه تهران رفتیم. اول قرار بر این بود که مسیر راه‌پیمایی از مسجد تا دانشگاه باشد، ولی با پیشنهاد جمعیت بعد از دانشگاه به سمت میدان ۲۴ اسفند (انقلاب) و خیابان سی متری (کارگر)، پاستور و کاخ مرمر رفتیم. کاخ مرمر توسط نیروهای امنیتی و انتظامی محاصره شده بود. دور کاخ چرخی زدیم و با مشتهای خود به دیوارهای کاخ زده و شعار می‌دادیم: «مرگ بر دیکتاتور!»

بعدازظهر به بازار و مسجدشاه (امام) رسیدیم و در آنجا راه‌پیمایی به پایان رسید. هیئتهای مؤتلفه اسلامی توانست برنامه خود را کاملاً موفق به اجرا درآورد.

صبح روز ۱۵ خرداد نبش چهارراه عباسی، دیدم یکی از دوستانم به نام جعفری[1] درحال مشاجره با یک مغازه‌دار است. به آنها نزدیک شدم، آقای جعفری با عصبانیت گفت: «باید مغازه‌ات را ببندی!» مغازه‌دار با لهجه ترکی جواب داد: «آخر نمی‌شود، الان از کلانتری می‌آیند، پدر مرا درمی‌آورند.» حاج آقای جعفری

شورای مرکزی و ریاست واحد اجرایی بنیاد مستضعفان و مدیریت مالی روزنامه کیهان را به عهده گرفت.

سرانجام شهید عراقی در سحرگاه ۱۳۵۸/۶/۴ به دست گروه خوارج فرقان همراه فرزندش حسام به‌شهادت رسید. امام خمینی به‌مناسبت شهادت این مجاهد ستم‌ستیز فرمودند: «برای او مردن در رختخواب کوچک بود. او باید شهید می‌شد.»

[1] ـ آقای احمد، به خاطر حضور در مجامع و مساجد مختلف با افراد زیادی آشنا و یا دوست می‌شد ازجمله آنها آقای جعفری است که با او در مسجد صاحب الزمان‌عج ـ عباسی ـ آشنا شده بود.

با تندی بیشتر گفت: «خُب، بهشان بگو که جعفری گفته.» جلوتر رفتم و پس از سلام و علیك از آقای جعفری پرسیدم: «چی شده حاج آقا؟» گفت: «مگر خبر نداری؟» پرسیدم: «چه چیز را!؟» جواب داد: «دیشب آیت‌الله خمینی را گرفته‌اند.» با این گفته، شوکه شدم و رنگم پرید. پرسیدم: «کی گفته؟» گفت: «خبرش را آورده‌اند.» گفتم: «خُب، حالا باید چه کار کنیم؟» گفت: «برویم بازار، بچه‌ها بازار هستند.»

به این ترتیب از حادثه‌ای که رخ داده بود مطلع شدم. دلشوره زیادی داشتم. در رفتارم نگرانی پیدا بود. با عده‌ای از بچه‌های محل به میدان اعدام (محمدیه) و از خیابان خیام به سمت چهارراه گلوبندك رفتیم. در آنجا دیدم که مردم دسته دسته به طرف بازار می‌روند. جالب بود، بچه‌های بازار بدون هیچ برنامه از پیش تعیین شده‌ای مغازه‌ها را بسته و کرکره حجره هایشان را پایین کشیده بودند.

با ازدحام جمعیت، اوضاع شلوغ به نظر می‌آمد، دقایقی بعد راه‌پیمایی خودجوشی شکل گرفت. مأموران از حرکت آنها ممانعت می‌کردند و برای این منظور شروع به تیراندازی کردند. مردم شعار می‌دادند: «یا مرگ یا خمینی...» یا مرگ یا خمینی... و به حرکت خود ادامه می‌دادند و از کوچه‌ای به کوچه دیگر و از خیابانی به خیابان دیگر می‌رفتند و هرلحظه اوضاع شلوغ‌تر می‌شد.

در چهارراه گلوبندك یك سرهنگ ارتش، دسته‌های نظامی و کماندوهای تحت‌امر خود را به صورت یك صف جلو نشسته و یك صف عقب ایستاده، به چند جهت آرایش داده بود. گروهی در خیابان خیام به سمت میدان اعدام، گروهی دیگر در خیابان بوذر جمهوری (۱۵ خرداد) به سمت خیابان ابوسعید و گروهی هم به سمت بازار و گروه آخر هم به سمت سه راهی روزنامه

اطلاعـات انتظـام و صـف آرایـی کـرده بودنـد. سـرهنگ ارتـش خـود در وسـط ایـن چهاردسـته بـود تـا بـه موقـع فرمـان آتـش و حملـه را صـادر کند. گفتـه می‌شـد بـه آنهـا اجـازه آتـش بـدون پوکه[۱] داده‌انـد.

حـدود ۱۰ صبـح، هلیکوپتـری از بـالای سـر مـا و از روی بـازار و خیابانهـای اطـراف گذشـت. معلـوم بـود کـه رژیـم، تمـام قـوا و تجهیـزات خـود را بـرای سـرکوب قیـام مـردم بـه کار گرفتـه است. وقتـی در خیابان خیـام بـه چهـارراه گلوبنـدک نزدیـک شـدیم، دیـدم کـه سـرهنگ ارتـش دسـتش را بـه سـوی دسته‌ای از کماندوهـای تحـت امـر خـود بـالا بـرد. مـن فکـر نمی‌کـردم کـه تهدیـد او جـدی باشـد و بـه اصطـلاح می‌گفتـم فیلـم است، امـا ناگهـان او دسـتش را بـا شـتاب پاییـن انداخـت و گفـت: «آتـش»! صفیـر گلوله‌هـا را می‌شـنیدیم کـه از جلـو چشـمهایمان رد می‌شـد. مـن کـه سـربازی نرفتـه بـودم و بـا صـدای تیـر آشـنا نبـودم، مشـاهده چنیـن صحنـه‌ای تکانـم داد. ناخـودآگاه بـه سـمت بـازار کشـیده شـدیم و ارتباطمـان بـا چهـاراه گلوبنـدک قطع شـد. تیرانـدازی شـدت گرفت، خـود را بـه دهنـه سـنگی یـک بانـک رسـانده و مخفـی شـدم، همچنـان گلوله‌هـا از مقابلـم رد می‌شـد و برخـی هـم بـه لبـه دیـوار سـنگی می‌خـورد. وحشـت مـرا فراگرفتـه بـود. خـود را هرچـه بیشـتر بـه سینه دیـوار بانـک کشـیدم تـا از اصابـت گلولـه در امـان باشـم. یـک دفعـه دیـدم پسـر جوانـی وسـط خیابان تیـر خـورده و کمـی عقـب رفـت و بـه پشـت افتـاد و چـون مـرغ سـرکنده شـروع بـه دسـت و پا زدن کـرد. می‌خواسـتم بـه او کمـک کنـم، ولـی آمـاج گلوله‌هـا ناتوانـم کـرده بـود. دقایقـی گذشـت. طاقتـم تـاق شـد، از خـود بـی خـود شـده و

---

۱ ـ بـه دلیـل مقـررات ارتـش و نیـز کنتـرل مهمـات بـه نیروهـای نظامـی اعـلام شـده بـود کـه پـس از هـر آتـش و تیرانـدازی، بایـد پوکه گلوله‌هـای شـلیک شـده خـود را تحویـل دهنـد. امـا در ایـن راهپیمایـی رژیـم کـه پیش‌بینـی می‌کـرد مـردم از دسـتگیری امـام خمینـی خشـمگین شـوند، بـه نیروهـای امنیتـی و نظامـی خـود اجـازه داده بـود کـه بـدون تحویـل پوکه تیرانـدازی و شـلیک کننـد.

فریـاد زدم: «آی، بی انصافهـا، واسـه چـی شعار می‌دهیـد و بعـد فـرار می‌کنیـد؟ بیاییـد اینجـا، ایـن پسـره داره می‌میـره.»

صحنـه لحظه‌ای آرام شـد. بـا سـرعت بـه طـرف آن جـوان رفتـم و او را از زمین بلنـد کـردم. چنـد نفـر دیگـر نیـز آمدند. مـن دسـت چپـش و یکـی دسـت راسـتش و دو نفـر هـم پاهایـش را گرفتنـد و بلنـد کـرده و حرکـت دادیـم. از وسـط خیابـان بـه طـرف پیـاده رو می‌رفتیـم کـه دوبـاره سـرهنگ ارتـش دسـتور آتـش داد. کسـی کـه مقابـل مـن پـای ایـن مجـروح را گرفتـه بـود، خـم شـد و افتـاد. بعـد فـردی هـم کـه در کنـار مـن، دسـت راسـت مجـروح را گرفتـه بـود، از پشـت تیـر خـورد و افتـاد. تـا وضـع ایـن طـور شـد، مـن و آن دیگـری فـرار کردیـم. مـن خـودم را دوبـاره بـه سـینه دیـوار بانـك رسـاندم و مخفـی شـدم. بـه خـود نـگاه کـردم و دیـدم دسـتها و لباسـم خونـی شـده اسـت. مـات و مبهـوت بـه ایـن صحنه‌هـا نـگاه می‌کـردم. قـادر بـه هیـچ حرکتـی نبـودم و زمیـن گیـر شـده بـودم و تـرس و وحشـت وجـودم را فراگرفتـه بـود. یـك دفعـه صـدای شـعارهای مـردم را شـنیدم. دیـدم عـده‌ای از مـردم، درحالـی کـه چـوب و چمـاق دستشـان اسـت، بـه طـرف مـا می‌آینـد و شـعار می‌دهنـد. «یـا مـرگ، یـا خمینـی... مـردم برویـد بـه بـازار... مـردم برویـد بـه بـازار...»

کمـی روحیه گرفتـم. دقـت کـردم و دیـدم بـرادرم مهـدی بـا عده‌ای از جوانهـای رشـید هیئـت مؤتلفـه بـه ایـن طـرف می‌آینـد. مهـدی مـرا دیـد. بـه طرفـم آمـد و دسـت روی شـانه‌ام گذاشـت و تکانـم داد. گفـت: «چیـه؟... احمـد! چـی شـده؟». مـن بـه خـود آمـدم و گفتـم: «داداش! ببیـن اینهـا را کشـته‌اند!»

گفـت: «بـرو بابـا! کجایـش را دیـده‌ای؟! بـرو ببیـن، جنایتـکاران همیـن طـور نعـش مـردم را عیـن بـرگ خـزان بـر خیابانهـا ریخته‌انـد و کسـی نیسـت آنهـا را جمـع کنـد، بیـا برویـم جلـو، اینجـا، نایسـت...» بعـد دسـت مـرا گرفـت و کشـید و بـه طـرف بـازار حرکـت کردیـم.

هنگامی که از داخل بازار رد می‌شدیم، دیدم که اجساد را به کنار کوچه کشیده‌اند. در یکی از دالانهای بازار صحنه تکان دهنده‌ای دیدم. فردی که از ناحیه ران چند تیر خورده بود، کنار چهارچرخی افتاده بود و با انگشت سبابه به خون خود می‌زد و روی تخته بدنه چهارچرخ درحال نوشتن جمله «یا مرگ یا خمینی» بود. حالت عجیبی به من دست داد. طاقت نیاوردم و از آنجا دور شدم. آرام‌آرام، مسئله خون، قتل و قتال برایم عادی شد. داخل بازار از این دالان به دالان دیگر می‌رفتیم؛ ناگهان نظامیها درهای ورودی بازار را مسدود کردند و داخل را به رگبار بستند. سربازها و نظامیها، داخل بازار و بازارچه‌ها نمی‌شدند، فقط از همان مدخل تیراندازی می‌کردند. وقتی کسی از این سو به آن سوی بازار می‌دوید، او را به رگبار می‌بستند و گاهی او با چند بار زمین خوردن و برخاستن موفق به گذشتن و گاهی هم تیر خورده و شهید می‌شد. وجود برادرم در کنارم قوت قلب خوبی بود. تکرار صحنه‌ها ترسم را ریخت و مرگ را در نظرم بی ارزش کرد. به بازار نوروزخان رفتیم و از پشت مسجد شاه (امام) بیرون آمدیم. به محض خروج از بازار دیدم مردم زیادی آنجا هستند، شروع کردیم به شعار دادن: «خمینی، خمینی، خدا نگهدار تو بمیرد، بمیرد، دشمن خونخوار تو.»

نظامیها به اصطلاح شروع کردند به دِرو و حسابی مردم را زخمی و یا شهید کردند. گاز اشک آور چشمهایم را به شدت می‌سوزاند و اشکهایم جاری بود. مهدی دستمال خیس کرد و به من داد تا روی چشمانم بگذارم.

اتفاق جالبی افتاد. دیدم گروهی ناشناس با دادن شعارهای انحرافی از مردم می‌خواهند که به جهتهای دیگر بروند. به عده‌ای می‌گویند: «بروید به طرف محله جُهودها!» و به عده‌ای هم می‌گویند: «بروید به طرف چهارراه سیروس!» و

عـده‌ای دیگـر را نیـز بـه بـازار آهنگرهـا می‌خواندنـد. متوجـه توطئـه شـدم. در آنجـا یـك دكـه یـخ فروشـی بـود بـه بـالای آن پریـدم و بـا اینكـه چشـمهایم سـوزش داشـت و گاهـی دسـتمال خیـس را روی آن می‌گذاشـتم، شـروع بـه صحبـت كـردم: «آی مـردم! بـه حـرف اینهـا كـه نمی‌شناسیدشـان گـوش ندهیـد. اینهـا دارنـد شـما را متفـرق می‌كننـد. می‌خواهنـد اینجـا را خالـی كننـد تا نظامیهـا بیاینـد و اینجـا را بگیرنـد. اگـر آنجـا برویـد معلـوم نیسـت كـه پلیـس نباشـد. همیـن جـا بمانیـد، بایسـتید، مقاومـت كنیـد و...»

همیـن طـور كـه صحبـت می‌كـردم، كسـی بـه پایـم زد و گفـت: «آقـا! آقـا!... آنجـا را!» و بـا دسـت بـالای سـرم را نشـان داد. دیـدم كـه چیـزی نمانـده سـرم بـه سـیم بـرق بخـورد. پاییـن پریـدم و خواسـتم بـروم آن طـرف پیـاده رو، دیـدم كـه فـردی درحـال رد شـدن از جـوی آب تیـر خـورد و داخـل جـوی افتـاد. گویـا ایـن تیـر را بـه سـمت مـن نشـانه رفتـه بودنـد. مـا او را برداشـتیم و بـه كنـاری كشـیدیم. دیـدم كـه تیـر بـه سـینه‌اش خـورده، و دیگـر كارش تمـام اسـت. نمی‌توانسـتیم او را بـا خـود ببریـم، زیـرا جنازه‌هایـی مثـل او زیـاد بودنـد. وضـع كـه بحرانی‌تـر شـد، بـه اخـوی گفتـم: «داداش، بیـا برگردیـم تـو بـازار نوروزخـان.» بـا چنـد نفـر دیگـر وارد بـازار شـدیم. ورودی بـازار از خیابـان بـوذر جمهـری (۱۵ خـرداد) چنـد پلـه بـه سـمت پاییـن دارد و در پیـچ بعـدی بـه سـمت چـپ، دیـوار بلنـدی اسـت. مـا بـا آن چنـد نفـر هماهنـگ كردیـم كـه عـده‌ای بـه بـالای بـام حجره‌هـا برونـد و مخفـی شـوند، عـده‌ای هـم در پاییـن شـعار بدهنـد تا نظامیهـا تحریـك شـوند و بـه ایـن سـو بیاینـد و وقتی كـه بـه اینجـا رسـیدند، افـراد بـالای بـام بـه‌روی آنهـا پریـده و خلـع سلاحشـان كننـد. از ایـن رو مـن بـا چنـد نفـر دیگـر بـه بـالای بـام رفتیـم و آنهـا كـه در پاییـن بودنـد شـعار سـر دادنـد: «خمینـی، خمینـی، خـدا نگهـدار تـو... علیـل اسـت، ذلیـل اسـت، دشـمن خونخـوار تـو»

هرچه همراهان شعار می‌دادند، سربازها جلو نیامدند و از همان جایی که ایستاده بودند، تیراندازی می‌کردند. گویا دست ما را خوانده بودند. وقتی از این طرح نتیجه نگرفتیم، پایین آمدیم و به طرف بازار شیرازیها رفتیم و از آنجا وارد خیابان شدیم.

کماندوها مدام حمله کرده و ما را به عقب می‌راندند. به چهارراه سیروس رسیدیم. آنجا ساختمان نیمه کاره بانکی بود که کلی مصالح مقابلش ریخته بودند. فرصت خوبی بود. با آجر و سنگ شروع به مقابله کردیم. در حملات خیابانی گاه به جلو و گاه به عقب کشیده می‌شدیم. در این بین پسر جوانی که کت و شلوار مشکی ولی خاک آلود به تن داشت و شعار می‌داد، ناگهان تیری به دهانش خورد و از پشت گردنش خارج شد. دهانش پر خون شد و به زمین افتاد. به طرف او دویدیم و به کنار خیابان کشیدیمش. ماشینی نبود. کمی به این طرف و آن طرف نگاه کردیم، ماشینی را دیدیم که کنار خیابان پارک کرده بود. در آن را به نحوی باز کرده و روشن کردیم. پیکر نیمه جان پسر جوان را داخل آن انداختیم و یکی از همراهان او را به بیمارستان سینا برد.

تا ساعت ۳ بعدازظهر درگیری به این منوال ادامه داشت. ما هنوز شکست نخورده بودیم. کماندوهای ارتش و شهربانی پس از تجدید قوا و با تجهیزات و تسلیحات کامل به طرف ما پیش روی کردند. از چهارراه گلوبندك تا چهارراه سیروس پیش آمدند. ما تا این ساعت مقابل آنها خیلی خوب ایستاده و مقاومت کرده بودیم، ولی رفته رفته آثار گرسنگی، تشنگی و خستگی در ما پیدا شد. هنوز مجالی برای خواندن نماز ظهر و عصر پیدا نکرده بودیم. لباسهایمان به خاطر انتقال مجروحین و شهدا خاکی و خونی بود.

در این بین ناگهان متوجه ورود تانکها از طرف خیابان ری شدم. دو کامیون نظامی هم نیروهای کماندو را سر خیابان ری،

تقاطع بوذر جمهری شرقی پیاده کردند. آنها به طرف چهارراه سیروس حمله کرده و تیر می‌انداختند. به این ترتیب شرایط برای تظاهر کنندگان بدتر شد. ما که اوضاع را این‌طور دیدیم، با سرعت وارد خیابان سیروس (شهید مصطفی خمینی) شدیم. کماندوها پس از یورش خود از بازار آهنگرها به چهارراه سیروس، در تعقیب ما وارد خیابان سیروس شدند. اوضاع به شدت بحرانی و وحشتناک شده بود. نفس‌نفس زنان به سمت خیابان مولوی رفتیم. جمعیت از هرسو به سمت پیاده رو و کوچه‌های فرعی می‌گریختند. گاهی من از نفس می‌افتادم، ولی با نهیب برادرم مهدی باز لنگان لنگان می‌دویدم. کماندوها و سربازان همچنان به دنبال ما می‌آمدند و تیراندازی می کردند. از همه جا آتش و خون می‌بارید. گاهی هم افراد لای دست و پای یکدیگر گیر کرده و چند نفری به زمین می‌خوردند، ولی دوباره برخاسته و می‌دویدند. من درحال دویدن لحظه‌ای دیدم که در کمر نفر مقابل من سه نقطه قرمز ایجاد شد. به برادرم گفتم: «مثل اینکه طرف تیر خورده‌ها، ولی دارد می‌دود!» او چند قدم دیگر رفت، ولی ناگهان با سر افتاد و نقش زمین شد. من بی اختیار خم شدم تا بلندش کنم که برادرم پشت گردنم را گرفت و بلند کرد و گفت: «احمد بدو! وقت این کارها نیست، به هیچ کس رحم نمی کنند، بدو الان از راه می‌رسند، ما نمی‌رسیم او را کنار بکشیم.»

ما تا چهارراه مولوی دویدیم و متوجه شدیم که از آن طرف هم نظامیها آمده مسجد حاج ابوالفتح را اشغال کرده‌اند و میدان شاه (قیام) در تصرف آنهاست.

ساعت ۴ بعدازظهر در حوالی خیابان مولوی بودیم. در آن شلوغی و بحران، این طور تصور می‌کردیم که دیگر نهضت شکست خورده است. همه مردم از خیابانها پراکنده شدند و به منازل

رفتند. یواش یواش نیروهای نظامی و شهربانی تمام خیابانها را به تصرف خود درآوردند و بر نقاط استراتژیك شهر مسلط شدند.

ما نیز از صحنه دور شدیم. درحالی كه دیگر بی‌رمق و ناتوان از حركت بودیم، تلوتلوخوران با آن سر و وضع آشفته، خود را به محله‌مان رساندیم. آن‌قدر بی‌حس و حال راه می‌رفتیم كه ۴۵ دقیقه طول كشید تا به منزلمان برسیم. در محله ما دیگر خبری از دود و آتش و باروت نبود.

به پدر و مادرم اطلاع داده بودند كه مهدی و احمد در درگیریهای امروز كشته شده‌اند. اهالی محل وقتی ما را دیدند، در كوچه‌ای كه به خانه مان ختم می‌شد، جمع شدند و با حالت بهت و حیرت به ما نگاه كردند، لباسهای پاره پاره و خونی، سر و دست زخمی و خاكی ما و لبهای تركیده و خشكیده، تعجب آنها را دو چندان كرده بود. برخی زنها و مردها كه می‌ترسیدند نظامیها در تعقیب ما به محل بریزند و یورش بیاورند؛ بچه‌های خود را از كوچه و خیابان جمع كرده و به منازل می‌بردند. ساعت از ۵ بعدازظهر گذشته بود كه با همان حال پریشان وارد منزل شدیم. پدر و مادرم درحال گریه و زاری بودند و بادیدن ما اشك در چشمهایشان خشكید. لحظه‌ای مات و مبهوت شده و بعد از فرط خوشحالی با شتاب به سوی ما آمدند.

در این روز بزرگ اگرچه شهادت نصیب من نشد، ولی آنچه از نزدیك دیدم، غیرقابل توصیف است و زبان بیش از این در توصیف آن نمی‌چرخد. ما در آن روز به تقدیر خداوندی زنده ماندیم تا پستی و بلندی و آزمایشهای بیشتری را از سر گذرانده و تجربه كنیم.

هرچه در تأثیر این واقعه بزرگ و انگیزه‌های الهی در جوشش آن سخن بگویم كم است. همین بس كه در این روز، خدا چشم مرا به بسیاری از حقایق گشود كه تا پیروزی انقلاب اسلامی به

رهبـری حضـرت امـام خمینـی از پـا ننشسـتم.

مـن در ایـن روز فهمیـدم کـه سـاواك بـه دلیـل کم‌تجربگـی مـا و سـایر مبارزیـن در جریـان نهضـت، بـه راحتـی عناصـر خـود را بـه بدنـه دسته‌هـا و گروه‌هـا وارد کـرده اسـت و در مواقـع مقتضـی از همیـن مهره‌هـا بـرای تفـرق انقلابیـون و از هـم پاشـیدن خـط سـیر تظاهـرات بهـره می‌جویـد. مـن بـه چشـم دیـدم کـه بعضـی از اجتماعـات را همیـن عناصـر نفـوذی، درحالـی کـه لبـاس مشـکی بـه تـن داشـتند، متفـرق و پراکنـده مـی کردنـد تـا در برابـر نظامیهـا ضعیـف شـوند و ایـن یکـی از دلایـل شکسـت ظاهـری آن روز بـود.[1]

تشییع جنازه شیخ جواد فومنی

مرحـوم آیت‌اللـه شـیخ جـواد فومنـی، از روحانیـون مشـهوری بـود کـه در جنـوب شـهر تهـران، پیشـرو حرکتهـای مبارزاتـی و سیاسـی بـود. او بـا زبـان تنـد و صریحـی کـه داشـت، ابایـی از گفتـن حقایـق و افشـای مفاسـد رژیـم نداشـت. به‌خاطـر مبـارزات علنـی و تبلیـغ بـی پـرده و صریـح علیـه رژیـم شـاه، چنـد بـار دسـتگیر و بـه اداره اطلاعـات شـهربانی فراخوانـده شـده بـود.

او بـه خاطـر روحیـات سـازش ناپذیـر و خدمـات بسـیار بـرای مـردم مستضعف و فقیـر، در میـان عامـه مـردم تهـران از جایـگاه و پایـگاه خوبـی برخـوردار بـود. رژیـم بـه دلیـل محبوبیت ایـن عالـم بـزرگ و کلام نافـذش سـعی مـی کـرد به‌شـدت از او مراقبـت کنـد.

---

۱ ـ آقـای احمـد تأکیـد می‌کنـد کـه ایـن شکسـت بـرای قیـام ۱۵ خـرداد ظاهـری بـود. سـیر حـوادث پـس از ایـن روز بـزرگ ثابـت کـرد کـه ایـن واقعـه پیـروزی بزرگـی را در دل داشـت کـه پـس از ۱۵ سـال ظاهـر شـد. رژیـم طاغـوت بـا اشـتباه خـود و بـه خـاك و خـون کشـیدن مـردم مسـلمان و بی‌گنـاه، گرچـه توانسـت مـدت کوتاهـی، مغرورانـه محیطـی سراسـر خفقـان بـه وجـود آورد، ولـی بـا همیـن عمـل ننگیـن بـر ظلـم و جنایاتـش صحـه مـی گذاشـت و مـردم بـه ماهیـت واقعـی و باطنـی آن پـی بـرده و بـا شـیوه‌های جدیـد و آموخته‌هـای بیشـتر و نـو درصـدد مخالفـت و برانـدازی آن برآمدنـد.

سـرانجام ایـن مجاهـد خسـتگی‌ناپذیر در شـب ۲۳ مـاه مبـارک رمضـان (سـال ۱۳۴۳) ـ شـب قـدر ـ بـه دیـدار محبوبـش شـتافت.[1] مـردم بـا شـنیدن خبـر فـوت ایـن عالـم فرزانـه، سراسـر غـرق در ماتـم و انـدوه شـدند. تشـییع جنـازه او بـه یـک میتینـگ و راه‌پیمایـی بـا شـکوه تبدیـل شـد. رژیـم شـاه کـه پیـش بینـی چنیـن وضعـی را می‌کـرد، در یـک اقـدام امنیتـی، خطـوط ارتبـاط تلفنـی، بـازار و حوالـی میـدان خراسـان را قطـع کـرد.

مـردم روزه‌دار تهـران سیاه‌پـوش و برخـی پابرهنـه بـه تشـییع جنـازه ایـن عالـم مجاهـد شـتافتند. جنـازه مطهـر او را از مقابـل مسـجد نـو مشـایعت کردنـد. مـن و بـرادرم مهـدی هـم ماننـد قطـره‌ای بـه ایـن رود خروشـان پیوسـتیم و مردانـی را دیدیـم کـه گِل بـه‌سر مالیـده بودنـد، زنانـی کـه لبـاس مشـکی بـه تـن و جـوراب کلفـت به‌پـا کـرده بودنـد و بـی هیـچ ترسـی از رژیـم بـرای وداع بـا پیـر و مرشـد خـود آمـده بودنـد.

بـا راه‌پیمایـی، جنـازه را بـه سـمت شهرری بردیـم. ساواک در طـول مسـیر چنـد مرتبـه سـعی کـرد تا مانـع ادامـه مراسـم شـود، ولـی بـا خشـم و مقاومـت مـردم بـاز پـس زده شـد. وقتـی وارد خیابـان ری شـدیم، مـردم شـروع بـه دادن شـعار کردنـد: «حجت‌الاسلام مـا رفـت زدار فنـا، واویـلا، واویـلا.»

در میـدان شـوش شـخصی بالـای یـک سـطل حلـب خالـی هجـده کیلویـی رفـت و شـروع بـه سـخن‌رانی و دادن شـعار کـرد. ساواک واکنـش نشـان داد و سـعی کـرد او را دسـتگیر کنـد، ولـی او بـا زرنگـی

---

۱ ـ آقـای حاج اکبر صالحی در خاطرات خـود در ایـن خصـوص می‌گویـد: «آقـای فومنـی را بـه بیمارسـتان فیروزآبـادی انتقـال می‌دهنـد و در آنجـا ساواک ایشـان را بـا آمپـول مسـموم می‌رسـاند. بعـد از رحلـت، جنـازه وی را بـرای غسـل بـه منـزل آوردنـد و هنگام غسـل دادن بـا عرقچینهـای خونـی ای کـه بـه بدنـش بـوده مواجـه می‌شـوند. ساواک بـرای اینکـه مسئله لـو نـرود، آنهـا را دزدیـد...».
ر.ک: خاطرات ۱۵ خرداد. بازار ـ دفتر ادبیات انقلاب‌اسلامی

خاصی خود را قاطی جمعیت کرد و ساواك او را نیافت. میدان شوش به شدت شلوغ شد. مشخص شد که بین جمعیت، مأمورینی با لباس شخصی نفوذ کرده‌اند. من که همین طور همراه با جمعیت می‌رفتم و به شعارها جواب می‌گفتم؛ ناگهان دیدم کسی مچ دستم را گرفت و کشید. نگاهی به او کردم. گفتم که چه کار می‌کنی؟ گفت: «تکان نخور! یواش با من بیا عقب!» فهمیدم که مأمور ساواك است. گفتم: «برو بابا! این حرفها چیه؟!» و با او بگومگو کردم. برادرم مهدی که از من فاصله گرفته بود، متوجه مشاجره ما شد. از همان دور پرسید: «احمد! چی شده؟» گفتم: «این یارو دستم را گرفته و می‌گه باید با من بیایی...!»

یك‌دفعه برادرم با چند نفر دیگر سینه زنان به طرف ما هجوم آوردند. درنتیجه برخورد آنها با ما، فرد ساواكی مجبور شد مچ دستم را رها كند. برادرم بلافاصله مرا به سمت جمعیت هل داد و گفت: «برو...!» من رد خود را در ازدحام و شلوغی مردم گم کردم و او نتوانست دیگر پیدایم کند.

در جاده شهرری، سرپل سیمان، به دسته‌ای از کماندوها برخوردیم که از بیراهه آمده بودند و همان سرهنگی که در پانزده خرداد سال ۴۲ مردم را به خاك و خون کشید، آنها را هدایت و رهبری می‌کرد.[1] با دیدن آنها جنازه را زمین گذاشتیم و شروع به

---

1 ـ سرهنگ سعید طاهری در قیام ۱۵ خرداد سال ۴۲ با افراد تحت امر خود، نقش مؤثری در به خاك و خون کشیدن مردم بی‌گناه داشت و در رأس کماندوهای شهربانی جنایت فجیعی را به بار آورد. وی همچنین در سرکوب تظاهرات ضداسرائیلی مردم، هنگام مسابقات ایران و اسرائیل نقش اساسی داشت و عده زیادی را مجروح و دستگیر کرد. این سرهنگ خون آشام بعدها به خاطر جنایات بی شمارش به مقام معاونت رئیس‌پلیس تهران با درجه سرتیپی ارتقا یافت. او از سال ۱۳۵۰ در ستاد فرماندهی کمیته مشترك شهربانی به شکنجه و تحقیق از مبارزین و مخالفین رژیم پرداخت.
سرتیپ طاهری سرانجام در مرداد ماه سال ۱۳۵۱ به دست شهید محمد مفیدی و

سـینه زنـی و مرثیـه خوانـی کردیـم. کمانـدوهـا خواسـتند کـه از تشـییع جنـازه جلوگیـری کننـد، امـا مـردم بـی اعتنـا بـه آنهـا بـه راه خـود ادامـه داده و آنهـا را هـل دادنـد و بـه کنـار زدنـد.

سـرانجام پیکـر مطهـر شـیخ جـواد فومنـی[1] در حـرم حضـرت عبدالعظیـم علیه‌السلامبه خـاک سـپرده شـد و مماتـش چـون حیاتـش مایـه برکـت شـد.

شهید محمد باقرعباسی ترور و به هلاکت رسید.

۱ _ آیت‌اللـه شـیخ جـواد فومنـی حایـری، فرزنـد مرحـوم آیت‌اللـه شـیخ جعفـر در ۲۲ خـرداد ۱۲۹۱، در کربـلای معلـی و در خانـواده‌ای اصیل و روحانـی بـه دنیـا آمـد. او تحصیـلات خـود را از مکتب‌خانـه نـزد مرحـوم حـاج شـیخ علی‌اکبـر نایینـی معـروف بـه خطـاط شـروع کـرد. در ده سـالگی ملبـس بـه لبـاس مقـدس روحانیـت شـد. او تحصیـلات حـوزوی سـطوح را نـزد پـدر و دیگـر اسـتادان و مدرسین حـوزه کربـلا (مدرسه بادکوبـه) گذرانـد. وی دروس خـارج فقـه و اصـول را در نجـف اشـرف نـزد مرحـوم آیت اللـه العظمـی حـاج آقـا ضیاءالدیـن عراقـی و مرحـوم آیت اللـه العظمـی سیدابوالحسـن اصفهانـی گذرانـد و در ۲۵ سـالگی بـه درجـه شـامخ اجتهـاد رسـید. وی پـس از فـوت پـدرش در ۱۳۱۷ ش در ۲۷ سـالگی بـرای نشـر احـکام اسـلام و تربیـت افـراد بـا ایمـان بـه تهـران آمـد و فعالیتهـای دینـی و فرهنگـی خـود را دردمندانـه و متعهدانـه آغـاز کـرد. او نگرانیهـای خـود را بـه مـردم منتقـل می‌کـرد و آنهـا را نسـبت بـه مسـائل اجتماعـی و فرهنگـی آشـنا می‌سـاخت و برنامه‌هـای رژیـم را افشـا می‌کـرد. او بـه تأسـیس و تشـکیل بنیادهـای اجتماعـی و فرهنگـی _ اسـلامی همـت گماشـت و بـه صـورت عملـی وارد عرصـه مبـارزه و مقابلـه بـا نیـات اسـتعماری رژیـم پهلـوی شـد. برخـی تشـکلها و بنیادهایـی کـه وی در تأسـیس و راه‌انـدازی آنهـا نقـش اصلـی را بـه عهـده داشـت، عبارتنـد از: تشـکیل اتحادیـه دینـی (اجتمـاع و گروهـی کـه بـه اجـرای برنامه‌هـای اسـلامی، تبلیغـی و فرهنگـی می‌پرداخـت)، احـداث مسـجد نـو، تأسـیس دبسـتان نـو (مخصـوص دوشیـزگان)، تأسـیس اولیـن کودکسـتان تربیـت دینـی، تأسـیس شـرکت تعاونـی «روزی ده‌شـاهی» (در ایـن شـرکت اعضـا و برخـی متمکنیـن روزی ده‌شـاهی معـادل نیم ریـال بـه صنـدوق آن بـرای تأمیـن هزینه‌هـای مدرسـه دخترانـه و کودکسـتان پرداخـت می‌کردنـد)، تأسـیس دبسـتان نـو (ویـژه پسـران)، احـداث مسـجد نـو شـماره ۲ و ...

او مجموعا چهار بار توسط ساواک دستگیر و مورد بازجویی و شکنجه قرار گرفت. سـرانجام ایـن شـیخ مجاهـد و نسـتوه در اثـر فشـارهای روحـی و جسـمی بیمـار شـد و درنهایـت مقارن شـب ۲۳ مـاه مبـارک رمضـان در سـال ۴۳ فـوت کـرد. (ر.ك: ستم ستیزان نستوه _ مرکز بررسی اسناد تاریخی وزارت اطلاعات)

دستگیری مهدی احمد[1]

پس از واقعه ۱۵ خرداد ۱۳۴۲، هیئتهای مؤتلفه اسلامی به سمت مبارزه مسلحانه روی آوردند. به دنبال این سیاست جدید در بهمن ماه سال ۱۳۴۳، حسنعلی منصور[2] نخست وزیر و عامل تصویب لایحه ننگین کاپیتولاسیون[3] توسط چهار تن از جوانمردهای هیئت

---

۱ ـ مهدی احمد، متولد سال ۱۳۱۱ در تهران و برادر بزرگتر احمد احمد است. او از اعضای اولیه هیئتهای مؤتلفه اسلامی و از گروه مسجد امین الدوله بازار دروازه بود. او پس از دستگیری و بازجویی از طرف ساواک، جزء افراد درجه دو هیئت محسوب شد و مدت ۵۷ روز در زندان قزل قلعه و ۶۷ روز را هم در زندان مخوف عشرت آباد گذراند. او همراه سایر برادران همفکر و هم‌رزم خود دو بار به اعتصاب غذا دست زد و سرانجام همراه سیزده نفر دیگر به زندان عمومی قصر بند ۳ منتقل شد و در ۱۳۴۴/۵/۲۱ آزاد شد.
مهدی احمد که به شغل آهنگری در خیابان ۱۷ شهریور اشتغال داشت، فارغ از محدودیتهای ساواک به مبارزات خود ادامه داد و در سال ۱۳۵۲ پس از درگیری وحید لاهوتی با پلیس شهری، تحت‌تعقیب ساواک قرار گرفت و متواری شد. و به‌شهر مقدس مشهد رفت و با نام مستعار «حاج علی ترقی» مشغول به کار شد. ساواک در سال ۵۶ او را شناسایی و دستگیر کرد و به شدت تحت شکنجه قرار داد و چون اطلاعات کافی از وی به دست نیاورد او را بعد از چند ماه آزاد کرد.

۲ ـ حسنعلی منصور، فرزند رجبعلی منصور منصورالملک، در سال ۱۳۰۲ در تهران به دنیا آمد. او پرورش یافته انگلیسیها بود که بعدها ماهیت امریکایی یافت. او لیسانس حقوق از دانشگاه تهران داشت. پدر وی فراماسون و وضعیت خودش هم مشکوک بود. پیشرفت و ترقی او مدیون خدمات پدرش به خاندان پهلوی است. منصور در سال ۱۳۴۰ زمانی که نماینده مجلس شورای ملی بود به توصیه امریکاییها «کانون مترقی» را تشکیل داد. بعدها این کانون توسعه یافت و با نام «حزب ایران نوین» اهداف خود را دنبال کرد. او پس از شکست دولت عَلَم در مقابله با نهضت اسلامی در هجدهم اسفند ماه سال ۱۳۴۲، به عنوان رئیس دولت معرفی شد و در مهرماه سال ۱۳۴۳ لایحه ننگین کاپیتولاسیون را به تصویب نمایندگان رساند. او در اول بهمن سال ۱۳۴۳ توسط اعضای هیئتهای مؤتلفه اسلامی در مقابل مجلس شورای ملی ترور اعدام انقلابی شد و به هلاکت رسید.

۳ ـ کاپیتولاسیون معروف به حق توحش، قراردادهایی که به موجب آن شهروندان دولتی در قلمرو دولت دیگر از نظر امور حقوقی و کیفری تابع قوانین کشور خود هستند و آن قوانین را کنسول آن دولت در محل مأموریت اجرا می‌کند. از این رو

مؤتلفه به نامهای محمد بخارایی، صادق امانی، مرتضی نیک‌نژاد و رضا صفار هرندی ترور و اعدام انقلابی شد. بلافاصله هر چهار نفر دستگیر و پس از مدتی، محاکمه و به شهادت رسیدند. پس از آن دستگیری گسترده سایر اعضای هیئتهای مؤتلفه اسلامی شروع شد. برادر من مهدی نیز که از بدو تأسیس از اعضای فعال هیئت محسوب می‌شد، دستگیر و روانه زندان شد.

ما از محل و مکان بازداشت او بی خبر بودیم، درنتیجه به جاهای مختلفی از جمله به ساواک و زندانهای مختلف سر زدم تا خبری از او بگیرم. مراکز ساواک مخفی و برای مردم ناآشنا بود و من برای پیدا کردن آنها با مشکلات جدی مواجه بودم. در یکی از این مراجعات، ساواک مرا دستگیر و بازخواست کرد.

مأمورین می‌خواستند بدانند که چگونه محل آنها را پیدا کرده‌ام. برای آنها توضیح دادم که از راننده تاکسی‌ایی خواستم تا مرا به جایی که ساواک است برساند. آنها هم حرف مرا به ظاهر پذیرفتند. از آنها درباره سرنوشت برادرم سئوال کردم، ولی آنها جواب مشخصی به من ندادند و بعد از ساعتی مرا آزاد کردند.

علاوه بر من سایر خانواده‌های اعضای هیئتهای مؤتلفه اسلامی در جستجوی زندانیان خود بودند و مدتی طول کشید تا فهمیدیم

آن را در فارسی «حق قضاوت کنسولی» نیز گفته‌اند. تصویب این لایحه موجی از اعتراضات و خشم مردم و روحانیون را پدید آورد. حضرت امام خمینی درخصوص آن فرمودند: «بسم الله الرحمن الرحیم. انا لله و انا الیه راجعون، من تأثرات قلبی خود را نمی‌توانم اظهار کنم، قلب من در فشار است[...] ملت ایران را از سگهای امریکا پست‌تر کردند! اگر کسی سگ امریکایی را زیر بگیرد، بازخواست از او می‌کنند. لکن اگر شاه ایران یک سگ امریکایی را زیر بگیرد بازخواست می‌کنند و اگر چنانچه یک آشپز امریکایی شاه ایران را زیر بگیرد، مرجع ایران را زیر بگیرد، بزرگ‌تر مقام را زیر بگیرد، هیچ کس حق تعرض ندارد، چرا؟...»
سخنرانی امام‌خمینی در روز ۴ آبان ۱۳۴۳ ـ صحیفه نور، جلد اول، ص ۱۴۰ و ۱۳۹

که آنها در زندان عشرت آباد (پادگان ولی عصر(عج)) محبوس هستند .

زنان پیشگام در مبارزه

پس از اطلاع از سرنوشت برخی از افراد مؤتلفه، دغدغه اصلی خانواده‌ها و اعضای هیئت که آزاد بودند، رهایی و خلاصی افراد در بند، یا دست کم فراهم کردن شرایط بهتر در زندان برای آنها بود .

یک ماه پس از شهادت چهار تن از عاملین قتل منصور (بخارایی، امانی، صفار هرندی و نیک نژاد) سایر اعضای مؤتلفه با شدت گرفتن نگرانی خانواده‌ها نسبت به سرنوشت زندانیان، به فکر افتادند تا طرح و برنامه‌ای پیاده کنند و مسئولین امنیتی رژیم را تحت فشار بگذارند تا گشایشی در کار افراد دربند ایجاد شود.

از این‌رو پس از مشورتهای طولانی و صریح، به زنها و همسران پیشنهاد شد تا پرچم مبارزه را در دست گیرند. آنها هم داوطلبانه پا به عرصه مبارزه گذاشتند. گرچه این زنان مؤمن در گذشته با هم‌دلی و پشتیبانی از مردان و همسران خود نقش ارزنده و مؤثری در مبارزه داشتند، ولی این بار خود پیش قراول شدند تا حماسه‌ای دیگر در تاریخ این کشور رقم زنند.

از طرف هیئت مؤتلفه، من و حاج محمود شفیق ـ برادر حاج مهدی ـ برای تدارکات و پشتیبانی اجتماع و حرکتهای زنان انتخاب شدیم. البته این انتخاب به دلیل جو خفقان آن روز به صورت رسمی اعلان نشد.

قرار شد اولین اجتماع بانوان مقابل دفتر نخست وزیری باشد. ابتدا با خانواده‌ها تماس گرفتیم و زمان و مکان تجمع را اعلام کردیم.

در یکی از روزهای داغ تابستان ۱۳۴۴ نزدیک به ۱۵۰ نفر از خانمها درحالی که چادر بهسر داشتند و عدهای هم پوشیه و روبنده زده بودند، مقابل دفتر نخست وزیری جمع شدند و آرام آرام تظاهراتی را شکل دادند. به آنها گفتیم که شما جلوتر از مردها حرکت کنید و ما با کمی فاصله از شما مراقب اوضاع هستیم.[1]

خانمها مقابل دفتر نخست وزیری رسیدند. عدهای از آنها ازجمله خواهر شهید صادق امانی[2] که بهحق شیرزنی بود، شروع به سخنرانی کرد. با صحبتهای انقلابی، پرشور و داغ خواهر شهید امانی، وضعیت تحریکآمیز و حساس شد. مأمورین در این هنگام پیش آمدند، ولی از حمله و درگیری خودداری کردند. خانم امانی اعتراضات و خواستههای خانوادهها را اعلام کرد. یکی از مأمورین نیز برای احتراز از درگیری و جمع کردن قضایا، شروع به صحبت کرد و وعده داد که به این اعتراضها توجه خواهد شد.

ما به آنها [خانمها] گفتیم که فریب نخورید و صحنه را خالی نکنید، اینها وعده است، حرف است. من دیدم که برخی از خانمها مانند همسر حاج هاشم امانی درحالی که فرزندان کوچکشان را در بغل داشتند، در تظاهرات حاضر شده بودند. این صحنهها زیبا و حماسه ساز بود. من و آقای محمود شفیق در تمام این ساعات کنار این اجتماع شورانگیز حاضر و مراقب اوضاع بودیم.

با تصمیم سایر دوستان در هیئت مؤتلفه، قرار شد حضور زنان

---

۱ ـ دلیل این نوع صف آرایی آن بود که احتمال حمله مأمورین به خانمها را کاهش میداد و رژیم به خاطر حفظ وجهه عمومی خود از چنین کاری احتراز میکرد. هیئت مؤتلفه اسلامی توانست با اتخاذ این تاکتیك موفق عمل کند و جماعت را از حمله مأمورین در امان نگهدارد.

۲ ـ خانم صدیقه امانی همدانی در آن زمان یکی از برادرهایش حاج صادق شهید و یکی دیگر (حاج هاشم) و نیز فرزندش اسدالله بادامچیان در زندان بودند.

در صحنه تا حصول به‌نتیجه حفظ شود. از این‌رو در برنامه‌ای دیگر، ملاقات آنها با علما و مراجع عظام در شهر مقدس قم طرح ریزی شد. برای این کار نیاز به تدارکات قوی داشتیم. هماهنگیها صورت گرفت. اتوبوسهایی برای نقل و انتقال خانمها کرایه شد. قرار شد مانند برنامه قبلی، من و آقای شفیق با خانمها همراه شویم.

مبداء حرکت و محل توقف اتوبوسها در میدان اعدام(محمدیه) بود. من همراه مادرم و خواهرم رأس ساعت ۸ صبح به آنجا رسیدیم. تا ساعت ۸/۵ صبح همه خانمها جمع شدند و بعد به سمت قم حرکت کردیم.

در شهر قم متوجه شدیم که سایر دوستان هیئت دورادور مراقب اوضاع هستند. هرجا که وارد می‌شدیم، ردپایی از اقدامات و هماهنگیهای آنان را می‌دیدیم، به نحوی که هیچ احساس غریبی و ناآشنایی نداشتیم. گاهی کسی به آرامی از کنار ما رد می‌شد و سلام و علیکی می‌کرد. می‌فهمیدیم که او از یاران مؤتلفه است که به این مأموریت آمده است. برای ما روشن شد که حل شدن برخی مسائل و مشکلات و امکان ملاقات با عده‌ای از آیات عظام و مراجع اعلام، به خاطر ارتباطات و هماهنگیهای آنهاست.

اولین بیتی که خانمها به آن وارد شدند، بیت آیت الله شریعتمداری بود. ابتدا اداره کنندگان بیت وی گفتند: «آقا وقت ندارند.» گفتیم: «آقا وقت ندارد چه صیغه‌ای است؟ ما از تهران آمده‌ایم تا ایشان را ببینیم. جوانهای ما را تیرباران و شهید کرده‌اند، شما می‌گویید آقا وقت ندارند؟ شما در خانه نشسته‌اید، چه می‌فهمید که بر سر ما و جوانان مسلمان چه آمده؟»

پس از کلی صحبت آنها دوباره به اندرونی رفتند و بعد از دقایقی بازگشته و گفتند: «آقا اجازه فرمودند...شما بروید داخل

اتاقهــا، الان ایشــان می‌آیــد.»

مـا بـه سـمت اتاقهـا هدایـت شـدیم. صحنـه جالبـی بـود. حاضریـن همـه خانمهـا و بچه‌هـا بودنـد مگـر مـن و آقـای شـفیق کـه هـر یـك بچه‌ای بـه بغـل گرفتـه و دسـت یکـی، دو تـا را هـم در دسـت داشـتیم. تقریبـا در ایـن رفـت و آمدهـا و اجتماعـات دیگـر بچه‌هـا بـا مـا آشـنا شـده و عمـو و دایـی خطابمـان می‌کردنـد.

پـس از گذشـت دقایقـی آیـت اللـه شـریعتمداری آمـد. پـس از سـلام و علیـك و ادای احتـرام، خـود خانمهـا شـروع بـه صحبـت و تشـریح و توضیـح وقایـع کردنـد. در پایـان ارائـه گـزارش، آقـای شـریعتمداری گفـت: «خُـب، باشـد بـا سـناتور... تمـاس می‌گیـرم و از او می‌خواهـم کـه بـا دربـار تمـاس بگیـرد تـا رسـیدگی بیشـتری بـه وضـع فرزنـدان و شـوهرانتان در زنـدان بکننـد و از شـکنجه و اذیـت خـودداری کننـد.»

تقریبـا ایـن ملاقـات بـدون نتیجـه‌ای عملـی بـه پایـان رسـید. از بیـت او خـارج شـدیم. وقـت ظهـر شـده بـود. دوسـتان رابـط بـه مـا اطـلاع دادنـد کـه بـه بیـت آیت‌اللـه گلپایگانـی برویـد. گفتیـم: «الان وقـت خوبـی نیسـت، بایـد بـه بچه‌هـا آب و غـذا بدهیـم.» گفتنـد: «فکـر ناهـار نباشـید.»

بـا تجربـه‌ای کـه در دیـدار از آقـای شـریعتمداری بـه دسـت آوردیـم، مـن بـه خانمهـا گفتـم کـه بـه دربـان توجـه نکنیـد و بـه زور وارد بیـت آیت‌الله‌العظمـی گلپایگانـی شـدیم. بـا گفتگویـی مختصـر بـه اتاقـی خیلـی بـزرگ هدایـت شـدیم. از آنجـا کـه نزدیـك ظهـر بـود، هـوا گرم‌تـر شـده بـود. بچه‌هـای شـیرخواره و کوچـك خیلـی اذیـت می‌شـدند. افـراد بیـت پنکـه‌ای آوردنـد و راه انداختنـد. بعـد از دقایقـی آقـا تشـریف آوردنـد و ماننـد جلسـات قبل خـود خانمهـا گـزارش وقایـع را دادنـد. خواهـر شـهید صـادق امانـی در ایـن ملاقـات برخاسـت و ایسـتاده سـخن گفـت: «شـوهران مـا را دسـتگیر، برادرانمـان را تیربـاران

و فرزندانمـان را یتیـم کردنـد و پسرانمان را بـه سـیاهچال انداختنـد. درحالـی کـه علمـا زیـر سـایه خنـک نشسـته‌اند و می‌گوینـد، ان شـاءالله درسـت می‌شـود، چنیـن می‌شـود، چنـان می‌شـود... تـا کـی مـا بایـد در سـوگ از دسـت دادن عزیزانمـان زانـوی غـم بغـل بگیریـم و علمـا دسـت روی دسـت بگذارنـد؟»[1]

سـخنان تکان دهنـده خانـم امانـی همـه را منقلـب کـرد، بـه طـوری کـه اشـک از چشـمها جـاری شـد. حضـرت آیت‌الله گلپایگانـی کـه تـا آن لحظـه صحبتـی نکـرده بـود، از سـخنان حماسـی خانـم امانـی دسـتمال بـه روی چشـمها گرفـت و گریسـت. بعـد بـی هیـچ صحبتـی بلنـد شـد و از آن اتـاق خـارج شـد. هنـوز هیـچ نتیجـه‌ای نگرفتـه بودیم، لحظاتـی صبـر کردیـم. خبـری نشـد. قصـد کردیـم کـه از آنجـا بیـرون برویـم کـه آقـا بـاز وارد اتـاق شـد و گفـت (نقـل بـه مضمـون): «... مـن می‌بینـم چـه مصیبتـی بـرای شـما پیـش آمـده، بـه جـدم قسـم کـه هـرکاری از دسـتم برآیـد برایتـان انجـام می‌دهـم.» بعـد از مـا خواسـت کـه ناهـار آنجـا بمانیـم. مـا ابتـدا تعـارف کـرده و نپذیرفتیـم. آقـا اجـازه نفرمـود کـه بـدون خوردن ناهـار خـارج شـویم و گفـت کـه این زنهـا و بچه‌هـا خسـته‌اند و تألمـات روحـی دارنـد، همیـن جـا بمانیـد و بعـد از ناهـار و رفـع خسـتگی، بـه آنچـه صـلاح می‌دانیـد عمـل کنیـد.

مـا بـا رضایـت کامـل قلبـی و خشـنودی تمـام دعـوت آقـا را پذیرفتیـم. سـفره غذا گسـترده شـد و چلوکبـاب بـرگ دلچسـب و لذیـذی خوردیـم کـه بیشـتر لـذت و طعـم آن بـه خاطـر حضـور آیت‌الله گلپایگانـی و غـذای حلالـی بـود کـه از سـفره ایشـان می‌خوردیـم. آن‌چنـان کـه بعـد از گذشـت دهها سـال مـن هنـوز طعـم و لـذت آن غـذا را زیـر

____

١ ـ آقـای اسـدالله بادامچیـان در خاطـرات خـود می‌گویـد: «... مـادرم [صدیقـه امانـی] در مـورد رفتـن بـه قـم و منـزل مرحـوم آیت‌الله گلپایگانـی در جمـع طـلاب و مـردم و در محضـر ایـن مرجـع یـک سـخن‌رانی بسـیار قـوی ایـراد کـرده بـود کـه همـه را بـه گریـه انداختـه بـود...»
آرشیو واحد تاریخ شفاهی ـ دفتر ادبیات انقلاب اسلامی

دندانهایم حس می‌کنم.

ساعت نزدیك به ۳ بعدازظهر بود كه از بیت معظم آیت‌الله گلپایگانی خارج شدیم و به حضور علمای دیگر رفتیم و پس از یك اقدام كامل تبلیغی به تهران بازگشتیم و به حضور آیت‌الله خوانساری رسیدیم.

هیئتهای مؤتلفه اسلامی[1] توانست پس از اعدام انقلابی منصور و دستگیر و شهید شدن عده‌ای از یاران خود با چنین اقداماتی روح و حیات را در پیكره اندیشه‌ها و آرمانهای خود حفظ كند.

---

1 ـ هیئتهای مؤتلفه اسلامی از ائتلاف هیئت مسجد امین‌الدوله بازار دروازه، هیئت مسجد شیخ‌علی و هیئت اصفهانیها در سال ۱۳۴۲ پدید آمد. این هیئتها قبل از سال ۴۲، در جریانات انجمنهای ایالتی و ولایتی و رفراندوم قلابی شاه در ۱۳۴۱/۱۱/۶ به صورت پراكنده فعالیت می‌كردند. بسیاری از اعضای اولیه این هیئتها از یاران و همفكران شهید نواب صفوی و جمعیت فداییان اسلام بودند. در مرامنامه مؤتلفه (جمعیتهای مؤتلفه اسلامی) آمده است: راهی را كه انتخاب كرده‌اند برای:

۱ بهتر شناختن تعالیم حیات‌بخش اسلام و وظایف فردی و اجتماعی كه هر فرد مسلمان به عهده دارد. ۲ بهتر شناساندن آن به دیگران. ۳ بهتر عمل كردن به آن. ۴ انتخاب كردن راهی روشن و عملی برای به وجود آوردن یك جامعه نمونه اسلامی كه در عین پاكی، برنده و متحرك و فعال باشد.

(ر.ك: ۱. هیئتهای مؤتلفه اسلامی ـ اسدالله بادامچیان، علی بنایی ۲. آشنایی با جمعیتهای مؤتلفه اسلامی ـ اسدالله بادامچیان)

عرصه‌های جدید

دعوتی آشنا ولی پنهان

پـس از دیـدار بـا حضـرت امـام و اطـلاع از نظـر ایشـان نسـبت بـه فعالیتهـای انجمـن حجتیه، بـه طـور عملـی از آن کنـاره‌گیـری کـردم. با این حـال در ایـن انجمـن بـا افـرادی ماننـد آقـای سیدمحمد میرمحمد صادقـی، جـواد منصـوری، حسـین صادقـی، هـادی شـمس حایـری و... آشـنا شـدم کـه هـر یـك بعدهـا بـه گونـه‌ای در مسـیر مبـارزه قـرار گرفتنـد. برخـی از آنهـا افـراد نخبـه، نابغـه، خالـص و بسـیار پاکـی بودنـد. در ایـن میـان ارتبـاط و دوستـی‌ام بـاآقـای سیدمحمد میرمحمـد صادقـی[1] خـاص و عمیق‌تـر بـود. غالـب گفتگوهـا و مباحـث مـا را

---

1 ـ سیدمحمـد میرمحمـد صادقـی، فرزنـد مجتبـی متولـد ۱۳۲۵ از اصفهـان بـود. وی در خانـواده‌ای متوسـط به‌دنیـا آمـد و تحصیـلات ابتدایـی را در اصفهان بـه پایان رسـاند. در ۱۳۳۷ بـا خانـواده خـود بـه تهـران منتقـل گردیـد و در سـالهای ۴۲ ـ ۱۳۴۰ بـا شـروع نهضـت امـام و بـا مطالعـه کتـب سید قطب بـا مفاهیم سیاسـی و اسـلامی آشـنا شـد. تـا قبـل از ۱۵ خـرداد ۴۲ عـلاوه بـر گذرانـدن دوره تحصیلـی متوسـطه، در جلسـات انجمن حجتیـه شـرکت می‌کـرد و بـا وجـود مخالفتهـای انجمـن بـا فعالیتهـای سیاسـی، در جلسـات و گفتگوهـای سیاسـی حضـور می‌یافـت. و بـه عضویـت حـزب ملـل اسـلامی نیـز درآمـده. پـس از قیـام ۱۵ خـرداد کامـلاً از انجمـن کنـاره‌گیـری نمـود و بـه جـذب جوانـان انقلابـی و مسـلمان بـه حـزب ملـل اسـلامی همـت گماشـت. میرمحمـد صادقـی پـس از کشـف حـزب همـراه رهبـر و سـایر اعضـای آن دسـتگیر شـد. او در دادگاه بـدوی بـه پانـزده سـال زنـدان و در دادگاه تجدیدنظر بـه زنـدان ابـد محکـوم شـد، امـا در سـال ۱۳۴۶ مصـادف بـا تاجگـذاری شـاه و بـه دلیـل فشـاری کـه آیـت اللـه حکیـم بـرای آزادی زندانیـان مسـلمان بـه رژیـم وارد کـرد. کلیـه افـراد محکـوم بـه زنـدان ابـد، زندانشـان بـه پانـزده سـال تقلیـل یافـت. او در فروردیـن سـال ۴۷ بـه زنـدان شـهربانی بیرجنـد تبعیـد شـد و در خـرداد ۴۸ بـاز بـه تهـران منتقـل گردیـد. او در سـال ۵۲ آزاد و بلافاصلـه بـه دانشـگاه مدرسـه عالـی برنامـه ریـزی و کاربـرد کامپیوتـر راه‌یافـت و در سـال ۱۳۵۵ تحصیـلات خـود را در رشـته آنالیـز سیسـتمها بـه پایـان رسـاند. در سـال ۱۳۵۶ بـه

موضوعاتی مانند بی‌عدالتیهای جامعه، ظلم رژیم پهلوی، قیام ۱۵ خرداد، نحوه مبارزه با رژیم و ظلم ستیزی و... تشکیل می‌داد.

در اواسط زمستان سال ۱۳۴۳ روزی آقای میرمحمد صادقی از من خواست که برای صحبت به مسجد جعفری برویم. در آنجا ابتدا وضو گرفته و نماز خواندیم. چون ماه رمضان [۱۳۸۴ ق] بود، دیگر به فکر غذا و ناهار نبودیم و در گوشه‌ای از خانه خدا نشسته و مشغول صحبت شدیم. پس از دقایقی احساس کردم حرفهای میرمحمد صادقی جهت دار است و می‌خواهد مطلبی را بگوید، ولی طفره می‌رود و دودل است. وقتی صحبتش به لزوم مبارزه منسجم و یکپارچه تحت رهبری یک تشکیلات کارآمد رسید، گفت: «احمد! امروز می‌خواهم مطلبی را به تو بگویم، ولی شرطی دارد.»

پرسیدم: «چه شرطی؟» گفت: «به شرط اینکه چه آن را قبول بکنی و چه نکنی، تا آخر عمرت با هیچ کس راجع به آن حرفی نزنی.» از گوشه دیگر مسجد قرآنی آورد و جلو من گرفت و گفت: «بگو به این قرآن قسم که تا آخر عمرم این مطالب را به کسی نمی‌گویم.»

من که تا آن لحظه ساکت بودم و او را نگاه می‌کردم ابتدا کمی به رفتارش شک کردم ولی ذهنم به سمت کارها و سوابق دوستی مان رفت و با نهیبی شک را از خود دور کردم و قسم خوردم.

پس از آن آقای میرمحمد صادقی درباره تشکیلاتی مخفی به نام حزب ملل اسلامی و اهداف، آرمانها، اعتقادات و بینش آن صحبت کرد. درحالی که سراپا گوش بودم، با دقت مطالب را به

دوره فوق لیسانس راه یافت.
او پس از پیروزی انقلاب اسلامی مسئولیتهایی مانند وزارت کار، معاونت وزیر کشاورزی، مسئول شیلات، سرپرستی شرکت سرمایه گذاری شاهد وابسته به بنیاد شهید را به عهده داشت.

ذهـن می‌سپردم و سعی می‌کردم بـا داشـته‌های خـود آن را تجزیـه و تحلیـل کنـم. علاقه‌منـدی و اشتیاق مـن موجب شـد تـا او حتی دربـاره اساس‌نامه و مرامنامـه حـزب هـم صحبت کنـد. او بـه طور خلاصـه از نحـوه عضوگیـری و مراحـل مختلـف حزب‌ملل اسـلامی صحبت کـرد و مـدام تأکیـد می‌کـرد کـه اینها همـه محرمانه است. از مطالـب میرمحمـد صادقـی بـوی تازگی می‌شنیدم و آن را خیلـی بـاب طبـع و روحیـات خـود می‌دیدم؛ ولی بـا ایـن حـال بـرای عضـو شـدن از او وقت بیشتری بـرای تأمـل و فکـر کـردن خواسـتم.

بـا صحبتهـای داخـل مسـجد، روحیـه خوبـی داشـتم و تمام سـاعات آن روز ذهنـم مشغول مباحـث مربـوط بـه حزب ملل اسـلامی بـود. بعد از نمـاز مغرب و عشـا بـدون اینکه افطار کنـم بـه منـزل یـک روحانی بـه نـام ناظم‌الشریعه۱ واقع در خیابان شاپور (وحدت اسلامی) رفتـم تـا برایـم درخصـوص پیوسـتن بـه حـزب ملـل اسـلامی اسـتخاره کنـد. روال آقـای ناظم‌الشـریعه ایـن بـود کـه درخواسـتها را جمـع می‌کـرد و گویـا هنـگام نمـاز شـب، اسـتخاره می‌کـرد. بـه مـن گفـت: «بنویـس.» مـن هـم روی تکـه کاغـذی چنیـن نوشـتم: «حضـرت آیت‌اللـه ناظم الشـریعه، شـما از طرف اینجانب وکیـل هسـتید کـه در موضـوع حیاتـی‌ای کـه در نظـر اینجانب اسـت، اسـتخاره کنیـد.» در آخـر آن نوشـتم: «ارادتمنـد احمـد» و امضـا کـردم.

دو روز بعـد، بـرای گرفتـن جـواب اسـتخاره رفتـم. روی کاغـذی کـه بـه او داده بـودم نوشـته بـود: «باسـمه تعالـی ـ بسـیار خـوب اسـت، خصوصـا آینـده‌اش خیلـی روشـن اسـت و وعـده فتـح و پیـروزی اسـت، درآینـده بـه مقامـات رفیـع خواهیـد رسـید.» او گفت کـه آیـه مربوطـه در سـوره یوسـف بـود.

---

۱ ـ حجت‌الاسـلام والمسـلمین آقـای ناظم‌الشـریعه، فـردی متدیـن و متصـف بـه مکارم اخـلاق و اهـل دل بـود. مـردم بـرای سئوالهای شـرعی و دینـی، کسـب تفـأل و استخاره به او مراجعه می‌کردند. او نیـز در حـل مسـائل و مشکلات مـردم و راهنمایـی آنهـا در زندگی کوشـش فراوانی می‌کـرد.

مـن بـا توجـه بـه استخاره و نیـز بـا توجـه بـه سرگذشـت حضـرت یوسـف علیه‌السـلام(حرمان، تبعیـد، زنـدان و درنهایـت نصـرت و پیـروزی)، بـا خوشـحالی زایدالوصفـی از منـزل وی خـارج شـدم.

پـس از چنـد روز بـا دیـدن آقـای میرمحمـد صادقـی بـرای حضـور و عضویـت در حـزب ملـل اسلامـی اعلام آمادگـی کـردم. او از مـن خواسـت کـه بـرای بـار دوم قسـم یـاد کنـم. پـس از گرفتـن وضـو و دعـا و نجـوا بـا خـدا، قسـم خـوردم تـا پایـان راه بـه حـزب وفـادار بمانـم و اسـرار و مطالـب آن را نـزد خـود محرمانـه و بـه صـورت یـک راز نگهـدارم و از آرمانهـای حـزب دفـاع کنـم.[1]

مـن بـرای پیوسـتن بـه حـزب ملـل اسلامـی حتـی بـا بـرادرم مهـدی کـه از اعضـای فعـال هیئت مؤتلفـه و پیشـگام در مبـارزه بـا طاغـوت بـود مشـورت نکـردم. او را از عضویـت خـود و راهـی کـه مـی‌روم مطلـع نکـردم و بـا تـوکل بـه خـدا پـای در عرصـه جدیـد مبارزاتـی گذاشـتم.

همگام و همراه با حزب ملل‌اسلامی

بعـد از پذیـرش رسـمی مـن در تشـکیلات حـزب ملل‌اسلامـی[2]، در

---

1 ـ آقای سیدمحمد میرمحمد صادقی در خاطرات خود می‌گوید:
«... داسـتان دعـوت از آقـای احمداحمد به‌حـزب خیلی جالـب اسـت... مـا وقتی از دیـدار بـا امام از قـم به‌تهران بازگشـتیم مدتـی بعد مـن آقـای احمداحمد را به‌حـزب دعـوت کـردم. تـا آن موقـع بـا هـم اعلامیـه پخـش می‌کردیـم. یعنی یکـی از کسـانی کـه مـا اعلامیه‌هـا را از او می‌گرفتیـم، آقـای احمـد بـود...
بـا وجـود اینکـه مـن بـا او دوسـت بـودم، امـا همیشـه احتیـاط می‌کـردم. زیـرا اولاً بـا او اختـلاف سـن داشـتم ثانیا بـا توجـه بـه ارتباطاتـی کـه او از طریـق خویـش بـا هیئت مؤتلفـه داشـت یعنـی ممکـن بـود از یـك طـرف غـرور و از طرفـی دیگـر آن ارتباطـات منجـر بشـود کـه نپذیـرد؛ ولـی پـس از آن جلسـه دیـدار بـا امـام موقعیـت خیلـی خوبـی پیـش آمـد و نشسـتیم بـا او صحبـت و بـه حـزب دعوتـش کردیـم. آقـای احمـد احمـد هـم پذیرفتنـد و درواقـع یکـی از اعضـای حـزب شـدند.»
(آرشیو. واحد تاریخ شفاهی دفتر ادبیات انقلاب اسلامی)
2 ـ حـزب ملـل اسلامـی، سـازمان و تشـکیلاتی سیاسـی بـود کـه مرامـی فکـری

جلسـاتی مخفـی حضـور پیـدا کـردم. سـه جلسـه اول فقـط در حضـور آقـای میرمحمـد صادقـی و در منـزل یا مسـجد برگـزار می‌شـد. او در این نشسـتها دربـاره، ارتباطـات تشـکیلاتی و جایگاه مـن در این تشـکیلات صحبـت کـرد. در همیـن جا بـود کـه فهمیـدم فقـط می‌توانـم بـا یـک نفـر بالادسـت خـود آشـنا باشـم و نیـز بایـد در کلاسهای حزبـی، در حـوزه‌ای کـه برایـم تعییـن می‌شـد شـرکت کنـم.

بعـد از جلسـات اولیـه وارد کلاسـهای حزبـی شـدم. وظیفـه مـن در ایـن مرحلـه، شـرکت در کلاس و کسـب آموزشـهای تشـکیلاتی لازم بـود. عـلاوه بـر آن می‌بایسـت افـراد صالـح، مطمئـن و دارای انگیزه‌هـای مبارزاتـی را بـه حـزب بـرای تحقیـق و جـذب معرفـی

و انقلابـی داشـت و از مشـی مسـلحانه برخـوردار بـود. اولیـن جلسـه کمیتـه مرکـزی حـزب در اسـفند سـال ۱۳۴۰ بـه رهبـری آقـای سیدمحمد کاظـم موسـوی بجنـوردی تشـکیل شـد. اسـاس و برنامه کار حـزب بـر محـور ایجاد حکومـت اسـلامی اسـتوار و برنامـه هایـش در عرصه‌هـای اقتصادی،قضایـی، فرهنگـی و سیاسـت خارجـی در ۶۵ مـاده مدون شـده بـود. روش کار و برنامـه عملـی تحقـق اصـول و نیـل بـه اهـداف؛ بـر قیـام مسـلحانه و درگیـری نظامـی بـا رژیـم پهلـوی بـود. فعالیـت تشـکیلاتی حـزب بـه سـه مرحلـه تقسـیم شـده بـود: ۱. مرحلـه ازدیـاد و تعلیـم رشـد کمـی و آموزشـی ۲. مرحلـه استعداد آمادگـی رزمـی ۳. مرحلـه ظهـور (مبارزه علنـی) کـه دارای سـه مرتبـه بـود: مرتبـه اول، اعـلام موجودیـت حـزب و دعـوت مـردم بـه مبارزه مسـلحانه علنـی. مرتبـه دوم، ارعـاب و عملیـات تخریبـی در دسـتگاههای مهـم دولتـی از قبیل مجلس، وزارت‌خانه‌هـا و مراکـز دولتـی، مرتبـه سـوم، آغـاز مبـارزه مسـلحانه تمام عیـار تـا پیـروزی و برقـراری حکومـت اسـلامی.

حـزب دارای ماهنامـه‌ای به‌نام خلـق و پرچمـی سـرخ بـا سـتاره‌ای هشـت پـر در داخـل یـک دایـره سـفید بـود. در نمـودار سـازمانی حـزب، رهبـر حـزب و کمیتـه مرکـزی در رأس قـرار داشـت. ایـن کمیتـه چنـد شـبکه را هدایـت می‌کـرد. و هـر شـبکه از دو گـروه و هـر گـروه از یـک دسـته تشـکیل می‌شـد. هـر دسـته دارای دو شـاخه بـود کـه هـر شـاخه در ذیـل خـود دو واحـد داشـت و هـر واحـد بـا دو مدرسـه در ارتبـاط بـود. و آخرالامـر در هـر مدرسـه چنـد کلاس حزبـی وجـود داشـت.

رهبـر حـزب، سیدمحمد کاظـم موسـوی بجنـوردی و دبیـر آن حسـن حامـد عزیـزی و مسـئول امـور مالـی آن سیدمحمد سیدمحمودی قمـی (طباطبایی) بـود.

گفتنـی اسـت در حکومـت اسـلامی کـه مدنظر حـزب ملـل اسـلامی بـود، دو مجلـس، مجلـس بـزرگان (مجتهدیـن عـادل) و مجلـس مـردم (نماینـدگان انتخابـی مـردم) پیش‌بینـی شـده بـود.

می‌کردم.

در حزب هر یك از اعضا با شماره‌ای چهار رقمی شناخته می‌شد. وقتی برای اولین مرتبه این شماره به من داده شد در ذهن خود چنین پنداشتم كه حزب دارای چند هزار نفر عضو است كه این شماره به من رسیده است. همین شماره چهار رقمی و تصور وجود جمعیت چند هزار نفری، دلگرمی و انگیزه خوبی برای ادامه فعالیتها و حضور در جلسات، كلاسها و سخن‌رانیها بود.

در كلاسهای حزب، از اصول، برنامه‌ها و مرام حزب و اهدافی كه در پی آن است و نیز نوع حكومت موردنظر و پارلمان اسلامی سخن گفته می‌شد.

نشریه خلق[1] تنها ارگان رسمی حزب بود كه درصدر مطالعات من قرار داشت و بیش از ۲۴ ساعت اجازه نگهداشتن آن را نداشتم. پس از این مهلت آن را به حزب برمی‌گرداندم تا عضو دیگری از آن استفاده كند. علاوه بر آن كتابهای مهندس مهدی بازرگان و دكتر یدالله سحابی را هم مطالعه می‌كردم. از دیگر مسائلی كه به ما آموزش داده می‌شد، اصول مخفی كاری، نحوه عضوگیری و انضباط سازمانی بود. در بعضی از كلاسها نیز برخی نوشته‌ها، مقالات و تحلیلهای نشریه خلق به بحث و نظر گذاشته می‌شد.

فرمانده واحد ما در حزب سیدمحمد میرمحمد صادقی بود و با دیگر اعضای سایر كلاسها چون جواد منصوری و هادی شمس حایری[2] در ارتباط بودم.

---

۱ ـ ماهنامه خلق ارگان رسمی حزب ملل اسلامی بود كه توسط كمیته مركزی تنظیم و به واحدها و شاخه‌ها ارائه می‌شد. اولین شماره این ماهنامه در بهمن سال ۱۳۴۳ منتشر و تا ئه شماره ادامه یافت. در این ماهنامه مطالب در جهت تقویت افكار انقلابی و اسلامی و نیز توجیه مشی مسلحانه تنظیم می‌شد. در آن مقالاتی نیز درباره مبارزات سایر ملل و حكومتهای مشابه دیده می‌شد.

۲ ـ هادی شمس حایری فرزند روحانی معروف همدان شیخ تقی علی زنجانی

با گذشت چند ماه من رابط بین دو کلاس از کلاسهای حزب شدم. رفته رفته علاقه‌ام به حزب و کارهای تشکیلاتی بیشتر شد. به خاطر اعتقاد شدیدی که به حزب داشتم، قسمتی از حقوق ـ ۴۵۲ تومان ـ معلمی‌را به آنها می‌دادم و معتقد بودم با همین کمکها و فعالیتها، حزب می‌تواند سریع‌تر به اهدافش برسد.

به این ترتیب، تمام زندگی‌ام در آن مقطع سنی و شور جوانی، تحت‌الشعاع مسائل حزب بود. سعی می‌کردم هرکاری انجام می‌دهم و هرجا که می‌روم مصالح و منافع حزب را در نظر بگیرم.

به خاطر دارم که در شهریور ۱۳۴۴ (یک ماه قبل از کشف حزب) برای کاری شخصی به جنوب کشور ـ بندرعباس ـ رفتم. در این فرصت به دست آمده، راههای ورود و خروج شهر، آبراهه‌های خلیج فارس و نحوه تردد و بارگیری کشتیها و لنجها را برای ورود اسلحه بررسی کردم. برخی از اماکن شهری و افرادی‌را که دارای زمینه‌های انقلابی و مبارزاتی بودند نیز شناسایی کردم. آن‌قدر در این کار دقیق شدم که شاید کار اصلی‌ام تحت‌الشعاع این بررسیها قرار گرفت.

حزب ملل اسلامی و فعالیتها و تلاشهایی که برای آن می‌کردم، یکی از برگهای زرین زندگی‌ام می‌باشد. گرچه عمر فعالیت این

در سال ۱۳۲۲ متولد شد. او از سنین نوجوانی با مسائل سیاسی آشنا شد. وی مدت کوتاهی در انجمن حجتیه به فعالیت پرداخت و در سال ۱۳۴۳ جذب حزب ملل اسلامی شد و پس از دستگیری به چهار سال زندان محکوم شد. او در سال ۱۳۴۶ از زندان آزاد شد و به عضویت حزب الله درآمد و پس از ادغام حزب الله در سازمان مجاهدین، وی نیز در سال ۱۳۵۰ جذب سازمان شد. به دنبال انحراف سازمان در سال ۵۴، تغییر ایدئولوژی داد و مارکسیست شد. یک سال بعد در اثر کنترل تلفن توسط ساواک دستگیر و به زندان اوین منتقل شد. در آستانه پیروزی انقلاب اسلامی از زندان آزاد شد و به فعالیت خود در سازمان مجاهدین منافقین ادامه داد و رویاروی انقلاب اسلامی قرار گرفت و در سال ۱۳۶۰ به دستور سازمان از ایران خارج شد. او در سالهای بعد به رده‌های بالای سازمان رسید. وی در سال ۱۳۷۰ به دنبال بروز اختلاف با سازمان از آن جدا شد. وی اکنون در کشور هلند زندگی می‌کند.

حـزب کوتـاه بـود، ولـی تأثیـر آن بـر افـکار و بینـش اعضـا عمیـق بـود به طـوری کـه اغلـب افـراد آن پـس از آزادی از زنـدان همچنـان در راه مبـارزه بـا رژیـم طاغـوت باقـی ماندنـد و حتـی حرکتهـای نـو و تـازه‌ای را هدایـت و رهبـری کردنـد.

ازدواج «نه» دستگیری «آری»

شـغل معلمـی و حضـور بیـن بچه‌هـا، از علایـق شخصـی مـن بـود. از ایـن رو حضـور و فعالیـت در عرصه‌هـای سیاسـی، مانعـی بـرای حفـظ ایـن علاقـه نبـود.

مـن در چنـد مدرسـه بـه تعلیـم ورزش مشـغول بـودم و بـا معلمیـن و دانش‌آمـوزان زیـادی ارتبـاط داشـتم. لازم بـود کـه در ایـن مناسـبات بـه عنـوان یـک فـرد مسـلمان و معتقـد، شـعائر و ظواهـر اسـلامی را حفـظ کنـم. ایـن امـر نوعـی تبلیـغ مثبـت بـرای اسـلام بـود. در فضایـی کـه فسـق، فجـور و فسـاد بیشـتر ارکان دسـتگاه حاکـم را فراگرفتـه بـود، ایـن نحـو رفتـار و برخـورد مـن، بـه چشـم می‌آمـد. تمـام اطرافیان بویـژه خانمهایـی کـه بـی حجـاب بودنـد بـا آقایـان برخوردهـای بـاز و راحـت داشـتند امـا در مواجهـه بـا مـن تـا حـدود زیـادی رعایـت ظواهـر و شـعائر را می‌کردنـد. در ایـن میـان خانـم معلمـی در مدرسـه حق‌شـناس بـود کـه خیلـی بـه مـن احتـرام می‌گذاشـت و خـود را خیلـی منطبـق بـا آرا و نظرهـای مـن می‌دانسـت. روزی نـزد مـن آمـد و پیشـنهاد ازدواج داد. از پیشـنهاد او جاخـورده و تعجب کـردم، زیـرا در فرهنـگ کشـور مـا چنیـن تقاضایـی غیرمعمـول بـود و بـرای مـن هـم تازگـی داشـت. بـا ایـن حـال بـه او جـواب رد نـدادم و خواسـتم کـه دربـاره اصـل قضیـه بیشـتر فکـر کنـم. گرچـه حجـاب ایـن خانـم معلم یـک حجـاب کامـل نبـود، ولـی نسـبت بـه شـرایط و فضـای موجـود در حـد قابـل قبولـی بـود. برخـورد او همیشـه بـا مـن تـوأم بـا احتـرام زیـاد بـود و از وقـار و متانـت خاصـی برخـوردار بـود. از ایـن رو پیشـنهاد او

را مشـروط بـه سـرکردن چـادر پذیرفتـم و موضـوع را بـا خانواده‌ام در میـان گذاشـتم. مـادرم کـه سـنتی فکـر می‌کـرد و دیدگاهـی قدیمـی نسـبت بـه مسئله داشـت بـه شـدت مخالفت کـرد. او اعتقاد داشت کـه بایـد عروسـش را خـودش انتخـاب کنـد. عروسـی کـه تنهـا خانه دار باشـد و بـه امـور شـوهرش رسـیدگی کنـد و بچـه دار شـود و آنها را بـزرگ کنـد. بـه ایـن ترتیـب بـا مانـع بزرگـی مواجـه شـدم.

شـرایط را بـرای آن خانـم معلـم تشـریح کـردم و گفتـم کـه نمی‌توانم بـا خانـواده بـه خواستگاری بیایـم، ولـی او اصرار داشـت کـه حتمـا بـا خانواده بـه خواسـتگاری او بـروم؛ لـذا بـا مـادرم بیشـتر صحبـت کـردم تـا اینکـه او را راضـی بـه ایـن وصلـت کـردم.

روز ۲۴ مهـر بـود. مـن تـا سـاعت ۱ بعدازظهـر نوبـت کاری داشـتم. پـس از پایان سـاعت کار، همـکاران از مـن خواسـتند کـه ناهار نـزد آنهـا بمانـم، ولـی نپذیرفتـم و از آنهـا خداحافظـی کـردم. خانـم معلـم مزبـور گفـت کـه می‌خواهـد قسـمتی از مسـیر را همـراه مـن بیایـد. بـا هـم از مدرسـه خـارج شـده و سـوار اتوبـوس شـدیم.

او بـه مـن گفـت: «بالاخـره چـه کار می‌کنـی؟ آیـا تکلیـف مـرا مشـخص می‌کنـی؟»

بـه او گفتـم: «مـادرم را راضـی کرده‌ام و فـردا بـرای خواسـتگاری بـه منزلتـان خواهیـم آمـد.»

او خیلـی خوشـحال شـد. مـن دو ایسـتگاه بعد خداحافظـی کـردم و از اتوبـوس پیـاده شـدم. ولـی هیـچ گاه آن فـردا و آن روز خواسـتگاری از ایـن خانـم معلـم فـرا نرسـید...!

ابتـدا بـه منـزل رفتـم، دیـدم کسـی خانـه نیسـت، یـادم افتـاد کـه مـادر و خواهـرم بـرای شـرکت در جشـن عروسـی یکـی از بسـتگان بـه شهرسـتان رفته‌انـد. مسـتقیم بـه طـرف مغـازه آهنگـری بـرادرم در خیابـان شـهباز (۱۷ شـهریور) رفتـم. حـاج مهـدی حـدود دو مـاه بـود کـه از زنـدان آزاد شـده بـود. وارد مغـازه شـدم و پـس از سـلام و

علیـك در گوشـه‌ای از مغازه نشسـتم. حاج مهـدی پرسـید: «داداش ناهـار خـوردی؟» گفتـم: «نه.» گفـت: «صبـر کـن، الان کارم تمـام می‌شـود، بـا هـم می‌رویـم ناهـار می‌خوریـم.»

ده دقیقـه بعـد، ناگهـان سـه ماشـین جلـو در مغـازه نگـه داشـتند و بعـد چنـد نفـر مسـلح از آن خـارج شـدند و به مغازه آمدنـد. بـا خـود گفتـم کـه بـبین، دوبـاره مـا آمدیـم داداش را ببینیـم، بـاز بـرای خـودش دردسـر درسـت کـرده اسـت. پرسـیدند: «مهـدی احمـد کدامتـان هسـتید؟» بـرادرم گفـت: «منـم.» پرسـیدند: «ایـن کیـه؟» گفـت: «بـرادرم، احمـد اسـت.» بـا ایـن جـواب، چشـمان آنهـا گـرد شـد و شـاید جـا خوردنـد. یکـی از آنهـا کمـی از مـا فاصلـه گرفـت و شـروع کـرد بـه صحبـت کـردن بـا بـی سـیم: «... سـوژه را یافتیـم و الان نـزدش هسـتیم...»

بعد رو به ما کرد و گفت: «بلند شوید و با ما بیایید.»

بـرادرم گفـت: «بـه کجـا؟ مـا هنـوز ناهـار نخورده‌ایـم.» گفتنـد: «زیـاد طـول نمی کشـد، یـك ربـع دیگـر برمـی گردیـد.»

حـاج مهـدی رفـت و کتـش را برداشـت کـه راهـی شـود. آنهـا خطـاب بـه مـن گفتنـد: «بلنـد شـو، تـو هـم بیـا.»

گفتـم: «بـا مـن چـه کار داریـد؟ مـن کـه کاری نکرده‌ام. یـك معلم هـم بیشـتر نیسـتم و الان هـم از مدرسـه آمـده‌ام تـا بـرادرم را ببینـم.»

بالاخـره آنهـا مـرا نیـز بـا خـود بردنـد و مـن غافـل از همـه جـا، فکـر می‌کـردم کـه کارهـای بـرادرم مـرا هـم بـه دردسـر انداختـه اسـت. مـا را بـه طـرف اطلاعـات شـهربانی ـ سـاختمانی در مقابـل وزارت امـور خارجـه ـ بردنـد. نرسـیده بـه آنجـا چشـمهای مـا را بسـتند و پـس از ورود بـه سـاختمان بـاز کردنـد. بعـد مـا را داخـل اتاقـی زندانـی کردنـد. مـن در حالـت بهـت و تعجب بـه‌سـر می‌بـردم و بـا خـود می‌گفتـم کـه خدایـا! ایـن داداش مـا بـاز چـه کاری کـرده کـه پـای مـن هـم گـیر افتـاده اسـت. دو سـاعتی را بـا ایـن افکـار گذرانـدم.

بعد مأموری آمد و به برادرم گفت که می‌خواهند خانه ما را بازرسی کنند. حاج مهدی که بیشتر از من تجربه داشت، گفت: «حتما حکم دادستانی دارید؟» مأمور گفت: «شما نگران حکم نباشید.» او خارج شد و پس از دقایقی سرگردی به نام صفاکیش داخل اتاق شد و خطاب به من گفت: «بلند شو تا برویم خانه تان را بگردیم.» من که از اصل واقعه بی خبر بودم، گفتم: «آقا جان، اگر او (برادرم) کاری کرده، به من چه ارتباطی دارد؟» افسر گفت: «ارتباطش بعدا معلوم می‌شود.» من خیلی گیج و منگ بودم و از کار آنها سر درنمی‌آوردم.

بالاخره آنها مرا با خود بردند. بین راه و داخل ماشین از من سئوال کردند: «بالاخره می‌گویی که چه کار کرده‌ای؟» سؤالات آنها برایم مبهم بود، نمی‌دانستم که اصلاً کارهای برادرم به من چه ربطی دارد؟! وضعیت عجیبی بود. گفتم: «آخر این برادر ما همیشه از این جور کارها می‌کند. گیر هم می‌افتد ولی بعد از ده یا پانزده روز آزادش می‌کنند و می‌آید و این ارتباطی به من ندارد.» تا آن لحظه به واقع می‌پنداشتم که من بی جهت بازداشت شده‌ام و همه چیز مربوط به کارهای برادرم است. مأمورین از جوابهای من خسته شده بودند. یکی می‌گفت: «نه، مثل اینکه این یارو نمی‌خواهد حرف بزند.» دیگری می‌گفت: «نه بابا، به حرفش می‌آوریم.» آن دیگری می‌گفت: «خودش حرف می‌زند... بچه خوبی است.» خلاصه مرا با این جملات گوشه و کنایه دار خود کلافه کرده بودند.

اصرار آنها در حرف کشیدن از من، حدسهایی را در من تقویت کرد. حدس می‌زدم که شاید این دستگیری به خاطر سفر اخیرم به بندرعباس و ملاقات و ارتباط با بعضی افراد است. وقتی به خانه رسیدیم با کلیدی که همراه داشتم در منزل را باز کردم و آنها وارد شدند. مطمئن بودم که چیزی نخواهند یافت، زیرا

در آنجا جـز چنـد کتـاب از مهنـدس بـازرگان و دکتـر سـحابی چیـز دیگـری نداشتـم. حـدود شـانزده جلـد کتـاب از قفسـه کتابهـا بیـرون کشـیدند و جمـع کردنـد تـا بـا خـود ببرنـد. بـه اعتـراض گفتـم: «ایـن کتابهـا کـه فروشـش آزاد اسـت!» گفتنـد: «پس اینهـا مـال توسـت!» تقریبـا همـه جـا را گشـتند و جـز همیـن کتابهـا بـه مطلـب و چیـز دیگـری دسـت نیافتنـد. از جستجو منصـرف شـدند. یکـی از آنهـا پرسید: «ببینـم روزنامـه خلـق کجاست؟»

بـا ایـن سئـوال شـوکه شـدم. جا خـوردم و ضربـان قلبـم بیشتـر شـد. فهمیـدم کـه اوضـاع از چـه قرار است. بـا همـان حالـت تحیر گفتـم: «روزنامـه خـ...لـق، خلـق نمی‌دانـم چیـه!» بـا ایـن جـواب و آن حالت، آنهـا شـروع کردنـد به ناسزاگویـی.

وقتـی کمـی بـه خـود آمـدم، افـکارم را جمـع و جـور و متمرکـز کـردم. فهمیـدم کـه ایـن دستگیـری نـه بـه خاطـر بـرادرم، بلکـه بـه خاطـر عضویـت و ارتبـاط بـا حـزب ملـل اسلامـی اسـت و بـرادرم بـی تقصیـر اسـت. در ایـن مـدت بـه تنهـا چیـزی کـه فکـر نمی‌کـردم، حـزب ملـل اسلامـی بـود. زیـرا بـه خاطـر نحـوه ارتباطـات، سـازماندهی و تشـکیلات حـزب، اصلاً اندیشـه لـو رفتـن حـزب را بـه مخیله‌ام راه نمی‌دادم. قسـمها و سـوگندهایی کـه در حفـظ اسـرار حـزب یـاد کرده بـودم، به‌خاطـرم آمـد. از همـان لحظـه بنـا را بـر ایـن گذاشتـم کـه از ابتـدا همـه چیـز را انـکار کنـم. فکـر می‌کـردم اگـر حسـاسیتی نسبـت بـه گفته‌هـای آنـان نشـان دهـم، بایـد زنجیـروار همـه چیـز را بگویـم. درنتیجـه هرچـه دربـاره روزنامـه خلـق و خوانـدن یا نخوانـدن آن سئوال کردنـد، خـود را بـی اطـلاع نشـان دادم. در ایـن بیـن پـدرم از راه رسیـد و پرسید: «چـه خبـر اسـت؟» سـرگرد صفاکیـش گفـت: «حـاج آقـا چنـد بـار بـه شـما گفتیـم کـه بچه هایـت را نصیحـت کـن، نکـردی، ایـن یکـی هـم گرفتـار شـده.» پـدرم گفـت: «مـا کـه نتوانسـتیم

نصیحت کنیم، اگر شما می‌توانید، بروید نصیحت کنید.»[1] پس از این گفتگو به سمت شهربانی بازگشتیم.

من با خودم کلنجار می‌رفتم که چه اتفاقی افتاده و اینها چه چیزهایی درباره حزب می‌دانند؟ در بین راه در دل با خدا نجوا می‌کردم که قضیه عمق نداشته باشد.

هاله‌های ابهام

وقتی به شهربانی رسیدیم، دیگر مرا نزد برادرم نبردند و به این ترتیب از او جدا شدم. گویا برادرم در این مدت با آنها وارد مذاکره شده و فهمیده بود که مشکل از طرف من است. ساعتی بعد به برادرم می‌گویند که آزاد است برود و او می‌پرسد: «داداشم چه می‌شود؟» به او می‌گویند: «او حالا حالاها اینجا مهمان است، شما بروید.» حاج مهدی با قیافه حق به جانب می‌گوید: «او جوان است، نمی‌داند، کاری نکرده و اگر هم اشتباهی مرتکب شده، از سر جوانی بوده و قصدی نداشته است.» به او می‌گویند: «برادرت کاری کرده که حتی تو هم خبر نداری. حالا تو برو بعدا می‌فرستیم که بیاید.»

حاج مهدی وقتی به وخامت اوضاع پی می‌برد، برحسب تجربه نزد استوار پاسبانی می‌رود و یک اسکناس پنجاه تومانی به او می‌دهد و می‌گوید: «ازاین پول سی تومان برای خودت بردار و بقیه را هم برای برادرم خرج کن.» استوار تحت تأثیر سخاوت(!) برادرم قرار می‌گیرد و می‌گوید: «حاج آقا، هر روز چند نفر مثل داداش تو که جوان هستند می‌آورند اینجا. هنوز

---

1 ـ مرحوم حسین احمد که از فعالیت فرزندانش بی اطلاع بود و نمی‌دانست که حرکتها و فعالیتهای پسرانش در راستای مبارزه با رژیم طاغوت است، موضع اعتراض‌آمیز نسبت به رفتارهای فرزندانش داشته است. او از دست آنها به خاطر بهانه دادن به دست مأمورین عصبانی بود و آمدن مأمورین به خانه‌شان را مایه آبروریزی می‌دانست.

معلـوم نیسـت موضـوع چیـه می‌گوینـد اینهـا می‌خواسته‌اند جنـگ مسـلحانه کننـد.» حـاج مهـدی می‌فهمـد از طرفـی قضیـه خیلـی بیـخ دارد و از طـرف دیگـر بـه دلیـل وضعیـت سـری بـودن تشکیلات حـزب ملـل اسـلامی و ارتباطـات بیـن افـراد نمی‌دانسـته کـه چـه کاری بایـد بکنـد تـا اطلاعـات بیشـتری بـه دسـت آورد. همیـن قـدر اسـتنباط می‌کنـد کـه پـای یـك گـروه و تشـكیلات مسـلحانه در میـان اسـت.

سـاعت حـدود پنـج بعدازظهـر مـرا بـه اتـاق دیگـری بردنـد. در آنجـا صـدای دل‌خـراش جیـغ و فریـاد بـه گـوش می‌رسـید و موجب می‌شـد کـه رشـته افـکارم از هـم گسـیخته شـود. البتـه بعدهـا فهمیـدم کـه ایـن صداهـا نـواری بیـش نبـود کـه بـرای ارعـاب دسـتگیر شـدگان اسـتفاده می‌کردنـد.

بالاخـره آن روز، شـب شـد. مأمـوری را صـدا زدم و گفتـم کـه می‌خواهـم نمـاز بخوانـم. او بـا تنـدی دشنام داد و گفـت: «شـما کـه می‌خواسـتید مملکـت را از بیـن ببریـد. نمـاز هـم می‌خوانیـد! نمـاز کمـرت را بشـكند!» اعتنایـی بـه ناسـزاهای او نکـردم و دوبـاره پرسـیدم: «سـرکار قبلـه بـه کـدام طـرف اسـت؟» او بـا عصبانیـت، جهتـی را نشـان داد. بـه دستشـویی رفتـم و وضـو گرفتـم و بعـد نمـازم را خوانـدم. بلافاصلـه پـس از نمـاز مـرا بـرای بازجویـی بـه اتـاق دیگـری بردنـد. در آنجـا سـه نفـر بودنـد. بازجـو در مقابلـم و دو نفـر هـم در طرفینـم نشسـتند و بـا قـدرت، مچهـای دسـتم را گرفتنـد. بازجـو هرچـه پرسـید، سـکوت کـردم. او از روزنامـه خلـق پرسـید. خـودم را بـه بی‌راهـه زدم و گفتـم: «خلـق کـه (واژه‌ای) بـرای کمونیستهاسـت.» گفت: «آره، شـما از کمونیستها بدتـر هسـتید.» بعـد چنـد سـیلی بـه صورتـم زد. از دوسـتانم و ارتباطاتـم پرسـید و مـن سـکوت کـردم. از مـن خواسـت کـه حـرف بزنـم و راستش را بگویـم. گفتـم: «هیچـی بـرای گفتـن نـدارم.» بازجـو کـه از مـن عصبانـی و ناامیـد شـده بـود، می‌گفت: «یااللـه، حـرف بـزن، بگـو، ... اعتـراف کـن!» و مـدام بـا دسـت و

لگـد مـرا مـی‌زد و چـون دو نفـر دیگـر دسـتهایم را گرفتـه بودنـد، هیـچ عکـس العملـی نمی‌توانسـتم نشـان بدهـم. بازجو بـا قسـاوت و نامـردی تمـام مـرا مـی‌زد. بعدهـا فهمیـدم نـام او نیك‌طبـع[1] است. ضربـات دسـت و چكهـای او خیلـی سـنگین بـود و مـن درد زیـادی می‌کشـیدم و چشـمانم تیـره و تـار می‌شـد.

حـدود سـاعت ۱۱ شـب، درحالـی كـه هنـوز در تحیـر و ابهـام به‌سر می‌بـردم، ناگهـان از در نیمـه بـاز دیـدم كـه آقـای میرمحمـد صادقـی رد شـد. چشـمان او را بسـته بودنـد و مأمـوری همراهـش بـود. بـا دیـدن وی خیالـم راحـت شـد كـه دیگـر وضـع بدتـر از ایـن نخواهـد شـد، زیـرا دیگـر نیـازی نیسـت مـن مسـئول بالاتـر از خـود را لـو دهـم و قسـم خـود را بشـکنم. مأموریـن انتظـار داشـتند مـن بـا دیـدن ایـن صحنـه، فكـر کنـم كـه همـه چیـز تمـام شـده و بـه مطالـب و مسـائل خـود اعتـراف کنـم ولـی ایـن امـر نتیجـه معكـوس داشـت؛ زیـرا مـن در حـرف نـزدن، سـکوت و اعتـراف نکـردن مصمم‌تـر شـدم. بـه ایـن می‌اندیشـیدم کـه خـب حـالا مـن یـك قـدم جلوتـر هسـتم. در حـزب آمـوزش داده بودنـد کـه در صـورت دسـتگیری، بـه هیـچ وجـه نمی‌تـوان مسـئول رده بـالای خـود را لـو دهـی و تنهـا در صـورت تشـدید فشـار و شـکنجه فراوان و پـس از گذشـت ۲۴ یـا ۴۸ سـاعت مجـاز بـه اعتـراف نـام زیردسـتت هسـتی.

بازجویـی ادامـه یافـت، گاهـی صدای جیغ و نعـره و التماسهایـی كـه حکایـت از شـکنجه‌های وحشـتناک می‌کـرد، بـه گـوش می‌رسـید. فریادهایـی تـوأم بـا جمـلات منقطـع («...آی، غلـط کردم... خـوردم... چشـم می‌گویـم... ببخشـید... نمی‌دانسـتم... نوكرتانم... همه‌چیـز

---

۱ ـ بیـژن نیـك طبـع، افسـر و بازجـوی فعـال و خشـن اطلاعـات شـهربانی بـود كـه در شـکنجه و آزار و اذیـت زندانیـان بـی رحمانـه عمـل می‌کـرد. او معـروف بـه شکنجه‌گر جنسـی بـود. وی از سـال ۱۳۵۱ اقدامـات وحشـیانه خـود را در کمیتـه مشترك ضدخرابکاری دنبـال کـرد و سـرانجام در سـال ۱۳۵۳ بـر اثـر انفجـار اتومبیلـش توسـط گـروه فداییـان خلـق بـه هلاكـت رسـید.

را می‌گویم... من به شاه وفادارم و ...)»

گاهـی صـدای ضربـات کتـک و خـرد شـدن استخوانها، فضـای اتـاق را پـر می‌کـرد. البتـه بعدهـا مشخص شـد کـه صـدای نـوار بـوده اسـت تـا روحیـه بچه‌هـا را تضعیـف کننـد. بعـد از مدتـی جـواد منصـوری و هـادی شـمس حایـری را نیـز به آنجـا آوردنـد. آنهـا از هـم حوزه‌ایهـای مـن بودنـد و گویـا یـک روز زودتـر از مـن دسـتگیر شـده بودنـد. حایـری در مواجهـه بـا مـن گفـت: «احمـد! همـه را گرفته‌انـد، بیخـودی کتـک نخـور و مقاومـت نکـن!» گفتـه و خبـر حایـری مبنـی بـر دسـتگیری سـایر اعضـا مـرا تکان داد. بازجویـی ادامـه یافـت. آن شـب مـرا چنـد بـار بردنـد و آوردنـد و مـورد ضـرب و شـتم قـرار دادنـد. ولـی هرچـه کتکـم می‌زدنـد، سـکوت می‌کـردم.

یـک مرتبه نیـک طبع ملعـون ضمـن فحاشـی بـه مـن گفـت: «آخـر بیـا نگاه کـن! اینهـا همـه نوشته‌های رفقـای تـو اسـت. بیا ببیـن! اینهـا همـه دسـت خطهـای آنهاسـت. تـو چـرا بیخـودی کتـک می‌خـوری؟» بعـد روکـرد بـه مأمـور و گفـت: «ولـش کنیـد، نمی‌خواهـد کـه بگویـد، خُـب نگویـد، همیـن خـودداری جرمـش را بیشـتر می‌کنـد.» برگه‌هـای بازجویـی را نشـانم دادنـد کـه در آن برخـی افـراد بـه عضویـت خـود اعتـراف کـرده بودنـد. مـن کـه تـا آن لحظـه کتـک زیـادی خـورده بـودم و سـر و صورتـم سـرخ و کبـود شـده و بـاد کـرده بـود، بـا دریافـت ایـن مطلـب کـه بیشـتر افـراد دسـتگیر شـده‌انـد، اعتـراف کـردم. پـس از نوشـتن مشـخصات فـردی، افـزودم کـه من یـک عضـو سـاده حـزب هسـتم. بـه ایـن ترتیـب پـس از سـه روز بازجویـی مـن نیـز بـه اعتبـار گفتـه و سـخن شـمس حایـری و رؤیـت برگه‌هـای اعتـراف برخـی افـراد، بـه عضویـت خـود اعتـراف کـردم.

بازجوهـا عمدتـا ضـرب و شـتم خـود را در سـاعات غیراداری انجـام می‌دادنـد و از رفتـار خشـونت‌آمیز در سـاعات اداری و در حضـور کارمنـدان شـهربانی پرهیـز می‌کردنـد. آنهـا چـون بـی تجربـه و مبتـدی

بودنـد، ابتـدا بـا وعـده و وعیـد و موعظه کار خـود را شـروع می کردنـد، و بعـد صحبتهـا و سـخنان یـك نواختی بـرای به‌حـرف درآوردن زندانی طـرح می کردنـد، از قبیـل: «اصلاً تـو کـه بـرای خـودت شـخصیتی هسـتی، در ایـن مملکـت معلمـی و شـغل آبرومنـدی داری، ماهـی پانصـد تومـان حقـوق می‌گیـری، چـرا فریـب خـورده‌ای و بـه ایـن کارهـا کشـیده شـده‌ای، بیـا و خـودت را نجـات بـده، بـا مـا همکاری کـن. تـو صاحب یـك خانواده‌ای، پدر خـوب، مادر خـوب داری و اگـر ازدواج هـم کنی وضعت بهتـر می‌شـود، دیگـر وارداین راههای انحرافـی نمی‌شـوی. بـه جـای ایـن کارهـا بیـا بـرو کلاس روخوانـی قـرآن و...»

آنهـا می‌خواسـتند بفهمنـد چـه عاملـی باعـث شـده تـا مـا بـه ایـن عرصـه کشـیده شـویم. حربه‌هـای آنـان مبنـی بـر اینکـه همـه لـو رفته‌انـد و دسـتگیر شـده‌اند و اینکـه مقاومـت دیگـر فایـده‌ای نـدارد و مـا همـه چیـز را می‌دانیـم و... نیـز بـر مـن کارسـاز نبـود. آنهـا وقتی از کار خـود نتیجـه‌ای نمی گرفتنـد، مـرا بـا مشـت و لگـد می‌زدنـد و گاهـی هـم کمربنـد بـر بدنـم می‌نواختنـد، و می‌خواسـتند بـا زور وادار بـه اعترافـم کننـد ولـی نتیجـه‌ای نمی گرفتنـد. تنهـا چیـزی کـه از مـن بـه دسـت آوردنـد، اعترافـم بـر عضویـت بـود.[1]

هرچـه روزهـای بیشـتری سـپری می‌شـد، افـراد بیشـتری از حـزب ملـل اسـلامی را دسـتگیر می کردنـد و بـه آنجـا می‌آوردنـد کـه البتـه در ابتـدا غالب آنهـا بـرای مـا ناشـناخته بودنـد. بـا مشـاهده ایـن صحنه‌هـا برایـم حتمـی شـد کـه حـزب کشـف و مسـائلی از آن فـاش شـده اسـت، امـا چگونـه؟ هنـوز نمی‌دانسـتم و در ابهـام به‌سـر می‌بـردم.

---

1 ـ از اواخـر سـال ١٣۵٠ پـس از شـکل‌گیری کمیتـه مشـترك ضـد خرابکاری، بـا دوره‌هـای آموزشـی کـه مأموریـن کمیتـه و سـاواك در سـازمان سیا و موسـاد و اینتلجنـت سـرویس (MI.6) طـی کردنـد، بازجوییهـا شـکل علمی‌تـری بـه خـود گرفـت و شـکنجه‌هـا بـا ابـزار و تکنولـوژی جدیـد چـون آپولـو صـورت می‌گرفت.

کشف حزب ملل اسلامی

در روزهای اول بازداشت، ما نتوانستیم به وضوح علت کشف حزب ملل اسلامی را دریابیم، تا اینکه بعدها در زندان پی به اصل ماجرا بردیم.

آقای محمد باقر صنوبری، که مدت کوتاهی از عضویت او در حزب می‌گذشت، شور و حرارت خاصی داشت و دنبال گسترش حزب بود و از خود فعالیت چشمگیری نشان می‌داد. او در مأموریتی که به شهرری رفته بود تا فردی را به حزب دعوت کند و مراسم تحلیف را به جای آورد، با خلف وعده طرف مواجه می‌شود. او که به تاریکی شب برمی‌خورد برای استفاده از وقت، وارد یك خانقاه می‌شود. او تا دیروقت در آنجا می‌ماند و هنگام خروج کاملاً تصادفی مورد سوءظن مأمورین شهربانی قرار می‌گیرد و در یك تعقیب و گریز سرانجام دستگیر می‌شود. او با خود کیفی به همراه داشت که گویا حاوی اساس‌نامه، مرام‌نامه و نشریه خلق بود. آقای صنوبری با اینکه هنگام فرار آن را به طرف خانه یا باغی پرتاب می‌کند، ولی مأمورین پس از جستجوی کوتاهی آن را می‌یابند. صنوبری را به کلانتری منطقه می‌برند. محتوای کیف برای مأمورین مشکوك به نظر می‌آید. از این رو ضداطلاعات شهربانی وارد ماجرا می‌شود. از آن به بعد شکنجه و ضرب و شتم عضو جوان حزب شروع می‌شود. او مقاومت تحسین برانگیزی از خود نشان می‌دهد. هرچه او را می‌زنند و می‌پرسند، تنها جواب می‌دهد: «مکتوم است.»

سرانجام مأمورین با به کار بستن ترفندهای مختلف، به نام آقای سیدمحمد میرمحمد صادقی ـ مسئول بالاتر وی ـ دست می‌یابند[1]

---

۱ ـ آقای محمدباقر صنوبری در بخشی از خاطرات خود بیان می‌دارد:
«... شب جمعه مورخه ۱۳۴۴/۷/۲۰، چند جزوه درسی و مدارك حزبی ازجمله مرام‌نامه حزب و ماه‌نامه خلق را در کیف سیاه رنگ خود جا دادم. آنها را برای

او نیـز شناسـایی و پـس از سـاعاتی دستگیر می‌شـود. از ایـن طریـق نیـز بـه آقـای سیدمحمودی طباطبایی[1] می‌رسند.

____

دعـوت از دو تـن از بـرادران مـورد اعتمـادم می‌خواسـتم. آنهـا در شـرف تحلیـف و عضویت رسـمی در حـزب بودنـد... سـاعت ۲ یـا ۳ بعـد از نیمه‌شب بـود کـه از خانقـاه بیـرون آمـدم... نزدیـك آرامگاه رضاشـاه ملعون کـه رسـیدم، بـا دو نفر افسـر و مأمـور شـهربانی مواجـه شـدم. آنهـا سـؤالاتی کردنـد و مـن جـواب گفتـم. از محتـوای داخـل کیـف سئـوال کردنـد. گفتـم: کتـاب و دفاتـر مـن اسـت. کیـف را از مـن گرفتنـد کـه داخـل آن را بازدیـد کننـد و مـن در کمـال خونسـردی ایسـتاده بـودم و بـا آنهـا صحبت می‌کـردم و در باطـن فکـر می‌کـردم وظیفـه مـن در ایـن موقـع چیسـت؟ اگـر الان مـدارك حزبـی را ببیننـد و از وجـود حـزب مخفـی مـا باخبـر شـوند، مـن از چـه کار کنم؟... چنـد لحظـه فکـر کـردم، مـن متعهـدم کـه نگـذارم کسـی از وجـود ایـن نشـریات و مـدارك آگاه شـود... تنهـا راه حلـی کـه بـه ذهنـم رسـید ایـن بـود کـه کیـف را بـه سـرعت قـاپ زده و فـرار کنـم. چنیـن کـردم و گریختـم و آنهـا بـا سـروصدا دنبالـم دویدنـد. دو نفـر از مقابـل می‌آمدنـد و وقتـی صـدای ایسـت را شـنیدند، بـا فـرض اینکه خلافکاری را دیده‌انـد راه را بـر مـن بسـته و حملـه کردنـد. مـن بـا چالاکـی از دسـت آنهـا گریختـه و کیـف را بـا نهایـت زوری کـه داشـتم بـه طـرف بـام سـاختمان مجـاور پرت کـردم تا شـاید مفقـود و یا موقتـا از دسـترس آنهـا خـارج شـود... بـه دویـدن ادامـه داده بـه سـمت باغـات و مـزارع رفتـم، ولـی مأمـوران بـه مـن رسـیدند و مـرا دسـتگیر نمودنـد... و بعـد از جسـتجو، از سـاختمان مجـاور کیف را یافتنـد... مـرا بـه کلانتـری بـرده و در زیرزمین کلانتـری بـه شـدت کتـك زدنـد و اهانـت کردنـد تـا اعتـراف کنـم، ولـی مـن تنهـا گفتـم: «مکتـوم اسـت.»

دوسـتان آقـای محمـد باقـر صنوبـری بعدهـا بـه شـوخی بـه وی لقب کاشـف حـزب را دادنـد وجملـه معـروف «مکتـوم اسـت» او را بـه مـزاح در طـول مـدت زنـدان و بعـد از آن در ادبیـات گفتـاری خـود بـه کار می‌بردنـد.

۱ ـ مرحـوم سیدمحمد سیدمحمودی قمـی طباطبایـی فرزنـد حجـت الاسلام والمسـلمین حاج‌مصطفی طباطبایـی، فـردی متدیـن و بـا صلابـت بـود کـه بـه خاطـر عضویـت در کمیتـه مرکـزی حـزب ملل‌اسـلامی، پس‌از شکنجه‌های فـراوان و پـس از گـذر از دادگاههای بـدوی و تجدیدنظـر بـه زنـدان ابـد محکـوم شـد و حـدود چهـارده سـال در زنـدان بـه‌سـر بـرد و بـا پیـروزی انقـلاب اسـلامی همـراه رهبـر حـزب ملل اسـلامی سیدمحمد کاظـم بجنـوردی و ابوالقاسـم سرحدی‌زاده آزاد شـد. او پـس از آزادی نیـز بـا تمـام وجـود، خالصانـه و بـی ادعـا بـه ایـران و اسـلام و تحکیـم انقـلاب خدمـت نمـود. او هیـچ گاه بـه دنبـال نـام و نـان نبـود و در کارهایـش رضایـت حـق تعالـی را مدنظـر داشـت، از ایـن رو بـه سـوی مسئولیت و مقام نرفـت و تنهـا بـه فعالیت در یـك تعاونـی بـرای خدمـت بـه محرومـان پرداخـت. او سـرانجام در سـال ۱۳۶۷ در ۴۴ سـالگی دارفانـی را وداع گفـت.

مأمورین ضداطلاعات شهربانی آقای طباطبایی را تحت شدیدترین شکنجه‌ها قرار می‌دهند تا از او به حلقه بعدی برسند؛ ولی این سید بزرگوار از خود مقاومت قهرمانانه و تحسین‌برانگیزی نشان می‌دهد و آنها را ناامید می‌کند. چندین مرتبه با دادن اسامی و آدرسهای غلط، موجب تأخیر ساواک در وصول به اطلاعات حزب می‌شود. او حتی یک مرتبه قراری فرضی را به آنها در دانشگاه تهران آدرس می‌دهد. مأمورین او را با خود برای شناسایی فرد موردنظر به آنجا می‌برند، ولی چون مسئله صورت فرضی داشت، هرچه منتظر می‌شوند خبری نمی‌شود. مأمورین که متوجه فریب زیرکانه سیدمحمودی می‌شوند، او را به سختی و تا سرحد مرگ شکنجه می‌دهند.

سرانجام او با مقاومت و هوشیاری مثال زدنی‌اش چند روزی ساواک را معطل می‌کند و چون طبق آموزشهای حزب و اندیشه خود مطمئن می‌شود که تاکنون حزب به خطر مزبور پی برده و مکان و دفتر مرکزی حزب را تخلیه کرده است، آدرس آنجا را به ضداطلاعات می‌دهد.[2] ولی متأسفانه وقتی مأمورین و آقای سیدمحمودی به دفتر مرکزی حزب می‌رسند با حسن حامد عزیزی[3] و وسایل و اسباب بسته بندی شده حزب مواجه می‌شوند. آقای سیدمحمودی با مشاهده این صحنه به شدت یکه می‌خورد. عزیزی پس از دستگیری و مقداری شکنجه تمام رمزها و کدهای تشکیلات را گشود و در اختیار اطلاعات

---

۲ ـ آدرس دفتر مرکزی حزب ملل‌اسلامی: خیابان ری، خیابان صفاری.

۳ ـ حسن حامد عزیزی، دبیر حزب ملل اسلامی بود. او پس از دستگیری پس از کمی شکنجه تمامی اسناد، مدارک، کدها و اسامی اعضا را در اختیار اطلاعات شهربانی قرار داد. او فردی ضعیف الجثه و تحت تأثیر افکار رهبر حزب بود. در زندان فقط در امر عبادی همراه با سایر زندانیان بود. او فردی آرام و ساکت بود و دخالتی در سایر امور نداشت. پس از آزادی تمایلی به فعالیتهای سیاسی از خود نشان نداد و به زندگی روزمره خویش مشغول شد.

شهربانی قرار داد. این سرآغاز دستگیری گسترده اعضای حزب ملل اسلامی بود.

رهبر و عده‌ای از اعضای حزب با وقوف به خطر پیش آمده به کوههای شاه آباد پناه بردند، ولی مأمورین پس از یک تعقیب و مراقبت به محل اختفای آنها پی بردند و با استفاده از تاریکی شب به آنجا حمله کردند که با مقاومت افراد حزب مواجه شدند. سرانجام همه را به جز دو نفر، مرحوم ناصر نراقی و محمد مولوی عربشاهی[۱] دستگیر کردند. آقای مولوی موفق شد پس از گذشتن از کوهها و راههای صعب العبور از مرز خارج شود، ولی آقای نراقی که جوان و معلمی بیش نبود، در روزهای بعد به مدرسه بازگشت و توسط دژبانی دستگیر شد. برخی دیگر از اعضای حزب نیز در محل کار و یا در خانه دستگیر شدند.

زندان موقت شهربانی

زندان شهربانی دارای یک حیاط گرد و ساختمانی سه طبقه در اطراف حیاط بود. با اینکه هرچند نفر را در یک اتاق زندانی می‌کردند، اما چند نفری را که مقاومت و سرسختی کرده بودند ازجمله من، در اتاقی به صورت انفرادی محبوس کردند. اتاق من پنجره‌ای مشرف به حیاط زندان داشت. پاسبانهای زندان بسیار بدخلق و بدزبان بودند. چنان با ما برخورد می‌کردند که

---

۱ ـ سیدمحمدعلی مولوی عربشاهی به سال ۱۳۲۰ در تهران به دنیا آمد. پدرش مرحوم سیدمحمدباقر سبزواری استاد دانشکده الهیات دانشگاه تهران بود. سیدمحمدعلی در سال ۱۳۴۲ به عضویت کمیته مرکزی حزب ملل اسلامی درآمد و به دلیل شدت فعالیتهای سیاسی از ادامه تحصیل در رشته مهندسی الکترونیک دانشکده فنی دانشگاه تهران بازماند. پس از لو رفتن حزب ملل اسلامی او به عراق گریخت، مدتی را هم در لبنان و سوریه به سر برد و سرانجام به مصر رفت. در سال ۱۳۵۸ به ایران بازگشت و در سال ۱۳۶۲ ازدواج کرد. او از جمله مؤسسین دایرةالمعارف بزرگ اسلامی است که در ۲۷ فروردین ۱۳۸۵ پس از تحمل یک دوره بیماری درگذشت. روزنامه شرق، شماره ۷۳۷، ۱۳۸۵/۱/۲۹، ص ۲۰.

گویـی بـا حیـوان وحشـی و درنده‌خویـی طرف هسـتند. مثلاً وقتی غـذا می‌آوردنـد، از شیشـه دریچـه در بـه داخل اتـاق نگاه می کردنـد و منتظـر بودنـد کـه زندانـی از در فاصلـه بگیـرد و بعـد یـواش در را بـاز می کردنـد و ظـرف غـذا را پشـت در می گذاشـتند و زود در را می‌بسـتند.

شـلواری کـه بـه تـن داشـتم راحـت نبـود و اذیـت می‌شـدم. روزی پاسبانی کـه توسط بـرادرم تطمیـع شـده بـود بـه سـراغم آمـد. وقتی مطمئـن شـد کـه مـن احمـد احمـد هسـتم، پرسـید کـه بـه چیـزی احتیـاج داری؟ گفتـم: «پیژامـه می‌خواهـم ولـی پولـش را نـدارم بدهـم.» او گفـت کـه آن را برایـم تهیـه می‌کنـد. فـردای آن روز کـه بازگشـت بـا خـود زیرشـلواری آورد و در فرصتی آن را بـا سـرعت بـه داخـل اتـاق انداخـت و دور شـد.

کیفیـت غذاهـا بسـیار بـد بـود. تقریبـا هـر روز آش و جمعه‌هـا آبگوشـت بـه زندانیـان می‌دادنـد. در ابتـدا مـن نمی‌توانسـتم آش بخـورم. یـك روز کـه گرسـنگی مـرا از پا انداختـه بـود، ظـرف آش را جلـو کشـیدم و بـا اکـراه شـروع بـه خـوردن کـردم. هنـوز چنـد قاشـق بیشـتر نخـورده بـودم کـه ناگهـان چشـمم بـه جسـم سـیاه و بزرگـی خـورد کـه بـا حرکـت قاشـق بـه زیـر کاسـه رفـت. قاشـق را دوبـاره گردانـدم و دیـدم از میـان سـیاهی آن، کرکهـای سـفیدی نمایـان اسـت. کمـی کـه دقـت کـردم دیـدم از ایـن سوسکهـای بـزرگ اسـت کـه بـه اصطـلاح بـه آن «روضـه خـوان» می‌گفتنـد. در آش لِـه شـده بـود. حالـم بـه هـم خـورد.

در روزهـای بعـد مـرا بـا نُـه نفـر در اتـاق بزرگ‌تـری زندانـی کردنـد. مـن هیچ‌یـك از آنهـا را نمی‌شـناختم، ولـی چهره‌هایـی جـوان و اسـلامی داشـتند. چنـد روزی کـه گذشـت اجـازه دادنـد کـه بـا دوسـتان و خانـواده مـان ملاقـات کنیـم. اولیـن نفـری کـه بـه ملاقـات مـن آمـد، یکـی از همکارانـم بـود. او خبـر داد کـه مدرسـه حق شـناس

پرونده مرا در اختیار اطلاعات شهربانی قرار داده است و نیز خبر داد که آن خانم معلم، خیلی بی‌تابی و گریه می‌کند. گفتم: «به او بگو که به پای من ننشیند و منتظر من نباشد. من حالا حالاها زندان هستم. بهتر است با فرد دیگری ازدواج کند.» بعد از آن روز ملاقات، وضعیت غذایی زندان تغییر کرد و بهتر شد. شرایط هم کمی سهل شد و اجازه دادند که صبح‌ها کمی ورزش و نرمش کنیم.

چند روزی به همین منوال گذشت و با صحبتهای حاشیه‌ای فهمیدیم که تمام ده نفرمان عضو حزب ملل اسلامی هستیم، اما از حوزه‌ها و شاخه‌های مختلف. هریک به خاطر رازداری و فضای نامطمئن، صحبتی در این خصوص نمی‌کردیم. با دریافت این موضوع وضع تغییر کرد. انس و الفت زیبایی بین بچه‌ها به وجود آمد. هرچه که می‌گذشت وضعیت زندان بهتر می‌شد. تا آنجا که پاسبانها از آن برخوردهای زشت و زننده دست برداشته و حتی درهای اتاقها را به‌روی ما باز می‌گذاشتند. به این ترتیب افراد می‌توانستند برای دیدن هم به اتاقهای دیگر بروند.

وقتی بچه‌های حزب در زندان شهربانی شناخته شدند، نماز را به جماعت می‌خواندیم. پس از این آشنایی، سؤالاتی برایمان مطرح شد. ازجمله اینکه، اصلاً اینجا آمده‌ایم برای چه؟ و حالا که آمده‌ایم وظیفه ما چیست؟ چه کار باید بکنیم؟ آیا با آمدن به زندان همه چیز تمام شد؟ اشتباه حزب یا ما در کجا بود؟ و این سؤالات ما را به فکر واداشت. به این نتیجه رسیدیم که قبل از پرداختن به سازندگی جامعه، لازم است که ابتدا خود را ساخته باشیم. دیدیم که زندان، فرصت خوبی برای خودسازی است. دوستان کار را با گفتن خاطرات و اینکه چه شد حزب کشف شد شروع کردند. بعدها به‌بررسی نقاط‌ضعف و اشتباهات حزب نیز پرداختند.

در راستای حرکت جدید، در زندان کلاس تفسیر قرآن از طرف حجت‌الاسلام والمسلمین محمدجواد حجتی کرمانی برقرار شد. ما با علاقه زایدالوصفی در آن شرکت می‌کردیم. آقای عباس آقازمانی (ابوشریف) تمام آیات جهاد را در قرآن جمع‌آوری و در اختیار ما می‌گذاشت و ما در فرصتهای مناسب، به حفظ و فراگیری آن می‌پرداختیم.

زحمات آقای محمدجواد حجتی کرمانی[1] در زندان شهربانی و

---

۱ ـ حجت‌الاسلام والمسلمین محمدجواد حجتی کرمانی، فرزند عبدالحسین، در سال ۱۳۱۱ در خانواده‌ای روحانی در کرمان متولد شد. از کودکی به فراگیری علوم اسلامی همت گماشت و در جوانی ملبس به لباس مقدس روحانیت شد. ذهن او از همان کودکی و جوانی به ظلمها و ستمهای رژیم شاه و عوامل آن حساس بود. او در سال ۱۳۳۰ به قم عزیمت نمود و از محضر آیات عظام اسلام بهره برد. در سالهای ۱۳۴۰ و ۱۳۴۱ در کرمان به سازماندهی جوانان، تشکیل جلسات وعظ و سخن‌رانی، نشر جزوات و کتب سودمند در راه آشنایی جوانان با فرهنگ اسلامی مبادرت کرد. او برای مقابله با تبلیغات مسیحیت در کرمان با اسقف بزرگ مسیحی و کشیش کلیسای کرمان به بحث و مناظره پرداخت و در همین رابطه کتاب جلوه مسیح را تألیف و منتشر کرد. در بهمن سال ۱۳۴۳ پس از ترور حسنعلی منصور به دست شهید محمد بخارایی، در مسجد جامع تهران سخن‌رانی کرد و در پی آن دستگیر و چند ماه زندانی شد. او پس از آزادی از زندان، در سال ۴۴ به عضویت حزب ملل اسلامی درآمد و به دنبال کشف حزب، به همراه ۵۵ نفر دیگر دستگیر شد. پس از محاکمه در دادگاههای بدوی و تجدیدنظر نظامی به ده سال زندان محکوم شد. دفاعیات آقای حجتی کرمانی در بیدادگاههای رژیم، از دفاعیات کم نظیر و مثال زدنی و از برگهای زرین تاریخ انقلاب اسلامی است. دوران محکومیت را در زندانهای موقت شهربانی، جمشیدیه، کمیته مشترک ضد خرابکاری، قصر، اوین، برازجان و کرمان سپری کرد و در پاییز سال ۵۴ آزاد شد و به فعالیت انقلابی خود ادامه داد.

او در مدت ده سال زندان خود منشأ خدمات زیادی برای زندانیان بود و توانست افراد زیادی را با قرآن انس دهد و از سقوط آنها به دامان مارکسیسم جلوگیری کند.

وی در سال ۵۶ به خاطر ایراد سخن‌رانی در مراسم چهلمین روز شهادت مرحوم آیت‌الله حاج آقا مصطفی خمینی، در مسجد اعظم قم و قرائت قطع‌نامه چهارده ماده‌ای، بار دیگر دستگیر و به ایرانشهر تبعید شده و در آنجا چند ماه در کنار حضرت آیت الله خامنه‌ای که ایشان هم در آنجا در تبعید بودند، بسر برد. او در فروردین ۵۷ از ایرانشهر به سنندج و مدتی بعد به جیرفت منتقل شد.

بعـد از آن، حقیقتـا سـتودنی اسـت. تلاشها و تبلیغـات وی در آشنایی بیشـتر و عمیـق مـا بـا معـارف اسـلامی سـهم بسـزایی داشـت و توانسـت روحیـات مـا را در بیدادگاههـای رژیـم تقویـت کنـد.

در ایـن مـدت مـا تقریبـا وقـت تلـف شـده‌ای نداشـتیم و وقتهایمان بـا برنامه‌هـای مختلـف ماننـد ورزش، کلاس قـرآن، جلسـات و مباحـث اعتقـادی ـ اخلاقـی، خاطـرات و... می‌گذشـت. در ایـن فضـا دوستان حزب ملل اسـلامی به واسطه ایـن شـرایط و برنامه‌هـا توانسـتند شـناخت خوبـی نسـبت بـه هـم پیـدا کننـد. همیـن شـناختها در داخـل و بیـرون از زنـدان مبنـای بسـیاری از حرکتهـای انقلابـی شـد.

مـا بـه همیـن منـوال نزدیـك بـه سـه مـاه در زنـدان شـهربانی بـه‌سـر بردیـم و بـرای طـی دوران محاکمـه در دادگاههـای بـدوی و تجدیدنظـر به‌زنـدان (پـادگان) جمشـیدیه منتقـل شـدیم.

زندان جمشیدیه

اواسـط دی مـاه، تمـام اعضـای حـزب ملـل اسـلامی بـه زنـدان پـادگان جمشـیدیه منتقـل شـدند. ایـن زنـدان از امکانـات و فضـای بهتـری چـون: سـالن بـزرگ، تختهـای دو یـا سـه طبقـه، پتـو و بخـاری برخـوردار بـود.

جمشـیدیه دارای دو زنـدان یکـی مخصـوص افسـرها و دیگـری بـرای

او پـس از واقعـه خونیـن ۱۷ شـهریور ۱۳۵۷ بازداشـت و مدتـی در زنـدان کمیتـه مشـترک زندانـی شـد. حجتـی کرمانـی در آسـتانه پیـروزی انقـلاب اسـلامی بـه کرمـان بازگشـت و همگام بـا مـردم بپـا خواسـته کرمـان بـه مبـارزه خـود ادامـه داد. او پـس از پیـروزی انقـلاب اسـلامی نخسـتین امـام جمعـه کرمـان بـود. در سـال ۵۸ بـه همـراه شـهید باهنـر از سـوی مـردم کرمـان بـه نماینـدگی مجلـس خبـرگان برگزیـده شـد، یـك سـال بعـد بـه عنـوان نماینـده مـردم تهـران وارد مجلـس شـورای اسـلامی شـد. او بعـد از ایـن دوره بـه سـمت مشـاور فرهنگـی رئیس‌جمهـور در دوره ریاسـت جمهـوری آیـت اللـه خامنـه‌ای برگزیـده شـد.
وی اکنـون بـا مرکـز دایرةالمعـارف بـزرگ اسـلامی ایـران، دفتـر مطالعـات سیاسـی و بین‌المللـی وزارت امورخارجـه و روزنامـه اطلاعـات همـکاری دارد.

سربازها بود. ما را به زندان سربازها برده و محبوس کردند. البته اعضای کادر مرکزی را به اتاق جداگانه‌ای بردند. زمستان آن سال در آنجا برای ما بسیار خاطره‌انگیز بود. بیشتر مواقع به خاطر سردی هوا، بخاریها روشن بود. سوخت بخاریها در آن زمان زغال‌سنگ بود. از این رو گرمای آن با دردسرهایی همراه بود. به خاطر دارم برای ریختن زغال سنگ به درون بخاری باید در آن را باز می‌کردیم، با باز شدن در بخاری، دود زیادی داخل اتاق را می‌گرفت. برای فرار از این دود، پنجره را باز می‌کردیم و چون لوله بخاری در حیاط بود، با باز شدن پنجره دود مضاعف از حیاط به داخل اتاق می‌آمد. خلاصه ما سر راه اندازی و گرم نگهداشتن بخاری خیلی دردسر می‌کشیدیم.

رژیم شاه که تا آن روز از انتشار خبر دستگیری افراد حزب ملل اسلامی خودداری کرده بود، پس از چند روز از انتقال ما به زندان جمشیدیه و در اوایل بهمن ماه، در سطح وسیع با اطلاعات صحیح و غلط شروع به افشای جنجالی خبر کشف و دستگیری اعضای حزب کرد. رژیم می‌کوشید با تحت تأثیر قرار دادن افکار عمومی، آنها را آماده دریافت اخبار محاکمه در دادگاه کند؛ به طریقی که احساسات و عواطف عمومی جریحه‌دار و بر ضد رژیم نشود. به‌عبارتی با این تهاجم خبری سعی می‌کرد اقدام ظالمانه بعدی خود را توجیه کند.

انعکاس پرهیاهو و گسترده این اخبار، عکس العملها و واکنشهای متفاوتی دربرداشت. برخی ما را منتسب به «اخوان المسلمین» در مصر و برخی هم منتسب به شوروی و کمونیستها کردند. آنها که ما را می‌شناختند و از ماهیت اسلامی افراد خبر داشتند، جریان حزب ملل اسلامی را الهام گرفته از جمعیت فداییان اسلام و یا منشعب از آن دانستند. در این میان، موج تبلیغات علیه حزب موجب نگرانی مضاعف خانواده‌ها شد. به ترتیبی که اغلب

خانواده‌هـا از زنـده مانـدن بچه‌هـای خـود قطـع امیـد کردنـد. پـدرم بعدهـا تعریـف می‌کـرد: «دیـدم مقابـل دکـه روزنامـه فروشـی مـردم جمـع هستـم. جلـو رفتـم. اهالـی محـل هـم بـه مـن نـگاه می‌کردنـد. وقتـی عکسـت را روی صفحـه اول روزنامـه دیـدم، بنـد دلـم پـاره شـد و رنـگ از رویـم پریـد. بـا اضطـراب و تـرس پیـش مـادرت آمـدم و گفتـم کـه احمـد را تیربـاران می‌کننـد، احمـد از دسـت رفـت...»

بـا اینکـه رژیـم چهـره‌ای خطرنـاك، مخـدوش و تروریسـتی از حـزب ترسیـم کـرده بـود، ولـی بـه خاطـر شـرایط و فضـای زنـدان جمشیدیه، مأموریـن بـا احتـرام بیشـتری برخـورد می‌کردنـد. مأموریـن و زندانبانهـای ایـن زنـدان از مأموریـن ساواك و شـهربانی نبودنـد، بلکـه از دژبانهـای پـادگان جمشـیدیه بودنـد. مـا بعـد از مدتـی ارتبـاط خـوب و محترمانـه‌ای بـا آنهـا یافتیـم. آنهـا تحـت تأثیـر رفتـار و اخـلاق اسـلامی بچه‌هـای حـزب قـرار گرفتـه بودنـد و درصـدد ایـن بودنـد کـه بـه نحـوی بـه آنهـا کمـك کننـد. تهیـه و خریـد مایحتاج زندانیان یکـی از ایـن کمکهـا بـود. حتـی در برخـی اوقـات استـواری بـه نـام مظفـری در صفـوف نمـاز جماعـت زندانیـان دیـده می‌شـد.

وضعیـت غذایـی ایـن زنـدان از زنـدان شـهربانی بهتـر بـود. اگـر کسـی بیمـار می‌شـد، خودمـان او را تیمـار وتـر و خشـك می‌کردیـم. البتـه اطلاعـات پزشـکی آقـای محمـد پیـران[1] و مهـارت او در تزریقـات و پانسـمان در ایـن زمینـه خیلـی کارسـاز بـود.

---

[1] ـمحمـد پیـران از اعضـای کادر مرکـزی حـزب ملـل اسـلامی بـود کـه هنـگام دستگیری، پزشکیار وظیفه بـود و در پـادگان او را دسـتگیر کـرده بودنـد. او فردی بسیار آرام و متیـن بـود. بیشـتر اوقاتـش را صـرف یادگیـری و حضـور در جلسـات مختلـف یـا آمـوزش اطلاعـات عمومـی پزشـکی و کمکهـای اولیـه بـه سـایر افـراد می‌کـرد. او بـه دلیـل همیـن فعالیتهایـش مدتـی را هـم بـه زنـدان شـیراز تبعیـد شـد و سـرانجام بـا پیـروزی انقـلاب اسـلامی از زنـدان آزاد شـد.
پیـران، فـردی بـا عـزت نفـس زیـاد بـود کـه بـا وجـود سـابقه سـیزده سـال زنـدان و مبـارزه علیـه طاغـوت، بـدون هیـچ ادعایـی دنبـال شـغل معلمـی بـه شهرسـتان همـدان رفـت و در سـال ۱۳۷۹ بـه عنـوان نماینـده مـردم رزن همـدان بـه مجلـس شـورای اسـلامی راه یافـت.

برنامه‌های مذهبی، جلسات بحث دینی، مباحث تشکیلاتی، کلاس تفسیر قرآن، مراسم دعا و مناجات در زندان جمشیدیه دنبال می‌شد و روز به روز به اعتقاد و غنای اندیشه و تفکر ما می‌افزود. در این نشست‌ها، انگیزه ما برای دفاع اسلامی و عزت‌بخش، در دادگاه‌های پیشِ‌رو و امید به مبارزه در آینده تقویت می‌شد. و در این میان نقش آقای محمد جواد حجتی کرمانی برای تعیین چارچوب دفاع و رفع شبهات بسیار سازنده و کارگشا بود.

در مراسم عزاداری برای خود برنامه مرثیه سرایی و سینه زنی می‌گذاشتیم. در یکی از این مراسم، هیئت هشت نفره اتاق ما سینه زنان و نوحه گویان از اتاقی به اتاق دیگر رفت. گاهی این نوحه‌ها حالت سیاسی هم پیدا می‌کرد. مانند:

«اگر زحزب مللی، بگو تو با صوت جلی   علی علی، علی علی »

و دیگران تکرار می‌کردند: «علی علی، علی علی   علی علی، علی علی»

در مراسم دعای کمیل شبهای جمعه چند نفر از دوستان ازجمله محسن حاجی مهدی، اکبر صلاحمند و محمدباقر صنوبری با صدای خوش مداحی می‌کردند. البته اجرای برنامه‌های مذهبی و مراسم سنتی در جای خود برگزار می‌شد و هیچ یك مانعی برای برنامه‌های تفریح، سرگرمی و شوخی نبود. وجود این برنامه‌ها در انبساط خاطر و سرزندگی حال و روح بچه‌ها خیلی تأثیر داشت. به خاطر دارم که در همین زمینه گاهی دوستان در مواجهه با من با هماهنگی از قبل و به شوخی هم‌خوانی می‌کردند:

زمین شوره زار سنبل نیاره

سر احمد کچل مو در نیاره

پرچم کشور در آن زمان که دارای سه رنگ سبز، سفید، قرمز و نقش شیر و خورشید بود، برای نظامیان از احترام خاصی برخوردار

بود و اهانت کنندگان به آن به شدیدترین وجه تنبیه می‌شدند. با این وصف روزی در دست یکی از دوستان پارچه بزرگی دیدم که به جای دستمال استفاده می‌کرد. دقت کردم و دیدم که پرچم است. با مشاهده این صحنه خنده‌ام گرفت. پرسیدم که از کجا گیر آورده‌ای؟ گفت که از گروه ارکست پادگان کش رفته‌ام!

برای رفتن به حمام و دستشویی در زندان مقررات خاصی وجود داشت. گاهی در این زمینه با مشکلاتی مواجه می‌شدیم. از قبیل اینکه برای رفتن به حمام باید از کوچه‌ای از مأمورین می‌گذشتیم. حدود پنج ماه به ما داروی نظافت ندادند. روزی من به سروانی که رئیس زندان ما و نیز رهبر گروه ارکستر پادگان بود، گفتم که ما به دارو احتیاج داریم. او گفت که به خود تیمسار بگو. من منتظر فرصتی بودم تا موضوع را به تیمسار خردور[1] بگویم. یک روز تیمسار خردور برای بازرسی و بازدید از قسمتهای مختلف زندان آمد. وقتی وارد حمام شد، من در سربینه مشغول کندن لباسهایم بودم. جلو او ایستادم و گفتم: «تیمسار! ما مسلمانیم و نیاز به نظافت داریم، دستور دهید داروی نظافت به ما بدهند.»

نمی‌دانم با چه لحنی این جمله را گفتم که به او خیلی برخورد. ناگهان سیلی محکمی به گوش من نواخت و تا من به خود بیایم، از آنجا دور شد. من چند فحش به او دادم و از برخوردش خیلی ناراحت شدم. صورتم برافروخته و رگهای شقیقه‌ام برجسته شد. اگر کمی صبر کرده بود، شاید با ضربه مشتی او را می‌کشتم. در آن لحظه عصبانیت من حدی نداشت. اگر لباس به تن داشتم حتما دنبالش می‌دویدم و حسابش را می‌رسیدم. وارد حمام شدم، دوستان که عصبانیت و برافروختگی مرا دیدند، علت را پرسیدند و من جریان را برای آنها گفتم. آنها نیز خیلی

---

۱ ـ تیمسار خردور، معاون دژبان مرکز ایران.

ناراحت و عصبانی شدند. قرار شد که بعد از حمام، داخل اتاق تصمیم مقتضی برای این جسارت تیمسار بگیریم و با او برخورد کنیم. از حمام که بیرون آمدم، چند سرباز دژبان جلو مرا گرفته و با خود بردند. بین راه می‌اندیشیدم که اگر با خردور مواجه شدم، چگونه انتقام بگیرم. به اتاقی وارد شدیم که تیمسار خردور در آن نشسته بود. دو نفر سرهنگ نیز در دو طرف او بودند. قبل از اینکه من حرفی بزنم، تیمسار گفت: «آقای احمد احمد!» گفتم: «بله!» گفت: «من اشتباه کردم، یک لحظه عصبانی شدم و تو گوش شما زدم. از شما معذرت می‌خواهم. خُب شما هم نباید آن جمله را در مقابل جمع به من می‌گفتی!»

با این جملات تیمسار، کمی از خشمم فروکش کرد. گفتم: «جناب تیمسار! جای معذرت خواهی و بخشش نیست. بین من و شما مسئله بخشش مطرح نیست. ما مسلمانیم و پنج ماه است که نظافت نکرده‌ایم.» گفت: «من هم مسلمانم. همین امسال زیارت خانه خدا بودم. اگر نمی‌بخشی قصاص کن!» با این جمله، آن دو نفر سرهنگ جا خوردند و رنگشان پرید. کمی در جای خود جا به جا شدند. گویا می‌ترسیدند که من به واقع سیلی او را تلافی کنم. من هم وقتی موضع نرم تیمسار را دیدم، با اینکه باورم نمی‌شد در دستگاه رژیم کسی با این مقام و درجه، چنین برخوردی کند، خشم و عصبانیت خود را فرونشاندم و گفتم: «بخشیدم.»

وقتی از اتاق تیمسار بیرون آمدم، بچه‌ها را در حال غیرعادی دیدم. گویا در وضعیت آماده‌باش بسر می‌بردند. هرلحظه انتظار درگیری و نزاع را می‌کشیدند تا به دفاع از من وارد جریان شوند. بین آنها همهمه بود. آقای حجتی کرمانی جلو آمد و پرسید: «احمد چی شده؟» ماجرا را از لحظه سیلی خوردن تا طلب بخشش تیمسار خردور یا قصاص او توضیح دادم. هنوز ناراحتی

در چهـره بچه‌هـا نمایـان بـود. آقـای حجتـی کرمانـی پرسیـد: «آخـر چـه؟ بخشیـدی؟» گفتـم: «بلـه.» بعـد او رو بـه همـه کـرد و گفـت: «احمـد کار خوبـی کـرده، مسلمانی رفتـه آنجا و چنیـن اتفاقی افتـاده است. درسـت اسـت کـه اهانتـی بـه همـه مـا شـده، امـا وقتی کـه خـود احمـد بخشیـده، بخشـش او بـرای مـا محتـرم اسـت.»

برخی از دوستان نسبت بـه بخشـش مـن معتـرض بودنـد، اما آقـای حجتـی گفـت: «اثـر تبلیغـی و ارشـادی کار احمـد بیشـتر اسـت.»

بـرای تفریـح و سـرگرمی، بیشـتر بـه ورزش می‌پرداختیـم. ورزش از برنامه‌هـای همیشـگی مـا بـود. چـه بـه صـورت انفـرادی و چـه جمعـی. گاهـی داخـل اتـاق چنـد تشـك روی هـم می‌انداختیـم و بعـد بچه‌هـا را بـه کشـتی دعـوت می‌کردیـم.

کسـب اخبـار در ایـن زنـدان، بیشـتر از طریـق افـرادی بـود کـه بـه ملاقـات مـا می‌آمدنـد. بـرای مثـال مـادرم در یکـی از ملاقاتهـا می‌گفـت: «احمـد دربـاره شـما می‌گوینـد کـه گـروه مسـلحانه هسـتید و می‌خواسـتید بـا شـاه بجنگیـد. ایـن حرفهـا راسـت اسـت؟» بـه ایـن ترتیـب مـا از مواضـع مـردم و گروههـای بیـرون از زنـدان نسبت بـه خودمـان آگـاه می‌شـدیم. بعـد از وقـت ملاقـات دور هـم جمـع می‌شـدیم و صحبتهـای شـنیده را کنـار هـم گذاشـته و آنهـا را تحلیـل مـی‌کردیـم.

دهـه آخـر مـاه مبـارك رمضـان آن سـال را در زندان جمشیدیه سپری کردیـم. شـرایط ایـن زنـدان بـرای روزه گرفتـن بهتـر از زنـدان شـهربانی بـود. آنهـا بـه جـای ناهـار، افطـاری و بـه جـای شـام، سـحری غـذای گـرم می‌دادنـد.[1]

---

۱ ـ آقـای احمـد شـیرینی یکـی دیگـر از اعضـای دسـتگیر شـده حـزب ملـل اسـلامی در ایـن خصـوص می‌گویـد: «روزی مـا را بـه صـف در پادگان می‌بردنـد، در بغـل ایـن صـف سرلشـکر معصومـی ـ فرمانـده وقـت پادگان جمشیدیه ـ و تیمسـار خـردور ـ معاون پادگان ـ در کنـار هـم راه می‌رفتنـد کـه معصومـی بـه خـردور گفـت: تیمسار! اینها بچه مسلمان هسـتند و الان ماه‌رمضان اسـت، مواظب باشـید بـه اینهـا سـحر غـذای گـرم

در شبهای ماه رمضان چه در شهربانی و چه در جمشیدیه، به همت دوستان جلسات مذهبی و تفسیر قرآن برقرار بود. بچه‌ها دور هم می‌نشستند و هرچه از آیات قرآن می‌فهمیدند بیان می‌کردند و آن را به بحث می‌گذاشتند. آقای حجتی کرمانی بیشتر این جلسات را هدایت می‌کرد. به یاد دارم که سوره حجرات از سوره‌هایی بود که در این شبها مفصل تفسیر می‌شد. شبهای قدر را نیز دوستان با شکوه خاصی برگزار کردند و آن‌چنان خالصانه سربندگی به خاک ساییدند که برای من فراموش نشدنی است.

در این زندان بود که موفق شدم آقای سیدمحمدکاظم موسوی بجنوردی[1] ـ رهبر حزب ـ را ببینیم. وقتی او را دیدم، باورم نمی‌شد

بدهند. این را من خودم شنیدم و بعد از آن دیدم که هم در افطار و هم در سحر غذای گرم به ما می‌دادند.»

[1] ـ سیدمحمدکاظم موسوی بجنوردی فرزند مرحوم آیت الله میرزاحسن موسوی بجنوردی و متولد ۱۳۲۱ ش در نجف اشرف است. او پس از تحصیلات متوسطه برای کسب علوم دینی در نجف اشرف وارد حوزه شد. وی در چهارده سالگی به اتفاق چند نفر از هم‌سالان خود کتابخانه‌ای را تأسیس می‌کند. در شانزده سالگی پس از مطالعه مجموعه‌ای از کتابهای تاریخی، اجتماعی و سیاسی، نظریه انقلاب مسلحانه و تشکیل حکومت اسلامی را در ذهن خود شکل می‌دهد و به دنبال آن جلسات آموزش علوم سیاسی و تفسیر وقایع روز را برپا می‌کند. او در سال ۱۳۳۹ به ایران آمد و دروس حوزوی را در مدرسه سپهسالار عالی شهید مطهری پی گرفت.

موسوی بجنوردی در تهران برنامه‌های سیاسی خود را با تشکیل محفل جدیدی از دوستان پی گرفت، و در اواخر سال ۱۳۴۰ نخستین هسته‌های حزب ملل اسلامی را با هدف براندازی رژیم سلطنتی و تشکیل حکومت اسلامی پی‌ریزی کرد. او توانست در مرحله ازدیاد و تعلیم، با کمک دوستان و اعضای اولیه حزب، جوانان مسلمان و معتقدی را جذب آن کند.

موسوی بجنوردی پس از کشف غیرمنتظره حزب توسط عوامل رژیم، با تنی چند از یاران خود به کوههای دارآباد پناه برد، اما پس از تعقیب ساواک در محاصره قرار گرفته و دستگیر شد. او در دادگاه بدوی و تجدیدنظر به اعدام محکوم شد ولی با وساطت آیت‌الله حکیم محکومیت وی با یک درجه تخفیف به حبس ابد تبدیل شد. او در زندان همواره از هر فرصتی برای غنای اندیشه خود بهره جست و کتب

که چنین فرد جوانی تئوریسین و نظریه پرداز، رهبر و خط دهنده اصلی حزب باشد و با آن سن کم و جوانش چنین تشکیلات پر رمز و رازی را پایه گذاری کند. برای من افکار بلند و متعالی او همیشه قابل احترام بوده و هست.

او در زندان فاصله‌ای بین خود و دیگران نمی‌گذاشت و مانند بقیه در کارها و نظافت زندان مشارکت می‌کرد، البته او بیشتر وقت خود را صرف مطالعه و بحثهای نظری می‌کرد. با این رویه بعدها توانست، در بحثها و مناظره‌ها بر مارکسیستها برتری یابد.

محاکمه اعضای حزب ملل‌اسلامی

در اوایل بهمن ماه پس از صد روز سکوت مطبوعاتی، رژیم با جار و جنجال زیاد و در سطحی وسیع، اخبار کشف حزب ملل اسلامی را منتشر کرد. و عکس من هم در صفحه اول روزنامه اطلاعات و کیهان چاپ شد.(اسناد شماره ۲ و ۱)

با غوغا سالاری در مطبوعات، بچه‌ها دریافتند به زودی دادگاه تشکیل خواهد شد. از این رو بچه‌ها دور هم جمع شده درباره نحوه تنظیم دفاعیه، بحث و مشورت کردند. تقریبا برای هر فرد

فلسفی، سیاسی، اجتماعی و اقتصادی بسیاری را مطالعه کرد.

بجنوردی در زندان کتاب اقتصادنا اثر شهید سیدمحمد باقر صدر را ترجمه کرد. وی در زندان به جهت دانش و اشرافی که نسبت به مسائل اسلامی و سیاسی پیدا کرده بود در مناظره‌های سنگین با گروههای مختلف شرکت می‌کرد و توانست افراد زیادی را از انحراف به مارکسیسم نجات دهد. وی باپیروزی انقلاب اسلامی از زندان آزاد شد و پس از تشکیل حزب جمهوری اسلامی به عضویت کمیته مرکزی حزب انتخاب شد.

موسوی بجنوردی در سال ۱۳۵۸ با حکم مرحوم بازرگان و پس از تأیید حضرت امام به استانداری اصفهان منصوب شد. پس از مدتی به اولین دوره مجلس شورای اسلامی راه یافت. پس از این دوره، مرکز دایره‌المعارف بزرگ اسلامی را تأسیس کرد. این مرکز بزرگ علمی و تحقیقی تاکنون توانسته است ده جلد فرهنگ‌نامه کم نظیر منتشر کند. او هشت سال مشاور رئیس‌جمهور خاتمی و رئیس کتابخانه ملی ایران بود.

مشـخص شـد کـه چگونـه دفـاع خـود را شـروع کنـد، بـه اوج برسـاند و بعـد بـه پایـان ببـرد. قـرار بـر ایـن شـد کـه هـر کـس تنهـا از خـود دفـاع کنـد و مسئولیت کارهـای دیگـری را بـه عهـده نگیـرد. بنابرایـن شـد کـه دفاعیه‌هـا مکتـوب باشـد.[1]

بچه‌هـا دفاعیه‌هـا را نوشـتند. یکـی از یکـی تندتـر و شـدیدتر. مـا کـه می‌دانسـتیم حکممـان بـه اعـدام نخواهـد رسـید، در بیـان حرف‌هـا و نظراتمـان هیـچ نـوع ملاحظـه‌ای نکردیـم. ایـن اندیشـه بیـن بچه‌هـا حاکـم بـود کـه اگـر در دادگاه کوتـاه بیاینـد و شکسـت بخورنـد، شکسـت آنهـا بـه منزلـه شکسـت مسلمانان و خیانـت بـه اسلام اسـت. بچه‌هـا برخـود واجب می‌دانسـتند کـه از مواضعشـان سرسـختانه دفـاع کننـد و الگـو و سرمشـقی بـرای سـایر افـرادی کـه درآینـده قـدم در راه مبـارزه اسـلامی می‌گذارنـد، باشـند.

جالـب اینکـه در دادگاه مشـخص شـد کـه رژیـم و عوامـل آن برعکـس مـا، بـا ایـن خیـال واهـی کـه دسـتگیر شـدگان حرفـی بـرای گفتـن ندارنـد، دادگاه را تشـکیل دادنـد. بـه همیـن خاطـر بـا حضـور عـده‌ای خبرنگار نیـز موافقت شـده بـود. بعـد کـه متوجه اشـتباه خـود شـدند از حضـور آنان جلوگیـری کـرده و تنهـا چنـد خبر سانسـور شـده را در مطبوعـات منعکـس کردنـد.

شـانزدهم بهمـن مـاه سـال ۱۳۴۴، اولیـن دادگاه محاکمـه ۵۵ نفـر از اعضـای حـزب[2] در محـل آمفی‌تئاتـر (باشـگاه افسـران) پـادگان

---

۱ ـ چنـد روز قبـل از شـروع دادگاه آقـای احمـد دسـت خطـی بـه یـادگار تقدیـم آقـای محمـد باقرصنوبـری می‌کنـد. کـه نشـانگر نـگاه و موضـع او بـه دادگاه، زنـدان و راه طـی شـده است.سـند شـماره ۳

۲ ـ ۵۵ نفـر عبـارت بودنـد از: ۱. سیدمحمدکاظم موسـوی بجنوردی ۲. حسـن حامـد عزیـزی ۳. سـیدمحمد سیدمحمودی قمـی ۴. محمـد پیـران ۵. عباسـعلی مظاهـری ۶. ابوالقاسـم سـرحدی زاده ۷. سـیدعلی نـور صادقـی ۸. سـیدمحمد میرمحمـد صادقـی ۹. محمدباقـر عباسـی ۱۰. ناصـر نراقـی ۱۱. محمـد علـی جمالیـان ۱۲. جـواد منصـوری ۱۳. محمدجـواد حجتـی کرمانـی ۱۴. احمـد احمـد ۱۵. حمیدخـان محمـد ۱۶. احمـد شـیرینی ۱۷. احمـد منصـوری ۱۸. محمدباقـر صنوبـری ۱۹. عبـاس دوز دوزانـی ۲۰. سـید

جمشیدیه به ریاست سرتیپ ۲ تاج‌الدینی و به‌دادستانی سرهنگ عاطفی برگزار شد. همه ما را به صف وارد دادگاه کردند. بعد از تشریفات مقدماتی، به اصطلاح تفهیم اتهام شد. عمده اتهام وارده، اقدام علیه امنیت کشور بود. در کیفرخواست برای هشت نفر کادر مرکزی تقاضای اعدام شده بود و برای بقیه از سه تا ده سال زندان در نظر گرفته بودند. ما از کادر مرکزی خواستیم که دفاع قانونی کنند. پس از آن متهمین یك به یك شروع به خواندن دفاعیه‌های خود کردند. دفاعیات حاوی مطالب انقلابی و اعتقادی بود که با لحن حماسی بیان می‌شد. اغلب آنها به آیات قرآن کریم و احادیث معصومین علیه‌السلام‌استناد می‌شد و در مطلع دفاعیه به عدم صلاحیت دادگاه اشاره می‌شد.

وقتی رژیم با سرسختی بچه‌ها در دفاع مواجه شد، در روزهای بعدی برپایی دادگاه، به آنها مراجعه کرد و وعده‌های بسیاری ازجمله تخفیف در مجازات و برائت در صورت اعتراف به مجرمیت می‌داد، ولی فریبها و کیدهای آنان با هوشیاری بچه‌ها نقش بر آب می‌شد.

صحنه‌های شورانگیز و حماسی که از خواندن دفاعیات انقلابی پدید آمد، به هیچ‌وجه قابل وصف نیست. آنچه که تاکنون

فخرالدین پیشوایی ۲۱. مرتضی حاجی ۲۲. سیداصغر قریشی ۲۳. حسین روان پاك ۲۴. سیدجمال نیکوقدم ۲۵. عباس سعیدی ۲۶. محمدتقی شالچی ۲۷. سیدهادی شمس حائری ۲۸. اکبر اورامی ۲۹. احمد تقوی ۳۰. عباس آقا زمانی ۳۱. محمد صادق عباسی ۳۲. محمدکاظم سیفیان ۳۳. حسن طباطبایی ۳۴. محسن حاجی مهدی ۳۵. محمدحسن ابن الرضا ۳۶. ابوالحسن فلاحتی ۳۷. احمد روحی ۳۸. علی‌اکبر رستمی ۳۹. محمدصادق رئیس دانایی ۴۰. کیوان مهشید ۴۱. علیرضا سپاسی آشتیانی ۴۲. محسن رحیم پور ۴۳. یوسف رشیدی ۴۴. امیر سرحدی زاده ۴۵. حسین سرحدی زاده ۴۶. رمضان سلطانی ۴۷. رضا ابوالحسن اخوان ۴۸. رضا اژئیان ۴۹. علی‌اکبر صلاحمند ۵۰. داود رضایی بزرگ ۵۱. احسان الله محبوب ۵۲. محمدحسین شهری ۵۳. احمد آقازمانی ۵۴. محمد بابایی ۵۵. علی‌اصغر رفیعی اهل کسب
(اسناد شماره ۴ و ۲ و ۱)

درباره آن گفته یا نوشته شده است، خیلی ناچیزتر از واقعیتی است که رخ داد. گوشه هایی از این صحنه‌های بی‌بدیل و زیبا را برایتان بیان می‌کنم.

دفاعیه آقای محمدجواد حجتی کرمانی از جمله محکم‌ترین و رسوا کننده‌ترین دفاعیه‌هایی بود که بیان شد. لایحه دفاعیه وی مشتمل بر چندین صفحه بود که از آیات قرآن و احادیث معصومین علیه‌السلام، اشعار حماسی و جملات انقلابی تشکیل شده بود. با قرائت این دفاعیه ترس بر عوامل دادگاه حاکم شد. رئیس دادگاه چندین بار سعی کرد تا آقای حجتی کرمانی را از خواندن باز دارد. ولی او شجاعانه تا به آخر همه را خواند. رئیس دادگاه در پایان متن، برآشفت و گفت: «من اگر می‌توانستم می‌دادم این آشیخ را تیربارانش کنند!»

دفاع زیبا و بزرگ سیدکیوان مهشید[۱] در سکوتش بود. او به عنوان اعتراض به عدم صلاحیت دادگاه و به رسمیت نشناختن آن هیچ نگفت و سکوت کرد. سکوت او از بسیاری فریادها و صداها، پرمعناتر بود. به همین خاطر محکومیت او نسبت به حضور و فعالیتش در حزب، خیلی بیشتر شد.

آقای ابوالحسن فلاحتی حدود ده صفحه دفاعیه تنظیم کرده بود. با شور و حرارت مشغول قرائت آن بود که ناگهان ما احساس کردیم موضوع بحث عوض شد. رئیس‌دادگاه پرسید: «آقاجان! مگر خودت ننوشتی؟» او به زبان شمالی پاسخ گفت:

---

۱ ـ سید کیوان مهشید، فرزند سیداسماعیل در سال ۱۳۲۲ در تهران متولد شد. او جوانی فعال، متدین، اهل مطالعه و عبادت بود. او بیشتر روزهای رجب و شعبان را، روزه می‌گرفت. کیوان مهشید هنگام دستگیری دانشجوی رشته علوم بود و در دادگاه تجدیدنظر به ده سال زندان محکوم شد. وی علاقه زیادی به یادگیری زبان داشت و در زندان، دایم کتاب در دستش بود و با خود به این طرف و آن طرف می‌برد. بعدها در زندان از مسلمانها برید و نسبت به نماز، احکام و اصول اسلامی بی‌اعتنا شد و گرایشهای چپی و مارکسیستی پیدا کرد. او بعد از پیروزی انقلاب به جرم فعالیت در کادرهای سری حزب توده دستگیر، زندانی و بعد اعدام شد.

«چرا خودم نوشتم، اما خط را گم کرده‌ام.» که همه زدند زیر خنده و دادگاه از حالت عادی خارج شد که رئیس دادگاه تذکر به سکوت داد.

خانواده محمدباقر عباسی[1] نیز به وکیل تسخیری مراجعه و مقداری پول پرداخته بودند تا او کمی غلیظتر از باقر دفاع کند. هنگامی که وکیل از وی دفاع می‌کرد گفت: (نقل به مضمون) «این بچه نوجوان، سیزده یا چهارده سال(!) بیشتر ندارد، او گمراه شده و فریب دیگران را خورده است آخر حیف نیست نوجوانی مثل او در زندان باشد، ما اصلاً نباید او را به دادگاه می‌آوردیم. باید همان جایی که دستگیر شد آزادش می‌کردند و می‌رفت.» وکیل که نامش سلطانی بود چنان با شور و حرارت سخن می‌گفت که ناگهان دندانهای مصنوعی اش به بیرون پرت شد. رئیس دادگاه با صحبتهای وکیل فکر کرد که باقر واقعا یک نوجوان کوچک، ضعیف الجثه سیزده یا چهارده ساله است، لذا از او خواست که برخیزد و بایستد. قد بلند باقر به وقت نشستن به چشم نمی‌آمد. او یواش یواش بلند شد و تمام قد ایستاد. رئیس دادگاه که تعجب کرده بود پرسید که آقای وکیل! این را می‌گویی که بچه مدرسه‌ای است و نباید می‌آوردیمش دادگاه؟! آقای محمدباقر صنوبری[2] به عنوان اولین فرد دستگیر شده حزب

____

۱ ـ محمدباقر عباسی فرزند حسینعلی در سال ۱۳۲۵ در شهر قم متولد شد. او هنگام دستگیری دانش‌آموز دبیرستان بود. وی یکی از عاملین ترور سرتیپ طاهری در مرداد ماه سال ۱۳۵۱ است. و به همین خاطر در دی ماه همان سال به همراه محمد مفیدی اعدام شهید شدند.

۲ ـ محمدباقر صنوبری، در سال ۱۳۲۶ در خانواده‌ای مذهبی در تهران به دنیا آمد. بافت مذهبی و عرفانی خانواده علاوه بر پرورش و تربیت اسلامی، او را به کانونها و مجامع سیاسی ـ مذهبی هدایت کرد. از این رو زندگی آقای صنوبری به دو بخش عرفانی و سیاسی قابل تقسیم است. او در زندگی عرفانی خود از محضر استادان و عالمان عرفانی شیعه چون پدرش حاج میرزا ابوالفضل صنوبری، مرحوم آشیخ عباس استاد ولی و حاج شیخ محمد شریف رازی، مرحوم شیخ عبدالکریم

در آن زمان زیر هجده سال سن داشت. او با صدایی غرا و محکم در دفاع از خود گفت (نقل به مضمون): «من وکیل تسخیری را قبول ندارم، حرفهایی را که می‌زند، اصلاً حرف ما نیست، او دارد حرف خودش را می‌زند. حرف ما اسلام است... شما در مکانی که نشسته‌اید صلاحیت ندارید و جای شما نیست. شما نه تنها اسلامی نیستید بلکه از اسلام به دور هستید...»

با این خطابه و دفاعیه جوان هجده ساله، دادگاه سراسر شور و احساس و غیرت شد.

آقای جواد منصوری[1] نیز در دفاعیه خود گفت که ما برای

حامد قزوینی که هر چهار بزرگوار از شاگردان و یاران استاد بزرگ مرحوم شیخ رجبعلی نکوگویان ـ خیاط ـ می‌باشند بهره وافر برد. زندگی سیاسی وی با پای گذاشتن در انجمن حجتیه به مدت خیلی کوتاه و آشنا شدن با برخی دوستان شروع شد. صنوبری بعد از آشنایی با دوستان جدید در انجمن، به حزب ملل اسلامی دعوت شد. در مهرماه سال ۴۴ بر اثر یک حادثه غیرمترقبه به دست کلانتری شهر ری دستگیر شد. به‌مدت حدود سه سال در زندان بسر برد. پس از آزادی به مبارزات خود تا پیروزی انقلاب اسلامی ادامه داد. و پس از آن به زندگی عرفانی خود توجه بیشتری نمود و ضمن خدمت به انقلاب و آرمانهای حضرت امام و حضور در صحنه‌های مؤثر نظام اسلامی از پذیرش مناصب و مشاغل دولتی و حکومتی پرهیز کرد و به حرفه سابقش ـ سراجی ـ پرداخت.

۱ ـ جواد منصوری، فرزند ماشاءالله، در سال ۱۳۲۴ در شهر کاشان متولد شد. محیط مذهبی خانواده در تکوین شخصیت وی سهم بسزایی داشت. او در سنین کودکی به همراه خانواده به تهران آمد. تحصیلات ابتدایی خود را در مدرسه نوشیروان به پایان رساند. پس از آن به کار در بازار پرداخت و شبها در مسجد محمدی به فراگیری برخی دروس ابتدایی حوزه مبادرت کرد. پس از یکسال وقفه در تحصیل، برای طی دوره دبیرستان به مدرسه علوی رفت. وی در کنار تحصیل، فعالیتهایی را در انجمن اسلامی دانش‌آموزان آغاز کرد و مدت کوتاهی به انجمن حجتیه پیوست. در آنجا با آقای میرمحمد صادقی آشنا و به حزب‌ملل اسلامی جذب شد. آقای منصوری قبل از اینکه تحصیلات متوسطه را به پایان برساند همراه برادرش احمد و سایر اعضای حزب در مهرماه سال ۴۴ دستگیر و به شش سال زندان محکوم شد. پس از تخفیف محکومیت در اسفند سال ۴۷ از زندان آزاد گشت. منصوری در این دوره از زندان و زندانهای بعد خود، از هر امکانی برای سازندگی و پرورش خود استفاده کرد. او فردی متخلق به اخلاق اسلامی، آشنا به علوم قرآنی بود و توانست به همراه برادرش احمد دیلم خود را در زندان بگیرد.

خدا قیام کردیم و مطمئن هستیم که خدا هم ما را کمک خواهد کرد. ان تنصروا الله ینصرکم و یثبت اقدامکم.

و من هم در ابتدا، اعلام کردم که دادگاه صالح نیست و آن را به رسمیت نمی‌شناسم. از این رو سکوت کردم. و دیگر هرچه از من در تأیید یا رد اتهاماتم سئوال شد جواب نگفتم.

آنچه که به یاد ماندنی است، طنین صلواتهای بچه‌ها پس از قرائت هر دفاعیه در سالن دادگاه بود. دادگاه بدوی بیش از بیست روز به طول انجامید و در پایان احکام زیر را صادر کردند:

رهبر حزب به اعدام، حسن حامد عزیزی و سید محمد سیدمحمودی به حبس ابد، پنج نفر دیگر کادر مرکزی حزب

منصوری در سال ۴۸ به حوزه مرکزی گروه حزب‌الله وارد شد ولی پس از ادغام این گروه با سازمان مجاهدین خلق در نیمه دوم سال ۱۳۵۰ از آن کناره گرفت. او توانست محدودیتهای ساواک را درهم شکسته و در سال ۱۳۴۸ وارد دانشگاه تهران شده و لیسانس خود را در رشته علوم اقتصادی اخذ کند. منصوری مجددا در خرداد سال ۱۳۵۱ توسط ساواک دستگیر و به شدت مورد شکنجه قرار گرفت و توانست مقاومت قهرمانانه‌ای از خود نشان دهد و مأمورین ساواک را از خود مأیوس کند. او در طول این دوره از زندان با مطالعات وسیع خود به عنوان یک نظریه‌پرداز به‌مخالفت با مارکسیستها پرداخت. او در فروردین سال ۱۳۵۳ در زندان، توسط فردی به‌نام داوود محبوب مجاز از ناحیه سر و کمر با یک دمبل وزنه مورد سوءقصد قرار گرفت. خوشبختانه پس‌از مداوا از این حادثه شوم نجات یافت. علت و انگیزه این حمله به آقای منصوری مشخص نیست. آنچه که مسلم است محبوب مجاز به‌خاطر شکنجه‌های فراوان ساواک دچار اختلالات روحی و روانی بود. منصوری به‌خاطر حفظ روند انقلابی خود به جاهای مختلف ازجمله کرمانشاه و مشهد تبعید شد و سرانجام در آذر ماه سال ۵۷ از زندان مشهد آزاد شد. مسئولیتهای منصوری پس از پیروزی انقلاب اسلامی عبارتند از: اولین فرمانده سپاه پاسداران، معاون فرهنگی وزارت امور خارجه، سفیر ایران در پاکستان، معاون فرهنگی دانشگاه آزاد اسلامی و... او در سال ۱۳۶۰ توسط سازمان منافقین ترور شد که با وجود اصابت سیزده گلوله به وی خوشبختانه نجات یافت. او مدتی مشاور پژوهشی و تحقیقی وزارت امور خارجه و رئیس اداره کل اسناد و تاریخ دیپلماسی بود و یک دوره هم به سفارت ایران در چین منصوب شد. از وی تاکنون آثاری چون استقلال، فرهنگ و توسعه، سیر تکوینی انقلاب اسلامی و قیام ۱۵ خرداد ۱۳۴۲ به چاپ رسیده است.

به پانزده سال زندان، سه نفر به هشت سال زندان، چهار نفر به پنج سال زندان، هفت نفر به چهار سال زندان، سه نفر به ۳/۵ سال زندان و من به همراه ۲۹ نفر دیگر به سه سال زندان محکوم شدیم. بلافاصله نسبت به احکام صادره اعتراض کردیم.

پس از اعتراض ما دادگاه تجدیدنظر در فروردین سال ۱۳۴۵ به ریاست تیمسار مروستی و دادستانی سرهنگ عاطفی برگزار شد. رژیم بر این خیال واهی بود که با صدور رأیهای مجازات در دادگاه بدوی، متهمین متنبه شده و دیگر در این محکمه از خود نرمش و کرنش نشان خواهند داد؛ اما آنچه که در این دادگاه رخ داد خلاف خیال و تصور آنها بود. دادگاه تجدیدنظر نیز چون دادگاه بدوی به صحنه کارزار و دفاع از اسلام و حیثیت مسلمین تبدیل شد. بچهها که تجربه دادگاه پیشین را داشتند، با روحیهای مضاعف پای به محکمه گذاشتند و با شجاعت و شهامت تمام و با زبانی آتشین، تند و انقلابی و در عین حال منطقی به دفاع از خود و آرمانهایشان پرداختند.

آقای محمدجواد حجتی کرمانی این بار نیز با دفاع سخت و ستم ستیز خود، عوامل رژیم در بیدادگاه را مأیوس کرد و کارنامه ممتازی را به جای گذاشت.

من که در دادگاه قبلی سکوت پیشه کرده بودم، این بار لایحهای تنظیم کرده و آن را در صحن دادگاه قرائت کردم. متن دفاعیه من با سه قسمت آخر از سه آیه از سوره مائده شروع میشد: ((اعوذوا بالله من الشیطان الرجیم... و من لم یحکم بما انزل الله فاولئک هم الکافرون... و من لم یحکم بما انزل الله فاولئک هم الظالمون... و من لم یحکم بما انزل الله فاولئک هم الفاسقون.[1] بعد گفتم که من اصلاً شما را به رسمیت

---

۱ ـ آیات ۴۴ و ۴۵ و ۴۷ از سوره مائده. یعنی: ...هرکسی برخلاف آنچه خدا فرستاده حکم کند چنین کس از کافران خواهد بود... هرکس خلاف آنچه خدا

نمی‌شناسم و صلاحیت قاضی و دادگاه را قبول ندارم. ما مسلمانیم و متدین و با این شرایطی که در این دادگاه حاکم است، شما نمی‌توانید ما را محاکمه کنید و...»

شور و احساسات مبارزین انقلاب در این دادگاه وصف ناشدنی است. آن‌چنان که رئیس و سایر عوامل دادگاه از شدت عصبانیت به جای تخفیف احکام صادره در دادگاه بدوی، آنها را تشدید کردند. در این میان مدت محکومیت من از سه سال به چهار سال افزایش یافت؛ از این رو به خاطر صدور این احکام تشدید شده نام دادگاه «تجدیدنظر» برای ما به «تشدیدنظر» تغییر یافت.

از صحنه‌های به یاد ماندنی روزهای بیدادگاه تجدیدنظر، روزی بود که تیمسار مروستی مشغول محاکمه اعضای حزب بود و مرحوم ناصر نراقی شروع به نقاشی چهره خبیث او کرد. این کاریکاتور نشان می‌داد که مروستی با انگشتانی خونین یکی از بچه‌های حزب (آقای موسوی بجنوردی) را به پنجه گرفته است. یکی از مأمورین که متوجه این تصویر شده بود، عمل ناصر را لو داد، و موجب خنده حضار و عصبانیت مروستی شد.

دادگاه تجدیدنظر پس از سه روز به کار خود پایان داد و آرای قطعی یک یک بچه‌ها را صادر کرد. پس از پایان قرائت احکام، بچه‌ها در یک اقدام هماهنگ و با رهبری آقای محمدجواد حجتی کرمانی، یک صدا و بلند فریاد زدند:

«الله مولانا و لا مولی لکم.»[1]

فرستاده حکم کند چنین‌کس از ستمکاران خواهد بود... هرکس برخلاف آنچه خدا فرستاده حکم کند چنین‌کس از فاسقان خواهد بود.

۱ ـ در جنگ بدر مشرکین شعار «نحن لنا العزّی و لا عزّی لکم» را به معنای بت عزّی برای ماست و برای شما نیست سر دادند. مسلمین نیز به دستور پیامبرص در جواب آنان گفتند: خدا مولای ماست و مولای شما نیست.

زندان قصر

روز پنجشنبه، پس از پایان محاکمه، ما را به زندان قصر[1] منتقل کردند. در آنجا ما را از پانزده نفر که به اعدام و حبس ابد و طویل المدت محکوم شده بودند، جدا کرده و ابتدا به مدرسه نوسازی بردند و بعد در اتاق بزرگ و کثیفی که در آن مقداری زغال سنگ بود جای دادند. این اتاق، اتاق ملاقات قدیم زندان بند ۱ بود. برنامه آنها این بود که در روزهای بعد ما را به زندان شماره ۱ ببرند. من که قبلاً به خاطر حضور برادرم در این زندان با آن آشنا بودم، به بچه‌ها گفتم که زندان شماره ۱، مخصوص زندانیهای عادی است و دارای یك فضای غیراخلاقی است. چند نفر دیگر نیز گفته مرا تأیید کردند. قرار بر این شد که درصورت رفتن به این زندان، به شدت مخالفت و مقابله کنیم. البته از جمع ما در آن شب سیزده نفر از جمله آقای محمد جواد حجتی کرمانی و جواد منصوری را جدا کرده و به زندان شماره ۳ بردند. ما از همان شب اول شروع به اعتراض کردیم و خواستیم که ما را هم به شماره ۳ ببرند؛ اما آنها بهانه گرفته و می‌گفتند که در آنجا کمونیستها و مارکسیستها هستند و ممکن است شما را بی دین کنند. بچه‌ها بدون توجه به دلایل و بهانه‌های آنها به اعتراض خود ادامه دادند. همان شب یك نظافتچی خود را به اتاق ما رساند و پرسید: احمد کیست؟ شالچی کیست؟ من و محمدتقی شالچی خودمان را معرفی کردیم. او گفت که حاج آقا عراقی این دم پختك را برای شما فرستاده و گفته است، وای به حالتان اگر قبول کنید به زندان عمومی بیایید. با این گفته شهید حاج مهدی عراقی[2] حجت بر ما تمام شد. بچه‌ها پس

---

۱ ـ زندان قصر در سال ۱۳۴۵ دارای چهار زندان بود: زندان شماره ۱ و ۲ مخصوص زندانیان عادی و زندان شماره ۳ و ۴ ویژه زندانیان سیاسی.

۲ ـ شهید عراقی به همراه تنی چند از اعضای هیئتهای مؤتلفه، در این سالها

از خوردن غذا شروع به خواندن دعای کمیل کردند. آقای اکبر صلاحمند با سوز و گداز دعا را می‌خواند و بچه‌ها نیز منقلب شده و می‌گریستند. ناگهان زندانبانها در را باز کرده و داخل اتاق شدند و گفتند: «شما که عرضه نداشتید چرا دنبال این کارها رفتید!» درحال گریه از حرف آنها خنده‌امان گرفت. پس از دعا جوانترها به خواب رفتند. من، عباس آقا زمانی (ابوشریف) و یوسف رشیدی که سنمان از بقیه بیشتر بود، با هم صحبت کردیم و قرار گذاشتیم که به هرقیمتی که شده از بردن بچه‌های کم سن و سال و جوان به زندان شماره ۱ جلوگیری کنیم. بعد سفارشها و وصیتهایمان را به یکدیگر گفتیم و آماده مبارزه تا سرحد شهادت شدیم.

شهید عراقی دوباره پیغام داد که مقاومت کنید و به زندان عمومی نروید، شما در داخل ایستادگی کنید. ما به خانواده هایتان اطلاع داده‌ایم و الان آنها پشت در زندان اجتماع کرده‌اند و خواستار انتقال شما به زندان سیاسی هستند.

همت، درایت و سرعت عمل شهید عراقی در این حرکت برای ما جای بسی تعجب و درس بود.

ساعت ۹ صبح بود که مأمورین آمدند و اسم محمدباقر صنوبری و حسن طباطبایی و دو نفر دیگر را خواندند و گفتند چون اینها سنشان زیر هجده سال است باید به دارالتأدیب بروند. ما می‌دانستیم که این محل در اصل دارالتخریب است و نه دارالتأدیب و اثرات سوء برای افراد دارد. با طرح این موضوع سخت برآشفتیم و از خود عکس‌العمل شدید نشان دادیم. حاج یوسف رشیدی[1] که فردی قوی و زورمند بود به‌سمت یکی از

مأمورین که ستوان بود، هجوم برد و او را گرفت و بلند کرد تا به زمین بکوبد؛ ما جلو او را گرفتیم و نگذاشتیم چنین کند. با این اقدام، مأمورین با سرعت از اتاق ما دور شدند. آنها شرح ماجرا را به مسئولین زندان گزارش دادند. آنها تصمیم می‌گیرند که برای متقاعد کردن ما متوسل به زور شوند. سرهنگ کورنگی[1] و سرگرد تیموری[2] قبل از اعمال زور و فشار به نزد ما آمدند و گفتند: «دست از این کارها بردارید، شما مسلمانید ما هم مسلمانیم؛ نگذارید اینجا جنجال بشود. ما به اعتقادات و افکار دینی شما کاری نداریم، ما دلمان می‌خواهد شما را هم به زندان سیاسی ببریم، ولی جا نداریم، چه کار کنیم؟ ما برای کشتن شما نیامده‌ایم، ما فقط زندانبان هستیم و ساواکی نیستیم و...»

———————————

تأمین معاش خانواده راهی تهران شد و در رستوران یکی از اقوام و بعد در یک نانوایی مشغول به کار شد. او از سیزده سالگی به اجرای احکام اسلام پرداخت. وی به دلیل روحیه آزادمنشی و سازش‌ناپذیری و ظلم ستیزی که داشته است، دوران سربازی سخت و مشقت باری را پشت سر گذارد و بارها با درجه داران و افسران ارتش درگیر شد. وی در مسجد امام زمان‌عج، واقع در چهارراه عباسی پای سخن‌رانیهای حجت الاسلام والمسلمین صادقی رشاد و نیز در کلاس درس جامع المقدمات حاضر می‌شد. در آنجا با سید اصغر قریشی و سیدجمال نیکو قدم و رمضان سلطانی آشنا شد. او توسط آقای قریشی به حزب ملل اسلامی دعوت شد. پس از دستگیری در مهر سال ۴۴ به خاطر عضویت در این حزب، در دادگاه بدوی به چهارسال زندان و در دادگاه تجدیدنظر به شش ماه حبس محکوم گشت... او پس از آزادی از زندان با تهیه جا و مکان برای افراد مبارز و تحت تعقیب ساواک و نیز کمکهای مالی و پشتیبانی به مبارزین همچنان در خط مبارزه باقی ماند بارها و بارها به ساواک و کمیته مشترک فراخوانده شد. او در بحبوحه پیروزی انقلاب اسلامی به کمیته انتظامات مدرسه رفاه پیوست و با پیروزی انقلاب به عضویت‌سپاه پاسداران انقلاب اسلامی درآمد. در سال ۱۳۶۰ به شغل قبلی خود در هواپیمایی جمهوری اسلامی ایران بازگشت.

در سال ۱۳۶۵ فرزند وی هادی در پانزده سالگی در عملیات کربلای ۵ به فیض شهادت نایل آمد. یوسف رشیدی مبارزی بود که هیچ‌گاه خللی در ایمان او وارد نشد و ثابت‌قدم در اعتقاداتش باقی‌است.

۱ ـ سرتیپ اصغر کورنگی، رئیس کل زندان قصر.

۲ ـ رئیس زندان شماره ۳ و ۴ قصر.

آنهـا در ایـن زمینـه خیلـی صحبـت کردنـد، ولـی وقتـی بـا روحیـه شـهادت طلبانـه و اصـرار و اعتـراض بچه‌هـا مواجـه شـدند. بـا توجـه بـه فشـار و اجتمـاع خانواده‌هـا در بیـرون از زنـدان؛ پذیرفتنـد کـه تعـدادی از افـراد بـه زنـدان شـماره ۳ برونـد، ولـی بایـد چنـد نفـر می‌پذیرفتنـد کـه بـه زنـدان شـماره ۱ برونـد تـا بـرای آنهـا نیـز جـا و فضایـی در زنـدان سیاسـی بـاز شـود. مـا بیـن خـود صحبـت کردیـم و قـرار شـد بیشـتر بچه‌هـای جـوان را بـه زنـدان شـماره ۳ بفرسـتیم. در آخر حـدود سـیزده نفـر هـم بـه زنـدان شـماره ۱ رفتیـم.

در زنـدان شـماره ۱ مـا را بـه بنـد شـماره ۲ بردنـد. ایـن بنـد از کثیف‌تریـن و بی‌اخلاق‌تریـن بندهـای زنـدان قصـر و بـه بنـد «قـوم لـوط» مشـهور بـود کـه در آن خبـری از اخلاق و ارزشهای انسـانی و اسـلامی نبـود.

در ابتـدا آنهـا از مـا خواسـتند کـه در دو اتـاق جداگانـه مسـتقر شـویم، ولـی مـا بـا توجـه بـه شـرایط کثیـف اخلاقـی ایـن بنـد، تصمیـم گرفتیـم بـا وجـود سـختی و تنگـی فضـا و مـکان همـه در یـك اتـاق جـای بگیریـم و بـه هیـچ وجـه از هـم دور نشـویم.

در بنـد شـماره ۲، عـلاوه بـر تعرضهـای اخلاقـی و اعمـال منافـی عفـت، سـرقت امـوال افـراد متـداول بـود. بـه طـوری کـه بـا ورود مـا بـه اتـاق ظـرف چنـد سـاعت اول چنـد جفـت دمپایـی را سـرقت کردنـد. اتاقـی کـه مـا سـیزده نفـر در آن جـای گرفتیـم، حـدود شـانزده مترمربـع مسـاحت داشـت کـه بـرای خـواب و اسـتراحت بـا کمبـود جـا و فضـا مواجـه بودیـم.

حـاج یوسـف رشـیدی کـه مـردی قـوی و پرقـدرت بـود، بـرای حفاظـت از بقیـه غالبـا دم در اتـاق می‌نشسـت. و شـبها هـم بـرای مصـون مانـدن از تعـرض و تعـدی، بـه نوبـت در پشـت در کشـیك می‌دادیـم.

اوضـاع اسـفبار و ضداخلاقـی ایـن بنـد، مـا را بـه شـدت متأسـف

و متأثـر کـرده بـود. هـر روز صبـح شـاهد صحنـه عجیبـی بودیـم، مأموریـن چنـد نفـری را کـه شـب قبـل عمـل کثیـف لـواط را مرتکـب شـده بودنـد بـه صـف کـرده و مـوی سـر آنهـا را می‌تراشـیدند.

از نظـر بهداشـتی نیـز ایـن بنـد وضـع رقـت بـار و آلـوده‌ای داشـت. شـپش و حشـرات مـوذی در تـار و پـود زیلوهـا، پتوهـا و البسـه بـه وضـوح دیـده می‌شـد. توالتهـا، کثیـف، غیربهداشـتی و بـدون در و تـوری بـود.

جالـب اینکـه بـرای افـراد ایـن بنـد، آلـودگی محیـط زیـاد بـه نظـر نمی‌آمـد و گاه خـود بـا نحـوه زندگـی کـه داشـتند آلـودگی و کثیفـی را شـدیدتر می‌کردنـد. بـرای آنهـا مهـم نبـود کـه حتـی توالتهـا دارای در باشـد. بـه جـای در تنهـا پتوهـای پاره‌پـاره آویـزان بـود و در دیوارهـای آن نیـز جمـلات و کلمـات رکیـک، زشـت و غیراخلاقـی نوشـته بودنـد. مـا نیـز بـرای رفتـن بـه دستشـویی و توالـت تنهـا نمی‌رفتیـم. یکـی همـراه می‌شـد تـا در بیـرون توالـت مراقبـت و مواظبـت کنـد.

روز اول اسـتقرار مـا در ایـن بنـد، فـردی قدبلنـد و درشـت هیـکل بـه نـام عیسـی کـه گویـا مسئـول داخلـی بنـد بـود، بـه اتـاق مـا آمـد و گفـت: «شـما همانهایـی هسـتید کـه تـازه آوردنتـان؟» گفتیـم کـه بلـه. گفـت: «حاجـی عراقـی مـرا فرسـتاده تـا هـرکاری داشـتید بـه مـن بگوییـد. اگـر کسـی هـم اذیتتـان کـرد بگوییـد تـا حسـابش را برسـم...»

بعـد کمـی دربـاره اوضـاع ناهنجـار بنـد توضیـح داد. آنچـه کـه بـرای مـا جالـب و مهـم بـود هشـیاری، آگاهـی و درایـت حاج مهدی‌عراقی و نفـوذ او در زنـدان بـود کـه توانسـته بـود حتـی افـراد شـرور را نیـز مهـار و بـا خـود همـراه کنـد. و ایـن گونـه چتـر حمایتـی خـود را بـر سـر مـا بگسـتراند. او بـه همـراه آقـای عسگراولادی عـلاوه بـر حمایـت عمیـق از مـا در زنـدان و ارسـال پیغـام مبنـی بـر صبـر و مقاومـت، در بیـرون زنـدان نیـز بـا انتقـال اطلاعـات دسـت بـه یـک سلسـله اقدامـات زد و از

طریق حرکت خانواده‌ها، فشارهایی را بر مسئولین زندان وارد کرد.

حدود دوازده روز از حضور ما در این بند می‌گذشت و به سختی شرایط آن را تحمل می‌کردیم. موها و ریشهایمان خیلی بلند شده بود. دیگر تحمل این شرایط برایمان مقدور نبود. پیغام فرستادیم که اگر تا دو روز دیگر، ما را از اینجا منتقل نکنید دست به اعتصاب غذا خواهیم زد. ما بر این تصمیم خیلی جدی بودیم و آماده پذیرش هر خطری در این راه بودیم.

زندان شماره ۲، بند شماره ۴

ضرب‌الاجل تعیین شده رو به پایان بود و ما خود را برای اعتصاب غذا آماده می‌کردیم که سرگرد تیموری آمد و گفت که فکر نکنید ما از ضرب الاجل و تهدید شما ترسیدیم، بلکه به خاطر جا و فضایی که ایجاد شده، شما را از اینجا به زندان شماره ۳ می‌بریم؛ ولی باید سه نفر به بند ۴ زندان شماره ۲ بروند. به این ترتیب من به همراه دو نفر دیگر از دوستان به بند ۴ زندان شماره ۲ رفتیم و بقیه را به زندان شماره ۳ بردند.

قبل از ما رهبر و هفت نفر از بچه‌های دفتر مرکزی حزب را به این بند آورده بودند. آیت‌الله محی‌الدین انواری، حجت الاسلام شیخ فضل‌الله محلاتی و حاج علی نوری، از دیگر زندانیان این بند بودند که کاملاً در جریان مخالفت و مقاومت ما در زندان شماره ۱ قرار داشتند. وقتی ما وارد بند شدیم با استقبال گرمی مواجه شدیم و با دیدن بچه‌های حزب و زنده بودن آقای بجنوردی خیلی خوشحال شدیم.

بند ۴ زندان شماره ۲، از نظر زندگی جایی سخت و بدون امکانات بود. تنها امکان مالی، همان دوازده ریالی بود که به هر زندانی می‌دادند تا با آن غذا تهیه کند، البته به هر نفر هر روز دو عدد نان نیز می‌دادند. امورات زندانیان به سختی می‌گذشت.

به دلیل محدودیت روزهـای ملاقـات و همچنین عـدم تمکن مالی ملاقـات کننـدگان، امکـان دریافت کمـک از آنهـا نبـود. ضمنـا اگـر امکان دریافت چنین کمکـی هـم بـود مـا دریافت و طلب آن را دور از شـأن خـود می‌دانسـتیم.

اوقـات مـا در آنجـا صـرف حضـور در کلاسهای دینـی و مذهبی و ورزش می‌شـد. آیت‌اللـه محی‌الدین‌انـواری[1] کلاسـهایی در اتـاق خـود برگـزار می‌کـرد کـه مـن هـر روز در کلاسهای عمومـی بعـد از نمـاز صبـح حاضـر می‌شـدم. برخـی دوستان هـم در کلاسهای تخصصـی فقـه و حـوزوی وی شـرکت مـی‌کردنـد.

آیت‌اللـه انـواری کـه از نزدیـک شـاهد تنگناهـای مالـی و مشـکلات غذایـی مـا بـود، در نامـه‌ای بـه آیت الله میلانی شـرایط مـا را تشـریح کـرد و در آن قیـد کـرد کـه البتـه اینهـا حاضـر بـه دریافت کمـک از دیگـران نیسـتند و عـزت نفـس خـود را نمی‌شـکنند. پـس از چنـدی آیت الله میلانی مبلغ هفت هزار تومـان بـرای کمـک بـه زندانیـان فرسـتاد. آقـای انـواری مـا را صـدا کـرد و گفـت کـه خبـر شـرایط بـد زندگـی شـما را خدمـت آیت الله میلانـی برده‌انـد و او هـم بـرای گشـایش و کمـک، هفت هـزار تومـان برایتـان فرسـتاده اسـت. طبیعـی بـود کـه مـا از پذیـرش آن سـر بـاز زدیم. آقـای انـواری در مقابـل واکنـش مـا گفـت کـه ایشـان مرجـع تقلیـد اسـت و رد کـردن کمـک ایشـان صحیـح نیسـت. دلایـل دیگـری نیـز ارائـه کـرد. مـا آن را پذیرفتیـم امـا مشـروط بـه اینکـه ایـن پـول دردسـت وی باقـی بمانـد تـا هـر وقـت بـا کسـری مواجـه شـدیم او بـه تدریـج در اختیارمـان قـرار دهـد.

---

۱ ـ آیـت الله محی الدین انواری متولـد ۱۳۰۵ در قـم، از پایه‌گذاران هسـته روحانیت هیئتهـای مؤتلفه اسلامی اسـت کـه پـس از اعـدام انقلابی حسنعلی منصور دسـتگیر و بـه پانـزده سال زنـدان محکـوم شـد. او پـس از پیـروزی انقلاب اسلامی بـه نماینـدگی مجلس شـورای اسلامی انتخـاب شـد. و مدتـی هـم نماینـده حضـرت امـام در شـهربانی بـود. وی اکنـون از اعضـای مرکـزی جامعه روحانیت مبـارز می‌باشـد.

یکـی از اوقـات مفرح زندانیـان، زمانـی بـود کـه بـه ورزش می‌پرداختنـد و روحیـه خـود را بـا ورزش شـاداب نگـه می‌داشتند. البته اصلی‌ترین ورزش در آنجـا بـا توجـه بـه شـرایط و امکانـات، تنها والیبـال بـود. مـن نیـز بـه دلیـل اینکـه قبـلاً معلـم ورزش بـودم. ایـن فرصتها را از دست نمی‌دادم و بـه صـورت حرفـه‌ای ورزش می‌کـردم.

از مسـائل ناراحت کننـده و آزار دهنـده بـرای مـن پخـش موسیقی مبتـذل در فضـای زنـدان بـود. در ایـن میـان نسـبت بـه صـدای مسـحور کننـده یکـی از خواننـدگان زن بسـیار حسـاس شـده بـودم. روزی تصمیـم گرفتـم کـه چنـد رادیـوی زنـدان را درهـم بشـکنم و خـرد کنـم. لـذا بـا آقـای نور صادقی[1] مشـورت کـردم. او مخالفت کـرد و گفت کـه فایـده‌ای نـدارد. بـه وی گفتـم حداقـل نتیجـه ایـن اسـت کـه بعـد از درگیـری و از بیـن رفتـن رادیوهـا مـرا بـه جـای دیگـر تبعید خواهنـد کـرد و دیگـر اینجـا نخواهـم بـود تا ایـن صـدای نفریـن شـده را بشـنوم. او گفـت کـه هرجـا بـروی و تبعیـد شـوی همیـن شـرایط اسـت.

فـردای ایـن گفتگـو، بعـد از نمـاز صبـح آیـت اللـه انـواری رو بـه مـن کـرد و گفت: «احمـد! ایـن چـه کاری اسـت کـه تـو می‌خواهـی بکنـی؟» گفتـم کـه کـدام کار؟ گفـت: «آقـای نـور صادقـی بـه مـن گفتـه اسـت کـه تـو می‌خواهـی چـه کار کنـی؟» دیـدم وی از همـه چیـز مطلـع اسـت و انکار آن فایـده‌ای نـدارد. شـروع کـردم بـه توضیـح دادن و دلیـل آوردن. حـاج آقـا گفـت: «کار شـما، کار بسـیار بـدی اسـت. مطمئـن بـاش، شـما بـه خاطـر اینکـه از سـر اجبـار و بـدون

---

۱ ـ سـیدعلی نـور صادقـی، پسـر عمـوی سـیدمحمد میرمحمـد صادقـی اسـت. او از افـراد کمیتـه مرکـزی حـزب ملـل اسـلامی محسـوب می‌شـد. هنگـام دسـتگیری دانشـجوی رشته فیزیـك بـود. او در دادگاه بـدوی بـه حبس ابد و در دادگاه تجدیدنظر بـه پانـزده سـال زنـدان محكـوم شـد. بعدهـا بـا یـك درجـه تخفیـف و پـس از گـذر از هشـت سـال زنـدان، آزاد شـد. او در مـدت محکومیـت خـود چنـد بـار بـه زندانهـای مختلـف ازجملـه زنـدان شهرسـتان رشـت تبعیـد شـد.

میـل شـخصـی آن را گـوش می‌دهیـد، گنـاه نمی‌کنیـد.» حـاج آقـا نیمـی از وقت کلاس را بـه صحبت در ایـن خصـوص پرداخت. وی گفت کـه حتی اگـر شنیدن ایـن صـدا لذتی هم داشتـه باشد، چون شنیدن آن نـه از روی میـل بلکـه از سـر اجبار است گناهی نـدارد. به ایـن ترتیـب بـا دریـافت نظـر آیت‌اللـه انـواری، از ایـن کـار و تصمیـم صرف‌نظـر کـردم.

در زنـدان گاهـی ناخواستـه بـرای بچه‌ها مشکـل پیـش می‌آمـد کـه بـا دشـواری قابـل رفـع و رجـوع بـود. ازجملـه فـردی معـروف بـه امیـر موبـور یـا امیـر مـوزرد از بچـه محلهـای آقـای امیـر سرحدی‌زاده بـود کـه در زنـدان عـادی بـه‌سر می‌بـرد. او از طریـق نظافتچـی بـا بنـد مـا ارتبـاط برقـرار کـرد و خبرهـایی بـه آنجـا آورد. در ایـن میـان ارتبـاط وی بـا مرحـوم ناصـر نراقـی[1] عمیـق شـد. رفتـه رفتـه آنها بـا هـم صمیمیت و رفاقت یافتنـد. یـك روز امیـر موبـور بـرای ناصـر پیغـام فرستـاد کـه مـن می‌خواهـم یـك جفـت کفـش بیـاورم ولـی می‌ترسـم کـه مأموریـن آن را پـاره کننـد و تختـش را دربیاورنـد. چـون تـو زندانـی سیاسـی هسـتی اگـر آن را بیـاوری مشـکلی پیـش نمی‌آیـد. ناصـر نراقـی پذیرفـت و یـك جفـت کفـش را کـه مـادر امیـر موبـور آورده بـود گرفـت و بعد بـه سـلامت بـه امیـر رسـاند. دو روز بعد چنـد مأمور بـا امیـر موزرد بـه بند مـا وارد شـدند. از سـر و صـورت امیـر معلـوم بـود کـه کتـك زیـادی خـورده اسـت. او وقتـی بـه ناصـر رسـید گفـت: «ناصـر نراقـی اینـه!» قضایـا بـرای مـا گنـگ و مبهـم بـود. از مأموریـن سئوال کردیـم ولـی

---

۱ ـ ناصـر نراقـی فرزنـد اصغـر متولـد سـال ۱۳۲۲، توانسـت بـا چالاکـی از حلقـه محاصـره نیروهـای نظامـی در کوههـای شـاه‌آباد بگریـزد، ولـی متأسفانه در روزهـای بعـد هنگامـی کـه بـه مدرسـه رفتـه بـود شناسـایی و دسـتگیر شـد. او در دادگاه بـه هشت سـال زنـدان محکـوم شـد. وی فـردی بسیار متدیـن و مؤمـن و از سـلامت روحـی و نفسـانی خوبـی برخـوردار بـود و بـه مبـارزه علاقـه وافـری داشـت. او پـس از آزادی از زنـدان بـه سـازمان مجاهدیـن خلـق پیوسـت ولـی در سـال ۱۳۵۴ پـس از بـروز علنـی شـدن انحرافـات ایدئولوژیـك آن، از سـازمان کنـاره گرفـت.

جـواب مشـخصی ندادنـد. ناصـر را بـا خـود بـه زیـر هشـت[1] بردنـد. پـس از چنـد سـاعت مشـخص شـد کـه امیـر مـوزرد از سـادگی و صداقـت ناصـر سوءاستفاده کـرده اسـت. گویـا مأموریـن دو روز پـس از ورود کفشـها متوجـه وجـود مـواد مخـدر (هرویـین) در سـطح زنـدان می‌شـوند کـه پـس از تحقیـق و جسـتجو بـه امیـر مـوزرد می‌رسـند.

پـس از روشـن شـدن قضایـا، بـا بچه‌هـا بـه سـراغ مأموریـن و مسئولین زنـدان رفتیـم و گفتیـم کـه ناصـر هیـچ اطلاعـی از وجـود مـواد مخـدر در کفـش نداشـته و تنهـا قصـد او ایـن بـوده کـه کمکـی بـه امیـر کـرده باشـد. بعـد کمـی هـم تقصیـر را معطوف بـه خودشـان کردیـم کـه چـرا کنتـرل لازم را بـه عمـل نیاورده‌انـد. درنهایـت تهدیـد کردیـم کـه اگـر بـا ناصـر برخـورد کنیـد و او را بـه انفـرادی ببریـد یـا تبعیـدش کنیـد، مـا هـم از خـود عکـس العمـل نشـان خواهیـم داد. بـا گفتگـو و مذاکـره بیشـتر، بالاخـره ناصـر از ایـن مخمصـه نجـات یافـت.

در اردیبهشـت مـاه سـال ۱۳۴۵ خبـر آوردنـد کـه بـا تـلاش پی‌گیـر خانـواده آقـای موسـوی بجنـوردی و وسـاطت آیـت اللـه حکیـم حکـم اعـدام وی بـا یـك درجـه تخفیـف بـه حبـس ابـد تبدیـل شـده اسـت. بـه ایـن ترتیـب خیـال مـا آسـوده شـد کـه او هـم زنـده خواهـد مانـد.

زندان شماره ۳

بعـد از گذشـت حـدود چهـار مـاه، مـرا هـم بـه زنـدان شـماره ۳ نـزد سـایر زندانیـان سیاسـی حـزب ملـل اسلامی بردنـد. در ایـن زنـدان بـه خاطـر حضـور دوسـتان و سیاسـی بـودن آن بـا مشـکلات کمتـری مواجـه بودیـم. آنچـه کـه گفتنـی اسـت حکایتهایـی از صبـر و انتظـار افتخارآمیـز بچه‌هاسـت.

---

۱ ـ مکانی کـه دفتـر و تشکیلات اداری و بازجویـی زندان در آن قـرار داشـت و مقـر زندانبانـان بـود.

شب و روزهـای زنـدان وضعیـت یکنواختـی داشـت و مـا بـرای گریـز از آن، تمـام سـاعات و لحظـات خـود را بـه صـورت منظـم برنامـه ریـزی کـرده بودیـم. بهجرئـت میتـوان گفـت کـه مـا در ایـن زنـدان وقـت تلـف شـدهای نداشـتیم. از بامـداد تـا شـامگاه، اوقاتمـان بـا عبـادت، دعـا، کلاس، بحـث، ورزش، تعامـل و تحلیـل اخبـار، نظافـت و... میگذشـت. آقـای انـواری بـه دو شـکل عمومـی و تخصصـی (فقـه و اصـول) کلاس گذاشـته بـود و آقـای حجتـی کرمانـی نیـز بـه تفسـیر قـرآن میپرداخـت.

از زیباتریـن صحنههـای ایـن روزهـا، نمازهـای جماعتـی بـود کـه در اتاقهـای آیتاللـه انـواری و حجتالاسـلام حجتـی کرمانـی برپـا میشـد. مراسـم مذهبـی و ملـی، مجالـس دعـا و ذکـر نیـز در جـای خـود برگـزار میشـد. مراسـم دعـای توسـل و دعـای کمیـل هـر هفتـه بـا مداحـی دوسـتان بویـژه اکبـر صلاحمنـد و محمدباقـر صنوبـری و محسـن حاجـی مهـدی و خطابههـای آقـای حجتـی کرمانـی دنبـال میشـد.

در عیـد نـوروز بـرای دیـدار خانوادههـا بـا زندانیـان، روز خاصـی را تعییـن کردنـد و اجـازه دادنـد کـه فرزنـدان زیـر دوازده سـال را بـا خـود بـه همـراه بیاورنـد. اگرچـه مـن در آن زمـان متأهـل و صاحـب فرزنـد نبـودم، ولـی توانسـتم بـرادرزاده و خواهـرزاده هایـم را ملاقـات کنـم. مـا بـرای فرارسـیدن چنیـن روزی سـر ازپـا نمیشـناختیم. از یـک هفتـه جلوتـر بـا آمـاده و نظافـت کـردن سـاختمان، و زینـت آن بـا بادکنـك و کاغـذ رنگـی بـه اسـتقبال ایـن روز رفتیـم. حتـی غـذای مناسـب بـرای میهمانـان تـدارک دیـده بودیـم. آن یـك هفتـه پـر بـود از جنـب و جـوش و حیـات و شـادی. آن روز، روزی فرامـوش نشـدنی بـرای تمـام زندانیان بـود. یـادم هسـت در اولیـن عیـد زنـدان، دکتـر رضـا منصـوری[1] کـه

─────────────

۱ ـ دکتـر محمدرضا منصـوری، فرزنـد ماشـاءالله در سـال ۱۳۳۰ در تهـران متولـد شـد. او فعالیـت مذهبـی و سیاسـی خـود را از سـنین کودکـی در سـالهای ۴۰ و ۴۱ بـا حضور

آن زمان حدود شانزده سال سن داشت، توانسته بود به خاطر جثه کوچك و جسم نحیف، خود را به جای بچه‌های دوازده ساله جا زده و به ملاقات دو برادرش (جواد و احمد) بیاید. ضمنا او با زیرکی تمام یك دوربین عکاسی را به عنوان اسباب بازی وارد زندان کرد و از عده زیادی از زندانیان بویژه یاران حزب‌ملل عکس گرفت.[1]

آنچه که در روز ویژه ملاقات با خانواده‌ها به چشم می‌خورد، حضور فرزندان دختر زندانیان بود. فرزندان افراد گروههای مسلمان همه با روسری و حجاب و فرزندان گروههای مارکسیست بدون حجاب بودند.

وضعیت غذای زندان شماره ۳ خوب نبود. از نظر اندازه در حدی نبود که افراد را سیر کند. برخی دوستان به خاطر اینکه غذای زیادی بخورند، خود را به مریضی می‌زدند، چرا که به

در هیئت محبان الحسین آغاز کرد. علاقه او به فعالیتهای سیاسی با دستگیری برادرانش جواد و احمد مضاعف شد. وی در سال ۱۳۴۹ در دانشگاه تهران پذیرفته شد و در رشته پزشکی به تحصیل پرداخت. وی فعالیتهای خود را در انجمن اسلامی دانشکده پی گرفت. در بهمن ماه سال ۱۳۵۳ درحالی که دانشجوی سال چهارم پزشکی بود، به خاطر اعترافات فردی مبنی بر ارتباط او با علیرضا سپاسی آشتیانی، توسط ساواك دستگیر و حدود چهار ماه در زندان کمیته مشترك ضد خرابکاری شکنجه شد. او پس از محاکمه در دادگاه به زندان ابد محکوم و به زندان قصر منتقل گشت. سرانجام در آستانه پیروزی انقلاب اسلامی در ۲۱ دی ماه سال ۵۷ آزاد شد. او پس از پیروزی انقلاب اسلامی تحصیلات خود را ادامه داد و توانست در رشته چشم پزشکی متخصص شود.

۱ ـ آقای دکتر رضا منصوری در خاطرات خود در این زمینه می‌گوید:
«... در عید سال ۱۳۴۵ به خانواده‌های زندانیان اجازه ملاقات دادند. آنها می‌توانستند بچه‌های زیر دوازده سال را با خود به همراه ببرند. در این روز خانواده‌ها از صبح تا شب اجازه داشتند پیش زندانیان باشند. من آن موقع با وجود اینکه شانزده سال و در سال چهارم دبیرستان بودم، توانستم به خاطر جثه کوچك و ریزه‌ای که داشتم به جای بچه زیر دوازده سال پیش برادرهایم به زندان بروم. در آنجا با افراد حزب ملل اسلامی بیشتر آشنا شدم.»
آرشیو واحد تاریخ شفاهی دفتر ادبیات انقلاب اسلامی

بیماران غذای بیشتری می‌دادند. در این میان افرادی که کم غذا بودند در چشم دیگران عزیز و دوست داشتنی می‌شدند. مثلاً بین من و علیرضا سپاسی آشتیانی برای نشستن در کنار محمد پیران که کم غذا بود، همیشه رقابت پیش می‌آمد.

در این زندان ما خود غذا می‌پختیم. حاج مهدی عراقی رهبر و پیشرو در این کار بود. او مواد غذایی را از بیرون تهیه و با کمک دیگر افراد طبخ می‌کرد. پول این کار بیشتر از محل ۳۶۰ ریالی که در ماه مسئولین زندان به هر زندانی به جای غذا می‌دادند، تأمین می‌شد. به یاد دارم که حاج هاشم امانی و حاج حبیب‌الله عسگر اولادی در ظرفهای بزرگ رویی روغن داغ کرده و سیب زمینی و پیاز سرخ می‌کردند. ما نیز گاهی تا ساعت ۱ شب در حال پاک کردن لوبیا، عدس، برنج و ... بودیم. گاهی ابوالقاسم سرحدی‌زاده[1] با اینکه نوبتش نبود به نزد آنها که نوبتشان بود می‌رفت و تا ساعت ۱ بعد از نیمه شب با آنها بیدار می‌ماند، گپ می‌زد و کار می‌کرد.

از آنجا که از طرف مسئولین زندان، کسی برای نظافت بندها و

---

۱ ـ ابوالقاسم سرحدی زاده، فرزند علی‌اکبر، متولد ۱۳۲۴ ـ تهران. او فعالیتهای مذهبی ـ سیاسی خود را با حضور در مجالس سخن‌رانی و وعظ در مساجد شروع کرد. او ضمن ارتباط با دوستان و معلمین مذهبی، تحصیلات ابتدایی و متوسطه خود را به پایان رساند. قبل از واقعه ۱۵ خرداد ۴۲ به حزب ملل اسلامی دعوت شد. او پس از دستگیری در مهر سال ۴۴ در دادگاه تجدیدنظر به زندان ابد محکوم شد و بعدها با یک درجه تخفیف محکومیت او به پانزده سال زندان تبدیل شد و در سال ۱۳۵۷ آزاد شد. او پس از پیروزی انقلاب اسلامی در مسئولیتها و سمتهای مختلف قرار گرفت ازجمله: همکاری با سپاه پاسداران انقلاب اسلامی، عضو شورای سرپرستی و قائم مقام بنیاد مستضعفان و جانبازان، ریاست شورای سرپرستی زندانها، عضویت در شورای مرکزی حزب جمهوری اسلامی، سرپرستی روزنامه صبح آزادگان، وزیر کار در کابینه مهندس میرحسین موسوی به مدت شش سال، نماینده مردم تهران در دوره‌های سوم و پنجم و ششم مجلس شورای اسلامی، عضو مرکزی خانه کارگر ـ رئیس هیئت مدیره اتاق تعاون جمهوری اسلامی رئیس هیات مدیره اتحادیه امکان ـ مشاور رئیس‌جمهور در امور کار و کارگری و ...

قسمتهای مختلف تعیین نشده بود، خود بچه‌ها به نوبت در امر نظافت و بهداشت محیط زندان شرکت می‌کردند. ورزش هم از برنامه‌های همیشگی بچه‌ها بود. برنامه‌های منظم ورزشی نقش عمده و زیادی در خروج افراد از رخوت و سستی داشت گاهی ورزش به عرصه و کارزارهای سیاسی مبدل می‌شد.

من در ورزش تنیس روی میز ضعیف بودم و با این حال روزی با پرویز نیکخواه مسابقه پینگ‌پنگ دادیم. او در این ورزش تبحر و ممارست زیادی داشت و توانست مرا در سه گیم پی در پی شکست دهد. پیروزی وی موجب خوشحالی و مسرت فراوان مارکسیستها شد. ولی در مرحله دیگری در مسابقه با آقای ابوالقاسم سرحدی زاده شکست سختی خورد. در زندان، در این ورزش کسی به پای او نمی‌رسید. سرحدی زاده به نیکخواه گفت که در مجموع سه گیم هر وقت پنج امتیاز به دست آوردی، تو برنده هستی. ولی نیکخواه در کل سه گیم نتوانست به این امتیاز شرط شده برسد. این شکست برای مارکسیستها گران آمد و آنها را ناراحت کرد و به طریقی جبران شکست مرا کرد. ورزش کشتی نیز با انداختن تشکهایی در اتاقها به سرپرستی مهندس سیفیان دنبال می‌شد.

از مارکسیستها فردی به نام عمویی و از مسلمانها من و آقای سرحدی زاده در ورزش والیبال در سطح زندان مطرح بودیم، هرگاه من و سرحدی زاده در یک تیم قرار می‌گرفتیم، برد بچه مسلمانها از مارکسیستها قطعی بود. گاهی ما تعصب زیادی در این بازیها نشان می‌دادیم و می‌پنداشتیم که ایمان در برابر کفر ایستاده است.

زندان در این دوره برای برخی دوره سازندگی و رشد بود و آنها توانستند دروس حوزوی خود را پی گرفته و به جایی برسانند.

آقـای جـواد منصـوری و احمـد منصوری[1] نیـز توانسـتند تحصیـلات متوسـطه خـود را در زنـدان بـه اتمـام برسـانند و دیپلـم بگیرنـد.

جامعه اسلامی و کمون مارکسیستی در زندان

آنچـه کـه در زنـدان شـماره ۳ وجـود داشـت، تصویـری از یـک جامعه اسـلامی بـود. هرکـس هرچـه را بـرای خـود می‌خواسـت بـرای دیگـری نیـز می‌خواسـت و آنچـه را کـه بـرای خـود نمی‌پسـندید بـرای دیگـری هـم نمی‌پسـندید. بـرادری، وحـدت و یگانگـی در تمـام سـطوح دیـده می‌شـد. از نظـر مالـی هیـچ وابسـتگی بـرای زندانـی نبـود. زیـرا کـه او هرچـه داشـت بـا بـرادران خـود تقسـیم می‌کـرد و اگـر کسـری هـم داشـت از آنهـا دریافـت می‌کـرد. و ایـن همـان مدینـه فاضلـه‌ای بـود کـه سـالها بـه دنبالـش بودیـم. زنـدان فرصتـی بـود کـه اندیشـه جامعه

---

۱ ـ احمـد منصـوری، فرزنـد ماشـاءالله در سـال ۱۳۲۶ در شـهر کاشـان متولـد شـد. او پـس از مهاجـرت خانـواده بـه تهران تحصیـلات ابتدایـی را در دبسـتان نوشیروان بـه پایـان رسـاند و بـرای طـی تحصیـلات متوسـطه وارد مدرسـه علـوی شـد و از سـال ۱۳۴۰ در جلسـات انجمـن اسلامی دانش‌آمـوزان کـه در منـزل آقـای لطـف الله میثمی تشـکیل می‌شـد شـرکت کـرد. او مـدت کوتاهـی نیـز بـه کلاسـهای انجمـن حجتیه رفت ولـی بـه خاطـر حضـور در فعالیتهای سیاسـی از آنها کنـاره‌گیـری کـرد. بعد بـه همـراه بـرادرش جـواد بـه حـزب ملل اسـلامی دعـوت می‌شـود. پـس از کشـف حـزب در مهـر سـال ۴۴ دسـتگیر و بـه چهـار سـال زنـدان محکـوم شـد و توانسـت در زنـدان دیپلـم خـود را بگیـرد. او پـس از مدتـی، در ۲۹ اسـفند سـال ۱۳۴۷ از زنـدان آزاد شـد و در سـال ۴۸ در رشـته علـوم اداری در دانشـگاه تهـران قبـول شـد و بـه تحصیـلات عالیـه پرداخـت. او در خـرداد سـال ۵۲ توسـط کمیتـه مشـترک ضـد خرابـکاری مجـددا دسـتگیر و پـس از حـدود بیسـت روز آزاد شـد. احمـد منصـوری در بهمـن سـال ۵۲ از دانشـگاه تهـران فارغ‌التحصیـل شـد. و در تیرماه سـال ۵۴ بـرای بـار سـوم دسـتگیر گشـت و چـون دعـوت ساواك را بـرای همکاری نپذیرفـت، زندانـی شـد و سـرانجام در آبـان سـال ۱۳۵۷ آزاد شـد.
احمـد منصـوری چـون دیگـر برادرهایـش جـواد و رضـا زحمـات و رنجهای بسـیاری بـرای مبـارزه بـا رژیـم طاغـوت متحمـل شـد و در ایـن راه ثابـت قـدم و اسـتوار مانـد. پـس از پیـروزی انقـلاب اسـلامی نیـز خـود را وقـف سـپاه پاسـداران انقـلاب اسـلامی سـاخت.

اسـلامی را آزمـایـش کنیـم و آن را تحقـق بخشیـم. جامعه اسـلامی یـك آرمـان و هـدف بـود و زنـدان محـل تجربـه آن.

حـزب ملـل اسـلامی بـا ۵۵ یـار خـود بـا پیش‌كسـوتان هیئتهـای مؤتلفـه درهـم آمیختـه و جامعـه را در برابـر كمـون ماركسیستهـا عینیت بخشیدنـد. جامعـه اسـلامی یـك هیئـت اجرایـی داشـت كه هـر دو ماه یكبـار بـه واسطـه یـك انتخابـات تعییـن می‌شـدند. ایـن هیئـت دارای پنج عضـو بـود كـه هـر یـك طـی مسئولیتهایـی بـه مسائل مالـی اعضا، تهیـه غـذا و مایحتـاج، نظافـت، كسـب اخبـار، برخـورد بـا مسـئولین زنـدان، برخـورد بـا سـایر گروههـا و ... رسیدگی می‌كردنـد.

در جامعـه اسـلامی دخـل و خـرج مشـترك بـود. پولهایـی را كـه از زنـدان (۳۶ تومـان در مـاه) یـا از ملاقـات كننـدگان می‌گرفتنـد، درون یـك چمـدان می‌ریختنـد. اسـامی افـراد عضـو بـه ترتیـب روی ایـن چمـدان نوشـته شـده بـود. در اول هـر مـاه هـر كسـی بـه آن مراجعـه و جلـو اسمـش علامـت (×) می‌گذاشـت. از محـل جمـع آوری ایـن پولهـا، مـواد اولیـه و سـایر اقلام مـورد نیـاز اعضـا و زندانیـان تهیـه می‌شـد. در نوبتـی كـه مـن و شـهید عراقـی در ایـن هیئـت انتخـاب شـدیم، هیئـت ۱۸۰۰ تومـان بدهـی داشـت، كـه مـا توانستیم بـا بـه كارگیـری برنامـه‌ای سـخت و ریاضتمندانـه ظـرف چهـار مـاه آن را پرداختـه و بعـد وضعیـت غـذا را بهبـود دهیـم.

ماركسیستهـا مشـتمل بـر تـوده ایهـا و گـروه نیكخـواه[1] بودنـد كـه

____

۱ ـ گـروه نیكخـواه، موسـوم بـه «یـوش» شـامل افـرادی چـون: پرویـز نیكخـواه رهبـر گـروه، مهنـدس احمـد منصـوری مقـدم، مهنـدس منصـور پوركاشـانی و ... بـا مـرام و رویـه‌ای ماركسیسـتی ـ مائوئیسـتی، بـه بهانـه دخالـت در حادثـه ۲۱ فروردیـن سـال ۱۳۴۴ و تـرور شـاه دسـتگیر شـده بودنـد. امـا حقیقـت قضیـه ایـن نبـود. چـرا كـه رضـا شـمس آبـادی، سـرباز گارد شاهنشـاهی از اعضـای حـزب مـردم ایران شـاخه كاشـان بـوده اسـت و تحت‌تأثیـر افـكار افـراد دیگـر حـزب چـون حسـن شـریف و احمـد كامرانـی تصمیـم فـردی بـر تـرور شـاه می‌گیـرد. و چـون احمـد كامرانـی بـا گـروه یـوش ارتباطاتـی داشـته، آنهـا را هـم از ایـن عمـل مطلـع می‌كنـد كـه بـا مخالفـت نیكخـواه مواجـه می‌شـود. ولـی بـا ایـن حـال رژیـم پهلـوی بـه خاطـر مـرام كمونیسـتی گـروه نیكخـواه، بـا اتصاف

در کمون کاری مشابه انجام داده بودند و به صورت هفتگی یا ماهیانه از اعضای خود مبالغی متفاوت تحت عناوین مختلف ازجمله حق عضویت جمع کرده و صرف امور مربوط به اعضای خود می‌کردند.

مسلمانها، مارکسیستها را نجس می‌دانستند و در روابط خود با آنها رعایت طهارت را می‌کردند. این امر خوشایند مارکسیستها نبود. آنها نیز برای تلافی در مواقع گوناگون، مسلمانها را اذیت و آزار می‌کردند. در حمام به روی مسلمانها آب می‌پاشیدند و یا رعایت بهداشت و نظافت را در توالتها و دستشوییها نمی‌کردند. حتی به صورت ایستاده در آفتابه ادرار می‌کردند.

البته گاهی بین این دو طیف در بعضی حرکتها و فعالیتها، هماهنگی و مشارکت بود. به یاد دارم یک روز صبح آقای صنوبری که در حیاط زندان خوابیده بود توسط مأموری از خواب با حالت عصبانی بیدار شد. درنتیجه سیلی محکمی به گوش مأمور نواخت و بعد با هم درگیر شدند. مأمورین دیگر نیز دخالت کردند، نزاع بین بچه مسلمانها و آنها بالا گرفت. مارکسیستها نیز به حمایت از مسلمانها وارد عرصه شدند. پس از شدت گرفتن دعوا کماندوها نیز وارد صحنه شدند. مسلمانها از چاقو[1] و مارکسیستها از تیزی[2] استفاده کردند. این ماجرا سرانجام با دستگیری چند نفر و فرستادن آنها به زندان انفرادی به پایان رسید.

این حادثه به آنها و در یک اقدام تبلیغی سعی بر بهره برداری سیاسی می‌کند.

«یوش» نام روستایی در شمال ایران است که زادگاه نیمایوشیج نیز به شمار می‌رود. گروه نیکخواه شرکتی را به این نام ایجاد کرده و تحت لوای آن به فعالیتهای سیاسی خود می‌پرداختند.

۱ ـ چاقوی در اختیار مسلمانها، از بیرون زندان و در داخل گونی برنج و یا حلب روغن و نظایر آن به داخل زندان وارد شده بود.

۲ ـ زندانیان با ساییدن سنگ و شیشه و حتی آهن، اشیاء تیز و برنده‌ای درست می‌کردند که اصطلاحا به آن «تیزی» می‌گفتند که گاه بسیار خطرناک بود.

بـرای حفـظ امیـد و گریـز از یکنواختـی و پویایـی و احیـای روحیـه زندانیـان، گاهـی شـایعه فـرار را در زنـدان می‌پراکندیم. بـا اینکـه فـرار از زنـدان شـماره ۳ بـه خاطـر وجـود درهـای متعـدد، دیوارهـای بلنـد و کثـرت نگهبانـان امـری محـال بـود؛ ولـی مسـئولین و مأموریـن زنـدان آن را جـدی می گرفتنـد. چنـد روزی نمی گذاشـتند کـه بچه‌هـا در حیـاط بخوابنـد. از اول غـروب همـه را بـه بندهـا می‌بردنـد.

روزی مارکسیست‌ها در کمـون تصمیـم گرفتنـد بـرای زنـدان تلویزیـون بخرنـد. آنهـا ایـن تصمیـم را بـا مسـلمان‌ها در میـان گذاشـته و آنهـا را نیز بـه مشـارکت در ایـن کار ترغیـب کردنـد. هیئـت اصلی جامعه اسلامی شـروع کـرد بـه جمـع آوری پـول از بچه‌هـا. برخـی می‌پذیرفتنـد و کمـك می کردنـد و برخـی هـم نـه. آنهـا کـه موافـق بـا ایـن امـر نبودنـد اسـتدلال می کردنـد کـه تلویزیـون موجب اشـتغال فکـری و ذهنـی کاذب بـرای بچه‌هـا می‌شـود. آنهـا را از مطالعـه و اندیشـیدن بازمی‌دارد. آنهـا کـه موافـق بودنـد می گفتنـد مـا فقـط برنامه‌هـای آموزنـده را نـگاه می کنیـم و از پخـش و تماشـای برنامه‌هـای منفـی و مخـرب بـا کنتـرل و مراقبـت جلوگیـری می کنیـم. مـن معتقـد بـودم کـه ایـن کنتـرل و مراقبـت امکان‌پذیـر نیسـت و بهتـر اسـت کـه از اول پـی اش نرویـم. هرچـه در مخالفـت بـا ایـن عمـل صحبت کردیـم نتیجـه‌ای نـداد. تا اینکـه یـك روز اعلام کـردم کـه مـن هـم موافـق خریـد تلویزیـون هسـتم. دوسـتانی کـه متعجـب بودنـد علت تغییررأی‌ام را پرسـیدند. گفتـم: شـما چـه کار داریـد، مـن منتظرم کـه تلویزیـون وارد زنـدان شـود. آن وقـت بـا زور و بـا پـاره آجر مسـئله را حـل می کنـم. و ایـن کار نیـاز بـه ایـن همـه بحـث نـدارد. فقـط بایـد خـود را بـرای چنـد روز انفـرادی آمـاده کنـم. اهـل خسـارت دادن هـم کـه نیسـتم. حرف‌هـای مـن بـه گـوش هـواداران و موافقـان رسـید، آنها جازده و چنـد روز خریـد خـود را بـه تعویـق انداختنـد. آنهـا بـه سـراغم آمدنـد و گفتنـد کـه ایـن نظـر جامعـه اسـلامی اسـت و مـا بایـد از آن

تبعیت کنیم. به آنها گفتم که تبعیت من از جامعه اسلامی تا جایی است که به وظایف شرعی و اعتقاداتم تعرض نشود.

مأمورین زندان که از تعویق خرید تلویزیون باخبر شده بودند، از نیکخواه، منصوری مقدم و فیروزی علت را سئوال می‌کنند. آنها هم شرح مخالفت و تهدید مرا به آنها می‌دهند. منصوری که بین آن سه مارکسیست وضع بهتری داشت و به مسلمانها نزدیك بود، پیش ما آمد و گفت که مأمورین گفته‌اند، این حق زندانی است که تلویزیون داشته باشد، شما بروید تلویزیون را بخرید، ما حمایتتان می‌کنیم. اگر درگیری هم پیش آمد ما وارد صحنه می‌شویم و از شما پشتیبانی می‌کنیم. منصوری توضیح داد که اگر شما به مخالفت خود در ارتباط با خرید تلویزیون ادامه دهید، آنها(مأمورین) از این اختلاف سوءاستفاده خواهند کرد. خلاصه پس از کلی آمد و شد و ارائه صحبتها و تحلیلهای مختلف و توجیهات گوناگون، مرا متقاعد به سکوت و آرامش کردند. و به این ترتیب برای خرید تلویزیون اقدام کردند.

رفت و روب، نظافت اتاقها و بندها، سفره گستردن، شست‌وشوی ظرف و ... به صورت نوبتی انجام می‌شد. این نوبت توسط هیئت پنج نفره تعیین می‌شد. جالب اینکه در این تقسیمات و امور، هیچ کسی بر دیگری برتری نداشت. همه در نوبتهای مقرر خود در این امور مشارکت می‌کردند. با اینکه برای ما پذیرفته نبود که افراد روحانی چون آقای انواری و حجتی کرمانی به این کارها بپردازند. ولی آنها با اصرار خود عهده دار این وظایف می‌شدند.

نوع نگاه به زندگی در جامعه اسلامی و تجربه موفق آن در زندان موجب ماندگاری و پایداری شاخصه‌ها و خصایص آن، در این زندان و سایر زندانهاست. به‌طوری که در هر زندان که چند مسلمان حضور داشتند چنین جمعی را تشکیل و چنین برنامه‌هایی

را دنبـال می‌کردنـد.

آزادی از «قصر»

مـدت محکومیـت افـراد حـزب ملـل اسـلامی متفـاوت بـود. به‌برخـی هـم تخفیفاتـی تخصیـص می‌یافـت. از ایـن رو افـراد در فواصـل مختلـف شـش ماهـه، یـك سـاله و... آزاد می‌شـدند کـه برخـی پـس از آزادی بـا تجربـه گرانـی کـه داشـتند بـه عرصه‌هـای مبارزه و فعالیتهـای سیاسـی بازمی‌گشـتند. افـرادی هـم بودنـد کـه به سـراغ زندگـی معمولـی رفتـه و از صحنـه سیاسـت کنـار می‌کشـیدند. البتـه برخـی هـم از طریـق کسـب و انتشـار اخبـار و کمکهـای مالـی و سـایر حمایتهـا بـه زندانیـان، خانواده‌هـای آنهـا و مبارزیـن، بـه صـورت غیرمسـتقیم فعالیـت می‌کردنـد.

بـه مناسـبت چهـارم آبـان و جشـن منحـوس تاجگـذاری، تعـدادی از پرونده‌هـا در اداره دادرسـی ارتـش، تجدیدنظـر و مـورد تخفیـف قـرار گرفـت و بـه موجب آن تعـدادی از دوسـتان آزاد شـدند. مـن بـه خاطـر برخوردهـای خشـك و سرسـختانه بـا مأمورین زنـدان، هیچ‌گاه انتظار تخفیـف در محکومیـت نداشـتم؛ امـا پرونـده مـن نیـز شـامل تخفیـف شـده بـود، ولـی بـر اثـر یـك اشـتباه بـه جـای نـام مـن، نـام مشـابه احمـد احمـدی ثبت شـده بـود.

وقـوف بـر ایـن اشـتباه خـود ماجـرای جالبـی دارد. مـادرم کـه از آزادی تعـدادی از دوسـتانم مطلـع شـده بـود، بـه زنـدان مراجعـه کـرده و می‌گویـد کـه پسـر مـن هـم محکومیتـش انـدازه کسـانی بـوده کـه آزاد شـده‌اند. لـذا بـا چندیـن مرتبـه رفـت و آمـد او، مسئولین زنـدان متوجـه اشـتباه خـود می‌شـوند.

یازدهـم آبـان، سـرگرد تیمـوری ـ رئیس زنـدان شـماره ۳ و ۴ ـ مـرا بـه زیـر هشـت فراخوانـد. او پـس از کمـی صحبت گفـت: «ببیـن احمد! شـما یـك گـروه مسلمان هسـتید، مـن از اینکه شـما مسلمان هستید

خوش‌حالم، بچه مسلمانید، معتقدید، بچه‌های خوبی هستید، اما من از تو یك خواهش دارم. این بچه هایی كه آزاد شدند و رفتند، باز دارند یك كارهایی می‌كنند. هیچ كدامتان هم كه ندامتنامه ننوشتید و آزاد شدید، ولی من بهتان گفته باشم، زود خودتان را به دردسر نیندازید. به بچه‌ها بگو یك خورده دست نگهدارند. تا ما این بر و بچه‌های جوان‌تر را بیاوریم بیرون، این بچه مسلمانها هم بیایند بیرون. بعد هركاری می‌خواهید بكنید.»

او پس از این صحبتها به خاطر اشتباهی كه در ثبت اسمم شده و موجب تأخیر در آزادیم شده بود، معذرت خواهی كرد.

به این ترتیب من در تاریخ ۱۱ آبان ۱۳۴۶ پس از انتقال مطالب و توصیه‌های سرگرد تیموری به شهید عراقی، وسایلم را جمع كرده آزاد شدم.

اهالی محله استقبال خوب و جالبی از من كردند. گوسفند كشتند و شربت و شیرینی در خیابان توزیع كردند. در دسته‌های چند نفره به دیدنم می‌آمدند و خیلی علاقه داشتند از مسائل زندان و آنچه كه در آنجا گذشته بود، بدانند. در چهره‌های آنها رضایتی می‌دیدم كه به خاطر حضور یك زندانی سیاسی در بین آنها بود. من نیز درحد اطلاع و آگاهی خود مسائلی را برای آنان بویژه جوانان توضیح می‌دادم.

زندان با فضای خاص، محدود و شرایط ویژه، غمها و شادیهای خود را داشت. روابط حاكم در آن تأثیر عمیقی در بینش من گذاشت. زندان فرصتی بود تا بیشتر به خود، راهی كه می‌رویم و آنچه كه مرضی خداوند است بیندیشم و برای رسیدن به تعادل فكری و سیاسی تلاش كنم و با مسائل، منطقی برخورد كنم. فراگیری علوم قرآنی و آشنایی به مبانی اسلام از بزرگ‌ترین آثار و بركات این دوره بود. وقتی از زندان آزاد می‌شدم، كوله بار سنگینی از تجربه و افكار تازه را بر دوش می‌كشیدم. زندان

موجب بصیرت به اشتباهات و دریافت راههای رفع آنها بود. من بهترین روزهای عمرم را با بچه‌های حزب ملل اسلامی سپری کردم. گرچه در سالهای بعد به دفعات دستگیر و روانه زندان شدم، ولی از هیچ کدام از این زندانها به اندازه این دوره بهره نبردم.

تبادل اطلاعات و افکار، اطلاع از اندیشه‌های غیراسلامی به‌خصوص مارکسیستی، وجود تجزیه و تحلیلهای مختلف سیاسی، بحرانها و مشکلات، مطالعه وسیع کتابها، مباحث تشکیلاتی و حزبی و ... وضعیت جدیدی در ما به وجود آورد و چراغی شد برای راههای آینده، هرچند پرپیچ و خم و خطرناك.

بارش در کویر

حزب‌الله

در ششـم ماه مبارك رمضـان كه مصـادف بـود بـا اواخـر پاییـز سـال ۱۳۴۶، عبـاس آقـا زمانی[1] كـه از دوستان حزب‌ملل اسـلامی بـود بـه

---

۱ ـ عبـاس آقـا زمانی معروف بـه ابوشریف در سـال ۱۳۱۸ در تهران متولـد شـد. وی تحصیـلات ابتدایی و متوسطه را در دبیرستان تهران به پایان رسـاند. او در سـال ۱۳۳۹ بـه دانش‌سـرای تعلیمـات دینـی رفـت و ضمـن تحصیـل در دانش‌سـرا بـه تدریـس در مـدارس مختلـف پرداخـت. او نیـز به‌خاطر عضویـت در حزب‌ملل اسـلامی دستگیر و تـا آبـان سال ۱۳۴۶ در زنـدان قصـر به‌سـر بـرد. وی پس از آزادی به دانشكده ادبیات دانشگاه تهران راه یافـت و در رشته زبـان عربـی بـه تحصیـل پرداخـت و پـس از اخـذ گواهی‌نامـه مترجمـی، بـه دانشـكده الهیـات رفـت. در سـال ۱۳۴۹ در رشته حقوق اسـلامی موفـق بـه اخـذ دانشنامه لیسـانس شـد. او بـه همـراه احمداحمـد و علیرضا سپاسـی آشـتیانی در سـال ۱۳۴۶ گـروه موسـوم بـه «حزب‌اللـه» را پایه‌ریـزی كـرد و كلاس‌هـای آموزشـی قـرآن و زبـان عربی در مسـاجد مختلفی چون مسجد شیخ‌علی، مجسـد حاج‌امجد، مسجد حضرت امیرالمؤمنیـن توسـط او برپا شـد. او در اوایـل سـال ۱۳۴۷ به‌خاطر درمـان بیمـاری پدرش همـراه وی بـه اتریش و آلمـان رفـت. در ایـن مسـافرت بـا برخـی از اعضـای كنفدراسیون و جنبـش دانشـجویی چپ و نیـز اعضـای سـازمان الفتـح آشـنا شـد و بعـد از بازگشـت بـه كشور بـه انسـجام و هدایـت گـروه حزب‌اللـه ادامـه داد. او در سـال ۱۳۵۰ بـرای ارتبـاط بـا انقـلاب فلسطین به‌خاورمیانه رفـت و در سـال ۱۳۵۱ به‌هنگام مراجعـت در مـرز بـازرگان، دستگیـر شـد. پـس از سـه مـاه زنـدان و شـكنجه و پـس از فریـب دادن سـاواك و گرفتـن حـدود یك‌مـاه مرخصـی موفـق بـه فـرار شـد. او از طریـق بیابانهـای جنـوب شـرقی پـس از چهـار روز پیاده‌روی از طریـق زاهـدان وارد خـاك پاكسـتان شـد و از آنجـا بـه اروپـا رفـت. پـس از مدتـی بـرای همراهـی بـا انقـلاب فلسطین و طـی دوره‌هـای چریكی بـه لبنان عزیمـت كـرد. مـدت كوتاهی‌را نیـز بـه خدمـت حضـور امـام در پاریس بـود. وی در آسـتانه پیروزی انقـلاب اسـلامی به ایران بازگشت. ابوشـریف از مؤسسین كمیتـه انقـلاب اسـلامی و سپاه پاسـداران محسـوب می‌شـود. او همچنیـن مدتـی فرماندهـی عملیـات غـرب كشـور را بـه عهـده داشـت و بعـد بـه فرماندهـی سپاه پاسـداران انقـلاب اسـلامی منصـوب شـد. وی در شهـریور ۱۳۶۰ بـه

منـزل مـا آمـد، پـس از احـوالپرسـی متـداول از مـن خواسـت کـه بـه بیـرون از شـهر برویـم تـا مطالـب مهمـی را طـرح کنـد. وقتـی از در خانـه خـارج شـدیم، دیـدم علیرضا سپاسـی آشـتیانی نیـز در ماشـین اسـت. خـودروی عبـاس یـك بنـز ۱۷۰ بـود. بـا او نیـز سـلام‌وعلیك و روبوسـی کـردم. بعـد راه افتادیـم، بـه کجـا؟ ابتـدا بـه مـن چیـزی نگفتنـد.

در بیـن راه عبـاس آقـا زمانـی دربـاره اینکـه مـا چـه بودیـم، چـه کردیـم و چـه بایـد بکنیـم صحبـت کـرد. او گفـت: «احمـد! مـا بـه زنـدان نرفتیم کـه تنهـا چنـد نفـر را بشناسـیم و دوسـت شـویم و یـا تنها روزه بگیریـم و دعـا بخوانیـم و بـه زندگـی عـادی برگردیـم و مسـئله مبـارزه را تمـام شـده ببینیـم. نـه، مـا وظیفـه مهم‌تر داریـم و آن ادامـه ایـن راه و مبـارزه اسـت کـه بـه آن اعتقـاد داریـم. تـا ظلـم هسـت مـا

سـمت کاردار ایـران در پاکسـتان منصـوب و در فروردیـن ۶۱ بـه سـمت سـفیر ارتقـا یافـت. ابوشـریف پـس از اتمـام دوره مأموریـت بازنشسـته شـد و بـرای ادامـه تحصیـل خـارج فقـه و اصـول بـه قـم رفـت.وی بعـد از مدتـی بـرای انجـام فعالیتهـای علمـی و تحقیقاتـی بـه کشـور پاکسـتان عزیمـت کـرد.

آقـای احمـد در حاشـیه خاطـرات خـود در مـورد خصوصیـات عباس‌آقا زمانـی چنین می‌گویـد:

ابوشـریف فـردی بسـیار متدیـن، تنـدرو و متعصـب بـود کـه تـلاش می‌کـرد در تمامـی امـور بیـن دوسـتان خـود پیشـرو باشـد. مقاومـت او در برابـر سـختیها و مشـکلات کم‌نظیـر بـود. او بیشـتر روزهـای سـال را بـا یـك افطـاری ناچیـز چنـان روزه می‌گرفـت کـه بـه مـرد صومی‌همیشـه روزه‌دار شـهرت یافـت. او در انجـام امـور بسـیار افـراط می‌کـرد، کـم می‌خـورد، کـم می‌نوشـید، کـم می‌خوابیـد و زیـاد کار می‌کـرد و زیـاد کتـاب می‌خوانـد. از نظـر قـدرت بدنـی خیلـی قـوی و تنـد و فـرز بـود. عبـاس ماننـد درختـی بـود کـه در شوره‌زار روییـده باشـد، سـخت و محکـم.

مـا در خیلـی از مواقـع چـه در زنـدان و چـه در بیـرون از زنـدان نمـاز جماعـت را بـه امامت او اقامـه می‌کردیـم. او در زنـدان آرامو قـرار نداشـت، گاهـی خـود بـرای فراگیـری زبـان و دروس اسـلامی نـزد افـراد دیگـر می‌رفـت و گاه بـه دیگـران جامع‌المقدمـات درس مـی‌داد. او تمـام آیـات مربـوط بـه جهـاد را از قـرآن استخراج و دسته‌بندی کـرده و بـه دیگـران می‌آموخـت. وجـود او بـرای مـا در زنـدان حکـم یـك دایره‌المعارف اسـلامی را داشـت. او بـرای رسـیدن بـه هـدف خیلـی بی‌تـاب بـود و در کارهـا از خـود عجلـه نشـان می‌داد.

نیـز ظلـم سـتیزی خواهیـم کـرد و ...)»

وارد جـاده خـاوران در شـرق تهـران شـدیم. در آن منطقـه کـوره پزخانه‌هـای زیـادی وجـود دارد. مـا قبـل از اینکه از حـد شـرعی خارج شـویم و روزه‌امـان شکسـته شـود بـه نزدیکـی یکـی از کوره‌پزخانه‌هـا کـه در محلـی دورتـر از جـاده اصلـی بـود رفتیـم. در آنجا سـاختمان مخروبـه‌ای وجـود داشـت کـه بـه آن زنـدان هـارون[1] می‌گفتنـد. در کنـار آن متوقـف شـدیم و بـه کنـار جـوی آب و درختـی رفتیـم و نشسـتیم. عبـاس پـس از کلـی صغـری و کبـری چیـدن گفـت کـه بچه‌هـا از زنـدان پیـام داده‌انـد کـه بـا رفتـن از زنـدان کار تمـام نشـده اسـت. شـما ادامـه دهنـده راه کسـانی هسـتید کـه در زنـدان و در زیـر شـکنجه هسـتند. بـرای همراهـی بـا آنانـی کـه در زنـدان هسـتند فعالیت خـود را از سـر بگیریـد. آقازمانـی تأکیـد کـرد کـه مابایـد کار را دوبـاره شـروع کنیـم، امـا ایـن بـار بـا حسـاب و کتـاب بیشـتر، و توأمـان نیـز خودسـازی فـردی را دنبـال کنیـم. ایـن آغـاز راه اسـت...

صحبتهـای عبـاس، حرفهـای دل مـا و دغدغـه فکـر مـا بـود. ضمـن تأییـد مطالـب او هـر یـك نظـری دادیـم. قـرار شـد کـه تشکیلات جدیـدی بـا هـدف مبـارزه بـا رژیـم و برانـدازی حکومـت طاغـوت و بـا مشـی مسـلحانه را طراحـی و پیـاده کنیـم. و سـه محـور را در آن مدنظـر داشـته باشـیم:

۱. ادامه مبارزه با استفاده از تجربیات قبلی.

۲. خودسـازی فـردی و جمعـی و نیـز کسـب آمادگـی بـرای رویارویـی در هـر لحظـه.

۳. لـزوم ایجـاد یـك سـازمان و تشـکیلات منسـجم. و تعییـن چارچـوب وظایـف بـرای افـراد.

---

1 ـ زندان هارون: بنای سنگی عهد آل‌بویـه و سلجوقی، در دوازده کیلومتری شـرق تهـران بـر جانـب شـمال جـاده قدیـم خراسـان، نزدیـك آبـادی زنـدان واقـع در دامنـه کوههـای مسـگرآباد.
(دایرة‌المعارف فارسی ـ غلامحسین مصاحب)

مـا دربـاره ایـن سـه محـور بـه بحثهـای خـود ادامـه داده و نتایـج زیـر را گرفتیم:

ـ تشـکیلات بایـد از داشـتن دفتـر، جـا و مـکان پرهیـز کنـد، تـا ماننـد حـزب ملـل اسـلامی هنگام خطـر، بهسـرعت افشـا و کشـف نشـود.

ـ پرهیـز از برجـای گذاشـتن آثـار مکتـوب و اتـکا بـه محتویـات ذهـن و برنامـه ریـزی ذهنـی و حفـظ دسـتورات و برنامهها.

ـ دعـوت از مبارزینـی کـه از زنـدان آزاد شـده و یـا آزاد خواهنـد شـد، بـرای پیوسـتن به تشـکیلات.

بـه ایـن ترتیـب مـا سـه نفـر تشـکیلاتی را پایـه ریـزی کردیـم کـه بـه استناد آیـات شـریفه «فان حـزب اللـه هـم الغالبون»[1] و «الا ان حـزب اللـه هـم المفلحـون»[2] نـام حـزب اللـه را بـر آن نهادیـم.

جلسـات مـا در فواصـل معیـن تکـرار میشـد. در هـر جلسـه فصلـی از فصلهـای آن بـه بحـث گذاشـته میشـد و بـا پیوسـتن افـرادی ماننـد جـواد منصـوری، احمـد منصـوری، جمـال نیکـو قـدم، عبـاس دوزدوزانـی، محمـد مفیـدی و محمدباقـر عباسـی گسـترش و عمـق مییافـت.

در جلسـات حزباللـه مقـرر شـد کـه هـر کسـی بـرای خـود شـغلی دسـت و پـا کنـد تـا بـه ایـن ترتیـب هـم پوششـی بـرای فعالیتهایـش و هـم بودجـه مالـی بـرای خـود و تشـکیلات فراهـم کنـد. از ایـن رو مـن بعـد از مـاه مبـارک رمضـان بـه اداره آمـوزش و پـرورش منطقه ۱۰ مراجعـه و درخواسـت بازگشـت بـه شـغل قبلـیام کـردم. آنهـا تقاضانامـه مـرا بـه وزارتخانـه ارجـاع دادنـد. بعـد از چنـد روز بـرای پیگیـری نامـهام بـه دبیرخانـه وزارت آمـوزش و پـرورش رفتـم. از آنجـا مـرا بـه اتـاق دیگـری فرسـتادند. در ایـن اتـاق سـه نفـر پشـت یـک میـز نشسـته بودنـد. آنهـا دلایـل کنـاره گیریـم از آمـوزش و پـرورش و علـت رجـوع

---

۱ ـ آیه ۵۶ سوره مائده.

۲ ـ آیه ۲۲ سوره مجادله.

مجـددم را پرسیدند و گفتنـد کـه در ایـن مـدت کجـا بـوده‌ام. گفتـم کـه به‌خاطـر رفتـن بـه زنـدان از همـکاری بـا ایـن وزارت‌خانه بازمانـدم و ایـن مـدت را هـم در زنـدان بـودم و الان هـم می‌خواهـم بـه زندگـی عـادی خـود برگـردم و نیـاز بـه کار دارم. یکـی از آنهـا کـه گویـا از ماوقـع و مسائـل مـن مطلـع و آگاه بـود گفـت: «شـما را بـه خاطـر مـاده یـك، یعنـی مقدمیـن علیـه امنیـت کشـور دسـتگیر کردنـد و حـالا شـما پنـج سـال محرومیـت اجتماعـی داریـد و نمی‌توانیـد در هیـچ کار دولتـی مشـغول شـویـد، البتـه راههایـی وجـود دارد.»

پرسـیدم کـه چـه راهـی؟ گفـت: «شـما بـه اینجـا برمی‌گردیـد، ولـی بایـد بـرای مـا مشـخص کنیـد کـه در اینجـا چـه کسـانی سـر و گوششـان می‌جنبـد. کار زیـادی نیسـت، شـما فقـط معرفـی می‌کنیـد. مـا هـم فقـط آنهـا را کنتـرل می‌کنیـم تـا منحـرف نشـوند.»

مـن کـه از همـان اول فهمیـده بـودم آنهـا چـه می‌خواهنـد، گفتـم: «نـه بابـا، مـا ایـن کاره نیسـتیم. اگـر خواسـتید مـا را بـه همـان شـغل معلمـی برگردانیـد وگرنـه مـا اهـل ایـن کار نیسـتیم. نهایـت اینکـه در خانـه می‌مانیـم و می‌خوریـم و می‌خوابیـم.»

آنهـا نتوانسـتند مـرا بـه همـکاری بـا خـود راضـی کننـد و مـن هـم کـه از اقـدام خـود بـرای بازگشـت بـه شـغل معلمـی نتیجـه‌ای نگرفتـم، بازگشـتم.

عبـاس آقـا زمانـی توانسـته بـود در کلاسهـای غیررسـمی در مـدارس و مسـاجد خـود را مشـغول کنـد و علیرضـا سپاسـی آشتیانی[1] نیـز وارد

____

۱ ـ علیرضـا سپاسـی آشتیانی فرزنـد ابوالقاسـم بـه سـال ۱۳۲۳ در آشتیان اراك متولـد شـد. او پـس از طـی تحصیـلات ابتدایـی و متوسطه وارد دانشکده هنرهـای زیبا شـد. وی در سـال ۱۳۴۳ توسط اصغر قریشی بـه حـزب ملل اسلامی جـذب شـد و در سـال ۱۳۴۴ بـه اتهـام فعالیـت در حـزب ملـل و اقـدام علیـه امنیـت کشـور دسـتگیر شـد. در سـال ۱۳۴۶ پـس از آزادی از زنـدان بـه همـراه احمـد احمـد و عباس آقـا زمانـی گـروه حزب‌الله را پایـه ریـزی کـرد و بـه نوشـتن درسهای سیاسـی و گزارشهـای تحلیلـی بـرای گـروه مبـادرت کـرد. او در ایـن سـالها توانسـت تحصیـلات نیمـه کاره خـود را بـه اتمـام برسـاند. او پـس از ادغـام سـازمان حزب‌الله در سـازمان مجاهدیـن خلـق منافقیـن در

دانشگاه شده بود و تنها من بی‌کار و بلاتکلیف بودم. پس از گذشت مدتی درحالی که از این وضعیت خسته شده بودم و حوصله‌ام سر رفته بود، روزی برادرم پرسید که احمد بالاخره چه کار می‌خواهی بکنی؟ آیا می‌خواهی کار بکنی یا نه؟ گفتم: چرا که نه!

فردای آن روز دست مرا گرفت و به کارخانه قوطی سازی محمدی واقع در جنوب تهران برد. حاج مهدی مرا به آقای وجیه الله محمدی ـ رئیس و صاحب کارخانه ـ معرفی کرد و گفت که تازه از زندان آزاد شده و بی‌کار است. از او خواست که در کارخانه کاری به من بدهد. آقای محمدی که انسانی بزرگوار و مسلمان بود و به دنبال افرادی متدین، درست و صادق برای کارخانه‌اش می‌گشت، از استخدام من استقبال کرد.

به این ترتیب من در اداره حسابداری مشغول به کار شدم. پس از مدتی کوتاه دریافتم که رئیس حسابداری خلافهایی را در ثبت حسابها و تنظیم صورتهای مالی مرتکب می‌شود، ولی چون تازه‌وارد بودم، عکس‌العملی از خود نشان ندادم و سکوت کردم

سال ۱۳۵۰ جذب سازمان و در مرداد ماه سال ۱۳۵۱ در اجرای طرح ترور سرتیپ طاهری با محمد مفیدی و محمدباقر عباسی همکاری کرد. وی پس از دستگیری آن دو نفر به زندگی مخفی روی آورد.

سپاسی آشتیانی فردی تندخو، تندرو و احساساتی و بسیار بلندپرواز و خودبزرگ بین، مغرور و گستاخ بود. او به خاطر تندی و جدیت خود در کارها مراتب سازمانی را به سرعت طی کرد و در سال ۱۳۵۳ به عضویت کادر مرکزی مجاهدین خلق درآمد. در سال ۱۳۵۴ با اعلام تغییر ایدئولوژی به رهبری تقی شهرام، خط انحراف را پیمود و به آنها پیوست و همراه منحرفین دیگر، به تصفیه و کشتار افرادی که این تغییر را نپذیرفته بودند دست زد. او تا سال ۵۷ به فعالیت مخفی خود در گروه تقی شهرام موسوم به سازمان پیکار در راه آزادی طبقه کارگر ادامه داد. بعد از پیروزی انقلاب به صورت آشکار و افراطی به ضدیت و مخالفت خود با نظام پرداخت و در اواخر سال ۱۳۶۰ دستگیر شد. او در این دوره بازداشت به مقدسات اسلامی اهانت کرد و روزهایی پر از درگیری و هیاهو داشت و حتی به درگیری با پاسداران پرداخت. سرانجام او روزی هنگام فرار توسط زندانبانان اوین کشته شد.

تا اطلاعات بیشتری به دست آورم.

از کار جدید، درآمدی حدود روزانه هجده تومان عایدم می‌شد که بخشی از آن را به حزب‌الله و بخشی را هم به خانواده تخصیص می‌دادم.

آموزش در حزب‌الله

برای حضور آگاهانه در روند مبارزه و لزوم کسب آمادگی کافی، ما نیاز به آموزش و تمرین داشتیم. از این‌رو طی برنامه‌ای، آموزش‌ها و تمرینات رزمی و تیراندازی را در حوالی همان کوره پزخانه‌های جاده خاوران دنبال کردیم. البته برای اینکه هم انسان و حیوان از تمرین تیراندازی ما مصون بمانند و هم اینکه در آن محیط ایجاد شک و شبهه نکنیم، سه نفری (من، ابوشریف و سپاسی آشتیانی) به جاهای خیلی پرت و دور از دید می‌رفتیم.

در برنامه‌ای دیگر، عباس آقا زمانی کلاس‌های آموزش زبان عربی را ابتدا در مسجد حاج امجد[1] و بعد در مسجد حضرت امیرالمؤمنین[2] راه انداخت. این کلاس‌ها با سبکی جدید و به صورت رایگان برگزار می‌شد و در حاشیه آن آقا زمانی از شاگردان کلاس‌ها می‌خواست که آیاتی از قرآن ـ بیشتر آیات جهاد ـ را از حفظ شوند.

آیت‌الله موسوی اردبیلی ـ امام جماعت مسجد حضرت امیرالمؤمنین ـ با اینکه می‌دانست عباس زندانی سیاسی است، علاوه بر موافقت با برگزاری این کلاس‌ها، هزینه‌های تبلیغ این کلاس‌ها در روزنامه‌ها را با بودجه مسجد متقبل شده بود. پس از آن، کلاس‌ها معرفی شد و گسترش یافت. پس از مدتی جمال

---

۱   ـ مسجد حاج امجد در ابتدای پل امام‌زاده معصومع واقع است.

۲   ـ مسجد حضرت امیرالمؤمنیع در خیابان کارگر ـ خیابان نصرت واقع است.

نیکوقدم[1]، جواد منصوری و عباس دوزدوزانی نیز کلاسهای دیگری را عهده دار شدند. این کلاسها در ساختمانی سه طبقه وابسته به مسجد امیرالمؤمنین و در جنب آن دایر بود. من در بعضی از این کلاسها به عنوان شاگرد و مستمع شرکت می‌کردم و نقاط قوت و ضعف آنها را می‌نوشتم و بعد آنها را در جلسه مرکزی حزب الله طرح می‌کردم.

البته کار اصلی من در این کلاسها، شناسایی افراد شاخص و با انگیزه برای عضویت در حزب الله بود.

ما با این نحوه عمل و به کارگیری این شیوه، سه هدف را دنبال می‌کردیم:

ـ تبلیغات و سازندگی که همان کار فرهنگی بود؛

ـ شناسایی، جذب و دعوت از افراد به حزب‌الله؛

ـ اداره و بهره برداری از تواناییهای افراد.

استفاده ما از تجارب و دانش برخی دوستان و مدرسان در این کلاسها، به نحوی بود که آنها بی‌آنکه متوجه شوند، برای تشکیلات سیاسی فعالیت می‌کردند. البته نیت آنها خالص و به خاطر خدا و رضای او بود.

سرپرستی کل کلاسها به عهده آقا زمانی بود و حضور او رونق زیادی به کلاسها می‌داد. در اوایل سال۴۷ و در گرماگرم برگزاری کلاسها، پدر وی به سختی بیمار شد. پزشکان علاج پدر عباس را تنها درمان در خارج از کشور دانستند. مقدمات سفر او آماده شد و از آنجا که می‌بایست کسی همراه وی می‌رفت، عباس که با زبان آلمانی آشنایی داشت آماده رفتن به آلمان شد. ولی مشکلاتی برای خروج داشت، اما آیت‌الله موسوی اردبیلی از

---

۱ ـ سید جمال نیکوقدم فرزند سیدکمال در سال ۱۳۲۵ متولد شد. او هنگام دستگیری، آموزگار چند مدرسه در تهران بود. وی در دادگاه تجدیدنظر حزب ملل اسلامی به چهار سال حبس مجرد محکوم شد.

برخـی مسـئولین وقت کـه جـزء هیئت امنـای مسـجد بودنـد بـرای رفـع حصـر عبـاس کمـك گرفـت، و بـه ایـن ترتیـب عبـاس از کشـور خـارج شـد.

ایـن سـفر دو مـاه طـول کشـید. او توانسـت در آلمـان بـا سـازمان الفتـح و افـرادی چـون حسـین رضـایی و حسـن ماسـالی[1] کـه دارای گرایشـهای چـپ و مارکسیسـتی بودنـد ارتبـاط برقـرار کنـد. او اطلاعـات جامعئ درخصـوص چگـونگی اعـزام افـراد بـه لبنـان بـرای طـی دورههـای چریکـی و نیـز خانههـای امـن اروپـا و آسـیا و راههـای مطمئـن بـرای پیوسـتن بـه مقرهـای آمـوزش نظامـی، بـه دسـت آورد.

سـفر عبـاس آقـا زمانـی بـه آلمـان و در پـی آن سـفر سـعید محمـدی فاتـح بـه آنجـا، بـرای مـن گرفتاریهایـی بـه وجـود آورد.

سفر سعید محمدی فاتح به خارج از کشور

سـعید محمـدی فاتـح فرزنـد آقـای وجیهالله محمـدی فاتـح ـ صاحـب کارخانـه قوطـی سـازی ـ بـود کـه مـن در کارخانـه بـا او آشـنا شـدم. رفتـه رفتـه ایـن آشـنایی تبدیـل بـه دوسـتی عمیـق شـد. سـعید جوانـی پرشـور و حـرارت و متدیـن بـود کـه بـه مسـائل انقلابـی و مبارزاتـی علاقـه نشـان مـیداد. تمایـل داشـت کـه بدانـد در زنـدان چـه بـر سـر مـن آمـده و چـه تجربیـات و اطلاعاتـی دارم. او بـرای رسـیدن

---

۱ ـ حسـن ماسـالی و حسـین رضـایی از اعضـای اصلـی و فعـال کنفدراسـیون جهانـی و دانشـجویان ایرانـی و جبهـه ملـی ایـران در اروپـا بودنـد. حسـن ماسـالی در کنگـره سـوم دی مـاه ۱۳۴۲، چهـارم (دی مـاه ۱۳۴۳) و دهـم (دی مـاه ۱۳۴۸) و حسـین رضـایی در کنگـره دهـم بـه عنـوان اعضـای هیئـت دبیـران کنفدراسـیون انتخـاب شـدند. رضـایی در سـال ۱۳۴۹ بـه همـراه دکتـر هلدمـن در مأموریتـی از طـرف سـازمان عفـو بینالملـل شـعبه اتریـش، بـرای رسـیدگی بـه وضـع زندانیـان سیاسـی بـه ایـران وارد شـد. هـر دو بـه سـاواك احضـار و تحـت بازجویـی قـرار گرفتنـد و در پـی آن دکتـر هلدمـن از ایـران خـارج و رضـایی دسـتگیر، محاکمـه و زندانـی شـد و تـا بهمـن سـال ۱۳۵۷ در زنـدان بهسـر بـرد.
(ر.ك: کنفدراسیون جهانی ـ حمید شوکت)

به این آرزو در هر فرصتی به سراغم می‌آمد و از زندان و مبارزه سئوال می‌کرد. من نیز بیشتر از اعتقاد و بینش در مبارزه برای او می‌گفتم. انگیزه و تعهد سعید برایم جالب بود.

من که از خلاف‌کاری و حساب‌سازی رئیس حسابداری کارخانه خسته شده بودم، توسط سعید از حسابداری خارج شده و به محیط کارگری کارخانه وارد شدم. کار من در قسمت کنترل و بارگیری بود. به این ترتیب ارتباطاتی با سایر کارگران نیز پیدا کردم.

پس از گذشت مدتی بدون اینکه تشکیلات حزب اللـه را به سعید بشناسانم، او را به کلاسهای عباس آقا زمانی معرفی کردم. او نیز جذب این کلاسها شد و معتقد بود که عباس استادی توانمند و با سواد است. سعید وقتی متوجه سوابق مبارزاتی عباس شد، بیشتر به او وابسته و علاقه‌مند شد. انگیزه زیاد و روحیه پرشور سعید، موجب شد تا رشد کرده و بسط فکری و اندیشه‌ای بیابد. او بدون اینکه بخواهد جزو حزب‌اللـه شده بود ولی خود نمی‌دانست، به طوری که پس از دستگیری هیچ مطلبی در خصوص حزب‌اللـه نداشت که بگوید.

رژیم چند سالی بود که خود را آماده برگزاری جشنهای ۲۵۰۰ ساله شاهنشاهی می‌کرد. ما در حزب اللـه از این حرکت رژیم آگاه شدیم. پس از جلسات و مباحث بسیار به این نتیجه رسیدیم که باید به نحوی علیه این جشنها عملیات کرده و به آن ضربه بزنیم. برای این منظور به دنبال تدارکات و برنامه‌های خاص از جمله همان آموزشهای رزمی و تمرین تیراندازی برآمدیم.

در این بین و در اواخر سال ۴۷، صاحب کارخانه قوطی سازی تصمیم گرفت که در نمایشگاه صنعتی «ازاکا» در ژاپن شرکت کرده و از آنجا دستگاههای جدید خط تولید وارد کند. او به سعید پیشنهاد کرد که در این نمایشگاه شرکت کند. سعید که به

مسائل سیاسی، جنبشها و نهضتهای اسلامی و سرنوشت فلسطین و مبارزه با اسرائیل علاقه‌مند بود، پس از مشورت با ما این پیشنهاد را پذیرفت.

هدف ما از ترغیب سعید برای شرکت در این نمایشگاه، خروج او از کشور و رفتن به آلمان و بعد پادگانهای آموزشی لبنان برای کسب تعلیمات نظامی و رزمی بود. حصول به این هدف و آشنایی با سلاحهای جدید و سنگین، عملیات ما را در ضربه زدن به جشنهای ۲۵۰۰ ساله تسهیل می‌کرد.

هنگام رفتن سعید به خارج از کشور من سرباز بودم و در سمنان به‌سر می‌بردم و هفته‌ای یک بار به تهران می‌آمدم. با این حال فرصت را برای صحبت با سعید بر سر مسائل بینشی و اعتقادی از دست نمی‌دادم. دوستان هم کار شدید و فشرده‌ای از لحاظ فکری روی او شروع کردند.

عباس آقا زمانی که خود تازه از آلمان برگشته بود، آدرس حسین رضایی و حسن ماسالی و اماکن امن را به همراه یک توصیه نامه دراختیار سعید قرار داد. او پس از جاسازی آن در ته ساک عازم کشور ژاپن شد. من به همراه خانواده‌اش به فرودگاه رفتم و پس از اطمینان از خروج وی بازگشتم.

محمدی فاتح پس از پایان نمایشگاه صنعتی ازاکا و انجام دادن سفارشهای پدر، از آنجا مستقیم به آلمان رفت. ما از طریق محمد ـ برادر سعید ـ مطلع شدیم که به سلامت به آلمان رسیده است.

من برای اینکه از اوضاع سعید مطلع باشم با محمد محمدی فاتح برادر کوچک وی طرح دوستی ریختم. محمد نیز فردی خوب، فهیم ولی بی‌تجربه بود. او آخرین اخبار مربوط به برادرش را به من انتقال می‌داد. علاوه بر این خود سعید هم از روی بی تجربگی با نام مستعار محمد بهتاش، شروع به مکاتبه با من کرد. من تا می‌توانستم جواب نامه‌ها را نمی‌دادم ولی برخی مواقع لازم

بـود كـه پاسـخى برايـش بفرسـتم. از ايـن رو از نـام مسـتعار صمـد، بـراى مكاتبـه اسـتفاده مى‌كـردم.

سـعيد پـس از رسـيدن بـه آلمـان (در اواخـر سـال ۱۳۴۷) بـه سـراغ آدرسـهايى كـه از آقـا زمانى گرفتـه بـود رفت. در شـب اول موفـق بـه يافتـن حسـين رضايـى نشـد، ولـى بـا فـردى ديگـر كـه خـود را دوسـت حسـين رضايـى معرفـى كـرده بـود، مواجـه شـد. او كـه بـه سـفر سـعيد مشـكوك شـده بـود بـا فراسـت و زيركـى خاصـى اعتمـاد سـعيد را جلـب كـرد. محمـدى فاتـح فريـب او را خـورد و بـه افشـاى اسـرار و اهـداف سـفر خـود و رابطينـش در خـارج پرداخت. سـعيد از روى بـى تجربگـى حتـى افـكار و بينـش خـود را در اختيـار آن فـرد قـرار داد و تشـريح كـرد كـه چگونـه بـه ازاكا و بعـد بـراى چـه منظـورى بـه آلمـان آمـده اسـت.

فـرداى آن شـب كـه حسـين رضايـى او را ديـد، وجـود چنيـن دوسـتى را تكذيـب كـرد. معلـوم شـد كـه او از مأموريـن سـاواك در خـارج از كشـور بـوده اسـت. بـه ايـن ترتيـب در همـان روزهـاى اول هـدف و انگيـزه سـفر سـعيد محمـدى فاتـح بـراى سـاواك افشـا شـد. سـاواك از آن تاريـخ و در مراحـل بعـدى، تمـام حـركات او را تحـت نظـر گرفـت. سـعيد از آلمـان بـه لبنـان رفـت و دو سـال دوره‌هـاى مختلـف نظامـى و چريكـى را طـى كـرد.

اعزام به سربازى ـ پادگان كرج

مـن حـدود هفـت سـال بـه خاطـر كفالـت پـدرم، از معافيـت موقـت برخـوردار بـودم. مـدت ايـن معافيـت رو بـه اتمـام بـود. بـراى تمديـد آن بـه اداره حـوزه نظام‌وظيفـه مراجعـه كـردم. آنهـا پرونـده مـرا بـراى بررسـى بـه دادگاه ارجـاع دادنـد. در آنجا آنهـا بـا خـط قرمـز بـر روى آن نوشـتند: «سـرباز». و گفتنـد كـه شـما برويـد بـه مملكتتـان خدمت كنيـد. بـراى آنهـا دليـل آوردم اكنـون كـه پـدر مـن هفـت سـال پيرتـر

شده است، باید معافیتم تمدید یا دایم شود، ولی آنها نپذیرفتند و گفتند از دست ما کاری ساخته نیست. حالا برای چه؟ نمی‌دانم! ولی حدس می‌زنم که احتمالاً زندان و محکومیت کیفری من و دخالت ساواک در این تصمیم‌گیری مؤثر بوده است.

به هرحال با رفتن علیرضا سپاسی آشتیانی و عباس آقا زمانی به دانشگاه، من هم در تاریخ ۱۳۴۷/۷/۱۳ به خدمت سربازی اعزام شدم. در روز تقسیم، مرا به یگان سپاهی ترویج آبادانی و مسکن در پادگان کرج فرستادند. از همان روزهای اول با خود عهد کردم که فعالیتهای مبارزاتی خود را محتاطانه در این پادگان دنبال کنم. در مدتی که در پادگان بودم، سعی کردم وجاهت خود را حفظ کرده و افراد معتقد و سیاسی را شناسایی کنم.

روزها با آموزشهای مختلف می‌گذشت، تا اینکه در یکی از روزهای زمستان واقعه‌ای اتفاق افتاد.

تیمساری در حال سان دیدن بود که ناگهان صدای چکاندن ماشه‌ای آمدو همه تکان خوردند و آرام خندیدند. دیدیم یکی از بچه‌ها دست و پایش را گم کرد و رنگ از رویش پرید. معلوم شد که اسلحه او در ضامن نبوده و با اصابت انگشتش به ماشه، چکیده است. تیمسار نیم نگاهی به همه کرد و رد شد. از آن طرف افسر دیگری آمد و سیلی محکمی به گوش سرباز خاطی زد. از مشاهده این صحنه و شرمندگی آن سرباز خیلی ناراحت شدم و گفتم: «چرا می‌زنی؟» شرایط را برای برخورد بیشتر از این مناسب ندیدم. پس از برنامه سان به سراغ افسر یگان خودمان رفتم و گفتم: «در جایی که شما حاضر بودید، این درست نبود که افسر دیگری بیاید و به گوش سرباز یگان شما بزند. شما سرگرد هستید و او سروان، و این توهین به شماست. اگر قرار بود با آن سرباز برخوردی شود، بهتر بود خود شما این کار را می‌کردید.»

به این ترتیب سرگرد را علیه سروان تحریک کردم. گویا برخورد و تضادی هم بین آنها پیش آمد. پس از این رویداد و اطلاع سربازها از اقدام من، آنها نسبت به من خوش بین شدند. خود را به من نزدیك كرده و درد دل می‌کردند. در این فضا بود که مباحث فکری و اعتقادی و بعضا سیاسی را با آنها در میان می‌گذاشتم. گرچه مدت این دوره کوتاه بود و من نتوانستم به مقاصد و اهدافم برسم، ولی بعدها بسیاری از این افراد را در خط مبارزه دیدم.

فرمانده یگان برای دسته ما، سردسته‌ای انتخاب کرده بود. او آدم بدخلق و بی‌ادبی بود که بچه‌ها را اذیت می‌کرد. بچه‌ها از اعتراض به او می‌ترسیدند چون به زندان و تنبیه، تهدید می‌شدند. تا اینکه صبر من لبریز شد. با هماهنگی سربازان یك درگیری تصنعی ایجاد کردیم. فرمانده گروهان افراد را در کریدور ساختمان جمع کرد و گفت: «من فرمانده گروهان هستم و به جای پدر شما هستم، این چه کاری است که می‌کنید، چرا آشوب می‌کنید.» بعد پرسید: «اعتراضتان چیست؟ چه کسی اعتراض دارد؟ ...»

دیدم همه ساکت شدند. بلند شدم و گفتم: «من اعتراض دارم، مگر شما نمی‌گویید فرمانده گروهان هستید و به جای پدر ما هستید، شما چطور پدری هستید که نمی‌بینید این فرمانده دسته، چطور فرزندان شما را اذیت و آزار می‌کند، فحش و ناسزا می‌گوید و بعد تهدید به زندان و تبعید می‌کند و ...» با صحبتهای من، بقیه هم جرئت پیدا کرده و لب به اعتراض گشودند و مطالب مرا تأیید کردند. فرمانده گروهان به من اشاره کرد و گفت بیا جلو، رفتم. گفت: «از این به بعد تو سردسته هستی.» گفتم: «نه جناب سرگرد من برای این کار اعتراض نکرده‌ام و برای این کار هم ساخته نشده‌ام، من فرد بهتری را معرفی می‌کنم.» بعد

یکی از بچه‌های باهوش و زرنگ را معرفی کردم. او هم مشروط بر اینکه من معاونش باشم پذیرفت. بعد از این ماجرا بین من و سردسته جدید، رابطه خوبی برقرار شد. او مرا در کارها آزاد گذاشت و کاری به کارم نداشت.

بعضی از صبحها در پادگان کرج افراد را به صف کرده و بیماران را سوار کامیون نظامی می‌کردند و به پادگان فرح‌آباد[1] در تهران می‌بردند. در یکی از این روزها فرمانده گروهان آمد و گفت: «احمد احمد!» من یک قدم جلو آمدم. باز گفت: «احمد احمد!» گفتم: «بله جناب سرگرد!» سرش را به گوشم نزدیک کرد و آهسته گفت که می‌دانی! تو را به رکن دو[2] خواسته‌اند، به کسی چیزی نگو. بعد گروهبانی را صدا کرد و آرام به او گفت که این را ببر رکن ۲. بعد از من پرسید: «راستش را بگو تو چه‌کار کرده‌ای؟» گفتم که هیچی. گفت که نه یک کاری کرده‌ای. گفتم: «من چند سال از سربازی معاف بودم، ولی بعد گفتند باید به سربازی بروی، من شکایتی کردم که اینها حق مرا ضایع کرده‌اند، و برای معافی دادن حق حساب می‌خواهند، و من این پول را ندارم.»

از چهره سرگرد پیدا بود که از گفته‌های من تعجب کرده است، ولی با شک و ابهام سرش را به نشانه پذیرش تکان داد. در ساختمان رکن ۲، وارد راهرویی شدم که یک طرف آن دیوار و طرف دیگرش چند اتاق در کنار هم بود. از روزنه‌ای داخل اتاقها را می‌شد دید. مرا به مقابل یک اتاق بردند و گفتند که اینجا منتظر باش. در این راهرو سکوت عجیبی بود، فقط گاهی یکی دو نفر وارد اتاق شده و پس از دقایقی خارج می‌شدند. انتظار من نزدیک به دو ساعت طول کشید. وضعیت کلافه کننده‌ای

بود. از آن همه سکوت خسته شدم. ناگهان از جا بلند شده و وارد اتاق شدم. سلام داده و احترام نظامی به جای آوردم. یکی پرسید که چیه؟ گفتم: «هیچی، الان دو ساعت است که مرا اینجا آورده‌اید، دیگر از این همه انتظار خسته شده‌ام.» پرسید: «چه کار کرده‌ای؟» گفتم: «من چه می‌دانم! شما از طریق فرمانده‌ام به اینجا احضارم کرده‌اید.» گفت: «این سردوشی را چه کسی به تو داده؟» گفتم: «فلانی» صدایش را بلند کرد و گفت که بی خود داده‌اند. گفتم: «خب بکنیدش.»

او تند شد. من هم تند شدم. البته تمام اینها صحنه سازی آنها بود. یکی دیگر از آنها به آرامی گفت: «سرکار احمد! شما تشریف بیاورید اینجا.» من پیش او رفتم. به نشانه احترام از جایش بلند شد و گفت: «بفرما بنشین!» من هم که از انتظار طولانی خسته شده بودم نشستم. او شروع به احوالپرسی و دلجویی کرد. دیدم لحن بیان او با آن فرد اولی کاملاً فرق می‌کند. فهمیدم که اینها همه نقشه است. او پنداشت که با من کنار آمده است. سؤالات مقدماتی از وضعیت سربازیم بود. من هم جواب دادم. ناگهان گفت: «احمد! تو یک زمانی زندانی بودی؟» بعد سؤالاتی راجع به حزب ملل‌اسلامی، مدت محکومیت، تاریخ آزادی و... پرسید. من جوابهای مشخص و معلومی دادم. او پرسید: «آیا کسی از سربازها از گذشته تو مطلع هست؟» گفتم که نه، لزومی ندارد که بدانند. دوره‌ای در گذشته بود که تمام شده و رفته. جورش را هم کشیده‌ام و به زندان رفته‌ام. الان هم کاری با گذشته ندارم. او گفت: «احمد! یادت باشد ما در آنجا (پادگان) سایه به سایه دنبالت هستیم، دیدی که الان چطور به اینجا خواستیمت. بعد هم می‌توانیم. و بدان که همیشه تحت نظر هستی.»

گفتم: «من کاری نمی‌کنم و نکرده‌ام که بترسم وگرنه تا الان

چنـد بـار مـرا احضـار مـی‌کردیـد.» گفـت: «مـا هـم می‌خواهیـم همین را بگوییـم، تـو الان داری بـه شهرسـتان دیگـری اعـزام می‌شـوی، پـس مواظـب خـودت بـاش، مـا قـدم بـه قـدم دنبالـت هسـتیم.» گفتـم: «اگـر شـما هـم نمی‌گفتیـد خـودم می‌دانسـتم.»

بعـد از پایـان صحبتهـا گلایـه کـردم کـه چـرا ایـن همـه مـرا منتظـر گذاشـته و معطـل کردیـد. او گفـت کـه در کارهـای اداری ایـن امـور پیـش می‌آیـد.

در دو ماهـه آخـر آموزشـی، کلاسـها بـا برنامـه فشـرده‌تری دنبـال می‌شـد. درسـهای اختصاصـی بهداشـت، کشـاورزی، آبیـاری، حتـی مرغـداری و کلیاتـی دربـاره راهسـازی و پـل سـازی؛ ازجملـه متونـی بـود کـه بـه مـا آمـوزش داده می‌شـد کـه در ترویـج آبادانـی و مسـکن کاربـرد داشـت. جالـب اینکـه هیچ‌کـس بـه مباحـث ارائـه شـده توجـه نمی‌کـرد. تقریبـا روزی چهـار کلاس داشـتیم. گاهـی صـدای وق وق مرغابیهایـی کـه در آنجـا پـرورش می‌دادنـد، در محوطـه طنیـن انـداز می‌شـد. بـه همـراه آن بچه‌هـای کلاس نیـز شـروع بـه وقوق می‌کردنـد. نـه اضافـه خدمـت، نـه بازداشـت انفـرادی و نـه هیـچ تهدیـد و تنبیـه دیگـری کارسـاز نبـود. ایـن شـلوغی تـا حـدی ادامـه می‌یافـت کـه معلـم مجبـور بـه تـرک کلاس می‌شـد. مـن علـت اصلـی ایـن ناهماهنگـی و نافرمانـی را در بـی رغبتـی و بـی انگیزگی بچه‌هـا می‌دانسـتم. ایـن افعـال آنهـا بـه نوعـی مخالفـت بـا سیسـتم آموزشـی و نظامـی بـود.

روزی معلـم جدیـدی بـا دیسـیپلین، هیبـت و هیمنـه خاصـی وارد کلاس شـد. او پـس از معرفـی و سـتایش از خـود شـروع بـه تهدیـد و اخطـار کـرد و گفـت: «مـن خـود یـك نظامـی هسـتم و انیفـورم نظامی بـه تـن دارم. در کلاس مـن مقـررات نظامـی حاکـم اسـت و هرکـس از ایـن مقـررات و نظـم تخطـی کنـد، پـدرش را درمی‌آورم. اینجـا سـربازخانه اسـت، نـه خانـه خالـه و...» او خـط و نشـان کشـید، ولـی

بچه‌ها می‌دانستند که او هم از قبیله آنهایی است که می‌گویند: من آنم که رستم بود پهلوان! با ادامه صحبتهای این معلم خشک، فضای ترس و سکوت کلاس را فراگرفت و کسی دم برنمی‌آورد. وقتی تهدید و ارعاب او تمام شد برگشت تا بر روی تخته چیزی بنویسد که یکی از بچه‌ها با صدای بلند شیشکی بست. یك دفعه کلاس منفجر شد و بچه‌ها با صدای بلند زدند زیر خنده. دقایقی طول کشید تا آنها ساکت شوند. ابهت و هیبت معلم شکسته و کنترل کلاس از دستش خارج شد. رنگ روی او چون لبو سرخ شده بود و از شدت عصبانیت نمی‌دانست که چه کار کند. به هرحال کلاس آرام شد. او تك تك بچه‌ها را از پشت میزها بیرون کشید تا بفهمد که چه کسی این کار را کرده. آن فردی که این کار را کرده بود می‌گفت: استاد این نبود، من می‌دانم که این نبود! به هرحال هرکس آن عمل را از خود نفی و انکار می‌کرد. وقتی معلم از اقدام خود نتیجه نگرفت همه را از کلاس بیرون کشید و در محوطه پادگان کلاغ پر برد.

در یك روز بارانی، چند دقیقه‌ای که از وقت آمدن معلم گذشت و از او خبری نشد، با بچه‌ها برای نوشیدن چای به رستوران پادگان رفتیم.[1] در این فاصله سرگرد شرقی ـ معاون فرمانده پادگان ـ به کلاس ما رفته و کسی را در آنجا نمی‌بیند، و دنبال ما می‌گردد. وقتی او با صحنه چای نوشیدن بچه‌ها مواجه شد، با داد و فریاد، فحش و ناسزا داد. ناگهان یکی از بچه‌ها از طرف دیگر رستوران بلند شد و گفت: خودتی! چند فحش دیگر داد و قبل از اینکه سرگرد او را ببیند با چالاکی از رستوران زد بیرون و فرار را برقرار ترجیح داد. به‌دنبال او سرگرد نیز ناسزاگویان دوید. این فرصتی شد تا ما درحالی که باران می‌بارید خود را از خیابان آسفالته به کلاس رساندیم و منتظر شدیم. چند دقیقه که گذشت

---

۱ ـ سربازها در آن زمان با پول خود چای تهیه می‌کردند.

آن سرباز درحالی که پوتینهایش گِلی بود، نفس‌نفس‌زنان وارد کلاس شد و درجای خود نشست. بعد از چند دقیقه دیگر سرگرد شرقی نیز درحالی که پوتینهای او هم گِلی بود به کلاس وارد شد، دید که همه سرجای خود منظم نشسته‌اند. او از اینکه پیش سربازها فحش خورده بود خیلی عصبانی بود. پرسید: «کی بود به من فحش داد؟!»

صدایی از کسی درنیامد. او خودش می‌دانست که چه کسی آن کار را کرده و یا حداقل اینکه می‌توانست به پوتینهای بچه‌ها نگاه کند و مقصر را بیابد ولی دوباره گفت: «اگر کسی که به من فحش داد، خودش را معرفی کند به شرافت سربازیم قسم که کاری به‌کار او نداشته باشم، وگرنه خودم پیدایش می‌کنم و پدرش را درمی‌آورم...» بلافاصله آن سرباز بلند شد و گفت: «من بودم.» سرگرد گفت: «بیا بیرون!» سکوت فضای کلاس را گرفته بود. ما منتظر بودیم تا ببینیم که با او چه می‌کند. سرگرد پرسید: «این چه‌کاری بود کردی؟ چرا فرار کردی؟» سرباز که کمی هم واهمه داشت گفت: «قربان! خب ما معلم نداشتیم، رفتیم بیرون چای بخوریم و گپی بزنیم که شما آمدید آنجا فحش دادید.» سرگرد جمله او را قطع کرد و با تندی گفت: «بس است دیگر! حرف نزن! برو بنشین!» بعد از کلاس خارج شد.

برای ما ایستادگی سرگرد روی حرفش و عمل به قولش، جالب بود. او نشان داد که در دستگاه حاکمه و نظامی هم، افرادی هستند که از روحیات آزادمنشی و غیرطاغوتی برخوردارند. من از آن زمان حساب بدنه ارتش را از سران آن، دو مقوله جدا از هم دانستم. تمامی این وقایع را به ذهن سپردم تا راهگشای مسیر مبارزه باشد.

آشنایی با محمد مفیدی[1]

از بزرگ‌ترین دست‌آوردهای دوران سربازی، آشنایی با شهید محمد مفیدی بود که شرح آن بسیار جالب است.

در پادگان کرج من در گروهان ۶ بودم، هنگامی که اسامی سربازان را می‌خواندند، نام لاجوردی را از گروهان ۳ شنیدم. حدس زدم که او با اسدالله لاجوردی نسبتی داشته باشد. به سراغش رفتم و مسئله را از او سئوال کردم. گفت که با او نسبت دارد. به هرحال با او دوست شدم. در رفت و آمدهایم توجه‌ام به جوان قد بلندی که با لاجوردی در ارتباط بود، جلب شد. چند روزی در حال او دقیق شدم، دیدم که قرآن را بسیار خوب، شیوا و بدون غلط می‌خواند. در آن فضا و زمان این نوع آشنایی با قرآن، ملاك و معیار خوبی برای شناخت برخی افراد مذهبی

---

۱ ـ محمد مفیدی، به سال ۱۳۲۷ در تهران متولد شد و تحصیلات خود را در رشته طبیعی در مدرسه دارالفنون گذراند. او به خاطر مناسبات خانوادگی با نهضت آزادی آشنا بود و در جوانی از طریق احمد احمد به حزب‌الله دعوت شد. وی فعالیتهای مبارزاتی خود را با سعید صفار اول و علیرضا سپاسی‌آشتیانی پی‌گرفت و از طریق اینها به سازمان مجاهدین خلق پیوست. او در دوران مبارزه با نامهای مستعار محمد لطفی و محمد امینی به فعالیت می‌پرداخت. محمد در سال ۱۳۵۰ یك مرتبه مورد سوءظن مأمورین كلانتری بخش ۷ قرار گرفت و دستگیر شد و پس از رفع مظنونیت آزاد شد. او از شهریور سال ۱۳۵۰ پس از ضربه ساواك به سازمان مجاهدین، همواره تحت‌تعقیب بود او در مرداد ماه سال ۱۳۵۱ به همراه محمدباقر عباسی و علیرضا سپاسی‌آشتیانی دست به‌ترور موفق سرتیپ طاهری زدند. در اوایل شهریور سال ۱۳۵۱ مفیدی و عباسی دستگیر می‌شوند و پس از شکنجه‌های فراوان سرانجام در تاریخ ۱۳۵۱/۱۰/۵ اعدام شدند. شهید محمد مفیدی در دفاعیات خود در دادگاه چنین گفت:

«...طاهری قاتل اعدام شد، تا همه خائنین و ستمگران بدانند که ولو چند روزی هم از جزای عملشان بگریزند، لیکن عاقبت دست خدا و خلق، آنها را بسزای سیاهکاریهایشان خواهد رساند. اما اینکه چرا طاهری را انتخاب کردیم، دلایل فراوانی داشت. در جریان کشتار وحشیانه ۱۵ خرداد او در مقام معاونت پلیس تهران تیراندازی و سرکوب مردم بی پناه و بی گناه را هدایت می‌کرد. پس آیا نمی‌باید او را قصاص می‌کردیم...»

بـود. لـذا طـرح دوسـتی را بـا او ریختـم و بـه تدریـج اطلاعاتـی راجع بـه او کسـب کـردم. او فقـط مـرا بـا عنـوان سـرکار احمـد احمـد می‌شـناخت.

مدتـی کـه گذشـت مـن برخـی مسائل اعتقـادی و سیاسـی را بـا او طـرح کـردم. برخـورد و واکنـش محمد بسیار پختـه و سنجیده بـود. دریافتـم کـه او فـردی کامـلاً سیاسـی ـ مذهبـی اسـت. در روزهـای بعد تمـام اوقـات فراغـت مـا صـرف مباحـث سیاسـی و اعتقـادی می‌شـد. بعـد فهمیـدم کـه مصطفی مفیـدی[1] بـرادر او و دکتر عباس شیبانی[2] شوهر خواهرش هستند و او اطلاعات سیاسی خوبی دارد.

پـس از گذشـت سـه مـاه، هـر دو نسـبت بـه یکدیگـر اعتمـاد و اطمینـان متقابـل یافتیـم. او برخـی فعالیتهـای سیاسـی و مبارزاتـی خـود را بـا مـن درمیـان گذاشـت. مـن نیـز او را بـه عباس آقا زمانی معرفی کـردم تـا پـس از تأییـد وی، جـذب حزب‌اللـه شـود. محمـد چند

---

۱ ـ مصطفـی مفیـدی، از اعضـای قدیمـی نهضـت آزادی بـود کـه در سـال ۱۳۵۰ مارکسیسـت شـد و پـس از پیـروزی انقـلاب بـه خاطـر عضویـت و فعالیـت در حـزب تـوده بازداشـت و زندانـی بـود. امـا پـس از ندامـت و تعهـد از زنـدان آزاد شـد.

۲ ـ دکتـر عبـاس شـیبانی، در سـال ۱۳۱۰ متولـد شـد. او مبـارزات خـود را قبـل از ورود بـه دانشـگاه در جبهـه ملـی شـروع کـرد. پـس از ورود بـه دانشـگاه و تحصیـل در رشـته پزشـکی، فعالیتهـای سیاسـی خـود را تشـدید کـرد. پـس از کودتـای ۲۸ مـرداد از جملـه رهبـران نهضـت مقاومـت ملـی محسـوب می‌شـد. وی در سـال ۱۳۳۵ پـس از تظاهـرات حمایت‌آمیـز از مصر و علیـه حمـلات اسـرائیل، انگلیـس و فرانسـه بـه آن کشـور، از دانشـگاه اخراج شـد. او توسط فرمانـداری نظامـی دسـتگیر و بـه شـهر مشهد تبعیـد شـد. در آنجـا در کنـار اسـتاد محمدتقی شـریعتی بـه مبـارزه خـود ادامـه داد. او در شـکل گیری جبهـه ملـی دوم در سـال ۱۳۳۹ نقـش اساسـی داشـت و یکـی از پایـه گـذاران نهضـت آزادی نیـز هسـت. او در سـال ۵۱ بـه علـت همکاری بـا شـهید محمد مفیـدی بـرادر خانمـش دسـتگیر و بـه زنـدان محکـوم شـد.

دکتـر شـیبانی در طـول مبـارزات سـتم سـتیز خـود نُه بـار دسـتگیر و مجموعـا حـدود سـیزده سـال در زنـدان بسـر بـرد. پـس از پیـروزی انقـلاب اسـلامی در مسئولیتهـای مختلـف چـون عضویـت در شـورای انقـلاب، نماینـدگی مجلـس خبرگان قانون اساسـی، وزارت کشـاورزی، سرپرسـتی دانشـگاه تهـران، ریاسـت سـازمان نظام‌پزشـکی، عضویـت شـورای مرکـزی حزب‌جمهوری‌اسـلامی، پنـج دوره نماینـدگی مجلـس شـورای اسـلامی و دو دوره عضویـت در شـورای شـهر تهـران منشأ خدمـات ارزنـده‌ای بـود و هسـت.

جلسه‌ای با عباس به‌بحث و گفتگو نشست و پس از آن وارد کادر مرکزی حزب‌الله شد.

مفیدی در میانه دوره آموزشی، به این نتیجه رسید که به هر نحوی شده از ادامه دوران خدمت، سر باز زند. زیرا می‌پنداشت که سربازی وقت تلف کردن است و باید به‌سراغ اصل مبارزه رفت.

از طریق شوهر خواهرش (دکتر شیبانی) با دکتر کاظم سامی[1] ارتباط برقرار کرد. او روان‌پزشک بود و راه‌نماییهای لازم را به محمد ارائه داد. دکتر سامی تنها راه خلاصی از سربازی را در پیش گرفتن مشی دیوانگان و محجورین دانست. محمد نیز با استفاده از مشورتهای دکتر، نقش یک روان‌پریش و دیوانه را بدون کوچک‌ترین اشتباهی بازی کرد. او گاه ساعتها به یک‌نقطه خیره می‌شد. حالتها و رفتارهای غیرعادی را آن‌چنان ماهرانه به‌نمایش می‌گذاشت که برای هیچ کس جای شک و شبهه نمانده بود

---

۱ ـ دکتر کاظم سامی کرمانی، فرزند غلامرضا به سال ۱۳۱۳ در شهر مقدس مشهد متولد شد. او که دوست و هم‌رزم دکتر علی شریعتی بود به هنگام تحصیل در دبیرستان به نهضت ملی شدن صنعت نفت و عرصه مبارزات پیوست. وی از سال ۱۳۳۰ به بعد، به عنوان عضو مؤسس کمیته شهرستان در جمعیت آزادی مردم ایران و سپس حزب مردم ایران در خراسان فعالیت نمود. در سال ۱۳۳۰ برای اولین بار دستگیر شد. در قیام خرداد ۱۳۴۲ شرکت داشت و چون تحت تعقیب مأموران امنیتی بود مدتها زندگی مخفی را در پیش گرفت. او بعدها تحصیلات خود را پی گرفت و موفق به اخذ دکترای پزشکی و تخصصی روان‌پزشکی شد. علاوه بر آن در رشته جامعه‌شناسی فوق لیسانس گرفت. او در ادامه فعالیتهای سیاسی خود، با عده‌ای از همکاران خود در جنبش انقلابی مردم مسلمان ایران جاما، به مبارزه با طاغوت پرداخت. وی یک‌بار دیگر در سال ۱۳۴۴ دستگیر و در زندان با آیت الله طالقانی مأنوس شد. او مدت نوزده سال (۳۸ تا ۵۷) ممنوع‌الخروج بود. دکتر کاظم سامی پس از پیروزی انقلاب به عنوان اولین وزیر بهداری تعیین شد. سرپرستی هلال‌احمر، نمایندگی مجلس‌شورای اسلامی از دیگر مسئولیتهای وی بود.وی سرانجام در آذر ماه سال ۱۳۶۷ مورد حمله شخصی ناشناس که به عنوان بیمار روانی به مطب وی مراجعه کرده بود، قرار گرفت و پس از دو روز بر اثر جراحات وارده درگذشت.

کـه دیوانـه اسـت. تمـام تسـتها و آزمایشـهای روانشناسـی روی او مثبت بـود. پـس از مدتـی فرماندهـان از وجـود یـک دیوانـه در پادگان احسـاس خطـر کردنـد و بـه او معافیـت از خدمـت سـربازی دادنـد. پـس از اخـذ معافیـت، بهدامـن مبـارزه بازگشـت و فعالیـت خـود را در حزباللـه شـدت بخشـید. او اسـتعداد عجیبـی در برقـراری ارتبـاط بـا گروههـای مختلـف داشـت و توانسـت اخبـار بسـیار خوبـی بـرای مـا از آنهـا بگیـرد. فعالیتهـای بعـدی محمـد مفیـدی و نقـش او در تـرور سـرتیپ طاهـری، دسـتگیری و شـکنجههای ایـن شـهید، خـود داسـتانی اسـت بـزرگ کـه بـا بیـان خلاصـه، حـق مطلـب ادا نمیشـود.[۱]

---

۱ ـ آقای مسعود حقگو در خاطرات خود درباره محمد مفیدی چنین میگوید: «مفیـدی از اعضـای حـزب اللـه بـود. او پـس از تـرور سـرتیپ طاهـری بـه همـراه محمد باقـر عباسـی دسـتگیر میشـوند. محمـد مفیـدی آدم جالـب و بسـیار ورزیـدهای بـود. او در سـال ۵۱، در سـلول بغلـی مـن بـود و برایـم نحـوه تـرور را بـا لهجـه عربـی [بـا گـذاردن الـف و لام عربـی بـر کلمـات فارسـی] تعریـف کـرد. نگهبانـان فکـر میکردنـد او عربـی صحبـت میکنـد... [او گفـت:]بـا لبـاس مبـدل کارگرهـای نقـاش، بـا یـک [موتـور] هونـدا بـه منـزل سـرتیپ طاهـری میرونـد. وقتـی وارد میشـوند، طاهـری میبینـد در دسـت محمـد یـک کلـت اسـت. کـپ میکنـد. مفیـدی ماشـه را میکشـد، ولـی کلـت گیـر کـرده و شـلیک نمیکنـد. طاهـری وحشـت میکنـد، بـا اینکه مسـلح بـوده، دسـتپاچه میشـود و نمیتوانـد دسـت بـه اسـلحه شـود. باقـر عباسـی کـه ایـن صحنـه را میبینـد، تیـری بـه شـکم طاهـری میزنـد و او بـه زمیـن میافتـد و شـروع بـه التمـاس میکنـد و بـا حالـت زاری میگویـد کـه غلـط کـردم، اسـتعفا میدهـم، رحـم کنیـد و چـه و چـه. تیرهـای بعـدی را بهپیشـانی او میزنـد و یکـی هـم بهکفدسـت او. محمـد کلاه او را برداشـته و بـا خـود میبـرد. [و پـس از دسـتگیری]سـر ایـن کلاه هـم خیلـی شـکنجه میشـود و کتـک میخـورد. چـرا کـه سـاواکیها آن را نشـانه نظـام و اقتـدار ارتـش میدانسـتند. بـا ایـن تـرور سـاواک بـه هـم ریخـت، شـاه دسـتور داد کـه هرطـور شـده قاتلیـن او را بگیرنـد... [سـاواک] کنترلهـا و گشـتهای شـدیدی را اعمـال کـرد. سـرانجام یـک روز کـه محمـد و باقـر بـا هـم در خیابان آبمنگل صحبت میکردنـد، پاسـبانی بـه آنهـا مشـکوک میشـود و آنهـا را تعقیـب میکنـد و دسـتور ایسـت میدهـد. محمـد میگفـت کـه مـن دسـتهایم را بـالا آوردم و گفتـم: بفرماییـد. خـب محمـد درشـتهیکل و ورزشـکار بـود. پاسـبان او را بازرسـی بدنـی میکنـد و وقتـی متوجـه اسـلحه محمـد میشـود، واخـورده میگویـد: ب... ب... ببخشـید... محمـد امـان نمیدهـد بـا اسـلحه تـوی سـر او میزنـد. [و بعـد شـلیک میکنـد] گلولـه

سپاهی ترویج آبادانی و مسکن سمنان

پـس از پایـان دوره آموزشـی و کسـب اطلاعاتـی درخصـوص بهداشـت، آبادانـی و عمـران، آبیـاری، کشـاورزی و... منتظـر بـودم تا بـه یکـی از روسـتاها و شهرسـتانها اعـزام شـوم و از نظـام خشـك ارتـش رهـا شـده و بـه مـردم خدمـت کنـم. هرچنـد اعتقـاد راسـخ داشـتم کـه شـکل گیری چنیـن سـازمانها و تشـکیلات نظامـی و حکومتـی از قبیل

از پیشـانی وارد می شـود ولـی بـه مغـزش نمی رسـد. فـردی بـه نـام حسـین طوطـی کـه فـردی بسـیار کثیـف و فاسـد بـوده اسـت و جوانهـای بسـیاری را بـه دامـن فسـاد کشـیده بـود، صـدای گلولـه را می شـنود، دنبـال باقـر و محمـد می کنـد. آنهـا هـم بـا سـرعت می دونـد تـا فـردی بـه نـام حسـین درویـش درحالـی کـه پیت حلبـی در دسـت داشـت، در همـان خیابـان آب منگل جلو آنهـا سـبز می شـود. محمـد از او می خواهـد کـه کنـار بـرود ولـی او بـه طـرف آنهـا حملـه می کنـد. محمـد هـم او را نقـش بـر زمیـن می کنـد. بـه ایـن ترتیـب تعـدادی از مـردم بـه رهبـری حسـین طوطـی و یـک چوب فروش خبیـث کـه در آن حوالـی مغـازه داشـت، بـه دنبـال آنهـا می دونـد. سـر خیابـان ادیـب ایـن دو از هـم جـدا می شـوند، مـردم بیشـتر دنبـال باقرعباسـی می دونـد. او پـس از کمـی دویـدن نفسـش می گیـرد و مـردم بـر سـر و کـول او می ریزنـد. بـه ایـن ترتیـب او گیـر می افتـد. محمـد کـه مسـلح بـوده در چنـد جـا تیرانـدازی می کنـد و سـرانجام بـا متوقـف کـردن یـك موتورسـوار، موتـور گازی او را برداشـته و فـرار می کنـد. ولـی مـردم هـم [از همـه جـا بـی خبـر] بـا ماشـین و موتـور دنبـال او می رونـد. محمـد بـه کوچـه اولـی در خیابـان خـاوران می پیچـد و بـه بن بسـت می خـورد. موتـور را کنـار دیـوار می گـذارد و روی آن رفتـه و بـه آن طـرف دیـوار می پـرد. وارد یـك مدرسـه می شـود کـه در آن کلاس شـبانه برقـرار بـوده اسـت. شـاگردان آن [مدرسـه] بـا سـر و صـدا و وحشـت شـروع بـه فـرار از در بـزرگ مدرسـه می کننـد. بالاخـره محمـد وارد کوچـه ای شـده و فـرار می کنـد. [سـاواك] پـس از شـکنجه باقـر عباسـی، عکسـی از محمـد را بـه دسـت می آورد. محمـد یـك نقطه ضعـف داشـت و آن خـال بـزرگ و درشـتی بـود کـه بـر روی پلـك یکـی از چشـمانش بـود و کامـلاً او را از دیگـران متمایـز می کـرد. سـرانجام یکـی دو هفتـه بعـد از فـرار، محمـد در میـدان عشرت آبـاد سـپاه توسـط ساواکیهـا، شناسـایی و دسـتگیر می شـود. او فـرد بسـیار جالـب، بـا شـهامت و خیلـی شـجاعی بـود. او اصـلاً از خـود ضعـف نشـان نـداد و خیلـی قـوی و قدرتمنـد در برابـر بازجوهـا ظاهـر شـد. آنهـا هـم خیلـی بـه او احتـرام می گذاشـتند. یـادم اسـت کـه پـای او حـدود ده سـانت بـاد کـرده بـود و بـر اثـر شـکنجه تمـام لایه هـای زیـر گوشـت آن چـرك کـرده بـود. او زمانـی کـه بـرای اعـدام می رفـت تقریبـا تمـام پایـش پـر از چـرك بـود. او نیشـتری بـه پایـش زد کـه بـه انـدازه یـك تشـت خـون و چـرك در آن پـر شـد.»

(آرشیو واحد تاریخ شفاهی ـ دفتر ادبیات انقلاب اسلامی)

سپاهی ترویج آبادانی و مسکن و سپاهی دانش، نوعی عوام‌فریبی و رفورم و تبلیغات رژیم است. به هرحال من فرصت را مغتنم شمرده و سعی کردم شرایط را به نفع خود عوض کرده و تحت لوای سپاهی ترویج آبادانی، به مردم خدمت کنم.

به دلیل نمرات خوبی که در امتحان کسب کردم، به من امتیاز دادند که شهرستان محل خدمتم را خود انتخاب کنم. من نیز به خاطر اینکه از صحنه مبارزه و ارتباط با دوستان، مبارزین و گروه حزب‌الله دور نباشم و به وظایف تشکیلاتی خود برسم، پس از یك بررسی کوتاه، شهرستان سمنان را انتخاب کردم.

در فروردین ماه ۱۳۴۸ عازم سمنان شدم. اداره آبادانی و مسکن سمنان، داخل ساختمان فرمانداری کل بود. ابتدا به نزد آقای دبیران ـ فرماندار وقت ـ رفته و خود را معرفی کردم. او کمی از کلیات و مسائل عمده سمنان برایم گفت و بعد به روستای خیرآباد معرفیم کرد. این روستا و روستای دیگری به نام رکن آباد حدود سه کیلومتری جنوب راه‌آهن شهر واقع شده بود. بعد از این دو روستا کویر آغاز می‌شد. در فاصله‌ای از این دو روستا معدن گوگرد حاجی آباد قرار داشت که برخی از مردان این روستاها در آن کار می‌کردند.

فردی به نام قهرمانی از اداره آبادانی و مسکن مرا به روستای خیرآباد راه‌نمایی کرد. برای اجاره کردن اتاق یا خانه‌ای به چند جا مراجعه کردیم، ولی نتیجه‌ای نگرفتیم. در آخر به خانه‌ای که مدتها صاحبش آن را ترك کرده و به تهران رفته بود سری زدیم، تقریبا مکان مناسبی بود. قهرمانی توانست به نحوی اجازه سکونت در آن را از صاحبش در تهران بگیرد. به این ترتیب در آنجا ساکن شدم. وقت زیادی برای نظافت و تمیز کردن این کهنه ساختمان گذاشتم. بعد گشتی در داخل ده زدم. جمعیت آن را حدود ۲۵۰ خانوار برآورد کردم. اولین مسئله‌ای که توجه‌ام

را جلـب كـرد، آب آشـاميدنـی بـود. در ايـن روز و روزهـای بعـد، می‌ديدم كـه زنـان و دختـران روسـتا آب را كـه غيـر بهداشـتی بـود، از راه دور و از يـك قنـات در دلوهـای لاسـتيكی و ظرفهـای شـبيه بـه آن، بـه خانه‌هايشـان می‌آوردنـد، يـا اينكـه شـبها مردانـی كـه از محـل كـار بـه منـزل می‌آمدنـد بـا خـود كـوزه يـا دبـه آبـی می‌آوردنـد.

بيچارگـی و فلاكـت از سـر و روی روسـتا و اهالـی آن می‌باريـد. ايـن در حالـی بـود كـه روسـتايی درعيـن فقـر و درماندگـی خانـواده‌ای بـه نـام وفـا شـريعتی را در خـود داشـت كـه بسـيار متمكـن و متجمـل بودنـد. آنهـا دارای خانـه‌ای وسـيع و مجللـی بودنـد كـه در آن چـاه عميـق و اسـتخری بـود كـه عـلاوه بـر آب شـرب مصرفـی خـود، زمينهـای كشاورزيشـان را نيـز آبيـاری می‌كردنـد. درحالـی كـه سـاير مـردم روسـتا از آب آشـاميدنی محـروم بودنـد. امكانـات و وسـايل رفاهـی متمركـز در ايـن خانـه، برخـی رجـل و افـراد قدرتمنـد و ثروتمنـد سـمنان را بـرای تفريـح و شـنا بـه آنجـا می‌كشـاند.

بـرای مـن مشـاهده صحنه‌هـای تشـنگی مـردم روسـتا در مقابـل استخر پـر از آب شـيرين وفـا شـريعتی‌ها بسـيار دردنـاك بود. شعله‌هـای فقـر در ايـن روسـتا زبانـه می‌كشـيد. پاهـای پينـه بسـته زنـان و دختـران كـه از مسـافت دور دلـو آب را بـر شـانه می‌كشـيدند، روی قلـب مـن سـنگينی می‌كـرد و دسـتهای زمخـت و رنجـور مـردان و پسـران، كـه شـبها از كـاری طاقت فرسـا در معـدن و يـا كارخانـه ريسـندگی و زمينهـای كشـاورزی، خالـی بـه خانـه بازمی‌گشـتند، اشـك را در چشـمان مـن می‌جوشـاند. تحمـل ايـن همـه تفـاوت و تبعيـض طبقاتـی برايـم سـخت بـود. رفـاه مفـرط وفـا شـريعتی و بدبختـی و فلاكـت خيرآباديهـا و ركـن آباديهـا، نمونـه كوچـك ولـی بـارز ظلـم و تجسـم بی‌عدالتـی رژيـم ستم‌شـاهی بـود. بـرای مـن ديـدن ايـن صحنه‌هـا و لمـس كـردن حرمـان و بدبختـی مـردم انگيـزه‌ای قـوی بـرای مبـارزه بـا ظلـم و تلاشـی بـرای برهـم چيـدن سـفره سـتم و طاغـوت شـد.

در روزهـای گـرم و سـوزان کویـر، دوغ و در روزهـای سـرد و خشـك زمسـتان بادنجـان خشـك شـده، قـوت غالـب مـردم روسـتا بـود. از ابتدایی‌تریـن امكانـات بهداشـتی و رفاهـی نظیـر درمانـگاه و حمـام محـروم بودنـد. ایـن مـردم بـه خاطـر رنجهـا و مصایبـی كـه توسـط افـراد و مسـئولین مختلـف بـر سـر آنهـا آمـده بـود، نسـبت بـه همه چیـز و همـه كـس بـی اعتمـاد شـده بودنـد. در روزهـای اول متوجـه شـدم كـه مـردم از مـن گریزانـد و اصـلاً مایـل بـه ارتبـاط و صحبت نیسـتند. آنهـا حتـی جـواب سـلام مـرا نمی‌دادنـد. وضعیـت عجیبـی بـود، نمی‌دانسـتم كـه چـه كار كنـم. تـا اینکـه یـك روز، در دکانـی بـا پیرمـردی مواجـه شـدم كـه رفتـارش كمـی بـا دیگـران فـرق می‌كـرد. از او بـه خاطـر رفتـار و برخـورد مـردم گلـه و شـکایت کـردم و گفتـم كـه مـن بـرای کمـك بـه ایـن مـردم، خانـه و كاشـانه خـود را رهـا كـرده‌ام. آمـده‌ام تـا برایشـان آب بیـاورم، حمـام و مدرسـه بسـازم و... پیرمـرد گفـت، مـردم بـا سـپاهی مخالفنـد، چـه سـپاهی دانـش باشـد، چـه سـپاهی آبادانـی و مسـکن. در جـواب چـرای مـن گفـت كـه قبـل از تـو هـم افـرادی بـا ایـن حرفهـا آمدنـد و بـه آنهـا نـارو زدنـد و حتی اعمـال خـلاف و منافـی عفـت مرتکـب شـدند و رفتنـد. از ایـن رو آنهـا از ایـن سـپاهی دانشـها و آبادانـی مسـکنها متنفرنـد. گفتـم هـر پنـج انگشـت یكـی نیسـت. مـن بـا آنهـا فـرق دارم و می‌خواهـم خدمـت کنـم، از بیچارگـی مـردم ناراحتـم و...

صحبتهـای ایـن پیرمـرد ساعتها مـرا بـه فكـر فـرو بـرد. از آنچـه كـه بـر ایـن جماعـت گذشـته بـود، اندوهگیـن بـودم. چـاره‌ای نداشـتم كـه چنـد روزی دیگـر بـه همیـن منـوال ادامـه دهـم. در ایـن روزهـا بـه اطـراف ده سـری زدم و اوقـات خـود را بـه كتـاب خوانـدن می‌گذرانـدم و بـرای نمـاز بـه مسـجد می‌رفتـم. مدتـی كـه گذشـت وقتـی مـردم متوجـه تقیـدم بـه نمـاز و رفتـار و آداب اسـلامیم شـدند، رفتـار خـود را آرام آرام تغییـر دادنـد. ابتـدا جـواب سـلامم را گفتنـد و در مراحـل

بعد احترام بیشتری کردند و... این شد که نماز در اینجا، نجات بخش من از انزوا و عزلت شد.

روزی پسربچه‌ای را در گوشه کوچه‌ای درحال گریه دیدم، از او استمالت کرده و علت گریه‌اش را پرسیدم. پسرک درحالی که اشکش را با گوشه‌های آستینش پاک می‌کرد گفت که پدرش مریض است و کاری نمی‌تواند برایش کند. من به‌شهر رفته و از شیر و خورشید آمبولانس آوردم و پدر رنجور پسرک را به بیمارستان بردم. در بیمارستان برای بستری کردن او پول و پیش‌پرداخت خواستند. که با ضمانت من از خواسته خود صرف نظر کرده و او را بستری نمودند.

حدود ده روز بعد برای مرخصی به تهران آمدم و چند روزی به کارهای شخصی و تشکیلاتی مشغول بودم. در این فرصت پدر پسرک بهبود یافته بود ولی به دلیل نپرداختن حسابش اجازه ترخیص به او نداده بودند. وقتی که به سمنان بازگشتم، به محض آگاهی از قضیه، به نزد رئیس بیمارستان رفتم و وضعیت رقت بار و ترحم‌آمیز آن بیمار را توضیح داده و خواستار مساعدت شدم. به او گفتم که من یك سرباز و گروهبان ۳ بیشتر نیستم و اگر در این امر دخالت کردم، فقط به خاطر رضای خدا بوده است. رئیس بیمارستان به گفته‌های من اعتماد کرد و همان‌جا برگ ترخیص او را امضا کرد و بعد من او را به ده آوردم.

این اقدام من برای مردم غیرقابل باور بود و آنان را متحول کرد. هنگامی که به اتفاق بیمار وارد روستا شدم آنها آن‌چنان مرا دربر گرفتند و محبت ورزیدند که باورم نمی‌شد. این احساس ناباوری متقابل بود زیرا آنها تا آن موقع انتظار چنین عملی را از یك سپاهی آبادانی و مسکن نداشتند. از این به بعد اوضاع به نفع من تغییر کرد. مردم که به من اعتماد کرده بودند، دایم در تلاش بودند به بهانه‌هایی به من نزدیك شده و صحبت کنند و یا کاری برایم

انجـام دهنـد. غـذا، آب آشامیدنی، میـوه و... می‌آوردنـد. مـن بـا شـدت کمکهـا و هدایـای آنهـا را رد می‌کـردم، چـرا کـه می‌دیـدم آنهـا در عیـن نیـاز چنیـن احسـان می‌کنند. ایـن مـردم سـاده و بـی مدعـا مـرا وارد زندگیشـان کـرده و اسـرار و درد دلهایشـان را برایـم بازگو می‌کردنـد. وجـود مـن در مجالـس شـادی و عـزای آنهـا خیلـی مهـم بـود. ایـن بـرای مـن یـك پیـروزی بـود و بـه راسـتی کـه اعتقـادم بـر این بـود و هسـت کـه بـا درسـتی، صداقـت و راسـتی می‌تـوان بـر قلبهـای مـردم حکومـت کـرد. ایـن همـه بـه دسـت نمی‌آیـد جـز بـه لطـف خداونـد متعـال.

موزمبل[1]

پـس از مأنـوس شـدن بـا مـردم خیرآبـاد، بـر آن شـدم کـه بـه وظیفـه الهـی خـود عمـل کنـم. از ایـن‌رو بـه نـزد فرمانـدار رفتـه و از مشـکلات و سـختیهای مـردم گـزارش دادم. از او خواسـتم کـه بـرای رفـع ظلـم و ناعدالتـی از ایـن مـردم پـاك و خالـص، کاری کنـد. فرمانـدار مأیـوس بـود و می‌گفـت کـه تلاشـهایش بـی نتیجـه بـوده اسـت. تـا زمانـی کـه خـان و خـان بـازی وجـود دارد وضـع همیـن طـور خواهـد بـود. او گفـت: حـالا تـو بیفـت جلـو، کاری را شـروع کـن، هـر کاری بکنـی مـن کمکـت می‌کنـم، امـا نـه مسـتقیم، چـرا کـه نمی‌خواهـم وارد دعواهـای ایـلات و طوایـف شـوم.

او در ایـن دیـدار بـرای مـن روشـن کـرد کـه ایـن وضعیـت از روی سیاسـت، پیـش آمـده اسـت. سیاسـتی کـه از طـرف فئودالهایـی چـون وفـا شـریعتی اعمـال می‌شـود. در ایـن سیاسـت آنهـا می‌خواهنـد،

---

۱ ـموزمبـل، نـام محلـی آب انبـار اسـت. قبـل از اینکـه آب آشـامیدنی بـا زدن چاههای عمیـق و لولـه کشـی بـه خانه‌هـا بـه دسـت مـردم برسـد، آنهـا از مخـازن آبـی کـه در زیرزمیـن ایجـاد کـرده بودنـد و آب بـاران در آن نگـه می‌داشـتند، بهـره می‌بردنـد، کـه یـك سیسـتم غیربهداشـتی بـود.

با تنگ کردن عرصه و فشار و زور، مردم را به تخلیه روستا و زمینهایشان متقاعد کنند. از این طریق زمینهایی رایگان یا به قیمت خیلی نازل و ناچیز تهیه کنند و آن را به زیر کشت مکانیزه ببرند و از ره‌آورد آن، سود کلانی عایدشان شود. او گفت که نمی‌تواند مستقیما کاری کند، زیرا توان و اختیاراتش محدود بود. ولی قول داد که از من حمایت کند. تلاش فرماندار در انجمن شهر نیز به خاطر نفوذ وفا شریعتی بی‌فایده بود.

پس از چراغ سبز فرماندار، به خیرآباد بازگشتم و مردم را به مسجد دعوت کرده و برایشان سخن‌رانی کردم:

«...تا به کی شما می‌خواهید در فلاکت زندگی کنید، تا کی می‌خواهید این بی‌عدالتی را تحمل کنید. تا کی می‌خواهید آب را از مسافت دور روی شانه‌های زخمیتان به خانه هایتان بیاورید. چرا برای پایان دادن به رنجها حرکتی نمی کنید؟ شما جمعیت غالب این روستا هستید ولی از اقل امکانات محرومید. اینجا خان و خان بازی است و تا خودتان حرکتی نکنید، آب و آبادانی به این ده نخواهد آمد... من امروز پیش فرماندار رفتم و از او قول همکاری گرفتم. از اینجای کار دیگر به عهده خود شما است...»

اهالی گفتند ما نمی‌دانیم که چه کار باید بکنیم. گفتم که من یک تقاضانامه تنظیم می‌کنم و شما باید همه آن را امضا کنید. پس از اخذ امضاها، رفت و آمد بسیار من به فرمانداری و انجمن شهر شروع شد. دیگر هم و غم من شده بود لوله کشی آب خیرآباد. جلسات و صحبتهای طولانی با فرماندار و رئیس انجمن شهر داشتم. نهایتا در انجمن‌شهر گفتند که به‌هیچ عنوان برای لوله کشی سرمایه گذاری نمی کنند ولی برای ساخت موزمبل، حاضر به‌همکاری هستند و از وفا شریعتی‌ها خواهند خواست که هفته‌ای یک‌بار، آب را روانه موزمبل کنند تا پس

از پر شدن، مورد مصرف اهالی قرار گیرد. من آن را نپذیرفتم. به‌خاطر این اختلاف‌نظر، چند روزی پی‌گیری من متوقف شد. تا اینکه یك‌روز که من در ده نبودم، از طرف شهرداری سمنان به آنجا آمده و برای مردم از ساخت موزمبل صحبت کرده بودند. هنگامی که به ده رسیدم، دیدم که سه تا ماشین از آنجا خارج می‌شوند. خود را به مردم رساندم، دیدم که خیلی خوش‌حالند. پرسیدم که چه شده؟ گفتند که پی‌گیریهای شما نتیجه داده است، از شهرداری آمدند و گفتند می‌خواهند برای ما موزمبل بسازند. نقطه‌ای از ده را هم برای این‌کار با گچ، دایره‌ای سفید کشیده‌اند. گفتم: موزمبل! موزمبل برای چه؟ گفتند: خب قرار است، هفته‌ای یکبار آن را پر از آب کنند. و برای اینکه کار سریع انجام شود ساخت آن را به یك‌نفر به قیمت شصت هزار تومان کنترات داده‌اند. بیست درصد از این پول را باید اهالی ده بدهند.

من در مقابل یك عمل انجام شده قرار گرفتم. تصمیم گرفتم که صریح با آنها سخن بگویم... شما باور کردید! شما فکر می‌کنید که آنها به شما آب می‌دهند!... نه! مطمئن باشید این آب‌انبار خالی می‌ماند. وفا شریعتی‌ها به شما آب نخواهند داد. فقط موقع بارش باران است که آن پر می‌شود. این موزمبل رودست شما می‌ماند. از طرفی دیگر نمی‌توانید درخواست لوله‌کشی بکنید و پولش را هم نخواهید داشت. چرا که آنها خواهند گفت ما برایتان موزمبل ساخته‌ایم...

در همین حین فکری به نظرم رسید و آن تظاهرات و راه‌پیمایی به سمت فرمانداری بود. تعداد مردان جمع اندك بود، از این رو به زنها و بچه‌ها گفتم: «الان تنها یك راه دارید و آن اینکه دسته‌جمعی به ساختمان فرمانداری بروید و بگویید ما موزمبل نمی‌خواهیم، آب لوله کشی می‌خواهیم.» ابتدا آنها کمی تردید کردند ولی بالاخره دریافتند که این بهترین راه است؛ پس به سمت شهر

سمنان حرکت کردند و من نیز پیشاپیش آنها قرار گرفتم. پس از پیمودن حدود سه کیلومتر راه به ابتدای شهر رسیدیم. از آنجا زنها و کودکان شروع کردند به شعار دادن. جالب بود. آنها طوری شعار می‌دادند که مخالفت با رژیم تلقی نشود و دردسر و زحمتی برایشان فراهم نشود. زن و بچه، پیر و جوان فریاد می‌زدند:

زنده باد شاه، ما آب می‌خواهیم، موزمبل نمی‌خواهیم... زنده باد شاه... ما آب می‌خواهیم...

چون شهر کوچک بود. خبر ورود روستاییان و شعارهای آنهابه‌سرعت در فضای شهر پیچید. برخی از مردم شهر نیز از روی کنجکاوی به این جمع پیوستند. آهسته آهسته جمعیت زیاد شد. در بین راه یک مأمور شهربانی جلو مرا گرفت و گفت: «چرا شهر را شلوغ کرده‌اید؟» گفتم: «چند نفر دهاتی دارند راه‌پیمایی آرام می‌کنند و زنده باد شاه می‌گویند. مگر شما با این شعار مخالفید!» مأمور، با این موضع و حرف، عقب کشید.

بعدها فهمیدم که در میانه راه چند زن مسن که فهمیده‌تر از بقیه بودند به بقیه سفارش کرده بودند که چون من سپاهی هستم و ارتشی؛ اگر یک وقت مسئله‌ای و حادثه‌ای در شهر پیش آمد، مردم خود دخالت و برخورد کنند و مرا دخیل در ماجرا نکنند.

وقتی به ساختمان فرمانداری نزدیک می‌شدیم به تعدادی زن مسن سفارش کردم که در فرمانداری اگر در باز بود آنها به داخل و نزد فرماندار بروند و خواسته هایشان را مطرح کنند. و اگر در بسته بود، به زور آن را باز کرده و وارد شوند؛ چرا که فکر می‌کردم احتمال برخورد و درگیری با زنان کمتر است. به آنان اطمینان دادم که در صورت درگیری، من نیز دخالت خواهم کرد. در ساختمان فرمانداری، تا نگهبان بپرسد که چه می‌خواهید،

مـردم وارد صحـن و محوطـه فرمانـداری شـدنـد. در وسـط حیـاط یـك حـوض بـزرگ آب قـرار داشـت. چـون هـوا خیـلـی گـرم بـود مـردم در كنـار حـوض یله افتادنـد و شـروع كردنـد بـه پاشیـدن آب بـه‌سر و صـورت، تـا خـود را خنـك كننـد. مـن نیـز بـه اتـاق فرمانـدار رفتـم. او مشـوش و مضطـرب بـود، گفـت: «احمـد، تـو چـه كار كرده‌ای؟» گفتـم: «مگـر شـما نگفتیـد، مـن بـرای آوردن آب بـه خیرآبـاد تـلاش كنـم. خـب ایـن هـم اولیـن قدمـش اسـت.» گفـت: «آخـر ایـن چـه وضعـی اسـت؟ مـن الان چـه كار كنـم؟» گفتـم: «نمی‌دانـم، ولـی بهتـر اسـت بـه محوطـه بـروی و بـا آنهـا صحبـت كنـی.»

او پیشـنهاد مـرا پذیرفـت و بـه حیـاط رفـت. همـان لحظـه یكـی از بچه‌هـا بـه داخـل حـوض افتـاده بـود و گریـه می‌كـرد. او آن بچـه را بـه بغـل گرفـت، نوازشـش كـرد و بوسیـد و گفـت: «آب بهـت می‌دهـم، بچـه خوبـم، گریـه نكـن...» او خـود چنـد قطره‌ای اشـك ریخـت و توانسـت بـا یـك برخـورد احساسـی مـردم را متمایـل بـه خـود كنـد، او گفـت: «چـرا بایـد ایـن بچه‌هـا تشنـه باشنـد؟ چـرا شـما نبایـد آب داشـته باشیـد؟ پـس ایـن انجمـن شهر چـه می‌كنـد؟ شـهردار چـه می‌كنـد؟...» سپـس او كسـی را صـدا زد و گفـت: «بـرو بـه فلانـی و فلانـی بگـو كـه بیاینـد اینجـا.» او توانسـت هـم‌دردی خوبـی از خـود نشـان دهـد و نیـز گفـت: «ایـن آقـای احمـد احمـد از آن جوانهـای بسیـار فعـال اسـت، خـدا حفظـش كنـد، او پی‌گیـر قضیـه آب بـرای شـما اسـت. و مـن خـودم هـم ایـن مـورد را پی‌گیـری می‌كنـم تـا بـه نتیجـه برسـد. اصـلاً آنجـا نبایـد موزمبـل سـاخته شـود و مـن از فـردا بـه شـما آب می‌دهـم...» آقـای دبیـران نزدیـك بـه ۴۵ دقیقـه بـا مـردم صحبـت كـرد و رضایـت آنهـا را بـه دسـت آورد و بـه عبارتـی غائلـه را ختـم بـه خیـر كـرد.

از فـردای روز راه‌پیمایـی، طبـق قـول فرمانـدار هـر روز ماشیـن تانكـر آب، بـه ده آب می‌رسانـد، امـا ایـن كار بیشـتر از دو هفتـه طـول

نکشید و وضع به صورت قبلی بازگشت. ولی من همچنان به پی گیریهای خود ادامه می‌دادم. پای اداره ترویج آبادانی و مسکن را نیز به میان کشیدم، ولی توصیه‌ها و اقدامات آنها نیز ثمربخش نبود.

جوشش آب

روزی باخبر شدم که یک نظامی عالی‌رتبه، از طرف بازرسی شاهنشاهی وارد سمنان شده و در فرمانداری مستقر است. گویا او برای بررسی یک عمل خلاف عفت عمومی به دامغان رفته بود و هنگام بازگشت قرار بود سه روزی هم در سمنان به برخی امور رسیدگی کند.

من فرصت را مغتنم شمرده و برای دیدن او به فرمانداری رفتم. از مردم خیرآباد هم خواستم که جداگانه به آنجا بروند و مشکل لوله کشی آب را مطرح کنند. جلو در ساختمان از ورودم ممانعت کردند. گفتم که من سپاهی آبادانی و مسکن هستم، از اهالی اینجا نیستم که جلویم را می‌گیرید. خلاصه با گردن کلفتی وارد آنجا شدم. پس از اجازه تیمسار به اتاق او وارد شده و سلام دادم و گفتم: «احمد احمد هستم، سپاهی خیرآباد.» گفت: «بفرمایید بنشینید.» نشستم و پس از کمی مکث، شروع به صحبت درباره مشکلات و نابسامانیهای ده خیرآباد کردم. در خصوص لوله کشی آب آنجا و موانع احداث آن توضیح دادم. وی دستور داد که پرونده خیرآباد را بیاورند. خب از ابتدایی که موضوع آب و لوله کشی خیرآباد مطرح شده بود تا به آن موقع، پرونده قطوری شکل گرفته بود. تمام مکاتبات و نامه‌های من به صورت طبقه بندی شده در این پرونده بایگانی شده بود. تیمسار کمی پرونده را ورق زد و گاهی سؤالاتی از من کرد و جواب لازم را به او دادم. در آخر به او گفتم: «جناب تیمسار! اینجا باید زور داشت تا کاری پیش

برود.» گفت: «من زور دارم!»

بعد نامه‌ای را از کیفش درآورد و نشانم داد. نامه‌ای با سربرگ بازرسی شاهنشاهی که در آن به تیمسار اختیارات تام برای بازرسی، بررسی، تحقیق و اقدام در دامغان و سمنان ابلاغ شده بود. او گفت: «من به خیرآباد آب می‌دهم فقط بگویید چه کار کنم؟» گفتم: «قربان! جسارت است، شما لطفا از شهر سمنان به راه آهن بیایید، یک کیلومتر بیشتر نیست و ببینید که از آنجا هم به خیرآباد تنها دو کیلومتر است. راه آهن الان دارای آب لوله کشی است و لوله کشی از آنجا تا خیرآباد سرمایه و بودجه کلان نمی‌خواهد. فقط به شهردار بگویید که اجازه بدهد تا ده لوله کشی شود.»

تیمسار همان روز دستور داد فرماندار، شهردار و اعضای انجمن شهر آمدند، و سوار بر یک ماشین استیشن به طرف راه آهن رفتیم. جالب اینکه وقتی فرماندار می‌خواست مرا از جمع خود جدا کند، تیمسار گفت: «نه او سپاهی و نماینده شاه است من هم نماینده شاه هستم. باید پیش من بیاید.»

یک دور، دور میدان راه آهن زدیم. در آنجا تیمسار کسی را دید که با شلنگ درختان مقابل راه‌آهن را آب می‌داد. خیلی ناراحت شد و گفت: «درحالی که مردمی که آب ندارند این چه وضعی است که به درختها آب می‌دهند.» بعد به سمت خیرآباد رفتیم. تیمسار اوضاع اسفبار مردم را از نزدیک دید.

پس از بازگشت به فرمانداری، بلافاصله جلسه‌ای به اتفاق فرماندار، شهردار و اعضای انجمن شهر تشکیل شد. من نیز در آن جلسه شرکت کردم. صورتجلسه خوب و مهمی هم تنظیم شد که در آن قید شده بود که اداره آبادانی و مسکن که در فرمانداری مستقر بود، با همکاری سایر دستگاهها موظف و ملزم به لوله کشی آب برای خیرآباد است. تعیین شد که هشتاد درصد هزینه این طرح به عهده اداره آبادانی و بیست درصد به عهده

اهـالـی ده بـاشـد. وقتـی هـمـه داشتـند صورتجلسـه را امضا مـی‌کردنـد، یکـی از وفا شـریعتی‌هـا بـه دیگـری گفـت: «عیـب نـدارد، مـا هـم این را امضا مـی‌کنیم، فـردا کـه ایـن تیمسـار رفـت همه‌چیـز فرامـوش می‌شـود. کـی بـی‌کاره بـه اینهـا آب بـده!» بـا شـنیدن ایـن جملـه، نـاگهـان رو بـه تیمسـار کـرده و گفتـم: «مـن چشـمم آب نمی‌خـورد.» تیمسـار بـا عصبانیت گفـت: «مـن ایـن را امضـا کـردم، اینهـا سـگ کـی باشـند کـه بزننـد زیر آن!» حاضریـن به‌خصـوص وفا شـریعتی‌ها تـا بناگـوش سـرخ شـدند.

بعـد روی کاغـذی شـماره تلفـن مستقیم خـود را یادداشـت کـرد و بـه مـن داد و گفـت: «هـر وقـت بـا مشـکل مواجـه شـدی و دیـدی کـه اینها کارشـکنی می‌کننـد، بـا مـن تمـاس بگیر و خبر بـده، مـن خـود دوبـاره بـه سـمنان می‌آیـم.»

خبـر ایـن جلسـه زودتر از مـن بـه ده رسـید. مـردم خیلـی خوشـحال بودنـد. جالـب بـود مـردم روسـتای رکـن آبـاد نیـز تحریـك و امیـدوار شـده بودنـد. بـه نـزد تیمسـار رفتنـد و گفتنـد کـه فاصلـه روسـتای مـا تـا خیرآبـاد یـك کیلومتـر بیشـتر نیسـت، بـه مـا هـم آب دهیـد. تیمسـار پـای تقاضانامـه آنهـا نوشـت: «بـه اینجـا هـم لولـه کشـی کنیـد.»

در ایـن فاصلـه، مـن عـلاوه بـر پی‌گیـری آب روسـتا، مدرسـه خیلی خـوب و مناسبی را هـم بـا کمـك اهالـی سـاخته بـودم کـه کار سـاخت آن بـه تازگی تمـام شـده بـود. بـا اهالـی قـرار گذاشـتیم، قبـل از رفتـن تیمسـار از او بخواهیـم کـه مدرسـه را افتتـاح کنـد، تـا بـه ایـن وسـیله قدرشناسـی خـود را بـه او نشـان دهیـم و او را در پی‌گیـری لوله‌کشی آب روسـتا مصمم‌تـر کنیـم. پـس از انجـام هماهنگیهـا از قصـاب ده هـم خواسـتیم کـه گوسـفندی را در مراسـم افتتـاح ذبـح کند. مـن بـرای اینکـه در مراسـم شـرکت نکنـم خـود را بـه مریضـی زدم. و تیمسـار مجـددا بـه روسـتا آمـد و در مراسـم از مـن هـم غیابی تجلیـل شـد.

از روز بعـد می‌بایسـت بـرای جمـع کـردن سـهم اهالـی روسـتا اقدام

می‌کردم، ولی این امر ممکن نبود. آخر آنها سرمایه و منابع مالی نداشتند که من به آنها مراجعه کنم. طبق محاسبات هر خانوار باید حدود یکصد تومان می‌پرداخت. نمی‌دانستم که این مشکل را به چه صورتی حل کنم. پس از کلی فکر، به این نتیجه رسیدم که روراست معضل را با خود مردم درمیان بگذارم. با آنها صحبت کردم و گفتم که بالاخره باید این گره کور را به شکلی باز کنیم. آنها رفتند و صادقانه برای تأمین پول تلاش کردند.

برخی مال و احشام خود را فروختند. حتی برخی پول نزول کردند. با این حال برخی نتوانستند هیچ کاری بکنند، پیشنهاد دادند که به جای آن به عنوان نیروی انسانی و کارگر در این پروژه کار کنند. در طول این اقدام، من فداکاری عجیبی از این مردم و کمک به یکدیگر دیدم. دلگرمی و انگیزه خوبی برای ادامه کار و پی گیریهای لازم در من ایجاد شد.

پس از جمع کردن سهم سرمایه مردم، اداره آبادانی و مسکن شروع به احداث خط لوله آب کرد. من هم پابه پای آنها کار می‌کردم. حتی چند پنجشنبه و جمعه به تهران نیامدم و در آنجا کار کردم. پس از حدود دو ماه و نیم لوله کشی به اتمام رسید.

هنگامی که شریان حیاتی آب در خیرآباد جریان گرفت؛ عکس العمل و قدرشناسی روستاییان دیدنی بود. چند گوسفند قربانی کردند، ولیمه دادند، آش نذری پخش کردند و...

سپاهی ممتاز

با سرازیر شدن آب به خیرآباد، این روستا دیگر حیات گرفت و موقعیت تازه‌ای یافت. روزنامه محلی سمنان، گزارش جامعی از روند لوله‌کشی آب منعکس کرد که در آن به تلاشهای من نیز اشاره شده بود.

شـرایط زندگـی بـرای مـن تغییـر کـرده بـود. کوچـك و بـزرگ احترامـم می‌کردنـد. گروههـای مختلـف موجـود در سمنان از مـن به عنـوان یـك سپاهی تقدیـر کردنـد. در ایـن میـان قدرشناسـی مـردم خیرآبـاد و رکـن آبـاد، بـرای مـن از هـر چیـز دیگـر لـذت بخش‌تـر بـود. آنچـه کـه برایـم اهمیـت زیـادی داشت ایـن بـود کـه اهالی ایـن روستاها بـاور کردنـد کـه اگـر بـا هـم باشند و از خـود یکدلـی و وحـدت نشـان دهنـد، می‌تواننـد بـه اهـداف خـود برسـند. ایـن بـاور در حـدی بـود کـه در برنامه‌هـای بعـد، آنهـا حتی بـدون حضـور مـن توانسـتند موفقیتهـای چشـمگیری در عمـران و آبـادی روستایشـان بـه دسـت بیاورنـد. مـن کـه تـا ایـن زمـان بیشتـر وقـت خـود را صـرف خدمـات بـه ایـن روسـتا کـرده بـودم، پـس از ایـن مرحلـه، بـا سبـك شـدن شانه هایـم بیشتـر بـه کارهـای تشـکیلاتی خـود رسیـدم.

روزی فرمانـدار مـرا خواسـت و بـه خاطـر بـه پایـان رسیدن لوله‌کشـی آب، تبریـك گفـت و اضافـه کـرد: «سـرکار احمـد! شـما بـه عنـوان سپاهی ممتـاز شـناخته شده‌ایـد.» مـن می‌دانسـتم کـه گزارشـهای او از کارهـای مـن در ایـن انتخـاب تأثیـر و نقـش اصلـی را داشتـه اسـت. مـن نیـز بـه خاطـر کمکهـا و حمایتهـای او تشـکر کـردم. خوشـحال بـودم از اینکـه طبـق قوانیـن موجـود بـه خاطـر همیـن انتخـاب، بـدون کنکـور وارد دانشـگاه شـوم.

در آینـده ثابـت شـد کـه خشنـودی مـن از ایـن انتخـاب، بی‌مـورد و واهـی اسـت. زیـرا سـاواك بـا دخالتهایـش، مانـع ورود مـن بـه دانشگاه شـد.

بـه هرحـال آنچـه بـرای مـن اهمیـت داشـت، خـود بـاوری مـردم و رضایـت خداونـد بـود. بـه جهـت فـردی هـم به‌خاطـر استفاده خـوب از فرصـت سـربازی بـرای خدمـت بـه مـردم، کـه کمتـر بـرای کسـی پیـش می‌آیـد، رضایـت درونـی داشتـم.

گفتنـی اسـت کـه ایـن همـه نشـان دهنـده ظلـم جداگانـه بـه مـردم

بـی پنـاه اسـت و ایـن برشـی بـود از یـك جامعـه طبقاتـی كـه طبقـه مسـتضعف و تحـت سـتم بـا همـت والای خـود توانسـتند علیـه آن حركـت كـرده و رفع ظلـم و استضعاف كننـد. گرچـه در ایـن ماجـرا تیمسـار بازرسـی شاهنشـاهی نقشـی مثبـت را بـازی كـرد، ولـی به‌طـور قطـع ایـن حركـت و اقـدام، نمایـش و رفورمـی بیـش نبـود. رژیـم چنـد برابـر آنچـه را كـه انجـام داده بـود تبلیـغ كـرد و می‌خواسـت محبوبیتهایـی هرچنـد ظاهـری بـه دسـت آورد. مـن روزهایـی پـر از شـادی و غـم در كنار ایـن مـردم سپـری كـردم و سـرانجام پـس از بـه جـای گذاشـتن آثـاری از خـود مانـند مدرسـه، حمـام، لولـه كشـی آب، ترمیـم مسـجد و... بـا تمـام انـس و الفتـی كـه بـه ایـن مـردم پـاك و باصفـا داشـتم، در مهرمـاه سـال ۱۳۴۹ از آنهـا خداحافظـی كـرده و از خدمـت سـربازی ترخیـص شـدم.

ارمغان سفر

فقط مبارزه

پـس از گـذر از روزهـای پرنشـیب و فـراز سـربازی، فـراغ خاطـر و فرصتـی بـه دسـت آوردم تـا بـه کارهـای عقـب افتـاده تشکیلاتیم در حـزب اللـه برسـم. از ایـن رو در جلسـات و کلاسـهای حـزب شـرکت کـرده و در برنامه‌هـای کوهنـوردی و ورزشـهای سـخت حضـوری همیشـگی داشـتم. در طـول ایـن برنامه‌هـا بـا افـرادی چـون محمـد مفیـدی، علیرضا سپاسـی و عبـاس آقـا زمانـی ارتبـاط بیشـتری یافتـم. البتـه در دوران سـربازی هـم هـر وقـت بـه تهـران می‌آمـدم و فرصتـی دسـت می‌داد، در برخـی جلسـات سخن‌رانـی بویـژه در مسـجد هدایت چـون سخن‌رانـی آقـای هاشـمی رفسـنجانی شـرکت می‌کـردم.

شـرایط اجتماعـی و فرهنگـی آن روزهـا، بسـیار نامناسـب و دور از معیارهـا و ارزشـهای اسـلامی بـود. مسـائل خـلاف عفـت عمومـی و رفتارهـای غیراخلاقـی شـیوع داشـت. بـرای یـک جـوان کـه می‌خواسـت پای‌بنـد بـه اصـول اسلامی باشـد و سـلامت زندگـی کنـد، دشـواریهای زیـادی وجـود داشـت. ازدواج امـری بـود کـه در ایـن وادی بـه فـرد مصونیت می‌بخشـید. مـن هـم تصمیـم بـه ازدواج گرفتـم. ابتـدا بـا خانـواده مشـورت کـردم.

مـادرم دو بـار بـه خواسـتگاری رفت ولـی هـر یـک از آنهـا پـس از اطـلاع از گذشـته و سـوابق زنـدان مـن، بـه او جـواب رد دادنـد. البتـه دختـران برخـی خانـواده‌هـا را نیـز مـن بـه دلیـل عـدم رعایـت شـئونات اسلامی و ضعـف در اعتقـاد، در همـان ابتـدای پیشـنهاد نمی‌پذیرفتـم.

وقتی تلاش خانواده‌ام به نتیجه‌ای نرسید. دوستانم (آقا زمانی، مفیدی) چند مورد را پیشنهاد کردند که من نپذیرفتم. حتی موردی را محمد مفیدی به من پیشنهاد کرد و خواست که حداقل به دیدن او برویم. من او را در ساختمانی وسیع در شمال تهران که پر از درخت و فضای سبز بود ملاقات کردم. او درحالی که روی یك صندلی در کنار استخری لم داده بود، از مبارزه برای رهایی خلق صحبت کرد و گفت که مایل است با یك مبارز ازدواج کند. از او دلیل این میل را پرسیدم. جواب گفت که از مبارزه، تحرك و ناآرامی خوشش می‌آید. چون من در او انگیزه‌ای الهی و اعتقادی برای اقدامش ندیدم، مذاکره را تمام کرده و بازگشتم.

با این وصف دیدم که ازدواج و تشکیل خانواده خود مانعی بزرگ در راه مبارزه خواهد شد. از آنجا که در آینده احتمال زندان، تبعید و گزینش زندگی مخفی می‌رفت، می‌بایست در انتخاب شریك زندگی خیلی احتیاط می‌کردم و کسی را که همدوش و همراه من در تمام مراحل سخت و آسان زندگیم می‌بود برمی‌گزیدم. به همین علت این مهم را به وقت مناسب‌تری موکول کرده و موقتا از ازدواج منصرف شدم.

در اواخر سال ۴۹، عباس آقا زمانی که فعالیتهایش زیاد شده بود، دچار تندرویها و اشتباهاتی شد که حساسیت ساواك را برانگیخت. ساواك کنجکاوی زیادی درباره او کرد و چندبار هم به سراغ آیت الله موسوی اردبیلی رفته و درباره عباس سؤالاتی کرده بود. با شدت گرفتن این تعقیب و مراقبتها ما دیگر صلاح ندیدیم که عباس در داخل کشور بماند. در اوایل سال ۵۰ مقدمات سفر او را به خارج فراهم کردیم. او توانست به کشورهای خاورمیانه برود و با سازمان الفتح ارتباط گرفته و فعالیت کند.

قرار بود در شهریور سال ۱۳۵۰ جشنهای ۲۵۰۰ ساله شاهنشاهی برگزار شود. حزب‌الله تصمیم گرفت که علیه این جشنهای

کذایـی و ضـد مردمـی، حرکتـی قهرآمیـز انجـام دهـد. از ایـن رو حملـهای مسلحانه را بـرای آن برنامـه ریـزی کـرد. مـن بـه عنوان یکـی از اعضـای تیـم عملیاتـی انتخـاب شـدم. بـرای مصـون مانـدن از دیـد سـاواك تمـام ارتباطـات خـود را بـا حزباللـه قطـع کـرده و تنهـا از طریـق یکـی ـ دو نفر از جمله جـواد منصوری بـا آنها ارتبـاط داشتـم. بـرای ایـن منظـور خانـهای در خیابـان کمیـل اجـاره کـردم.

سـعید محمـدی فاتـح در ایـن ایـام در خـارج بهسـر میبـرد. او تنهـا بـا مـن مکاتباتـی داشـت. قـرار بـود کـه او پـس از بازگشـت از خـارج (لبنـان) در جریـان کار حزباللـه قـرار گرفتـه و بـه تیـم عملیاتـی مـا بپیونـدد.

در مهر سـال ۴۹ پـس از ترخیـص از سـربازی بـه توصیـه دوسـتان در شـرکت پـارس متـال کـه لولههـای چدنـی فاضـلاب تولیـد میکـرد، مشـغول بـه کار شـدم. ایـن کار در شـرایط جدیـد، محمـل و پوشـش خوبـی بـرای فعالیتهـای پنهانـم بـود.

میبایسـت آمادگیهـای رزمـی مناسـبی را بـه دسـت میآوردیـم. بـرای ایـن کار نیـاز بـه اسـلحه داشـتیم. آقـای جـواد منصوری یکـی از بـرادران مبـارز بـه نـام عزتالله شـاهی[1] را معرفـی کـرد کـه از طریـق او

---

1 ـ «عزتالله شـاهی» بـا قیـام ۱۵ خـرداد ۱۳۴۲ بـه فعالیتهـای سیاسـی خـود شـدت بخشـید. او بـه هیئـت مؤتلفـه اسـلامی پیوسـت. او کـه در بـازار بـه کار صحافـی و کاغذفروشـی اشتغـال داشـت، اقـدام بـه چـاپ رسـاله و تکثیـر جـزوه ولایـت فقیـه حکومـت اسـلامی امـام کـرد. او در سـالهای ۴۸ ـ ۴۷ بـا سـازمان مجاهدیـن خلق ارتبـاط پیـدا کـرد. وی در ۱۳۴۸ بـا تعـدادی از دوسـتان خـود در هیئـت مؤتلفـه، پرچمهـای برافراشـته اسـرائیل در اسـتادیوم شـیرودی (امجدیـه) ـ هنگام بـازی فوتبـال ایران و اسـرائیل ـ را بـه آتـش کشـیدند. اعلامیههایـی در ورزشـگاه پخـش کـرده و علیـه اسـرائیل شـعار دادنـد. سـپس بهسـمت دفتـر هواپیمایـی اسـرائیل بـه نـام «ال.عـال» رفتـه و آن را منفجـر کردنـد. او از ایـن سـالها مـورد غضـب و کینـه سـاواك قـرار گرفـت و فـراری شـد. بالاخـره در میـدان اعـدام بـر سـر یـك قـرار دسـتگیر شـد، ولـی توانسـت هنگام رفتـن بهسـوی اتومبیـل در یـك فرصـت مغتنـم بـا چالاكـی و تنـدی تمـام از دسـت آنهـا بگریـزد. عزتاللـه شـاهی پـس از آن، دیگـر نتوانسـت در یکجـا سـاکن و متمرکـز شـود و همیشـه درحـال جابهجایـی و تغییـر مکان بـود؛ بهنحوی کـه حتی والدیـن وی نیـز از

اسلحه تهیه کنیم. نام مستعار وی، خوانساری بود. چند جلسه‌ای با او هم صحبت شدم. یك مرتبه هم با یكدیگر به كوه رفتیم. در آنجا قرار شد، كه دو ـ سه روز آینده اسلحه‌ای به من تحویل دهد. چند روزی كه از این دیدار گذشت و از او خبری نشد، صبح هنگام به منزل او در میدان خراسان رفتم و سراغ خوانساری را گرفتم. او خانه نبود. صاحب‌خانه یا همسایه او وقتی دید كه من اسم خوانساری را آوردم، حدس زد كه از دوستان نزدیكش باشم، لذا گفت: «نمی‌دانم كجاست! الان چند روزی هست كه دایم می‌آیند دنبال او...». با شنیدن این جمله فهمیدم كه او تحت‌تعقیب و نظر است. پس با مراقبت و احتیاط زیاد آنجا را ترك كردم. پس از دور شدن از كانون خطر، واقعه را به‌دوستان

محل و مكان او بی‌اطلاع بودند.

در ۱۳۵۱ یك سواری تاكسی در مقابل سفارت تركیه منفجر شد كه راننده و سرنشین آن كشته شدند. ساواك پنداشت سرنشین كه از اعضای مجاهدین بود، كسی جز عزت‌الله شاهی نیست؛ درنتیجه خبر كشته شدن او را در سطحی وسیع اعلام كرد.

در این سال (۱۳۵۱) شاهی به همراه تعدادی دیگر از اعضای سازمان مجاهدین به مشهد رفت و مخفی شد اما در بهمن ۱۳۵۱ به تهران بازگشت تا انفجار ده بمب را برای دهمین سالگرد انقلاب سفید تدارك ببیند؛ ازجمله كارهای ناموفق وی ترور شعبان بی مخ (شعبان جعفری) به كمك وحید افراخته بود. ساواك پس از فعالیت گسترده در ۱۵ اسفند ۱۳۵۱ او را در چهارراه سیروس به محاصره انداخت و به رگبار بست و هفت گلوله به بدن وی اصابت كرد. عزت‌الله برای اینكه زنده به‌دست ساواك نیفتد كپسول سیانور خورد، ولی مأمورین به‌موقع رسیده و با شلنگ آب، دهان و شكمش را می‌شویند. او كه به‌شدت زخمی شده بود چند مرتبه در بیمارستان شهربانی تحت عمل جراحی قرار گرفت و از مرگ نجات یافت. پای او دچار نقص شد. او پس از انتقال به زندان،   قهرمانانه در مقابل شكنجه‌های وحشیانه و طاقت‌فرسای دژخیمان شاه مقاومت كرد و در دادگاه به پانزده سال زندان محكوم شد. ساواك به‌قدری از او در هراس بود كه مدت شش ماه او را در سلول انفرادی نگهداشت. وی سرانجام در آبان ماه سال ۵۷ از زندان آزاد شد و به كمیته استقبال از امام پیوست. پس از پیروزی انقلاب، در كمیته انقلاب اسلامی مسئول بخش بازپرسی بود. ۱۳۶۳ مجددا به كار در بازار بازگشت. نام وی اكنون «عزت‌الله مطهری خوانساری» است.

اطلاع دادم تا آنها هم از رفتن به آنجا بپرهیزند.

برخی جلسات حزب‌الله در منازل افراد برگزار می‌شد. غالباً این منازل دارای موقعیت امنیتی و راههای متعدد گریز بود. یکی از این خانه‌های امن خانه مرحوم آقای مرتضی عظیمی بود. کتاب‌فروشی آذر واقع در خیابان شاهرضا (انقلاب) مقابل دانشگاه تهران، متعلق به وی بود. خانه امن در طبقه سوم ساختمانی که کتاب‌فروشی هم آنجا بود، قرار داشت. مرحوم عظیمی فردی متدین، انقلابی و با فکر و اندیشه بود. او کتابها و جزوات انقلابی زیادی را به دست مبارزین می‌رساند. بسیاری از افرادی که در خط مبارزه بودند، می‌دانستند که برای گرفتن کتاب، جزوه و آثار مکتوب انقلابی در چه زمانی به او مراجعه کنند. علاوه بر آن مرحوم عظیمی جلساتی عمومی را در یکی از باغهای شمال تهران برگزار می‌کرد که در آن افراد تحصیل کرده و دانشگاهی حضور می‌یافتند. من و محمد جودو[۱] و علی‌اکبر

---

۱ ـ محمد مهرآیین، فرزند حسن به سال ۱۳۱۸ در شهرستان محلات به دنیا آمد و در هفت سالگی به همراه خانواده به تهران مهاجرت کرد. او تحصیلات ابتدایی را در دبستان انتصاریه گذراند و مدت دو سال با شهید مصطفی چمران هم‌کلاس بود. او به دلیل بیماری پدر تحصیلات دبیرستان را ناتمام گذاشت و برای کمک به امرارمعاش خانواده به بازار کار شتافت. بلورفروشی، کتاب‌فروشی و لولا فروشی ازجمله مشاغل او بود. وی در سیزده سالگی پدرش را از دست داد و درنتیجه بیشتر بار مسئولیت خانواده را به عهده گرفت. او پس از فوت مرحوم آیت الله بروجردی در سال ۱۳۴۰ وارد جلسات مبارزاتی شد. و از سال ۴۱ با افرادی چون شهید مهدی عراقی ارتباط یافت و از روزهای آغازین فعالیت هیئت مؤتلفه با آنها همراه شد. در همین سالها به فراگیری کلاسهای رزمی کاراته و جودو پرداخت و توانست در مدت کوتاه به صورت فشرده مراحل لازم را طی کرده و در رشته جودو کمربند سبز و در رشته کاراته کمربند قهوه‌ای بگیرد.

او بعد از قیام ۱۵ خرداد ۱۳۴۲ شروع به آموزش آموخته‌های خود در هیئت مؤتلفه کرد. وی از سال ۱۳۴۸ با آشنایی با علی‌اکبر نبوی نوری جذب سازمان مجاهدین خلق شد و کلاسهای آموزش کاراته، جودو و دفاع شخصی برای اعضای سازمان گذاشت. همچنین او کلاسهایی را برای گروه حزب الله و نیز دانشجویان مسلمان دایر کرد. ازجمله اقدامات او در این سازمان، حضور در عملیات ناموفق

نبـوی نـوری[1] بـرای شناسـایی افـراد و جـذب برخـی از آنهـا بـه ایـن جلسـات می‌رفتیـم.

در جلسـه‌ای قـرار شـد کـه مکانـی امـن بـرای دایـر کردن کلاس‌هـای رزمـی و دفـاع شخصـی تعییـن شـود. بـه لحـاظ کار آمـوزش خاصـی کـه مدنظـر بـود، می‌بایسـت از هرنظـر ایـن مکـان امـن و دور از دسـترس و

گروگانگیـری پسـر اشـرف شـهرام بـود. وی در ۱۶ مهـر ۱۳۵۰ پـس از لـو رفتـن نُه خانـه تیمـی دسـتگیر و مـدت ۱/۵ سـال زندانـی شـد. او بـرای دومیـن مرتبـه در اوایـل ۱۳۵۲ دسـتگیر شـد و زندانهـای کمیتـه مشـترك، اویـن و قزل‌قلعـه را تجربـه کـرد. در سـال ۱۳۵۴ پـس از آشـکار شـدن انحـراف ایدئولوژیـك سـازمان مجاهدیـن از آن جـدا شـد. وی سـرانجام پـس از گـذر از شـکنجه‌ها و بازجویی‌هـای فـراوان در اسـفند سـال ۱۳۵۶ از زنـدان آزاد شـد و فعالیتهـای مبارزاتـی خـود را در قالـب پشـتیبانی و حمایـت از خانواده‌هـای زندانیـان و اعتصابیـون تـا پیـروزی انقـلاب ادامـه داد. خـودروی اوهنگـام ورود امـام یکـی از خودروهـای اسـکورت بـود. وی پـس از پیـروزی انقـلاب اسـلامی بـه آمـوزش نیروهـای مسـلمان در پـادگان امـام علـی‌ع و ولی‌عصر(عج) بـرای مبـارزه بـا ضدانقـلاب در کردسـتان پرداخـت. سـپس مدتـی بـه حفاظـت از شـخصیتهای نظـام جمهـوری اسـلامی چـون شـهید رجایـی مشـغول بـود.

او بعدهـا مدتـی در دادسـتانی انقـلاب اسـلامی مشـغول بـه کار شـد و بـه دسـتگیری منافقیـن و متلاشـی کـردن گروهکهـا همـت گماشـت و در یکـی از درگیریهـا بـا ایـن عناصـر ضدانقـلاب از ناحیـه پـا تیـر خـورد و دچـار نقیصـه شـد. مسئولیتهـای بعـدی او عبارتنـد از: مدیـرکل امـور عمومـی و خدمـات مجلس شـورای اسـلامی، فرمانـده پشـتیبانی کل سـپاه پاسـداران انقلاب اسـلامی، مدیـر کل تربیـت بدنـی و تفریحـات سـالم بنیـاد جانبـازان. محمـد مهرآییـن بـه نامهـای محمـد جـودو و محمـد موتـوری و محمـد داوودی نیـز از قبـل از انقـلاب شـناخته می‌شـود. وی همچنیـن پـدر دو شـهید اسـت.

۱ ـ علی‌اکبر نبـوی نـوری، از اعضـای سـازمان مجاهدیـن خلـق بـود کـه از طریـق محمـد داوودی مهر آییـن بـا گـروه حـزب اللـه ارتبـاط یافـت. او در اواخـر سـال ۵۲ دسـتگیر و زندانـی شـد. پـس از آزادی بـا اشـرف ربیعـی ازدواج کـرد. او در سـال ۵۴ پـس از اعـلام تغییـر ایدئولـوژی سـازمان از آن جـدا شـد و گـروه مسـتقلی را بـه نـام فریـاد خلـق خامـوش نشـدنی اسـت، تشـکیل داد و مبـارزات خـود را ادامـه داد. ایـن گـروه توانسـت چندیـن عملیـات از قبیـل انفجار مقر حـزب رسـتاخیز تبریز در سـال ۵۴ و انفجـار مقـر حـزب رسـتاخیز قزویـن در اردیبهشـت مـاه ۱۳۵۵ را ترتیـب دهـد. نبـوی نـوری در اواخـر سـال ۱۳۵۴ نشـریه‌ای تحـت عنـوان وقایـع سـال گذشـته منتشـر و در بهـار سـال ۵۵ در دانشـگاه صنعتـی شـریف توزیـع کـرد. سـرانجام وی در اسـفند سـال ۱۳۵۵ در درگیـری بـا سـاواك بـه ضـرب گلولـه بـه شـهادت رسـید.

نگاه ساواك باشد. پس از تحقیق و بررسی زیاد انبار كتاب مرحوم عظیمی واقع در میدان ۲۵ شهریور (هفتم تیر) انتخاب شد. این انبار زیرزمینی بود كه در اطراف آن جز چند ساختمان، عمارت و آبادانی دیگری دیده نمی‌شد و میدان و اطراف آن كاملاً خاكی بود.

استاد محمد مهرآیین در این كلاسها به طور فشرده شروع به آموزش دفاع شخصی كرد. ازجمله افراد این كلاسها علی‌اكبر نبوی نوری، محمد مفیدی، باقر عباسی بودند. و این برای من فرصت بسیار خوب و مناسبی شد تا درحد نیازم تكنیكهای دفاع شخصی را بیاموزم.

تغییر شغل

كاریابی و حفظ كار یكی از بزرگ‌ترین معضلات كسانی بود كه سابقه زندان داشتند. من كه پس از سربازی در كارخانه پارس متال مشغول به كار شده بودم، از طرف ساواك زیرنظر بودم. آنها پس از مدتی به احمد تحصیلی و حاجی بابا (صاحبان شركت) فشار آوردند كه مرا از كارخانه اخراج كنند، ولی آنها در برابر خواسته ساواك مقاومت كرده و حاضر به اخراج من نشدند. در این شركت به شغل كارپردازی مشغول شدم. ماشینی هم در اختیارم قرار گرفت تا كارها را با سرعت و نظم بیشتری انجام دهم. پس از مدتی كار با مشكل بسیار جدی مواجه شدم. هنگام خرید اجناس و اقلام مورد نیاز شركت، تعداد زیادی از فروشندگان حاضر به نوشتن مبلغ تخفیف در فاكتور نبودند. گاهی آنها خود پس از صدور فاكتور انعام و یا مبلغ تخفیف را نقدی به من می‌دادند. اصرار برای قید آن در فاكتور بی فایده بود. من این مشكل را با حاج احمد تحصیلی در میان گذاشتم. او گفت: «عیب ندارد، آن را بگیر و بیاور بده به من.»

با خود اندیشیدم که شاید این عمل مشکل شرعی را حل کند ولی تصویر و تأثیر این شکل کار بر ذهن فروشنده باقی خواهد ماند. تصویری که از آن حکایت که بچه مسلمانها نیز اهل گرفتن پورسانت هستند.

بالاخره نتوانستم این شرایط را تحمل کنم، لذا با جلب رضایت حاج آقای تحصیلی از آن شرکت خارج شدم. مدتی را بی‌کار بودم، تا اینکه توسط برادرم به کارخانه بلورسازی صداقت در میدان شوش معرفی شدم. پس از گفتگو و مصاحبه‌ای با رئیس کارخانه در اداره حسابداری مشغول به کار شدم. حضور در این کار و این کارخانه برایم خاطرات تلخی را به‌همراه دارد. آنچه که هیچ‌گاه از لوح ذهن و قلبم پاک نخواهد شد، فقر، حرمان و وضعیت فلاکت بار کارگران بود. گاهی آنها هنگام دریافت حقوق؛ آن‌چنان حساب حقوق خود را در دست داشتند که تا ریال آخر تمام مزد خود را می‌گرفتند و گاه چنان اشتباه محاسبات ما را یادآور می‌شدند که متعجب می‌شدیم. زنانی را می‌دیدم که با کلی التماس و تمنا کودکان خردسال خود را برای کار، در این کارخانه می‌گماردند.

بازگشت سعید محمدی فاتح

قرار بود که سعید خود را برای عملیات علیه جشن ۲۵۰۰ ساله به ایران برساند. او پس از کسب آموزشهای لازم نظامی از لبنان خارج و به آلمان رفت. چون پاسپورت وی ممهور به مهر اداره گذرنامه لبنان بود، برای ورود به ایران مشکل داشت. او برای حل این مشکل طبق نقشه‌ای درصدد فریب ساواک برآمد. طبق برنامه، او شش ماه قبل از ورود به کشور به سفارت ایران در آلمان مراجعه و ادعا کرد که پاسپورتش را گم کرده است. سفارت به‌وضعیت و ادعای او مشکوك شد. نام و مشخصات او را گرفته

و از ساواك وضعیت او را استعلام کرد. ساواك که شکار خود را یافته بود از سفارت می‌خواهد که ترتیب ورود او را به کشور فراهم کند. سعید در مدت شش ماه، چندین بار به سفارت مراجعه و رد پاسپورتش را می‌گیرد، غافل از اینکه آنها متوجه فریب او شده و کنترلش می‌کنند. سرانجام سفارت با هماهنگی ساواك به وی می‌گوید که امکان صدور پاسپورت المثنی در اینجا نیست، ما فقط برای تو ویزا صادر می‌کنیم تا بتوانی به ایران بروی. در آنجا می‌توانی برای گرفتن پاسپورت اقدام کنی. سعید که خیال کرده بود سفارت را فریب داده است از پیشنهاد آنها استقبال کرد. به این ترتیب عازم ایران شد. ساواك شرایطی را فراهم کرد تا او به راحتی وارد کشور شده و از بازرسی فرودگاه و کنترل مدارك بدون هیچ مشکلی رد شود. چند روز او را به حال خود رها کرد تا با مراقبت و تعقیب، ارتباطات وی را با دیگر افراد کشف کند.

ساواك بعد از جریان ورود سعید به آلمان و بی‌احتیاطی او و در اعتماد به بیگانگان، چندبار به خانه پدری او رفته و از اعضای خانواده‌اش تحقیق و تفحص کرده بود. من متوجه لو رفتن او شده بودم. از این‌رو در نامه‌ای به او اطلاع دادم که به ایران نیاید. این نامه را که با نام مستعار بود به برادرش محمد دادم که پست کند. این نامه هم به دست ساواك افتاد. سعید از همه جا بی خبر، پس از خانواده با من به عنوان اولین نفر تماس گرفت و به خانه ما آمد. به او گفتم: سعید چرا اینجا آمدی؟ ممکن است تحت تعقیب باشی! گفت: نه بابا! شاید تو تحت تعقیب باشی، ولی من نیستم.

بعد شروع کرد جریان و نحوه بازگشتش به ایران را شرح داد. فهمیدم ساواك برای او دامی تنیده است. به او گفتم که سعید تو فریب خورده‌ای و ساواك برایت تله گذاشته است. دلایلم را برای وی بازگو کردم و خواستم که دیگر با من تماس مستقیم

نگیـرد. از آن بـه بعد تمـام ارتباطـات و تماسهای مـا از طریـق بـرادرش محمـد محمـدی فاتـح صـورت می‌گرفت و می‌توانستیم در قرارهایی همدیگـر را ببینیـم. عمـده بحـث مـا در ایـن قرارهـا هماهنگـی بیـن گفته‌هایمـان هنگـام دسـتگیری بـود. بـرای اینکـه در نظر سـاواك همیـن قرارهـا را هـم توجیـه کـرده باشیـم بـا خـود وسـایل ورزشـی چـون کفـش کتانـی، لبـاس ورزشـی و... همـراه می‌بردیـم، مثـلاً هماهنگ شـد کـه بـرای ایـن جلسـه بگوییـم کـه قرار رفتـن بـه کـوه در روز جمعـه را گذاشـتیم و از ایـن قبیـل. در ایـن مـدت ساواك او را بـه عناویـن مختلـف فراخوانـد و می‌خواسـت او را وادار بـه همـكاری کنـد. سـرانجام در اوایـل تیرمـاه سـال ۱۳۵۰، سـعید بـر سـر یکـی از قرارهـا حاضـر نشـد. مـن نگـران شـدم، حـدس می‌زدم کـه او را دسـتگیر کـرده باشـند، بـا خانـه او تمـاس گرفتـم. محمـد گوشـی را برداشـت. از او سـراغ سـعید را گرفتـم و گفتـم کـه شـب بـه کـوه می‌خواهیـم برویـم. محمـد گفـت کـه او از صبـح رفتـه و هنـوز خانـه نیامـده اسـت. گفتـم کـه پـس تو بـه جـای او بیـا. ولـی او هـم نیامـد. گویـا وقتـی محمـد بـرای دیـدن مـن از خانـه خـارج می‌شـود، بـه اوضـاع مشـكوك شـده و حـدس می‌زنـد کـه منزلشـان تحـت کنتـرل و مراقبـت اسـت.از ایـن رو در یـك اقـدام سنجیده مسیری را انحرافـی رفتـه و بـه خانـه مـا نمی‌آیـد. بـه ایـن ترتیـب متوجـه شـدیم کـه سـعید بازداشـت شـده اسـت.

بازداشت مجدد

سـعید محمـدی فاتـح بـه خاطـر سـهل انـگاری و سـاده بـاوری بـه دام افتـاد و دسـتگیر شـد. او پـس از گذشـت سـه روز و تحمـل شـكنجه و فشـار سـاواك بـه رابطـه خـود بـا مـن اعتـراف کـرد. وی جزئیـات صحبتهـای خـود را بـا مـن بـرای آنهـا شـرح داد. بـا اینکـه سـعید فعالیتهـا و حرکتهایـی را بـرای حـزب اللـه صـورت می‌داد، ولـی بـه خاطـر دوراندیشـی مـا، هیـچ گاه از وجـود و ماهیـت

چنین تشکیلاتی مطلع نشد. از این رو هنگام بازجویی مطلب قابل توجهی از این گروه عنوان نکرد و حزب الله توانست از خطری جدی و تهدیدی آشکار به سلامت بگذرد.

سعید در اعترافات خود به ارتباط با عباس آقا زمانی و حضور در کلاسها و جلسات او بهواسطه من اعتراف کرد. محمدی فاتح درخصوص نحوه خروجش از کشور بهقصد شرکت در نمایشگاه صنعتی ازاکای ژاپن و سپس عزیمت به آلمان و لبنان و نیز شیوه ارتباط با حسین رضایی و حسن ماسالی (از طریق آقا زمانی) و علت سفرش به اردوگاه الفتح (برای طی دورههای چریکی) اعترافاتی کرده بود. او در این بین از مکاتبات خود با من نیز صحبت کرده بود.

من که متوجه اوضاع بحرانی و مشکوک شده بودم، با تعدادی از دوستان تماس گرفته و وضعیت را برای آنان تشریح کردم واز احتمال دستگیری سعید به آنها خبر دادم. از آنها خواستم که تمام ارتباطات خود را با من و خانوادهام قطع کنند. من بیشتر نگران عملیاتی بودم که برای شهریور ماه جهت حمله به جشنهای ۲۵۰۰ ساله شاهنشاهی تدارک دیده بودیم. با دستگیری من آن عملیات تحتالشعاع قرار می‌گرفت.

مدارک و اسنادم را در اختیار باقر عباسی قرار دادم و او آنها را با خود برد. شب هفتم تیر ماه سال ۱۳۵۰ من در طبقه دوم خانه‌امان خوابیده بودم. دقایقی از نیمه‌شب نگذشته بود که در زدند. مادرم که خوابش از همه سبک‌تر بود پشت در رفت و پرسید: «کیه؟» جواب شنید: «ما از دوستان احمد هستیم احمد هست؟!» مادرم گفت که احمد دوستی ندارد که ۱۲/۵ شب سراغش بیایند. آنها تهدید به شکستن در کردند. مادرم شروع به داد و هوار کرد. من و پدرم که تا این ساعت در خواب بودیم با سر و صدای مادر از خواب جستیم. پدرم به حیاط رفت. من حدس زدم که موضوع

به بازداشت سعید برمی‌گردد. از این‌رو با سرعت زیاد باقیمانده مدارک و نامه‌هایی را که از سعید داشتم لابه‌لای کیسه‌های زغال پنهان کرده و به بام رفتم. همین‌که خواستم از بام به کوچه پشتی بپرم، دیدم که در آنجا نیز مأمور هست. به اتاقم برگشتم و خود را به خواب زدم.

چند لحظه بعد در اتاقم را کوبیدند، با حالت خواب‌آلودگی بلند شدم تا در را باز کنم یکی گفت که بله، احمد هست، خودشه!! بعد یکی از آنها بی‌سیم زد و گفت: «سوژه را گرفتیم.» از من خواستند که پیراهنم را بپوشم، کمی با آنها بحث و جدل کردم که مگر چه کار کرده‌ام که این‌طوری و این وقت شب مزاحم خانواده‌ام شده‌اید؟ به هرحال آنها مرا سوار خودروی جیپ کردند. دو طرفم مأمور نشست. از همان داخل خودرو کارشان را شروع کردند. با تهدید و ارعاب جملاتی از این قبیل گفتند که تو! هنوز دست از کارهایت برنداشتی! کی می‌خواهی آدم شوی! این‌بار دیگر برگشتی تو کار نیست!...

من هم شروع کردم به دفاع از خود و گفتم: «من الان کاره‌ای نیستم، تو هیچ گروه و دسته‌ای نیستم، دنبال زندگیم هستم، دو سال برای این مملکت سربازی رفتم و سپاهی ممتاز شدم، تو یک کارخانه کار گرفتم و...» ولی آنها گوششان به صحبتهای من بدهکار نبود. همچنان به تهدید و شماتت خود ادامه می‌دادند.

در این بین به نظرم رسید که نکند کلید و دفترچه‌ای همراهم باشد. رنگ از رویم پرید، ضربان قلبم تندتر شد، گرمای بدنم را احساس می‌کردم. آرام دست بسته‌ام را به جیب پیراهنم زدم، دیدم نه، از دفترچه خبری نیست، خیالم کمی راحت شد. ولی کلید پیشم بود. خیلی نگران بودم زیرا این کلید متعلق به در خانه‌ای بود که در خیابان کمیل برای کارهای تشکیلاتی اجاره کرده بودیم. دنبال فرصتی بودم تا آن را از خود دور کنم.

از مسیر پیدا بود که به طرف زندان قزل‌قلعه می‌رویم. زندان قزل‌قلعه دیگر برای من یک مأوای قدیمی بود.

شکنجه‌های مرگبار در زندان قزل‌قلعه

وقتی وارد زندان قزل قلعه[1] شدیم، به طرف راهرویی رفتیم که در سمت چپ آن اتاق ساقی قرار داشت. در آنجا فرصتی دست داد تا کلید را به آرامی از روی پا به روی کفش و بعد به زمین انداختم و معلوم نشد که در تاریکی به کجا پرت شد. دیگر آسوده خاطر شدم.

پس از گذشت دقایقی مرا به «اتاق عمل»[2] بردند. این اتاق در طول شرقی ـ غربی بود. مرا پشت میزی که در وسط اتاق قرار داشت هل دادند. یکی از مأمورین دست خود را روی صندلی گذاشت. من متوجه منظور او نبودم. ناگهان صندلی را کشید. من

---

۱ ـ زندان قزل قلعه ساختمان قلعه مانندی بود که در زمان قاجاریه شبیه پادگانهای امروزی محل استقرار افراد نظامی بود. دیوار بلند و خشتی در اطراف، با درهای چوبی به ارتفاع حدود پنج ـ شش متر داشت. در درون این دیوارها ساختمانی قدیمی بود شامل حیاط و در وسط زندان عمومی موقت و دو دهلیز باریک که در دو طرف این حیاط بود.
ر.ك: آشنایی با جمعیت مؤتلفه اسلامی نوشته اسدالله بادامچیان
زندان قزل قلعه مربع شکل بود که در دو ضلع آن سلولهای انفرادی و در میان آن حیاط و چند اتاق که اصطلاحاً عمومی گفته می‌شد قرار داشت. زندانی بسیار قدیمی و کوچکبود که معمولاً برای دوران موقت بازجویی مورد استفاده قرار می‌گرفت. البته پس از افتتاح زندان اوین در سال ۱۳۴۹ معمولاً زندانیانی را که اهمیت بیشتری برای ساواك داشتند، به آنجا می‌بردند و پس از اتمام بازجویی تا فاصله بازپرسی و دادگاه، به زندان قزل قلعه منتقل می‌کردند. بعضی مواقع که زندان اوین ظرفیت نداشت، زندانی بازداشتی را به سلول قزل قلعه انتقال می‌دادند.
ر.ك: خاطرات جواد منصوری ـ دفتر ادبیات انقلاب اسلامی حوزه هنری
۲ ـ اتاق عمل، اتاقی بود که در آن بازجویان به بازجویی از زندانی می‌پرداختند. و در صورت استنکاف زندانی از اعتراف، او را تا سرحد مرگ با وسایل مختلف شکنجه می‌دادند.

تا به خود بیایم، از پشت سر و با ضرب زیاد به‌زمین خوردم. تنها توانستم دستهایم را روی سرم بگذارم تا آسیبی نبیند. بلافاصله چهار نفر حاضر در اتاق، به‌طرز وحشیانه‌ای مرا زیر ضربات مشت و لگد خود گرفتند. کتک و ضرب و شتم آنها بی‌حد بود. آن‌قدر مرا زدند که در همان حال بی‌هوش شدم یا خوابم برد، چرا که دیگر چیزی از ضربات آنها احساس نمی‌کردم؛ ولی هنوز هاله کتک خوردن روی سرم سنگینی می‌کرد. وقتی چشمهایم را باز کردم، دو نفر آمدند و زیر بغلم را گرفتند. مرا بلند کردند و دوباره روی صندلی نشاندند. حسابی درب و داغان شده و درد تمام وجودم را فراگرفته بود، چشمها و سر و صورتم می‌سوخت. چشمم کبود و متورم شده بود. لحظاتی بعد بازجو آمد، مرا که هوشیار دید، گفت: «خُب، استراحت کردی، خستگی‌ات در رفت، ... حالا می‌توانیم با هم حرف بزنیم...»

او تظاهر کرد که اطلاعی از کتک خوردن من ندارد. البته کسی هم در حضور او مرا شکنجه نمی‌داد. گفتم: «به من اجازه بدهید نماز بخوانم.» گفت: «مگر تو نماز هم می‌خوانی؟! شماها که دین ندارید! وطن ندارید!... کسی که وطن ندارد دین ندارد...!»

بالاخره اجازه دادند که به دستشویی بروم، از درد به خود می‌پیچیدم و سرم حسابی گیج می‌رفت. خمیده خمیده درحالی که دستهایم روی شکمم بود به طرفی رفتم که نشانم دادند. در دستشویی را نیمه باز نگهداشتند. وضو گرفته و بازگشتم. نزدیک بود که آفتاب بزند. با لباس خونین و کثیف نمی‌دانم که به کدام جهت به نماز ایستادم. با خدا راز و نیاز کرده، گفتم: «خدایا! ما نماز می‌خوانیم، حالا چه جوری؟! نمی‌دانم، خودت هرجور که می‌خواهی حساب کن... الله‌اکبر...»

بلافاصله پس از نماز، آنها پاهایم را به تختی بسته و مجددا

شروع به زدن کردند، اما این بار متفاوت از پیش. آنها گاهی دست از کتک می‌کشیدند و چند سئوال می‌کردند و من بی ربط و پرت و پلا جواب می‌گفتم. آنها دوباره شروع می‌کردند به زدن و این روال برای ساعتی طول کشید. نامه‌ای در دست آنها بود که من برای سعید محمدی فاتح نوشته بودم. جلادان درصدد بودند تا اعتراف بگیرند که این نامه را من نوشته‌ام. هرچه مرا زدند، شکنجه دادند و با کابل بر بدنم شلاق نواختند، نپذیرفتم، فشار و کتک به‌حدی رسید که، دیگر پاهایم کاملاً باد کرده و بی‌حس شده بودند. اصلاً دیگر وجود پا را احساس نمی‌کردم.

حدود پانزده روز شدیدترین، خشن‌ترین و سبعانه‌ترین شکنجه‌ها بر من اعمال شد. روزهای آخر آن‌قدر ناتوان شده بودم که به محض شروع شکنجه بی هوش می‌شدم، ولی آنها با پاشیدن آب و شوکهای مختلف مرا از آن حال بیرون می‌آوردند. البته من با نخوردن غذا بی رمق شده بودم و این حالت در تسریع بی هوشی مؤثر بود. با وجود آن همه شکنجه، دنیای بی هوشی، دنیای زیبایی بود، زیرا که از همه دردها و آلام فارغ می‌شدی. علاوه بر آن دیگر نیازی نبود که نگران اعتراف باشی.

سلسله اعصاب من بر اثر آبهای سردی که به رویم ریخته می‌شد، بسیار صدمه دید و ضعیف شد. شکنجه‌ها ادامه یافت، تا اینکه دیگر از حالت یك انسان عادی خارج شدم، به طوری که گاهی که به هوش می‌آمدم برای دقایقی پیوسته، داد و هوار می‌کردم و به حاضرین در اتاق عمل فحش می‌دادم. کارد به استخوانم رسیده بود.

دیگر تحمل این وضع برایم غیرممکن بود. آرزو می‌کردم در بین شکنجه و کتک، ضربه‌ای به گیجگاهم بخورد و از بین بروم. گاهی در تهاجم لفظی و کلامی قصد تحریک مأمورین را داشتم. می‌خواستم که آنها تحریک شوند و مرا آن‌قدر بزنند تا بمیرم.

اذیت و آزار مأمورین به حدی زیاد بود که اصلاً قابل بیان نیست. و شاید سبعیت و وحشیگری آنها در باور افراد نگنجد. با آن ظلم بی حد و شکنجه‌های بی شمار، برای آنها جای تعجب بود که چطور توان این همه مقاومت را دارم. یکی از مأمورین که از سایرین کمی ملایم‌تر بود، در طول یکی از شکنجه‌ها گفت: بابا! کمی حرف بزن و خودت را راحت کن، چرا باید این‌قدر درد بکشی... روزی هم منوچهری (ازغندی) شکنجه‌گر معروف آمد و نگاهی به‌سر و وضع خونین، چرکین و متورم من کرد و گفت که دیگر نزنیدش، ولش کنید.

با دخالت منوچهری اوضاع بدتر شد. آن روز هنگام شکنجه مأموری را گذاشتند که مرا بیدار و هوشیار نگه دارد. حدود شش ساعت بیدار بودم. شکنجه‌های شدید روزهای قبل، درد مفرط و خستگی فراوان بی اختیار مرا به خواب برد. هرچه سیلی و تازیانه به‌سر و صورتم می‌زدند، بی فایده بود. با هر ضربه تکانی می‌خوردم و در همان لحظه دوباره به خواب می‌رفتم. گاهی تازیانه‌ای بر زخمهایم نواخته می‌شد و گاهی با مشت و لگد می‌زدند و از این طرف اتاق به آن طرف پرتم می‌کردند ولی من همچنان خواب آلوده بودم. چند روزی مرا بدون خواب نگهداشتند.

در آن وضعیت، بعد از پنج ـ شش ساعت اول، دیگر برایم خواب مانند مردن بود و کنترلی بر اعصاب و روان خود نداشتم. شکنجه‌های ممتد و خواب ـ بیداری به کلی اعصاب مرا به هم ریخت و دچار تشنج شدم. نمی‌دانم چندمین روز بود که برای ساعتی تنهایم گذاشتند. ناگهان فکری خطا، به ذهنم خطور کرد. خودکشی! به خیال خود تنها راهی بود که مرا از این همه درد و رنج راحت می‌کرد. برای عملی کردن این فکر، هیچ وسیله‌ای در اختیار نداشتم. تصمیم گرفتم سرم را محکم به دیوار بزنم.

با ناتوانی تمام دورخیز کردم، توانم را در پاهایم جمع کرده و با سرعت به طرف دیوار دویدم. در یك لحظه دیوار مقابل دیدگانم قرار گرفت ولی دستانم بی‌اختیار روی سرم رفت و مانع اصابت مستقیم آن با دیوار شد... مدتی بی‌هوش كنار دیوار افتاده بودم كه مأمورین دوباره از راه رسیدند. بلندم كرده و به گوشه دیگری پرتم كردند و نگذاشتند كه به حال خود باشم.

روز آخر شكنجه بیداری، منوچهری به اتاق عمل وارد شد. وقتی سر و وضع مرا دید، شروع به داد و بیداد و دعوا با شكنجه‌گران و بازجوها كرد. بعد به من هم چند فحش و ناسزا داد و خطاب به آنها گفت: «ولش كنید، مردیكه خر را... فكر می‌كنه چه گ... می‌خواهد خودش را قهرمان كند! ولش كنید...!» من دیگر حال عادی نداشتم، در حال چرت زدن و افتادن بودم. ولی یك نفر از پشت مرا نگهداشته بود. منوچهری پس از درشت‌گویی، نامه‌ای از پوشه درآورد و جلو من پرت كرد و گفت: «بخوان!... بردار این نامه را بخوان...» من كه در دنیای دیگری سیر می‌كردم آن را برداشته و غلط و غلوط خواندم. هیچ كلمه‌ای صحیح از زبانم جاری نمی‌شد. اصلاً مفاهیم آن را درك نمی‌كردم. فقط در آخر آن امضای خودم را دیدم. بی اختیار گفتم: «این امضای من است!!» ناگهان مشتی محكم به صورتم خورد: «پس چرا می‌گفتی برای من نیست؟!» با مشت منوچهری كمی به خود آمدم و گفتم: «نمی‌دانم... یادم نیست.» دوباره بی‌حال افتادم. ولی با سیلی و تازیانه بیدارم كردند. برگه دیگری به دستم دادند، گویا از نشریات و جزوات حزب‌الله بود منتها بی‌اسم و رسم. این برگه انشایی بود كه فراوان از آیات قرآن در آن استفاده شده بود. منی كه این آیات قرآن را از حفظ می‌خواندم، آن لحظه تمام آنها را اشتباه و غلط خواندم. غلط‌خوانی آن‌قدر فاحش و واضح بود كه یكی از بازجوها گفت: «... خاك بر سر تو، با این

قرآن خواندنت! مسلمان هم هستی! مردم را هم به اسلام دعوت می‌کنی...!» این از لطف خدا بود که بر چشمها و زبانم قفل زد تا آیات را غلط بخوانم. حوصله منوچهری سر رفت، گفت ولش کنید کاره‌ای نیست. و رهایم کردند و رفتند.(سند شماره ۵)

نمی‌دانم چند شبانه روز به حال اغما و بی هوشی و خواب در آن اتاق بودم. یادم نمی‌آید که در آن مدت نماز خوانده یا غذا خورده باشم. چه زمان و چه وقتی بود؟ نمی‌دانم! فقط احساس درد در پاهایم کردم و بلند شدم. دیدم مأموری مرا از خواب بیدار می‌کند. از روشنی هوا حدس زدم که ساعت ۹ صبح باشد. چند مأموری که در اتاق بودند با هم صحبت می‌کردند. از گفتگوی آنها فهمیدم که بازجوی اصلی من تهرانی یا ازغندی[1] است و می‌خواهند که اتاق عمل را برای بازجویی و شکنجه چند نفری که در کوه و جنگل دستگیر شده‌اند، خالی کنند. مرا از آنجا بیرون بردند.

آفتاب هنوز می‌تابد

از در بزرگ سربازخانه گذشته وارد محوطه‌ای باز شدیم. مأمور مرا به کناره دیواری برد و گفت: «همین جا بایست.» بعد چند سرباز را صدا زد و گفت که این باید همین جا بایستد و تکان نخورد، اگر حرکتی کرد با قنداق و سرنیزه تفنگ بزنیدش. او اینجا می‌ماند تا من برگردم. سربازها که با جملات مأمور ترسیده بودند، با حالتی آماده و نگران به من نگاه می‌کردند. گویی که با فردی خطرناک و جانی مواجه شده‌اند.

باورم نمی‌شد که دوباره تابش آفتاب را ببینم و گرمای اشعه آن را حس کنم. آنقدر در تاریکی بودم که آن همه نور با چشمهایم

____

۱ ـ بهمن نادری پور، معروف به تهرانی و ازغندی معروف به منوچهری از جلادان و شکنجه‌گران بی‌رحم ساواک بودند.

غریبی می‌کرد و ناخواسته از آن اشك جاری می‌شد. با آن همه درد و رنج و زخمهایی كه بر پیكر داشتم و بی‌خوابی‌ایی كه بر من مستولی بود، این هوا و نور برایم در حد معجزه بود. احساس می‌كردم كه روی ابرها و در آسمان پرواز می‌كنم. در تصور خود حتی صدای چشمه سار و نغمه پرندگان را می‌شنیدم. در همین حال و هوا سیر می‌كردم كه خوابم برد. كسی تكانم داد و من از خواب جستم. هراسان نفسی عمیق كشیدم. ابتدا فكر كردم مأمور همراهم برگشته است. یكی از سربازها بود، گفت آقا تكیه بده به دیوار. من آرام عقب رفتم و به دیوار تكیه دادم. واقعا لحظات شیرین و به یاد ماندنی بود، احساس می‌كردم كه در بهشت هستم، آرامش عجیبی پیدا كرده بودم. دوباره خوابم برد.

با صدای اذان ظهر بیدار شدم. مدتها بود كه صدای روح‌انگیز و دلنواز اذان را نشنیده بودم. به آن سرباز گفتم كه می‌خواهم به دستشویی بروم و برای نماز وضو بگیرم. گفت كه نمی‌شود. اصرار كردم و گفتم كه بابا تو مگر مسلمان نیستی، می‌خواهم نماز بخوانم. گفت: «به ما گفته‌اند كه از اینجا نباید تكان بخوری.» سرباز دیگری پا پیش گذاشت و گفت كه چه كارش داری، خب می‌خواهد نماز بخواند. تهدید كردم كه اگر نگذارید كه به دستشویی بروم، الان اینجا كثیف می‌شود. دیگر نمی‌توانم خودم را نگهدارم. سرگروه (دسته) آنها آمد جریان را پرسید. به او هم توضیح دادم. به یكی از سربازها گفت: ببریدش دستشویی. وقتی وارد دستشویی شدم، شاید حدود ۵ دقیقه خوابم برد. ناگهان تق تق، صدای در را شنیدم، و بعد: «چه كار می‌كنی؟ ...». یك دفعه چشمهایم را باز كردمو گفتم: «الان می‌آیم.» سریع آمدم بیرون.

آفتاب ظهر شدید شده بود. اجازه دادند كه زیر سایه نماز بخوانم. به جهتی كه نشانم دادند قامت بستم... الله‌اكبر...

نمی‌دانــم در ســجده کــدام رکعــت از نمــاز بــودم کــه خوابــم بــرد. لحظاتی بعد سربازی آمد. بلندم کرد و گفت برو آنجا بنشین. روی یــك پلـه نشسـته و آرام گرفتـم.

دقایقی بعد دوباره دل‌درد را بهانه کرده و گفتم می‌خواهم بروم دستشویی. سربازها کـه بـا مشـاهده نمـاز خواندنم بـا آن حـال نـزار، ملایم‌تر شـده بودنـد، دوبـاره مـرا بـه دستشویی بردنـد. در آنجـا یـك نصفـه تیغ ریش‌تراشی دیـدم. فکـری بـه ذهنـم خطـور کـرد. آن را برداشـته و زیـر شیر آب شسـتم و در جیب گذاشـتم و پـس از تجدیـد وضـو دوبـاره بـه‌روی پلـه بازگشـتم.

یـك لنگـه از کفشـهایم را بـه سـختی از پـای ورم کـرده‌ام درآورده و بـا کـف آن‌ور رفتـم. سـرانجام قسـمتی از آن را جـدا کـردم. بعد تیغ نصفـه را در آن جاسـازی کـردم و کفـش را بـه حالـت اولـش درآوردم. در ایـن فکـر بـودم کـه اگـر شکنجه و آزار را دوبـاره از سـر گرفتنـد، بـا تیغ رگ دسـتم را بزنـم و خـود را راحـت کنم. بیشـتر انگیـزه ایـن افـکار ناشـی از اعتقـاد بـر عـدم افشـای گـروه حـزب اللـه و بچه‌هـای مرتبـط بـا آن بـه هـر قیمتی بـود.

حـدود ساعت ۳ بعدازظهـر بـود کـه مـن آرام آرام بـه وضـع عـادی برمی‌گشـتم. در فکـر و خیـال و حالـت خـواب و بیـداری بـودم کـه یکـی از سـربازها بـا سـرعت بـه طرفـم آمـد و گفـت: «زود بـاش بـرو سـر جایـت بایسـت.» مـن هـم بـا عجلـه بـه جـای اولـم بازگشـتم و ایسـتادم. سـرباز هـم در یـك حالـت نمایشـی تفنـگ را بـه صـورت پیشـفنگ نگهداشـت. مأمـور از راه رسـید، فهمیـد کـه بـه مـن خـوش گذشـته! ولـی بـه روی خـود نیـاورد. دسـت مـرا گرفـت و کشـان کشـان بـه داخـل سـاختمان بـرد و تحویـل اسـتوار ساقی ـ رئیـس زنـدان ـ داد. سـاقی دو سـرباز را صـدا کـرد و گفت کـه زندانـی را دنبـال مـن بیاوریـد.

زندانی سلول شماره ۲۱

مـرا بـه داخـل سـلول انداختنـد. سـلول شـماره ۲۱ در بنـد ۲ زندان، سـلولی کـه در آن خاطـرات پرنشـیب و فـرازی برایـم رقـم خـورد. ایـن بنـد، راهرویـی شـرقی ـ غربـی بـا عـرض ۱/۵ متر بـود کـه در دو طرف آن سـلولهایی کنـار هـم قـرار داشـت. وقتـی از در شـمالی وارد ایـن راهـرو می‌شـدی، سـلولهای سـمت راسـت (رو بـه غـرب) یکسـره بـه هـم چسـبیده بـود و فقـط یـك راهـرو در وسـطش بـود. سـلولهای سـمت چـپ در میانـه امتـدادش، میـدان کوچکـی در ابعـاد حـدود ۵×۵ متـر داشـت. در کنـار ایـن میـدان چنـد صندلـی قـرار داشـت کـه گاهـی مأمـورین و زندانبانـان در آنجـا اسـتراحت کـرده و بـا هـم گـپ می‌زدنـد.

سـلول شـماره ۲۱ و سـایر سـلولهای بنـد، دارای مسـاحتی حـدود ۳×۲/۵ مترمربـع بـود. در انتهـای سـلول سـکویی بـه ارتفـاع حـدود یـك متـر قـرار داشـت کـه بـا آجـر سـاخته شـده بـود. روی دیـوار کنار سـکو سـوراخ و حفـره‌ای بـه انـدازه ۲۰×۲۰ سـانتیمترمربع قـرار داشـت. البتـه دیـوار سـلول خیلـی قطـور بـود. وجـود ایـن حفـره در آن بـرای تهویـه هـوا و تأمیـن روشـنایی سـلول بسـیار لازم بـود. در روزهـای بعـد گاهـی مـن از ایـن حفـره بـه بیـرون نـگاه می‌کـردم و تـردد سـربازها و زندانبانهـا را می‌دیـدم.

درِ سـلول بـه سـمت راهـرو بـاز می‌شـد و روی آن دریچـه‌ای قـرار داشـت کـه بـا تختـه‌ای کـه از آن آویـزان بـود بـاز و بسـته می‌شـد. گاه و بـی گاه زندانبانهـا آن را کنـار کشـیده داخـل سـلول را ورانـداز می‌کردنـد. مـن نیـز پـس از مدتـی، گاهـی بـا انگشـتم آن تختـه را کنـار زده ترددهـای داخـل راهـرو را نـگاه می‌کـردم.

وقتـی در ایـن سـلول قـرار گرفتـم نفـس راحتـی کشـیده و احسـاس آرامـش کـردم. حـدس می‌زدم کـه دیگـر از ضربـات مشـت و لگـد

و تازیانه‌های شلاق رهایی یافته‌ام. دقایقی گذشت تا به پایدار بودن وضعیت مطمئن شوم. خود را با زحمت فراوان به طرف سکو کشانده و روی پتویی که آنجا بود نشستم. سپس روی آن غلت زده و افتادم. دیگر چیزی نفهمیدم.

با صدای زندانبان از خواب برخاستم، دیدم به اندازه دو وعده غذا پشت در است. گویا زندانبان وقتی وعده دوم غذا را می‌آورد، می‌بیند که غذای اول دست نخورده باقی مانده و من هم بی حرکت افتاده‌ام. تصور می‌کند که من مرده‌ام، از این رو با هول و هراس صدایم می‌کند.

با اینکه در فضای جدید قرار داشتم ولی هنوز در همان حال و هوای اتاق عمل سیر می‌کردم. صحنه‌های شکنجه چون تصویری شفاف مقابل ذهنم بود. دقایقی گذشت تا از آن عالم خواب و خیال بیرون آمده و خود را دریابم. سپس به طرف ظرف غذا رفتم. ولی قادر به خوردن غذا نبودم زیرا که گلو و روده هایم خشکیده بود. حالت دلزدگی نسبت به غذا داشتم. غذای دوم آش بود، آن را امتحان کردم هنوز گرم بود. چند قاشق از آن را به دهانم ریختم و با قرقره کردن آب آش، کم کم راه گلویم باز شد. حال نزاری داشتم، واقعا رو به موت بودم. با اکراه خود را مجبور به خوردن غذا کردم.

چند روزی نفس راحتی کشیدم. از شکنجه دیگر خبری نبود، تا اینکه از طرف استوار ساقی آمدند و خواستند که همراهشان بروم. ناراحتی و تشویش به وجودم بازگشت. گفتم خدایا! خودت رحم کن، باز هم دارند مرا برای بازجویی می‌برند. از بند ۲ خارج شده وارد محوطه شدیم. نگاهی به برج و باروها کردم، زندان در حصار دیوارهایی به ارتفاع حدود هفت متر بود. سکوی بلندی در محوطه قرار داشت. چون من ناتوان، مجروح و بیمار بودم سربازها زیربغلم را گرفتند و بالای سکو نشاندند و گفتند که

همین‌جا بمان.

دیدم ساقی پیشاپیش دو زن به سوی من می‌آید. وقتی که نزدیك‌تر شدند، باورم نمی‌شد که آن دو زن یکی مادر و دیگری خواهرم باشند. هاج و واج و بهت زده به نزدیك شدن آنها نگریستم. از تعجب و حیرت قادر به حرکتی نبودم.

ساقی با لهجه ترکی غلیظ به مادرم گفت: «این احمد،... احمد،ها... پسرت.» بعد سربازی را صدا کرد و گفت: «مواظبش باش زیاد حرف نزند...» بعد از ما دور شد. من هنوز بهت زده به مادر و خواهرم می‌نگریستم. مادرم درحالی که اشك از چشمانش جاری بود گفت: «احمد، پسرم چی شد؟» گفتم که هیچی مادر! گفت: «همه نگرانتیم، رفقایت، هم‌کلاسهایت، همه می‌آیند و از وضعت سئوال می‌کنند.» با شنیدن این خبر ناراحت شده و گفتم که اگر دوباره آمدند و دوباره آنها را دیدید، بگویید احمد گفت خاك بر سرتان شما مثل اینکه الفبای مبارزه را هم نمی‌دانید. مگر نمی‌دانید خانه ما تحت‌نظر است و امکان شناسایی شما وجود دارد و...

آگاهی از تردد دوستانم به خانه ما بدون رعایت مسائل و نکات امنیتی برای من سخت و دشوار بود. من تا سرحد مرگ شکنجه شده بودم تا نشانه، اثر و نامی از آنها افشا نشود، حال می‌شنیدم که آنها به راحتی خود را در معرض خطر قرار می‌دادند.

نگرانی در چشمان مادر و خواهرم موج می‌زد. مادر حرفهای ناگفته و رازهایی در دل داشت که نمی‌توانست برایم بازگوید. اشکهای او و نفسهایش چنین گواهی می‌داد. او نگران این بود که زندان، آخرین مکان دنیایی من باشد. در آن ملاقات دریافتم که او با دنیایی از ابهامات روبه رو است.

پس از احوالپرسی و گفتگو با خواهرم، دریافتم که برادرم تلاش زیادی برای تعیین تکلیف و وضعیت من انجام داده و مادر

و خواهرم نیز مکاتباتی با ریاست دادستانی ارتش در این خصوص و نیز درخواست ملاقات با من، کرده‌اند.(سند شماره ۶)

آنها در آخر چاره را در مراجعه به ساقی دیده‌اند. ساقی که خود ترک بود، وقتی متوجه زبان ترکی مادرم می‌شود ضمن گفتگو، از تربیت فرزندانش انتقاد می‌کند و سرانجام به خاطر عرق قومی، رضایت به ملاقات آنها با من داد.[1]

در این ملاقات کمی از جهت دفترچه یادداشتی که در جیب پیراهنم داشتم، خیالم راحت شد. گویا در روزهای اول بازداشت من، علیرضا سپاسی برای بازبینی اوضاع به منزل ما می‌رود. مادرم اظهار نگرانی می‌کند. علیرضا دلیلش را می‌پرسد. مادرم می‌گوید که پسرم پیراهنش را عوضی پوشیده و بی پول مانده است. علیرضا می‌گوید آن پیراهن را بیاورید. بعد او دفترچه را در جیب آن پیراهن پیدا می‌کند و پیش بچه‌ها برده و می‌گوید که خیالتان راحت باشد دفترچه همراه او نبود و خودش هم قطعا در

---

1 ـ رئیس زندان قزل قلعه استوار با سابقه ارتش به نام ساقی بود. او با لهجه غلیظ ترکی صحبت می‌کرد و شهرتی بین کلیه زندانیان سیاسی داشت. ساقی ظاهراً آدم ملایم و بی‌طرفی نسبت به زندانیان بود. معمولاً امکانات مناسبی با توجه به شرایط فراهم می‌کرد و مخالف سختگیریهای شدید و شدت عمل نسبت به زندانیان بود. به‌طوری که گاهی به طنز، زندان قزل‌قلعه را هتل ساقی، در قیاس با جهنم اوین به ریاست استوار حسینی، می‌گفتند.
ر.ك: خاطرات جواد منصوری

«... بعدها كه قزل‌قلعه منحل شد و كادر اداری آن را آوردند به اوین ـ كه تازه ساخته شده بود ـ ساقی شد جزء كادر اداری. دیگر در زدن و كوبیدن زندانی شركت نكرد. می‌گویند یك روز جوانی را كتك می‌زند و شب كه به خانه می‌رود، بچه‌اش تب شدیدی می‌كند. از آن پس توبه می‌كند و می‌رود در كادر اداری. این ساقی همان زمان هم كمك می‌كرد. اگر خانواده‌ای از راه دور برای دیدن بچه‌شان می‌آمدند و وقت ملاقات نبود او خودش ملاقات می‌داد. از زندانیهایی كه خیلی ضعف نشان می‌دادند بدش می‌آمد و به آنها می‌گفت: اگر... ش را نداری چرا سیاسی شدی؟!
ر.ك: خاطرات صفرخان

برابـر شـکنجه مقاومـت می‌کنـد.[1]

آن روز بـه یـاد مانـدنی گذشـت و مـن کم‌کـم بـا شـرایط موجـود خـو گرفتـم. از آن بـه بعـد خانـواده مرتـب برایـم پـول می‌فرسـتادند. البتـه تـا آن روز زندانیهـای قدیمـی از دریچـه سـلولم پـول می‌انداختنـد. مـن نیـز پـس از دریافـت پـول، قسـمتی از آن را بـه درون سـلول زندانیان جدیـد می‌انداختـم. بـا پولـی کـه داشـتیم گاهـی از طریـق یـك اسـتوار مـواد و وسـایل مـورد نیـاز خـود را تهیـه می‌کردیـم.

ارتبـاط بـا سـایر زندانیـان بـا وجـود سـلولهای انفـرادی، سـخت و گاهـی ناممکـن بـود. بـا ایـن حـال مـا سـعی خـود را می‌کردیـم. ایـن امـر گاهـی هنـگام رفتـن بـه دستشـویی و بـا بازجویـی و گـذر از کنـار سـلولها محقـق می‌شـد. بـه محـض اینکـه مأمـور همـراه، چنـد متـری از مـا فاصلـه می‌گرفـت از نـام، نشـان و جـرم زندانـی سـلولی کـه در مجـاورت آن حرکـت می‌کردیـم سـئوال می‌کردیـم.

بـا ایـن شـرایط حـدود هشـت مـاه در سـلول شـماره ۲۱ به‌سر بـردم. شـرایطی کـه بسـیار یکنواخـت و خسـته کننـده بـود و بیشـتر اوقـات آن بـه خـوردن و خوابیـدن اختصـاص داشـت. شـاید عمـده کار مـن در سـلول مکررخوانـی یادداشـتهای زندانیـان قبلـی بـر در و دیـوار سـلول بـود. بیشـتر وقـت خـود را صـرف خوانـدن آیـات و ادعیـه هایـی کـه از حفـظ بـودم می‌کـردم. در ایـن مـدت در فواصـل مختلـف تعـدادی زندانـی بـه سـلولم آوردنـد و بردنـد کـه هـر یـك ماجـرای خـاص خـود را دارد.

---

1 ـ آقـای جـواد منصـوری در خاطـرات خـود می‌گویـد: «در اردیبهشـت مـاه سـال ۱۳۵۰ یکـی از اعضـای حزب‌الله بـه نـام سـعید فاتـح در بازگشـت از یـك دوره چریکـی از سـرزمین فلسـطین و لبنـان دسـتگیر شـد و بـا اعترافـات او و کشـف بعضـی مـدارك، آقـای احمـد احمـد نیـز دسـتگیر شـد. بـا مقاومـت احمـد احمـد در بازجویـی و عـدم اعتـراف او بـه مطلـب قابـل توجهـی، تشـکیلات حزب‌الله از هرگونـه لطمـه و صدمـه‌ای مصـون مانـد. اگرچـه دسـتگیری وی موجـب اختفـای بیشـتر مـا و رعایـت بیشـتر مسـائل امنیتـی شـد.»

صداهای سلول شماره ۲۱

شهریور یا مهر سال ۵۰ بـود کـه نیمه‌هـای شـب، ناگهـان در سـلولم بـاز شـد. مـن هراسـان از خـواب برخاسـتم. جـوان رشـید، هیکلی و قـد بلنـدی را داخـل انداختـه و در را بسـتند و رفتند. او بدون کمتریـن توجـه بـه مـن، زانوهایـش را بغـل گرفتـه و مـی گریسـت. مـن نیـز دقایقـی بـه او نگریسـتم. سپس از سکو پایین آمـده و از او دلجویـی کـردم. گفتـم: «بلنـد شـو روی سکو بنشـین.» اظهـار عجز و ناتوانی کـرد. زیـر بغـلش را گرفتـه و کمکـش کـردم تا روی سکو بنشـیند. معلـوم بـود کـه بـه سـختی شکنجـه شـده و کتـک خـورده اسـت. دسـت و پایـش می‌لرزیـد. پایش را بـا دسـت گرفتـم و جا بـه جـا کـردم. نالـه او بلنـد شـد. پتو را رویـش کشـیدم. پـس از کلـی نالـه و زاری از فـرط خسـتگی خوابـش بـرد.

صبـح کـه بلنـد شـد دیـدم کـه حالـش کمـی بهتـر شـده اسـت و دیگـر گریـه و زاری نمـی کنـد. پرسـیدم کـه چـه کار کـردی کـه ایـن جـوری شکنجه‌ات کرده‌انـد؟ گفـت: «هیچـی! فقـط مقـره[1] می‌شکسـتم. یعنـی بـا چنـد نفـر از دوستـانم در خیابـان می‌رفتیم و بـا سـنگ مقره تیرهـای بـرق را می‌شکسـتیم کـه دنبالمـان کردنـد و دسـتگیرمان کردنـد.» از گفتـه او تعجـب کـردم و باورم نشـد کـه بـه خاطـر شکسـتن چنـد مقـره کسـی را این‌طـور کتـک زده و شـکنجه دهنـد و بعـد او را بـه زنـدان سیاسـی بیاورنـد. کمی بیشـتر بـا او صحبت کـردم و فهمیـدم کـه او از اعضـای چریکهـای فدایـی خلـق اسـت کـه در خرابـکاری یـک نیروگاه بـرق، مشـارکت داشـته اسـت.

بعـد از خـوردن صبحانـه، از نگهبان یـک لگن آب گـرم گرفتـم و داخـل آن نمـک ریختـم. سپس پاهـای جـوان را داخـل آن گذاشـته و

---

1 ‐مقره: آلتی چینی یا شیشه‌ای که سیم تلفن یا برق را به آن متصل سازند.
فرهنگ فارسی ‐دکتر محمد معین

ماساژ دادم. با این کار آرامش در صورت او پیدا شد. او که جوان بیست ساله‌ای بود، کم کم به من اطمینان و اعتماد کرد و با احساس قرابتی که داشت درد دلش گشوده شد. دریافتم که او بسیار بی تجربه است. به او توصیه کردم حواست جمع باشد، در اینجا به هیچ‌کس نمی‌توانی اعتماد کنی و بدان با هر کس که مواجه می‌شوی احتمال اینکه او مأمور باشد خیلی زیاد است. از او خواستم که سفره دلش را پیش هر کس باز نکند.

در اثر ماساژ و انبساط ماهیچه‌هایش، کاملاً احساس راحتی و آرامش می‌کرد. توانست روی پاهایش بایستد. چند روز بعد که حال او خوب شده بود، چند مأمور آمدند و دم در سلول از او سؤالاتی کردند. او نیز سرپا ایستاد و جواب گفت. مأمورین با مشاهده این صحنه و اطلاع از صحت و بهبود او چند ساعت بعد او را فراخواندند. جوان نگران و هراسان شد و مدام می‌پرسید: «حالا چه‌کار کنم؟ دارند مرا می‌برند... چه‌کار کنم؟» من سعی کردم که او را آرام کرده و دلداری دهم. به او سفارش کردم در صورت شکنجه تا می‌توانی داد بزن، آن‌قدر فریاد بزن که گوششان کر شود. بعد اگر توانستی گریه کن حسابی شلوغ کن. حتی اگر بگویی من مامانم را می‌خواهم! خیلی خوب است. او دلیل این افعال را پرسید. گفتم که در این شرایط فکر می‌کنند تو خیلی بچه‌ای و به مادرت وابسته‌ای و با داد و فریاد، هم دردهایت کاهش می‌یابد و هم حواس و تمرکز و اعصاب آنها به هم می‌ریزد.

جالب است، به محض اینکه او را از سلول بیرون بردند، او شروع به گریه و زاری کرد: «من مامانم را می‌خواهم!... مامان جان! مامان!...» برای من رفتار بچگانه او خیلی جالب بود. البته او بسیار جوان حرف گوش کنی بود و تمام توصیه‌های مرا (آن طور که خود تعریف می‌کرد) مو به مو اجرا می‌کرد. او را چند

مرتبـه دیگـر بردنـد و آوردنـد. و بـا ایـن شـیوه توانسـته بـود بازجوهـا و شـکنجه گرهـا را عاصـی کنـد. آنهـا می‌گفتنـد کـه بابـا ایـن بچـه ننـه اسـت. و نتوانسـتند از او بـه مطلـب قابل‌توجهـی دسـت پیـدا کننـد. وقتـی بـرای بـار چنـدم بـه بازجویـی و شـکنجه می‌رفـت، بـه او گفتـم کـه این‌بـار موقـع کتـك و شـلاق از دستشـان فـرار کـن و بگـذار ایـن طـرف و آن طـرف دنبالـت بدونـد، بگـذار فکـر کننـد واقعـا تـو بچـه‌ای! و نمی‌فهمـی. بازجوهـا از دسـت فریادهـای «مامـان!... مامـان!...» او خسـته شـده بودنـد و می‌گفتنـد: «مردکـه خجالـت بکـش، یعنـی چـه؟ مـن مامانـم را می‌خواهـم!... تـو را بـه جـرم سیاسـی گرفته‌انـد...»

حـدود پانـزده روز بعـد او را از سـلول مـن بردنـد، هنـوز می‌ترسـید و نگـران بـود. بـه او گفتـم کـه ایـن بـار آزادت می‌کننـد، و او رفـت و رفـت، و دیگـر بـه سـلول ۲۱ بازنگشـت. بـه هرحـال حضـور ایـن جـوان بـا آن قـد و قامـت رشـید در سـلول، بـرای مـن تجربـه‌ای دیگـر بـود و موجـب شـد کـه از یکنواختـی بیـرون بیایـم.

مدتـی بعـد جـوان دیگـری را بـه سـلول مـن آوردنـد. او برخـلاف جـوان قبلـی نـه مویـه می‌کـرد نـه زاری. گرچـه اظهـار می‌کـرد کـه شـکنجه شـده اسـت ولـی آثـاری از درد و تألـم در او پیـدا نبـود. در همـان ابتـدا وضـع او برایـم مشـکوك بـود. حـدس زدم حداقـل کار او انتقـال دیده‌هـا و شـنیده‌هایش از مـن اسـت. از ایـن‌رو مصمـم شـدم در برخـورد بـا او بسـیار محتـاط باشـم. او ادعـا می‌کـرد کـه از دانشـجویان خـارج از کشـور و بهایـی اسـت و در میـدان شـوش هنگامـی کـه از گـود زنبورك‌خانـه عکس‌بـرداری می‌کـرده دسـتگیر شـده اسـت. جالـب اینکـه او معتـرض بـود کـه چـرا یـك سـاعت او را بـه حالـت دو دسـت و یـك پـا بـالا نگـه داشـته‌اند. می‌گفـت: «بـی انصافهـا آدم کشـند! علاوه بـر ایـن کار، صندلـی هـم بـه دسـتم دادنـد و نمی‌گذاشـتند پاهـای چـپ و راسـتم را جابه جـا کنـم.» دیـدم کـه او بسـیار نـازك نارنجـی اسـت. از ایـن موضـوع کـه او بهایـی بـود و

نجس و حال در کنار من قرار گرفته بود خیلی ناراحت بودم. کاری هم از دستم برنمی‌آمد و باید صبر می‌کردم. پس از چند روز او را هم از سلول من بردند. درحالی که نتوانسته بود مطلب مهمی از من به دست آورد.

شبی ساعت ۲ بعداز نیمه شب از راهرو صدای «یا علی، یا علی» به گوش می‌رسید. لحظه‌به لحظه این صدا همراه نفسهای تند نزدیك و نزدیك‌تر می‌شد. تا اینکه در سلول باز شد و یك نفر را محکم به داخل هل دادند. فرد مزبور پیرمردی با چهره‌ای خسته و رنجور بود. او به شدت کتك خورده و پاهایش متورم و کبود شده بود. در چهره او که دقیق شدم، به ذهنم آشنا آمد. کمی فکر کردم به یاد آوردم که او مدیر دبیرستان بامداد ـ واقع در خیابان شاه‌آباد (جمهوری اسلامی) ـ است که در سلك دراویش بود. اسمش را به زبان آوردم. با تعجب مرا نگاه کرد و پرسید: «تو مرا می‌شناسی؟!» گفتم: «بله! من مدت کوتاهی در مدرسه بامداد درس خواندم و شما مدیر آنجا بودید.» بعد نشان و آدرسهایی از دیگر افراد دبیرستان دادم. او فهمید که با چه کسی طرف صحبت است و خیالش راحت شد. از او پرسیدم: «چرا دستگیر شده‌ای؟» گفت: «مرا جزو باند جعل دیپلم گرفته‌اند، درحالی که من بی‌گناهم، و خبر از هیچ‌چیز نداشتم. من دلم سوخت و کاری کردم. دو سه نفر را آوردند به من گفتند که اینها بدبخت و بیچاره هستند. من هم اسم آنها را جزو قبول شدگان دیپلم رد کردم. تا بروند دنبال زندگیشان. من این کار را برای کمك به آنها کردم و هیچ پولی هم نگرفتم.»

واقعه جعل دیپلم در آن زمان، به قدری جار و جنجال کرده بود که دستگاه وقت مجبور شده بود، برای اعتراف و تنبیه عوامل آن، دست به دامان ساواك شود. ساواك عوامل آن را به شدت مورد شکنجه قرار داده بود.

پیرمرد پس از اینکه اعتمادش به من جلب شد، از عملیات جعل دیپلم چیزهایی گفت. او در مدتی که در سلول ۲۱ بود از خاطرات قدیمی خود، فساد رژیم و رضاشاه و پسرش و نیز مفاسد دربار، بسیار سخن گفت. این فرصت مغتنمی برای من بود تا هم‌کلام و هم‌سخنی داشته باشم و از تنهایی بیرون بیایم.

روزهای بعد استوار مسنی به نام انوشه، با پیرمرد درویش هم‌کلام و هم‌صحبت شد. به مرور آنها رفیق هم شدند. تکیه‌کلام درویش «یاحق» و «یاعلی» بود. روزی انوشه از وضع بد اقتصادی و مالی یک زندانی صحبت کرد. ناگهان پیرمرد رو به من کرد و گفت از پولی که در زیر زیلو داری به او بده. دریافتم که او از همه کارهای من مطلع است. من هم بی گفتگو بیست تومان در اختیار انوشه قرار دادم. پس از آن، انوشه به مسئولین زندان گزارش داد که احمد احمد، به زندانیان کمک مالی می‌کند. به‌خاطر همین مرا خواسته و بازخواستم کردند. بعد از گذشت دو هفته این پیرمرد درویش را هم از آن سلول بردند.

صلابت و مقاومت

ماه رمضان از راه رسید، ماه خدا، ماه پاکی و رحمت. برای چندمین بار در زندانهای ستمشاهی به ضیافت الهی دعوت شدیم. روزه، دعا و راز و نیاز با خدا در آن سلول انفرادی حال و هوای دیگر داشت. من از اینکه بعد از آن همه اذیت و آزار و شکنجه و تحمل سختیها و شداید، به دریای شفابخش رمضان رسیدم سرمست بودم و می‌توانستم زخمها و آلامم را التیام بخشم. حظی را که من در اوقات سحر و افطار در عزلت و تنهایی بردم قابل وصف نیست. تنهایی که همیشه برایم خسته کننده و رنج آور بود اکنون برایم شیرین و گوارا شده بود، زیرا که در این

تنهایی راحت و صریح و سریع با خدایم نجوا می‌کردم.

در این ماه بود که متوجه شدم آقای هاشمی رفسنجانی در سلول شماره ۱۷ مقابل سلول من زندانی است. من از قبل به واسطه حضور برادرم در هیئتهای مؤتلفه او را می‌شناختم و با افکار وی آشنا بودم. و گاهی هم در جلسات سخن‌رانی وی شرکت می‌کردم.

او که یک مبارز خستگی‌ناپذیر بود حصار زندان را مانع و رافع رسالت و مسئولیتش نمی‌دید. از این رو یک سلسله مباحث و سخن‌رانیهایی را در همان سلول انفرادی شروع کرد. عجیب است سخن‌رانی در سلول انفرادی(!). ولی این امر عینیت داشت. به این شکل که، سلول شماره ۱۷ در قسمت بالای چارچوب درش کتیبه‌ای داشت که شیشه‌اش شکسته بود. در فرصتی که دو زندانبان به نام انوشه و اطهری، برای افطار می‌رفتند، آقای هاشمی از کتیبه بالای در که مشرف به راهرو و دیگر سلولها بود شروع به سخن‌رانی می‌کرد. چند شب این برنامه تکرار شد.

در یکی از شبهای قدر و احیا سخن‌رانی وی طول کشید. او به قدری گرم صحبت بود که از اوضاع پیرامون خود غافل شد. من ناگهان حس کردم چند نفر وارد راهرو شدند. هرچه سرفه کردم و علامت دادم حاج آقا متوجه خطر نشد، تا اینکه چهار یا پنج نفر در مقابل سلول وی ظاهر شدند. حاج آقا با دیدن آنها به کف سلول افتاد. مأمورین به هم نگاه کرده و گفتند: «به به! دستمان درد نکند! برای خودمان زندان درست کرده‌ایم! آقا سخن‌رانی هم می‌کند! به به!...» آنها پس از ادای جملاتی توهین‌آمیز و تهدید و تحقیر بازگشته و رفتند.

ما متوجه شدیم که انوشه این چند شب متوجه قضیه بوده و گزارشش را هم ارائه کرده است. ما منتظر واکنش بعدی آنها بودیم. صبح روز بعد مأمورین دوباره آمدند و مستقیم به سراغ

سلول شماره ۱۷ رفتند. در را باز کرده و وارد شدند، بعد صدای تالاپ، تولوپ بود که شنیده می‌شد. آنها با مشت و لگد و به سختی حاج آقا را کتك می‌زدند. سپس او را به زمین خواباندند. دست و پایش را محکم گرفتند تا تکان نخورد و بعد سعی کردند به زور، آب به حلق او بریزند. اما حاج آقا مقاومت می‌کرد و دهانش را باز نمی‌کرد. او با حرکتهای تند سر و بدنش، از باز شدن دهانش جلوگیری می‌کرد. آنها موفق نشدند که قطره‌ای آب به دهان او بریزند؛ ولی در یك لحظه گویا فکری به مغز خراب مأمورین می‌رسد. مأمور با دستش محکم بینی حاج آقا را گرفت و راه تنفس او را بند آورد. حاج آقا چند لحظه مقاومت کرد ولی دیگر در حال خفه شدن بود. در یك لحظه که دهانش را برای تنفس باز کرد آنها آب را به حلق او ریختند و بعد رهایش کردند. آنها مغرورانه و با احساس پیروزی بلند شده و رفتند. چند روز بعد حاج آقا را از آنجا به نقطه نامعلومی بردند، درحالی که من تا مدتی، از رمز و راز مقاومت او و برای نخوردن آب بی اطلاع بودم.

حدود شش ماه از حبس من در این سلول می‌گذشت. یك روز، وقتی که از دریچه سلول به محوطه نگاه می‌کردم، دیدم کسی در کنار دیوار زیر نور آفتاب ایستاده است. با دیدن او شوکه شدم، فکر کردم خیالاتی شده‌ام، چهره او به آقای عظیمی می‌ماند. بلند گفتم: «ان الله مع الصابرین.» با این آیه توجه او هم به من جلب شد و مستقیم به طرفم آمد. به نزدیك حفره عقبی سلول که رسید، گفت: «احمد تویی؟» گفتم: «بله!» گفت: «هیچ معلوم است که کجایی؟ ما الان چند ماه است که از تو خبر نداریم.» گفتم که مگر نمی‌دانستید که من در زندانم، تو اینجا چه کار می‌کنی؟

برای او هم جالب بود که من در قزل قلعه بودم. گفت که

مـرا بـه خاطـر همـراه داشـتن اعلامیـه دسـتگیر کرده‌انـد. در ایـن بیـن مأمـوری بـه طـرف مـا آمـد. درنتیجـه گفتگویمـان نیمه‌تمـام مانـد. عظیمـی شـروع کـرد بـه گفتـن ذکـر. مأمـور بـه او رسـید و بـا عتـاب پرسـید: «چـه می‌گفتی؟» جـواب داد: «ذکـر.» سـپس او را بـا خـود بـرد.

عظیمـی هنگام رفتـن یکـی دو مرتبـه سـرش را بـه عقـب برگردانـد و مـرا نـگاه کـرد. در سـاعت بعـد پـی بـردم کـه او در سـلول شـماره ۲۳ زندانـی اسـت. پـس از آگاهـی از ایـن موضـوع، سـرباز نگهبـان را صـدا زده و گفتـم کـه می‌خواهـم بـه دستشـویی بـروم. او در را بـه رویـم بـاز کـرد. سـرباز بـه مـن بـه عنـوان یـك زندانـی قدیمـی نـگاه می‌کـرد. درنتیجـه دنبـال مـن نیامـد. از فرصـت بـه دسـت آمـده اسـتفاده کـردم و بـه کنـار سـلول ۲۳ رفتـم. تختـه روی دریچـه را کنـار زده و صـدا کـردم: «عظیمـی جـان، عظیمـی! چطـوری؟ در چـه حالـی؟» او بـه کنـار درآمـد و شـرح ماوقـع او را پرسـیدم. او توضیـح داد کـه در کنـار خیابـان حـدود نیـم سـاعت منتظـر موتورسـواری بـوده تـا گونـی اعلامیه‌هـا را بـه او تحویـل دهـد کـه مـورد سـوءظن مأموریـن قـرار گرفتـه و دسـتگیر شـده بـود. از مطالـب او دریافتـم کـه مدتـی تحـت تعقیـب بـوده و در زمانـی کـه سـنگین‌ترین جـرم مترتبـش می‌شـده دسـتگیرش کرده‌انـد. از او پرسـیدم کـه کسـی را هـم لـو داده اسـت کـه گفـت: «نـه! هیچ‌کـس را. هرچـه کتکـم زدنـد، فقـط گفتـم ایـن (گونـی) مـال مـن نیسـت.» او کتـك زیـادی خـورده بـود تـا بگویـد کـه گونـی بـرای کیسـت ولـی لـب بـه سـخن نگشـوده بـود. بـه او گفتـم: «خـب یـك اسـم جعلـی می‌گفتی.» گفـت کـه نمی‌گویـم. نتوانسـتم بیشـتر از ایـن گفتگـو معطـل کنـم و سـریع بـه سـلولم بازگشـتم. بعدازظهـر متوجـه شـدم مأمـوریـن او را بـا خـود می‌برنـد. حـدس زدم کـه بازجویـی، شـکنجه و اتاق‌عمـل در انتظـار اوسـت. بعـد از اذان مغـرب بـود کـه صـدای «یاعلـی، یا مهـدی» شـنیدیم،

بلنـد شـده و دریچـه در را کنـار زدم، دیـدم عظیمـی را خونیـن و مالیـن به سلولش باز می‌گرداننـد. دقایقـی بعـد دوبـاره دستشـویی را بهانـه کـرده و بـه کنـار سـلول او رفتـم. دیـدم وضـع بسـیار بـدی دارد. آن طـور کـه تعریـف می‌کـرد در اثـر ضربـات و جراحـات، حیـن شکنجه چندیـن بـار بـی هـوش شـده اسـت کـه بـا پاشـیدن آب او را بـه حالـت عـادی بازگردانده‌انـد. گفتـم: «عظیمـی جـان! تـازه اول کار آنهاسـت، آن‌قـدر می‌زننـدت تـا بگویـی کـه اعلامیه‌هـا را از کجـا آورده‌ای و بـرای کیسـت.»

سـاعت ۸ شـب بـود کـه دوبـاره او را بـرای شـکنجه بردنـد و آوردنـد. او گفـت: «بالاخـره گفتـم اعلامیه‌هـا بـرای خـودم اسـت.» گفتـم: «حـالا آن‌قـدر کتـک می‌زننـد تـا بگویـی از کجـا آورده‌ای.» گفـت کـه ایـن یکـی را نمی‌گویـم. حتـی اگـر بمیـرم. پرسـیدم: «چـرا؟» گفـت: «آخـر آنهـا را از سـیدمهدی طباطبایـی گرفته‌ام. او یـك روحانـی و سـید ضعیفـی اسـت. اگـر او را بگیرنـد، حتمـا در زیـر شـکنجه ازبیـن می‌رود.» کاری نمی‌توانسـتم بـرای او بکنـم بـه سـلول بازگشـته و برایـش دعـا کـردم.

فـردای آن شـب، عظیمـی را چنـد نوبـت بـرای شـکنجه بردنـد و در هـر بـار بیشـتر از پیـش او را می‌زدنـد. جسـم او کامـلاً مجـروح، کوفتـه و داغـان شـده بـود. بـه او سـفارش کـردم کـه جاهـای کبـود و متـورم بدنـش را بـا آب نمـك ولـرم ماسـاژ دهـد. از سـرباز نگهبـان هـم خواهـش کـردم کـه آب گـرم و نمـك را در اختیـارش قـرار دهـد. روز بعـد آن‌چنـان او را مـورد ضـرب و جـرح قـرار داده بودنـد کـه دیگـر قـادر بـه راه رفتـن نبـود. لنگان لنگان و «یاعلـی، یـا مهـدی» گویـان درحالـی کـه دسـتش را بـه دیـوار گرفتـه بـود می‌آمـد. شـکنجه‌ای کـه بـر ایـن مـرد خـدا وارد می‌کردنـد بـی حـد بـود. هـرروز کـه می‌گذشـت جسـم او در اثـر ایـن همـه فشـار و شـکنجه ناتـوان، بـی رمـق و رنجورتـر می‌شـد؛ ولـی بـه هیـچ وجـه حاضـر و

راضی نمی‌شد که کوچك‌ترین نشانه، آدرس و نامی از سیدمهدی طباطبایی در اختیار ساواك قرار دهد.

روزی دیدم که شکنجه و آزار او به حدی رسیده بود که دو سرباز زیربغل او را گرفته و کشان‌کشان به نزدیك سلولش آورده و روی زمین رهایش کردند. بر اثر این کار، صدای دردناك و دل‌خراشش به آسمان برخاست. آنها دهان او را گرفتند و لگدی به او زده و گفتند که صدایت درنیاید.

این روزها از بدترین روزهای عمر من بود، چرا که جلو چشمانم، دوستم را قطعه قطعه می‌کردند. می‌دیدم که جسم نحیف او ذره ذره آب می‌شود. از فکر او شبها، خواب به چشمانم نمی‌آمد. خیلی عذاب می‌کشیدم، دستم بسته بود، نمی‌دانستم که چه کار باید کنم؟ آن روزها خون دل زیادی خوردم و شبهای زیادی به مظلومیت عظیمی گریستم. حاضر بودم که مرا به جای او شکنجه کنند.

هیچ از یاد نمی‌برم صحنه‌ای را که به او گفتم: «عظیمی جان، چند روزی است که از دستگیری تو گذشته و حتما آن سید روحانی متوجه غیبت تو شده و خودش را جمع و جور کرده است، اسمش را بگو، نمی‌توانند او را بگیرند. اگر هم دستگیر شود، حرجی برای تو نیست چرا که تو به اندازه کافی زجر کشیده و مقاومت کرده‌ای.» او پاسخ داد که نه احمد! فردای قیامت چطور جواب مادر او و حضرت زهرا(س) را بدهم.

او برای رهایی از این وضعیت راه‌نمایی برای خودکشی خواست. به او گفتم که این چاره کار نیست، و نهایتا استفاده از پریز برق را پیشنهاد دادم.

ساعتی از این پیشنهاد نگذشته بود که یك دفعه برق رفت. حدس زدم که عظیمی خودکشی کرده است. مأموری داد زد: «از دستشویی است!» بعد چند مأمور آنجا رفته و او را بیرون آوردند،

ولی هنوز زنده بود. تعجب کردم، بعد فهمیدم که ولتاژ برق آنجا فقط قدرت روشن کردن لامپ مهتابی را دارد. و برای از کار انداختن سیستم دفاعی بدن ضعیف است. درنتیجه با اقدام عظیمی تنها فیوز پریده و آسیبی به او نرسیده بود.

همان شب او را برای شکنجه بردند و این بار چیزی از او باقی نگذاشتند. جسم او را پاره پاره کردند به طوری که او را به حالت اغما و در درون پتو به سلولش بازگرداندند. به بهانه‌ای خود را به کنار سلول او رساندم. هیچ صدایی را نمی‌شنید و قادر به کوچک‌ترین حرکتی نبود، دیگر امیدی به زنده ماندن او نبود. به هر کسی که از کنار سلولم می‌گذشت می‌گفتم برای عظیمی دعا کنید او امشب می‌میرد.

صبح که شد، چند سرباز آمده و او را داخل پتو به زندان عمومی بردند. از طریق یکی از بچه‌ها به بند عمومی خبر دادم که عظیمی از خودمان است، نگذارید که بمیرد. در آنجا چند پزشک مسلمان زندانی، برای درمان وی اقدام کردند. پس از یک تلاش مستمر و مراقبت شبانه روزی، با لطف و عنایت خدا عظیمی از مرگ نجات یافت.

بعدها شنیدم که انتقال عظیمی به بند عمومی به خاطر اقدامات و پی‌گیریهایی بوده که همسرش صورت داده بود. او پس از مدتی هم توانست با وساطت یکی از نظامیهای رده بالا، از زندان آزاد شود. البته من این فرج و نجات را ناشی از دعای بچه‌های در بند سلولهای انفرادی می‌دانم.

انتقال به زندان اوین

پس از هشت ماه نشیب و فراز، دیگر طاقتم طاق شد. سلول انفرادی برایم دیوانه کننده شده بود. برای رهایی از این وضعیت و فرار از یکنواختی، تصمیم به اعتصاب غذا گرفتم. فردای آن روز

اعتصاب کردم. زندانبانها متوجه امتناع من از خوردن غذا شدند و به ساواك گزارش دادند. ساعت حدود ده شب آنها به سراغم آمده و علت را جویا شدند. به آنها اعلام اعتصاب غذا کردم و گفتم تا تکلیف و وضعیتم روشن نشود، لب به هیچ چیز نخواهم زد. آنها شروع به تهدید و ارعاب کردند. گفتم که هشت ماه است هر هر بلایی که خواستید سرم آورده‌اید، بدون محاکمه مرا اینجا نگهداشته‌اید، دیگر خسته شده‌ام، تحملم تمام شده است، هر کاری می‌خواهید بکنید. درنهایت مرا می کشید که برای من مرگ آرزوست و بر این زندگی ترجیح دارد...

ساواکیها نتیجه نگرفتند و بازگشتند. فردا صبح ساقی آمد و با لهجه غلیظ ترکی گفت: «احمد! تو باز هم داری شلوغ می‌کنی، ها! مگر کتکها یادت رفته؟» گفتم: «آقای ساقی این دفعه می‌خواهم بمیرم، دیگر حوصله زنده بودن را ندارم و از همه چیز سیر شده‌ام و به آخر خط رسیده‌ام...» ساقی پس از کمی صحبت تهدید کرد که اعتصاب را بشکنم؛ ولی نپذیرفتم و اصرار کردم که باید تکلیفم را روشن کنید و یا حداقل مرا به بند عمومی ببرید. ساقی[1] وعده داد که اگر اعتصابم را بشکنم در روز دیگر (شنبه) تکلیفم را مشخص کند. با توجه به خصوصیاتی که از ساقی سراغ داشتم، باور کردم که پای حرفش می‌ایستد. به خاطر همین حرف او را پذیرفته و اعتصاب را شکستم.

---

1 ـ استوار ساقی ـ مسئول زندان قزل‌قلعه ـ از آن تیپ مردانی بود که در حرفه زندانبانی، احساس مروت و انسان دوستی داشت. او ضمن انجام وظیفه، با زندانیان مهربان بوده، به درد دل آنها گوش می‌کرد و به قدر توان و قدرت خود نسبت به آنها، در هر درجه و مقامی که بودند نیکی می‌کرد... استوار ساقی پس از پیروزی انقلاب دستگیر شد، ولی عده زیادی از زندانیان رژیم شاه از جمله آیت‌الله طالقانی طی نامه‌ای به عنوان دادگاه انقلاب با توضیح روش انسان دوستانه استوار ساقی نسبت به زندانیان، درخواست آزادی او را کردند. دادگاه نیز او را آزاد کرد.
ر.ك: تاریخ سیاسی بیست و پنج ساله ایران نوشته سرهنگ غلامرضا نجاتی

شنبه صبح، استوار انوشه در سلول را باز کرد و گفت: «اسبابت را جمع کن، دنبال من بیا!» فهمیدم که ساقی به حرف خود عمل کرده است. مختصر کهنه لباسم را برداشته و راه افتادم. مرا به زندان عمومی بردند.

زندان عمومی با چند سال پیش آن خیلی تفاوت کرده بود. در فضای جدید به سختی مارکسیست از مسلمان قابل تشخیص بود. آنها، آنقدر با هم قاطی شده بودند که هیچ مرزی بین آنها وجود نداشت. حتی سفره غذای مشترکی داشتند. این صحنه‌ها برای من جای بسی تأسف بود.

من سه روز در زندان عمومی بودم. روز سوم منوچهری ـ جلاد معروف ساواک ـ وارد زندان شد. من او را می‌شناختم، زیرا که در روزهای اول شکنجه‌ام با او مواجه شده بودم. منوچهری پس از گشتی که در زندان زد، به طرف من آمد. شاید قیافه‌ام برایش آشنا آمد. پرسید: «اسمت چیست؟» تا شنید «احمد احمد»، جا خورد و گفت: «احمد احمد هستی؟»، گفتم: «بلی». کمی فکر کرد و رفت. سه ساعت بعد، دو مأمور دیگر آمدند و از من خواستند که لباسهایم را برداشته و دنبال آنها بروم. به نزدیک در زندان عمومی که رسیدیم آنها مچ‌دست مرا به دست فردی دادند که بعدها فهمیدم او حسینی[۱] ـ رئیس زندان اوین ـ است.

---

۱ ـ محمدعلی شعبانی معروف به «حسینی»، جلاد خون‌آشام رژیم. به سال ۱۳۰۲ در خمین به دنیا آمد. وی سالها بازجو و شکنجه‌گر ساواک در زندان اوین و کمیته مشترک بود. او در ۱۳۳۲ که گروهبان رکن ۲ ارتش بود با تأسیس ساواک در ۱۳۳۶ به آنجا منتقل شد. برای مدتی مدیر داخلی بازداشتگاه اوین بود. با ایجاد کمیته مشترک خرابکاری در سال ۱۳۵۱، به آنجا منتقل گردید. سخت‌ترین و صعب‌ترین شکنجه‌های کمیته مشترک به نام او ثبت شده است.
آقای جواد منصوری در مورد حسینی در خاطرات خود چنین می‌گوید:
«حسینی» بواقع یک گرگ و به تعبیر برخی گوریل و کفتار بود. او شخصاً زندانیان را وحشیانه شکنجه می‌کرد و برخوردهایی بسیار تند، تحقیرآمیز و بعضاً وحشیانه داشت. حسینی یک استوار ارتش بود که به علت هیکل و قیافه بسیار

سوار یك خودرو شده و راه افتادیم. حسینی از من خواست كه سرم را پایین بگیرم، بعد كتم را بر سرم كشیدند. به‌این ترتیب من نیمه اول اسفند سال ۵۰ وارد زندان اوین شدم.

مرا وارد اتاقی كردند، حدود سه ساعت انتظار كشیدم تا حسینی همراه یك گروهبان آمد. قیافه حسینی برایم جالب بود، دهان او به نحو خاصی همیشه باز بود، گویی كه همیشه می‌خندد. او حتی وقتی كسی را كتك می‌زد این حالت توهمی خنده را داشت. در این موقع فكر می‌كردیم كه مورد تمسخر او هستیم. حسینی پرسید: «می‌دانی اینجا كجاست؟» گفتم: «اوین.» گفت: «ما اینجا پوست می‌كنیم...»

حسینی تمام صحبتش با تهدید و ارعاب همراه بود و چندین مرتبه هم زد توی ملاجم. به او گفتم: «چرا می‌زنی؟» گفت:

بزرگ و بدقواره‌اش موجب ترس عده‌ای می‌شد. حسینی علی‌رغم سن زیاد و سابقه خدمت طولانی تا آخرین روزهای رژیم شاه مشغول كار بود. پس از پیروزی انقلاب تلاش زیادی برای دستگیری وی شد و بالاخره او زمانی كه با پاسداران مواجه شد با سلاح كمری خود، خودكشی كرد و پس از چند روز در بیمارستان به هلاكت رسید.»

ر.ك: خاطرات جواد منصوری

روزنامه كیهان نیز در تاریخ ۱۳۵۷/۱۲/۲۶، زیر عنوان «استاد شكنجه جوانان چگونه به دام افتاد» چنین می‌نویسد:

«... از چندی پیش به كمیته انقلاب مسجد صاحب الزمان اطلاع داده شده بود كه حسینی بازجو و شكنجه گر معروف ساواك در زندان اوین، در منزلش واقع در خیابان خوش شمالی سكونت دارد. از این رو پاسداران چند روز خانه وی را تحت نظر گرفتند و هنگامی كه با محاصره خانه می‌خواستند برای دستگیری او اقدام كنند، حسینی با اسلحه كمری اقدام به خودكشی می‌كند... حسینی را همه ایرانیان، كم و بیش می‌شناسند و از نظر بین‌المللی نیز معروفیتی در سطح اربابش شاه دارد، بعد از سال ۵۰ و گسترش كار كمیته مشترك، حسینی، مظهر خشونت رژیم شد. او در طبقه دوم كمیته، اتاقی داشت: «اتاق حسینی». دیگر لازم نبود، بگویید اتاق شكنجه. نام حسینی، شكنجه‌آور بود. هیكل تنومند و سیه‌چرده دارد. وزنش به صد كیلو می‌رسد، سر كوچكی دارد و چشمان دریده خون‌آلود. به علت نوع كارش، سخت عصبی و متشنج است و دندانهای درازش، با پریدن مدام گونه‌اش، بیرون می‌زند و گویی مدام به ریش انسان می‌خندد.»

«سرت را بینداز پایین، موقع صحبت با من، به چشمهایم نگاه نکن!» پس از خط و نشان کشیدن مرا به سلول شماره ۱۶ بردند.

سلول شماره ۱۶ اوین

وقتی وارد اوین شدیم، ساختمانی دو طبقه در دست راست و ساختمانی با دو ردیف سلول در سمت چپ قرار داشت. در ردیف دوم این ساختمان شانزده سلول بزرگ در حدود ۲/۵×۳ مترمربع، یک اتاق سرپرستی و در انتهای آن بیست سلول انفرادی به مساحت سه مترمربع (۱/۵×۲) قرار داشت که همگی به سیستم گرمایشی شوفاژ مجهز بود. من در سلول انفرادی شماره ۱۶ جای گرفتم. آنجا تازه ساز به نظر می‌رسید. وسایل وامکانات آن هم نصب نشده بود و هنوز گچ‌کاریهای آن خشک نشده بود و رطوبت زیادی داشت، تا حدی که صبحها وقتی از خواب برمی‌خاستم می‌دیدم پتو کاملاً مرطوب است. در اثر رطوبت زیاد، من بیمار شده و به بو حساسیت پیدا کردم. این بیماری بعدها برایم مشکلات و معضلات فراوانی به‌وجود آورد که گاه درحد دیوانه کننده و غیرقابل تحمل بود.

بعد از گذشت چند شب، ناگهان در سلول باز شد و فردی را به داخل انداختند. او کسی نبود جز سعید محمدی فاتح. پس از سلام و علیک دریافتم که حضور او در اینجا بی‌دلیل نیست. برحسب تجربه حدس زدم، وجود او در کنار من حکایت از تشکیل دادگاه در چند روز آینده دارد. آنها از این اقدام دو هدف محتمل را دنبال می‌کردند، اول ما در کنار یکدیگر مطالبمان را چک کرده و هماهنگ کنیم و دیگر آنکه حرفها، مطالب و سخنان ما را با میکروفونهایی که احتمالاً در جاهای مختلف تعبیه شده بود، شنود کنند و در دادگاه از آن سود جویند.

در ابتدا دهانم را به گوش سعید نزدیک کرده و آهسته گفتم:

«امکان شنود است، با اشاره و آرام صحبت کن!» بعد با اشاره و درگوشی شروع به صحبت کردیم. به او گفتم: «سعید! خیلی مواظب باش! تو فقط امشب اینجا هستی، مواظب حرفهایی که می‌زنی باش. یواش بگو که چه اطلاعاتی از من به آنها داده‌ای؟» گفت: «من جریان ملاقات با ماسالی و رضایی و مکاتباتی را که با تو داشته‌ام گفته‌ام.» گفتم: «من از اینکه مرا لو داده‌ای ناراحت نیستم، خب مبارزه از این نوع مسائل هم دارد. هرچه که بوده گذشته و الان هم ممکن است به تو اعدام دهند و شاید به من هم پانزده سال زندان ولی ما باید امید داشته باشیم که از اینجا بیرون برویم، و خط مبارزه را دنبال کنیم.»

او گفت که خیلی شکنجه‌اش داده‌اند. ما آن شب را تا صبح با هم حرف زده و مطالبمان را منطبق کردیم. حدود ساعت ۹ صبح مأمورین آمده و سعید را بردند. من منتظر ماندم تا بزودی محاکمه شوم.

یک روز صبح که از دستشویی بازمی‌گشتم، ناگهان با آقای هاشمی رفسنجانی در سلولم مواجه شدم. پرسیدم که حاج آقا اینجا چه کار می‌کنید؟ گفت: «دو سه روز بعد از آن واقعه (سخن‌رانی و آب ریختن اجباری به دهان در قزل قلعه) مرا به اینجا آوردند.» سئوال کردم که چرا آن روز در مقابل ریختن آب به دهانتان مقاومت کردید؟ درحالی که نیاز نبود آن همه سختی بکشید و روزه اتان هم باطل نمی‌شد. آقای هاشمی با تبسمی گفت: «بله! من مسئله‌اش را می‌دانم. ولی باید مقابل اینها مقاومت کرد، برای هر کاری و برای هر چیزی.»

وی سپس توصیه کرد که به بچه‌ها بگو، مواظب برخوردهایشان با حسینی باشند. فریب کره و ماستی را که به آنها می‌دهند، نخورند. عزت خود را حفظ کنند. در آخر من از حاج آقا خواستم اگر می‌تواند به بیرون خبر دهد که مرا به اوین آورده‌اند. سپس

با هم روبوسی و خداحافظی کردیم.

بازجویی و بازپرسی

چند روز بعد از مواجهه من با سعید محمدی فاتح، مأمورین به سراغم آمدند. چشمها و دستهایم را بسته و سوار اتوبوس کردند. سپس از اوین خارج شدیم. در اتوبوس کنار دست من فردی آرام نشسته بود. از او پرسیدم: «شما کی هستید؟» گفت: «یك بچه مسلمان!» گفتم: «اسم من احمد احمد است.» گفت: «اِ احمد احمد! عضو حزب ملل، حالت چطور است، اسمت را شنیده بودم.»

گفتم: «اسم شما؟!» گفت: «من هم محمد حنیف‌نژاد هستم[1].» کمی جا خوردم، با هم گرم صحبت شدیم، او برای بازخوانی پرونده‌اش می‌رفت تا برای دادگاه دوم (تجدیدنظر) آماده شود. به حنیف گفتم: «پشت سرت حرفهایی هست،

---

۱ ـ محمد حنیف‌نژاد به سال ۱۳۱۷ در خانواده‌ای تهی‌دست در شهر تبریز متولد شد. او فعالیتهای سیاسی، اجتماعی و مذهبی خود را از شرکت در هیئتهای مذهبی آغاز و با ورود به دانشگاه تهران به اوج رساند. وی در دانشکده کشاورزی نماینده دانشجویان در جبهه ملی ایران شد. وی در این دوره به عنوان عضو فعال نهضت آزادی و مسئول انجمن اسلامی دانشجویان دانشکده محسوب می‌شد. از این رو دو روز قبل از رفراندوم قلابی شاه در ۱۳۴۱ چهارم بهمن دستگیر و به مدت هفت ماه در زندانهای قزل قلعه و قصر محبوس شد. او در زندان ضمن ادامه فعالیتهای خود با مرحوم آیت الله طالقانی آشنا شد و در مباحث تفسیر قرآن و سایر سخنرانیها و کلاسهای وی حاضر شد. شهید حنیف‌نژاد پس از آزادی از زندان در سال ۴۲ در رشته ماشین آلات کشاورزی فارغ التحصیل شد و به خدمت سربازی رفت. وی در سال ۴۴ به همراه سعید محسن، علی‌اصغر بدیع زادگان و سایر دوستانش، سازمان مجاهدین خلق ایران را با مشی مسلحانه پایه ریزی کرد. این سازمان در شهریور سال ۱۳۵۰ ضربه سختی از ساواك خورد و پنجاه تن از اعضای فعال آن دستگیر و روانه زندان شدند. حنیف‌نژاد توانست مدتی خود را از چشم ساواك دور نگهدارد ولی به خاطر اعتراف یکی از اعضای سازمان، محمد حنیف نژاد نیز شناسایی و دستگیر شد. او سرانجام در چهارم خرداد سال ۱۳۵۱ چند روز قبل از سفر جنجالی نیکسون به ایران، به همراه چهار تن از یارانش تیرباران شد.

می‌گویند چرا به‌بچه‌های دیگر سازمان (مجاهدین خلق) حکم اعدام داده‌اند ولی به تو، نه!» گفت: «خودم هم این حرفها را شنیده‌ام و می‌دانم. به خدا قسم من در دادگاه خوب ایستادم، نمی‌دانم چرا آنها این طور برخورد کردند! ولی این بار در دادگاه تجدیدنظر کاری می‌کنم که حکم اعدام مرا هم صادر کنند.» بعدها شنیدم که حنیف در دادگاه تجدیدنظر کتاب قانون راپرت کرده و به عکس شاه کوبیده است. دادگاه هم برآشفته و حکم اعدام وی را صادر می‌کند.

وقتی به چهارراه قصر رسیدیم اتوبوس وارد دادسرای ارتش (دادسرای نیروهای مسلح) شد. همه از آن پیاده شدند. چشمبندها را که کنار زدند چهره شهید محمد حنیف‌نژاد و حدود پانزده نفر از بچه‌های مارکسیست از گروه مسعود احمدزاده[1] را دیدم. با

---

۱ ـ دومین گروهی که در ایجاد سازمان چریکهای فدایی خلق مداخله داشت از گروه جوانانی بودند که در سالهای ۴۶ و ۴۷ فعالیت سیاسی می‌کردند. دو تن از مؤسسین اصلی گروه، مسعود احمدزاده و امیر پرویزپویان بودند که سابقه فعالیت سیاسی آنها نیز به دوران نهضت ملی شدن صنعت نفت می‌رسید.
مسعود احمدزاده، وابسته به یک خانواده سرشناس و روشنفکر مشهد بود، که اعضای آن از دوره سلطنت رضاشاه در مخالفت با رژیم پهلوی شهرت داشتند و از طرفداران استوار دکتر محمد مصدق بودند، پس از کودتای مرداد ۱۳۳۲ همکاری خود را با جبهه ملی، سپس نهضت مقاومت و نهضت آزادی ایران ادامه دادند. احمدزاده، هنگام تحصیل در دبیرستان، انجمن دانش‌آموزان مسلمان را ایجاد کرد و ضمن وابستگی به جبهه ملی، در تظاهرات ضد دولت مشارکت داشت. پس از پایان دوره دبیرستان به تهران آمد و در دانشگاه صنعتی آریامهر به تحصیل پرداخت و از همان زمان، گرایش مارکسیستی پیدا کرد و در سال ۱۳۴۶ با تشکیل یک گروه مخفی، شامل چند تن از دوستان دانشجو، به مطالعه آثار رژیس دبری ـ RegisDebray ـ نویسنده و انقلابی فرانسوی، کارلوس مارگلا ـ Carlos Marghelle ـ انقلابی برزیلی و نظریه‌پرداز نبرد مسلحانه و چه گوارا، انقلابی و هوادار جنگهای چریکی در امریکای لاتین پرداختند. در سال ۱۳۴۹، احمدزاده به عنوان تئوریسین فداییان خلق، رساله‌ای زیر عنوان مبارزه مسلحانه، استراتژی و تاکتیک نوشت. ر.ک: تاریخ سیاسی بیست و پنج ساله ایران
در آغاز دهه ۱۳۵۰ گروه احمدزاده ـ پویان با چند تن از گروه سیاهکل (حمید اشرف، صفایی فراهانی) پیوند خوردند و چریکهای فدایی خلق را پدید آوردند.

هـم احوالپرسـی کـرده و بعـد بـرای بازخوانـی پرونـده و تعییـن وکیـل رفتـم.

از همـان روز مـرا بـا ۳۶ نفـر از بچههـای گـروه احمـدزاده همبنـد کردنـد. صبحهـا بـرای بازخوانـی پرونـده بـه چهارراه قصـر رفتـه و بعدازظهرهـا بـه زنـدان بازمی گشـتیم. بودن در میان مارکسیستها دشوار بـود، ولـی میبایسـت تحملشـان مـی کـردم. آنهـا نیـز وجـود مـرا مزاحـم خـود میدیدنـد. بـا دیـده شـك و تردیـد بـه مـن نـگاه مـی کردنـد. تـا اینکـه یـك روز احمـد احمـدی، پزشـکی کـه از آنهـا بـود، در جریـان یکـی از بازپرسـیها بـا محمـد حنیفنـژاد برخـورد کـرد و بـه او گفت کـه فـردی بـا ایـن مشـخصات بیـن مـا هسـت کـه نمـاز میخوانـد و از معاشـرت بـا مـا پرهیـز مـی کنـد. شـهید حنیفنـژاد مـی گویـد او از بچـه مسـلمانها و قابـل اعتمـاد اسـت، احمـد قبلاً بـه خاطـر فعالیتهایش در حـزب ملـل اسـلامی بـه زنـدان رفتـه اسـت. آنهـا بـا دریافت ایـن خبـر شكشـان نسـبت بـه مـن برطـرف شـد و بـرای معـذرت خواهـی بـه نـزدم آمدنـد. مـن بـه آنهـا گفتـم کـه برخوردشـان طبیعـی اسـت چـرا کـه یکـی از اصـول خـودم ایـن اسـت کـه مـیگویـم از دو نفـر احتمـالاً یکـی جاسـوس و ساواکـی اسـت.

پـس از آن دیـدار، رفتـار آنهـا بـا مـن تغییـر کـرد و جـای بهتـری را بـرای خـواب بـه مـن دادنـد. در بعضـی جلسـات عمومـی نیـز مـرا شـرکت میدادنـد و بـرای برخـی کارهایشـان بـا مـن مشـورت مـی کردنـد. بـا تمـام رابطـهای کـه بیـن مـن و آنهـا ایجـاد شـد، رعایت طهـارت از نجاسـت، بویـژه هنـگام صـرف غـذا سـرلوحه کارهایـم بـود. مـن بـدون رودربایسـتی ظـرف غذایـم را از آنهـا جـدا کـرده و یـا اگـر دسـتتر آنهـا بـه مـن میخـورد، خـودم را آب مـی کشـیدم و آنهـا هـم از ایـن برخـورد مـن ناراحـت نمیشـدند؛ حتـی خودشـان

ترور سـپهبد فرسـیو ـ رئیـس دادسـتانی نظامـی ـ بـه تاریـخ ۱۳۵۰/۱/۱۸ از اولیـن گامهـای ایـن پیونـد محسـوب میشـود.

هم سعی در رعایت حال من داشتند.

در یکی از جلسات عمومی، آنها نحوه دستگیری و ساده‌لوحی رقیه دانشگری را که منجر به دستگیری گسترده افراد گروه شده بود بررسی کردند. آنها می‌گفتند که رقیه دانشگری در خانه تیمی توسط ساواک دستگیر شد و در برابر شکنجه، اذیت و آزار ساواک مقاومت زیادی از خود نشان داد. هنگامی که ساواک از به حرف درآوردن رقیه مأیوس شد، افسری از شهربانی با فریب به او نزدیک شده و خود را فردی مذهبی و دلسوز او جا می‌زند. دانشگری به خاطر رفتار فریبکارانه او، اعتمادش جلب شده و شماره تلفن مادرش را در اختیار او قرار می‌دهد تا به این طریق خبر سلامتی و علت غیبت طولانی خود را به خانواده‌اش برساند. افسر شهربانی هم شماره را در اختیار ساواک می‌گذارد. به این ترتیب با کنترل شماره تلفن خانه پدر رقیه دانشگری باقی افراد نیز لو رفته و دستگیر می‌شوند.

روزی علیرضا ناب‌دل به من گفت که با صمد بهرنگی و یك نفر سرباز از گروه خود، به کنار رودخانه ارس می‌روند که بهرنگی به داخل رود افتاده و غرق می‌شود. آنها هم نمی‌توانند او را نجات دهند. بعد در گروه تصمیم می‌گیرند که شایع کنند صمد توسط ساواک کشته شده است. ناب‌دل درعملیات خلع سلاح کلانتری خیابان بوذر جمهری (۱۵ خرداد) در خیابان پاچنار تیر خورده، زخمی و دستگیر شد. او را به بیمارستان شهربانی منتقل کردند. بعد از گذشت ۲۵ روز او خود را از طبقه دوم پایین انداخت تا فرار کند، ولی بر اثر این پرش شکمش پاره شد و ساواک حدس زد که او اطلاعات و حرفهایی دارد. او را تحت‌فشار گذاشتند. سرانجام ناب دل که فکر می‌کرد حتما افراد شاخه در این مدت مخفی شده و محلهای خود را پاک کرده‌اند، آدرس چند نفر را لو داد...

روزی حسینی وارد بند ما شد، بچهها جلو او به احترام بلند شده و ایستادند، ولی من بلند نشدم. او بچهها را کنار زد و به طرف من آمد، سپس سیلی محکمی به گوشم زد و گفت: «پاهایت قلم شده، نمیتوانی بلند شوی...» من سکوت کرده و چیزی نگفتم. او به پرخاش و ناسزای خود ادامه داد و سربازی را صدا کرد و گفت: «چشم این پدرسوخته را ببند و بیاور!» بعد مرا به اتاق دیگری بردند. در آنجا حسینی گفت: «احمق! تو کی آدم میشوی؟! سلام بلد نیستی؟! پاهایت قلم شده، بلند نمیشوی؟! ولی من تو را آدم میکنم...»

بعد او حدود یک ربع به شدیدترین وجه مرا کتک زد، تا اینکه دستان خودش از شدت ضربات سرخ و خسته شد. سپس دستور داد تا مرا به بند دیگری ببرند.

جالب بود وقتی وارد این بند شدم، متوجه شدم که آنها هم از یک گروه مارکسیستی و چپی معروف به گروه جریان[1] هستند. آنها دادگاه اول خود را طی کرده و در انتظار دادگاه تجدیدنظر بودند. آنها نیز پس از یکی دو روز به وجود من عادت کرده و برخی هم با من صمیمی شدند و از اهداف و فعالیتهایشان برایم گفتند.

هر روز برای چند ساعت مرا به بازپرسی میبردند. برایم جای تعجب بود که چرا حتی یک جلسه سعید محمدی فاتح در بازپرسی با من مشترکا حضور نمییافت. حدس زدم که پرونده او را از پرونده من جدا کرده باشند. و بعدها سعید گفت که پدرش با اعمال نفوذ و از طریق رابطه با افسری عالیرتبه به نام ناصر[2]، پروندهها را از هم جدا کرده است، تا از شدت

---

۱ ـ گروه جریان، گروهی که معتقد به کار سیاسی به معنای تهیه و تکثیر جزوات و پخش آنها در محافل روشنفکری بود. نام دیگر این گروه پروسه است و غالبا از عناصر تودهای قدیم تشکل یافته بودند.

۲ ـ این افسر، معروف به ناصر زاغی بود. که در کودکی یتیم شده بود. مادر

احکام صادره بکاهد. چنین حدسی برای من این امکان را داد تا به راحتی مطالب و صحبتهای قبلی سعید را درخصوص خودم تکذیب کنم.

بعد از بازپرسیهای مکرر مرا به زندان عمومی اوین منتقل کردند. در تاریخ ۵۱/۲/۶، رئیس شعبه ۷ بازرسی، خطاب به ریاست زندان قزل‌قلعه[1] نوشت: «چون بازجویی از نامبرده بالا (احمد احمد) خاتمه یافته است ملاقات وی با بستگانش برابر مقررات داخل زندان از نظر این بازپرسی بلامانع می‌باشد».

بعد از تکمیل پرونده و پس از چند بار اخطار، مرا وادار کردند تا تقاضای وکیل تسخیری کنم. و آنها نیز سرهنگ بازنشسته‌ای را به نام کلهری برای وکالت من معرفی کردند.

نقشه ناکام فرار

حکم اعدام ۲۱ نفر از گروه مارکسیستی احمدزاده مشخص شد. من نقشه فراری را در ذهن دنبال می‌کردم و برای تکمیل آن نیاز به اطلاعات و شناسایی داشتم، از این‌رو هنگام رفت و آمد برای بازپرسی، شناساییهای اولیه را انجام دادم. دریافتم که زندان دارای خیابانی با جهت شمالی ـ جنوبی است که در سمت شرق آن ساختمانی قرار داشت که تعدادی از پنجره‌های آن مشرف به خیابان و تعدادی هم مشرف به حیاط بود. حیاط به یک دیوار

او و برای گذران زندگی به پدر سعید مراجعه می‌کند. وجیه الله محمدی فاتح نیز او را تحت حضانت خود می‌گیرد و با کمکهای مالی ناصر را به دانشکده نظام می‌فرستد. و این اقدام افسر در کمک به سعید محمدی فاتح به نوعی شکرگزاری از پدر سعید تلقی می‌شد.

۱ ـ احمد در این تاریخ در زندان اوین بسر می‌برد. و خطاب‌نامه به ریاست زندان قزل‌قلعه از آنرو بود که ابتدا آقای احمد در زندان قزل قلعه زندانی و برایش تشکیل پرونده شده بود. به‌خاطر همین او را به عنوان زندانی زندان قزل‌قلعه و اوین می‌شناختند.

سـه متـری بـا نـرده حفـاظ آهنـی ختـم می‌شـد و در آن طـرف دیـوار رودخانه‌ای قـرار داشـت کـه فاصـله آن تـا بـالای دیـوار حـدود شـش متـر بـود. یعنـی رودخانـه از کـف حیـاط سـه متـر هـم پاییـن‌تـر بـود. در ایـن محـدوده یـك دكل نگهبانـی كـه یكـی دو متـر بالاتـر از دیـوار بـود بـرای مراقبـت و حفاظـت وجـود داشـت.

پـس از كسـب اطلاعـات لازم و شناسـاییهای دقیـق، بـا بچه‌هـای احمـدزاده شـروع بـه سسـت كـردن دو تـا از میله‌هـای فلـزی سـلول كردیـم تـا هنگـام فـرار از لای نرده‌هـای فلـزی بگذریـم. زیلویـی را كـه در كـف سـلول بـود شـكافتیم و از بندهـای بـه دسـت آمـده طنـاب محكمـی بـه طـول شـش تـا هفـت متـر بافتیـم.

برنامـه بـرای فـرار تنظیـم و كامـل شـد. قـرار شـد كـه ابتـدا دو نفـر روی ایـن دكل مرتفـع پریـده و بـا فشـاری كـه بـر آن می‌آورنـد، موجـب سـقوط آن شـوند. البتـه ایـن احتمـال وجـود داشـت كـه ایـن دو نفـر جـان خـود را از دسـت بدهنـد. پـس از سـقوط دكل، بلافاصلـه بایـد افـراد بـا اسـتفاده از طنـاب از دیـوار پاییـن برونـد و از طریـق رودخانـه از محـدوده زنـدان خـارج شـوند.

تمـام برنامه‌هـا را بـا عبـاس مفتاحـی و مسـعود احمـدزاده تهیـه و كامـل كردیـم. جلسـه‌ای بـرای نهایـی كـردن برنامـه تشـكیل دادیـم. متأسـفانه در ایـن جلسـه بعضیهـا جـا زدنـد. آنهـا بـا بهانه‌هـای مختلـف از جملـه، مسـلح بـودن نگهبانـان بـه اسلحه‌هـای خـودكار «یـوزی» و... از پذیرفتـن و اجـرای طـرح شـانه خالـی كردنـد. ایـن حماقـت آنهـا بـود، چـرا كـه بیشـتر آنهـا حكـم اعـدام داشـتند و فرقـی نمی‌كـرد كـه در فـرار یـا چوبـه دار كشـته شـوند. حُسـن كشـته شـدن هنگام فـرار ایـن بـود كـه یـك قهرمـان محسـوب می‌شـدند. ولـی آنهـا بـا مخالفـت خـود ایـن فرصـت را از دسـت دادنـد.

ضمنـا اگـر نقشـه موفـق از آب درمی‌آمـد، عـلاوه بـر فـرار و زنـده مانـدن چنـد نفـر، شـاید می‌شـد بـه واسـطه تبلیغاتـی كـه آنهـا در

بیرون از زندان راه می‌انداختند؛ از اعدام بقیه جلوگیری کرد. من هرچه بر اجرای آن اصرار و پافشاری کردم، بی‌فایده بود و موفق به تغییرنظر آنها نشدم. این درحالی بود که می‌بایست منی که حداکثر به چند سال زندان محکوم می‌شدم، این محاسبات را می‌کردم و از پی‌گیری برنامه فرار سر باز می‌زدم؛ چرا که ماندن در زندان برای من، در هرحال مساوی بود با زنده ماندن، ولی در فرار احتمال کشته شدن وجود داشت.

به هرحال با مخالفت چند نفر بقیه نیز از اجرای نقشه فرار منصرف شدند و دیگر عملی شدن این طرح به تنهایی امکان‌پذیر نبود.

دادگاهی دیگر

بیش از یک ماه بود که با بچه‌های فداییان خلق همبند بودم و هر روز برای بازجویی و پرونده خوانی به دادسرای ارتش می‌رفتم که خبر دادند در تاریخ ۵۱/۳/۱۴ اولین جلسه دادگاه بدوی برای محاکمه من تشکیل می‌شود.

حسن صفاکیش، رئیس دادگاه بود. او در سال ۴۴، هنگام محاکمه اعضای حزب ملل اسلامی، دادستان بود. هنگام ورود من به دادگاه، همدیگر را شناختیم. در این دادگاه، سروان محسن مهدوی و سرگرد رضا رادان، دادرسان و سروان جوهری دادستان و سرهنگ بازنشسته کلهری وکیل تسخیری من بود. (اسناد ۸ و ۷)

من هیچ امید و اتکایی به دفاعیات وکیل تسخیری نداشتم، چرا که فردی که روزگاری خود عامل محاکمه و اعدام بسیاری از افراد بوده انتخابش به عنوان وکیل، نمی‌تواند کاری از پیش ببرد. زیرا که او بینش صحیحی از وضعیت زندانی و متهم و اعتقاد و ایمانی برای رهایی و نجات او نخواهد داشت.

از همین رو وقتی کلهری شروع به دفاع کرد، دفاع او جو منفی

را دامـن زد و بـه صلاحیـت دادگاه مشـروعیت بخشـید. مشـاهده دفـاع ضعیـف و منفـی او، مـرا واداشـت کـه از ادامـه قرائـت لایحـه دفاعیـه او جلوگیـری کنـم. گفتـم کـه دفـاع او را قبـول نـدارم و شـروع بـه بیـان دفاعیـه مکتـوب خـود کـردم. در ایـن دفاعیـه خـود را وطن دوسـت معرفـی کـردم و دلیـل آن را انتخـاب شـدن بـه عنـوان سـپاهی ممتـاز دانسـتم. ارتبـاط بـا برخـی زندانیـان آزاد شـده را تنهـا یـك رابطه دوسـتی و نـه سیاسـی خوانـدم و درخصـوص داشـتن نـام مسـتعار ادعا کـردم آن یـك پیشـنهاد سـاده از طـرف سـعید محمـدی فاتـح بـود کـه مدتـی بـا او در کارخانـه قوطـی سـازی محمـدی دوسـت بـودم. هرگونـه فعالیت سیاسـی بـا او را نیـز رد کـردم. (سـند شـماره ۹)

دادرسـان پـس از شـنیدن متـن دفاعیـه مـن، شـور کردنـد و هـر یـك جداگانـه نظـر خـود را اعـلام کردنـد. آنهـا اتهـام مـرا منطبـق بـا مـاده ۵ قانـون مجـازات مقدمیـن علیـه کشـور دانسـتند، کـه مسـتحق تخفیف نبـود. پـس از آن رئیـس دادگاه مـرا بـه شـش سـال حبـس تأدیبـی محکـوم کـرد. مـن در زیـر حکـم نوشـتم: «چـون از هـر جهـت خـود را بی گنـاه می دانـم و وارد هیچ گونـه جـرم سیاسـی نشـده ام، تقاضـای رسـیدگی مجـدد و اعتـراض دارم.» (سـند شـماره ۱۰)

ده روز پـس از صـدور رأی دادگاه عـادی، دوبـاره مـرا بـه دادسـرای نظامـی واقـع در چهـارراه قصـر فراخواندنـد تـا بـرای دادگاه تجدیدنظـر درخواسـت وکیـل مدافـع کنـم. تعییـن وکیـل بـرای ایـن رونـد قضایـی، بـدون تأثیـر بـود. درنتیجـه برایـم فرقـی نمی کـرد کـه چـه کسـی وکیـل مـن باشـد. بـا ایـن حـال بـه توصیـه بـرادرم قـرار شـد کـه همـان کلهـری را بـه وکالـت بپذیـرم.

از ایـن رو بـرادرم بـه او مراجعـه کـرد و بـا او قـراردادی امضـا کـرد و مبلـغ ده هـزار ریـال بـه عنـوان حق الزحمـه بـه او پرداخـت تـا شـاید بـه ایـن ترتیـب وی را بـه دفـاع مناسـب ترغیـب کنـد.

در تاریـخ ۵۱/۴/۶ دادگاه تجدیدنظـر بـه ریاسـت سـرهنگ حمیـد

آذرنوش و چهار دادرس دیگر (۱. سرهنگ عبدالمحمد براندیش ۲. سرهنگ احمد محبت ۳. سرهنگ فتح الله سهرابیان ۴. سرهنگ محمدرضا صبا) و دادستانی سرهنگ افراخته تشکیل شد.

پس از قرائت اتهام، سرهنگ کلهری به اصطلاح شروع به دفاع کرد. مطالب او کاملاً کلی بود و من دیدم اگر به امید او باشم قافیه را باخته‌ام، به همین علت مثل دادگاه قبل، خود شروع به دفاع کردم. در آخر، دادگاه حکم دادگاه اول را تخفیف داد و آن را از شش سال به دو سال حبس تأدیبی کاهش داد. (اسناد شماره ۱۳ و ۱۲ و ۱۱)

بازگشت به زندان قزل‌قلعه

پس از پایان دادگاه تجدیدنظر مرا به زندان قزل‌قلعه برگرداندند. در آنجا یکی از مارکسیست‌ها آمد و گفت: در سلول بند یک، زندانی‌ای هست و می‌گوید اسمش جواد منصوری است و شما را می‌شناسد. با شنیدن این جمله جا خوردم. پس از مکث و تأملی گفتم که من او را نمی‌شناسم. باورم نمی‌شد که جواد آنجا باشد. این پیام را نوعی دام برای خود می‌دیدم. این خبر مرا در فکر فرو برد و خاطرم را متشتت کرد. نگران بودم از اینکه حزب‌الله لو رفته باشد و مقاومتها و ایستادگیهای ما در برابر آن همه شکنجه و شلاق بی‌فایده بوده باشد؛ ولی این نگرانی بی‌مورد بود. با اینکه جواد، من و سعید در زندان بودیم ولی حزب با مقاومت قهرمانانه جواد منصوری و ناآگاهی سعید از وجود آن، از خطر لو رفتن دور ماند و ساواک کوچک‌ترین اطلاعی از حزب‌الله به دست نیاورده بود.

جواد دوباره پیغام فرستاد که می‌خواهد مرا ببیند. دوباره خود را به ناآشنایی زدم، ولی بعد خود را در یک وقت مناسب به پشت سلول او رساندم و از سوراخی که روی دیوار بود صدا کردم:

«جـواد!» گفـت: «احمـد تویـی!؟» جـواب مثبـت داده و پرسـیدم: «کسـی در سـلولت نیسـت؟ امن اسـت؟» جـواب داد کـه بلـه! مـن تنهـا هسـتم. از او دربـاره زمـان دسـتگیریش سئوال کـردم. گفـت کـه اوایـل خـرداد مـاه همیـن سـال (۱۳۵۱) دسـتگیر شـده اسـت و هنگامـی کـه اسـم مـرا از بلندگـو می‌خوانده‌انـد متوجـه حضـور مـن در قزل‌قلعـه شـده اسـت. مـن نیـز بـه او خبـر دادم کـه دادگاه عـادی و تجدیدنظـر را سـپری کـرده و بـه دو سـال زنـدان محکـوم شـده‌ام. اشـاره کـردم کـه بـا آمـدن تـو (منصـوری) ممکـن اسـت وضعیتم تغییر کـرده و بدتـر شـود. جـواد گفـت: «یـادت باشـد مـن هیـچ ارتباطـی بـا تـو نداشـته‌ام.» گفتـم: «مـن هـم همین‌طـور، هیچ‌چیـز دربـاره تـو و دیگـران نگفته‌ام و یـك کلام هـم دربـاره حـزب اللـه حـرف نزده‌ام.»

دیـدار جـواد منصـوری ایـن یـار دیریـن و مـرد باتقـوا و ایمـان و سـرسـخت و مقـاوم برایـم بسـیار مغتنـم بـود. بـه او گفتم‌کـه؛ جـواد! ایـن دفعـه، زنـدان در مقایسـه بـا دفعـه قبـل شـکنجه و کتـك بیشـتری دارد، آن قـدر تـو را می‌زننـد تـا اقـرار و اعتـراف کنـی. جـواد گفت کـه الحمدللـه تـا الان تـا كـه چیـزی نگفتـه‌ام. گفتـم اگـر فکـر می‌کنی کـه نمی‌توانـی شـکنجه را تحمـل کنـی قـرص و کپسـول خودکشـی برایـت تهیـه کنـم؟ جـواب او برایـم عجیـب و سـخت عبرت‌آمـوز بـود. گفـت: «نـه احمـد! تـا الان كـه حـرف نزده‌ام، بـه لطـف خـدا هـم مقاومـت می‌کنـم، تـو هـم نگـران نبـاش و بـه خـدا توکل کـن[۱].»

او بـه مـن خبـر داد كـه عـزت شـاهی هنـوز زنـده اسـت و خبـر منتشـره درخصـوص اسـامی کشـته شـدگان اتومبیـل حامـل وی در خیابـان فردوسـی اشـتباه اسـت.

---

۱ ـ جـواد منصـوری بـا مقاومـت قهرمانانـه خـود در زیـر شـکنجه‌های سـخت، سـهمگین و سـبعانه دژخیمـان سـاواك، حماسـه‌ای درخـور تحسـین آفریـد، بـه نحـوی کـه در اثـر فشـار و صدمـات وارده، شـنوایی یـك گوشـش را از دسـت داد.

باز هم زندان قصر

بـه دسـتور اداره دادرسـی ارتـش در تاریـخ ۱۳۵۱/۴/۲۸ مـرا بـه زنـدان شـهربانی انتقـال دادنـد. چـون زنـدان در وضعیـت قرنطینه بـود، مـن و سـایرین را بـه صـف کردنـد تا همـه را بازرسـی بدنـی کننـد. آنهـا تمـام لباسـهای زیـر و رو و دهـان زندانیـان را بـه ترتیب جسـتجو و بازرسـی مـی‌کردنـد. نوبـت بـه مـن کـه رسـید، افسر مربـوط گفـت: «دهانـت را بـاز کـن!» گفتـم نمی‌کنـم. نزدیـك بـود درگیـر شـویم کـه مأمـوری دخالـت کـرد و گفـت: «جنـاب سـروان! ایـن زندانـی سیاسـی اسـت و معتـاد نیسـت.» گفـت: «پـس چرا اینجاسـت جـای او را عـوض کنیـد.»

مـرا بـه اتـاق دیگـری بردنـد. سـاعت حـدود دو بعدازظهر بـود کـه بـه سـراغم آمدنـد و گفتنـد کـه بایـد زندانـت عـوض شـود. مـرا بـا خـود بـرده و سـوار اتوبـوس کردنـد. در اتوبـوس دسـت راسـتم بـه دسـت چـپ یـك معتـاد با دسـتبندی بسـته شـد. دقایقی کـه گذشـت معتـاد گفـت کـه حاجـی مـن حوصلـه نـدارم این‌طـوری دسـتم بسـته باشـد. بعـد بـا سـرعت و بـا یـك سـنجاق دسـتبند را بـاز کـرد. او نحـوه بـاز کـردن دسـتبند را بـه مـن هـم یـاد داد.

اتوبـوس همچنـان خیابانهـای شـهر را می‌پیمـود، از مسـیر حرکـت فهمیـدم کـه بـه طـرف زنـدان قصـر می‌رویـم. زندانـی کـه در سـالهای ۴۶ و ۱۳۴۵ پذیـرای(!) مـن و بچه‌هـای حـزب ملـل اسـلامی بـود. وقتـی بـه در زنـدان رسـیدیم، فـرد معتـاد دسـتبند را دوبـاره قفـل کـرد. وارد قصـر شـدیم. پـس از طـی مراحـل اداری مـرا بـه زنـدان شـماره ۴[1] بردنـد. از برخوردهـای اول مسـئولین زنـدان دریافتـم کـه

---

۱ ـ زنـدان شـماره ۴ قصـر، حیـاط بزرگـی داشـت. یـك حـوض در وسـط و چنـد درخـت تـوت در اطـراف حـوض بـود. از در بنـد کـه وارد می‌شـدی، یـك کریـدور تنـگ داشـت کـه جمعـا هفـت اتـاق در ایـن کریـدور بـود. سـه تـا اتـاق نسـبتا بـزرگ و چهـار اتـاق کوچـك. هـر اتـاق پنجره‌هـای بزرگـی داشـت کـه رو بـه حیـاط بـاز

در زندان تغییرات زیادی پیش آمده و زندانیها و مسئولین آن مرا نمی‌شناسند. گویا عوض شده بودند.

ابتدا مرا به زیرهشت بردند. در آنجا ستوانی نشسته بود که با دیدن من شروع به پند و اندرز کرد و گفت که اگر رفتارت در اینجا خوب، معقول و منطقی باشد، عفو خواهی گرفت. من نیز خود را در قبال وعده و وعیدها و تهدید و ارعابهای او، ساده و هالو نشان دادم و خود را به موش مردگی زدم. مقداری هم درباره نظم، سکوت و آرامش و برنامه‌های زندان صحبت کرد و سپس مأموری را صدا کرد و گفت: ببریدش داخل بند زندان شماره ۴.

طبق گفته ستوان، آن ساعت، ساعت استراحت و سکوت زندان بود و باید بدون سر و صدا وارد زندان می‌شدم. به‌طوری که حتی صدای گام برداشتن نیز شنیده نشود. در زندان به آرامی باز شد، وارد کریدور شدم. سکوت و آرامش خاصی حاکم بود. چند قدم پیش رفتم. ناگهان صدای غش غش خنده‌ای تمام فضای سالن را گرفت. تعجب کردم، کسی که می‌خندید فریاد زد: «بچه‌ها! بچه‌ها! احمد کچل آمد...» همین‌طور می‌خندید و داد می‌زد. بچه‌ها هم از اتاقها ریختند بیرون و دورم حلقه زدند. فهمیدم کسی که داد می‌زد و به بقیه خبر ورود مرا می‌داد حاج‌ابوالفضل حیدری[1] است. گویا او هنگامی که از دستشویی برمی‌گشته به ناگاه مرا می‌بیند. به این ترتیب سکوت و آرامش زندان درهم شکست. بچه‌ها مرا روی دوش خود گرفته و فریاد

می‌شد. یک ایوان هم پشت اتاقها بود. یک آلاچیق هم در قسمت پایین حوض درست کرده بودند که شاخه‌های چند درخت انگور آن را می‌پوشاند.

۱ ـ ابوالفضل حیدری فرزند محمود در سال ۱۳۱۹ متولد شد. او زمانی که در بازار تهران به کار فروش حبوبات اشتغال داشت با هیئتهای مؤتلفه اسلامی آشنا شد و به آن پیوست و فعالیتهای مبارزاتی خود را آغاز کرد. او به همراه تنی چند از اعضای هیئت در تاریخ ۱۳۴۳/۱۱/۲۰ پس از ترور حسنعلی منصور، به اتهام اقدام علیه امنیت کشور و حمل اسلحه غیرمجاز دستگیر و به حبس ابد محکوم شد.

می‌زدند: «احمد آمد، احمد آمد، احمد آمد...»

مأموری که همراه من بود گزارش این صحنه را به ستوان مسئول داد. او چون بی‌توجهی مرا به توصیه‌ها و پندهایش دید دیگر با من حرف نزد و به پیش خود نخواند. زیرا فهمید من تازه‌کار نیستم...!

از بچه‌های حزب ملل اسلامی، محمد میرمحمد صادقی، ابوالقاسم سرحدی‌زاده، کاظم بجنوردی و از یاران مؤتلفه آیت اللهمحی‌الدین انواری، حبیب‌الله عسگراولادی، شهید حاج‌مهدی عراقی، ابوالفضل حیدری، هاشم امانی و احمدشاه بداغلو در زندان قصر بودند. با اینکه آنها را خودی می‌دانستم ولی از روی وسواس و احتیاط، درباره حزب‌الله با آنها هیچ صحبتی نکردم و گفتم علت دستگیری و زندانم، مسائل مربوط به سعید محمدی فاتح است.

چند روز اول به تبادل اخبار و اطلاعات گذشت و در روزهای بعد، با مشاهده برخوردها و رفتار زندانیان دریافتم که مرزبندی شدیدی بین مسلمانها و مارکسیستها وجود دارد. مسلمانها کاملاً از مواجهه، تماس و رابطه با مارکسیستها احتراز می‌کردند.

برنامه‌های عادی من در زندان از سر گرفته شد. کتاب مطالعه می‌کردم. پای کلاسهای آیت‌الله انواری و آقای حبیب‌الله عسگراولادی و آقای عزت‌الله سحابی می‌رفتم. در مجموع برنامه جامع و منظمی برای خود تهیه و اجرا کردم.

برنامه غذا هنوز مثل گذشته بود، و حاج مهدی عراقی مواد غذایی را تحویل گرفته و خودش با کمک سایر دوستان می‌پخت. در برنامه ورزش، بیشتر به دنبال پینگ‌پنگ و والیبال بودم و در مسابقات ورزشی که گاهی صحنه رویارویی دو جریان و دو ایدئولوژی (اسلامی ـ مارکسیستی) بود شرکت می‌کردم. برتری ما مسلمانها در این دو رشته ورزشی با وجود آقای سرحدی‌زاده

مسلم بود. نماز جماعت نیز در اوقات خود برقرار بود. شبهای باصفایی را در آنجا پشت سر گذاشتیم. در محوطه زندان با یکدیگر قدم می‌زدیم و دوستان گاهی سیگار می‌کشیدند. در این میان مراسمهای عبادی ـ اسلامی نیز در سر جای خود برگزار می‌شد.

روزهای قصر با آن یاران قدیمی، روزهای خاطره انگیزی بود که اثری زیربنایی در ساخت فکری و اندیشه‌ای ما داشت. و با این حال و هوا روزها از پی هم می‌گذشت.

زندان قزل‌حصار[1] و آزادی دوباره

شانزدهم شهریور سال ۱۳۵۱ مهدی رضایی اعدام شد. بچه‌ها تصمیم گرفتند در اتاق بزرگی که به اصطلاح به آن «اتاق اجتماع»[2] می‌گفتند برای او مجلس ترحیمی برگزار کنند. در این مراسم بزرگداشت فرد اصلی و صاحب مجلس آیت الله انواری بود که دم در اتاق نشسته بود و افراد می‌آمدند و به او تسلیت می‌گفتند.

در این میان چند نفر از مارکسیستها برای ساواکیها خبر مراسم یادبود را بردند. ساواک پس از کلی تحقیق و تفحص پنج نفر از عوامل اصلی این مراسم (احمد شاه بداغلو، حسین حسینی زاده، ابوالقاسم سرحدی زاده، سیدمحمد کاظم موسوی بجنوردی و من) را بازداشت و پنج شبانه روز به سلول انفرادی انداخت. سپس شورایی را تشکیل داد و هر یک از ما را به نقطه‌ای تبعید کرد. چون از زندان و حبس مقرر من نُه ماه بیشتر باقی نمانده بود

---

۱ ـ زندان قزل حصار در شهرستان کرج قرار دارد.

۲ ـ اتاق اجتماع زندانیان از سایر اتاقهای بند بزرگ‌تر بود. از این‌رو زندانیان جلسات و مراسم مختلف خود را در آنجا برگزار می‌کردند. در برخی زندانها این اجتماع در اتاق شکل می‌گرفت که شخصیت بارز و مهمی در آن زندانی بود.

مـرا بـه قـزل حصـار بردنـد تـا بـرای تصمیمـات بعـد زیاد دور نباشـم. (اسنـاد شـماره ۱۵ و ۱۴)

در زنـدان قـزل حصـار مـرا بـه بنـد ۱ کـه مختـص زندانیـان سیاسـی بـود، بردنـد. وقتـی وارد بنـد شـدم، ناگهـان دم در از دسـت راسـت ناصـر نراقـی جلـو رویـم ظاهـر شـد. یکـه خـورد و گفـت: «یا الله! احمـد آقـا!...» و شـروع کـرد بـه روبوسـی.

سـپس مـرا بـه اتـاق خـود بـرد. محمدحسـن ابن‌الرضا[1] نیـز آنجـا بـود. از دیـدن یکدیگـر بسـیار خوشـحال شـدیم. بعـد فهمیـدم کـه از بچه‌هـای مؤتلفـه اسـلامی، شـهید اسـدالله لاجوردی[2] نیـز در آنجـا

---

۱ ـ سیدمحمدحسـن ابن‌الرضـا فرزنـد سـیدابوالفضل بـه سـال ۱۳۲۵ در قنات‌آبـاد تهـران به‌دنیـا آمـد. او در خانـواده‌ای پـرورش یافـت کـه بـه جمعیـت فداییـان اسـلام و شـهید نـواب صفـوی و شـهید واحـدی علایقـی داشـتند. محمدحسـن در سـنین جوانـی در راه‌پیمایـی روز عاشـورای ۱۳۴۲ شـرکت کـرد. وی کـه پـس از اخـذ دیپلـم بـه شـغل معلمـی روی آورده‌بـود، بخشـی از سـاعت کلاس‌های درس خـود را بـه بیـان مسـائل سیاسـی می‌پرداخـت. وی در اوایـل سـال ۱۳۴۴ بـه عضویـت حـزب ملـل اسـلامی درآمـد و پـس از کشـف حـزب در مهـر سـال ۴۴، او نیـز دسـتگیر و پـس از طـی دادگاه بـدوی و تجدیدنظـر بـه هشـت سـال زنـدان محکـوم شـد. او در مـدت محکومیـت خـود بـرای چندیـن مـاه بـه زنـدان سـاری تبعیـد شـد و روزهـای تلخـی را گذرانـد. او پـس از آزادی در سـال ۱۳۵۲ و بـا اقدامـات حمایتـی و پشـتیبانی در صحنـه مبـارزه باقـی مانـد تـا نهضـت بـه پیـروزی رسـید.

۲ ـ شـهید اسـدالله لاجـوردی، در سـال ۱۳۱۴ در تهـران متولـد شـد. او تحصیـلات اولیـه را تـا سـیکل ادامـه داد و پـس از آن در پـای درس‌های مرحـوم حجـت الاسـلام سیدعلـی شـاهچراغی حاضـر شـد. وی بـرای تأمیـن معـاش خـود و خانـواده در بـازار تهـران مشـغول شـد. در سـال ۱۳۴۲ بـه عضویـت شـورای مرکـزی هیئت‌های مؤتلفـه اسـلامی درآمـد. یـك سـال بعـد در ارتبـاط بـا اعـدام انقلابـی حسـنعلی منصـور دسـتگیر و بـه دو سـال زنـدان محکـوم شـد. او در جریـان مسـابقه فوتبـال ایـران و اسـرائیل یکـی از عوامـل انفجـار دفتـر هواپیمایـی اِل.عـال (El.Al) بـود، از ایـن‌رو دسـتگیر و بـه چهـار سـال زنـدان محکـوم شـد و مـورد شـکنجه‌های وحشـیانه قـرار گرفـت. بـه طـوری کـه در اثـر آن چشـمانش کم‌سـو و کمـرش دچـار نقیصـه شـد. او در ایـن مـدت زندان‌های قزل‌قلعـه، قصـر، قزل‌حصـار و مشـهد را از سـر گذرانـد و پـس از طـرح فضـای بـاز سیاسـی در کشـور در تاریـخ ۱۳۵۶/۵/۲۷ از زنـدان آزاد شـد. شـهید لاجـوردی در سـال ۱۳۵۷ بـه کمیتـه اسـتقبال از امـام پیوسـت و پـس از پیـروزی انقلاب اسـلامی در مسـئولیت‌های مختلفـی از جملـه دادسـتانی انقلاب اسـلامی و ریاسـت کل زندان‌هـای کشـور خدمـت کـرد و

به‌سر می‌برد.

روز بعد صحنه‌هایی که دیدم بسیار جالب بود. در آنجا برخلاف زندان قصر هیچ تمایزی بین مسلمان و مارکسیست نبود. علت را از لاجوردی پرسیدم، گفت که اینجا جو بسیار نامناسب است و باید از اختلاف اجتناب، و در مسائل تقیه کرد و این یک ضرورت است.

در قزل حصار مسلمانها در اقلیت بودند، به خاطر همین از برخورد مستقیم و متعارض با مارکسیستها و حتی با مجاهدین خلق اجتناب می‌کردند. در مواردی که مسلمانها با مارکسیستها صراحتا مخالفت و برخورد می‌کردند، در قبالش ضربات و آسیبهای جبران ناپذیری از ناحیه آنها می‌خوردند؛ لذا ضمن رعایت احتیاط از حیث مسائل شرعی با آنها نیمه معاشرتی نیز داشتند.

من نیز در آن زندان برنامه‌های عادی خود را دنبال کرده و به عبادت، مطالعه، ورزش و... پرداختم. کار قلاب‌بافی را زیرنظر شهید لاجوردی شروع کردم و توانستم در مدت کوتاهی توریهای زیبایی ببافم.

در آن زندان بود که با محسن طریقت، فرهاد صفا، سیدعلی سید احمدیان و عباس داوری آشنا شده و شروع به بررسی مبانی فکری مجاهدین خلق کردم و برای کسب اطلاعات و تحلیلهای بیشتر در این زمینه، در کلاسهای دکتر سیداحمد طباطبایی حاضر می‌شدم.

ما برای دوری از نجاست مارکسیستها، تا مدتی برنامه‌ها را به شکلی پیاده می‌کردیم که تحویل و تقسیم غذا به عهده بچه‌های مسلمان بیفتد، ولی این امر دیری نپایید و آنها متوجه نقشه و طرح ما شدند. برای جبران و تلافی این عمل، خود رفته

____

سرانجام در تابستان سال ۱۳۷۷ به دست عوامل کوردل سازمان منافقین به شهادت رسید.

و غـذا را تحویـل می‌گرفتنـد. درنتیجـه مـا آن غـذا را نمی‌خوردیـم و به نـان خالـی اکتفا می‌کردیم.

حدودا یـك مـاه بعد شهید لاجوردی داوطلبانه بـه زندان مشهد منتقـل شـد، تـا بـه آقایـان حبیب‌اللـه عسـگراولادی و ابوالفضـل حیـدری کـه چنـدی پیـش بـه آنجا تبعید شـده بودند، بپیونـدد. با رفتـن او یکـی از یـاران سـفت و قرص مـا در زندان کـم شـد.

یکـی از برنامه‌هـای سـازنده بـرای مـا در زنـدان، روزه گرفتـن بـود. بیشـتر بچه‌هـای مسـلمان در ماههای رجـب، شـعبان و رمضـان روزه بودنـد. ایـن روزه‌هـا بیشـتر جنبـه عبـادی ـ سیاسـی داشـت و بهانه‌ای بـود تـا مدتـی از خـوردن و آشـامیدن در نـزد مارکسیسـتها پرهیز شـود. هشـتاد روز از روزه گرفتـن مـن نمی گذشـت کـه بیمـاری حساسـیت بـه بـو، کـه در زنـدان اویـن بـه آن گرفتـار شـده بـودم، عـود کـرد. عجیب بـود، مـن حتـی بـه بـوی آب نیـز حسـاس شـده بـودم.

دیگـر نـه آب، نـه نـان و نـه هیـچ چیـز دیگـر نمی‌توانسـتم بخـورم. وضـع بسـیار رقـت آور و نـاراحت کننـده‌ای داشـتم و حالـم روز بـه روز بـه وخامـت می‌گراییـد. بـه مـرگ نزدیـك می‌شـدم، تـا اینکه بـر اثـر کمـك دوسـتان و پرهیـز از خـوردن غذاهـای بـودار حالـم خـوب شـد؛ ولـی همچنـان بـه مراقبتهایـم ادامـه می‌دادم. در بهـار بـه خاطر گرده‌افشـانی گلهـا، عطـر و بـوی گلهـا، چمنهـا و درختـان، اصلاً از سـلول و بنـد بیـرون نمی‌آمـدم و خـود را بـا مطالعـه کتـاب سـرگرم می‌کـردم.

آخریـن روزهـای زنـدان را بـا برنامه‌هـای همیشـگی، تـوأم بـا بیمـاری سـخت حساسـیت طـی کـردم. و سـرانجام در ۲۷ خـرداد مـاه ۱۳۵۲ آزاد شـدم. (سـند شـماره ۱۶)

در ایـن مدتـی کـه مـن در زنـدان به‌سـر می‌بـردم، خانـواده، منـزل قدیمـی خـود را فروختـه و بـا کمـك و اسـتعانت مالـی بـرادرم، خانـه‌ای جدیـد در چهـارراه لشـکر خریـده بودنـد. از ایـن رو پـس از آزادی،

برای اولین مرتبه پای در این منزل نو گذاشتم.

هم‌گرایی حزب‌الله با سازمان مجاهدین خلق

گروهی که با اهداف مقدس و با تجربیات چندین و چند ساله مبارزه، به وجود آورده بودیم با مقاومتهای خود در زیر شکنجه و مسلخ از تعرض و دسترس ساواک مصون نگهداشته بودیم؛ پس از رفتن عباس آقا زمانی به خارج از کشور و به زندان افتادن من و در اقلیت قرار گرفتن جواد منصوری در کادر مرکزی، به مسیری انحرافی افتاد و راه غلطی را پیمود که به آخر عمر خود رسید.

سازمان مجاهدین خلق به دلیل ضربه مهلک ساواك در شهریور سال ۱۳۵۰ و دستگیری تعداد زیادی از رهبران و اعضای آن و تحت تعقیب بودن هوادارانش، در معرض نابودی و اضمحلال قرار گرفت. در این گیرودار فردی به‌نام مصطفی جوان‌خوشدل که از طریق علیرضا سپاسی با حزب‌الله مرتبط شده بود، از حزب درخواست کمك کرد. حزب‌الله به دنبال این خواسته، تعدادی از اعضا و هواداران فراری و تحت تعقیب سازمان را، در خانه‌های تیمی خود مخفی کرد. در گام بعدی با امکانات محدود خود جزوات و اعلامیه‌های سازمان را چاپ و تکثیر کرد.

شروع این همکاری نقطه سقوطی برای حزب‌الله بود. از هم گسیختگی و انحطاط حزب الله زمانی متجلی شد که به فکر طرح ادغام با سازمان مجاهدین افتاد. بین اعضای آن اختلاف‌نظر و تفرقه روی داد. گویا پس از طرح مسئله ادغام در کمیته مرکزی حزب، جواد منصوری به شدت با آن مخالفت کرده و سپس از حزب‌الله کناره گرفت. برخی چون علیرضا سپاسی و محمد مفیدی در حزب مانده و به سازمان پیوستند. علیرضا سپاسی از جمله افرادی بود که توانست پس از جذب، مراتب ارتقای خود را در سازمان با سرعت طی کند. او بعدها از اعضای اصلی و

پدیـد آورنـده شـاخه مارکسیسـتی سـازمان بـه نـام پیـکار، بـه رهبـری
محمدتقـی شـهرام شـد.[1]

____

۱   ـ در ایـن خصـوص آقـای احمـد بـرای چـاپ دهـم بـه بعد ایـن کتـاب افـزود:
«مـن از ایـن تغییـر و تحـول و تشتت بـه وجـود آمـده در حزب‌اللـه، پـس از پیـروزی
انقـلاب اسـلامی آگاه شـدم. اطـلاع مـن از ایـن مسائل در همـان زمـان می‌توانسـت
مسـیر مبارزاتـی مـرا تغییـر دهـد، کـه مقـدور نشـد.»

بوی سیب

اشتغال، ازدواج

آشـنایان و دوسـتان از همـان روزهـای اول پـس از آزادی، بـرای احوالپرسـی و کسـب اخبـار زنـدان بـه دیدنـم آمدنـد. درحالـی کـه مـن راضـی بـه ایـن امـر نبـودم و اصـرار داشـتم بـه دلیـل کنترلهـا و مراقبتهـای سـاواک، از آمـد و شـد بـه منـزل مـا پرهیـز کننـد. مدتـی بـه ایـن منـوال گذشـت. می‌بایسـت کاری بـرای خـود دسـت‌وپا می‌کـردم. به‌خاطـر داشـتن سـابقه محکومیـت کیفـری، کسـی حاضـر بـه ارائـه یـك شـغل مناسـب بـه مـن نبـود. بـا خیلیهـا مذاکـره کـردم ولـی بی‌حاصـل بـود، تـا اینکـه در دیـداری بـا شـهید حـاج محمدصـادق اسـلامی مسـئله را مطـرح کـردم. او مـرا در «کارخانـه لعـاب قائـم»[1] کـه خـود مدیرعاملـش بـود، پذیرفت و بـه ایـن ترتیب مشـغول بـه کار شـدم. کنتـرل و مراقبـت سـاواک از مـن همچنان ادامـه داشـت. آنهـا در هـر جـا و در هـر زمـان سایه‌به‌سـایه دنبالـم بودنـد.

بـا یافتـن کار، بـه فکـر ازدواج و تشـکیل خانـواده افتـادم. موضـوع را بـا دوسـتان نزدیکـم در میـان گذاشـتم. آنهـا نیـز بـه گرمـی اسـتقبال کردنـد و چنـد مـورد را معرفـی کردنـد. ازجملـه روزی کـه در منـزل آقـای عبـاس دوزدوزانـی[2] مهمـان بـودم، او بـه اتفـاق همسـرش بـه مـن

---

1 ـ کارخانـه لعـاب قائـم واقع در شـهر ری بـود کـه توسـط چنـد بـازاری راه انـدازی شـده بـود، تـا زندانیـان سیاسـی پـس از آزادی، در آن بـه کار بپردازنـد و معـاش خـود را تأمیـن کننـد.

2 ـ عبـاس دوزدوزانـی، بـه سـال ۱۳۲۱ در شـهر تبریـز بـه دنیـا آمـد و در خانـواده‌ای مذهبـی و متدیـن تربیـت و پـرورش یافـت. او در سـال ۱۳۲۹ بـه تهـران آمـد و پـس از گـذر از دوره تحصیـلات ابتدایـی، در سـال ۱۳۳۳ تحصیـلات متوسـطه را در رشـته

گفتند: «احمد! اگر می‌خواهی ازدواج کنی دنبال کسی نرو، ما یـک نفر را برایت در نظر گرفته‌ایم. موضوع را زمانی کـه تـو در زنـدان بـودی، بـا او در میـان گذاشـتیم و او در کلیـت قضیـه موافـق بـود. ایـن مـدت هـم منتظـر بودیـم تـا آزاد شـوی و برایـت اقـدام کنیـم.» پرسیدم: «ایـن دخترخانـم کیسـت؟»، عبـاس گفـت کـه او دخترخالـه همسـرم و اهـل رینـه[1] اسـت. دربـاره موضـوع و مـورد، دقیق‌تـر صحبـت کردیـم.

روزهـای بعـد اطلاعـات بیشـتری درخصـوص اخـلاق، رعایـت حجاب، تقیـد بـه احکام اسـلامی، وضعیـت و موقعیت خانـواده فرتوک زاده بـه دسـت آوردم. منـزل آنهـا در محلـه سرآسـیاب دولاب تهـران بـود کـه در تابسـتان بـه ولایـت خـود «رینـه» می‌رفتنـد. فاطمـه فرتوک زاده، دختـری مؤمـن و محجبـه بـود کـه در خانـواده‌ای بسـیار مذهبـی

طبیعـی بـه پایان رسـاند و در سـال ۱۳۳۹ بـه اسـتخدام آموزش و پـرورش درآمـد. وی در سـال ۱۳۴۰ در رشـته زبـان عـرب وارد دانشـگاه شـد. بـا تحصیـل در دانشـگاه فعالیتهـای سیاسـی و مذهبـی وی پـا گرفـت. در سـال ۱۳۴۳ بـه جرگـه اعضـای حـزب ملـل اسـلامی پیوسـت و پـس از کشـف حـزب در مهـر سـال ۱۳۴۴ دسـتگیر و زندانـی شـد. او در سـال ۱۳۴۵ از زنـدان آزاد شـد، ولـی بـه خاطـر سـابقه سیاسـی نتوانسـت تحصیـلات تکمیلـی دانشـگاه را پـی بگیـرد، از ایـن رو بـه کار دفترنویسـی و حسـابداری در بـازار روی آورد. دوزدوزانـی در سـال ۱۳۴۶ در جشـن تاجگـذاری بـه اتهـام تـرور شـاه بازداشـت و چهـل روز در زنـدان قـزل قلعـه بـه بنـد کشـیده شـد. وی در سـال ۱۳۴۹، بـه صفـوف یـاران گـروه حزب‌اللـه پیوسـت و در سـال ۱۳۵۱ بـرای سـومین بـار روانـه زنـدان شـد. ایـن بـار پنـج سـال را در زندانهـای مخـوف شـاه بـه‌سـر بـرد. او پـس از پیـروزی انقـلاب اسـلامی، در سـال ۱۳۵۸ در پایه‌ریـزی سـپاه بـا دیگـر یـاران و همراهـان خـود نقـش بسـزایی داشـت و عضـو شـورای فرماندهـی سـپاه بـود. در اواخـر سـال ۱۳۵۸ بـه فرماندهـی کل سـپاه پاسـداران منصـوب شـد. در سـال ۱۳۵۹ در پـی خواسـت بنی‌صـدر از فرماندهـی سـپاه کناره‌گیـری کـرد. عبـاس دوزدوزانـی در کابینـه شـهید رجایـی وزیـر ارشـاد اسـلامی بـود. وی بـرای سـه دوره بـه نمایندگـی مـردم تبریـز و تهـران در مجلـس شـورای اسـلامی انتخـاب شـد. از دیگـر مسـئولیتهای او می‌تـوان بـه مشـاورت وزیـر فرهنـگ و آمـوزش عالـی، عضویـت شـورای مرکـزی انجمـن اسـلامی معلمـان، و عضویـت در شـورای شـهر تهـران اشـاره کـرد.

۱ ـ «رینـه»، دهکـده‌ای ییلاقـی کـه در جـاده هـراز نزدیـک منطقـه «آب اسـک» واقـع اسـت.

پرورش و تربیت یافته بود. او از همان دوران کودکی و نوجوانی در جلسات مذهبی و هیئتها شرکت می‌کرد و با دخترخاله خود (خانم آقای دوزدوزانی) رابطه‌ای بسیار نزدیك داشت. او از این طریق به مسائل سیاسی نیز علاقه‌مند شده بود. البته آقای دوزدوزانی با توجه به سکونت موقت خود در منزل آقای فرتوک‌زاده روی افکار همسر خود و افکار فاطمه و محمدرضا فرتوک‌زاده تأثیر گذاشته و آنها را به مقولات مبارزه و سیاست علاقه‌مند کرده بود. محمدرضا فرتوک‌زاده[1] دانشجوی رشته پزشکی دانشگاه شیراز بود.

حاج یوسف رشیدی که وساطت ازدواج ما را پذیرفته بود، برای

______

1 ـ دکتر محمدرضا فرتوک زاده به سال ۱۳۲۹، در خانواده‌ای مذهبی و متدین متولد شد. وی تحصیلات متوسطه خود را در دبیرستان مروی به اتمام رساند. سپس در رشته پزشکی دانشگاه شیراز پذیرفته شد. در آنجا با دوستان دانشکده مهندسی به فعالیتهای سیاسی پرداخت. او در خاطرات خود بیان می‌کند: «... در گروه پزشکی، اصولاً افراد محافظه کارند و کمتر به سمت فعالیتهای سیاسی ـ مذهبی می‌آیند. از این رو من اجبارا خود را به بچه‌های گروه مهندسی نزدیك کردم. در آنجا با افرادی چون احمد توکلی، مهندس احمد جلالی، مهندس صابری و مهندس وجیه اللهی دوست شده و به فعالیت سیاسی و مذهبی پرداختم.» محمدرضا فرتوک‌زاده در طول مبارزات خود سه دوره دستگیر و روانه زندان شد و زندانهای عادل‌آباد شیراز و اوین را تجربه کرد. او در سال ۱۳۵۷ موفق به اخذ دکترای پزشکی شد و در سال ۶۱ پس از طی دوره تخصصی پزشکی خانواده، رئیس دانشگاه شیراز شد. او همچنین در رشته چشم‌پزشکی از دانشگاه شهید بهشتی تهران تخصص گرفت و گواهی فوق‌تخصص پیوند قرنیه چشم را نیز از دانشگاه تهران دریافت کرد. وی درخصوص ازدواج خواهرش با آقای احمد گفت: «خواهرم قبل از ازدواج کلاسهای آموزش قرآن هم در رینه و هم در سرآسیاب دولاب داشت. زمانی که من دانشجوی پزشکی دانشگاه شیراز بودم، چند خواستگار برای او آمد، که مورد قبولش قرار نگرفتند. زیرا وی دنبال فردی بود که حایز جنبه مذهبی و سیاسی باشد. تا اینکه احمد آقا از طرف آقای دوزدوزانی مطرح شد. همشیره نظر مرا در این مورد خواست و نظر من برای او بسیار مهم و مؤثر بود. من با احمد آقا صحبت کردم و او را برای وصلت با خواهرم مناسب دیدم و قبول کردم، خواهرم هم پذیرفت. پذیرش و تأیید آقای احمد علاوه بر جنبه عبادی ـ سیاسی او، وجود برادرش حاج مهدی احمد از بچه مذهبیهای فعال و فهمیده و نیز معرف او ـ آقای عباس دوزدوزانی ـ بود که هر دو مورد قبول ما بودند.
واحد تاریخ شفاهی دفتر ادبیات انقلاب اسلامی

ملاقات من با محمدرضا در پارک نازی آباد برنامه‌ای تنظیم کرد. در این ملاقات من شرایط خانواده و خواهر او را برای ازدواج شنیدم و شرایط خود را نیز گفتم. توضیح دادم که بر اثر فعالیتهای سیاسی دارای سابقه زندان سیاسی هستم. در آینده نیز خط مبارزه را ادامه خواهم داد. در این مسیر خطرات بسیاری است و هر لحظه ممکن است با ساواک روبه رو شوم. امکان تعقیب، دستگیری، زندان و حتی مرگ در این راه برایم وجود دارد. می‌بایست کسی که شریک زندگی و همراه من می‌شود تمام این مسائل را بداند و بپذیرد.

محمدرضا که جوان بسیار منطقی و فهمیده‌ای بود گفت: «... من قبلاً درباره شما تعریفهایی شنیده بودم و امروز که از نزدیك شما را دیدم و صحبت کردم، خیالم راحت شد. من و خواهرم برای این وصلت مشکلی نداریم، فقط باید بدانید که پدر و مادرم با رژیم موافق نیستند، ولی آن‌قدر هم مخالف نیستند که دخترشان را به یك مبارز سیاسی بدهند. از این رو من تضمینی برای شکل گرفتن این ازدواج نمی‌توانم بدهم. اما از طرف من خیالت راحت باشد که با این وصلت صددرصد موافق هستم.»

چون تابستان بود خانواده فرتوک زاده در رینه به‌سر می‌بردند. حاج یوسف رشیدی قرار ملاقاتی با خانواده آنها در رینه برایم گذاشت. از همان برخورد اول نشانه‌های رضایت از چهره مادر هویدا بود. پس از صحبتها کلی با فاطمه خانم نیز درباره جزئیات بیشتری صحبت کردیم. به او گفتم: «معیار انتخاب همسر برای من ایمان او است و اینکه بداند با شروع این زندگی، قدم در راه پرمخاطره‌ای می‌گذارد. مبارزه، دوری، تبعید، تعقیب و گریز باید برایش مفهوم جهاد در راه خدا را داشته باشد و همه را تحمل کند.» به او گفتم که مبارزه برای من یك تکلیف است، و برای عمل به تکلیف زمان و مکان نمی‌شناسم. او نیز گفت:

«مـن هـم از شـوهر آینـده‌ام انتظـار دارم کـه مـرد مؤمـن و مـرد خـدا و پاك‌دامـن باشـد. در ایـن صـورت هـر مشـكل، سـختی و حرمـان او مشـكل، سـختی و حرمـان مـن نیـز هسـت.» چارچـوب و بنیـان اولیـه زندگـی مـا در ایـن جلسـه، تعییـن و ریختـه شـد. یكـی ـ دو ملاقـات دیگـر بویـژه بـا پـدر خانـواده صـورت گرفـت و موافقـت نهایـی بـرای شـروع ایـن وصلـت گرفتـه شـد.

بـه ایـن ترتیـب در اول مهـر مـاه سـال ۵۲ زندگـی مشـترك مـا آغـاز شـد. جشـن سـاده و كوچكـی نیـز به‌اصـرار خانـواده برپـا كردیـم، و قـدم بـه دنیـای تأهـل گذاشـتیم. بـرای كاهـش هزینه‌هـا در دو اتـاق از منـزل پـدرم سـاكن شـدیم.

ماه عسل در زندان

دو، سـه روزی بیشـتر از آغـاز زندگـی جدیـدم نمی‌گذشـت كـه تلفـن خانـه زنـگ زد. گوشـی را برداشـتم، یكـی از آن سـوی خـط گفـت: «آقـا مـا از اداره مخابرات هسـتیم، خـط شـما را داریـم كابـل برگـردان می‌كنیـم، لطفـا آدرسـتان را بدهیـد، تـا مـا شـماره جدیـد را بدهیـم.» مـن فهمیـدم كـه اینهـا دارنـد خانـه را كنتـرل می‌كننـد، زیـرا می‌دانسـتم كـه مخابـرات، خـود همـه آدرسها را دارد. از ایـن‌رو از ارائـه آدرس بـه او طفـره رفتـم. بلافاصلـه بـا بـرادرم تمـاس گرفتـم و مسـئله را برایـش شـرح دادم. حـاج مهـدی گفـت: «احمـد حـاج آقـا لاهوتـی[1] را گرفته‌انـد و الان دنبـال مـن هسـتند، فعـلاً بـزن بیـرون تـا ببینیـم چـه اتفاقـی می‌افتـد.» مـن بـدون اینكـه بـه همسـرم چیـزی بگویـم، از خانـه بیـرون آمـدم و بـه طـرف مغـازه آهنگـری بـرادرم در خیابان

---

1 ـ حجت‌الاسـلام حسـن لاهوتـی اشـكوری بـه سـال ۱۳۰۶ در شـهر رشـت متولـد شـد. او پـس از پیـروزی انقـلاب اسـلامی عهـده دار نمایندگـی ولـی فقیـه در اسـتان گیـلان، نمایندگـی مـردم رشـت در مجلـس شـورای اسـلامی و سرپرسـت سـپاه پاسـداران و امامـت جمعـه شهرسـتان رشـت بـود.

شهباز رفتم. دیدم که مغازه بسته است. متوجه شدم که ساواک تماس تلفنی مرا با برادرم ردگیری کرده و سپس به سراغ او رفته است، ولی حاج مهدی موفق به فرار شده بود.

شب از راه رسید، به منزل پدرزنم رفتم و در آنجا خوابیدم و صبح هم به کارخانه لعاب قائم رفته و مشغول کارم شدم. دلشوره و نگرانی شدیدی داشتم. کار به خوبی پیش نمی‌رفت. ساعتی گذشت. با منزل تماس گرفتم، غریبه‌ای پشت خط بود و پرسید: «شما؟» گفتم: «شما در منزل من هستید، من که شماره خانه‌ام را گرفته‌ام، شما که هستید؟» گفت: «شما خودتان را معرفی کنید؟» گفتم: «من احمد هستم، حالا بگو ببینم آنجا چه می‌کنید؟» گفت: «ما دنبال مهدی احمد هستیم، تو هم حق نداری به اینجا بیایی باید محل اختفای برادرت را بگویی وگرنه دستگیرت می‌کنیم.» گفتم: «آنجا خانه من است. زن و مادر و پدرم آنجا هستند.» گفت: «ما دستور داریم هر کسی را که به اینجا وارد شود دستگیر کنیم.» گوشی را گذاشته و به سراغ شهید صادق اسلامی رفتم و موضوع را با او در میان گذاشتم. او تأکید کرد که مدتی به خانه نروم.

از این رو حدود ده شبانه روز از رفتن به خانه سرباز زدم. با نزدیک شدن به ماه مبارک رمضان، درحالی که از سرنوشت اعضای خانواده اطلاعی نداشتم، دیگر طاقت نیاورده و در شب اول رمضان به سوی خانه رفتم.

به محض ورود به حیاط خانه دستگیرم کردند. در همان‌جا کمی سئوال و بازجویی کردند و محل اختفای حاج مهدی را خواستند. اظهار بی‌اطلاعی کردم. از این‌رو به «کمیته مشترک ضد خرابکاری»[1] منتقلم کردند. درحالی که باقی افراد خانواده،

---

۱ ـ رژیم طاغوت، در اواسط سال ۱۳۵۰ برای تداوم و هماهنگی مبارزه علیه گروهها و جریانهای مخالف و نیز سرکوبی سریع‌تر آنها، تشکیلات جدیدی به

پدر، مادر و همسرم در اتاق محبوس و تحت کنترل بودند.

نام کمیته مشترک برایم نامی آشنا بود. ولی برای اولین مرتبه بود که مرا به آنجا می‌بردند. وقتی به آنجا رسیدیم، مرا به اتاقی برده و با مشت و لگد به جانم افتادند. به جهت تجربه‌های قبلی در قبال ضرب و شتم آنها، شروع به داد و فریاد و اعتراض کردم و گفتم: «... برای چه مرا می‌زنید؟ مگر شما عقل ندارید! مگر شما بازجو نیستید! مگر نمی‌دانید که هیئت مؤتلفه مشی و حرکتش مبارزه مسلحانه نیست. پس به من که سابقه مبارزه مسلحانه دارم چه ارتباطی دارد؟ آنها یک سری هیئت و گروه تبلیغی هستند و من هیچ اطلاعی از آنها ندارم.» گفتند: «ما تو را گروگان نگه می‌داریم تا برادرت خودش را معرفی کند.» گفتم: «مگر برادرم مغز خر خورده که بیاید خودش را معرفی کند، الان بیشتر از ده روز است که خانه ما را محاصره کرده‌اید، چه گیرتان آمده، شما نمی‌توانید او را دستگیر کنید.»

جلادان کمیته، شب اول به شدت و به سختی مرا کتک زدند. هرچه سئوال کردند، جواب سربالا دادم. این بازجویی و شکنجه

نام «کمیته مشترک ضد خرابکاری» یا «کمیته مبارزه با خرابکاری» با شرکت شهربانی، ژاندارمری، ساواک و اداره دوم ارتش به وجود آورد. اولین رئیس این کمیته «سرتیپ جعفرقلی صدری» بود. محل کمیته در ساختمان زندان موقت شهربانی در مجاورت شهربانی کل و در مرکز شهر در باغ ملی واقع بود. این موقعیت برای دسترسی و سرعت عمل نیروهای عملیاتی کمیته بسیار مناسب بود.

سرهنگ غلامرضا نجاتی در کتاب تاریخ سیاسی ۲۵ ساله ایران می‌نویسد:

«برای اجرای سیاست اختناق، سرکوب و شکنجه کمیته مشترک ضد خرابکاری تأسیس گردید. گردانندگان این کمیته مخوف، افسران و درجه داران ارتش و شهربانی و مأموران کارآزموده ساواک بودند. گذشته از کمیته مشترک، کمیته‌های دیگری در ساواک و زندان اوین تشکیل شده بود که به طور مستقل یا همکاری با کمیته مشترک فعالیت می‌کردند. عملیات کمیته‌ها، منحصر به شکنجه دادن زندانیان و اقرار گرفتن از آنها نبود، اعضای کمیته جنایات متعددی نیز مرتکب شدند و زنان و مردان بی شماری را سر به نیست کردند، و گاه به‌طور دستجمعی افرادی را کشتند.»

با هدایت مستقیم منوچهری معروف به دکتر صورت می‌گرفت. او فردی بی‌رحم، قوی، چاق و بدهیکل بود که جای بریدگی و جراحت روی گونه راست و پایین خط ریشش به طول چهار سانتیمتر وجود داشت. یك جلاد به تمام معنا بود. شکنجه‌گران با ناشیگری از دستگاه شکنجه‌ای معروف به «آپولو»[1] استفاده می‌کردند.

آنها بعد از اینکه از کتك و بازجویی من نتیجه نگرفتند، به یك سلول با ابعاد حدود ۱/۵×۲/۵ مترمربع منتقلم کردند. قبل از من فردی آنجا بود که پاهایش زخمی شده بود، ولی زخمهایش خیلی جدی نبود. او با اینکه ماه رمضان بود، نه نماز می‌خواند و نه روزه می‌گرفت، ولی من از همان شب نیت تمام روزه‌های ماه مبارك رمضان را به قلب و زبان آوردم و الحمدلله با وجود فشار و شداید زیادی که بر من روا شد، توانستم تمام روزه‌هایم را بگیرم. ناهار را برای افطار و شام را برای سحری نگه می‌داشتم تا از نظر غذایی، مشکلی برای بدنم پیش نیاید.

روز سوم، در سلول باز شد و در پی آن جوان رشید، هیکلی و خوش قد و بالایی را به داخل سلول هل دادند. قیافه او خیلی مضطرب بود. گویا برای اولین بار بود که قدم به چنین مکانی گذاشته بود. بعد از دقایقی او شروع به صحبت کرد و گفت که قهرمان پرتاب نیزه است و می‌گفت علت دستگیریش را نمی‌داند. از بد حادثه بازجوی او کسی به نام «دانش» بود که فردی حقیر، زبون و عقده‌ای بود و زندانیهایش را خیلی اذیت می‌کرد. صبح روز بعد، قهرمان ورزش را برای بازجویی بردند. دانش برای شکنجه او از آپولو استفاده کرد و او را به طرز

---

۱ ـ آپولو، دستگاهی برای شکنجه بود که در آن دستها و پاهای زندانی را بسته و مهار می‌کردند و بر سرش تا گردن کلاه کاسکت می‌گذاردند. تا صدای ناله و فریاد زندانی ناشی از شکنجه به بیرون نرود. درنتیجه فریادهای بلند زندانی، گاهی ممکن بود پرده‌های گوش پاره شود.

وحشیانه‌ای شکنجه داد. بعدازظهر که من در کف سلول دراز کشیده و استراحت می‌کردم، ناگهان از پادری، دو پای بزرگ و خون آلود دیدم. از جا برخاستم. در باز شد و قهرمان را به داخل هل دادند. او نتوانست روی پایش بایستد، با سر و سینه محکم به زمین خورد. از پاهای او چرک و خون جاری بود، به طرف او رفتم و سرش را روی زانویم گذاشته و به طرف خودم برگرداندم. دیدم درحال احتضار و جان دادن است و هنگام نفس کشیدن خِرخِر می‌کند. فهمیدم که خون جلو تنفس او را گرفته است. با دسته قاشق رویی، دهانش را باز کرده و چرک و خون را از دهانش بیرون کشیدم. به یکباره راه تنفس او باز شد و چند نفس عمیق کشید و بعد از هوش رفت. او را با آن فردی که از قبل آنجا بود، جابه‌جا کردیم. سپس دست و پا و صورتش را از خون و جراحت پاک و تمیز کردم و بعد رویش را پتو کشیدم. برای دقایقی پاهایش را ماساژ دادم. در همین حین احساس کردم که او کمی جان گرفت.[۱]

---

۱ ـ چهار سال پس از انتشار اولین چاپ این کتاب، هویت این ورزشکار قهرمان مشخص شد. او که ۳۱ سال به دنبال گم‌گشته خود بود، با خواندن این خاطرات، در حالی که صورتش از شادی موج می‌زد و اشک شوق بر چشم داشت پرسان پرسان احمد را می‌یابد و به آرزوی دیرین خود می‌رسد.

دکتر یونس محمدی به سال ۱۳۲۵ در قصرشیرین متولد شد. پس از اخذ دیپلم در هفده سالگی به تهران مهاجرت کرد و در دانشسرای عالی تهران در رشته ورزش مشغول به تحصیل شد. وی هم‌زمان تحصیل در رشته روزنامه‌نگاری را در دانشکده علوم ارتباطات آغاز کرد.

او در رشته پرتاب نیزه از نوجوانی قهرمان جوانان کشور بود و بعد قهرمان دانشگاه‌های کشور نیز شد. مدتی هم در تیم ملی عضویت داشت. در سال ۱۳۴۹ از دانشگاه فارغ‌التحصیل شد و به سربازی رفت، در این دوره نیز قهرمان ارتشهای جهان گردید. او در سال ۵۲ زمانی که مدیر روابط عمومی تالار رودکی بود دستگیر و به یک سال زندان محکوم شد.

او پس از آزادی از زندان مدتی در پژوهشگاه علوم انسانی و نیز در یونسکو به تحقیق مشغول شد، و با خانم شریف‌زاده فارغ‌التحصیل معماری و شهرسازی و قهرمان شمشیربازی ازدواج کرد. محمدی در سال ۱۳۵۹ به همراه همسرش به بلژیک رفت

و در دانشگاه بروکسل ادامه تحصیل داد و در رشته شهرسازی دکتری گرفت. او در سال ۱۳۷۴ به ایران بازگشت و در دانشگاه صنعتی شریف مشغول به تدریس شد. محمدی طی مصاحبه‌ای گفت: جرم من مطالعه کتاب بود، نه فعالیت تشکیلاتی داشتم نه کاری مسلحانه کرده بودم، در هیچ گروه و دسته‌ای هم از ابتدا تا به امروز عضو نبودم و نیستم. فقط خیلی کتاب می‌خواندم. در آن زمان هرچه کتاب شاخص در حوزه ادبیات، تاریخ و سیاست بود، خوانده بودم.

من رفت و آمدهایی به مرکز مطالعات علوم اجتماعی دانشگاه تهران داشتم و کتابهای زیادی نیز از آنجا گرفته خوانده بودم. در همین‌جا بود که سه ـ چهار بار مصطفی شعاعیان را دیدم و با او آشنا شدم. قرار بود روی موضوعی تحقیق کنم، از او مشورت گرفتم؛ گفت روی شرکتهای سهامی زراعی انقلاب سفید کار کنی خیلی خوب است. من هم رفتم و گزارشهای زیادی گرفتم و خواندم. ارتباط من با شعاعیان قطع شد و دیگر او را ندیدم تا اینکه یک بار در کوه به او برخوردم، در آنجا ساعتی با هم گپ زدیم، گفت که دارد تحقیقی تاریخی روی نهضت جنگل می‌کند. من مواد و منابع خام این تحقیق را گرفتم که بخوانم. خب در آن موقع من خیلی خبر از اوضاع سیاسی و جایگاه مبارزاتی شعاعیان نداشتم. برادرم یوسف که جزء نیروهای چپ بود، نیز آن جزوه را خواند. پس از چندی او و گروهش ضربه خوردند و دستگیر شدند. این جزوه هم به دست مأمورین افتاد. سپس در بازجوییها من نیز به عنوان دارنده جزوه لو رفتم و دستگیر شدم. جرم من فقط همین بود.

بازجوها باور نداشتند کسی که این‌قدر کتاب خوانده است فردی عادی باشد، پس شکنجه‌های وحشیانه‌ای بر من اعمال کردند.

مرا به زیر آپولو بردند. سیمهای برق را به نقاط حساس بدنم وصل کردند و شوک الکتریکی وارد ساختند. وقتی شلاق می‌زدند هوار می‌کشیدم که در اثر آن فک من قفل شد. در همان حال احساس کردم دهانم مزه خاک و سنگ می‌دهد. بعدها فهمیدم این مزه آهن خون است. با دندانم زبانم را قطعه قطعه و دور آن را کنده بودم، خونها لخته و به توی گلویم پرت شده بود. در چنین وضعی من بی‌هوش شدم.

وقتی چشم باز کردم دیدم احمد چون فرشته‌ای بالای سرم است. در آن لحظه صورت این مرد به قدری زیبا، دوست داشتنی و آرامش‌بخش بود که حد نداشت.

نوعی ارتباط عمیق انسانی توی صورت این آدم دیدم. بعد از اینکه به هوش آمدم فهمیدم او با قاشق ته حلقم را باز کرده است. با اینکه تیمار از شکنجه شده تبعات سوئی داشت او با بزرگی تمام مراتر و خشک می‌کرد زیربغلم را می‌گرفت و به دستشویی می‌برد. من زندگی‌ام و ادامه حیاتم را مدیون این مرد خدا هستم. سیمای او برای همیشه در لوح دل و ضمیر من نقش بست، من بعد از آزادی از زندان به زندگی بازگشتم و مدت مدیدی هم در خارج از کشور بسر بردم. و

به تیمـار کـردن قهرمـان ادامـه دادم. در روزهـای بعـد بـا قاشـق، آش و مایعـات بـه حلـق او می‌ریختـم. او سـه روز قـادر بـه حرکـت نبـود و در همـان جـا ادرار می‌کـرد. از روز چهـارم بـه بعـد زیربغـل او را می‌گرفتـم و او هـم بـا گرفتـن دستش بـه در و دیـوار از جا بلنـد شـده و بـه توالـت می‌رفت. بـا ایـن نحـو نگهـداری و مراقبـت در روزهـای بعـد حـال او رو بـه بهبـود رفت.

درحالـی کـه بـه تیمـار قهرمـان مشغـول بـودم، چنـد بـار بـرای بازجویـی رفتـم. یکبـار، وقتـی وارد اتـاق بازجویـی شـدم، دیـدم پسـری شـانزده ـ هفـده سـاله را برهنـه روی میـزی خوابانـده و بـا کابـل بـه بیضه‌هایـش می‌زننـد. فریـاد دل‌خـراش و نعره‌هـای گوش‌خـراش او چارچوب بـدن انسـان را بـه لـرزه درمی‌آورد. دیـدن ایـن صحنـه برایـم بسـیار دردآور و کُشـنده بـود و اعصـاب و روانـم را به‌هـم ریخـت. بـرای لحظاتـی او را رهـا کردنـد، ولـی او همچنـان نالـه و زاری می‌کرد.

بازجـو از مـن پرسیـد: «اسـم؟» گفتـم: «احمـد احمـد» در ایـن لحظـه ناگهـان آن جـوان ضجـه‌اش قطـع شـد و برگشـت بـه مـن نـگاه کـرد. وقتـی دوبـاره شـروع بـه زدن او کردنـد، او داد می‌زد و می‌گفت: «... بـه خـدا مـن کاری نکـردم، مـن نمی‌دانـم آنهـا کـه هسـتند... مـن از روی بچگـی رفتـم و یـك کاری کـردم. نـه حـاج مهـدی خبـری داشـت نه پـدرم لاهوتـی... مـن بـا شنیدن ایـن جملـه جـا خـوردم. او داشت بـا فریـاد خـود بـه مـن پیامی می‌داد. دریافتـم کـه وی وحیـد لاهوتـی[1] اسـت و موضـوع تعقیـب و دستگیری حـاج

____

در تمـام ایـن سـی سـال همیشـه تصـورم ایـن بـود کـه احمـد بـا ویژگیهـای مبارزاتـی کـه داشـت یـا در زیـر شکنجـه و یـا در درگیـری شـهید شـده اسـت. وقتـی خاطـرات او بـه دسـتم رسـید و خوانـدم، بـاورم نمی‌شـد کـه او زنـده باشـد، قلبـم بـه شـماره افتـاد و تـا او را ندیـدم آرام نگرفتـم. لحظـه اولـی کـه احمـد را دیـدم وصف‌ناشـدنی اسـت، بـه آغـوش کشـیدمش و گریسـتم.

۱ ـ وحیـد لاهوتـی فرزنـد حجت الاسـلام حسـن لاهوتـی اشکـوری، بـه اتهـام حملـه بـه یـك پاسـبان، در شهرسـتان قـم بـرای خلـع سـلاح وی، دستگیـر شـد و مهـدی احمـد را بـه عنـوان رهبـر عملیاتـی خـود معرفـی کـرده بـود.

مهـدی جـدی است. از اینکـه آنهـا تـا آن لحظه موفـق به دستگیری وی نشـده بودنـد، خوشـحال شـدم.

بازجـو بـه سـؤالات خـود از مـن ادامـه داد و اصـرار داشـت کـه محـل اختفـای بـرادرم را بگویـم. درحالـی کـه مـن واقعـا نمی‌دانسـتم او کجاست. بـه آنهـا گفتـم بـرادرم کـه خنـگ نیسـت، می‌دانـد کـه شـما دنبالـش هستید، او درجایـی نمی‌مانـد کـه شـما برویـد و او را دستگیر کنیـد. گرچـه مـن دارای سـابقه فعالیت سیاسـی هسـتم، ولی خـط مشـی و فعالیـت مـن بـا او فرق می‌کنـد.

بازجوییهـا گاهـی پـس از سـاعت ۲ نیمـه شـب انجـام می‌شـد. و منوچهـری ـ جـلاد معروف کمیته ـ بـا الفـاظ و کلمـات خیلـی رکیـك سـعی می‌کـرد احساسـات زندانیـان را جریحـه دار و غرورشـان را خـرد کنـد؛ تـا آنهـا را وادار بـه تسـلیم نمایـد. بارهـا و بارهـا بـرای ایجـاد رعـب و وحشـت، هنـگام بازجویـی از اتاقهـای بغـل صـدای ضبط شـده ناهنجـار و کشـنده جیـغ و فریـاد پخـش می‌کردنـد.

در یکـی از شـبها، منوچهـری بـا دو شکنجه‌گر دیگـر مـرا بـه سـوی خانه‌امـان در چهارراه لشـکر بـرد. گویـا آن شـب به‌غیـر از پـدرم و بچـه خواهـرم کسـی در منـزل نبـود. وقتـی پـدرم در را بـاز کـرد، از دیـدن مـن و مأموریـن جـا خـورد. آنهـا از وی خواسـتند کـه محـل اختفـای مهـدی را نشـان دهـد تـا مـرا آزاد کننـد. پـدرم در جـواب گفـت: «آخـر ایـن پسـره چنـد روز بیشـتر نیسـت کـه ازدواج کـرده و سـر و سـامان گرفتـه اسـت، تـرا بـه خـدا ولـش کنیـد، مـرا بـه جـای او ببریـد، بـا او چـه کار داریـد؟» مأموریـن هرچـه به‌پـدرم اصـرار کردنـد کـه جـای حـاج مهـدی را بگویـد، نتیجـه‌ای نگرفتنـد و پـدرم مـدام می‌گفـت: «واللّـه مـن نمی‌دانـم کـه کجاسـت.» ناگهـان یکـی از مأموریـن خبیـث و رذل، کـه دسـت چپـش را بـه دسـت راسـت مـن بسـته بـود؛ بـه منوچهـری گفـت: «آقـای دکتـر! اجـازه می‌دهیـد؟ مـن همیـن الان از او اقـرار می‌گیـرم.» و منوچهـری بـا اشـاره سـر

به او اجازه داد. مأمور هم با روحیه توحشی که داشت بلافاصله اسلحه کلتش را کشید و روی شقیقه من گذاشت و گفت: «پیرمرد می‌گویی که پسرت کجاست یا این یکی را بکشم...!» پدر پیرم که انتظار دیدن چنین صحنه‌ای را نداشت، شوکه شد و نفسش به شماره افتاد. دست و سایر اعضای بدنش به‌خصوص دهانش رعشه و لقوه گرفت. مات و مبهوت و لرزان پشت سر هم می‌گفت: «نه، نه، نمی‌گویم... من نمی‌دانم که کجاست... نه، نه، ...» برای یک پدر پیر، دیدن پرپر شدن و از بین رفتن فرزند، بسیار سخت و غیرقابل تحمل است. پدرم دیگر تاب ایستادن روی پاهایش را نداشت. نزدیک بود که روی زمین بیفتد. با دست چپم که آزاد بود او را گرفتم و گفتم: «بابا جان! بابا! اینها کی هستند که مرا بزنند! آنها جرئت ندارند...». از این عمل زشت و پلید آنها به شدت عصبانی شده و بر سر آن مأمور داد زدم: «دِ، خب، بزن دیگه، بزن و راحتم کن. آخر این چه بلایی است که سر این پیرمرد درآوردی...» منوچهری که عکس العمل و شدت عصبانیت مرا نسبت به آن مأمور دید، رو به او کرد و گفت: «دستت را کنار بکش»! او هم کشید. دقایقی گذشت تا کمی حال پدرم سرجا بیاید. ولی همچنان دست و دهانش لقوه و رعشه داشت. این حالت تا آخر عمر در پدرم باقی‌ماند.

سیبهای بهشتی

آن شب مأمورین بدون آنکه نتیجه‌ای بگیرند مرا به کمیته مشترک بازگرداندند. این بار به سلولی در بندی دیگر بردند که یک روحانی به نام گرامی و یک جوان دانشجو قبل از من در آنجا محبوس بودند. شماره این سلول ۱۷ بود و در کف سلول زیلویی حدود ۱/۵ مترمربع پهن شده بود. آن شب بی گفتگویی خوابم برد. قبل از اذان صبح جهت آماده شدن برای نماز برخاستم. آن

روز باید بدون سحری روزه می‌گرفتم. صبح که شد، با کمال تعجب دیدم که آن روحانی شروع به خوردن صبحانه کرد. با حیرت گفتم: «مگر ماه رمضان نیست!». روحانی پاسخ گفت: «ما در حکم اسیر هستیم و نباید روزه بگیریم و تا وضعیتمان مشخص نشود نمی‌توانیم روزه بگیریم.» مسئله برایم غامض و پیچیده بود، احتیاطا بحث را ادامه ندادم.

نزدیک اذان ظهر بود که مأمورین، جوان دانشجو را با خود برده و پس از دقایقی شکنجه، کتک و ضرب و شتم او را برگرداندند. بعدازظهر نیز این عمل برای دانشجو تکرار شد. او که دانشجوی دانشگاه اصفهان بود، جرمش مشخص نبود ولی هرچه بود او را به طرز وحشتناک و ددمنشانه‌ای می‌زدند. به‌طوری که هنگام غروب وقتی او را در کف سلول رها کردند، پاهایش آن‌قدر متورم شده بود که دیگر درد و سرما و گرما را حس نمی‌کرد. روز بعد او را آن‌قدر دواندند که خون و چرک جمع شده در زیر پوستش ترکید و جاری شد. درنتیجه عصبهای حسی او دوباره فعال شدندو از شدت درد فریاد می‌کشید. تا اینکه درد بی‌امان او را بی‌هوش کرد. به او آمپول آرام بخش تزریق کردند. من هم کتک خورده و پاهایم باد کرده بود ولی نه به اندازه آن دانشجو.

یکبار او را از بازجویی برگرداندند، پاهایش تا زانو غرق در خون بود. شاید جانی در بدنش نبود که در سلول رهایش کردند. به سبب آمپول آرام‌بخشی که به او تزریق کرده بودند، وی تا صبح آرام خوابید. صبح پزشکیاری آمد و پانسمانهای جوان دانشجو را باز کرد و در همین حین، چند بار حال وی به هم خورد. تمام پشت بدن و پاهای او پر بود از تاولهای چرکین و بیشتر نقاط بدنش کبود بود. پس از تعویض پانسمان او را بلند کردند که ببرند، در حال رفتن از من پرسید: «چقدر دیه آدم است؟» گفتم: «امیدت به خدا باشد، توکل کن، خدا کمکت می‌کند.» و او

درحالی که ترس و اضطراب از چهره‌اش می‌بارید، سری تکان داد و رفت. صدای کتک خوردن وی، فقط با چند فریاد دل‌خراش توأم بود. دیگر صدایی نیامد. اعصاب من کاملاً به هم ریخته و متشنج بود. طاقت پرپر شدن چنین جوان رعنایی را نداشتم. او خوب مقاومت کرده بود. می‌خواستم که جای او شکنجه شوم. چند صدای دردآلود دیگر شنیدم. نمی‌دانستم کدام یك متعلق به اوست. یکی خدا و ائمه اطهار را صدا می‌زد: «...یااللّه... یاحسین...» و یکی هم چنین می‌گفت: «... تو را به خدا بس کنید، غلط کردم...»

مشاهده این صحنه‌ها برای من بسیار سخت و دردناك بود. دیگر فراموش کرده بودم که من، تازه داماد دربند هستم و باید به فکر رهایی خویش باشم. شکنجه این جوان و سایرین تأثیر شدید روحی بر من گذاشت و سلسله اعصابم را ضعیف و ضعیف‌تر کرد.

بعدازظهر او را به سلول بازگرداندند. او در گوشه‌ای از سلول کز کرد و دقایقی ساکت بود. به کنار او رفتم و دستم را زیر سرش گذاشتم. بغضش ترکید و شروع به گریه کرد. گفتم: «برای چه گریه می‌کنی؟ خب کتک خوردی، این دفعه اولت که نبود. فکر می‌کنم که این‌بار، آخرین مرحله بود. دیگر تمام شد، چرا گریه می‌کنی؟» گفت: «نمی‌دانی چه بلایی بر سرم آوردند؟» مایل نبود بگوید که چه بر او گذشته است، ولی پس از کمی استمالت و دلجویی گفت: «از این در که بیرون رفتم، منوچهری یقه‌ام را گرفت و کله‌ام را به آهنها کوبید. من افتادم زمین. بعد او رفت روی پاهایم ایستاد. تاول پاهایم ترکید و چرك و خون بیرون زد. از درد فریادم به آسمان بلند شد، قلبم از جا کنده می‌شد که بی‌هوش شدم. وقتی به هوش آمدم، دیدم دستهایم را به آن آهنها بسته‌اند و بدنم شل و ول آویزان است، سرم را بلند

کـردم... مصیبـت، تـازه شروع شـد...» گفتـم: «چـه مصیبتـی؟» او بـاز از گفتـن خـودداری می‌کـرد. گفتـم که دیگـر نمی‌تواننـد تـو را بزننـد. ناراحـت نبـاش. دانشـجو گفـت: «این بـی شـرف، بـی پـدر و مـادر، منوچهـری، وقتـی دسـتهایم را بـه آهنهـا بسـته بودنـد، آمـد و دسـتش را بـه نرده‌هـای آهنی گرفـت و رفـت روی شانه‌ام، شلوارش را پاییـن کشـید و ادرار کـرد. از فـرق سـر تـا نـوك انگشـتهای پایـم نجـس شـد...»، حرفـش کـه بـه اینجا رسید هق‌هـق شـروع بـه گریـه کـرد. گفتـم: «بـرادر مـن! اینکـه چیـزی نیسـت، شـکنجه نیسـت! تو الان سـر تـا پایـت بـا ادرار نجـس اسـت، ولـی قبلاً خونیـن و چرکیـن بـود، گریـه نـدارد.» گفـت: «آخـر چطـور نمـاز بخوانـم؟»، گفتـم: «بـا همیـن وضـع، تیمـم کـن، دسـتت را روی همیـن زیلـو بـزن و تیمـم کـن، بـا همیـن سـر و وضـع خونـی، نمـاز بخـوان، لایكلف‌اللـه نفسـا الا وسـعها. و تـو بایـد افتخـار کنـی کـه بـه خاطـر مبـارزه در راه خـدا، این بـلا سـرت آمـده، بـدان کـه این نمـازت از هـر نمـاز دیگـرت در هـر وقـت دیگـر مقبول‌تـر اسـت...»

چنـد روز گذشـت، حـال دانشـجوی مسـلمان بـر اثـر آزار و اذیتهـای روانـی رو بـه وخامـت گراییـد. پزشـکیار کمیتـه وقتـی بـه بالیـن او آمـد تـا تجدیـد پانسـمان کنـد، گفـت: «تـو هنـوز نمـردی! مثل سـگ هفت جـان داری، نمی‌شـد حـرف بزنـی، هـم خـودت را و هـم مـا را راحـت کنـی...!» نمی‌دانـم کـه چـه فکـر و چـه هوسـی در مغـز و نفـس او حلـول کـرد کـه یـك دفعـه گفـت: «آقـا، مـن یـك خواهشـی دارم!» پزشـکیار گفـت: «چـی؟ بگـو» وی کـه آن همـه مقاومت و ایسـتادگی کـرده و حماسـه‌ای درخـور سـتایش رقـم زده بـود گفـت: «سـیب، بـه مـن یـك سـیب بـده...»! تعجـب کـردم. پزشـکیار بـا تمسـخر گفـت: «مگـر اینجـا خانـه خالـه اسـت، خـوب اسـت واللـه، پـروار بسـته‌اند اینجـا، مـن سـیبم کجـا بـود کـه بـه تـو بدهـم...» جـوان مسـتأصل گفـت: «... ده، یـازده تومـان در جیبـم دارم، آن را از زندانبـان بگیـر

و بـرای مـن یـك سیب بخـر». پزشكیار كـه عصبانـی شـده بـود، غرولندكنـان كار پانسـمانش را تمـام كـرد و بـدون توجـه بـه خواسـته ایـن جـوان خـارج شـد.

سـر جـوان دانشـجو را روی زانویـم گذاشتـم تـا بخوابـد. آرام بـه او گفتـم: «پسرا این چـه خواهشـی بود كـردی، تو كـه اسـطوره مقاومت هسـتی. ایـن همـه شـكنجه را تحمـل كـردی و خـودت را بـرای آنهـا نشكسـتی. اگـر كـوه بـود در برابـر ایـن شـكنجه‌ها آب می‌شـد؛ ولـی تـو صبـر كـردی. آخـر ایـن چـه كاری بـود و چـه درخواسـتی؟!...» دوبـاره زد زیـر گریـه و گفت: «می‌خواهـم دیگـرا». احسـاس عجیب و غریبـی داشتـم، شـنیده بـودم كـه انسانهای درحـال احتضـار و رو بـه مـوت كـه چیـزی از عمرشـان باقـی نمانـده، در آن لحظه‌هـای آخـر امیـال مـورد علاقه‌اشـان را طلـب می‌كننـد كـه گاهـی غیرمنطقـی بـه نظـر می‌رسـد. بـا ایـن فكـر خیلـی ترسـیدم، احسـاس كـردم كـه ایـن جـوان معصـوم نیـز درحـال احتضار اسـت. دلـم برایـش سـوخت و از اینكـه كاری بـرای او نمی‌توانسـتم بكنـم ناراحـت بـودم. وقتـی كـه سـرش روی زانویـم بـود، دیـدم كـه از تـب می‌سـوزد. بـا كمـك آن روحانـی او را جـای مناسـبی گذاشـته و قـرص و دارو بـه او دادیـم. ولـی فایـده‌ای نداشـت. گویـا از درون بدنـش در حـال سـوختن بـود. شـروع بـه پاشـویه كـردم و بـر سـرش دستمال خیـس می‌گذاشتـم. تـا سـحر بـر بالیـن او نشسـته و بـه پرسـتاری و مراقبـت از او پرداختـم. او از درد و تـب بـه خـود می‌پیچید. سـحر كـه شـد سـحری را خـوردم و بعـد از اذان، نمـاز خوانـدم و دوبـاره بـر بالیـن ایـن جـوان رنـج كشیـده نشسـتم. نمی‌دانـم كـه چطـور شـد در همـان جـا خوابـم بـرد.

سـاعت حـدود ۹ صبـح، درحالـی كـه مـن خسـته و كوفتـه در كـف سـلول بی‌اختیـار بـه خـواب رفتـه بـودم، بـا صـدای بـاز شـدن در سـلول، از خـواب جسـتم. مـردی بلنـد قـد درحالـی كـه یـك گونـی دسـتش بـود وارد شـد. در گونـی را بـاز كـرد. بـوی سیب تمـام سـلول

را فراگرفت. مرد، دستش را داخل گونی برد و سه عدد سیب قرمز، درشت و معطر بیرون کشید و به طرف دانشجو گرفت. جوان که عطر سیب به مشامش خورد چشمش باز شد و با ولع سیبها را برداشت و شروع به بوسیدن و بوییدن کرد و روی چشمهایش گذاشت. صحنه‌ای دیدنی و وصف نشدنی بود. سیبها را به آغوش می‌گرفت، می‌بوسید، روی صورتش می‌کشید و بعد می‌بویید....، آن مرد غریب به هر یك از ما(من و روحانی) هم، سه سیب داد و بدون حرف و سخنی از سلول خارج شد. جوان توجهی به خروج آن مرد نکرد و به کار خود مشغول بود.

نمی‌دانستم که چه اتفاقی روی داد. حال جوان زیرورو شد. به او گفتم که مگر سیب نمی‌خواستی، پس بخور! او در فاصله ۱۰ صبح تا عصر هر سه سیبش را خورد. من سیبهایم را به او دادم، و او هم گرفت و هر یك را ابتدا می‌بویید، بعد می‌خورد. نمی‌دانم که چه پیش آمد. با خوردن این سیبها به‌طرز شگفت‌انگیزی حالش رو به بهبود رفت و حیاتی دیگر گرفت.

در تحیر بودم از اینکه شب قبل هیچ امیدی به زنده ماندن او نداشتم، ولی اکنون اثری از مرگ در او دیده نمی‌شود. راحت صحبت می‌کرد، راحت می‌نشست و ...

بعدها من برای کسانی که در کمیته مشترك بودند، ماجرای سیب و خوب شدن دانشجو را تعریف کردم. دیدم آنها با تعجب مرا نگاه می‌کنند. پرسیدم: «مگر برای شما نیاوردند و نخوردید؟» جواب منفی توأم با تعجب دادند. تأکید کردم که یك گونی سیب بود و به همه می‌رسید. ولی آنها گفتند که چنین کسی پیش آنها نرفته است. در همان روزها هم از مأمورین کمیته درباره توزیع سیب سئوال کردم. با خنده و تمسخر جواب دادند: «مگر خانه خاله است که سیب برایتان بیاورند!» می‌گفتند که اصلاً کسی وارد کمیته نشده! اصلاً در کمیته سیب نمی‌دهند. هرچه

جستجو کردم کمتر یافتم و به نتیجه نرسیدم. هیچ کس جز آن دانشجو و روحانی حرفم را باور نمی‌کردند. ولی این یك واقعیت بود که آن سیبها دانشجو را حیات دوباره بخشید. به طوری که پزشکیار وقتی دفعه بعد برای تعویض پانسمان و درمان او آمد از بهبود حال دانشجو سخت در شگفت شد و هیچ نداشت که بگوید.

بیماری پر سر و صدا

روزهای آخری که من در کمیته مشترک بودم به خاطر روزه جسمم نحیف و ضعیف شده بود. زیرا غذای گرم نمی‌خوردم. ناهار را به عنوان افطار و شام را در سحر می‌خوردم. علاوه بر آن به خاطر چرك و خون بدن آن دانشجوی جوان فضای سلول غیربهداشتی و آلوده بود و امکان فاسد شدن غذای مانده را چند برابر می‌کرد.

روزی پس از خوردن سحری احساس دل درد شدیدی کردم. می‌بایست به دستشویی می‌رفتم. ولی به خاطر مقررات داخل زندان باید تا ساعت مقرر صبر می‌کردم. دقایقی منتظر شدم، اما تاب و تحملم به‌سر رسید. شروع کردم به زدن در، نگهبان گفت: «بی خود در نزن، اگر وقتش باشد خودمان در را باز می‌کنیم، هنوز وقتش نشده...»

نیم ساعت دیگر گذشت و من دایم این پا و آن پا می‌کردم و با دست شکمم را گرفته بودم. خیلی بی‌تاب شدم. وضعیت دردآور و رقت انگیزی بود. بی اختیار با ضربات سنگین مشت و لگد به در کوفتم. بی فایده بود. به کوفتن در ادامه داده و فریاد کشیدم: «من اسهال دارم.» نگهبان گفت: «... شده، خفه شو، وگرنه خودم خفه ات می‌کنم.» گفتم: «هرکاری می‌خواهی بکن، من دیگر طاقت ندارم. مریضم، اسهال دارم...»

همچنان با لگد به در می‌کوفتم و از عمق جان فریاد می‌کشیدم. شاید این فریادها کمی از دردم می‌کاست. بی‌فایده بود، باز هم در را زدم و دیگر بریده بودم و با صدای ضعیف شده داد زدم: «هفده، هفده...» ناگهان دیدم تمام سلولها شروع به کوبیدن در سلولها کرده و یک‌صدا و هماهنگ می‌گفتند: «هفده، هفده، هفده، هفده...» حالت خاصی پیش آمد. گویا همه با من احساس همدردی می‌کردند. در زندانی که هیچ‌کس جرئت و جسارت حرف زدن نداشت، صدای اعتراض طنین‌انداز شده بود.

صدای تاق، تاق، ... درها و هفده، هفده ... زندانیها بیشتر شبیه به یک شورش بود. زندانبان احساس خطر کرد، سریع و با ترس آمد در سلول را به رویم گشود. من دویدم، چطوری؟ و با چه سرعتی؟ گفتنی نیست. درد امانم را بریده بود. عرق از سر و رویم می‌ریخت. تا در دستشویی را باز کردم، آنچه که نباید بشود، شد. تمام لباسم و کف توالت آلوده شد. بعد هم سلولیم برایم شلوار و پیراهن دیگری آورد تا با لباسهای آلوده‌ام تعویض کنم.

شاید هر نیم ساعت یکبار درد ناحیه شکمم را می‌گرفت و می‌بایست به دستشویی می‌رفتم. پس از آن حادثه و سر و صدا، هر وقت نگهبان را صدا می‌زدم او به شتاب می‌آمد و در را می‌گشود. جالب اینکه با آن حال نزار و مریض، روزه آن روز را نیز گرفتم.

دیدار با حجت‌الاسلام لاهوتی

در ساعتی بعد از افطار، طبق یک برنامه تنظیم شده، زندانبان در سلول را برای رفتن به دستشویی می‌گشود. یک روز پس از آن بیماری پر سر و صدا، وقتی از دستشویی خارج شدم، ناگهان مأموری محکم دستم را گرفت و در راهرو به دنبال خود کشید.

به انتهای راهرو که رسید به طرفی پیچید، دم در سلولی ایستاد. از آنچه که دیدم جا خوردم. حاج آقا لاهوتی پایش را باز کرده و نشسته بود. سلام و علیك كردم. خواستم که وارد سلول شوم، مأمور دستم را کشید. فهمیدم که باید در همان جایی که هستم، بایستم. آقای لاهوتی پرسید: «احمد! تو را هم گرفته‌اند؟» گفتم: «بله، حاج آقا» گفت: «صدایت را می‌شنیدم». پرسید: «وحید هم اینجاست؟»، گفتم: «بله او را یکبار دیده‌ام». گفت: «تو اصلاً هیچ ارتباطی با من نداری، کار من به تو چه مربوط است!». گفتم: «حاج آقا من اصلاً شما را فقط در زندان قزل قلعه دیدم و آشنا شدم. بعد از آن هم هیچ ارتباطی با شما نداشتم!» او گفت: «من هم به آنها همین را گفتم، گفتم که من احمد را فقط یک‌مرتبه در زندان دیدم... می‌خواستم در معرفی همسر به او کمك کنم، ولی خودش کسی دیگر را پیدا کرد و به دنبال زندگیش رفت.» گفتم: «حاج آقا اینها مرا به خاطر حاج مهدی گرفته‌اند، درحالی که من از او هیچ اطلاعی ندارم و بی‌گناه اینجا هستم.» گفت: «مرا هم بی گناه گرفته‌اند. گیریم وحید کارهایی هم کرده باشد، به من ارتباطی ندارد. او بچگی کرده است. مثل اینکه با یکی دو تا از بچه‌های مدرسه‌اشان با چاقو به یك پاسبانی حمله... بعد موضوع را در مدرسه تعریف می‌کنند و به این ترتیب به گوش مأمورین می‌رسد و آنها را دستگیر می‌کنند. وحید را خیلی می‌زنند تا بگوید مهدی احمد رهبر و پدرم مشاور من بوده‌اند. احمد! من می‌دانم که تو بی‌تقصیری و تازه ازدواج کرده‌ای، ولی بدان که مرا هم بی‌گناه گرفته‌اند...»

خلاصه ما در آنجا صحبتها و مواضعمان را هماهنگ و یکی کردیم. سپس گروهبان مرا به سلولم بازگرداند. آن شب تا صبح نخوابیدم و مسائل مختلف چون حمله وحید به پاسبان، اختفای

حـاج مهـدی و اینکـه حـاج آقـای لاهوتی توانسـته بـا کلام نافـذش مأمـور را تحـت تأثیـر خـود قـرار دهـد، فکـر مـی‌کـردم و کمـی هـم می‌ترسـیدم کـه نکنـد سـر آقـای لاهوتـی هـم کلاه گذاشـته باشـند. ولـی بعدهـا بـه قـدرت کلام و نفـوذ او بیشـتر ایمـان آوردم.

به‌سوی آزادی

حـدود بیسـت روز بـود کـه مـن در کمیتـه مشـترک به‌سـر مـی‌بـردم. روزی در سـلول بـاز شـد و فـردی متوسـط القامـه، نسـبتا لاغـر، بـا قیافـه‌ای عـادی وارد شـد. منوچهـری و دو نفـر دیگـر همـراه او بودنـد و مـدام او را جنـاب تیمسـار صـدا کـرده و احتـرام مـی‌گذاشـتند. ابتـدا از دو هم‌سـلولی دیگـرم، علـت و مـدت دستگیری‌شـان را سئوال کـرد. سـپس از مـن پرسـید: «تـو کـی هسـتی؟» گفتـم: «احمـد احمـد» پرسـید: «جرمـت چیسـت؟» بـه او توضیـح دادم کـه جرمـی نـدارم و مـرا گـروگان نگه‌داشـته‌اند تـا بـرادرم خـودش را معرفـی کنـد. و اینکـه مـن بـی گناهـم و کارهـای او ربطی بـه مـن نـدارد. اگـر نمی‌توانیـد او را بگیریـد تقصیـر مـن چیسـت؟ تصریـح کـردم کـه چنـد روز بیشـتر از ازدواجـم نمی‌گذشـت کـه مـرا دستگیر و بـه اینجا آورده‌انـد و ایـن ظالمانـه اسـت. دلیـل آوردم کـه اگـر مـن می‌خواسـتم مبـارزه کنـم کـه نمی‌رفتـم زن بگیـرم.

گویـا صحبـت، گلایـه و شـکایت مـن در او مؤثـر افتـاد. چـرا کـه روز بعد قرار منع تعقیـب برایـم صـادر شـد. ولـی منوچهـری خباثـت کـرده و اجـازه اعـلام آن را نـداده بـود. بعدهـا فهمیـدم کـه ایـن فـرد متوسـط القامـه تیمسـار زندی‌پـور[1]، مغـز متفکـر سـاواك و رئیـس

---

۱ ـ سـرتیپ رضـا زندی‌پـور تـا پیـش از ریاسـت کمیتـه در سـال ۱۳۵۲، هیچ‌گونـه سـابقه خشـونتی نـدارد. وی عضـو دفتـر ویـژه اطلاعـات فردوسـت بـود و از آنجا بـه کمیتـه آمـد. از آنجا کـه تیمسـار حسـین فردوسـت معتقـد بـود فشـارهای سـاواك بـه ازدیـاد مخالفـان و دشـمنان شـاه کمـك می‌کنـد، سـعی کـرد بـا تحمیـل زندی‌پـور از ایـن فشـارها کاسـته و تعدیلـی ایجـاد کنـد. زندی‌پـور ترمـز فشـار در کمیتـه بـود و

کمیته مشترک بود که پس از صحبت با من موجبات منع تعقیب مرا فراهم کرده بود.

جلادان و شکنجه‌گران ساواک و کمیته، غالباً افرادی با مشکلات روحی و روانی، نامتعادل، عقده‌ای و غیرطبیعی و بسیار وحشی بودند. از سر و روی آنها فساد و تباهی می‌ریخت. یکی از آنها، فردی به نام رسولی[1] بود. وی حتی از منوچهری هم کثیف‌تر و پلیدتر بود. فردی هتاک، دهن‌لق، بی‌ادب، الکلی و دایم‌الخمر بود. او در گرفتن اعتراف از دستگیر شدگان گاهی با منوچهری مسابقه می‌گذاشت. این دو (منوچهری و رسولی) در بی‌رحمی و قساوت قلب کم نظیر بودند.

رسولی به وقت مستی کارهای عجیب و غریبی می‌کرد. شبی در سلول باز شد و به همراه آن بوی تند الکل فضای سلول را در برگرفت. رسولی وارد شد. کاملاً مست و ناهشیار. چکی به زیر گوش هر سه ما (روحانی، دانشجو و من) زد و فحشهایی هم به زبان آورد و گفت: «... اینجا پروار بسته‌اند!» و از سلول خارج شد. صدای چک و سیلی از سلولهای دیگر نیز شنیده شد. او پس از نواختن سیلی به گونه همه زندانیها بازگشت و به‌هرکس یکی ـ دو نخ سیگار «وینستون» داد، جالب بود اگر سیگار را نمی‌گرفتی باز هم سیلی می‌خوردی.

چند روز بعد، رسولی دوباره به سلول ما آمد، از من پرسید: «اسمت چیست؟» گفتم: «احمد احمد»، محکم با سیلی به گوشم زد و گفت: «دروغ می‌گویی»، گفتم: «نه، اسمم احمد

هنگام بازدید وی از اتاقهای بازجویی و زندان کمیته، مأموران وسایل و ابزار شکنجه را ـ حتی‌المقدور ـ از دید وی مخفی می‌کردند. ترور او شرایط کمیته را از این نظر حاد کرد و دست بازجویان برای فشار و شکنجه بیشتر باز شد. (به نقل از یادداشتهای آقای خسرو تهرانی)

۱ ـ رسولی در بحبوحه انقلاب به خارج از کشور گریخت، مدتی در اسرائیل و یونان بسر برد و سرانجام به امریکا رفت.

احمـد است.» گفـت: «دروغ می‌گویی بـرای احمـد سـه روز است کـه قـرار منـع تعقیـب صـادر کرده‌انـد...» او در حالـت مسـتی این خبـر را بـه مـن داد. درحالـی کـه مسئول پرونـده بازجویـی مـن منوچهـری بـود. رسـولی دسـت مـرا گرفـت و دنبـال خـود کشـید. او بیـن راه گفـت: «ایـن منوچهـری جـا... از ایـن کارهـا زیـاد می‌کنـد، بـه یکـی کـه مشـکوك شـود، ولـش نمی‌کنـد. دیـده تـو مشـکوکی ولـت نکـرده اسـت...» وارد اتاقـی شـدیم. او پشـت میـزی رفـت و شـروع بـه گرفتـن شـماره تلفـن کـرد. گویـا بـه دفتـر منوچهـری زنـگ زد، ولـی او نبـود. بـه چنـد جـای دیگـر نیـز زنـگ زد و بالاخـره او را پیـدا کـرد. از صـدا و لحنـی کـه از گوشـی تلفـن بـه گـوش می‌رسـید، پیـدا بـود کـه او هـم مسـت اسـت. رسـولی از او پرسـید: «چـرا احمـد احمـد را آزاد نکـرده‌ای؟» منوچهـری جـواب داد: «بـه تـو چـه ربطـی دارد...» رسـولی گفـت: «بهـت نشـان می‌دهـم کـه چه‌ربطـی دارد، جـا... تـو رفتـی آنجـا خـوش می‌گذرانـی آن‌وقـت مـا اینجـا داریـم جـان می‌کنیـم. بعـد می‌گویـی بـه تـو چـه...» رسـولی گوشـی را گذاشـت. آنهـا واقعـا بـا ایـن لحـن کثیـف بـا یکدیگـر صحبـت می‌کردنـد.

فـردای آن شـب، دانشـجوی اصفهانـی را خواسـتند و آزادی او را اعـلام کردنـد. وی لباسهایش را برداشـت و بـا مـا خداحافظـی کـرد و رفـت. او رفـت و از سـرانجامش هیچ‌اطلاعـی نـدارم، ولـی هـرگاه بـه یـاد مقاومـت قهرمانانـه‌اش می‌افتـم، او را در دل تحسـین می‌کنـم. او واقعـا فـردی مبـارز و مقـاوم بـود و تـا آخریـن روز، نـه تنهـا بـه مأموریـن حتـی بـه مـا هـم نگفـت کـه چه‌کاره اسـت و چـه کـرده اسـت؛ از برخـورد و رفتـار او پیـدا بـود کـه بـه گروههـای مسـلحانه کوچـك و مسـلمان وصـل اسـت و بـرای بـار اول بـود کـه بـه زنـدان می‌آمـد. او نیـز هیـچ وقـت از مـن نپرسـید کـه بـرای چـه دسـتگیر شـده‌ام و کـه هسـتم. مـن همیشـه از او بـه عنـوان یـك فـرد مؤمـن، معتقـد و مبـارز و مقـاوم یـاد

می‌کنم که در آن زمان نماز خواندن و روزه گرفتنش، با آن حال نزار، برای ما طمأنینه خاطر و آرامش بخش بود. امیدوارم که عاقبتش هم ختم به خیر شده باشد.

سه روز پس از افشای خبر قرار منع تعقیب من توسط رسولی، حدود ۱۵ آبان ماه سال ۱۳۵۲، زندانبان آمد و اعلام کرد که لباسهایت را جمع کن، آزادی.[1] سپس چشمهایم را با چشم‌بند بست و از بند بیرون آورد. نزدیک در آهنی بزرگ عقب زندان، چشم‌بند را از چشمهایم برداشت. قبل از اینکه از در خارج شوم منوچهری دستم را گرفت و خطاب به بقیه مأمورین گفت که برگردند. بعد با دست به سینه من زد و گفت: «احمد! تو می‌روی و چریک می‌شوی اگر یک دفعه دیگر تو را بگیرم مادر... هستم اگر درجا تیری توی سرت خالی نکنم! هیچ مطلب، اعتراف و اطلاعی از تو نمی‌خواهم، فقط یک تیر توی مغزت خالی می‌کنم، تا همه راحت شوند. هرجا ببینمت، می‌زنمت. پس حواست باشد وقتی چشمت به من افتاد، بدان که مرده‌ای...» من در دل به عقده‌ای که او داشت خندیدم و گفتم که خدا را چه دیده‌ای شاید من تو را زدم و کشتم!

او تا در باغ ملی با من آمد و کلی تهدید و ارعاب کرد، سپس من با یک جفت دمپایی که به پا داشتم راهی منزل شدم. درحالی که وقتی مرا به کمیته می‌بردند، یک جفت کفش ورنی نو که برای روز دامادیم بود به پا داشتم... ماشینی را دربست گرفتم و چون پول نداشتم آن را تا در خانه بردم و از منزل پانزده ریال آورده و کرایه‌ام را پرداختم. راننده تاکسی هم از دریافت این مبلغ خوشحال شد و از آنجا دور شد.

---

۱ ـ در پرونده احمد تاریخ آزادی وی ۱۳۵۲/۸/۸ ذکر شده است. علت این اختلاف به خاطر تأخیر در ابلاغ آزادی وی به خاطر کینه ورزی منوچهری است.

ارزیابی از کمیته مشترک

کمیته مشترک ضدخرابکاری، با اینکه تشکیلاتی نوپا بود، ولی مخوف و قدرتمند بود. گرچه دوره زندان من در آنجا کوتاه بود، ولی توانستم تجربه فراوانی را کسب کنم و بیشتر به فنون و اصول مبارزه آشنا شوم.

در کمیته بود که رمز موفقیت پنهان نگه‌داشتن مطالب و اطلاعات را حتی از هم‌سلولیهایم به صورت عملی تجربه کردم. در آنجا با تعدادی از بچه‌ها روی در و دیوار سلولها و حتی دستشوییها هشدارهایی مبنی بر حفظ اطلاعات می‌نوشتیم. مانند: «بچه‌ها! مراقب باشید از هر دو نفر یک نفر جاسوس است.» از این رو حتی هم سلولیهای من، اطلاعات دقیقی از خود و فعالیتهایشان برایم نگفتند. افراد همدیگر را به نام نمی‌شناختند و تنها یکدیگر را با نام شماره سلول صدا می‌زدند. مثلاً مرا با عنوان «شماره ۱۷» می‌شناختند.

در کمیته از نزدیک قدرت و توفیق و تأثیر روحانیت (چون آقای لاهوتی) را حتی بر نیروهای ساواک و مأمورین جبار کمیته لمس کردم. همچنین شقاوت، سنگدلی و بی‌رحمی جلادان خون آشامی چون منوچهری و رسولی را دیدم و چشیدم.

بعدها، بسیار به این موضوع فکر کردم که چرا بدون علت، نزدیک به چهل روز در کمیته مشترک زندانی شدم؛ ولی به جواب مشخص نرسیدم، جز اینکه حدس می‌زنم خدا می‌خواسته من در بند شوم تا در آنجا از دو زندانی که سبعانه شکنجه شدند، پرستاری کنم و ابزار و سبب مراقبت از آنها باشم.

سرانجام محاصره

وقتی وارد منزل شدم، مادرم مات و مبهوت نگاهم می‌کرد.

حـال ناخوشـی داشـت. پـدرم را دیـدم کـه بـر اثـر حادثـه آن شـب، همچنـان دسـت و دهانـش رعشـه و لقـوه داشـت. همسـرم نیـز کـه نوعـروس بـود و بـه اصطـلاح تـازه بـه خانـه بخـت آمـده در کنار آنهـا بـود. جلـو رفتـه و دسـت و روی پـدر و مـادرم را بوسـیدم. چشـمهای مـادرم غـرق در اشـك شـد. سـراغ همسـر و فرزنـدان حـاج مهـدی را از همسـرم گرفتـم. گفـت همگـی فـرار کردهانـد. بـی اختیـار چهـرهام بـاز شـد و خنـده بـر لبانـم آمـد. قضیـه فـرار و اختفـای حـاج مهـدی، همسـر و فرزندانـش خیلـی جالـب اسـت.

ایـن خانـه بـا کمـك مالـی بـرادرم خریـداری شـده و دارای چنـد اتـاق بـا حالـت خاصـی بـود. یکـی از ایـن اتاقهـا نزدیـك در اصلـی بـود کـه ساواكیها در آن مسـتقر شـده بودنـد. زن و بچههـا در اتاقهـای پشـتی بودنـد. یکـی از اتاقهـا بـه حیـاط خلـوت مجـاور راه داشـت. از حیـاط خلـوت نیـز دری کوچـك و چوبـی بـه کوچـه پشـتی سـاختمان بـاز میشـد.

دو ـ سـه روز پـس از دسـتگیری مـن، سـاعت حـدود ۲ بعدازظهـر خانمهـا کـه در قسـمت اتاقهـای پشـت بودنـد، صـدای بچـه هایـی را کـه فوتبـال بـازی می کردنـد میشـنوند. گویـا یکـی، دو صـدا بـه گـوش خانـمِ حاجـی آشـنا میآیـد. او شـك می کنـد و بـه فکـر فـرو مـیرود کـه سـابقه نداشـته اسـت ایـن وقـت روز، هنـگام اسـتراحت مـردم، بچههـا در کوچـه بـازی کننـد. از روی کنجکاوی بـه حیـاط خلـوت مـیرود و ناگهـان صـدای سـه ضربـه تـوپ را روی در میشـنود. بـه طـرف در مـیرود... و بعـد کاغـذی را لای در میبینـد. آن را می کشـد. در همینحیـن یکـی از بچههـا کـه از درز در بـه درون حیـاط نـگاه می کـرد، خـود را عقـب می کشـد. خانـم حاجـی از همانجـا بـه بیـرون نـگاه می کنـد و میبینـد کـه بچههـای شـریك قبلی(کـه در خریـد ایـن سـاختمان شـریك بودنـد) بـا چنـد بچـه دیگـر، در حـال بـازی کـردن هسـتند. خانـم حاجـی سـریع بـه اتـاق

برمی‌گردد. می‌بیند کاغذ حاوی یادداشتی از طرف حاجی است مبنی بر اینکه در فلان ساعت، با بچه‌هایش به حوالی میدان منیریه برود و ماشینی را با مشخصاتی که گفته بود بیابد.

خانم حاجی جزئیات مطلب را برای همسرم تعریف می‌کند. فاطمه هم به او می‌گوید که از جانب مادر و پدر خیالش آسوده باشد، چرا که خود از آنها مراقبت و نگهداری می‌کند. زن‌برادرم به همراه سه فرزندش طبق نقشه حاج مهدی از حلقه محاصره گریخته به شوهرش می‌پیوندد. آنها پس از مدتی به شهر مقدس مشهد رفته و در آنجا زندگی مخفی خود را پی‌می‌گیرند.

همسرم تعریف کرد که در یکی از روزها، محمدحسن ابن‌الرضا بی‌خبر از همه جا به منزل ما می‌آید. وقتی در خانه را به صدا درمی‌آورد، با مأمورین ساواک مواجه می‌شود. به جهت تجربه‌ای که داشته متوجه غیرعادی بودن اوضاع می‌شود و سریع خود را جمع و جور می‌کند. سراغ مرا می‌گیرد. مأمورین او را به داخل هدایت می‌کنند و یک روز تمام او را در خانه بازداشت می‌کنند، ولی چیزی از او به دست نمی‌آورند. ابن الرضا به خوبی ساواکیها را فریب می‌دهد و حتی اسمش را عوضی گفته و می‌گوید که معلم است و از دوستان دوران معلمی من است. بالاخره مأمورین او را شب هنگام آزاد می‌کنند. ابن الرضا نیز به محض رهایی با سایر دوستان و مرتبطین تماس می‌گیرد که دور و بر خانه احمد آفتابی نشوید!

همان روز آزادی، ساعت ۹ شب زنگ تلفن به صدا درآمد، گوشی را برداشتم، دیدم صدای حاج مهدی است. پس از سلام و علیک معترض شدم و گفتم: «حاجی برای چه زنگ زدی؟ الان گرای خط را می‌گیرند و پیدایت می‌کنند.» گفت: «نگران نباش خودم حسابش را دارم. بی‌خیالش، حالت چطوره؟... من زنگ زدم ببینم روبه‌راهی...». او که فکر می‌کرد من از

دستش دلخور باشم توضیح داد: «احمد من به خاطر این خودم را معرفی نکردم که چون می‌دانستم آنها نمی‌توانند بدون مدرك و دلیل تو را بیش از این مدت نگهدارند. حالا دیگر مواظب خودت باش.» گفتم: «حاجی خوب کردی که خودت را معرفی نکردی، می‌بینی که بالاخره آزادم کردند...» بعد اصرار کردم که دیگر تماس نگیرد و مراقب خود و فرزندانش باشد.

حصار در حصار

دخالتهای بی‌پایان ساواك

یکـی دو روز پـس از آزادی، فکـر اصلـی مـن بـود کـه چـه بایـد بکنـم؟ مسئولیت زندگی جدید، لحظـه‌ای آرامـم نمی‌گذاشت. در گذشتـه و در دنیـای تجـرد بـا فـراغ بـال دنبـال بسیاری از امـور می‌رفتـم، ولـی بـا متأهـل شـدن و همچنیـن پیـر و فرتوت شـدن پـدر و مـادرم، نیـاز بـود کـه بـه مسـائل زندگـی و مسئولیتهای آن جدی‌تر نگاه کنـم. هرچنـد همسـرم پذیرفتـه بـود کـه در تمـام فـراز و نشیبها یـارم باشـد، ولـی بایـد بـرای معـاش خانـواده فکـری اساسـی می‌کـردم. دخالتهـای گاه‌وبی‌گاه ساواك کار را مشکل کـرده بـود. عـلاوه بـر آن، برخـی صاحبـان مشـاغل از همـان ابتـدا کـه از سـوابق زندانـی بودنـم آگـاه می‌شـدند، از ارائـه کار مناسـب خـودداری می‌کردند.

در بلاتکلیفـی دسـت و پـا مـی‌زدم کـه روزی شـهید محمدصادق اسـلامی[1] بـه سـراغم آمـد و دلیـل حاضـر نشـدن سـرکار را پـس از

---

1 ـ شـهید محمدصادق اسلامی بـه سـال ۱۳۱۱ در تهـران متولـد شـد. در خانـواده‌ای مذهبـی تربیـت یافـت. او از همـان دوران کودکـی ضمـن تحصیـل بـه کار در بـازار پرداخـت و شبها نیـز بـه فراگیـری علوم اسلامی در مساجد همـت گماشـت. وی پـس از پایان تحصیـلات متوسـطه در سـال ۱۳۳۵ بـرای کار بـه شـرکت مخابـرات رفت و در سـال ۱۳۳۶ اسـتعفا داد. بـا تأسـیس سـازمان آب در آنجـا مشـغول بـه کار شـد. وی در سـال ۱۳۴۰ بـه خاطـر اختـلاس مدیرعامـل فراماسـونر سـازمان آب، علیـه او دسـت بـه افشـاگری زد و بـه همیـن علـت از آنجـا اخـراج شـد. چنـدی بعـد مدیـر شـرکت پـارس متـال و مدتـی مدیرعامـل شـرکت قائمیان شـرکت قائـم و مدیرعامـل شـرکت مـرغ دانـه شـد.

شـهید اسـلامی در طـول زندگـی سیاسـی خـود از مؤسسـین گـروه شـیعیان، عضـو مؤثر نهضـت آزادی و سـپس عضـو شـورای مرکـزی هیئتهـای مؤتلفـه اسلامی بـود. او پـس از

آزادی پرسید. برایش توضیح دادم که وجود من در آنجا مایه دردسر است و ساواك موی دماغ آنها خواهد شد، ولی او دلایل مرا نپذیرفت و اصرار کرد که از فردا، سرکار خود برگردم. او گفت: «تو بیا سرکارت چه کار به این کارها داری؟ مگر آنجا فقط تو تحت نظر ساواك هستی؟ بقیه بچهها هم هستند.» او توانست مرا متقاعد کند که به کارخانه «لعاب قائم» بازگردم.

با ورود به کارخانه متوجه تغییر وضعیت آنجا شدم. فهمیدم که ساواك به شهید اسلامی مراجعه کرده و او را به خاطر به کارگیری من و سایر محکومین و سابقه داران سیاسی، تحت فشار گذاشته است. شهید اسلامی به آنها گفته بود که باید از من ممنون باشید که افراد سیاسی و مبارز و دارای سابقه زندان را اینجا جمع کرده و به آنها کار دادهام و سرشان را با کار، گرم کردهام. او با این توجیهات برای مدت کوتاهی توانست از دخالتها و اعمال نفوذ ساواك در آنجا جلوگیری کند. به هرحال من در این کارخانه دوباره مشغول به کار شدم، ولی منوچهری همچنان در پی اذیت و آزار من بود و هفتهای چند بار به شهید اسلامی زنگ میزد و او را به باد ناسزا میگرفت و تهدید میکرد که تو چرا امثال احمد را آنجا جمع کردهای.

روزها از پی هم میگذشت و فشار ساواك بر شهید اسلامی روز به روز بیشتر میشد. او که دارای اخلاق و فضایل زیادی بود، هیچ گاه از این فشارها با من حرفی نمیزد.

از ترور منصور دو سال زندانی شد و در سال ۵۰ تا ۵۴ با سازمان مجاهدین خلق ارتباط و همکاری داشت. با انحراف سازمان از آن جدا شد و حدود سال ۵۵ همراه شهید سیدعلی اندرزگو به تشکیل یك گروه ضربت علیه شاه دست زد. او پس از شهادت شهید اندرزگو باز دستگیر و روانه زندان شد و در هنگامه پیروزی انقلاب اسلامی مسئول انتظامات کمیته استقبال از امام بود. پس از تأسیس حزب جمهوری اسلامی به عضویت شورای مرکزی حزب درآمد و همچنین معاون پارلمانی و هماهنگی وزارت بازرگانی بود. سرانجام با انفجار دفتر مرکزی حزب جمهوری اسلامی در هفتم تیر سال ۱۳۶۰ شهید شد و به لقاءالله پیوست.

حـدود شـش مـاه از شـروع کار مـن گذشـت. روزی سـر زده وارد اتـاق کار شهید اسلامی شـدم. کسـی در اتاق نبود و او پشت بـه در و رو بـه دیـوار بـا تلفـن صحـبت می‌کـرد: «... چـرا فحـش می‌دهیـد؟ آقـا! مـؤدب باشیـد! هـرکاری کـه می‌خواهیـد بکنیـد، ولـی مـن او را اخـراج نمی‌کنـم. او تـازه ازدواج کـرده، از نـان خـوردن می‌افتـد، او یـك انسـان اسـت و بایـد چـرخ زندگیـش را بگردانـد. او اصلاً در اینجا کاری به‌مسـائل سیاسـی نـدارد. چـرا اذیتـش می‌کنیـد؟ بگذاریـد راحـت باشـد...» حـاج آقـا اسلامی ایـن جوابهـا را بـا عصبانیـت و ناراحتـی می‌گفـت. پیـدا بـود کـه کسـی در آن سـوی خـط بـه او پرخـاش می‌کنـد و ناسـزا می‌گویـد. فهمیـدم کـه موضـوع صحبت آنهـا مـن هسـتم. او بـه محـض اینکـه گوشـی را گذاشـت، برگشـت و مـرا دیـد. ابتـدا جـا خـورد و بعـد پرسـید: «کـی آمـدی؟» گفتـم: «چنـد دقیقـه اسـت!» سرجایش نشسـت. جلو رفتـم و گفتـم: «ببیـن حـاج آقـا، مـا بـا هـم برادریـم، دوسـتیم، نمی‌دانـم رفیقیـم، هرچـه هسـتیم از بـرادر به‌هـم نزدیك‌تریـم، ولـی بـدان کـه مـن دیگـر اینجا نمی‌مانـم.»

می‌دانسـتم کـه از بحـث نتیجـه‌ای نمی‌گیـرم و اسلامی سـر حرفـش می‌مانـد. از ایـن رو بـه کار خـود تـا پایـان مـاه ادامـه دادم. پـس از گرفتـن حقـوق آن مـاه دیگـر بـه کارخانـه نرفتـم.

چنـد روزی پـس از خـروج از کارخانـه لعاب‌قائـم بـی‌کار بـودم و ایـن وضعیـت عذابـم می‌داد تـا اینکـه ابوالحسـن فلاحتـی و احمـد روحـی بـه سـراغم آمدنـد. آنهـا از دوسـتان خـوب، صدیـق، مؤمـن و مبـارز حزب ملـل اسلامی بودنـد کـه از دوران زنـدان بـا هـم رابطـه‌ای گـرم و صمیمـی داشـتیم. آنهـا مـرا بـا خـود بـه بنگاه آهـن قراضـه بردنـد. ایـن کارگاه متعلـق بـه دو نفـر از متدینیـن بـه نامهـای علی‌اصغر حاجی‌بابـا[1] و حـاج احمـد تحصیلـی بـود کـه آهنهـای قراضـه و اوراق

---

۱ ـ علی‌اصغـر حاجـی بابـا بـه سـال ۱۳۱۰ در تهـران متولـد شـد. وی از جوانـی در

را می‌خریدند، پرس می‌کردند و می‌فروختند. به این ترتیب وارد کار جدیدی شدم و توانستم مدتی در بازار به این کار بپردازم و با پیچ و خمهای کار و رمز و رموز کاسبی آشنا شوم. مرکز فعالیت من مغازه‌ای واقع در میدان شوش، کوچه دباغ خانه بود که در آن آهنها و اوراق قراضه را با باسکول وزن کرده و می‌خریدم. به ازای این کار حقوق خیلی خوبی (حدود بیست تومان در روز) به من پرداخت می‌شد.

آغاز همکاری با سازمان مجاهدین خلق[۱]

یک ماه پس از آزادی از کمیته مشترک، سر و کله علیرضا سپاسی آشتیانی به بهانه احوالپرسی و رسیدگی پیدا شد. من مدتی طولانی (از زمان عضویت در حزب ملل اسلامی تا تأسیس حزب‌الله و اداره آن) با وی دوست بودم. او پس از ادغام حزب‌الله با سازمان مجاهدین خلق به عضویت رسمی سازمان درآمد و به زندگی مخفی روی آورد. رفت و آمدهای علیرضا به منزل ما ادامه یافت.

مسیر مبارزه قرار گرفت و پس از پایان تحصیلات متوسطه به کار فروش آهن‌آلات پرداخت. او یکبار در سال ۱۳۴۰ به اتهام اقدام علیه امنیت کشور دستگیر و زندانی شد و در فروردین سال ۴۱ آزاد شد. بار دوم پس از ترور حسنعلی منصور به دلیل اینکه شهید محمد بخارایی شاگرد مغازه وی بود، دستگیر و زندانی شد.

۱ ـ سازمان مجاهدین خلق ایران، در شهریور ۱۳۴۴ به وسیله سه تن از اعضای نهضت آزادی ایران پایه گذاری شد. درخصوص این سه تن اختلاف وجود دارد. آقای سیدحمید روحانی در جلد سوم کتاب نهضت امام خمینی می‌نویسد: «در سال ۴۴ دو تن از اعضای جبهه ملی به نامهای محمد حنیف نژاد و سعید محسن و یکی از اعضای نهضت آزادی به نام عبدالرضا نیک بین رودسری معروف به عبدی گرد هم آمدند و سازمانی را بنیان نهادند. در کتابها و نوشته‌های سازمان تاکنون نام عبدالرضا نیک بین نه به عنوان بنیان‌گذار، بلکه به عنوان یکی از اعضای سازمان نیز برده نشده است. علت کنار رفتن و یا کنار گذاشتن او نیز به درستی روشن نیست. در تاریخچه و دیگر نوشته‌های سازمان، از اصغر بدیع‌زادگان در کنار حنیف‌نژاد و سعید محسن به عنوان بنیان‌گذاران نام برده‌اند! و این خود از سرنوشت منافقانه سازمان ریشه می‌گیرد.»

وی در ایـن دیدارهـا، مسـائل سیاسـی و مذهبـی را پیـش کشـید. ابتـدا بـه طـور ضمنـی و بعـد خیلـی روشـن و صریـح از مواضـع، فعالیتهـا، اقدامـات و مشـی سـازمان مجاهدیـن خلـق صحبـت کـرد و از مـن بـرای همـکاری بـا آن دعـوت کـرد، ولـی مـن نپذیرفتـم.

بـه تدریـج علاقـه بیشـتری بـه مـن نشـان مـیداد و سـعی مـیکـرد خـود را موافـق نظرهـای مـن نشـان دهـد. او بهموقـع نمـاز مـیخوانـد و در نمـاز جماعـت بـه مـن اقتـدا مـیکـرد. در سـخن از آیـات و احادیـث اسـتفاده مـیکـرد و عبـارات و کلمـات را بـا لفـاف اسـلامی بـه زبـان مـیآورد و ... البتـه مـن بـه طـور کامـل بـا سـازمان، افـکار، ایدئولـوژی و مشـی مبارزاتـی آن آشـنا بـودم، چـرا کـه در چنـد دوره قبلـی زنـدان بـا بسـیاری از افـراد آن آشـنا، هـم صحبـت و هـم بحـث بـودم.

علیرضـا همچنـان در دیدارهایـش از آرمانهـای انقلابـی و اسـلامی سـازمان و اهـداف متعالـی آن صحبـت مـیکـرد. دلیـل مـیآورد کـه مـن بـه وضعیتـی رسـیدهام کـه دیگـر امـکان زنـدگی علنـی برایـم وجـود نـدارد و بایـد زنـدگی مخفـی را شـروع کنـم تـا بـه ایـن وسـیله زیـر چتـر امنیتـی و پوشـش حمایتـی سـازمان قـرار بگیـرم. پـس از مذاکـرات طولانـی و تأمـل فـراوان و نیـز فشـار روزافـزون سـاواک و جـوی کـه برایـم در محیـط کار و زنـدگی ایجـاد کـرده بودنـد، به تقاضای سپاسـی آشـتیانی جدیتـر فکـر کـردم و سـرانجام همـکاری محـدودی را بـا سـازمان پذیرفتـم.

علیرضـا از آن پـس جلسـات بحـث و تبـادل نظـری نیـز بـا زن و مادرزنـم برگـزار کـرد و در آن جلسـات، بـه مباحـث ایدئولوژیـك، اعتقـادی و سیاسـی مـیپرداخـت.

بـا اینکـه فاطمـه آن روزهـا حاملـه بـود، ولـی بـا علاقـه پـای ایـن جلسـات مـینشسـت. گرچـه او خیلـی جـوان و کـم تجربـه بـود ولـی از نظـر بینشـی تـا حـدی رشـد یافتـه بـود و ازدواج او بـا مـن کـه دارای سـوابق سیاسـی و زنـدان بـودم، خـود دلیلـی بـر ایـن مدعاسـت.

با اینکه در ابتـدای زندگـی بـه وی نهیـب زده بـودم کـه روزهـای پرمخاطـره را در پیـش دارد، ولـی در عمـل سعی می کـردم کـه هـر خطـر و مشـکلی را از زندگـی او دور کنـم. از همیـن رو هیـچ گاه از او نخواسـتم وارد مبـارزه شـود. در عیـن حـال کوشـش زیـادی بـرای رشد بینـش و فکـر او کـردم. بـه همیـن خاطـر جلسـات سیاسـی آشـتیانی را بـه حـال او مفیـد دیـدم و بـا آن مخالفتـی نکـردم.

در اوایـل زمسـتان، پـس از گذشـت چنـد جلسـه و خوانـدن اعلامیه‌هـا و کتـب مربـوط بـه سـازمان، علیرضا پیشـنهاد داد کـه مـا زندگـی مخفـی خـود را شـروع کنیـم؛ لـذا پـس از مشـورت با همسـرم و کسـب رضایـت و رغبتـش بـه ایـن عمـل، بـه زندگـی جدیـدی روآوردیم و زندگـی نیمـه مخفـی را آغـاز کردیـم. بـرای مدتـی محـل زندگـی مـا بیـن منـزل پـدرم و پدرزنـم جابـه جا می‌شـد.

بعـد از سـازمان دسـتور رسـید کـه مـا بایـد زندگـی کامـلاً مخفـی خـود را شـروع کنیـم، امـا مـن اعـلام کـردم تا وضـع حمـل همسـرم چنیـن نخواهـم کـرد.

تولد دوقلوها

هـر روز کـه از بـارداری همسـرم می‌گذشـت، شـرایط سـخت‌تر می‌شـد. او بـه شـدت تحـت مراقبتهـای پزشـکی خانـم دکتـر سـرور آهـی در درمانگاهـی واقـع در خیابـان امیریـه قـرار داشـت. بـا اصـرار مـن و همسـرم قـرار بـود کـه عمـل زایمـان را خـود خانـم دکتـر بـه عهـده بگیـرد.

خـلاف قـول و وعـده‌ای کـه خانـم دکتـر داده بـود، وقـت موعـود بـه مرخصـی رفتـه و در درمانـگاه حاضـر نبـود. بـه جـای او یـك پزشـك مـرد کشـیك آن شـب بـود. زمانـی ایـن خبـر را بـه مـا دادنـد کـه سـاعت ۱۱ شـب بـود و از حضـور مـا در آنجـا دوازده سـاعت می‌گذشـت. شـرایط وخیـم، بحرانـی و مخمصه‌آمیـزی پیـش رو بـود.

مسئولین درمانگاه اعـلام کردنـد کـه امـکان آوردن پزشـك زن بـر بالیـن همسـرم نیسـت. تصمیـم گرفتـم او را بـه جـای دیگـری ببـرم، ولـی کادر درمانـی ممانعـت کردنـد و حـال او را وخیـم گـزارش دادنـد. آنهـا گفتنـد حمـل و نقـل همسـرم موجب بـه خطـر افتـادن جانـش می‌شـود و اجـازه خـروج ندادنـد. از ایـن‌رو بیـن مـن و آنهـا درگیـری پیـش آمـد. نـزد همسـرم رفتـم و ماجـرا را برایـش گفتـم. او گفـت کـه حاضـر اسـت بمیـرد، ولـی پزشـك مـرد بـرای زایمانـش نیایـد. بـا ایـن جملـه او آتـش ناراحتـی و عصبانیت بیـش از پیـش در مـن شـعله ور شـد. نـزد رئیـس درمانـگاه رفتـم و بـا داد و فریـاد، تهدیـد کـردم کـه اگـر خواسـته مـا عملـی نشـود، درمانگاه را بـه هـم می‌ریـزم و سـقفش را بـر سـرتان خـراب می‌کنم. او کـه جـا خـورده و ترسـیده بـود، گفـت: «خواهـش می کنـم آقـا! خودتـان را کنتـرل کنیـد، الان درسـتش می‌کنـم.» بعـد گوشـی تلفـن را برداشـت و شـماره‌ای گرفـت و گفـت: «خانـم! خواهـش می کنـم خودتـان را برسـانید... ایـن مـرد دیوانـه شـده والان اسـت کـه درمانـگاه را بـه هـم بریـزد...». مـن بیشـتر عصبانـی شـده و بـا دسـتم محکـم روی میـز کوبیـدم و گفتـم: «دیوانـه پـدرت اسـت!» او معـذرت خواسـت و آن خانـم را متقاعـد کـرد کـه بـه درمانـگاه بیایـد.

۱۵ دقیقـه بعـد درحالـی کـه مـن از شـدت ناراحتـی آرام و قـرار نداشـتم، اتومبیلـی جلـو درمانگاه توقـف کـرد و دو خانـم از آن پیـاده و وارد بخـش شـدند.

سـاعتی بعـد صـدای گریـه‌ای در فضـای درمانگاه طنیـن انداخت. خانمـی از اتـاق عمـل خـارج شـد و بـه سـوی مـن آمـد و گفـت: «حـاج آقـا! هنـوز ناراحتیـد؟ عیـب نـدارد، درعـوض برایـت یـك دختر خوشـگل گرفتیـم.» بـه اتـاق عمـل بازگشـت. مـن آرام گرفتم و شـروع بـه راز و نیـاز بـا خـدا کـردم. حـدود پانـزده تـا بیسـت دقیقـه بعـد دوبـاره آمـد و گفـت: «حاج‌آقـا! مژده، یـك دختـر دیگـر نیـز برایـت

گرفتیم.» دستها را بی‌اختیار به‌سوی آسمان بلند کرده و گفتم: «الحمدلله، خدایا صد هزار مرتبه شکر...».

فضای درمانگاه از صدای نوزادان آکنده بود. تمام خشم و ناراحتیم فروخفته بود. از خوشحالی سر از پا نمی‌شناختم. گویی با تولد دوقلوها من نیز دوباره متولد شدم. تمام وجودم یکپارچه شور و عشق و امید به آینده بود. آینده‌ای پر از سئوال. آینده‌ای که هنوز نیامده بود و فردایی که در انتظار دخترانم بود.

خوشحالی من اندازه نداشت. شاید اگر می‌دانستم که چه سرنوشت غم‌انگیزی در انتظار این دو دختر است، شادی را با بغض فرو می‌بلعیدم. مانند پدران دیگر، زندگی راحت، بی‌خطر و کم‌مشقتی را برای دخترانم آرزو می‌کردم، غافل از اینکه خداوند برای آنها آزمایشهای بزرگی را در نظر دارد. آزمایشها و امتحانات بزرگی که دخترانم با سختی، حرمان و معصومیت خود، با توکل به خدا از سر گذراندند، گرچه اندوه آن روزهای سخت همیشه بر قلب و دل من سنگینی می‌کند.

زندگی در خانه امن!

تولد دوقلوها در بیستم شهریور ماه سال ۱۳۵۳، زندگی ما را وارد مرحله جدیدی کرد. وجود این دو عطیه الهی، مریم و زهرا، کانون زندگی ما را گرم‌تر از پیش کرد. دیگر هیچ وقت اضافه‌ای نداشتیم که به مسئله دیگری غیر از تربیت و پرورش کودکانمان بیندیشیم. بزرگ کردن هم‌زمان این دو خیلی سخت بود. اگر یکی می‌خوابید، دیگری او را با گریه‌اش بیدار می‌کرد، و اگر آن یکی شیر می‌خورد دیگری از گرسنگی شروع به گریه و زاری می‌کرد.

ما که سخت مشغول تر و خشک کردن این دو نوزاد بودیم و تمام فکر و ذهن خود را معطوف این مسئله کرده بودیم،

وعده‌های فعالیت با سازمان را از یاد بردیم. تا اینکه روزی سپاسی آشتیانی خبر آورد که سازمان خواسته است تا شما خانه مخفی و امنی را تهیه کنید. من ابتدا از پذیرش آن طفره رفتم، ولی بعد با فشار سازمان و با توجه به وعده‌ای که از قبل داده بودم، پذیرفتم. چون در شرکت آهن‌قراضه مشغول کار بودم و فرصت برای جستجوی خانه نداشتم، این وظیفه را همسرم پذیرفت. او هر روز یکی از دخترانم را بغل می‌گرفت و در کوچه پس کوچه‌های شهر دنبال خانه‌ای مناسب و امن با چند راه گریز می‌گشت. من چند منطقه‌ای را که مناسب می‌دانستم به او معرفی کردم تا در آن مناطق به جستجو ادامه دهد. پس از چند روز خانه‌ای را در خیابان زرین‌نعل شناسایی کرد. من برای اجاره خانه نزد پیرمردی که صاحب آن بود رفتم و گفتم برادرزنم نیز دانشجوست و گه گاه به اینجا می‌آید و او پذیرفت. به این ترتیب راه را برای رفت و آمد سپاسی آشتیانی هموار کردم.

فردای انعقاد قرارداد اجاره، بدون اینکه آدرسی به کسی بدهیم، اسباب و اثاثیه خود را جمع کرده و به این خانه رفتیم. به این ترتیب من اولین خواسته اساسی سازمان و بزرگ‌ترین اشتباه زندگی خود را به جای آوردم.

گرچه زندگی علنی برای من سخت بود، ولی با تحمل، صبر و کمی مراقبت ممکن بود. با شروع زندگی مخفی مشکلات جدیدی برایم فراهم شد که قدرت تحمل آن را نداشتم. ساواک نیز حساسیتش به من دوچندان شد. در آن مدت چند مرتبه به منزل پدرم مراجعه کرده و سراغ مرا گرفته بودند.

زندگی با دو بچه کوچک در خانه مخفی بسیار سخت بود. از این رو ابتدا یکی از دوقلوها(مریم) را برای نگهداری به مادرزنم سپردیم و دیگری (زهرا) را با خود بردیم. با استقرار در این خانه، آنها نام مستعار شاپور را برای من و نام شاپورزاده را برای همسرم

انتخاب کردند.

پس از ایجاد ارتباط رسمی با سازمان و شروع زندگی پنهان، سپاسی آشتیانی ارتباط خود را با ما قطع کرد و فرد دیگری به نام حبیب[1] را به عنوان رابط سازمان به ما معرفی کرد. پس از چند روز، سازمان دو نفر را با نامهای مستعار خسرو و پرویز به عنوان هم تیمی روانه خانه امن ما کرد. بعدها (در اوایل سال ۵۷) پی بردیم که این دو با هم برادرند و نام واقعیشان علی[2] و علی‌اصغر و شهرتشان میرزا جعفر علاف است. این دو هر روز صبح به خانه ما می‌آمدند ودر جلسات آموزشی و سیاسی شرکت می‌کردند و شبها به منزل و یا خانه تیمی خود بازمی گشتند. رفتار این دو در آنجا هیچ نشانی از برادر بودن آنها نداشت و همیشه در قبال من و همسرم رعایت کامل مسائل و حدود اسلامی را می‌کردند.

تیم پنج نفری ما برنامه‌های فشرده خود را با مسئولیت حبیب آغاز کرد. ازجمله این برنامه‌ها خواندن کتاب و نقد آن بود. کتابهایی مانند چین سرخ، زردهای سرخ، خرمگس، مردی که می‌خندد، مبارزات چه‌گوارا، الفبای مارکسیسم و... را در همین دوران خواندیم و نقد کردیم. از برنامه‌های دیگر، شهرگردی با هدف آشنایی و شناخت کوچه و خیابانهای شهر تهران و نیز

---

۱ ـ سیدمهدی موسوی قمی به سال ۱۳۳۰ در قم متولد شد. تحصیلات ابتدایی و متوسطه را در زادگاهش گذراند. اولین فعالیت اجتماعی ـ مذهبی او عضویت در کانون ولی‌عصر قم بود. در ۱۳۴۹ به دانشگاه صنعتی در رشته مهندسی شیمی راه یافت. در سال دوم دانشجویی با سازمان مجاهدین آشنا شد و به عضویت آن سازمان درآمد. او در ۳۱ فروردین ۱۳۵۵ در درگیری مسلحانه با مأموران رژیم شاه، پس از خوردن سیانور خودکشی کرد.

۲ ـ علی‌میرزا جعفر علاف به سال ۱۳۲۲ در خانواده‌ای مذهبی در تهران به دنیا آمد. پس از تحصیلات ابتدایی، تحصیل را رها کرد و به شاگردی مغازه روی آورد. او به همراه برادرش علی‌اصغر در مجالس مذهبی شرکت می‌کرد و در حسینیه ارشاد پای درس دکتر علی شریعتی حاضر می‌شد. او از سال ۱۳۵۲ ارتباط منظم با سازمان مجاهدین یافت.

راههـای گریـز و فرار هنگـام تعقیب مأمـورین بـود. برنامـه شهرگردی مـا را بـا سـاختار شـهر و فرهنـگ مـردم نیـز آشـنا می‌کـرد.

در درسهای نظـری انقیـاد و تبعیت محـض از دسـتورات سازمان و فـرد مسئول و رده بالاتـر از خـود (مافـوق) آمـوزش داده می‌شـد. تـا در عمـل آنهـا را بـه کار بندیـم. کار تشکیلات و منافع تشکیلات بر کار فـردی و منافـع فـردی رجحـان داشـت. سـازمان توفیق در مبـارزه و نیـل بـه مقصـود را در گـرو انقیـاد کامـل از دسـتورات تشکیلات می‌دانست. مـا حتـی کارهـا و برنامه‌هـای روزمـره خـود را بـر اسـاس مصالـح و منافع سـازمان تنظیـم می‌کردیم. سـازمان حتـی قسـمتی از حقـوق و دسـتمزدی را کـه از زحمـت کار در بنگاه آهـن قراضـه بـه دسـت می‌آوردم، بـه خـود اختصاص می‌داد.

سـازمان یـك مرتبـه نیـز تکلیـف کـرد مبلغ کلانـی را برایـش تهیـه کنـم و چـون در تهیـه آن بـا مشـکل مواجـه شـدم پیشـنهاد اختـلاس را بـه مـن دادند. بـا توجیـه اینکـه ایـن عمـل نوعـی مصـادره است، دلیـل آنهـا را پذیرفتـه و بـا تقلـب در وزن آهن‌پـاره و اوراق قراضـه، توانسـتم مبلـغ ۲۷۰ هـزار ریـال مصـادره کـرده و بـه سـازمان تحویـل نمایـم.[1] بـه ایـن ترتیـب گام دیگـری در وفـاداری بـه سـازمان برداشـتم.

پـس از مدتـی حبیـب بـه پرویـز گفـت: «تو بـه همسرت خیلـی وابسـته هسـتی و ایـن بـرای ادامـه راه تـو و سـازمان مخاطره‌آمیـز اسـت. اگـر در آینـده بـا مشـکلی مواجـه شـوی و دسـتگیر و زندانـی شـوی، ایـن وابسـتگی تـو را در موضـع ضعـف قـرار خواهـد داد، درنتیجـه لطمـه و آسـیب سـازمان حتمـی اسـت. حبیـب در روزهـای بعـد بـه

---

۱ ـ آقـای احمـد کـه از ایـن عمـل خـود بسـیار نـادم اسـت، اظهـار مـی‌دارد بعدهـا پـی بـه اشتباه‌خود بـردم ولـی دیگـر امـکان و تـوان جبـران ایـن عمـل را نیافتـم. حتـی جسـارت رفتـن و گرفتـن حلالیت از حـاج آقـای تحصیلـی و حاجـی بابـا را نداشـتم. بازگویـی ایـن خاطـره فرصتـی اسـت تا ضمـن افشـای اعمـال کثیـف سـازمان، بـه نوعـی از مسئولیت ایـن عمـل شـانه خالـی کنـم و از درگاه خداونـد طلـب بخشـش نمایـم. امیـدوارم آن دو نیـز مـرا بخشـیده باشـند.

طرح چنین مباحثی با پرویز پرداخت و بعد از طرف سازمان به او دستور داد که با یکی از دختران سازمان دوست شده و او را سوار ماشین بی.ام.و آلبالویی رنگ خود کرده و هر روز در محل سکونت خود تردد کند. پرویز در انقیاد از سازمان تن به این کار داد و به این ترتیب، دوستان و آشنایان و همسایگان چندین مرتبه او را با آن دختر دیده و خبرش را به همسر پرویز رساندند. موضوع به جایی کشید که سازمان ترتیب یک سفر را به شمال و سواحل دریای خزر برای پرویز و آن دختر داد. عکسی هم از آنها تهیه کرد و در جیب کت پرویز گذاشت و همسر پرویز نیز به این عکس دست یافت و با توجه به شنیده‌های قبلی، کانون گرم و محبت‌آمیز خانواده آنها از هم پاشید. این ابتدای بدبختی پرویز بود. او که از وضع مالی خوبی برخوردار بود و صاحب مغازه رنگ فروشی در خیابان بوذرجمهری بود، به تدریج ثروت، خانه، اتومبیل، اعتبار و کسب خود را از دست داد.[1]

هر روز که می‌گذشت، وظایف و تکالیف بیشتری به تیم ما محول می‌شد. تایپ و تکثیر اعلامیه‌ها و جزوات سازمان و صحافی آنها یکی از این وظایف بود. با این کار ما ضمن انجام کار تشکیلاتی، جزوات و اعلامیه‌ها را خوانده و به اطلاعات نو و دست اولی دست می‌یافتیم. کار تکثیر با دستگاه فتواستنسیل

---

۱ ـ علی‌اصغر میرزا جعفر علافخسرو در مصاحبه‌ای مطبوعاتی درباره برادرش علی (پرویز) گفت: «جریان برادرم را بگویم که او هم فردی معتقد و مذهبی بود. برادرم از چهارده سالگی شروع به فعالیت و کار کرد و همین طور که کار می‌کرد، درس هم می‌خواند و پانزده سال زحمت کار و تحصیل را تحمل کرد تا فردی آراسته باشد و زندگی شرافتمندانه‌ای داشته باشد. اما اینها [سازمان] سر راه او سبز شدند و باوجود اینکه زن و دو کودک داشت، زندگیش را کاملاً در اختیار گروه گذاشته بود. گروه تصمیم گرفت که برادرم زنش را طلاق بدهد و آن‌قدر او را زیر فشارهای مختلف گذاشتند تا مجبور شد زنش را طلاق بدهد و بچه هایش را سرگردان کند. پس از آن اموالش را هم چپاول کردند.» روزنامه کیهان ۱۳۵۷/۲/۷

که گفته می‌شد سازمان آن را از یـك دسـتگاه دولتـی مصادره(!) کـرده اسـت، انجـام می‌شـد. خدمـات، تعمیـرات و سـرویس ایـن نـوع دسـتگاهها در اختیار انحصاری چند شـرکت خاص بـود و آنها وظیفـه داشـتند اسـامی و مشـخصات افـرادی کـه ایـن وسـایل را بـرای تعمیـر و سـرویس می‌آوردنـد، بـه سـاواك اعـلام کننـد. سـازمان بـا وقـوف بـه ایـن مسـئله سـعی می‌کـرد بـا اتخـاذ شـیوه‌های مختلـف، ترفنـد سـاواك را خنثـی کنـد. گاهـی کـه دسـتگاه تکثیـر تیـم خـراب می‌شـد، پرویـز سـر و وضـع خـود را مرتـب می‌کـرد و بـا پوشـش بسیار مناسب و شیك همـراه یکـی از دختران بی‌حجاب بـه شـرکت و تعمیـرگاه مراجعـه و بـا دادن اسـامی و آدرسـهای غلـط نسـبت بـه تعمیـر و سـرویس دسـتگاه اقـدام می‌کـرد. بـه ایـن طریـق هیـچ شـكی در ذهـن آنهـا باقـی نمی‌گذاشـت.

هـر روز بیـش از پیـش بـر کارهـا و وظایـف مـا افـزوده می‌شـد. ناچار شـدم شـغلم را در بنگاه آهـن قراضـه رهـا کنـم تـا از تراکـم و ترافیـك کارهـای سـازمانیم بکاهـم. بـرای امـرار معـاش و تأمیـن هزینه‌هـای خانـواده بـه صـورت آزاد و پـاره وقـت و بـه شـکل واسـطه‌ای وارد عرصـه خریـد و فـروش آهـن قراضـه در بـازار شـدم و هفتـه‌ای چنـد وانـت آهـن قراضـه می‌خریـدم و بـه متقاضیان می‌فروختـم. از سـود ناشـی از ایـن نـوع معامـلات، عـلاوه بـر تأمیـن مخـارج خـود، سـهم معینـی را هـم بـه سـازمان می‌پرداختـم. پـس از مدتـی بـرای تسـهیل کار، وانـت بـاری خریـدم کـه البتـه پوشـش و محمـل مناسبی بـرای توجیـه کارهـا و اقداماتـم بـود. عـلاوه بـر معامـلات آهـن قراضـه، سـازمان فروش تعـدادی از اتوموبیلهـای خـود را بـه مـن سـپرد. گاهـی بـرای فـروش اتومبیلهایـی کـه دارای اسـناد جعلـی بـود به خیابان بوذر جمهـری می‌رفتـم و آنهـا را بـه قیمـت نـازل می‌فروختـم. خریـداران خیـال می‌کردنـد کـه مـن ناشـی و هالـو هسـتم، از ایـن رو آنهـا در بیـن خـود مـرا «عمـو»! خطـاب می‌کردنـد و هـر وقـت وارد آن خیابـان

می‌شـدم، می‌گفتنـد: عمـو آمـد!

دیدار سبز

پـس از گذشـت سـه سـال از ضربـه واردة بـه سـازمان در سـال ۱۳۵۰، سـازمان در فراینـدی جدیـد ضمـن بازسـازی بدنـه خـود از نظـر نیـروی انسـانی، شـروع بـه تولیـد برخـی لـوازم و مـواد مـورد احتیـاج خـود کـرد. «اسـید پیکریك»[1]، محلـول شـیمیایی دودزایـی اسـت کـه در سـاخت مـواد منفجـره کاربـرد دارد. تولیـد ایـن محلـول بـه تیـم مـا واگـذار شـد.

بـرای تولیـد «اسـید پیکریك» ابتـدا کارگاهـی را در سـوله‌ای در جاده کـرج، در اطـراف روستایـی بـه نـام وردآورد اجـاره کردیـم. کارخانـه دیگـری در ایـن مجتمـع بـود کـه بـه تولیـد چسـب مایـع مشـغول بـود. صاحـب ایـن مجتمـع، خانمـی بـود کـه هیـچ گاه بـرای سرکشـی و بازرسـی بـه آنجـا نمی‌آمـد. در ایـن مجتمـع وانمـود کردیـم کـه بـه تولیـد واکـس مشـغولیم تـا حساسـیتی ایجـاد نکنیـم. بـه همیـن منظـور تعـداد زیـادی قوطـی خالـی واکـس خریدیـم کـه مرتـب آنهـا را خالـی بـه داخـل کارگاه می‌بردیـم و خالـی خـارج می‌کردیـم.

مـا در طـی ۲۴ سـاعت نزدیـك بـه بیسـت کیلـو اسـید پیکریـك تولیـد می‌کردیـم و تقریبـا تمـام نیـاز سـازمان را بـه ایـن محلـول تأمیـن می‌کردیـم. گفتـه می‌شـد کـه سـازمان نیـاز سـایر گروههـای مسـلحانه را هـم تأمیـن می‌کنـد. هرشـب یکـی از مـا سـه نفـر (مـن، خسـرو و پرویـز) در کارگاه می‌ماندیـم. شـبی مـن آن‌قـدر در کارگاه کار کـردم کـه از فـرط خسـتگی بی‌اختیـار خوابـم بـرد. در ایـن وضعیـت مایعـی کـه بایـد قطـره قطـره روی چـرخ پروانـه جمـع می‌شـد تـا بـه چرخـش درآیـد، بیشـتر از مقـدار لازم شـد کـه در پـی آن دود و گـرد سـبز رنگـی در فضـای کارگاه پخـش شـد. بـه خوبـی یـاد دارم کـه مـن خـواب

---

[1] ـاسـید پیکریـك محلولـی اسـت کـه از ترکیـب سـه محلـول شـیمیایی در یـك حـرارت مناسب بـه دسـت می‌آیـد و قـدرت انفجـار و تخریـب شـدیدی دارد.

می‌دیدم که مرده‌ام و به بهشت رفته‌ام و همه‌جا سبز بود و من هم لباس سبزی به تن داشتم. در این شرایط بی‌حس و بی‌رمق تا نزدیکیهای طلوع آفتاب به‌سر بردم. ناگهان هراسان از خواب جستم. دیدم گرد و دود بیش از نیمی از فضای بالایی کارگاه را دربرگرفته است، ولی هنوز این ملحفه سبز مرا نپوشانده است. احساس می‌کردم که راه تنفسم بند آمده و به سختی نفس می‌کشم. بی‌حسی و کرختی تمام وجودم را فراگرفته بود. به زحمت بلند شدم و خودم را تا دم در رساندم. با ناتوانی و به سختی و زحمت زیاد موفق شدم در را تا نیمه‌باز کنم و بدن خود را تا کمر به بیرون کشیدم و بعد همان‌جا افتادم و از سکو آویزان شدم. دقایقی بعد خسرو از راه رسید و با پیکر بی‌رمق من مواجه شد. او با زحمت مرا بیرون کشید. هنوز آفتاب کاملاً نزده بود. احساس کردم صدایی می‌شنوم که می‌گفت: «شاپور! شاپور!... شاپور... بلند شو.» چشمهایم را گشودم، ولی هنوز گیج و منگ بودم. با نفسهای منقطع گفتم: «...نرو... نرو...» گفت: «شاپور! چی شده؟» کمی این طرف و آن طرف را نگاه کردم، گفتم حالا صبر کن. دقایقی دیگر گذشت و با تنفس در هوای آزاد حالم سر جا آمد. گفتم: «نمی‌دانم که چه شد؟ فقط یادم می‌آید که کار می‌کردم و خوابم برد، وقتی بیدار شدم دیدم همه جا سبز است.» خسرو وقتی از حال من مطمئن شد وارد کارگاه شد و از داخل در و پنجره‌ها را باز کرد و هوای آلوده را تخلیه کرد. به این ترتیب من در شبی تیره و سیاه به دیداری سبز رفتم.

شیوه‌های ماندن

از ابتدای زندگی مخفی، ارتباط ما با بیرون از سازمان بسیار محدود شد. حتی با خانواده‌های خود فقط ارتباط تلفنی داشتیم.

برای تماس تلفنی باید از تلفنهای عمومی استفاده می کردیم و مکالماتمان را ظرف کمتر از سه دقیقه به پایان می‌بردیم تا به این ترتیب محل تماس ردیابی نشود. در همین تماسها بود که دریافتم در این مدت، ساواك چندین مرتبه به منزل پدر و پدرخانمم مراجعه کرده و سراغ مرا از آنها گرفته است. حتی یك مرتبه ساواك به منزل پدرخانمم هجوم برده و آنها را برای چند ساعت دستگیر و بازداشت کرده بود. آنها سعی کردند با تهدید و ارعاب، مادر و پدرخانمم را وادار به اعتراف محل اختفای ما کنند، ولی سرانجام بی نتیجه دست از پا درازتر بازگشتند.

گاهی در موارد لزوم و گاهی هم برای تمرین قرارهایی در کوچه و خیابان با افراد سازمان می گذاشتیم. در این قرارها اطلاعات، اخبار، اعلامیه‌ها، جزوات، کتاب و... تبادل می‌شد. گاهی بحث و صحبت شفاهی نیز می کردیم.

برای رفتن سر قرار، سعی می کردیم که از خیابانهای اصلی استفاده نکنیم و یا حتی الامکان در طول آن حرکت نکنیم و تنها از عرض آن عبور کنیم. اغلب از کوچه و خیابانهای فرعی برای این منظور استفاده می‌شد، زیرا در خیابانهای اصلی امکان مواجه شدن بانیروهای سواره کمیته مشترك وجود داشت.

در سال ۵۳ کمیته مشترك برای دستگیری و یا زدن هر چریك، مبلغ ۲۵۰ هزار ریال جایزه تعیین کرده بود. این جایزه برای مأمورین کمیته انگیزه‌ای بود که مبارزین و چریکها را بکشند و دستگیر نکنند. ما نیز برای مقابله با این پدیده، تدابیر امنیتی جدیدی به کار بستیم. ما می‌دانستیم که آنها (مأمورین) از رفتن به داخل کوچه و پس کوچه‌ها ابا دارند، زیرا این اماکن برای آنها خطرناك بود و احتمال داشت به دام بیفتند، از این رو قرارها و ملاقاتهای ضروری خود را در دورافتاده‌ترین کوچه و پس کوچه‌های قدیمی تهران می گذاشتیم و اغلب در این مواقع مسلح

بودیم.

در برخی مواقع نیز فقط در طول یك مسیر و در یك زمان حرکت می‌کردیم و بدون اینکه منتظر بمانیم و یا در جایی بایستیم، در طول مسیر با هم مواجه می‌شدیم.

هر روز باید رأس ساعت معینی روی دیوار، تیرك، دکه یا هر جای مشخص و معینی به اصطلاح علامت «سلامت» می‌زدیم. از تیم و رده‌های دیگر سازمان می‌آمدند و آن را کنترل می‌کردند. وجود این علامت نشانه آن بود که همه چیز مرتب و منظم است و مشکلی وجود ندارد. اگر این علامت در ساعت و وقت مقرر در مکان خود دیده نمی‌شد، از یك خطر خبر می‌داد. در این صورت رده‌های بالا موظف بودند ظرف چهار ساعت تمام ارتباطات خود را با ما قطع و محل خود را پاك کنند و تغییر دهند.

خفاشی در آشیانه

حدود پنج ماهی بود که ما در خانه تیمی واقع در خیابان زرین نعل مستقر بودیم. روزی من متوجه ترددهای مشکوکی در ساختمان مقابل شدم. مسئله را با حبیب در میان گذاشتم. او نیز به سازمان اطلاع داد. دستور رسید که سریع به محل جدیدی تغییر مکان دهیم.

یافتن خانه جدید به همسرم محول شد. او توانست ظرف مدت کوتاهی خانه‌ای دیگر با رعایت مختصات امنیتی در خیابان بوذر جمهری (۱۵ خرداد) کوچه مجد تهیه کند.

با آمدن به خانه جدید، حبیب به پرویز و خسرو اعلام کرد که رابط خانه تیمی شما دستگیر شده و امکان لو رفتن شما وجود دارد، لذا باید از این تاریخ به بعد شبها هم در همین خانه

بمانیـد.[1]

در اجـاره کـردن خانـه امـن، آنچـه کـه اهمیـت داشـت بـی توجهـی صاحب‌خانـه (موجـر) بـه ماهیـت مستأجریـن و افـرادی کـه در آن تـردد داشـتند و نیـز راههـای فـرار و گریـز آن بـود، نـه اجـاره بهـا.

خانـه مخفـی جدیـد دارای دو اتـاق، هـال، آشـپزخانه و سـرویس حمـام و دستشـویی بـود و پنجره‌هـای اتـاق آن رو بـه کوچـه بـاز می‌شـد و مـا می‌توانسـتیم بسـیاری از تردده‌هـا را زیرنظـر داشـته باشـیم. صاحب‌خانـه هـم فـردی خـوب و مناسـب بـود کـه ادعـا می‌کـرد مدتـی طلبـه حـوزه علمیـه بـوده اسـت.

بـا تغییـر مکـان در شـرایط جدیـد لازم بـود کـه مـن در شـغل و کسـب هـم تغییـری بدهـم. از ایـن رو از خریـد و فـروش آهـن قراضـه دسـت کشـیدم. بـا کمـک و مشـورت یکـی از دوسـتان قدیمـی‌ام در حـزب ملـل اسـلامی بـه نـام احمـد روحـی وارد بـازار آهـن شـدم (نـه آهـن قراضـه). آقـای روحـی مـرا بـه فـردی بـه نـام حـاج علی‌اکبر پوراستاد[2] معرفـی کـرد. البتـه او از دوسـتان قدیمـی بـرادرم محسـوب می‌شـد. در دیـداری کـه بـا او داشـتم، مـرا شـناخت. بعـد بـرای او طـرح کـردم کـه قصـد واسطه‌گـری و دلالـی آهـن را دارم. او پـس از مکـث و کمـی فکـر پرسـید: «می‌خواهـی کار کنـی یا می‌خواهـی

---

۱ ـ آقـای احمـد بیـان می‌کنـد کـه خسـرو بـه او گفتـه اسـت کـه بعدهـا رابط خـود و خانـه تیمی‌شـان را در خیابـان دیـده و حـرف حبیـب دروغ بـوده اسـت و ایـن بهانـه‌ای بـوده تـا آنهـا وارد خانـه امـن احمـد شـوند.

۲ ـ حـاج علی‌اکبر پوراستاد اسـتاد حسینعلی کاشـی فرزنـد غلامعلـی بـه سـال ۱۳۰۸ در تهـران متولـد شـد. او در بـازار تهـران از واسطیـن بـزرگ آهـن آلات بـود. وی کـه از اعضـای هیئتهـای مؤتلفـه محسـوب می‌شـد، در تاریـخ ۱۳۴۲/۷/۱۳ بـه اتهـام تحریـك مغـازه داران و بازاریـان نسـبت بـه بسـتن مغازه‌هـای خـود و شـروع اعتصـاب و تعطیلـی بـازار دسـتگیر شـد. پـس از یـك روز بازداشـت آزاد شـد و همچنـان فعالیتهـای مبارزاتـی خـود را پـی گرفـت. او در تاریـخ ۱۳۴۵/۳/۲۶ دوبـاره بـه اتهـام اقـدام علیـه امنیـت کشـور دسـتگیر و بـه دو سـال زنـدان محکـوم شـد. او پـس از آزادی همـواره تحـت مراقبـت سـاواك بـود. وی بـاز در پنجـم شـهریور مـاه سـال ۵۷ بـه دلیـل ارتبـاط بـا شـهید اندرزگـو دسـتگیر و روانـه زنـدان شـد و در ۱۳۵۷/۸/۱۵ آزاد شـد.

محملی داشته باشی؟» گفتم: «هر دو؛ قصد محمل است، اگر پولی هم عاید شد چه‌بهتر.» سپس او با چند نفر تاجر در پاساژ جعفری تماس گرفت و مرا به عنوان دلال آهن به آنها معرفی و توصیه کرد.

من قبل از شروع به کار چند روزی در نزد وی شروع به شناخت مشخصات آهنها کردم. چند کاتالوگ مربوط را نیز دیدم. ورود به این کار به خاطر کم تجربگی، فقدان وقت کافی و شرایط بازار برای من سودی نداشت، ولی به عنوان یك محمل و پوشش بهانه خوبی بود. شاید اگر من از کارهای سازمان کاسته و وقت بیشتری را به این کار اختصاص می‌دادم، موفقیتهای خوبی به دست می‌آوردم.

پس از مدتی حبیب از ما جدا شد و فردی با نام مستعار ایرج جای او را گرفت. ایرج گفت که حبیب برای انجام مأموریتی از شما جدا شده و از این به بعد، من رابط شما با سازمان هستم. ایرج فردی با دیدگاههای افراطی بود. او معتقد بود که می‌توان از هر وسیله‌ای برای استیفای حقوق از دست رفته استفاده کرد. حتی از سرقت و یا هر عمل دیگر؛ از سرقتهای کوچك و جزئی از فروشگاههای کوچك تا سرقتهای بزرگ چون سرقت اتومبیل. او حتی ربودن قاشق، چنگال و بشقاب از میهمانیها را مجاز می‌دانست و تمام اینها را به عنوان مصادره انقلابی تعبیر می‌کرد و آن را مایه بقا و دوام سازمان می‌شمرد. با توجیهات او ما حاضر شدیم از یکی از دو تخته فرشی که جهاز خانمم بود و در خانه تیمی خودمان استفاده می‌شد، چشم‌پوشی کنیم و به آنها بدهیم. بعد مطلع شدیم آن را به خانه مخفی تقی شهرام در شمال تهران انتقال داده‌اند.

با آمدن ایرج، کار جعل اسناد به کارهای قبلی ما اضافه شد. ما شناسنامه، پاسپورت و... را جعل می‌کردیم. البته این جعل

آماتـوری بـود. برخـی مواقـع سـازمان تعـدادی شناسـنامه و پاسـپورت بـه مـا مـی‌داد و مـا فقـط عکس‌های آنهـا را بـا مهـارت جـدا کـرده و عکـس دیگـری الصـاق و ممهـور مـی‌کردیـم یـا شـماره آن را عـوض مـی‌کردیـم.

ایرج گاهـی قبـل از ظهـر بـه خانـه مـا مـی‌آمـد و تـا پـس از مغـرب آنجـا مـی‌مانـد، ولـی مـا نمـاز خواندنـش را نمی‌دیدیـم. چندبار کامـلاً او را تحـت نظـر گرفتـم و مطمئـن شـدم کـه نمـاز نمـی‌خوانـد، لـذا چنـد بـار بـه او تذکـر دادم کـه چـرا نمـاز نمی‌خوانـی؟ او مـی‌گفـت کـه خوانـدم! حتمـا شـما ندیدیـد. حـالا کـه ایـن طـور مـی‌گویـی، مسئله‌ای نیسـت قضایـش را بـه جـای مـی‌آورم. در ابتـدا مـن در دل مـی‌گفتـم: «عجـب! چـه مسلمان معتقـدی اسـت، مـا ایجـاد شـك مـی‌کنیـم، ولـی او اعـلام مـی‌کنـد کـه دوبـاره مـی‌خوانـد.»

تکـرار ایـن صحنه‌هـا شـك مـا را برانگیخـت و رفتـه رفتـه بـر فریبکاریهـا و عـدم صداقـت او اعتقـاد یافتیـم. یـك روز بـرای پی گیری کاری کـت مـرا پوشـید و بیـرون رفـت. فـردا کـه بازگشـت، دیـدم کـارت گواهی‌نامـه‌ای حـاوی عکـس و مشـخصات او و در جیـب مـن اسـت. و بـه ایـن ترتیـب نـام واقعـی او بـرای مـن افشـا شـد.[1]

بعـد از مدتـی از سـازمان دسـتور رسـید کـه خانـه امـن دیگـری

---

1 ـ جمـال شـریف‌زاده شـیرازی بـه سـال ۱۳۲۹ در تهـران متولـد شـد. پـدرش ساعت‌سـاز بـود، و بـه همـراه خانـواده در کودکـی بـه عـراق رفـت و در ۱۳۴۹ از آنجـا اخـراج شـد. جمـال پـس از بازگشـت بـه ایـران در رشـته مهندسـی فیزیـك دانشـگاه صنعتـی پذیرفتـه شـد.

او در ایـن دانشـگاه بـا سـازمان مجاهدیـن آشـنایی یافـت و بـه آن سـازمان پیوسـت. از تابسـتان ۱۳۵۴ بـه شـاخه تقـی شـهرام پیوسـت و معـاون وی شـد. مدتـی نیـز مسـئول گـروه معـروف بـه «ساسـانیان» بـود. هـدف ایـن گـروه ایجـاد ارتبـاط میـان کادرهـای اصلـی و هـواداران سـازمان بـود، و بـه تهیـه پـول و تـدارکات از بـازار مـی‌پرداخـت. او در آذر ۱۳۵۴ شـوهرخواهر خـود بـه نـام «رضـا خالقـی»، راننـده وزارت دربـار را کشـت. او بـه همـراه طاهـره میـرزا جعفـر عـلاف و مهـدی موسـوی قمـی در ۳۱ فروردیـن ۱۳۵۵ بـا مأمـوران رژیـم شـاه درگیـر شـدند و هـر سـه نفـر بـا خـوردن کپسـول سـیانور خودکشـی کردنـد.

بیاییم. باز هم با تلاش شاپورزاده، خانه‌ای در خیابان سبلان جنوبی (خانه امن دوم) برای این منظور اجاره شد. صاحب آنجا فردی عادی و خوش مشرب به نام داداش‌زاده بود.

هنگامی که من، خسرو و پرویز در کارگاهی کاملاً غیربهداشتی و خطرناك عرق ریزان برای سازمان مواد منفجره تهیه می‌کردیم، ایرج به خانه ما مراجعه و بحثهایی طولانی با همسرم طرح می‌کرد. ازجمله اینکه شما مقداری از نظر مبارزه از شوهرت عقب هستی، ولی از نظر اعتقادی در سطح بالایی قرار داری. تو یك زن آزاده‌ای و نباید وابسته به شوهرت باشی. درست است که او همسر توست، ولی تبعیت تو از او باید تنها در مسائل زناشویی باشد، نه مسائل سیاسی و اجتماعی. تو باید با خواندن کتابها از نظر اطلاعات سیاسی خود را غنی کنی. مبارزه نشیب و فراز زیادی دارد و شاید در این راه همسرت شهید شود. در این صورت اگر تو شخصیت مستقل و متکی به خود نداشته باشی، آسیب خواهی دید و دیگر نمی‌توانی مبارزه و راه او را ادامه دهی. در عین اینکه راه بازگشتی نیز برایت وجود ندارد و ...

البته من همیشه و به‌خصوص قبل از این توطئه، با فاطمه خیلی بحث می‌کردم و از خاطرات و تجربیاتم برایش می‌گفتم تا او را نسبت به مسائلی که در پیش است آماده کنم. کتابهای زیادی را هم برای مطالعه به او توصیه کردم و هیچ گاه محدودیتی برای اظهار و ارائه‌نظر او قایل نشدم و همیشه درصدد رشد و غنای فکری او بودم.

با گذشت زمان به تدریج تغییراتی در همسرم می‌دیدم. ایرج توانسته بود که او را در بسیاری از نظرها با خود همفکر و هم‌نظر کند. گاهی مخالفتهای صریحی از او در مقابل نظر خود می‌دیدم، ولی از آن استقبال می‌کردم. زیرا آن را نشانه رشد و تکوین شخصیت او می‌دانستم. ایرج چون یك خفاش به آشیانه

زندگـی مـا وارد شـد و آرام آرام شـروع بـه مکیـدن خـون از رگهـای حیـات آن کـرد. فاطمه حرفهـای بادکنکـی و توخالـی آنهـا را در بـاور خـود تقویـت کـرد و بـا گرفتـن مسئولیتهای کاذب و کار آموزشـی، رفته‌رفتـه شـخصیت دیگـری یافـت.

خانه‌یابی شاپورزاده

فاطمـه فرتـوک‌زاده (شاپورزاده)، زنـی کامـلاً معتقـد، مذهبـی و یـاری مهربان و همسـری همـراه بـود. مـن در مدتی کـه بـا او زندگی کـردم، انگیـزه‌ای جـز اعتقـاد و دیانـت در ایـن راه از او ندیـدم. او داوطلبانه پذیرفت کـه همـراه مـن بـه جریـان مبـارزه بپیونـدد و زندگی مخفـی را برگزینـد. او سـعی داشـت کـه در جلسـات، خـارج از موضـع و نظـر مـن حرکـت نکنـد. از او گاهـی کـه بـه بیـرون از خانـه می‌رفت، می‌خواسـتم کـه اسـلحه‌ای بـا خـود بـه همـراه ببـرد، ولـی نمی‌پذیرفـت، می‌گفـت کـه مـن بایـد حواسـم بـه چـادرم باشـد و آن را حفـظ کنـم، نمی‌توانـم بـا دسـتهایم هـم اسـلحه حمـل کنـم و هم‌چـادر بگیـرم. بـه هرحـال او در ایـن مسـیر پیـش رفـت و بـا مطالعـه کتـب بسـیار و حضـور در کلاسـها و جلسـات رشـد فکـری نمـود.

در مدتـی کـه مـا سـخت تـلاش و کار می‌کردیـم، همسـرم خیلـی فـداکاری کـرد. او تمـام امـور رفـت و روب خانـه و نگهـداری بچه‌هـا را بـه عهـده داشـت و از خـود در یافتـن خانـه امـن لیاقـت خوبـی نشـان داد. او بـه دسـتور سـازمان تعـداد زیـادی خانـه امـن و مخفـی بـرای سـایر تیمهـا فراهـم کـرد. ایـن امـر او را صاحـب تجربـه خوبـی کـرد. وی بـرای یافتـن خانـه مخفـی یکـی از دوقلوهـا را بـه بغـل گرفتـه و راهـی کوچـه و خیابـان می‌شـد. درهـای خانه‌هـا را بـه بهانـه تعویـض لبـاس بچـه یـا نوشـاندن آب بـه او می‌زد. بعـد بـا صاحـب آن خانـه سـر صحبت را بـاز می‌کـرد و سـپس سـراغ خانـه اجاره‌ای را می‌گرفت. صاحـب آن خانـه یـا خـودش خانـه و اتـاق خالـی داشـت یـا کـس

دیگـری را معرفـی می‌کـرد. جالـب اینکـه بـر سـر ایـن کار، گاهـی بچه‌هـای مـا سـرما می‌خوردنـد و مریـض می‌شـدند. فاطمـه تمـام ایـن سـختیها و مصایـب را بـه خاطـر انگیـزه قـوی و الهـی‌اش تحمـل می‌کـرد. علـت ایـن نـوع خانـه یابـی بـدون مراجعـه بـه بنگاههـا و آژانسـهای اجـاره امـلاك، دلایـل امنیتـی داشـت، زیـرا در آن زمـان، ایـن بنگاههـا از صـورت قـرارداد تنظیمـی، نسـخه‌ای رونوشـت تهیـه و بـه کلانتـری ارائـه می‌کردنـد. کلانتریهـا در اقدامـی هماهنـگ بـا سـاواك بـا موظـف کـردن بنگاههـا بـه ایـن اقـدام درصـدد بودنـد کـه مبارزیـن و چریکهـا را در خانه‌هـای تیمـی و امـن شناسـایی و دسـتگیر کننـد.

سـازمان بـا مشـاهده توفیـق فاطمـه در امـر خانـه یابـی، او را بـرای انتقـال تجربیـات بـه تدریـس در کلاسـهای سـایر تیمهـا فراخوانـد. فاطمـه خـود می‌گفـت کـه سـازمان آمـوزش خانـه یابـی بـرای افـراد را در ده خانـه تیمـی بـه او سـپرده اسـت و ایـن مسـئله برایـش خیلـی مهـم بـود. نقـش دوقلوهـا در یافتـن خانه‌هـا خیلـی مهـم بـود. توهمـات و شـکهایی را کـه ممکـن بـود از سـوی سـایر افـراد جامعـه بـه همـراه داشـته باشـد، رفـع می‌کـرد. آنهـا در ایـن راه بـه دفعـات مریـض شـدند. حتـی دخترهـا و پسـرهای جـوان بچه‌هـای مـا را برمی‌داشـتند و بـه نشـانه اینکـه متأهـل هسـتند بـه جسـتجوی خانـه می‌پرداختنـد و بـه عبارتـی آنچـه را کـه نظـری آموختـه بودنـد، در عمـل تجربـه می‌کردنـد.

بـه یـاد دارم آنهـا یـك مرتبـه مریـم را بـا خـود بـرده بودنـد. وقتـی برگشـتند دیـدم دسـت او سـوخته اسـت. گویـا هنگام صـرف ناهـار بچـه دسـتش را داخـل آبگوشـت می‌کنـد و آنهـا دسـتپاچه شـده و نمی‌تواننـد بـرای او کاری بکننـد، زیـرا بچـه داری نمی‌دانسـتند. مـن بـا دیـدن دسـت سـوخته مریـم ناراحـت شـده و از آنهـا انتقـاد کـردم. بـا شـروع کیدهـا و ترفندهـای سـازمان، فاطمـه بـه تدریـج از مـن فاصلـه گرفـت. سـازمان به‌طـور جـد بحـث اسـتقلال شـخصیتی،

نظـری و فکـری او را دنبـال می‌کـرد و بـر ایـن نظـر کـه در مبـارزه و تشـکیلات فرقـی بیـن زن و مـرد نیسـت، پـای می‌فشـرد. فاطمـه نیـز بـا جایـگاه و موقعیـت جدیـد بـاور کـرد کـه ایـن شـیوه عمـل، تنهـا راه ترقـی و شـکوفایی فکـری اوسـت. او کـه تحصیلاتـش در حد ابتدایـی بـود، بـا قـرار گرفتـن در ایـن گردونـه شـخصیت کاذبـی یافت و صدماتـی خـورد کـه دیگـر امـکان جبـران آن نبـود.

سـازمان بـرای عملـی سـاختن برنامـه و هـدف شـوم خـود بـرای افـرادی مثـل مـن، طرحـی را ارائـه کـرد کـه بـه تبـع آن بایـد بـه اصطلاح «خواهرهـا» در تیمـی جداگانـه از تیـم «بـرادرهـا» زندگـی و فعالیـت کننـد. هـدف آشـکار ایـن طـرح فاصلـه انداختـن بیـن افـراد متأهـل سـازمان بـا همسرانشـان بـود، تـا بـه ایـن طریـق کانونهـای زندگـی آنها از هـم بپاشـد. بـا از بیـن رفتـن قیـد و بندهـای خانوادگـی و زناشـویی و پـس از تهـی شـدن از شـخصیت واقعـی، می‌توانسـتند از آنهـا جهـت اهـداف خـود اسـتفاده کننـد.

مـن کـه در آن شـرایط بـا دیـدی اعتقـادی و بـا ایمـان سـلیم بـه این افعـال و طرحهـا می‌نگریسـتم، بـا رفتـن فاطمـه بـه ایـن خانه‌هـا موافقت کـردم و پذیرفتـم کـه او فقـط بـه طـور محـدود بـه آنجاهـا رفت و آمـد کنـد. بـه ایـن ترتیـب فاطمـه سرپرسـتی دو خانـه تیمـی را بـه عهـده گرفـت. بعـد از تغییـر ایدئولـوژی سـازمان هـم اوضـاع معکـوس شـد. مـن در خانـه می‌مانـدم و بـه امـور داخلـی خانـه و بچـه می‌رسـیدم و فاطمـه بـرای کار و فعالیـت بیـرون می‌رفت. گاهـی او چندشـب بـه خانـه نمی‌آمـد و اگـر از او نمی‌پرسـیدم، هیـچ نمی‌گفت کـه کجـا بـوده و اگـر هـم می‌پرسـیدم جـواب سربالا، مبهـم و نامشـخصی مـی‌داد. مثـلاً می‌گفت کـه بـرای مقـداری از بچه‌هـا کلاس داشـته اسـت. چنیـن رفتارهایـی ناشـی از خواسـته سـازمان بـود. سـازمان بـه او اجـازه اطـلاع و افشـای فعالیتهـا و ارتباطاتـش را در سـایر خانه‌های تیمـی نمی‌داد. مـن زمانـی متوجـه خباثـت هـدف و نیـت سـازمان

شدم که دیگر دیر شده بود و بر این همه مصیبت راهی نداشتم جز صبر...

ترورها و تغییرها

در اواخر زمستان سال ۵۳، ایرج دستور تهیه هفت متر چادر مشکی را از طرف سازمان به ما ابلاغ کرد. برای ما جای سئوال بود که چادر برای چه؟ و چرا هفت متر؟ چادرها معمولاً یک قواره‌ای (شش متری) خریداری می‌شدند. به هرحال به سختی ما چادری در این اندازه برای آنها تهیه کردیم. چند روز بعد اعلامیه‌ای برای چاپ و تکثیر به ما دادند. در اعلامیه شماره ۲۱ به شرح ترور انقلابی سرتیپ زندی‌پور پرداخته شده بود. ترور توسط شهید مرتضی صمدیه‌لباف و چند نفر دیگر از اعضای سازمان طراحی شده و صورت گرفته بود. صمدیه قد بلندی داشت و دریافتیم که چادر هفت متری برای استفاده در جریان ترور بوده است.

نکته‌ای در این اعلامیه توجه مرا به خود جلب کرد و آن کوچک شدن آیه «فضل‌الله المجاهدین علی القاعدین اجرا عظیما» بر بالای آرم سازمان بود. ابتدا کمی شک کرده و به فکر فرو رفتم و اما بعد حمل بر صحت کرده و برای خود توجیه کردم که شاید از نظر هنری و گرافیکی و فنی، این ترتیب و شکل زیبنده‌تر و نافذتر است.

در نیمه اردیبهشت ماه سال بعد (۵۴)، خبر شهادت مجید شریف واقفی را شنیدم. ما او را به عنوان یک رهبر انقلابی مسلمان می‌شناختیم و نسبت به او بسیار احترام و علاقه داشتیم. از خبر فقدانش بسیار متأثر شدیم. مرگ او و خبرهایی که در این زمینه می‌رسید، بسیار ضد و نقیض بود و شک هر شنونده‌ای را برمی‌انگیخت. احساس می‌کردم که حوادث ناگواری در شرف

وقـوع اسـت. مـرگ مجیـد ایـن احسـاس و ابهامـات را نسـبت بـه فضـای موجـود دوچنـدان کـرد.[1]

در آخریـن روز اردیبهشـت مـاه، وحیـد افراختـه و محسـن خاموشـی ـ دو تـن از اعضـای سـازمان مجاهدیـن خلـق ـ دسـت بـه تـرور دو مستشـار امریکایـی زدنـد.[2] ایـرج، بـی فـوت وقـت، اطلاعیـه سیاسـی ـ نظامـی شـماره ۲۲ مربـوط بـه ایـن عملیـات تـرور را بـرای تکثیـر نـزد مـا آورد. بـه محـض رؤیـت اطلاعیـه جـا خـوردم. آیـه قـرآن از بـالای آرم سـازمان حـذف شـده بـود. (سـند شـماره ۱۷)

آنچـه را کـه می‌دیـدم بـاور نمی‌کـردم. عـرق سـردی بـر پیشـانیم نشسـت. دقایـق زیـادی را گیـج و منـگ در سـکوت سـر کـردم. بقیـه

---

۱ ـ پـس از دستگیری تعـدادی از کادرهـای مرکـزی سـازمان ماننـد کاظم ذوالانـوار در سـال ۵۲ و شـهادت رضـا رضایـی، کادر مرکـزی سـازمان در اختیـار محمدتقی شـهرام، بهـرام آرام و مجیـد شـریف واقفـی قـرار گرفـت. در اواخـر سـال ۵۳ بـه خاطـر ایده‌هـای انحرافـی شـهرام و آرام بیـن آنهـا اختلافـی ایجـاد می‌شـود. شـریف واقفـی کـه بـا ایده‌هـای مارکسیسـتی آن دو بـه شـدت مخالـف بـود، از کادر مرکـزی طـرد می‌شـود. اصـرار مجیـد شـریف واقفـی و مرتضـی صمدیـه لبـاف حسـین بـر مواضـع اسـلامی خود،بـرای سـران مارکسیسـت گـران می‌آیـد. از ایـن‌رو بـه آنهـا هشـدار می‌دهنـد. مجیـد نیـز در ایـن میـان شـروع بـه جمـع کـردن هـواداران خـود و تهیـه و تأمیـن سـلاح می‌کنـد. اخبـار فعالیتهای وی توسـط لیلازمردیـان (همسـر مجیـد) بـه کادر رهبـری اکثریـت گـزارش می‌شـود. آنهـا بـرای مقابلـه، او را سـر قـراری احضـار می‌کننـد. بهـرام آرام، وحیـد افراختـه، محسـن خاموشـی و حسـین سـیاه کلاه وی را در پانزدهـم اردیبهشـت مـاه در خیابـان آب منـگل بـه دام انداختـه درگیـر می‌شـوند. درنتیجـه سـیدمجید شـریف واقفـی در همـان جـا شـهید می‌شـود. افـراد خـود فروختـه جسـد او را بـه هجـده کیلومتـری جـاده مسـگرآباد بـرده و آن را منفجـر کـرده و می‌سـوزانند تـا هویـت وی شناسـایی نشـود.

مرتضـی صمدیـه لبـاف نیـز در قـراری در همـان روز بـا آنهـا درگیـر می‌شـود. او بـا اصابـت گلولـه‌ای زخمـی شـده و موفـق بـه فـرار می‌شـود. بعـد توسـط بـرادرش بـرای مـداوا بـه بیمارسـتان سـینا منتقـل می‌شـود. درنتیجـه سـاواک او را یافتـه و بـه بنـد می‌کشـد. سـرانجام ایـن انقلابـی مسـلمان در چهـارم بهمـن مـاه سـال ۵۴ در میـدان تیـر چیتگـر تیربـاران و شـهید می‌شـود.

۲ ـ سـرهنگ «شـفر جویـز» و سـرهنگ دوم «جـك ترنرویـل»، در سـاعت ۶/۴۰ دقیقـه روز چهارشـنبه ۳۱ اردیبهشـت ۱۳۵۴ تـرور شـدند.

افـراد گـروه نیـز در تحیـر و تعجب بودنـد. پـس از بحـث و مشورت بـه ایـن نتیجـه رسیـدیم کـه آنها فرامـوش کرده‌انـد آیـه را در آرم سـازمان لحـاظ کننـد، پـس مـا هـم آن را تکثیـر نمی کنیـم. صبـح روز بعـد، سـر قـرار رفتـم. ایـرج اعلامیه‌هـای تکثیـر شـده را خواسـت. بـه او گفتـم کـه نزدیـم. بـا عصبانیت پرسیـد: «چـرا؟» گفتـم: «به‌خاطر اینکـه فرامـوش کرده‌ایـد آیـه را در آرم بیاوریـد.» قیافـه او درهـم شـد و داد زد: «بـه شـما ارتباطـی نـدارد، شـما بایـد فقـط دسـتور را اجـرا می کردیـد! شـما حـق اظهـار و اعمال‌نظـر نداشتیـد...» قرص و محکـم گفتـم: «نـه! مـا بـدون آیـه آن را تکثیـر نخواهیـم کـرد و هیـچ کار دیگـری هـم نخواهیـم کـرد و اصـلاً بـودن مـا در سـازمان بـه خاطـر همیـن آیـه اسـت.» او کـه سرسـختی و اصـرار مـرا دیـد، موضـع خـود را نـرم کـرد و گفـت: «شـاپور! شـما بایـد فقـط دسـتور را اجـرا می کردیـد. حتمـا دلیلـی داشـته اسـت کـه آیـه را نزده‌انـد!» گفتـم: «چـه دلیلـی؟» او بـا زیرکـی و از روی فریـب گفـت: «شـاپور! ایـن اطلاعیـه بـرای تـرور مستشـاران امریکایـی اسـت و چـون مـا قصـد داریـم آن را بـه داخـل سـفارت‌خانه‌های کشـورهای بیگانـه و کافـر بینـدازیـم، درسـت نبـود کـه آیـه زیـر دسـت و پـای آنها ریختـه شـود و اجنبـی پـا روی آیـه بگـذارد!»

توجیـه ایـرج مـرا متقاعـد کـرد، ولـی هنـوز در دل نسـبت بـه آن شـك داشـتم. از آنجـا آمـدم و فریـب ایـرج را بـرای بقیـه افـراد تیـم توضیـح دادم. آنهـا هـم توجیـه او را پذیرفتنـد و شـروع بـه تکثیر اطلاعیـه کردیـم. در روزهـای آینـده ابرهـای ابهـام کنـار رفـت و همه‌چیـز روشـن شـد. ثابـت شـد کـه آنچـه مـن در دل بـه آن شـك داشـتم، چیـزی جـز یـك واقعیت تلـخ نبـود.

تمـام ایـن تغییـرات و حرکتهـا زمینـه‌ای بـرای بـروز یـك توطئـه و هـدف شـوم و آغـاز یـك انحـراف بـزرگ... و الحـاد بـود.

کودتای تغییر ایدئولوژی

قبل از ترور سرتیپ زندی پور، ایرج از طرف سازمان به من ابلاغ کرد که برای کسب و کارم مغازه‌ای مستقل تهیه کنم. تا محملی برای فعالیتهایم داشته باشم.

پس از کمی جستجو، مغازه‌ای در پاساژ دو طبقه کویر واقع در چراغ‌برق یافتم و به مبلغ هفده هزار تومان رهن و دویست تومان کرایه در ماه اجاره کردم. این مغازه حدود پانزده مترمربع مساحت داشت. به توصیه ایرج با پارتیشن آن را به دو قسمت کردم. قسمت جلویی، دفتر کسب و کار و قسمت عقبی را نیز برای کارهای شخصی و سازمانی و تشکیلاتی اختصاص دادم. سپس برای آنجا چند مبل و صندلی دست دوم تهیه کردم. مقداری هم کاتالوگ نبشی آهن، پروفیل و میلگرد با کمک حاج آقا پور استاد تهیه کردم تا رنگ و نمای فروشگاه آهن را پیدا کند. تنها کارکرد مهم این دفتر، پوشش دادن فعالیتهای سازمانی‌ام بود.

پاساژ کویر دو دهنه بود که یکی از دهنه‌ها به طرف خیابان سیروس و دیگری به طرف خیابان چراغ برق (امیرکبیر) باز می‌شد. در جنب و مقابل مغازه ما، چند مغازه دیگر از جمله یک مغازه خیاطی وجود داشت. من مدتی به آنجا آمد وشد کردم و چند نفر از مغازه داران آنجا از جمله صاحب مغازه خیاطی مرا شناختند. ولی به‌روی خود نمی‌آوردند. در آنجا مرا به نام احمد اکبری می‌شناختند. مدتی بعد از ترور زندی پور و قبل از ترور مستشاران امریکایی ایرج آمد و کلید مغازه را از من گرفت و گفت دیگر نیازی نیست که تو به آنجا بروی.

آنچه که بعد از تحویل کلید مغازه اتفاق افتاد، جای تأمل بسیار دارد. ایرج کلید را در اختیار تقی شهرام قرار داد. او و یک

دختر جوان به آنجا آمد و شد کرده و شبها در آنجا مستقر می‌شدند. سرایدار پاساژ می‌گفت که عصرها، دختر خانمی از در سمت خیابان سیروس وارد پاساژ شده و به مغازه اکبری می‌رفت و شب که همه مغازه‌ها تعطیل می‌شدند، آنها (تقی شهرام و دختر جوان) آنجا را ترک نمی‌کردند. سرایدار می‌گفت که من به وضعیت آنها مشکوک شدم، چند بار به جلو مغازه رفتم و دیدم که در مغازه قفل است، ولی چراغی در آن روشن است. فردای آن روز وقتی از مغازه دار (تقی شهرام) علت را سئوال کردم، جواب می‌داد که حتما چراغ از غروب روشن مانده بود. ولی حقیقت، امر دیگری بود. تقی شهرام و آن دختر جوان شبها در آنجا می‌ماندند و شهرام در آنجا جزوه تغییر ایدئولوژی سازمان را می‌نوشت. جزوه‌ای دست نویس که هر کس آن را می‌دید و کمی با خط شهرام آشنا بود، می‌فهمید که دستخط اوست. این مغازه به مکان امن و آرامی تبدیل شده بود تا تقی شهرام بتواند با فراغ خاطر و با استفاده از هر نوع امکانات، دست به نگارش جزوه تغییر ایدئولوژی بزند.

به هرحال سرایدار پاساژ که هر روز بیش از پیش به اوضاع مشکوک می‌شود، شبی پس از رفتن سایر کاسبها به طرف مغازه می‌رود. گویا به اشتباه و از روی فراموشی در مغازه قفل نبوده است. در را باز کرده و داخل مغازه می‌شود. تقی شهرام را با آن دختر می‌بیند. شروع به داد و بیداد می‌کند: «... اینجا شهرنو باز کرده‌اید... اینجا مغازه است، احترام دارد... بی‌حیاها...!». تقی شهرام که از نظر جسمی، قوی هیکل بود، با مشت به دهان پیرمرد سرایدار می‌کوبد. پیرمرد برای شکایت از آنها مغازه را ترک می‌کند و به کلانتری می‌رود و به فکرش نمی‌رسد که در پاساژ را از بیرون قفل کند و یا کسی را برای مواظبت در آنجا بگذارد. وقتی مأمورین کلانتری از راه می‌رسند، با مغازه‌ای باز و

آشـفته مواجـه می‌شوند. آنهـا بـا دیـدن کاغـذ پـاره و دسـت نوشـته‌ها و آرم سـازمان موضـوع را بـه سـاواک اطـلاع می‌دهنـد.

بـه ایـن ترتیـب سـاواک اولیـن مرکـزی اسـت کـه از تغییراتـی بنیانی در ایدئولـوژی و مـرام سـازمان مطلـع می‌شـود. از آن رو بعـد از ایـن کشـف شـروع بـه تبلیغـات وسیع علیـه ایـن سـازمان مـی کنـد کـه البتـه سـایر گروههـا چـون از ایـن حرکـت انحرافـی تـا زمـان اعـلان تغییـر مواضـع و ایدئولـوژی اطـلاع نداشـتند، تبلیغـات سـاواک را فریبکارانـه و از روی بغـض تعریـف مـی کننـد.

خیاطـی کـه آنجـا بـود بعدهـا تعریـف کـرد پـس از ایـن واقعـه دیگـر کسـی بـه آن مغـازه مراجعـه نکـرد و آنجـا تـا مدتهـا خالـی بـود.[۱]

یـک هفتـه بعـد از تـرور مستشـاران امریکایـی در خـرداد مـاه ۵۴، ایـرج جلسـه‌ای اضطـراری و فـوق العـاده در خانـه تیمـی مـا تشـکیل

---

۱ ـ دوسـت خیـاط آقـای احمـد بعـد از پیـروزی انقـلاب اسلامـی در سـال ۵۸ عامـل دسـتگیری تقـی شـهرام بـود. احمـد در قسـمتی از خاطـرات خـود می‌گویـد: «... ایـن خیـاط، جـوان بلندقـد و از دوسـتان مـن بـود، شـنیده بـود تقـی شـهرام باعـث قتـل زن مـن اسـت. در میـدان توحیـد شـهرام را همـراه دو زن می‌بینـد. جلـو می‌رود و می‌گویـد تـو تقـی شـهرام هسـتی! شـهرام جـا می‌خـورد و می‌گویـد کـه نـه! ولـی دوسـت خیـاط دسـت انداختـه و او را در بغـل می‌گیـرد تـا فـرار نکنـد. شـهرام و دو زن همراهـش داد و بیـداد مـی کننـد کـه آقـا چـرا مزاحمـت ایجـاد مـی کنـی؟ اشـتباه گرفتـه‌ای! او می‌گویـد: «نـه! مـن اشـتباه نمی‌کنـم.» مـردم دورادور او جمـع می‌شـوند و می‌گوینـد کـه خـب، آقـا! چـرا اذیـت مـی کنـی، اشـتباه گرفتـه‌ای دیگـر، ولـش کـن. در ایـن بیـن دو زن محافـظ تقـی شـهرام فـرار مـی کننـد. دوسـت خیـاط می‌گویـد کـه بابـا! مـردم! مـن بـا ایـن کـاری نـدارم، فقـط او را تـا کمیتـه می‌بـرم. تقـی شـهرام می‌گویـد: «مـن تقـی شـهرام نیسـتم، آقـا ول کـن ببینـم، کثافـت!» دوسـت مـن می‌گویـد کـه مـن ایـن آدم را تـا دم کمیتـه می‌بـرم، اگـر نبـود، همان‌جـا پایـش را مـاچ مـی کنـم! اگـر هـم بـود، کـه خـب دسـتگیرش مـی کننـد. او قاتـل زن یکـی از دوسـتانم اسـت. در ایـن گیـرودار باجنـاق و پدرزن آن دوسـت از راه می‌رسـند و بـه او کمـک مـی کننـد و شـهرام را بـه کمیتـه انقـلاب اسلامـی منطقـه می‌برنـد و در اتاقـی در طبقـه سـوم نگـه می‌دارنـد. بعـد بـه کمیتـه مرکـز تلفـن می‌زننـد و می‌گوینـد یـک نفـر را گرفته‌انـد و می‌گوینـد تقـی شـهرام اسـت و مشخصاتـش را می‌دهنـد. از کمیتـه مرکـز می‌گوینـد: «بدویـد بگیریدش! الان خـودش را از پنجـره بـه پاییـن پـرت مـی کنـد و مـی کشـد. شـما بی‌خـود او را در آن طبقـه نگه‌داشـته‌اید. مواظب باشـید کـه مـا آمدیـم.»

داد. او پس از کمی مقدمه چینی گفت علت اصلی اینکه ما آیه قرآن را از بالای آرم سازمان حذف کردیم، این بود که ما تغییر مواضع ایدئولوژیك داده‌ایم. من ناگهان از جای خود بلند شدم و با عصبانیت گفتم: «یعنی چه؟» گفت: «بله، ما تغییر ایدئولوژی داده و مارکسیست را به عنوان ایدئولوژی برتر و مسلط پذیرفته‌ایم. راههای رفته وشیوه‌های قبلی به ما ثابت کرد که اشکال اساسی در کارمان وجود دارد و پس از مطالعات و بررسیهای عمیق و کارشناسانه به این نتیجه رسیدیم که اسلام نمی‌تواند جوابگوی نیازهای ما باشد و تنها مارکسیسم است که علم مبارزه است و...»

ایرج این صحبتها را مسلسل وار طرح می‌کرد و با ادای هر کلمه گویی گلوله‌ای به قلب من شلیك می‌کرد و بی امان به سویم رگبار می‌بست. عرق سردی بر پیشانیم نشست. چهره‌ام رنگارنگ می‌شد. بدنم سرد شده و دندانهایم به هم می‌خورد. دیگر هیچ نمی‌دیدم و نمی‌شنیدم، تمام صداها برایم گنگ بود. احساس می‌کردم که با شتاب و در حالتی معلق در چاهی سیاه و تاریك و بی پایان سقوط می‌کنم. به معنای واقعی کلمه احساس غبن و زیان می‌کردم، می‌اندیشیدم که مصداق بارز خسرالدنیا و الاخره هستم. یك دفعه تمام زندگی مبارزاتی و زندان و شکنجه هایم را در ذهن مرور کردم.

نماز نخواندن آنها، سخنان بی ریشه و بی مایه شان، آرم بدون آیه قرآن و... همه در پیش رویم رژه می‌رفتند. در گوشه‌ای از اتاق قدم می‌زدم. خون، خونم را می‌خورد. همه چیز را پایان یافته می‌دیدم. گویی که به ته دره‌ای عمیق پرت شده‌ام و به پایان دنیا رسیده‌ام. با راه رفتن تند، کمی بر خود مسلط شدم و افکار مغشوش و متشتت خود را جمع و جور کردم و به طرف جمع بازگشتم. ایرج که چنین عکس العملی را از من توقع نداشت،

کمی ترسید و جابه‌جا شد. دیدم که خسرو، پرویز و شاپورزاده نیز در سکوت مطلق هستند. با پرخاش به ایرج گفتم: «چرا؟ مگر می‌توانید؟» ایرج که جا خورده بود با احتیاط گفت: «شاپور! باید کمی صبر کنی، دستور از بالای سازمان است و...» باز دگرگون شدم، در یک لحظه تصمیم گرفتم که از آبروی اسلام دفاع کنم. نشستم و گفتم: «بی‌خودا! چه‌صبری؟! چه دستوری؟! دستور ما دستور اسلام است!... شما ما را گول زدید، خیانت کردید، خائن هستید، شما با ظاهرفریبی کار را به اینجا کشیدید، شما از امکانات مسلمانها استفاده کرده و بعد به آنها خیانت کردید. حتی الان هم شما از کمکهای بازاریها و مسلمانها سرپایید. شما چطور جرئت کردید که این کار را بکنید؟ چهار تا جوان تازه به دوران رسیده آمدید برای خودتان تغییر مواضع ایدئولوژیک طرح کرده‌اید، غلط کرده‌اید!، شما چه کاره‌اید که از طرف همه تصمیم گرفته‌اید...»

من که مدتها در زندان بودم، معنای تغییر ایدئولوژی و مارکسیست شدن را به وضوح می‌دانستم. از این رو و درحالی که همه چیز را پایان یافته می‌دیدم، شروع کردم به دست و پا زدن در این دریای مواج افکار و اندیشه‌ها، با آخرین نفسها. ایرج که از ناراحتی و عکس‌العمل تند وشدید من جاخورده بود، گفت: «شاپور! تو الان عصبانی هستی، بحث بی‌فایده است و من نمی‌توانم با تو صحبت کنم. اعتراضت را به بالا انتقال می‌دهم.»

او کتاب تغییر ایدئولوژی را بین افراد تقسیم کرد و با شتاب خانه را ترک کرد. خسرو و پرویز نیز مانند من ناراحت بودند، ولی شاپورزاده سکوت کرده بود و موضع و حالت خاصی از خود بروز نمی‌داد. این بر آزردگی و ناراحتی من می‌افزود. از خود می‌پرسیدم که چه اتفاقی افتاده؟ چرا فاطمه ساکت است؟...

از تصور اینکه فاطمه از قبل، از این جریان خبر داشته و آن را پذیرفته باشد، می‌ترسیدم و به شدت می‌لرزیدم. ساعتی گذشت. کتاب را برداشته و شروع به خواندن آن کردم. برای من مصیبتی بالاتر از این نبود. من به خاطر خدا و اسلام قیام کرده‌ام و حال باید به خاطر اینها دست از اسلام برداشته و مارکسیست شوم. همه چیز را از دست رفته می‌دیدم. می‌گفتم: «احمد چه شد آن همه زندان؟ شهادت محمد مفیدی و باقر عباسی؟ چه شد آن همه شکنجه و آزار؟ چه شد آن همه تبعید و حرمان و دربه‌دری؟ چه شد آرمان و ایده‌آلی که دنبالش بودی؟ چه شد...»

دیداری پشت پرده با تقی شهرام

نمی‌دانستم که چرا فاطمه در برابر این تغییر از خود واکنشی نشان نمی‌دهد و این سخت آزارم می‌داد. حدس می‌زدم که در بینش فاطمه تغییراتی ایجاد شده باشد. خیال می‌کردم رگه‌های مذهبی او این اجازه را نمی‌دهد که او موضعی در مقابل من بگیرد. عدم واکنش او مرا به فکر درباره کارها و اقدامات و حرفهای چندین ماهه او فرو برد و بعد بر خود لرزیدم.

ایرج چند روز بعد آمد و گفت: «شاپور، امروز کسی می‌آید تا با تو بحث کند و اعتراضت را بشنود و این تغییر را برایت تشریح کند.» ایرج، طنابی بین اتاق کشید و روی آن چادری انداخت و آن را به دو قسمت کرد. بعدازظهر آن فرد آمد. او و ایرج در آن طرف و من و خسرو و پرویز این طرف چادر نشستیم. جالب بود که شاپورزاده وسط نشست، به نحوی که هر دو طرف را می‌دید. برایم خیلی مسئله بود که همسرم امکان دیدن آن فرد را داشت، ولی ما اجازه دیدار او را نداشتیم و این نشانه‌ای غمبار برای من بود. چرا که دلیلی بود بر اینکه شاپورزاده او را از قبل می‌شناسد و احتمالاً هماهنگی فکری و نظری از پیش بین آنها

وجـود داشـته اسـت. بـا اولیـن جمـلات صـدای او را شـناختم و فهمیدم کـه محمدتقی شهـرام اسـت. درضمـن از پشـت چـادر به‌خاطر تابش نـور سـایه، هیـکل بـزرگ و بدترکیـب شهـرام را به‌وضـوح دیـدم و برایـم مشـخص شـد کـه وجـود کثیـف اوسـت کـه در پشـت پـرده مخاطب مـن اسـت.

در ایـن بیـن ایـرج بـا دختـرم مریـم کـه طفلـی بیـش نبـود بـازی می‌کـرد و بـه ایـن طـرف و آن طـرف می‌دویـد و پیـدا بـود کـه بیـن آنهـا صمیمیتـی هسـت. بـا مشـاهده ایـن صحنه‌هـا عمـق فاجعـه را درک کـرده فاتحـه همـه چیـز را خوانـدم. مـن تقی شهـرام را در سـالهای ۵۱ ـ ۵۰ در زنـدان قـزل قلعـه دیـده بـودم و بـا قـد و قـواره و هیـکل درشـت و صـدای زمخـت و صـورت سـنگی او کامـلاً آشـنا بـودم.

تقـی شهـرام گفـت: «... شـاپور! مـن تـو را خـوب می‌شناسـم...» معلـوم بـود کـه مـرا از دوران زنـدان و بـا توضیحاتـی کـه همسـرم و ایـرج بـه او داده‌انـد، می‌شناسـد. ابتـدا بـه صـورت مبنایـی بـه بحـث دربـاره آرمـان مترقـی و مبـارزه توده‌هـا و خلـق، قیـام پرولتاریـا و... پرداخـت و گفـت کـه در راه مبـارزه بایـد از همه‌چیـز گذشـت، حتـی از ایـده و عقیـده، مارکسیسـت امـروزه علـم اسـت و بـرای پیـروز شـدن بـر طاغـوت و امپریالیسـم بایـد بـه ایـن علـم مسلـح شـد. ایـن یگانـه راه پیـروزی اسـت و آینـده از آن طبقـه کارگـر اسـت، زیـرا سـالیان متمـادی استثمار شـده و بالاخـره دسـت بـه قیـام خواهـد زد. مـا دو سـال اسـت کـه مارکسیسـت شـده‌ایم و ایـن کار فی‌البداهـه صـورت نگرفتـه اسـت.

گفتـم: «مگـر شـما مارکسیسـت نیسـتید، بچه‌هـا هـم شـما را قبـول ندارنـد، پـس چـه ارتباطـی وجـود دارد کـه شـما خودتـان را مسئـول بدانیـد. درضمـن اگـر شـما از دو سـال پیـش مارکسیسـت شـده بودیـد، چـرا وقتـی در سـال ۵۲ به‌سـازمان آمـدم، حرفـی نزدیـد؟» او گفت: «اگـر می‌گفتیـم، آموزشـی کـه بـه شـما دادیـم می‌سـوخت.» گفتـم:

«حالا نسوخت؟!»

تقی شهرام وقتی سرسختی مرا دید عصبانی شد و گفت: «...
تو اگر نمی‌خواهی مارکسیسم را قبول کنی، می‌توانی بروی».
گفتم: «بروم؟! به‌همین راحتی! حالا که در این باتلاق گیر
کرده‌ام و از خانه و کاشانه و زندگی رانده شده‌ام، آن‌هم در زمانی
که ساواک با تمام قوا در تعقیب من است، حالا که از همه‌جا
رانده و از همه‌جا مانده شده‌ام...!»

در این میان یک مرتبه مریم به بغل من آمد. ایرج گفت:
«مریم را بده بیاید این طرف.» منظورش این بود که من حواسم
به صحبت باشد. تقی شهرام دستش را دراز کرد تا از این طرف
چادر مریم را بگیرد. دست پرمو، چاق و زمخت او برایم کاملاً
آشنا بود. دیگر مطمئن شدم که او تقی شهرام است.

شهرام گفت: «شاپور! تو خرده بورژوای مرفه هستی، نمی‌توانی
طبقه کارگر (پرولتر) را درک کنی و همراه آن مبارزه کنی. راه
دیگری هم وجود دارد، بیا تا بفرستمت به ظفار[1] تا آنجا علیه
امپریالیسم بجنگی.» گفتم: «نه، دیگر اشتباه نمی‌کنم و این را
بدانید که این مدت را ما اشتباه کردیم و فریب کار تشکیلاتی و
سازمانی را خوردیم. شما مار خوش خط و خالی هستید که در
آستینمان پرورشتان دادیم و حال خود ما را نیش می‌زنید. این کار
شما نمک نشناسی و خیانت است.»[2]

---

1 ـ ظفار، بخشی از سلطان نشین مسقط و عمان محسوب می‌شود که در جنوب
شرقی شبه جزیره عربستان قرار دارد. پایتخت آن شهر ساحلی سلاله است. با
اعلام تصمیم دولت انگلستان مبنی بر خروج نیروهای خود از خلیج فارس در
سال ۱۳۴۶ جبهه آزادیبخش ظفار نیز مبارزه خود را برای دست یافتن به استقلال
افزایش داد.

2 ـ احمد می‌گوید: «پس از پیروزی انقلاب، و بعد از دستگیری تقی شهرام،
من به دیدن او در زندان رفتم و به او گفتم: «دیدی آن روز به تو گفتم تو خائنی،
حالا دیدی؟» گفت: «نه، من خائن نیستم. خائن آنها مسعود رجوی و طیف او
هستند که می‌گویند ما مسلمانیم، درحالی که من می‌دانم مارکسیست هستند و

او از سیر حرکت تاریخ و فرایند تز، آنتی تز و سنتز و مباحثی از این نوع برایم گفت. من دقایقی سکوت کردم تا او تمام حرفهایش را بگوید. سپس نوبت به من رسید. چون آتشفشان خروشیدم: «... اینهایی که شما می‌گویید، همه مزخرف است. چرا نمی‌شود بدون مارکسیست مبارزه کرد؟ پس ما تا الان چه کار می‌کردیم؟! علم اصلی علم توحید است و هر کسی آن را نداشته باشد، هیچ چیز ندارد. کار بی‌توحید و کار بی‌عقیده عبث است و کشته شدن در این راه نفله شدن است. من اصلاً به‌خاطر اسلام مبارزه می‌کنم و برای بقای آن جانم و زندگیم را فدا خواهم کرد. اگر اسلام نباشد، من نیستم و هر که را در مقابلم بایستد، نابود می‌کنم...».

ناگهان سیر حوادث اخیر به یادم افتاد، گفتم: «پس به خاطر جریان مارکسیستی، رهبران مسلمان سازمان را کشتید؟» او شروع به توجیه کرد و گفت: «مجید شریف واقفی در عملیات تأمین سلاح به شهادت رسیده است(!!) و ما هم از مرگ او متأثریم»!! من می‌دانستم که او دروغ می‌گوید و دستش به خون شریف واقفی آلوده است.

هرچه می‌گفت، جواب سربالا می‌دادم. او که به اصطلاح تئوریسین اصلی نهضت تغییر ایدئولوژی بود، با هدف مجاب کردن من به این دیدار آمده بود، ولی نتوانست نتیجه دل‌خواه را بگیرد. به او گفتم که چرا نمی‌گذارید بچه‌هایی که مارکسیست را قبول ندارند، سازمان را ترک کرده و به سراغ کارشان بروند؟ گفت که آنها نمی‌فهمند که چه می‌کنند که آنها از اینجا که بروند، به دلیل نداشتن سازماندهی خود را به کشتن می‌دهند و ما مسئول خونشان هستیم.

تقی شهرام که از دست من کاملاً عصبانی شده بود در بین

____

ما تبلور آموزش درون گروهی هستیم، ما فرزندان رهبران قبلی هستیم.»

صحبتهای خود مدام برچسبهای مختلفی مانند خرده بورژوای مرفه، اپورتونیست چپ‌نمای راست‌رو[1] و مرتجع به من می‌زد. او رو به ایرج گفت: «این خرده بورژوای مرفه است و هنوز نمی‌تواند موقعیت کارگری را تشخیص بدهد.» گفتم: «این شما هستید که تشخیص نمی‌دهید، از پول این کارگرها، مسلمانها و ملت استفاده کرده‌اید و حال به آنها پشت می‌کنید.» او گفت: «این حق ماست و مبارزه اصلی را ما رهبری کرده‌ایم و این حق ماست که از امکانات مالی آنها استفاده کنیم.» پرسیدم: «سرنوشت بچه‌های مسلمان دیگر چه می‌شود؟» گفت: «همه تغییر ایدئولوژی را پذیرفته‌اند. چند نفری مثل تو مانده‌اند که به آنها اجازه می‌دهیم تا اعتقادات مذهبی خود را حفظ کنند، آن هم تنها به شکل فردی. ولی باید در مبارزه کنار ما باشند. الان وقت تضاد و تفرقه نیست وحدت نیروها اصل است. تو هم الان نمی‌توانی حرف ما را درک کنی. لذا باید مدتی بروی و مانند کارگرها کار کنی تا حرف ما را بفهمی. ادامه این بحث در این شرایط بی فایده است. الان تو باید تا زمان تعیین تکلیف از

---

۱ ـ «(... آنهایی که در شرایط کنونی به مبارزه انقلابی مسلحانه پشت می‌کنند، یا آنهایی که به نفع دشمن، به جای وحدت نیروها، تضاد و تفرقه میان آنها را اصل گرفته و دامن می‌زنند؛ یا آنهایی که وحدت نیروها را بدون توجه به تضاد آنها، مطلق نموده و به دنباله‌روی از سرمایه‌داری و سرمایه‌داری کوچك کشانده می‌شوند، اپورتونیست هستند. این انحراف و فرصت‌طلبی اپورتونیسم، با توجه به مفهوم چپ‌روی و راست‌روی، که عبارت از جلوتر یا عقب‌تر حرکت کردن از شرایط (زمان) می‌باشد، انحراف به چپ (اپورتونیسم چپ) و یا انحراف به راست (اپورتونیسم راست)، خوانده می‌شود.

جریاناتی که فقط به مبارزه سیاسی می‌پردازند، دچار اپورتونیسم راست هستند. آنهایی که تضاد نیروها را اصل گرفته و وحدت را فرع بگیرند، اپورتونیست چپ هستند.

اپورتونیست معادل انحراف از اصول به معنی زیر پا گذاشتن و نقض اصول در عمل می‌باشد. اپورتونیست را فدا کردن اصل و گرفتن فرع می‌دانند.»
(آموزشهایی درباره سازمان شماره ۳ ـ سازمان مجاهدین خلق ایران)

طرَف سازمان، کارهایت را با روال عادی دنبال کنی...»

من آن روز واقعا با تندی تمام با او برخورد کردم. مانند کسی که چیزی برای باختن ندارد و از زندگی قطع امید کرده است. برایم جالب بود که با آن همه جسارت و تندی که کردم، او این همه از خود انعطاف نشان داد و سؤالات، اعتراضات و انتقاداتم را توجیه می‌کرد. او نتوانست به نتیجه‌ای که دلش می‌خواست برسد. و از اینکه در حضور سایر افراد این بحث و جدل رخ داده و او توفیقی به دست نیاورده بود، به شدت عصبانی و ناراحت بود. من نیز دایم در ذهن از خود می‌پرسیدم پس نتیجه آیه والذین جاهدوا فینا لنهدینم سلبنا چه شد؟ حالت خاصی داشتم که به تعریف نمی‌آید. همه چیز در نظرم یکسان شده بود. ناگهان در درون خود حرارتی احساس کردم. بدنم داغ شد، عرق روی پیشانیم نشست و جرقه‌ای در ذهنم زده شد که نکند در توجیه و اعتقاداتم خللی وارد شده باشد و بعد بر خود لرزیدم.

من، خسرو و پرویز پس از آن جلسه، نشستها و بحثهای زیادی با هم داشتیم و تصمیم گرفتیم تا پای جان در برابر این تغییر و انحراف مقاومت کنیم، درحالی که همسرم فاطمه چنین هماهنگی‌ای با ما نداشت و رفتارش نگران کننده بود.

توصیه بی‌ثمر

شهرام مرا متهم کرد چون جزو طبقه کارگر نیستم و تاکنون درد طبقه کارگر را نچشیده‌ام، نمی‌توانم حرف آنها و مواضعشان را درك کنم. از این‌رو به من گفت: «شاپور! برای اینکه دانش سیاسی خود را بالا ببری و بتوانی حرفهای مرا بفهمی، باید بروی و در کارخانه‌ها کار کنی.» سپس دستور سازمانی برای این امر به من ابلاغ شد.

برای جستجوی کار به خیابان دماوند رفتم. در یکی از خیابانهای

فرعـی چنـد کارخانـه وجـود داشـت. یـك کارخانـه قفـل سـازی آنجـا بـود کـه کارگر می‌گرفـت. افـراد زیـادی مقابـل کارخانـه بـه صـف ایسـتاده بودنـد تـا مصاحبـه و انتخـاب شـوند. مـن نیـز ایسـتادم، وقتـی نوبـت بـه مـن رسـید، فـردی کـه مصاحبـه می‌کـرد خواسـت کـه کـف دسـتهایم را بـه او نشـان دهـم. مـن نیـز چنیـن کـردم. او لبخنـدی زد؛ یعنـی اینکـه از ایـن دسـتهای نـرم و لطیـف پیداسـت کـه تابـه حـال کارگـری نکـرده‌ای. دسـت کارگـر زمخـت و پینـه بسـته اسـت. پرسـید: ((کجـا کار کـرده‌ای؟)) مـن بـا توجـه بـه لبخنـد معنـی دار او، بـا لهجـه سـمنانی[1] گفتـم: ((در سمنان بقالـی داشـتم، شـریكم سـرم را کلاه گذاشـت و مـن ورشکسـت شـدم. حـالا آمـده‌ام تهـران تـا بـرای زن و بچـه هایـم نان دربیـاورم.)) او کـه بـه مـن مشـکوك شـده بـود، گفـت: ((می‌دانـی آخـر و عاقبـت ایـن کار چیسـت؟)) گفتـم: ((خُـب، هـر کسـی در کار خـود دنبـال پیش‌رفـت و ترقـی اسـت.)) گفـت: ((ایـن دوچرخه‌سـوارها را دیـده‌ای کـه در کوچـه و خیابانهـا راه می‌افتنـد و داد می‌زننـد کـه آی قفل‌سـازی، قفـل می‌سـازیم، کلیـد می‌سـازیم،... خیلـی کـه درسـت باشـی می‌شـوی ایـن!)) و بعـد شـروع کـرد بـه خندیـدن. مـن کـه متوجـه استهزای او شـدم، از آنجـا بیـرون آمـدم و بـه جسـتجویم ادامـه دادم.

کارخانـه میخ‌سـازی کارگرانـی را بـه کار می‌گرفـت کـه از حداقـل سـواد برخـوردار باشـند. مـن کـه واجـد ایـن شـرط بـودم و هیـکل درشـت و ورزیـده‌ای داشـتم، در آنجـا پذیرفتـه شـدم. از همـان روز پـای دسـتگاه پـرس ایسـتادم و شـروع بـه کار کـردم. وقـت ظهـر گفتنـد کـه یـك سـاعت بـرای ناهـار فرصـت داریـد. از کارگـری پرسـیدم کـه نمازخانـه کجاسـت؟ او بـا حالـت تعجـب گفـت: ((نمازخانـه؟!)) و بعـد طبقـه دوم را کـه نیمـه سـاز بـود، نشـان داد و گفـت: ((نمازخانـه کـه

---

۱ ـ آقـای احمـد در دوران خدمـت سـربازی در سـپاهی ترویـج آبادانـی و مسـکن در سـمنان، بـا لهجـه و زبـان مـردم ایـن شـهر آشـنا شـده بـود.

نیست، ولی می‌توان کارتنی، زیلویی بیندازی و نماز بخوانی.» وقتی به طبقه دوم رفتم، سه نفر دیگر نیز آمدند، کارتنی پهن کرده و نمازمان را خواندیم. این نکته بسیار جالب بود که از هفتاد نفر کارگر کارخانه، تنها ما چهار نفر در آنجا نماز می‌خواندیم. در این کارخانه نیز وقتی از گذشته‌ام سئوال شد، داستان ساختگی بقالی در سمنان و خیانت یك دوست و درنتیجه ورشکستگی را برای آنها بازمی‌گفتم. زیرا اگر کسی از سمنان می‌پرسید کاملاً کوچه‌ها و خیابانهای آنجا را می‌شناختم و دیگر لزومی هم نداشت کسی این راه طولانی را برای تحقیق گفته‌هایم به سمنان برود.

به هرحال سازمان مرا وادار به کارگری کرد تا شاید به خیال آنها نظرشان را در وضعیت جدید بپذیرم، ولی این عمل نیز در من اثر معکوس گذاشت. در آنجا نیز رسالت خود را دنبال می‌کردم، نمازم را به موقع می‌خواندم و اندیشه‌های سیاسی و دینی خود را با سایر کارگران به بحث می‌گذاشتم و از این کار لذت می‌بردم. سازمان با اجباری که برای من در این امر فراهم کرد، اشتباه بزرگی مرتکب شد. برخی روزها که به بهانه کار و کارخانه بیرون می‌آمدم، به آنجا نمی‌رفتم و به این طرف و آن طرف و نزد اشخاص مختلف ازجمله شهید صادق اسلامی می‌رفتم تا راه نجاتی از منجلاب انحراف سازمان برای خودم بیابم.

وقایعی از پس هم

چند روز پس از ملاقات با تقی شهرام، دستور رسید که خانه تیمی خیابان بوذر جمهری (۱۵ خرداد) را تخلیه کنم و خانه‌ای دیگر اجاره کنم که امکان ماندن خسرو و پرویز نیز در شبها، در خانه تیمی خیابان سبلان باشد. همسرم به جهت مهارتی که در این کار داشت، ظرف مدت کوتاهی، مکان مناسبی را حوالی

میدان قیام (شاه) نزدیک هنرستان فنی امام صادق علیه‌السلام یافت. بعد کمی اسباب و اثاثیه دست دوم از میدان فوزیه (امام حسین) خریدیم و به آنجا بردیم.

در صحبت با صاحب‌خانه نام خود را «احمد اکبری» و شغلم را کارگر کارخانه سیمان در آبیک قزوین معرفی کردم و گفتم که من در طول هفته به خاطر دور بودن محل کارم، یکی دو روز بیشتر به اینجا نمی‌آیم و خانمم هم بیشتر نزد پدر و مادرش است. مالک آنجا بیوه‌زنی بود که چند بچه یتیم را سرپرستی می‌کرد و از اینکه خانه را به افرادی که خیلی کم حضور دارند، اجاره می‌داد، خوشحال بود. موقعیت خانه به نحوی بود که اگر کسی برای دستگیری ما از در اصلی وارد می‌شد، ما از طریق بام و کوچه دیگر امکان فرار داشتیم.

گفتنی است در این مدت هر وقت موقعیت خانه به خطر می‌افتاد یا حالت مشکوکی می‌یافت، من چند روزی به مغازه سراجی رضوی متعلق به آقای محمدباقر صنوبری واقع در سه‌راه سلیمانیه می‌رفتم و در آنجا پنهان می‌شدم. یا اگر لازم بود که خانم و بچه‌ام همراهم باشند، به یکی از اتاقهای خانه شهید اسلامی واقع در خیابان ایران می‌رفتیم. جالب اینکه شهید اسلامی آنقدر به من اطمینان داشت که حتی کلید در خانه‌اش را به من داده بود.

در مرداد ماه سال ۵۴، پس از ترورهای پیش آمده در چند ماه گذشته، ساواک دست به جستجو و دستگیری گسترده مبارزین زد و منطقه به منطقه آنها را دنبال کرد. ساواک برای این کار ابتدا محل و منطقه را قرق می‌کرد و سپس به جستجوی کوچه به کوچه و خانه به خانه می‌پرداخت. یک روز عصر ساواک از خیابان مولوی تا میدان قیام، تا نزدیک هنرستان امام صادق علیه‌السلام بعد خیابان صاحب جمع را تا سر قبر آقا محاصره کرد و عملیات

جستجوی خانه به خانه را برای یافتن مبارزین آغاز کرد. ما آن روز به طور اتفاقی در خانه تیمی سبلان بودیم و چون دیر شد به خانه امن خیابان مولوی برنگشتیم. صبح زود، با صدای ضرباتی که به در می‌خورد بیدار شدم. از پنجره که به بیرون نگاه کردم، دیدم ایرج پشت در است. تا در را به روی او باز کردم، نفسی تازه کرد و چهره گرفته‌اش باز شد. پرسید: «شما دیشب به خیابان مولوی نرفتید؟» گفتم: «می‌بینی که نه!». سپس تعریف کرد که شب گذشته آن منطقه در محاصره بوده و ساواك به دنبال چریکها و مبارزین خانه به خانه جستجو می‌کرده است و ما هم دیر از قضیه مطلع شدیم. ساعت ۱۱ شب بود و کاری از دستمان برنمی‌آمد و نمی‌توانستیم اطلاع دهیم و فکر می‌کردیم که تیم شما ضربه خورده باشد.

مطلع شدیم که در شب حادثه، ساواك صاحب‌خانه را شماتت کرده که چرا از طریق بنگاه اتاقهایش را اجاره نداده است. و بعد گویا به او شماره تلفن می‌دهد تا به محض حضور ما در آنجا، با آنها تماس گرفته و موضوع را اطلاع دهد. ما نیز با درك وضعیت جدید دیگر به آنجا مراجعه نکردیم. فقط حدود پانزده روز بعد همسرم به آنجا رفت تا سر و گوشی آب دهد. آن بیوه زن رفتارش نسبت به گذشته فرق کرده فاطمه را خیلی تحویل گرفته به او احترام و تکریم کرده بود. فاطمه هم حواسش کاملاً جمع بود و می‌دانست که آن زن فکری در سر دارد. صاحب‌خانه می‌پرسد: «این ده ـ بیست روز کجا بودید؟» فاطمه جواب می‌دهد: «با شوهرم دعوا کرده بودم، الان هم آمدم بپرسم اینجا می‌آید یا نه؟» آن زن می‌گوید: «نه! از آن موقعی که شما رفته‌اید، او هم به اینجا نیامده است.» خلاصه فاطمه او را حسابی سرکار می‌گذارد و برای او توضیح می‌دهد که ما با هم اختلاف داریم و قهر هستیم. آن زن پس از آوردن چای می‌گوید: «تا تو این

چایی را بخوری، من چند دقیقه بروم بیرون و زود برمی‌گردم.» تا او پایش را از خانه بیرون می‌گذارد، فاطمه دنبال او می‌رود و می‌بیند که وی به طرف هنرستان می‌رود. مقابل هنرستان باجه تلفن عمومی بود. فاطمه قصد او را درمی‌یابد و بلافاصله از آنجا دور می‌شود. پس از آن دیگر هیچ گاه دنبال اسباب و اثاثه نرفتیم.

پس از این ماجرا، همسرم خانه دیگری در خیابان گرگان (شهید نامجو)، کوچه سلمان فارسی یافت. صاحب آن مرد ترکی بود که در خیابان مازندران قهوه‌خانه‌ای داشت. ایرج را به عنوان برادرخانمم و دانشجو معرفی کردم و تأکید کردم که بیشتر روزها نزد ما می‌آید. او که مردی خوش برخورد، سهل‌گیر و عادی بود، حتی قرارداد کتبی با ما منعقد نکرد و به همان توافق شفاهی اکتفا کرد. طی این توافق دو اتاق تو در تو به مبلغ شش هزار تومان ودیعه با اجاره‌ای معین در ماه در اختیار ما قرار گرفت.

در این خانه امن، برخی شبها، ایرج نیز نزد ما می‌ماند. در هفته همسرم دو یا سه شب بیشتر به این خانه نمی‌آمد و اگر هم می‌آمد، ایرج نیز آن شب می‌آمد تا مراقب باشد من با او بحث و تبادل نظر نکنم. سازمان از اینکه من نظر او را هم تغییر دهم هراس داشت. با افزایش مراقبتهای سازمان از من، پرویز و خسرو وضعیت منزجر کننده‌ای پیش آمده بود، ولی با این حال و احوال من روزها به بهانه کار بیرون می‌رفتم و درصدد ارتباط و تماس با سایر افراد و گروهها برای نجات و رهایی خود بودم.

روزی ایرج، پرویز و خسرو برای کاری از خانه بیرون رفتند و من و فاطمه تنها شدیم. با او بحث کردم و خیلی او را نهیب زدم و نصیحت کردم. او نظریات مرا پذیرفت، ولی این پذیرش موقتی بود زیرا هر وقت از من دور می‌شد، باز هم به نظریات قبلی‌اش بازمی‌گشت.

روزی هنگام بحث، ناگهان صدای انفجار و شلیک چند گلوله

به گوش رسید. لحظاتی بعد ایرج سراسیمه وارد شد و گفت: «چه نشسته‌اید؟ ماشین فولکسی را منفجر کرده‌اند و مأمورین همه‌جا را محاصره کرده و دنبال عاملین هستند، باید سریع اینجا را تخلیه کنیم. ما نیز با سرعت شروع به جمع و جور کردن وسایل و مدارک کردیم و آنها را داخل چمدان گذاشتیم. وقتی وارد حیاط شدیم، ناگهان صدای در آمد.

تا صاحب‌خانه بیاید، ایرج در را باز کرد. سه نفر مأمور مسلح وارد حیاط شدند. صاحب‌خانه هم آمد. مأمورین از ما پرسیدند: «در این خانه چه کسانی ساکن هستند؟» ما درحالی که سعی می‌کردیم اضطراب خود را کنترل کنیم، به صاحب‌خانه نگاه کردیم و گفتیم: «این صاحب‌خانه است.» مأمور به ما اشاره کرد و از او پرسید: «اینها کی اند؟» صاحب‌خانه با لهجه ترکی گفت: «اینها فامیل من هستند.» من خود را وارد ماجرا کردم و گفتم: «اینها زن و بچه من هستند و او هم برادرزنم است.» مأموری سراپای ما را وارانداز کرد و پرسید: «کجا می‌رفتید؟» گفتم: «دخترم مریض است. برایش وقت گرفته‌ایم تا به مطب دکتر برویم.» در این گیرودار، خانم و بچه‌های صاحب‌خانه آمدند. و ضمن تأیید حرف ما، با برخوردی صمیمانه، گفتند که اینها فامیل ما هستند. گویا مأمورین فقط دنبال یك نفر بودند و چون ما چند نفر بودیم و صاحب‌خانه هم رد را گم کرده بود، مجاب شدند و در آخر پرسیدند: «کسی که وارد خانه شما نشد؟» صاحب‌خانه باز با همان لهجه شیرین ترکی گفت: «نه آقا، کسی نیامد.» مأمورین گفتند: «اگر کسی آمد، به ما اطلاع دهید.» و بعد خارج شدند. ما هم بلافاصله از آنجا بیرون آمدیم. کمك صاحب‌خانه واقعا ارزشمند بود و ما را نجات داد. گرچه بعدها آرزو می‌کردم که ای کاش آن روز من و فاطمه دستگیر می‌شدیم.

سازمان در وضعیت جدید از راههای گوناگون به دنبال تغییر عقیده و یا خلاصی از وجود پردردسر و مزاحم من بود. لذا روزی ایرج مرا صدا کرد و گفت که یکی از سرشاخه‌ها دستگیر شده است، اما قبل از دستگیری ماشینش را در پارکینگی گذاشته است و در سمت راننده آن باز است، باید تو بروی و آن را بیاوری. بعدها فهمیدم که فرد دستگیر شده وحید افراخته بود، و این خواسته سازمان معنی خاصی داشت. این احتمال وجود داشت که پارکینگ مزبور شناسایی شده و تحت کنترل و مراقبت باشد، از این رو سازمان با این کار قصد داشت مرا به کانون خطر بفرستد که در صورت دستگیری و کشته شدن، از دست من خلاص می‌شدند و اگر هم موفق می‌شدم، به ماشین خود می‌رسیدند.

به ایرج گفتم: «از خیر ماشین بگذرید!» گفت: «نه، دستور است.» گفتم: «بگذارید برای روزهای بعد.» او با حیله گفت: «مثل اینکه تو می‌خواهی در عمل هم با دستورات سازمان مقابله کنی؟» من برای اینکه نشان دهم چنین نیست، انجام طرح مزبور را پذیرفتم.

با ایرج به آن منطقه رفتم. چند خیابان مانده به پارکینگ، ایرج قبض پارک اتومبیل را به من داد و بقیه راه را آدرس داد و گفت: «من اینجا منتظرت هستم.» به سمت کانون خطر راه افتادم. درحالی که با خدا نجوا می‌کردم و نسبت به آنچه که پیش آمده بود در ذهن سئوال داشتم، به در پارکینگ رسیدم. دو نفر در اتاقک نگهبانی بودند. از جلو آنها گذشتم و طبق آدرس و مشخصات دریافتی، ماشین پژوی قدیمی را یافتم. در آن را باز کرده و سوییچ را از زیر صندلی درآوردم. و سپس ماشین را روشن کرده و حرکت کردم. وقتی به اتاقک نگهبانی رسیدم و قبض را ارائه کردم، نگهبان گفت: «ولی آقای دیگری این ماشین را آورده بود.» گفتم: «او برادرم است.» شکی نکرد و پس از پرداخت

کرایه پارکینگ، از آنجا خارج شدم. درحالی که باورم نمی‌شد به همین آسانی کار صورت بگیرد. از این رو نسبت به حسن کار خود اطمینان نداشتم. کمی به این سو و آن سو نگاه کردم و بعد به نقطه‌ای که ایرج منتظرم بود رفتم. ایرج ناباورانه به من نگاه می‌کرد و گویا باورش نمی‌شد که برگردم. گفت: «طوری نشد؟ اتفاقی نیفتاد؟ مشکلی نداشتی؟» گفتم: «نه!» ایرج خواست که چند مرتبه خیابانهای اطراف را دور بزنم تا مطمئن شود که کسی در تعقیب ما نیست. به این ترتیب با لطف و توجه الهی یك مرتبه دیگر از دام خطر رستم.

غفلت از فرزندان

سازمان تمام زندگی، حیات و وقت ما را گرفته بود، به نحوی که بسیاری از جزئیات زندگی و امور شخصی خود را فراموش کرده بودیم. در این میان سهم بزرگی که نادیده گرفته شد، حقوق طبیعی فرزندانمان بود. نه من و نه همسرم، هیچ کدام توجهی به رشد و پرورش دوقلوهایمان نداشتیم. من در کارها و آموزشهای سازمانی، قرارها، چاپ و تکثیر اعلامیه‌ها و کارهای مختلف سازمان غرق شده بودم و فاطمه هم به آموزشهای درون گروهی و مطالعه کتب مختلف مشغول بود. ما نتوانستیم مانند سایر والدین، مریم و زهرا را از محبت و مهر مادری و پدری سیراب کنیم.

برنامه نگهداری مریم و زهرا به این ترتیب بود که یکی از آنها نزد والدین همسرم و دیگری نزد خودمان نگهداری می‌شد و هرچند مدت یکبار آنها را با هم عوض می کردیم. علاوه بر آن هر وقت دچار بیماری یا سوء تغذیه می‌شدند، برای مداوا و تقویت جسمی و بدنی آنها را به پدر و مادرزنم می‌سپردیم. قبلاً گفتم که حتی دوقلوها در سازمان نقش داشتند و با اینکه

طفلی بیش نبودند، در خدمت اهداف سازمان بودند. دختران و پسران دانشجو هنگام یافتن خانه‌های اجاره‌ای، برای اینکه خود را متأهل نشان دهند، زهرا یا مریم را به آغوش گرفته و دنبال خانه می‌گشتند.

یک روز بعدازظهر من و همسرم در اتاق نشسته بودیم. من روزنامه می‌خواندم و فاطمه کتابی در دست داشت. دخترم مریم که حدود یک سال داشت، در اتاق چهاردست و پا به این طرف و آن طرف می‌رفت و چند بار هم به سوی من و مادرش آمد، ولی ما توجهی به او نکردیم و به کار خود ادامه دادیم. بعد از دقایقی او به گوشه اتاق رفت. گوشه روزنامه را برگرداندم و به او نگاه کردم. دیدم می‌خواهد کاری کند. روی زانوهایش نشست. کمی به این سو و آن سو نگاه کرد. سپس آرام آرام از زمین بلند شد و روی پایش ایستاد. نفس در سینه‌ام حبس شد. برایم مثل معجزه بود، چرا که ما هیچ تمرینی با این بچه نکرده بودیم و اغلب بچه‌ها این حرکت را با کمک پدر و مادر شروع می‌کنند. این طفل معصوم در عالم بی‌توجهی ما، با تکیه بر هوشیاری کودکانه‌اش، به طور غریزی و بدون کمترین کمکی بلند شد، و روی پاهای خود ایستاد. روزنامه را به‌سویی پرت کردم و با سرعت به طرف فرزندم رفتم و او را به بغل گرفتم و گریستم. مادرش نیز از پی من آمد. بعد هر دو، دست او را گرفته و «تاتی تاتی» بردیم.

نماز، آخرین پاسخ

روزی ایرج برای من قراری با حبیب گذاشته بود تا جزوه‌های تغییر ایدئولوژیک را به او برسانم. من به خاطر تجدید دیدار و ملاقات با او این کار را پذیرفتم و به‌سر قرار رفتم. پس از احوالپرسی گفتم: «حبیب! پس چه شد آن همه مبارزه و تعقیب و گریز؟ چرا

ایـن طـوری شـد؟ تـو کـه بـا مـا بـودی، همـه مسلمان بودیـم، نماز می‌خواندیـم، اینهـا می‌گوینـد تـو هـم مارکسیسـت شـده‌ای!» گفـت: «شـاپور! مـن از قبـل مارکسیست بـودم.» گفتـم: «ولـی تـو بـا مـا نماز می‌خوانـدی، قـرآن و نهج‌البلاغـه تفسـیر می‌کـردی.» گفـت: «نماز مـن نماز سیاسـی بـود. مـن از سـال ۵۲ مارکسیست بـودم.» بـا شـنیدن ایـن جمـلات بیشـتر و بیشـتر در خـود فـرو می‌شکسـتم. دلـم بـرای خـود، همسـرم و سـایر کسـانی کـه صادقانه پا بـه ایـن راه گذاشـتند، می‌سـوخت. کسـانی کـه بـا دنیایـی از امیـد و عشـق، از خانـه و کاشانه دور افتادنـد تـا در گـرداب فریـب و مکـر سـازمان اسـیر شـدند.

آنهـا دسـت‌بردار نبودنـد و بـه راههـای مختلـف سـعی در تغییـر مـرام و اعتقـاد مـن داشـتند. دیـدار و بحـث بـا شـهرام، حبیـب و ایـرج تأثیـری در مـن نداشـت و ایـن بـرای آنهـا گـران بـود. برچسـب زدنهـا شـروع شـد. می‌خواسـتند تحریکـم کننـد. شـهرام می‌گفت: «تـو اپورتونیست چـپ نمـای راسـت رو هسـتی.» ایـرج وقتی در مباحث کـم مـی‌آورد، می‌گفـت: «تـو یـك آدم دگـم، مرتجـع و متعصـب هسـتی کـه مذهـب چشـمت را کـور کـرده. تـو زمانـی چشـمهایت را روی حقایـق و وقایـع بـاز می‌کنـی کـه از ایـن حالـت دسـت‌برداری و تعصباتـت را کنار بگـذاری.» او معتقـد بـود کـه نماز خواندن مـن از همیـن مقولـه اسـت. روزی گفـت: «بـرای امتحـان هـم کـه شـده، بیا و پنـج روز نمـاز نخـوان، بعـد بیا بـا مـا بحـث کـن، آن وقـت خواهـی دیـد کـه مارکسیسـم تنهـا راه پیـروزی اسـت. بعـد از ایـن پنـج روز اگـر حرفهـای مـا را قبـول کـردی، کـه چـه بهـتر و اگـر قبـول نکـردی، چیـزی را از دسـت نـداده‌ای و قضـای نمـازت را بخـوان و در جهـل خـودت باقـی بمـان.»

وسوسـه‌های ایـرج در مـن اثـر کـرد. و روزی کـه همـه بچه‌هـا بودنـد، تصمیـم گرفتـم بـه پیشـنهاد او عمـل کنم. مـن کـه نمـازم را اول وقـت می‌خوانـدم، تصمیـم گرفتـم کـه بـرای مدتـی نخوانم. دقایـق از

پی هم گذشت، به اذان ظهر نزدیك می‌شدیم. در فکر غوطه می‌خوردم. اذان شد و با اینکه وضو داشتم برای نماز برنخاستم، لحظه‌به‌لحظه نگرانیم بیشتر می‌شد. ساعتی گذشت و اضطراب و تشویش تمام فکر و ذهنم را گرفت. عقربه‌ها به‌سرعت به‌پیش می‌تاختند. احساس می‌کردم درحال فرو افتادن به قعر جهنم هستم. دلشوره‌ام شدید و شدیدتر شد. از خود می‌پرسیدم که ساعتی نماز نخواندم، چنین در آتش تشویش و نگرانی می‌سوزم، چطور طاقت خواهم آورد که چند روز نماز نخوانم؟! کار از اضطراب و دل آشوبی گذشت و به نقطه بحرانی رسیدم. وضعیت کسی را داشتم که گویی فرزند یا عزیزی را از دست داده باشد. بدنم گُر گرفته بود و می‌سوخت.

بچه‌های تیم از وضعم نگران شدند. با حالت تعجب و حیرت نگاهم می‌کردند. نمی‌دانستند که باید چه کار کنند.

دیگر آرام و قرار نداشتم. طول و عرض اتاق را با گامهای تند درهم ضرب می‌کردم. عرق از سر و صورتم می‌بارید. حس عجیبی بود و حال غریبی داشتم. تمام کارنامه مبارزاتی و زندگیم را در آن ساعات در ذهنم مرور کردم و بی اختیار تصاویر آن همه رنج و محنت، زندان، شکنجه، حرمان و دوری از خانواده در مقابل دیدگانم به نمایش درآمد. سرعت عقربه‌ها مرگبار شده بود. آرزو می‌کردم که مرگ عقربه‌ها فرا رسد و از حرکت بازافتند. دوست داشتم زمان هم بمیرد و چرخ آن متوقف شود. حس و حال آن ساعات و دقایق به واقع وصف ناشدنی است.

ساعت از ۵ عصر گذشت، شیدایی شدم و مجنون. از دلم آتش زبانه می‌کشید و چشمانم مانند رعد می‌درخشید. چون مرغی در قفس خود را به در و دیوار آهنین می‌کوفتم. شاید این همه به خاطر وضویی بود که داشتم. ساعت را نگاه کردم، فرصت چندانی نبود تا نماز ظهر قضا شود. ناگهان عقربه‌ها ایستادند.

مـن تمـام آن افکار و اندیشـه‌های موهـوم را بـر زمیـن گذاشـتم و گریـان پیـش دویـدم. «(...الله‌اکبـر...)». آن‌چنـان کـه فکـر کـردم نه‌تنهـا خانـه بلکـه زمیـن و زمـان بـه خـود لرزیـد. می‌گریسـتم و می‌خوانـدم: «... ایاک‌نعبـد... اهدانـا الصـراط المسـتقیم... غیرالمغضـوب علیهـم والضالیـن...»

از چشـمانم ماننـد ابـر بهـاری اشـك می‌باریـد. آن همـه آتـش فروکـش کـرد. سـردم شـده بـود و بـر اثـر شـدت سـرما می‌لرزیـدم، ضجـه می‌زدم، نالـه می‌کـردم «سبحان‌الله» اشکها مـرا غسـل پاکـی می‌دادنـد: «سـبحان ربـی الاعلـی وبحمـده.»

خدایـا! چـه روی داده، چـه چیـزی شکسـت و بـه چـه چیـزی پیونـد خـوردم؟ آن‌قـدر خـود را بـه خـدا نزدیـك می‌دیـدم و او را لمـس می‌کـردم کـه اصـلاً از حالـت نمـاز خـارج شـدم و ندانسـتم کـه کـی آن را بـه پایـان رسـاندم.[۱] بـه حـال سـجده در خـاك بـودم کـه پرویـز صدایـم کـرد. دیـدم کـه زیـر پایـم از بـاران اشکها خیـس اسـت. بـه خـود آمـدم و بلنـد شـدم. آنچـه را کـه گذشـت بـه یـاد آوردم و خـدا را شـکر کـردم کـه بـار دیگـر نجاتـم داد. بـه بقیـه نـگاه کـردم. ایـرج، پرویـز، خسـرو و شـاپورزاده بـا بهـت و حیـرت بـه مـن چشـم دوختـه بودنـد. کسـی جرئت حـرف زدن نداشـت. فقـط پرویـز شـانه هایـم را گرفتـه بـا دسـت نـوازش می‌داد.

ایـرج درهـم شـده بـود، گـو اینکـه از پیشـنهاد خـود پشیمان شـده بـود. می‌دیـد کـه چنـد سـاعت تأخیـر در اقامـه نمـاز چـه تأثیـر شـگرفی در مـن گذاشـته اسـت و پیشـنهاد او نتیجـه معکـوس داده اسـت. ایـن نمـاز، آخریـن پاسـخ دنـدان شـکن مـن بـه هجویـات آنهـا بـود و امیـدواری آنهـا را بـه یـأس مبـدل کـرد. تکبیـر نمـاز، رسـمی‌ترین و صریح‌تریـن موضعـی بـود کـه در برابـر مواضـع آنهـا اعـلام شـد. ایـن

---

۱ ـ آقـای احمـد هنگام تعریـف ایـن خاطـره زیبـا و شـنیدنی گویی در همان حـس و حـال قـرار گرفـت، زیـرا بـه آرامـی اشـك می‌ریخـت.

نمـاز بـرای مـن تفسـیر کامـل آیـه «والذیـن جاهـدوا فینـا، لنهدینهـم سـبلنا» بـود.

سرنوشت غم‌انگیز

پرویـز و خسـرو (علی و علی‌اصغـر میرزا جعفـر علاف) کـه بـا مـا در یـك خانـه تیمـی بودنـد، مواضعشـان کامـلاً بـا مـن منطبـق بـود. آنها نیـز از وضعیـت بـه وجـود آمـده ضربـه سـخت و سـهمگینی خـورده بودنـد. بـه آنهـا دو راه پیشـنهاد شـده بـود، اول اینکـه در سـازمان باقی بماننـد و بـا مشـی و شـیوه سـازمان حرکـت کننـد و بـه اعتقـادات مذهبـی خـود فقـط بـه صـورت فـردی و غیرعلنی عمـل کننـد. سـازمان بـه آنهـا وعـده می‌داد کـه در آینـده شـاخه‌ای جداگانـه بـرای فعالیت بچه‌هـای مسـلمان ایجـاد می‌کننـد. دوم اینکـه بـه خـارج از کشـور رفتـه و در آنجـا بـه مبـارزه ادامـه دهنـد. راه سـومی هـم بـود کـه گفتـه نمی‌شـد!

پرویـز کـه بـرادر کوچك‌تر بـود و همسـر، شـغل و ثـروت خـود را در راه اهـداف سـازمان از دسـت داده بـود، برایـش سـخت بـود کـه دسـت از اعتقاداتـش بـردارد. جدایـی و از دسـت دادن این یکـی، دیگـر میسـر نبـود، خیلـی ناآرامـی می‌کـرد و گاهـی حرفهـای خطرنـاك می‌زد. او ابتـدا تصمیـم داشـت بـدون هماهنگـی سـازمان، جـدا شـده و وارد اجتمـاع شـود، کـه مـا جلـو او را گرفتیـم. چـرا کـه امـکان دستگیـری، درگیـری و کشـته شـدن بـرای او بـود، زیـرا فاقـد پوشـش امنیتـی بـود. سـازمان بـا مشـاهده بی‌تابیهـای پرویـز نسـبت بـه وضعیـت او مشـكوك و نگـران شـد، از اینکـه وی از سـازمان خـارج و لطمـه و صدماتـی را بـه سـازمان وارد آورد، می‌ترسـید.

ایـرج در جلسـه‌ای ضمـن تشـریح وضعیـت ناآرام پرویـز گفـت کـه او خائـن اسـت و بایـد کشـته شـود. و بـه مـن پیشـنهاد قتـل او را داد. بـا شـنیدن این جملـه مـن تکان خـوردم، ولـی خـود را کنتـرل کـردم و

شـروع بـه توجیـه و صحبـت کـردم. ایـرج را متقاعـد کـردم کـه پرویـز را تصفیـه نکنـد. گفتـم: «راههـای دیگـری هـم هسـت، مثـلاً بـه او اجـازه بدهیـد کـه بـه شهرسـتان بـرود. نزدیـك پانصـد هـزار تومـان او بـه سـازمان کمـك کـرده اسـت. از آن مبلـغ، پنجـاه هـزار تومـان را بـه او برگردانیـد تـا بـرود بـرای خـود خانـه‌ای تهیـه کنـد و بـه مـرور زمـان مشـکلش حـل می‌شـود....» ایـرج کـه موضـع سـخت مـرا دیـد، بـه ظاهـر حرفـم را پذیرفـت.

هـر روز کـه می‌گذشـت پرویـز عرصـه را بـر آنهـا بیشـتر تنـگ می‌کـرد. مـن نیـز محتاط‌تـر شـده بـودم. می‌ترسـیدم سـازمان چنیـن دیـدی را هـم نسـبت بـه مـن پیـدا کنـد. غافـل از اینکـه آنهـا چاههـای عمیق‌تـری پیـش پایـم حفـر کرده‌انـد. پرویـز خـود را یکـه و تنهـا می‌دیـد. کامـلاً بریـده بـود و در وضعیـت نامتعادلـی به‌سـر می‌بـرد. مـن قصـد داشـتم کـه باقـی نقشـه هایـم را بـا او عملـی کنـم ولـی بـا حـرکات و افعـال نامتعادلـش ایـن فرصـت را از مـن می‌گرفـت.

در ایـن مـدت، ایـرج ـ عنصـر سرسـپرده سـازمان ـ تمـام برخوردهـا، رفتـار و صحبتهـای مـا را بـی کـم و کاسـت بـه سـازمان انتقـال می‌داد. چنـد جلسـه‌ای بـرای تعییـن تکلیـف مـن و پرویـز گذاشـته شـد. ایـرج می‌گفـت: «وضعیـت شاپـور بـا پرویـز فـرق دارد، شاپـور دنبـال ایـن اسـت کـه بیـرون بـرود و مبـارزه کنـد، ولـی پرویـز بریـده و احتمـال خطـر دسـتگیری و اعتـراف از طـرف او وجـود دارد. پـس بایـد او را ازبیـن بـرد.» مـن بـا ایـن نظـر سـخت مخالفـت و برخـورد می‌کـردم. در نهایـت پیشـنهاد دادم کـه او را بـه خـارج از کشـور بفرسـتند.

روزی ایـرج آمـد و گفـت کـه شاپـور، سـازمان بـا نظـر و پیشـنهاد تـو موافقـت کـرده و می‌خواهـد پرویـز را بـه خـارج بفرسـتد و بایـد پاسـپورت بـی نقصـی بـرای او جعـل کنـد. ایـن صـورت و ظاهـر قضیـه بـود ولـی در واقـع سـازمان بـه دنبـال عملـی کـردن نقشـه شـوم خـود بـود.

من به این روزنه امید بدبین بودم و با تردید و دودلی به همراه خسرو (برادرش) شروع به جعل پاسپورت کردیم و در اختیار علی قرار دادیم.

روزی دیگر ایرج آمد و سویچ و کلید ماشین را از من گرفت و گفت: «می‌خواهیم برویم پرویز را از مرز خارج کنیم.» من ناامیدانه سویچ را به او دادم و بعد پرویز را در آغوش گرفتم و او را بوسیدم و بوییدم، دیدم که چشمانش از نگرانی موج می‌زند. او در آغوشم شروع به گریه کرد، من هم گریه کردم، گفت: «شاپور! ما رفتیم، اما خدا می‌داند که چه خواهد شد...» گفتم: «به خدا توکل کن.» من نیز در آتش دلشوره می‌سوختم ولی چاره‌ای نبود. باید اطمینان می کردیم!

دو روز بعد ایرج آمد و گفت: «بچه‌ها! پرویز از مرز گذشت». من که همچنان نگران و مشوش بودم حرف او را باور نداشتم، با تحیر و تعجب تکرار کردم: «از مرز گذشت!!». ایرج فهمید که منظور من مرز جغرافیایی نیست بلکه مرز بین دنیا و آخرت است. رنگ چهره‌اش سرخ شد و با عصبانیت گفت: «یعنی چه؟» گفتم: «به همین راحتی!» گفت: «ما او را بردیم فرودگاه و کسی هم به پاسپورتش شک نکرد، بعد سوار هواپیما شد و رفت». و بعد برای اینکه اطمینان مرا جلب کند ادامه داد: «سازمان از تو هم به خاطر جعل خوب پاسپورت تشکر کرده است.» من در دل به تشکر آنها خندیدم.

ایرج گفت: «حالا نوبت توست! سازمان دو راه پیش رویت گذاشته است. راه اول اینکه مثل پرویز از مرز خارج شده و برای مبارزه به ظفار بروی و راه دوم اینکه، چند نفر از بچه‌های مسلمان هستند که یک شاخه‌ای مجزا در سازمان درست کرده و باقی مانده‌اند، تو هم به آنها بپیوند. البته تو هم آنها را می‌شناسی!»

شاخه مذهبی سازمان[1]

درحالی که من همچنان در اندیشه راه سوم(!؟) بودم، برای بررسی راه دوم پیشنهادی سازمان از ایرج اسم رمزها و علامتهای قرار شاخه مذهبی را گرفتم. از طریق ایرج با یکی از آنها در حوالی چهارراه لشکر قرار گذاشتم.

در سر قرار وقتی فرد عضو شاخه آمد، دیدم که دوست خودم فرهاد صفا[2] است. من او را از قبل و از زندان قزل حصار

---

1 ـ مجاهدین مارکسیست می‌خواستند به هر شکل ممکن ارتباطی با مسلمانان گرفته و حتی در صورت امکان «شاخه مذهبی» در کنار سازمان ایجاد کنند. آنها می‌گفتند: «با تشکیل شاخه مذهبی به دو هدف دست خواهیم یافت. یکی اینکه به مردم ثابت خواهیم کرد که ما ضدمذهبی نیستیم دیگر اینکه ثابت می‌کنیم که پرولتاریا باید رهبری هر جنبشی را عهده‌دار شود» با چنین هدفی سازمان پس از صدور بیانیه، گروهی از مسلمانان سازمان را یاری دادند تا بتوانند «شاخه مذهبی سازمان مجاهدین» را تشکیل دهند. این شاخه را برادران شهید محمدحسین اکبری آهنگر و فرهاد صفا با همکاری محمد صادق و محسن طریقت که در فاصله سالهای ۵۰ تا ۵۳ در زندان بودند تشکیل می‌دهند. تاریخ تشکیل آن حدود دی یا بهمن ۵۴ است. سازمان مجاهدین (مارکسیستها) اسلحه و امکانات و همچنین افراد مسلمان به ایشان معرفی می‌کردند، تا به این وسیله وابستگی آنها را به خود تثبیت کند.

(جزوه مواضع گروهها در زندان)

2 ـ فرهاد صفا، بعد از ضربه سال ۱۳۵۰ دستگیر و به سه سال زندان محکوم شد. او پس از آزادی به فعالیت خود در سازمان ادامه داد. وی پس از تغییر ایدئولوژی در سازمان، شاخه مذهبی سازمان را ایجاد و اعضای مذهبی را گرد خود جمع کرد. جسد وی در روز نوزدهم اسفندماه سال ۱۳۵۴ در خیابان دیده شد. مرگ وی در هاله‌ای از ابهام است. نشریه خبری شماره ۲۳، سازمان مجاهدین به تاریخ ۵۶/۳/۲۳ درخصوص وی نوشت:

«انقلابی شهید فرهاد صفا، در یک رویارویی با مأموران ساواک و کمیته، پس از آنکه داخل یک خیابان بن بست احتمالاً خیابان ترجمان می‌شود، برای اینکه زنده به دست مأموران رژیم گرفتار نیاید، دست به خودکشی زده و به شهادت می‌رسد.

انقلابی شهید فرهاد صفا، از رفقای سابق سازمان ما بود که پس از آزادی از زندان و تحول ایدئولوژیک سازمان، در یک گروه انقلابی مذهبی به فعالیت مبارزاتی خود ادامه می‌داد...»

می‌شناختم. او در زندان فردی مسلمان، متدین و منطقی بود که هیچ تندروی در کارهایش دیده نمی‌شد.

فرهاد نزدیك آمد و گفت: «احمد، تویی!» بعد همدیگر را در آغوش کشیدیم و کمی با هم قدم زده و خوش و بش کردیم. فرهاد گفت: «احمد! ما با این اعلامیه [تغییر ایدئولوژیك] ضربه خوردیم، هم از اینها [سازمان] و هم از مسلمانها. زیرا با این وصف دیگر آنها به ما کمك نخواهند کرد، ولی ما باید خودمان را حفظ کنیم. الان من، محسن طریقت و محمد اکبری قبول کرده‌ایم که شاخه مذهبی را حفظ کنیم. البته مسئول تیم ما یك دخترخانم مارکسیست است»(!)

من دریافتم که سازمان چه بلایی دارد سر آنها می‌آورد. برای چند نفر جوان مسلمان مجرد، یك دختر جوان بی‌حجاب را مسئول قرار داده است تا به این ترتیب، به تدریج اساس منطق، فکر، عقیده و مذهب آنها را فرو بریزد.

فرهاد گفت: «... راهی است که آمده‌ایم و توش مانده‌ایم. اگر تو به ما بپیوندی، وضعمان بهتر می‌شود و شاید فرجی هم بشود...». گفتم: «نه فرهاد، من فی البداهه نمی‌توانم تصمیم بگیرم، باید فکر کنم، بعد جواب می‌دهم.» برایم وضعیت آنها بویژه با آن دختر مارکسیست مطلوب نبود.

سازمان که قبلاً آقایان و خانمها را در خانه‌های تیمی از هم جدا کرده بود، اکنون در روند نو و سیاست جدید آنها را مختلط می‌کرد. با این شیوه، نوعی اشتغال ذهنی و استحاله تدریجی فکری را محقق می‌ساخت. ما روزهای آخر در خانه تیمی گرگان مستقر بودیم، یك روز صبح که ورزش می کردیم، ایرج گفت: «شاپورزاده تو هم بیا و ورزش کن!» من تعجب کردم. با عصبانیت گفتم: «یعنی چه؟... برای چه؟، اینجا دو اتاق تو درتو که بیشتر ندارد، او چطور می‌تواند ورزش کند؟». ایرج با

موضعی ملایم گفت: «شاپور! چرا عصبانی می‌شوی؟ ما دیگر خواهر و برادریم!» با خشم گفتم: «امکان ندارد!» فاطمه هم اظهار علاقه‌ای نکرد. ولی واقعاً در برخی خانه‌های تیمی، شئون اسلامی رعایت نمی‌شد و دخترها و پسرهای نامحرم با هم زندگی می‌کردند.

حال برای استحاله فکری و عبور از این بحران، می‌خواستند برای چند جوان مسلمان مجرد، از همین ترفند استفاده کنند. می‌دانستم که وجود یک دختر مجرد جوان و زیبا، آن هم بی حجاب و مارکسیست بالاخره بنیان فکری افراد پیرامون خود را درهم می‌ریزد. از این رو تصمیم گرفتم که به گروه فرهاد هم نپیوندم، ولی قصد کردم تا حد امکان هر نوع کمکی که از دستم ساخته است به آنها بکنم تا از این مخمصه رهایی یابند.

در روزهای بعد محسن طریقت از اعضای همین شاخه دایم با من در تماس بود و من با او جلسات بحث زیادی داشتم. ارتباط با او زمینه بروز حوادثی بود.

هوای تازه

در اوج ناامیدی، دغدغه اصلی من جدایی از سازمان بود. راههای مختلفی به ذهنم خطور می‌کرد که برخی را رفته بودم و نتیجه‌ای نگرفته بودم، برخی هم لوازم و اسبابی را می‌طلبید که فاقد آن بودم.

روزی دل به تنگی غروب داده بودم و در افکار مختلف غوطه می‌خوردم که به ناگاه یاد دوست و یار قدیمی‌ام شهید محمدصادق اسلامی افتادم. بر آن شدم که فردا به سراغش بروم. او همچنان مدیرعامل شرکت لعاب قائم بود. و در بازار نیز دفتری داشت. بازار را برای دیدن او انتخاب کرده و به سراغش رفتم. شهید اسلامی، به گرمی مرا به حضور پذیرفت. پس از

مصافحه و احوالپرسی، جزوه تغییر مواضع ایدئولوژیك را روی میز گذاشتم و گفتم: «اینها (سازمانیها) مارکسیست شده‌اند.» گفت: «من باورم نمی‌شود» گفتم: «ولی این واقعیت دارد.» او از شهادت شریف واقفی خبر داشت ولی از تغییر مواضع بی اطلاع بود. گفت: «ما چیزهایی شنیدیم، ولی فکر می‌کردیم که شایعه ساواك باشد.» گفتم: «نه شایعه نیست، عین حقیقت است. من در داخل آنها هستم و خبر دارم. اگر مرا به عنوان یك دوست قبول داری، حرفم را قبول کن.»

سپس وقایع و رخدادهای چند ماهه اخیر بویژه ملاقات و گفتگو با محمدتقی شهرام و حبیب را برای او شرح دادم. همچنین جستارهایی نیز از بلاتکلیفی و سردرگمی بچه‌های مسلمان گفتم. او با شك و تردید به من می‌نگریست و در پایان هم گفت: «احمد! به من چند روز فرصت بده.» بعد شماره تلفنی به من داد و گفت که با من در تماس باش.

بعد از چهار روز طبق هماهنگی قبلی با او تماس گرفتم. قرار شد یکبار دیگر به دیدار او بروم. دور از چشم سایر افراد تیم به سراغش رفتم. برخورد او نسبت به دیدار قبلی تغییر کرده و با اطمینان و اعتماد بیشتری به من نگاه می‌کرد. گفت: «احمد! آقا سیدعلی[1] هم مسئله‌ای را که گفتی، تأیید کرد، وقتی جزوه تغییر مواضع را به او دادم گفت که قبلاً به دستم رسیده است.» گفتم: «خب الحمدلله که باورتان شد من راست می‌گویم.» گفت: «بله، اینها خودشان، این جزوات را پخش می‌کنند، نه ساواك.»

گفتم: «حاج آقا! من در بد دامی افتاده‌ام. این روزها یا مرا می‌کشند، یا در صحنه‌ای با ساواك درگیر می‌کنند. من حس می‌کنم که اتفاق ناجوری در شرف وقوع است. خیانت اینها

---

۱ ـ آیت‌الله سیدعلی خامنه‌ای، در میان دوستان «آقاسیدعلی» نامیده می‌شد.

محـرز اسـت.» گفـت: «چـه می‌خواهـی بکنـی؟» گفتـم: «قصـد ندارم بـا آنها ادامـه دهم، جـدا می‌شوم، حتی اگـر کشته شـوم. الان به‌دنبـال خانـه‌ای هسـتم تـا اجـاره کنـم. بـا اینکه از نظر مالـی وضعم خیلـی بـد اسـت.» گفـت: «امـام هیـچ گونـه کمکـی بـه گروه‌هـا نمی‌کنـد.» در دل تیزبینـی و فراسـت حضـرت امـام را تحسیـن کـردم.

هنگام خداحافظی، گفتـم: «اگـر دیگـر مـا را ندیدی حـلال کـن، دیدار مـا بـه قیامـت.» گفـت: «بـه خـدا تـوکل کـن، ده روز دیگـر بـاز تمـاس بگیـر.»

سرگشـته و گم‌گشـته در وادی حیـرت، ایـن چنـد روز هـم از پـی هـم گذشـت، فشـار و سـختی مضاعـف شـده بـود. ده روز بعـد، مجـددا بـا شـهید اسلامـی تمـاس گرفتـم و به‌دیـدارش رفتـم. درحالـی کـه بـه زمیـن و زمـان، همـه چیـز وهمـه کـس بدبیـن بـودم، او گفـت: «احمـد! راستش را بگـو، تو واقعـا از آنهـا بریـدی؟» گفتـم: «معلـوم اسـت کـه بریده‌ام وگرنـه اینجـا نمی‌آمـدم. و خـودم را بـه خطـر نمی‌انداختـم.» گفـت: «کلکـی کـه در کار نیسـت؟» گفتـم: «حاجـی ایـن چه‌حرفیه؟! خـدا شـاهد اسـت کـه مـن همـه چیـزم را از دسـت داده‌ام، ارزشـی نـدارد کـه بخواهـم سـر دوستانم کلاه بگـذارم، الان هـم برایـم مهـم نیسـت، کـه حتـی جانـم را از دسـت بدهـم.»

بعـد از او درخواسـت کـردم کـه فقط مـرا راه‌نمایـی و کمـک کنیـد کـه کجـا بـروم و چـه کار کنـم، الان همـه راه‌ها بـه رویم بسـته اسـت. گفـت: «یـک مقـدار ارتبـاطـت را بـا مـا بیشـتر کـن. بـرو بـرای خـودت خانـه‌ای اجـاره کـن.» گفتـم: «پولش؟» گفـت: «هرچـه خواسـتی، مـن می‌دهـم، بـا آقایـان [هیئتهـای مؤتلفـه]صحبت کـرده‌ام و آنهـا تـو را پذیرفته‌انـد. احمـد لازم اسـت کـه تـو خـودت را زنده نگهـداری، هـر کمکـی از دسـت مـا برآیـد دریـغ نمی‌کنیـم و امکانـات در اختیـارت می‌گذاریـم.»

ایـن جمـلات چـون نورهـای رحمـت بـر پیکـر خسـته و رنجـورم

می‌تابید و به آن گرمی و حیات می‌بخشید. احساس کردم روزنه‌ای از امید در دلم ایجاد شده است. وقتی از دفتر حاج آقا بیرون آمدم نفس عمیق و بلندی کشیدم. احساس می‌کردم که روی ابرها گام برمی‌دارم.

جستجوی خود را برای یافتن خانه آغاز کردم. سرانجام خانه‌ای در حوالی بازارچه معزالسلطان یافته و اجاره کردم. به صاحب‌خانه گفتم که در کارخانه میخ‌سازی کار می‌کنم و خانم و بچه‌هایم در سمنان هستند. زیرا پیش بینی می‌کردم بتوانم فاطمه را با خود همراه کرده و او را برای زندگی به آنجا بیاورم. گرچه در این کارخانه بیش از بیست روز کار نکردم ولی بهانه خوبی برای خروج از خانه تیمی و پی‌گیری سفارش‌ها و توصیه‌های شهید اسلامی بود. برای اینکه سازمان به گفته‌هایم شک نکند، حاج آقا اسلامی در پایان هر هفته مبلغی پول به من می‌داد که آنها را به سازمان برده و می‌گفتم که حقوق این هفته‌ام می‌باشد.

با کمک شهید اسلامی، ودیعه اجاره خانه را پرداختم. اسباب اثاثه دست دومی نیز برای آنجا خریدم.

جدایی از سازمان

سازمان پس از ناامیدی از من به فکر چاره‌ای دیگر افتاد. در اوایل آبان ماه سال ۵۴، هنگامی که هنوز در خانه خیابان گرگان ساکن بودیم، روزی خانمم برای خرید بیرون رفت. مدتی طول کشید تا برگردد. وقتی آمد گفت که در نانوایی با جوانی حدودا ۲۳ ساله از بچه‌های محله اشان مواجه شده است و برای اینکه رد خود را گم کند، ناچار بوده که از چند مسیر انحرافی و کوچه و خیابان اصلی و فرعی بگذرد. با این حال او همچنان نگران و مضطرب بود. احتمال می‌داد که جوان رد وی را گرفته باشد. ایرج گفت که احتمال دارد او موضوع را به کلانتری یا ساواک

گزارش دهد، باید سریع دست به کار شد و اینجا را تخلیه کرد. او گفت: «همشیره [شاپورزاده] که جا دارد. من هم که جا دارم. خسرو! تو هم برو به آن خانه تیمی که با آن ارتباط داری...». من متوجه شدم که او تکلیف همه را مشخص کرد جز من. پرسیدم: «من چه کار کنم؟» گفت: «شاپور تو همین‌جا بمان، امیدواریم که اتفاقی نیفتد. باش، تا ببینیم چه می‌شود»!! من کاملاً منظور او را دریافتم. ایرج امیدوار بود که من در اینجا بمانم و به دست ساواك بیفتم و به این طریق مسئله من هم برای آنها حل شود.

آنها خارج شدند. نگاه نگران فاطمه به پشت سرش بود و من دیدم که سایه او در امتداد یك اشتباه بزرگ، کوتاه می‌شود. در دلم آشوب بود. نمی‌دانستم که باید چه کنم. دقایقی در حالت گنگی و منگی گذشت. سکوت خانه را فرا گرفت. ناگهان به خود آمدم، وسایل مورد نیازم را برداشته درها را قفل کردم و راهی شدم. به این ترتیب من نیز از آنجا و از سازمان خارج شدم. حالت عجیبی داشتم، نگرانی، تشویش و اضطراب تمام وجودم را گرفته بود. می‌ترسیدم، نه از سرنوشت خودم بلکه از آینده فاطمه و فرزندانم. راه می‌رفتم و اشك می‌ریختم و باخدا نجوا می‌کردم که این چه سرنوشتی است که برای من رقم زده‌ای؟

... آن روز آسمان برایم تیره و تار بود. پس از گذاردن اسباب و اثاثیه‌ام در خانه‌ای که در حوالی معزالسلطان اجاره کرده بودم، طاقت نیاورده و بیرون زدم. در کوچه و خیابانهای زیادی پرسه زدم. بی‌جهت به این‌سو و آن‌سو می‌رفتم، از درد به خود می‌پیچیدم. زمان برایم سرعتی مرگبار گرفته بود. درد جدایی از فاطمه و فرزندانم جانکاه بود. دایم خود را سرزنش می‌کردم که چرا از فاطمه مراقبت نکردم و چرا چنین و چنان شد.

هبوط فاطمه

من با فاطمه فرتوک‌زاده در مهر ماه سال ۱۳۵۲ پیوند زناشویی بستم، تا یار و پشتیبان هم، و در غم و شادی شریک یکدیگر باشیم. ده روز بیشتر از زندگی مشترک ما نمی‌گذشت که مرا به مدت یک ماه به زندان بردند. او نسبت به تنگی و کمبودهای مالی زندگی بسیار صبور بود و هیچ‌وقت زبان به گلایه نگشود.

هنگامی که من به سازمان به اصطلاح مجاهدین خلق پیوستم، او نیز همراه و همدوش من بود. داوطلبانه زندگی مخفی را پذیرفت و نقشهای حساسی را ایفا کرد که برایش نقطه عطفی بود. در این زمان به‌استعدادهایش در کارهای تشکیلاتی پی برد. در یافتن خانه‌های تیمی آن‌چنان پیش رفت که یکی از مدرسان مجرب خانه‌یابی برای تیمها شد. زمانی که سازمان، وابستگی شدید او را نسبت به من دید برای بهره جویی بیشتر سعی کرد جدایی و فاصله‌ای بین ما بیندازد. آنها با پیش کشیدن زمینه استقلال فکری و شخصیتی فاطمه و نیز تئوری عدم وابستگی زن به شوهر، با دلایل واهی پویایی در مبارزه و ادامه راه، حتی درصورت از بین رفتن همسر، سعی می‌کردند تا ما را نسبت به هم بیگانه کنند. نظریه بیگانه‌سازی پس از اعلام علنی تغییر مواضع ایدئولوژیك شدت گرفت. سازمان كه مخالفت و رودررویی مرا نسبت به خود احتمال می‌داد، شروع به ایجاد شخصیت‌سازی کاذب برای فاطمه کرد. رهبران سازمان شخصیتی تو خالی برای فاطمه تراشیدند و به او القاء کردند که می‌تواند راهی سوای راه شوهرش برود.

آن روزهای آخر، روزهای هولناك و وحشتناکی بود که سایه‌های وجودی فاطمه برایم کم‌رنگ می‌شد. روزهایی که او در گرداب فتنه سازمان غوطه ور بود و من می‌خواستم نجات غریق باشم،

نمی‌پذیرفت.

در واپسین روزهایی که نفسهای من به شماره افتاده بود و در بایکوت اطلاعاتی و ارتباطی قرار داشتم، هرگاه که فرصتی دست می‌داد با فاطمه زمزمه‌ها و مشورتهایی می‌کردم و او نظریات مرا می‌شنید و ابراز همفکری و یک رأیی می‌کرد. ولی کافی بود، شبی از من دور شود تا نظریاتش کاملاً متضاد و متناقض نظر من شود.

فاطمه می‌گفت: «احمد، تو هم فکر کن! بالاخره راهی است که آمده‌ایم و برگشتی در آن نیست، باید مبارزه را تا آخرش رفت، حالا چه جوری و چطوری مهم نیست. مهم این است که با استکبار و امپریالیسم مبارزه کنیم.» و من جواب می‌گفتم: «آخر فاطمه!، اگر پای اسلام در میان نباشد، چه مرضی دارم که با امپریالیسم بجنگم. این اسلام است که مبارزه با استعمار، استکبار و استثمار را برایم تکلیف کرده است. وقتی آدم دین نداشته باشد، فرق نمی‌کند که چه یوغ حکومتی بر گردنش باشد.» و او می‌گفت: «اینها می‌گویند برای آزادی خلق از یوغ امپریالیسم مبارزه می‌کنند. و دنبال این هستند که کارگرها را از زیر استثمار بیرون بکشند و طبقه اشتراکی و برابر ایجاد کنند. آنها معتقدند که روزی تمام دنیا و جهان، کارگری خواهد شد و بعد قیام کارگری همه جا را فرا می‌گیرد.» و من جواب می‌گفتم: «فاطمه جان! این اسلام است که اولین دفاع را از کارگر کرده و ارزش والایی به او داده، آنها از این قضیه برای فریب من و تو استفاده می‌کنند و به چیزی جز قدرت خود نمی‌اندیشند. چرا ما عامل به قدرت رسیدن آنها باشیم.»

فاطمه در این مباحثات هیچ‌گاه نظری از خود بروز نمی‌داد و همیشه از آنها نقل قول می‌کرد. او تا روز آخر که با من بود و تا روز جدایی من از سازمان، نمازش را می‌خواند و حجابش

را رعایــت می‌کــرد و بــر تمــام تکالیــف شــرعیش اســتوار بــود ولی سـازمان به شـدت روی چارچوب فکـری او کار کـرده بـود. با اینکه اعتقـادات مذهبـی و دینـی هنـوز در او رنگ نباختـه بـود، ولـی حیـات خـود را در پیـروی از مشـی و منـش سـازمان می‌دانسـت. سـازمان بـرای آنها جـا انداختـه بـود کـه هرجا برونـد، در معـرض تهدیـد سـاواک هستند و بـدون پوشـش امنیتـی سـازمان بیـش از ۲۴ سـاعت نمی‌تواننـد دوام بیاورنـد. از ایـن رو بیشـتر بچه‌هـای مذهبـی، بویـژه زنـان احسـاس تنهایـی شـدیدی می کردنـد.

فاطمـه نیـز راهـی را رفت کـه مـن از اول، از آن می‌ترسـیدم. او بـه نقطـه‌ای رسـیده بـود کـه فکـر می‌کـرد جدایـی از سـازمان مسـاوی اسـت بـا مـرگ و نیسـتی، و دیگـر اینکـه می‌اندیشـید بـا مانـدن در سـازمان می‌توانـد از جـان مـن و فرزندانـش دفـاع کند. او یکبـار وقتی بـه دیـدن مـادرش مـی‌رود، مـادرش از او می‌پرسـد: «شـنیده‌ام کـه از احمـد جـدا و مارکسیسـت شـده‌ای؟». فاطمـه جـواب می‌دهـد: «مـادر، مـن اعتقـاد خـودم را دارم، ولـی بـه خاطـر حفظ جـان احمـد و بچه هایـم مجبـورم کـه در سـازمان بمانـم.»

بعدهـا شنیدم کـه سـازمان طـرح قتـل و تـرور مـرا می کشـد، کـه فاطمـه بـا آنهـا بـه شـدت مخالفـت کـرده و جلو آنهـا را می گیـرد و می گویـد کـه کشـتن احمـد بـرای شـما هیـچ سـودی نـدارد، چه عیبـی دارد کـه او بـرای خـودش بچرخـد و بـا رژیـم مبارزه کنـد، مگر هـدف شـما مبارزه بـا رژیـم نیسـت، پـس بگذاریـد او هـر طـور کـه دوسـت دارد زندگـی و مبـارزه کنـد.

و چنین شد که فاطمه رفت...!

تُندر

ارتباط با شهید اندرزگو

پـس از جدایـی از سـازمان و انتقـال اسبـاب و اثاثیـه‌ام بـه خانـه خیابـان معزالسـلطان، همین‌طـور کـه بـی هـدف در خیابانهـا قـدم مـی‌زدم، تصمیـم گرفتـم بـه نـزد حـاج صـادق اسلامـی بـروم. پـس از سـلام‌وعلیك؛ شـرح ماوقـع، فعالیتهـا و ملاقاتهـای چنـد روز گذشـته‌ام را بـه حـاج آقـا اسلامـی گـزارش دادم. از عمـل سـازمان نسبـت بـه جداسـازی مـن و همسـرم اظهـار تألـم و تأسـف کـردم. حـاج آقـا گفـت: «بچه‌هـای اعضـای هیئـت مؤتلفـه بـه مـن گفته‌انـد احمـد را دریابیـد. از ایـن رو تـو فـردا سـاعت ۹ صبـح بـا ایـن شمـاره تلفن بـه حـاج محسـن رفیقدوسـت[1] زنـگ بـزن و بگـو حـاج صـادق گفتـه آن

---

۱ ـ آقـای محسـن رفیقدوسـت در خاطـرات خـود بیـان می‌کنـد: «... مـن از چهـار کانـال بـا مجاهدیـن ارتبـاط داشتـم یکـی مرحـوم اندرزگـو بـود [و یکـی دیگـر] آقـای احمـد احمـد. [او] در درگیریهـای قبـل از انقـلاب مجـروح و دستگیر شـد و مدتها در زنـدان بـود. الان هـم بـدن خستـه و کوفتـه‌ای دارد، ولـی الحمدلله در قیـد حیات است. [کانـال سـوم]توسـط مرحـوم رجایـی و [کانـال چهـارم]مرحـوم مجید شـریف واقفـی بـود..»

(آرشیو واحد تاریخ شفاهی ـ دفتر ادبیات انقلاب اسلامی)

«محسـن رفیقدوسـت»، بـه سـال ۱۳۱۹ در خانـواده‌ای مذهبـی و از نظـر مالـی متوسـط در جنـوب شـهر تهـران بـه دنیـا آمـد. پـس از طـی دوره تحصیـلات ابتدایـی، وارد دبیرستان بهبهانـی شـد ولـی در سـال دوم دبیرستـان بـه دلیـل فعالیتهـای سیاسـی از مدرسـه اخـراج شـد. درنتیجـه بـه کار آزاد نـزد پـدر مشغـول گشـت و بـه صـورت شبـانه و متفرقـه تحصیـل خـود را پـی گرفـت، تـا اینکـه در سـال ۱۳۳۶ توانسـت دیپلـم خـود را در رشـته ریاضـی بگیـرد. او از کودکـی بـا شـهید نـواب صفـوی و شـهید عبدالحسین واحـدی از فداییـان اسـلام آشـنا شـد و در برخـی جلسـات سخن‌رانی ایشـان شـرکت می‌کـرد. بـا تأسیـس نهضـت آزادی در ۱۳۳۹ بـه همـکاری بـا آنهـا مبـادرت می‌کنـد و بعـد در ایجـاد هیئتهـای مؤتلفـه بـا سـایر بـرادران همفکـر خـود مشـارکت کـرده و در شـاخه

بارها را که کنار گذاشتی، من بیایم و بیرم. بعد او به تو می‌گوید که چه کار کنی. برو و خیالت راحت باشد.»

فردای آن روز، رأس ساعت مقرر با شماره مورد نظر تماس گرفتم و پیام حاج صادق را به حاج محسن گفتم. آقای رفیقدوست پرسید: «الان کجایی؟» گفتم: «زیاد دور نیستم» گفت: «می‌توانی ساعت ۱۰ بیایی» گفتم: «بله». با اینکه ساعت ۱۰ صبح بود، ولی سر او خیلی شلوغ بود. من به پستویی که در ته مغازه نشانم داده بود رفتم. آنجا محل استراحت کارگران و رانندگان بود.

وقتی که آقای رفیقدوست از کار فارغ شد و آمد، جریان تغییر ایدئولوژی سازمان و مواضع و مخالفتهای خودم را با این انحراف برای او شرح دادم. او نیز شماره‌ای به من داد و گفت: «در ساعت ۹ صبح فردا با حاج علی حیدری[۱] تماس بگیر، و بگو که برای خرید جزئی شما را معرفی کرده‌اند.» من نیز به توصیه

نظامی هیئت با مرحوم اندرزگو همکاری می‌کند. بر اثر همین ارتباط و همکاری در سال ۵۵ دستگیر و زندانی شد و در سال ۵۷ آزاد شد. او در راهپیماییهای تاسوعا و عاشورای سال ۵۷ نقش مؤثری داشت. سپس مسئولیت تدارکات و امنیت کمیته استقبال از امام را به عهده داشت. ضمناً وی راننده ماشین بلیزر حامل امام از فرودگاه تهران بود. وی پس از پیروزی انقلاب اسلامی مسئول تدارکات سپاه، وزیر سپاه، رئیس بنیاد تعاون سپاه و رئیس بنیاد مستضعفان و جانبازان بود.

۱ ـ علی‌اکبر حیدری معروف به علی سبزی فروش، سال ۱۳۱۶ در خانواده‌ای کشاورز و متدین در محله دولاب تهران متولد شد. او تحصیلات ابتدایی خود را در مکتب‌خانه به اتمام رساند. وی فعالیتهای سیاسی و مذهبی خود را از مسجد نایب‌السلطنه و جلسات سخن‌رانی حاج شیخ مهدی معزالدوله شروع کرد و با حضور در مسجد مهدیه تهران، به آن شدت بخشید و در سخن‌رانیهای شهید آیت‌الله سعیدی حاضر می‌شد. او عضو هیئتهای مؤتلفه اسلامی بود و در شکل دهی راهپیماییهای روز عاشورا و قیام ۱۵ خرداد حضور جدی داشت. وی در گرفتن امضا از علما و مراجع تقلید مبنی بر تأیید مرجعیت حضرت امام با دیگر دوستانش تلاش زیادی کرد. او پس از ترور حسنعلی منصور همچون سایر دوستان خود در مؤتلفه دستگیر و روانه زندان شد و تا سال ۴۶ در زندان بسر برد. در سال ۱۳۵۵ در پی دستگیری آقای رفیقدوست، او هم دستگیر شد و در اوایل ۱۳۵۷ آزاد شد.

و راهنماییهای این دوستان مو به مو عمل کردم. وقتی با حاج علی حیدری (سبزی فروش) تماس گرفتم گفتم: «حاج محسن رفیقدوست برای خرید جزئی پرتقال شما را معرفی کرده است.» گفت: «چند جعبه می‌خواهی؟» گفتم: «پنج جعبه». گفت: «فردا ساعت ۱۱ بیا بردار و ببر».

این برو بیاها آن زمان خسته کننده بود ولی شرایط پلیسی و خفقان آن روزها، چنین تدابیر امنیتی را می‌طلبید.

در موعد مقرر به نزد حاج علی رفتم و برای او هم شرح آنچه را که گذشته بود، دادم. حاج علی گفت دیگر ارتباطت را با حاج محسن قطع کن و با من قرار بگذار. هر وقت هم زنگ می‌زنی بگو که میوه می‌خواهی. او سپس شماره تلفن منزل را علاوه بر حجره‌اش به من داد. به این ترتیب چندین مرتبه و در روزهای آتی، با او قرار وعده گذاشته و ضمن ملاقات آخرین اخباری را که به دستم می‌رسید ارائه می‌کردم.

در یکی از روزها، حاج علی گفت که می‌خواهم تو را به قرار خیلی مهمی ببرم و با شخص دیگری آشنایت کنم. با هم به ساختمانی واقع در خیابان غیاثی رفتیم. ساختمان از خانه‌های قدیمی تهران و دارای حیاط بزرگی بود که چند اتاق داشت. در یکی دو تا از این اتاقها، گویا مجلس ختمی برپا بود و حیاط هم مملو از جمعیت بود. حاج علی در گوشه حیاط پله‌های زیرزمینی را نشانم داد و گفت باید برویم آنجا. همه چیز برایم مبهم بود. به دنبال حاج علی وارد اتاقی در زیرزمین شدیم. وسط اتاق یک کرسی بود که کسی پشت آن نشسته بود و عرق چین مشکی بر سر داشت. سلام گفتیم و او بلند شد و جواب سلام داد و مصافحه و معانقه کرد. حاج علی گفت: «این همان احمد است.» و آن فرد گفت: «احمد، من تو را می‌شناسم، تو هم مرا می‌شناسی؟» گفتم: «حاج آقا چهره اتان برایم آشناست

ولی به یاد ندارم که کجا دیدمتان.» گفت: «اگر هم دیده بودی نمی‌شناختی چرا که من مدتهاست مخفی‌ام، اندرزگو شنیده‌ای؟» من یک دفعه گل از گلم شکفت، با خوشحالی زایدالوصفی گفتم: «حاج آقا تویی؟!» بعد مجدد با هم دیده بوسی کردیم. دیدن این سید بزرگوار چنان آرامشی به من داد که بسیاری از دردهایم را فراموش کردم. وقتی او سخن می‌گفت قلبم قوت می‌گرفت و روحم حیات می‌یافت.[1]

در همان جلسه اول وقایع خیانت‌باری را که از سرم گذشته بود شرح دادم. از نحوه برخورد و کلام او دریافتم که وی مطلع‌تر از من است. به حاج آقا گفتم که اکنون من کاملاً از سازمان به صورت تشکیلاتی جدا شده‌ام و در معرض تهدید سازمان و ساواک هستم. هر لحظه امکان درگیری و یا ترور من وجود دارد. شهید اندرزگو گفت: «احمد! نگران نباش، با خدا باش، به خدا توکل کن. آقا [حضرت امام خمینی] خودش به این مسائل اشراف دارد.» گفتم: «حاج آقا این کره خری است که خودمان روی بام برده‌ایم، حالا که خر شده است نمی‌دانیم چطور پایین بیاوریم. اینها مارهای خوش خط و خالی هستند که خودمان در آستین پرورش داده‌ایم.»

حاج آقا پرسید: «الان هیچ ارتباطی با سازمان نداری؟» گفتم:

---

۱ ـ آقای علی حیدری در خاطرات خود می‌گوید: «... آقای احمد از دوستان و مورد تأیید ما بودند، قبلاً به شهید اندرزگو گفته بودم که می‌خواهم آقای احمد احمد را به شما معرفی کنم. گفت: «بگذار چند روزی بگذرد.» اندرزگو چند روزی به قم رفت. وقتی بازگشت دوباره به او گفتم اجازه بدهید که بگویم آقای احمد بیاید. گفت: «نه، بگو فردا بیاید، فردا بهت زنگ می‌زنم که چه ساعتی و کجا بیاید.» بعد من احمد را به خانه پدرم در انتهای خیابان غیاثی آوردم. اتفاقاً آن روز در منزل به خاطر فوت یکی از اقوام مجلس ختمی برپا بود. او را بردم پیش آقای اندرزگو در زیرزمین خانه. اندرزگو زیر کرسی نشسته بود. آنها را با هم آشنا کردم...»

«بـا هماهنگـی و اطلاع بچه‌هـا [اسـلامی، رفیقدوسـت و حیـدری] هنـوز بـا محسـن طریقـت قرارهـا، بحث‌هـا و ارتباطاتـی دارم و یـك سـری اخبـار را از او کسـب می‌کنـم.» توضیـح دادم کـه فرهـاد صفـا و محسـن طریقـت شـاخه مذهبـی را تشـکیل داده‌انـد. شـهید اندرزگـو گفـت: «مواظـب بـاش، دیگـر سـر قـرار نـرو! اگـر این بـار بـروی تو را می‌زننـد. بـه این بچه‌هـا پیشـنهاد کـن کـه از سـازمان خـارج شـوند تـا بـا هـم کار کنیـد. اگـر آنهـا واقعـا دسـت بکشـند، مـا هم کمک‌شـان می‌کنیـم. هرچـه اسـلحه بخواهیـد در اختیارتـان می‌گذاریـم.» گفتـم: «حـاج آقـا! مـن الان بـه غیـر از دو کپسـول سـیانور، هیـچ سـلاحی بـرای دفـاع از خـود نـدارم.» یـك دفعه شـهید اندرزگـو گُلتـی را درآورد و مسـلحش کـرد. ناگهـان بـا صـدای چکیـده شـدن ماشـه مـن از جا جسـتم. حاج آقـا گفـت: «نتـرس بابـا! چیـزی نشـد؟ بـا خـدا بـاش، مـن اسـتخاره کـرده‌ام برای‌پذیـرش تو، خـوب بـود. عاقبت بـه خیـری دارد، پـس دیگـر نتـرس. غصـه هـم نخـور، اتفاقـی نمی‌افتـد.»

البتـه مـن نترسـیده بـودم. فقـط بـه خاطـر صـدای ناگهانـی بـه صـورت طبیعـی از جـا پریـدم، ولـی خـب همیـن واکنـش موجـب شـد تـا صحبت‌هـا و نـکات جالبـی را از او بشـنوم.

شـهید اندرزگـو اعتقـاد زیـادی بـه اسـتخاره داشـت. ازجملـه افـرادی بـود کـه بیشـتر کارهایـش بـا اسـتخاره صـورت می‌گرفـت. در قرارهـای بعـدی کـه بـا او داشـتم، گاهـی سـر قـرار می‌آمـد و گاهـی نمی‌آمـد و علـت آن را خـوب یـا بـد آمـدن اسـتخاره ذکـر می‌کـرد.

اندرزگـو در همـان جلسـه اول، بـا اعتمـادی کـه بـه مـن داشـت سـلاح کلـت کمـری ۷/۶۵ را بـه همـراه دو خشـاب گلولـه بـه مـن داد. تأكیـد کـرد کـه حتی‌الامـکان از درگیـری اجتنـاب کنـم و از اسـلحه اسـتفاده نکنـم.

بعـد از این جلسـه مـن ارتباطـات نزدیکـی بـا شـهید اندرزگـو پیـدا کـردم. ارتبـاط و قـرار ملاقـات بـا شـهید اندرزگـو، بـا همـه فـرق

می‌کرد. نه نیاز به ارتباط دایم ساعت هشت ساعت یکبار بود و نه نیاز به زدن علامت سلامت. او تعیین می‌کرد مثلاً ده روز دیگر، در فلان ساعت، در چه خیابانی باشم. او حتی نقطه خاصی را در آن خیابان مشخص نمی‌کرد؛ ولی می‌گفت مثلاً از ضلع شمالی وارد شو و از ضلع جنوبی خارج شو و دیگر کار به هیچ‌چیز نداشته باش. گاهی وقتها من فکر می‌کردم او خلف وعده می‌کند و سر قرار نمی‌آید؛ ولی چند روز بعد او در دیداری دیگر گزارش حضور لحظه به لحظه مرا در سر قرار می‌داد.

گاهی من به حاج علی حیدری زنگ می‌زدم و می‌گفتم که مقداری میوه می‌خواهم. او هم می‌گفت که برایت کنار می‌گذارم، فلان ساعت بیا ببر. به‌این ترتیب من محل و ساعت قرار و ملاقات با اندرزگو را می‌گرفتم. برای دلخوشی هم که شده، نشد یکبار ما شهید اندرزگو را بر سر قرار ببینیم. همیشه هنگام رفتن یا برگشتن از سر قرار یا بین راه او را می‌دیدیم. به عنوان مثال یکبار برای دیدن او به خیابان گرگان (شهید نامجو) رفتم و منتظر شدم. وقتی خبری از او نشد، برگشتم و به خیابان زرین نعل آمدم. از کوچه، پس کوچه‌ای می‌گذشتم که یکی از پشت‌سر گفت: «سلام علیکم.» خودش بود، شهید اندرزگو. فهمیدم که او از سر قرار تا اینجا مراقب من بوده است.

تاکتیک شهید اندرزگو چنین بود که محلهایی را به عنوان نقطه قرار انتخاب می‌کرد که در آن، با چند کاسب و دستفروش آشنا باشد. آشنایان وی مشخصات افراد مرتبط را داشتند و آنها را تحت کنترل گرفته و می‌پاییدند. بعد گزارشش را به شهید اندرزگو می‌دادند. مثلاً می‌گفتند فلانی آمد و ۲۰ دقیقه هم منتظر شد و بعد از خیابان فلان راهش را کشید و رفت. اندرزگو با چنین تاکتیکهایی، ساواک را سردرگم و ناراحت کرده بود. هیچ‌وقت لو نمی‌رفت، گاهی یک دستفروش و یا حتی یک گدای خیابان،

عامـل شــهید اندرزگــو بــود. بــه نحــوی کـه کسـی تصـور آن را در خیـال هـم نداشت.

در آخریـن ملاقاتها مـن متوجـه شـده بـودم کـه بعضـی صاحبان مغازه‌هـا، بـا حالـت خاصـی مـرا نگـاه می‌کننـد. چـون خـود حالـت عـادی و معمولـی داشـتم از خـود می‌پرسـیدم کـه چـرا آنهـا این‌گونـه بـه مـن نگـاه می‌کننـد. گاهـی کـه او سـر قـرار نمی‌آمـد و از طریـق همیـن آشـنایان خبـر سلامـت مـا بـه او می‌رسـید.

شــهید اندرزگـو[1] هربـار در شـکل و شمایلی متفـاوت از قبـل ظاهـر

می‌شد. او از لباسهای متفاوت، از عرقچین گرفته تا شاپو و از کت و شلوار و پالتو تا عبا و عمامه و لباس عربی استفاده می‌کرد. گاهی با ریش و گاهی بی ریش، گاهی با عینک و گاهی بی عینک و... ظاهر می‌شد.

نجات یک دوست

علی میرزا جعفر علاف (پرویز) از اولین برگه‌های سوخته دفتر شوم سازمان بود. او نه تنها مقام، موقعیت، مال و منال خود را در راه سازمان از دست داد؛ بلکه در تداوم وساوس شیطانی سازمان از همسری که به آن عشق می‌ورزید جدا شد. من نیز خود چنین قربانی شدم و شاید بدتر. چرا که سازمان توانست با لطایف الحیلی و با ایجاد شخصیت کاذب، تحت عناوین واهی و مسئولیتهای تهی و میان خالی برای همسرم، او را برای همیشه از من بگیرد.

مسئله سرنوشت غم‌انگیز پرویز و همسرم، دایم فکر و ذهن مرا اشغال می‌کرد و لحظه‌ای رهایم نمی‌کرد. روزی که در همین افکار غوطه می‌خوردم، به یاد جمله‌ای از ایرج افتادم: «تو آدم دگمی هستی، ما مثل تو چند تایی داریم. یکی از این دگمها، حتی هشت سال زندان بوده و زن دارد. او هم زنش روشنفکر و دارای عقاید مترقی است و در مرحله جذب به سازمان است.» این جمله چون پتکی چند بار بر ذهنم کوفته شد. ناگهان به یادم افتاد که بین افراد حزب ملل اسلامی، چند نفر به هشت سال زندان محکوم شده بودند، ازجمله محمدحسن ابن الرضا و ناصر نراقی. احتمال دادم که فرد مورد صحبت ایرج، مرحوم نراقی

سیدعلی عبارتند از:

۱. شیخ عباس تهرانی ۲. دکتر سیدحسین حسینی ۳. ابوالقاسم واسعی ۴. عبدالکریم سپهرنیا ۵. ابوالحسن نحوی ۶. محمدحسین جوهرچی ۷. جوادی

باشد. تصمیم گرفتم نزد او رفته و حقایقی را که می‌دانم بازگو کنم. چند بار به منزلشان مراجعه کردم. از آنجا که همسرش مرا نمی‌شناخت و من هم خود را معرفی نمی‌کردم، شاید حدس می‌زد که مأمور ساواک باشم. می‌گفت ناصر نیست.

سرانجام در یکی از این دفعه‌ها خود را معرفی کرده و گفتم که از دوستان آقا ناصر می‌باشم. او رفت که اطلاع دهد. دقایقی بعد دیدم که مرحوم ناصر با عجله و پابرهنه دم در آمد. از دیدن یکدیگر خوشحال شده و همدیگر را به آغوش کشیدیم و دیده بوسی کردیم. ناصر با اصرار مرا به داخل منزل برد. گفتم: «ناصر! من از سازمان بریده‌ام و الان اگر گیر بیفتم مرا می‌کشند و نمی‌دانم که الان وضعیت تو چیست؟ آیا به سازمان جذب شده‌ای یا نه واگر شده‌ای آیا مرا لو خواهی داد یا نه؟ حرفی در دلم سنگینی می‌کرد که آمدم به تو بگویم. برای همین پیه همه خطرها را به تن مالیده‌ام، زیرا به این امیدم که تو با سازمان نباشی. تو یک بچه مسلمانی و دو بار که من به‌زندان آمدم با تو همبند بودم و...» پس از این مقدمات، سرگذشت خود، فاطمه و فرزندانم را برای او شرح دادم. او بسیار متأثر شد. وقتی تأثیر کلامم را در او دیدم، گفتم: «ناصر! گویا تو هم به سرنوشت من مبتلا شده‌ای؟» پرسید: «چطور؟!» گفتم: «ایرج درباره فردی که هشت سال سابقه زندان دارد، صحبت کرد که خودش دگم و متعصب ولی زنش مترقی(!) و روشنفکر(!) است. من حدس می‌زنم که مقصود ایرج تو باشی.» ناصر چهره‌اش درهم شد و رنگ از رویش پرید و ناراحت شد. پس از کمی سکوت گفت: «بله، من هستم. بر پدرشان لعنت. احمد! مرا هم دارند به سرنوشت تو مبتلا می‌کنند. نمی‌دانم که چه باید بکنم؟» گفتم: «من به تو می‌گویم که چه‌کار کنی تا از این دام رها شوی، سریع از آنها دست بکش! قاطعانه نگذار که زنت برود.

بنشین با او صحبت کن و ماجرای مرا هم برای او تعریف کن.»
آن روز من خیلی با ناصر حرف زدم و به او دلداری و امید دادم.

چند بار دیگر به‌منزل مرحوم نراقی رفتم و با او و همسرش مفصل صحبت کردم. فجایع و جنایتهای سازمان را برای آنها تشریح کردم. به این ترتیب همسر ناصر با این جلسات و صحبتها؛ خود داوطلبانه از سازمان دوری جست. رابطه این زوج با سازمان قطع شد و زندگیشان از خطر سقوط نجات یافت.[1]

کشف یک جنایت

پس از جدایی از سازمان و ارتباط با شهید اندرزگو، روزی به پول احتیاج پیدا کردم. تصمیم گرفتم که به آخرین خانه تیمی که در خیابان گرگان اجاره کرده بودم، مراجعه و ودیعه‌ای که نزد

---

۱ ـ خانم مریم مصلحت جو همسر مرحوم ناصر نراقی در خاطرات خود می‌گوید: «... ایشان [ناصر نراقی] از سال ۴۴، که من چهارده سالم بود در خانه ما زندگی می‌کرد، یعنی مستأجر بود. در همان سال هم دستگیر شد و پدر من چند دفعه به ملاقات او در زندان رفت. در سال ۵۲ که از زندان آزاد شد ما با هم ازدواج کردیم. برای زندگی به نارمك (تهران) رفتیم. در آنجا ما از طریق محسن طریقت با سازمان مجاهدین خلق ارتباط یافتیم. در آن روزها من روزی چهارده ساعت کتاب می‌خواندم. کتابهایی چون: زردهای سرخ، پاپیون، شناخت و کتابهای دکتر شریعتی. ما در خانه امان اعلامیه‌های سازمان را تایپ می‌کردیم. به‌سر قرارها می‌رفتیم و علامت سلامت می‌زدیم. برای مدتی هم در خانه‌امان اسلحه و مهمات سازمان را جاسازی ونگهداری می‌کردیم. تا اینکه یك روز در نیمه دوم سال ۱۳۵۴ آقای احمد احمد زنگ منزل ما را زد. من او را نمی‌شناختم، او خودش را با نام مستعار احمد اکبری معرفی کرد و سراغ آقای نراقی را گرفت، من که ریخت و قیافه ایشان را دیدم ترسیدم. فکر کردم از ساواك کسی آمده. گفتم که ناصر اینجا نیست. وقتی که مرحوم ناصر از سرکار آمد گفتم امروز یکی آمده بود و می‌گفت احمد اکبری است. همان شب ما کتابها و اسناد و مدارك را داخل ماشین ریختیم و به طرف خانه مادرشوهرم در احمدآباد کرج حرکت کردیم. در بین راه فکر می‌کردیم او در تعقیب ماست به همین خاطر آنها را به درون رودخانه ریختیم و دو سه روز هم در احمدآباد ماندیم. وقتی برگشتیم او دوباره آمد و گفت که احمد احمد هستم. آقای احمد در آن سالها زندگی مخفی را انتخاب کرده بود و در خانه‌های تیمی بود. ما از طریق احمد آقا آگاه شدیم که اینها مارکسیست شده‌اند. ما هم پرهیز کرده و دیگر ادامه فعالیت ندادیم...»

صاحب‌خانه داشتم بگیرم. از این رو سر ظهر به قهوه‌خانه‌ای که متعلق به مالک و در خیابان مازندران بود رفتم. مالک تا مرا دید، سلام و احوالپرسی گرمی کرد و گفت: «کجایی آقای اکبری؟» گفتم: «من خانواده‌ام را بردم شهرستان.» و بدون اینکه از من بپرسد ناهار خورده‌ام یا نه، به شاگردش دستور داد که یک دیزی برایم بیاورد. بعد به من گفت: «ناهارت را بخور می‌آیم پیشت.» من مشغول خوردن آبگوشت شدم و او به مشتریهای خود می‌رسید. بعد از صرف غذا کمی منتظر شدم. دیدم خبری نیست. از گفتن منظور و بیان مقصودم از رفتن به آنجا، صرف‌نظر کردم. بلند شدم و طرف پیش‌خوان رفتم. خواستم که پول دیزی را حساب کنم که نپذیرفت و گفت: «آقای اکبری این برادرخانمت [ایرج] چند مرتبه آمد و می‌خواست پول پیش را بگیرد ولی من به او ندادم.» برایم خباثت و نامردی آنها جالب بود. اینکه تا آخرین دم و لحظه برای سودجویی فرصتی را از دست نمی‌دادند. به خاطر اینکه او به قضیه مشکوک نشود، گفتم: «خب می‌دادی طوری نمی‌شد، غریبه که نبود...» گفت: «نه من پول را از خودت گرفتم به خودت هم می‌دهم، الان هم آماده است، برو از خانمم بگیر، یکی دو تیکه زیلو و موکت هم هست آنها را هم بردار.» از لطف او تشکر کرده و خداحافظی کردم.

در خیابان گرگان کمی اطراف را بررسی کردم و بعد در خانه موردنظر را زدم. زن صاحب‌خانه در را باز کرد. سلام و علیک کرده و گفتم که آمده‌ام الباقی وسایلم را ببرم. او رفت و شش هزار تومان پول آورد و به من داد. کلید را انداخته و در را باز کردم و وارد اتاق شدم موکت را جمع کردم. چند کاغذ خطاطی شده توسط پرویز و یک پاسپورت، زیر موکت بود. پاسپورت را باز کردم، از آنچه که می‌دیدم به خود لرزیدم. جا خوردم، حرارت بدنم بالا رفت، روی پاسپورت عکس پرویز بود. همان

پاسپورتی که ما برای پرویز به دستور سازمان(!) جعل کردیم. شک و شبهه‌ام تبدیل به یقین شد. فهمیدم سناریوی خروج پرویز از کشور و تشکر سازمان از من به خاطر جعل خوب پاسپورت! همه ساختگی و برای فریب ما بوده است و دریافتم معنی «از مرز گذشت» چیست. اطمینان یافتم که پرویز را به قتل رسانده‌اند. چند چرک نویسِ نامه به دستخط ایرج پیدا کردم که در آن گزارشهایی درباره تعصبات، مخالفتها، ارتجاعی بودن من خطاب به سازمان نوشته شده بود. کاغذها را جمع کرده بعد به شهید اسلامی دادم تا برایم نگهدارد.[1]

با اطلاع از کشته شدن پرویز[2] نفرت من از سازمان و روشهای ماکیاولی و انحرافیشان دوچندان شد. فهمیدم که خودم هم در معرض تهدید هستم و باید بیشتر مراقب خود و اطرافم باشم.

---

۱ ـ آقای احمد در ادامه خاطره خود گفت: «من پس از پیروزی انقلاب، سراغ کاغذ پاره هایم را از شهید اسلامی گرفتم. او گفت که من آنها را آوردم و به بچه‌ها نشان دادم، بعد به خاطر اینکه دست ساواک نیفتند، بردم داخل ناودان پنهان کردم. دیگر فراموش کردم که آنها را کجا گذاشتم. تا اینکه یک روز بارندگی شدیدی شد و آب در بام خانه ما جمع شد و از سقف چکه کرد. با چوب و سیم گرفتگی راه ناودان را باز کردم. آمدم داخل حیاط، دیدم که تکه تکه‌های کاغذ از ناودان خارج می‌شود. یادم افتاد که کاغذها را در ناودان مخفی کرده بودم.»

۲ ـ علی‌اصغر میرزا جعفر علافخسرو در مصاحبه‌ای مطبوعاتی درباره سرنوشت برادرش علی (پرویز) چنین گفت: «او[علی] را بردند در خارج از کشور و زیر زجر و شکنجه کشتند، چون فقط یک چرا گفته بود و این یکی از صدها به اصطلاح خدمات آنها است!!... برادر من چون زبان می‌دانست انتخاب شد که برای ارتباط با گروههای خارجی برود. در آنجا با رهبران گروه که به خارج رفته‌اند، تماس گرفت. او در آنجا خیلی زود متوجه شد که اینها نه تنها مسلمان نیستند، بلکه کافر و مارکسیست هستند. و در آنجا به این طرز فکر اعتراض کرد و از آنها توضیح خواست که چرا مارکسیست شده‌اند؟ آنها از این اعتراض ناراحت شدند و چون او از عقاید خود دست بردار نبود او را شکنجه کردند و بعد هم زیر فشار شکنجه از میان رفت.»
روزنامه کیهان: ۱۳۵۷/۲/۷

اعلان جنگ با سازمان

مدتی بود که از فاطمه و مریم ـ دخترم ـ خبری نداشتم. محسن طریقت که با من در ارتباط بود در روزهای قبل خبرهایی از سلامت آنها می‌آورد، ولی مدتی بود که از آنها هیچ خبری نمی‌داد. روزی از او خواستم که زمینه ملاقات حضوری من و فاطمه را فراهم کند، هدفم این بود که یکبار دیگر از فاطمه بخواهم که از سازمان جدا شود. اگر نپذیرفت حداقل دخترم را به من برگرداند، چرا که خیلی نگران دخترم و سرنوشتش بودم. محسن پذیرفت که این کار را انجام دهد. در قرار بعدی او گفت که شاپورزاده (فاطمه) پذیرفته که پس فردا در آخرین محل قرار (خیابان گرگان) به دیدنت بیاید. من از شنیدن این خبر خیلی خوشحال شدم و برای آن لحظه شماری کردم.

وقت موعود فرا رسید. من به محل موردنظر رفتم و به انتظار همسرم ماندم. دقایقی گذشت و خبری از او نشد. هرچه انتظار کشیدم او نیامد که نیامد. پس از گذشت چند ساعت ناامیدانه بازگشتم.

در دیدار دیگری که با شهید اندرزگو داشتم، موضوع را به اطلاعش رساندم و پرسیدم: «حاج آقا! آیا من ولی دم بچه خودم هستم یا نه؟ من بچه‌ام را می‌خواهم!»، گفت: «چطوری؟ چه کار می‌توانی بکنی؟» گفتم: «می‌خواهم به آنها ضرب الاجل بدهم که اگر تا یک هفته مریم را برنگردانند، با آنها مسلحانه برخورد خواهم کرد. اگر هریک از آنها را در خیابان ببینم با تیر خواهم زد.» حاج آقا مرا از این کار منع نکرد، البته تأیید هم نکرد و تنها سکوت کرد.

روز بعد که طریقت را دیدم گفتم: «چرا زنم نیامد؟». گفت: «او عاقل و بالغ است. خودش نیامد.» گفتم: «محسن! به سازمان

بگـو از امـروز تـا یـك هفتـه دیگـر فرصـت دارنـد كـه دختـرم را بـه مـن برگرداننـد، درغیـر ایـن صـورت هـر یـك از آنهـا را در هرجـا ببینـم، خواهـم زد. و آنهـا هـم هرجـا مـرا دیدنـد بزننـد. بـرو و بـه آنهـا اعـلان جنـگ بـده.» محسـن كمـی صحبـت كـرد تـا مـرا از تصمیمـم منصـرف كنـد؛ ولـی مـن در تصمیمـم جـدی بـودم. طریقت می‌دانسـت كـه مـن اگـر حرفـی را بگویـم عملـی خواهـم كـرد. از ایـن رو قیافـه او خیلـی درهـم و نگـران شـد.

شـب و روز مـن بـا یـاد مریـم سپری می‌شـد. حاضـر بـودم كـه بـرای نجـات او از جـان خـود نیـز بگـذرم. هرچـه كـه می‌گذشـت آتـش رویارویـی در مـن شـعله ورتـر می‌شـد. وابسـتگی پـدر بـه فرزنـد وابسـتگی خاصـی اسـت كـه مـن آن روزهـا، كامـلاً آن را لمـس و حـس می‌كـردم.

روزهـا از پـی هـم گذشـت و خبـری از رهایـی مریـم نشـد. خـود را آمـاده كـردم تـا از فـردا در مكانهایـی كـه آشـنایی دارم، حاضـر شـده بـا آنهـا بجنگـم. بـرای اینكـه احتمـال می‌دادم در درگیریهـا خـود نیـز كشـته شـوم بـه منـزل مادرزنـم زنـگ زدم تـا در لحظـات آخـر خبـری از احـوال دختـرم زهـرا كـه پیـش آنهـا بـود بگیـرم. گوشـی را مادرزنـم برداشـت. صدایـش گرفتـه و محـزون بـود. پـس از سـلام و احوال‌پرسـی او پرسـید: «فاطمـه چطـور اسـت؟» گفتـم: «الحمدللـه خـوب اسـت، سـلام می‌رسـاند»! دوبـاره پرسـید: «مریـم چطـور اسـت؟» گفتـم: «او هـم خـوب اسـت می‌خواسـتم بیارمـش پیـش شـما...» یك‌دفعـه او زد زیـر گریـه و صحبتـم نیمه‌تمـام مانـد. او هـق هـق گریـه می‌كـرد و دیگـر نتوانسـت بـه صحبـت ادامـه دهـد، گوشـی را گذاشـت.

دلشـوره و نگرانـی مـرا فراگرفـت؛ فكـر می‌كـردم بـرای زهـرا اتفاقـی افتـاده باشـد. ده دقیقـه‌ای حوالـی بـاجه تلفـن قـدم زدم و بعـد دوبـاره تمـاس گرفتـم. بـاز هـم مادرزنـم گوشـی را برداشـت. پرسـیدم: «مـادر چـه شـده؟ چـرا گریـه می‌كنـی؟» او كـه همچنـان محـزون و گرفتـه

بود گفت: «احمد آقا! همان موقع که تو به من می‌گفتی فاطمه خوب است و مریم را می‌خواهم بیاورم پیشت، مریم اینجا جفت پاهای مرا محکم بغل گرفته بود و ول نمی‌کرد و...» از طرفی جا خوردم و از طرف دیگر، خوشحال شدم که ضرب الاجل من کار خودش را کرده و آنها مریم را برگردانده‌اند. پرسیدم: «چه اتفاقی افتاده؟» گفت: «نمی‌دانم فقط همین قدر که دیروز بعد از غروب، میرزا غلامعلی تماس گرفت و گفت نوه ات پیش من است بیایید ببرید. من رفتم آنجا و دیدم که مریم در بغل اوست.» میرزا غلامعلی از دوستان صمیمی پدرزنم و در کار خرید و فروش پارچه بود.

میرزا غلامعلی برای مادرزنم تعریف کرده بود که دیروز غروب، جوانی به مغازه من آمد و در مقابل پیش خوان ایستاد، کمی این طرف و آن طرف را وراندار کرد. یک نفر هم در مقابل مغازه ایستاده و داخل را نگاه می‌کرد. چند لحظه بعد دختر شما(فاطمه) هم آمد و پس از سلام و احوالپرسی چند پارچه را قیمت کرد و بعد گفت: «میرزا غلامعلی! چند دقیقه بچه من اینجا باشد تا من دو تا مغازه پایین‌تر بروم و برگردم.» گفتم: «بابا دم غروب است می‌خواهم بروم نماز، دیر می‌شود.» گفت: «نه چیزی طول نمی‌کشد، الان برمی‌گردم.» و رفت. دقایقی بعد از رفتن او بچه شروع به گریه کرد. هرچه منتظر شدم دخترت نیامد. من هم از نماز اول وقت افتادم. زنگ زدم به خانه شما تا بیایید این طفل معصوم را ببرید.

بعد از این تلفن، مادرزنم سراسیمه به مغازه مزبور می‌رود و مریم را به همراه ساکی که لباسهای بچه در آن بوده، با خود به خانه می‌آورد. او گفت: «وقتی زنگ زدی، فهمیدم که شما از هم جدا شده‌اید و از هم خبر ندارید. الان هم بچه آن قدر دوری کشیده و ترسیده است که اصلاً از بغل من جدا نمی‌شود.

گاهـی حتـی وقتـی روی زمیـن اسـت می‌آیـد و محکـم پاهایـم را می‌چسـبد.»

بـا شنیدن ایـن خبـر دلـم لرزیـد و اشـک از چشـمانم جـاری شـد. از وضعیتـی کـه بـرای ایـن طفـل معصـوم پیـش آمـده بـود، خیلـی متأثـر بـودم و خـود را سـرزنش می‌کـردم. از طرفـی هـم خیالـم از جانـب بچـه راحـت شـد. در روزهـای بعـد بـه دیـدن بچـه رفتـم. او در محوطـه خانـه چهاردسـت و پـا بـه ایـن طـرف و آن طـرف می‌رفـت، حـال مریضـی داشـت و آن‌قـدر بی‌توجهـی و کـم عاطفگـی و دوری دیـده بـود کـه از همـه چیـز می‌ترسـید. مـدام بـه بغـل مادربزرگـش پنـاه می‌بـرد.

بعـد از ایـن حادثـه، دیگـر از رجعـت فاطمـه ناامیـد شـدم. چنـد روز قبـل از جدایـی مـن بـا سـازمان، درحالـی کـه او در وانـت کنـار دسـت مـن نشسـته بـود و بـه جایـی می‌رفتیـم؛ از او خواسـتم کـه همـراه مـن بیایـد، ولـی او بهانه‌هایـی آورد. بـا ایـن حـال بـه خاطـر اینکـه او همـه پلهـا را خـراب شـده نبینـد گفتـم: «فاطمـه! جدایـی مـن از سـازمان حتمـی اسـت و حـالا کـه نمی‌خواهـی بـا مـن بیایـی، بـدان کـه اگـر یـک روز بـه ایـن نتیجـه رسـیدی کـه راهـی کـه در آن می‌روی باطـل اسـت، می‌توانـی برگـردی و مطمئـن بـاش مـن بـا تمـام وجـود امنیتـت را فراهـم می‌کنـم و اگـر بـرای ارتبـاط بـه مـن دسترسـی نداشـتی، کافـی اسـت بـه مـادرت اطـلاع دهـی و مـن بـه دنبالـت خواهـم آمـد.» از ایـن رو او بهتریـن راه برگردانـدن مریـم را بـه مـن، منـزل مـادرش تشـخیص داد. امـا خـودش رفـت و در میـان انبوهـی از مـه و تاریکـی گـم شـد.

«فرج نزدیک است»

بـرای تقویـت و قـوام فعالیتهـا و تحـرکات، شـهید اندرزگـو افـراد همفکـر و مسـلمان را دور هـم جمـع می‌کـرد و آنهـا را بـه هـم پیونـد

می‌داد. از این رو شهید مجید توسلی حجتی[1] را با نام مستعار میثم، به من معرفی کرد، تا از طریق او با گروه موحدین همکاری کنم. اندرزگو گفت: «احمد! اینها هم جوانند و هم از سازمان مجاهدین بریده‌اند. البته درجه همکاری آنها، در حد شما نبوده، فقط سمپات بوده‌اند و تو اینها را حفظ کن و گروه تشکیل بده و سعی کن درگیر نشوید. الان وظیفه شما فقط حفظ خودتان است.»

من و میثم در چند جلسه و نشست مقدماتی مباحث نظری و اطلاعاتمان را مبادله کردیم و به شرح مواضع مشترک اعتقادی و مشی مبارزه پرداختیم. میثم را فردی معتقد، مسلمان و متدین و پرشور یافتم. او جوانی حدودا ۲۴ ساله و ورزشکار بود، از ظاهرش پیدا بود که فردی فرز، زرنگ و قبراق است.

در همان جلسات آشنایی، شهید اندرزگو گفت: «احمد! اینها [میثم و دوستانش] افراد دیگری را می‌شناسند که در تهران و

---

۱ ـ شهید مجید توسلی حجتی به سال ۱۳۳۱ در خانواده‌ای مذهبی در محله شاهپور تهران متولد شد. او در کودکی و جوانی تحت تأثیر فعالیتهای مذهبی و اندیشه سیاسی برادرانش از جمله مهندس محمد توسلی اولین شهردار تهران پس از پیروزی انقلاب‌قرار داشت. وی پس از پایان تحصیلات متوسطه جذب فعالیتهای فرهنگی در هنرستان صنعتی کارآموز شد. با علاقه‌مندی و عشق با هنرجویان کارآموز ارتباط صمیمی و نزدیک داشت. وی در سال ۱۳۵۰ پس از دستگیری دو برادرش (محمد و عبدالله) به اتهام فعالیتهای سیاسی توسط ساواک، به مطالعه جدی و عمیق مذهبی و سیاسی پرداخت. او قبل از سال ۵۴ با شاخه هایی از سازمان مجاهدین خلق ارتباط یافت ولی پس از اعلام تغییر ایدئولوژیك و شروع انحراف سازمان، از آن جدا شد و به گروه‌های مسلحانه مسلمان پیوست. مهندس محمد توسلی برای ما نوشت: «ساواك او را زیرنظر داشت و برای بازداشت او به دفعات به منزل وی در خیابان مولوی مراجعه می‌کرد. روزی که او برای دیدار مادرش رفته بود، مأموران ساواك برای دستگیریش اقدام می‌کنند که وی با تیزهوشی امنیتی از طریق پشت بام خانه همسایه موفق به فرار می‌شود. و از این تاریخ زندگی مخفی کامل شهید مجید توسلی آغاز می‌شود تا اینکه سرانجام در سال ۱۳۵۶ در شهر مقدس مشهد در یك درگیری به‌شهادت رسید.» آرشیو واحد تاریخ شفاهی ـ دفتر ادبیات انقلاب اسلامی

شهرستانها هستند و امکاناتی نیز دارند، از آنها استفاده کنید، من برای مدتی [به نجف] برای دیدن آقا می‌روم، شما در نبود من، مواظب هم باشید.» گفتم: «حاج آقا! من خسته شده‌ام، مرا نیز با خود ببرید.» گفت: «نه احمد! شما لازم است بمانید و هوای همدیگر را داشته باشید.» گفتم: «پس از آقا اجازه بگیرید تا دفعه بعد با هم خارج شویم.» او درخواست مرا پذیرفت و چند روز بعد راهی نجف شد.

شهید اندرزگو حدود دهم اسفند ۵۴ از نجف بازگشت. من و میثم برای ملاقات با او به پارکی واقع در خیابان اقبال (پارک خیام) رفتیم. پس از سلام و احوالپرسی و ارائه گزارش فعالیتها و قرارها پرسیدم: «حاج آقا! اجازه گرفتید که ما هم از کشور خارج شویم.» گفت: «من مطلب شما را خدمت آقا رساندم، آقا فرمودند که نیازی نیست. فرج نزدیك است، باید خودتان را حفظ کنید...» من ساکت شدم. حقیقتا آن روز منظور و مقصود توصیه و سخن حضرت امام را درنیافتیم چرا که ما انتظار معجزه نداشتیم؛ تا آنکه سه سال بعد خورشید انقلاب اسلامی در آسمان ایران تابان شد، و ما این بشارت را باور کردیم.

در این ملاقات، شهید اندرزگو مطالب بسیار مهمی را برای ما مطرح کردند. ازجمله ضرورت تشکیل یك گروه برای افرادی که از سازمان بریده‌اند. او از یکدلی، اتحاد و انسجام این بچه‌ها و لزوم تبعیت و انقیاد از یك رهبر واحد (امام خمینی) سخن بسیار گفت. او از آنچه که برای سازمان پیش آمده بود انتقاد شدیدی کرد و من از بنیان‌گذاران و مؤسسین دفاع کردم و گفتم اگر آنها بودند کار به اینجا (انحراف) نمی‌کشید. اندرزگو گفت: «احمد! خوب که آنها شهید شدند و رفتند، اگر زنده می‌ماندند معلوم نبود که از اینها بدتر نشوند و (عاقبتشان چه شود).»

این جلسه مباحثه با شهید اندرزگو، از به یاد ماندنی‌ترین و

درس آموزترین لحظات عمر من محسوب می‌شود. راهنماییها و هدایتهای او، واقعا برای من سرنوشت ساز بود و انگیزه‌ای مضاعف برای ادامه راه و مبارزه در من به وجود آورد.

علاوه بر میثم، با اطلاع شهید اندرزگو ارتباطی با محمد محمدی فاتح (برادر سعید) داشتم. او نیز در گذشته سمپات سازمان بود و اکنون از آنها بریده بود. به این ترتیب من با مجموعه‌ای از بچه مسلمانها ارتباط پیدا کردم که برخی دانشجو بودند و در شهرستانهای مختلف فعالیت می کردند. بین دوستان میثم دانشجویی بود که هنوز مخفی نشده بود. او در گونه چپش خال بزرگ سیاهی داشت که علامت ممیزه او بود که هرجا می‌رفت، او را به‌سرعت می‌شناختند.

در جلسه اولی که من در بین دوستان میثم حاضر شدم، درباره مسائل امنیتی و نحوه قرارها صحبت کردم و بعد خطاب به این دانشجو گفتم که بهتر است تو دیگر سر قرار نیایی و دنبال دانشگاه باشی. درضمن هر وقت ما را گرفتند به محض اطلاع، باید از دانشگاه خارج و مخفی شوی، چرا که تو به خاطر خالی که در صورتت هست سریع شناسایی و دستگیر می‌شوی. او در آن جلسه از من دلگیر شد ولی این تصمیم به صلاح گروه و خود آن دانشجو بود.

آنها از من خواستند که برای فعالیت و آموزشهای رزمی، دفاعی و تشکیلاتی به همراه آنها به شهرستان بروم. این برای من امکان‌پذیر نبود. استدلال کردم که در شهرستان، فضا و محیط کوچک است و افراد بزودی شناسایی می‌شوند، اما در تهران به جهت وسعت همه چیز گم است. آنها برخواسته خود اصرار ورزیدند، ولی من نپذیرفتم. به آنها هم توصیه کردم که از رفتن به شهرستان بپرهیزند. بعد پیشنهاد دادم که از این به بعد، به خاطر خطراتی که برای من در پیش است، تنها با یک نفرشان ارتباط

داشته باشم. می‌دانستم کـه ارتباطات گسترده، احتمـال ضربـه و آسیب را بیشتر می‌کند. آنها هم قبول کردند. سپس کوچه و خیابانی را برای محل قرار تعیین کردیم و علامتی را بین خودمان بـه عنوان علامت سلامت، مشخص کردیم.

از آن بـه بعد بـرای مـدت کوتاهـی تقریبا هفته‌ای یـك جلسـه بـا شاخه تهـران این گـروه جلسـه داشـتیم. و در آن تبـادل اخبـار، اطلاعـات و گـزارش می‌کردیـم.

خیانت...

بـه توصیـه شهید اندرزگـو، فرهاد صفا، محسـن طریقت و شاخه مربوطه‌اشـان را بـه خـروج از سـازمان فراخوانـدم و وعـده کمـك، پشتیبانی و حمایـت بـه آنها دادم. فرهـاد گفت: «احمد! اگـر مـا جـدا شـویم زود ضربـه می‌خوریـم.» گفتـم: «مـن سـلامت شـما را تأمیـن و سـلاح و مهمـات برایتـان تهیـه می‌کنـم.» پرسـید: «تـو چطـوری اسـلحه تهیـه می‌کنـی؟»

گفتـم: «شـما کار نداشته باشید.» هرچـه مـن بـه فرهاد گفتم، او بهانه‌هـا و جوابهـای مأیـوس کننـده بـه مـن می‌داد. از طرفی او هـم دنبـال ایـن بـود کـه مـرا بـه شـاخه خودشـان جذب کنـد. بـه همیـن خاطـر بـه نتیجـه‌ای نرسـیدیم.

بعـد از اینکـه فرهـاد، محسـن طریقـت را جای‌گزیـن خـود کـرد، دیگـر ندیدمـش. ایـن دو معتقـد بودنـد کـه می‌تـوان در سـازمان مانـد و در تاکتیـك و مشـی مبـارزه از آنها پیـروی کـرد و اعتقـادات مذهبـی را هـم بـه صـورت فـردی یا گـروه محـدود، حفـظ کـرد. نتیجـه منطقـی ایـن عقیـده را بقـا و حفـظ خـود می‌دانسـتند.

بعـد از چنـد قـراری کـه بـا محسـن طریقـت در کوچه و خیابانها داشـتم، از مـن خواسـت کـه او را بـه خانـه خـودم ببـرم. ولـی مـن هنـوز بـه او اطمینـان نداشـتم و وضعیتـش برایـم مشکـوك بـود. پـس از

اصرارهای زیاد، تقاضای او را پذیرفتم. از او قول و قسم گرفتم که اگر روزی ارتباطمان قطع شد، جای مرا به کسی نگویید. از آن به بعد ملاقاتها و بحثها و مبادله اخبار، در خانه من واقع در حوالی بازارچه معزالسلطان برگزار می‌شد.

در این جلسات محسن می‌گفت (و اعتقادش بر این بود) که من الان مسلمان هستم و با تو حرف می‌زنم. راست هم می‌گویم که مسلمان هستم، اما نمی‌دانم آیا دو سال دیگر چه می‌شود و آیا مسلمان خواهم بود یا نه؟ اینکه چند سال دیگر وضعیت اعتقادی من چیست نمی‌دانم.[1] من می‌گفتم: «برو مرد حسابی! این هم شد حرف که چند سال دیگر نمی‌دانی چه می‌شوی؟ حتما می‌خواهی تکامل پیدا کنی؟! چه کار می‌خواهی بکنی؟ ببین! اسلام آخرین دین است، تو دنبال چه چیز هستی؟ بیا از این افکار موهوم دست بردار و ارتباطت را با سازمان قطع کن...». ولی او باز حرفهای خود را می‌زد.

به خاطر تردید و شکی که به محسن طریقت داشتم، هرگاه او به خانه‌ام می‌آمد؛ کلتی را که از شهید اندرزگو گرفته بودم نزد خود مسلح نگه می‌داشتم. او بارها از من تقاضای پول کرد، جواب من منفی بود و گفتم که پول مال ملت است، ملت دیگر به شما پول نمی‌دهد، ولی اگر شما از سازمان جدا شوید من تمام امکانات و وسایلی را که نیاز دارید فراهم می‌کنم. اصرار من بر جدایی آنها از سازمان بی‌ثمر بود، زیرا آدمهای کوچکی بودند که نیاز به قیم داشتند، نیاز به کسی داشتند تا آنها راتر و خشک کند و همیشه بهشان بگوید که چه بکنند و چه نکنند.

کمتر از یک ماه به پایان سال ۵۴ نمانده بود که احساس کردم،

---

[1] ـ کمتر از یک ماه بعد از شهادت فرهاد صفا، محمد صادق و محسن طریقت هر دو مارکسیست می‌شوند. این دو نفر کوششهایی در جهت کنترل سازمان آغاز می‌کنند و سعی می‌کنند بقیه شاخه‌ها را هم مارکسیست کنند... جزوه مواضع گروهها در زندان

دیگر هیچ امیدی به رجعت گروه صفا نیست. درنتیجه تصمیم گرفتم که با محسن طریقت قطع ارتباط کنم و کمتر خود را در معرض سوءظن و خطر قرار دهم، اما با توجه به اطلاع او از محل زندگی من با مشکل مواجه شدم. به طریقت گفتم: «محسن! گفتگوهای ما راه به‌جایی نمی‌برد، من حرف خودم را می‌زنم و تو هم حرف خودت را. نه من حاضرم به آن لجن‌زار برگردم و نه تو حاضری که از آن جدا شوی. این آمد و شد و قرارها و بحثهایمان هیچ نتیجه‌ای ندارد، جز اینکه خود را بیشتر در معرض خطر و کشف قرار دهیم. از این رو بهتر است که دیگر با هم ارتباط نداشته باشیم ولی قبل از قطع ارتباط باید قول به من بدهی که تا آخر وفادار می‌مانی و مرا لو نمی‌دهی. گرچه امیدی هم به قولت ندارم، ولی مردانه بیا و حداقل تا پایان فروردین سال بعد، محل اختفای مرا افشا نکن. خودت می‌دانی که الان بدترین ماه برای یافتن خانه است. علاوه بر آن شرایطی که من دارم شرایط مناسبی برای تغییر و جابه جایی نیست. تو بیا مردانگی کن دو ـ سه ماه به من فرصت بده، بعد هر کاری دوست داشتی بکن...»

محسن از حرف من عصبانی شد و گفت: «شاپور! تو چی فکر کردی، مگر ما خائنیم، درست است که ما با آنها مانده‌ایم ولی به خاطر مبارزه است و ما مسلمانیم. درثانی تو الان می‌روی یک سری بچه‌های مردم را دور خودت جمع می‌کنی و به کشتن می‌دهی.» گفتم: «من وظیفه‌ای شرعی دارم و کسی هم که با من می‌آید، خطرات و حقایق را می‌داند و آگاهانه پا به میدان می‌گذارد. اینهایی که تو می‌گویی همه حرف است. تو می‌گویی معلوم نیست که در آینده وضعت چطور است. پس برای چند روز بعدت هم نمی‌شود حساب کرد. با این حال به من تا یکی دو ماه بعد از عید فرصت بده تا خانه جدیدی پیدا

کنـم.» گفـت: «مـن مسـلمانم. نـه بـرای چنـد مـاه بـرای همیشـه قول مردانـه می‌دهـم کـه جایـت را لـو ندهـم.»

ولـی اتفاقات روزهـای بعد نشـان داد کـه آنها آن‌قـدر آزاده نبودنـد کـه حتـی بـر حداقـل قولشـان پـای بنـد باشـند. محسـن طریقـت پس از قطـع ارتبـاط، آدرس مـرا در اختیـار کادرهـای بـالای سـازمان قـرار داد. آنهـا نیـز کـه دل پرکینـی از مـن داشـتند، آدرسـم را در اختیـار سـاواك قـرار دادنـد. بـرای مدتـی مـن تحـت مراقبـت و کنتـرل سـاواك بـودم.

درگیری با ساواك

پـس از جدایـی کامـل از محسـن طریقـت در اواخـر سـال ۵۴، ارتباطاتـم بـا میثـم و دوسـتانش وسـیع‌تر شـد. لازم بـود کـه در شـرایط جدیـد، از وضعیـت خـودم بیشـتر مراقبـت کنـم. لـذا در همـه جـا و هـر لحظـه کپسـول سـیانور و کلـت کمـری ۷/۶۵ بـا خـود همـراه داشـتم. حتـی موقـع خـواب کلتـم را از ضامـن خـارج کـرده و زیـر بالـش می‌گذاشـتم.

سـال ۵۵ بـا نگرانیهـا و تشـویشهای خـاص خـود فـرا رسـید. نگرانـی از خیانـت طریقـت و تهدیـد منوچهـری در زنـدان کمیتـه مشـترك مبنی بـر درگیـری خیابانـی و کشـتن مـن و نگرانـی از دوری فاطمـه. بهـار آن سـال حـال و هـوای خاصـی داشـت. آسـمان دایـم تیـره و تـار و آب رودخانه‌هـا سـرد و یـخ زده بـود. روی کوههـای اطـراف تهـران هنـوز بـرف زیـادی دیـده می‌شـد. هـوا کمـی سـرد و خنـك بـود. مـن هنـوز کـت زمسـتانی خـود را می‌پوشـیدم.

اصـل بـر ایـن بـود کـه چریکهایـی در حـد مـا کـه دایـم در مظان خطـر و تهدیـد هسـتند، بـرای دفـاع از خود سـلاح همـراه داشـته باشـند. از ایـن رو مـن همیشـه سـلاحم را همـراه داشـتم و احتمـال می‌دادم میثـم نیـز مسـلح باشـد. چـون مـا بیشـتر روزهـا بیـرون از خانـه بودیـم،

ناهـار را بایـد در بیـرون می‌خوردیـم و ایـن در هرجـا ممکـن نبـود، چـرا کـه بسیاری از رسـتورانها و اغذیه‌فروشیها غـذای خـود را بـا گوشـتهای یخـی تهیـه می‌کردنـد، درحالـی کـه حضـرت امـام ایـن گوشـتها را حـرام می‌دانسـتند. لـذا بـرای خـوردن ناهـار دردسـر داشـتیم و بایـد محـل و مـکان مطمئنـی را پیـدا می کردیـم.

پنجشـنبه ۱۳۵۵/۲/۶ سـاعت ۱۲/۵، بـا میثم در کوچـه قائن حوالی میـدان بهارسـتان قـرار داشـتم، خـود را بـه او رسـاندم و بعـد قـدم زنـان درحـال صحبـت بـه طـرف خیابـان ژاله(مجاهدیـن) حرکـت کردیـم. سـپس وارد کوچـه‌ای در ضلـع شـرقی بیمارسـتان شـفایحیاییان شـده و بـه طـرف مدرسـه رفـاه رفتیـم. در ضلـع غربـی مدرسـه رفـاه، زمیـن خاکـی، خالـی و وسـیعی بـود. داخـل ایـن ضلـع شـدیم تـا پس‌از گـذر از آن بـه کبابـی کـه در یکـی از کوچه‌هـای آن اطـراف بـود برویـم. درحالـی کـه بـا هـم دربـاره قـرار روز یکشـنبه آینـده بـا شـهید اندرزگـو صحبـت می‌کردیـم، مـن متوجـه شـدم کـه وضـع اطـراف مشـکوک اسـت و حالـت عـادی و طبیعـی نـدارد. انتظـار نداشـتم هنگام ظهـر ایـن همـه آدم در آنجـا باشـند. آنهـا بـا فاصلـه از مـا و در گرداگـرد زمیـن دو بـه دو درحـال قـدم زدن بودنـد. دوبـاره نگاهـی بـه اطـراف کـردم. شـك و تردیـدم تبدیـل بـه یقیـن شـد.

میثـم پرسـید: «احمـد چـه شـده؟» گفتـم: «فقـط پشـت سـرت را نـگاه نکـن! از زیـر چشـم، دسـت راسـتت را ببیـن! دو نفر سـایه بـه سـایه دنبـال مـا می‌آینـد. دسـت چپـت نیـز همیـن طـور، فکـر می‌کنـم مـا محاصـره شـده‌ایم!» او نـگاه کـرد و گفـت: «آره، تـوی دام افتادیـم، هیـچ وقـت اینجـا ایـن طـوری نبـود، چـه کار کنیـم احمـد؟» گفتـم: «کارمـون تمومـه، تعدادشـون زیـاده. فقـط عـادی جلـوه کـن! نـه تنـد و نـه کنـد راه بـرو! عـادی قدمهایـت را بـردار! یـك راه بیشـتر نداریـم و بایـد خودمـان را به‌سـر کوچـه برسـانیم (کوچـه‌ای کـه بـه خیابـان عین‌الدولـه بـاز می‌شـد) چـون کوچـه تنـگ اسـت آنجـا می‌توانیـم

با سرعت فرار کرده و خود را نجات دهیم.»

همان طور که به رفتن خود ادامه می‌دادیم، کسی از پشت سر، ما را صدا کرد: «آقا! آقا!... آقا!» گفتم: «میثم گوش نده و به روی خودت نیاور که با ما هستند.» بعد از میثم پرسیدم که مسلح هستی یا نه؟ گفت: «نه! ولی یك چاقوی ضامن دار به ساق پایم بسته‌ام.» به شوخی گفتم: «حتما ضامنش هم خودت هستی.» میثم خنده آرامی کرد و گفت: «احمد! حسابی تو هچل افتادیم.» گفتم: «اگر تا سر کوچه خود را برسانیم از آنجا با سرعت وارد خیابان عین الدوله می‌شویم. در آنجا من به سمت چپ می‌دوم و تو به سمت راست فرار کن. تو به سمت چهارراه سرچشمه می‌روی و من به عین الدوله. شب ساعت ۸ قرار ما باشد. اگر هر یك نیامدیم می‌فهمیم که دیگری را زده و یا دستگیر کرده‌اند.»

دکمه کت را به آرامی باز کرده خود را آماده درگیری کردم. درحالی که به‌سر کوچه نزدیك و نزدیك‌تر می‌شدیم، خودروی پیکانی با سرعت از نقطه‌ای به حرکت درآمد. سرکوچه، به شدت ترمز کرد و در قسمت آسفالته زمین توقف کرد. ما هنوز در قسمت خاکی زمین بودیم. گفتم: «میثم توجهی نکن، راهت را برو، من درگیر می‌شوم و تو با تمام قدرت بدو و فرار کن.» ما در فاصله پنج متری با پیکان بودیم که مردی قوی هیکل، بلندقامت و ورزیده از آن پیاده شد و درحالی که اسلحه یوزی به دست داشت، با سرعت به پشت قسمت جلویی ماشین رفت و اسلحه را به حالت آماده برای تیراندازی به روی کاپوت گذاشت. یك دفعه به لفظ جاهلی گفت: «سالار! دستا بالا.»

شمارش معکوس آغاز شد. با توجه به این فاصله نزدیك، فکر می‌کردم که دیگر کارمان تمام است. نفس در سینه‌امان حبس شده و عرق بر پیشانی‌امان نشسته بود. صدای مسلح شدن

اسلحه‌های افرادی را که در دور و بر بودند می‌شنیدم. دیدم که محاصره کنندگان دارند به ما نزدیك می‌شوند. هیچ امیدی نبود. در همین افکار بودم که دیدم میثم، دستهایش را بالا برده است. نمی‌دانستم که باید چه کار کنم. درلحظه‌ای و آنی تصمیم گرفتم که درگیر شوم. یا می‌زنند یا می‌زنم! اگر زدند سیانور را که در گردنم آویزان است درآورده می‌بلعم.

ساواکی تکرار کرد: «گفتم دستا بالا!» دستها را جمع کرده و آرام آرام به سمت بالا آوردم. آنها حس کردند که دارم تسلیم می‌شوم، کمی خود را شل کردند. در همین لحظه که دستها را بالا می‌آوردم با سرعتی باور نکردنی دست راستم را به زیر کت برده اسلحه را خارج و برق‌آسا سه تیر شلیك کردم. که می‌گفتند یکی به شیشه مثلثی پیکان و دیگری به کاپوت اصابت کرده سومی هم بی‌هدف بوده است. با این تیراندازی همه آنها روی زمین دراز کشیدند و من بی‌درنگ و با سرعت شروع به دویدن کردم و وارد کوچه شدم. شاید حدود ده متری از ماشین پیکان فاصله نگرفته بودم که همزمان با شنیدن صدای رگبار گلوله، احساس کردم زیر پایم خالی شد. تعادلم را از دست دادم. در همین حال رگبار دوم هم بسته شد و من با تکان شدیدی و با سر محکم به طرف زمین پرت شدم. گویا هنگام گریز من، منوچهری ملعون که آن لحظه در ماشین نشسته بود، وقتی می‌بیند که به اصطلاح مرغ دارد از قفس می‌پرد، از همان داخل با اسلحه یوزی مرا از کمر به پایین به رگبار می‌بندد. پای چپ من از بالای زانو تیر خورد. در رگبار دوم لگنم از طرف راست تیر خورد.

وقتی که به زمین خوردم سلاحم دو سه متر جلوتر از من پرتاب شد. به وضوح احساس می‌کردم که روحم درحال جدا شدن از بدنم است، که ناگهان صدای جیغ زنی مرا به وضعیت

قبـل برگردانـد. گویـی کـه روح دوبـاره بـه کالبـدم دمیـده شـد. زن همچنـان جیـغ و داد می‌کـرد و می‌گفـت: «کشـتید! جـوان مـردم را کشـتید!!...» در همـان اوضـاع و احـوال فکـر کـردم کـه خـب، مـن کـه زنـده هسـتم، پـس میثـم کشـته شـده اسـت. جالـب اینکـه وقتـی پیکـر نیمـه جـان و غـرق بـه خونـم آنجـا افتـاده بـود، مأموریـن می‌ترسـیدند و جلـو نمی‌آمدنـد. فکـر می‌کردنـد کـه دسـت راسـتم کـه در زیـر بدنـم بـود، نارنجـك اسـت.

احسـاس ضعـف شـدیدی می‌کـردم. در همـان حـال شـهادتین را گفتـم. یکـی از مأموریـن جرئـت بـه خـرج داد و آمـد بـالای سـرم و بـا پایـش مـرا برگردانـد تـا مطمئـن شـود چیـزی در دسـتم نیسـت. اطرافـم خیلـی شـلوغ شـده بـود. گویـا دانش‌آمـوزان مدرسـه رفـاه بـا شـنیدن صـدای شـلیك و تیرانـدازی، از مدرسـه بیـرون زده و بـه محـل حادثـه آمـده بودنـد. یکـی از مأموریـن اجتمـاع را متفـرق می‌کـرد. مأمـوری کـه بـه مـن نزدیـك شـده بـود زیـر لباسـهای دور شـکمم را گشـت. مـن دیگـر چیـزی نفهمیـدم و بـی هـوش شـدم. پـس از بی‌هوشـی مـرا بـه صنـدوق عقـب پیـکان انداختـه و بـه بیمارسـتان منتقـل کردنـد. در بیـن راه بـر اثـر بـالا و پاییـن رفتـن ماشـین در دست‌اندازهـا از حالـت بی‌هوشـی خـارج شـدم. پیـش خـود خیـال نمی‌کـردم کـه زنـده بمانـم. بـا خـدا نجـوا می‌کـردم کـه خـب الحمدلله مـا هـم مردیـم. راحـت شـدیم، چنـد بـار هـم شـهادتین را گفتـم. درحالـی کـه نیمـه هوشـیار در کـف صنـدوق عقـب بـه صـورت مچالـه افتـاده بـودم، بـه فکـرم رسـید سـیانوری را کـه آویـزه گردنـم بـود، درآورده و بخـورم. آمـدم تـا دسـتم را تـکان دهـم. دیـدم کـه از پشـت بسته‌انـد.

دوبـاره بی‌هـوش شـدم. ظاهـرا خونریـزی شـدیدی داشـتم و بـر اثـر ضعـف از حـال می‌رفتـم. مـرا ابتـدا بـه بیمارسـتان بازرگانـان بردنـد. بـه خاطـر ریـزش خـون، کـف کفـش بـه کـف پایـم چسـبیده بـود. چـون گلوله‌هـا وارد اسـتخوانم شـده بـود بـا هـر تکانـی از حـال می‌رفتـم.

مـرا بـرای معاینـه وارد اتاقـی کردنـد، پزشـکی لاغراندام بـا ریـش پروفسـوری، بـالای سـرم آمـد، ابتـدا فشـارخون را انـدازه گرفـت و گفـت کـه قلبـش کامـلاً خـوب می‌زنـد. فشـارش هـم سـیزده ـ معمولـی ـ اسـت. مـن در ایـن فواصـل به‌هـوش آمـده و از هـوش می‌رفتـم. بـا شـنیدن جملـات پزشـك، ترسـیدم کـه نمیـرم! ناراحـت شـدم. چـرا کـه تـا آن لحظـه فکـر می‌کـردم دارم راحـت می‌شـوم. مأمـوری بـا بی‌سـیم تمـاس گرفـت و آنچـه را کـه از دکتـر شـنیده بـود، گـزارش داد. از آن سـوی خـط بی‌سـیم گفتنـد کـه اگـر قلبـش خـوب کار می‌کنـد، بیاورینـش و در آنجا عملـش نکنیـد. پـس از ایـن گفتگـو مـرا داخـل آمبولانـس گذاشـته و حرکـت کردنـد. در بیـن راه یکـی از مأموریـن سـرم را تکان می‌داد و می‌پرسـید: «اسـمت چیسـت؟» مـن بی‌اعتنـا بـه سئوالهای او زیـر لـب شـهادتین می‌گفتـم، هنـوز امیـد داشـتم کـه دقایقـی دیگـر بمیـرم. در بیـن راه آمبولانـس دایـم آژیـر می‌کشـید.

سـاعت حـدود ۴ بعدازظهـر، بـه بیمارسـتان شـهربانی واقع در خیابان بهـار شـمالی وارد شـدیم. درحالـی کـه مـن از درد تیرهـا بـه خـود می‌پیچیـدم و مأموریـن خوشـحال بودنـد کـه یـك چریـك را زده‌انـد. در آن زمـان بـرای کشـتن و زدن یـك چریـك جایزه می‌دادنـد. آنهـا از جایـزه‌ای کـه در انتظارشـان بـود، خوشـحال بودنـد.

بعدهـا فهمیـدم از افـرادی کـه در محـل حادثـه جمـع شـده بودنـد، کسـی مـرا شـناخته و خبـر را بـه دوسـتان و خانـواده رسـانده اسـت و گفتـه کـه احمـد را در جلـو مدرسـه رفـاه زدنـد و شـهید شـد. جسـدش را هـم برداشـتند و بردنـد. دوسـتان هـم می‌رونـد و برایـم ختـم می‌گیرنـد.[1]

---

۱ ـ آقـای احمـد شـیرینی در خاطـرات خـود بیـان می‌کنـد: «... شـایع شـد کـه آقـای احمـد در پشـت مجلـس شـورای ملـی سـابق در کوچـه‌ای درگیـر و شـهید شـده اسـت. ایـن خبـر را آقـای مولایـی آورد. بعـد چنـد وقـت کـه خبـری ازش نبـود، شـبی در خانـه مـا بـرای احمـد ختـم گذاشـتیم و هفـت، هشـت نفـر از بچه‌هـا نیـز آمدنـد ختمـی

بیمارستان شهربانی

پس از ورود به بیمارستان، مرا روی برانکارد گذاشتند. مأمورین فرصت را از دست نمی‌دادند و مدام می‌پرسیدند: «اسمت چیست؟» وقتی فشار سؤالات آنها زیاد می‌شد، من از حال می‌رفتم. آنها با شیوه‌های مخصوص به خود، مثلاً با کشیدن چند مو یا زدن سیلی، به هوشم می‌آوردند. پس از دقایقی برانکارد را به سوی اتاق عمل هل دادند. از اینکه عمل در چه شرایطی، با چه کادری و به چه نحوی صورت گرفت، چیزی به خاطر ندارم. فقط وقتی چشم باز کردم، خودم را در داخل اتاق و روی تخت شماره ۶۲ دیدم که به رویم ملحفه سفیدی کشیده بودند. از آن به بعد پرسنل بیمارستان مرا فقط شماره ۶۲ صدا می‌کردند.[1]

دو نفر مأمور ساواک در کنار هم بودند، مأمورین دو به دو و هشت ساعت به هشت ساعت کشیک می‌دادند و از من حفاظت و مراقبت می‌کردند. دو نفر مأمور به نامهای فرامرزی و شادی

برایش برگزار کردیم و تمام شد. دیگر فاتحه احمد را خواندیم...».

خانم مریم مصلحت‌جو همسر مرحوم ناصر نراقی نیز در این خصوص می‌گوید: «... در اردیبهشت سال ۵۵ خبر شهادت آقای احمد احمد را به ما دادند. من پسر اولم را در آن زمان حامله بودم. پس از دریافت خبر شهادت، یک سری زیارت عاشورا و دعای کمیل در خانه انداختیم و برایشان مراسم گرفتیم. با مرحوم ناصر قرار گذاشتیم اگر پسرمان به دنیا آمد، اسمش را بگذاریم احمد. به یاد حاج آقای احمد... بعدا فهمیدیم احمد شهید نشده و زخمی شده است. بچه امان نیز در تیرماه به دنیا آمد، اسمش را گذاشتیم، امیرحسین. مرحوم ناصر آن اسم را در پشت جلد قرآن نوشت و داخل پرانتز گذاشت احمد...».

آرشیو واحد تاریخ شفاهی دفتر ادبیات انقلاب اسلامی

۱ ـ خانم پروین مصلحی ـ از پرسنل متعهد بیمارستان شهربانی ـ می‌گوید: «ما به هیچ عنوان اسم کسی را نمی‌دانستیم. ما حتی دفتری برای خودمان درست کرده بودیم تا اگر مریض دوباره برگشت، برای خودمان سوابقش را داشته باشیم: ما برای اینها عدد و شماره گذاشته بودیم...».

آرشیو واحد تاریخ شفاهی ـ دفتر ادبیات انقلاب اسلامی

از همان لحظه‌های اول هوشیاری، شروع به بازجویی کرده و می‌خواستند قبل از اینکه اطلاعاتم سوخت شود، آنها را در اختیارشان بگذارم؛ ولی از آنجا که هنوز امید به مردن داشتم، فشارهای آنها را تحمل کرده و دم برنمی‌آوردم.

به‌یاد ندارم که نمازهای ظهر، عصر، مغرب و عشای آن روز را خوانده باشم. صبح با صدای اذان که به گوش می‌رسید چشمهایم را باز کردم. دیدم نمرده‌ام! گفتم خدایا چی شد، مگر قرار نبود ما بمیریم و از این زندگی خسته کننده راحت شویم! به این ترتیب دیگر امیدی به مردنم نبود. به دستم نگاه کردم دیدم خونی است. صدایم گرفته بود. نمی‌توانستم کسی را صدا بزنم. خاکی برای تیمم نبود. دستان خون آلودم را روی ملحفه زده و به اصطلاح تیمم کردم. نمازم را با همان حالت خواندم. نمی‌دانم که اعمالم چقدر صحیح بود و چقدر غلط؛ ولی این حداکثر توان و قدرتی بود که به کار گرفتم. امیدوارم که آن نمازها در آن حالتها در آخرت در زمره اعمال مقبول قرار گیرد.

مأموری که آنجا بود، بیرون رفت و نفر دیگری را صدا کرد و داخل اتاق آورد و گفت: «مثل اینکه طرف به هوش آمده و دارد با خودش حرف می‌زند!»

روز دوم با گذشت چند ساعت، هوشیاریم بیشتر شد و به دنبالش احساس دردم نیز شدت گرفت. درد طاقت فرسایی بود. احساس می‌کردم گلوله‌ها استخوانهایم را خرد کرده‌اند، زیرا با هر تکانی برای لحظاتی از حال می‌رفتم. برای کاهش دردم، شروع به تزریق آمپول نوالژین (داروی مسکن) کردند. با تزریق این آمپول مدت زیادی به خواب می‌رفتم، وقتی بیدار می‌شدم دوباره دردتمام وجودم را فرامی‌گرفت.

روز سوم عکسی را به‌من نشان دادند و گفتند عکس توست. دیدم که عکس مهدی برادرم است. نه تأیید کردم و نه تکذیب.

آنها سماجت کردند تا من نظری بدهم، بالاخره گفتم که این عکس از من پیرتر است، پس چطور می‌تواند عکس من باشد؟! حالت تعجب را در قیافه آنها می‌خواندم. در این حال ناگهان دیدم در گوشه‌ای از اتاق تعدادی از کتابهایم را که در خانه خیابان معزالسلطان نگه می‌داشتم، روی هم چیده‌اند. برایم خیانت محسن طریقت مسجل شد.

مأمورین واقعا اسم مرا نمی‌دانستند. کارت شناسایی که از من پیدا کرده بودند، به نام احمد اکبری بود و می‌گفتند این هویت واقعی تو نیست. وقتی دریافتم که خانه معزالسلطان (مهدی موش) لو رفته برای آنها آدرس آنجا را گفتم.

با گذشت چند روز، بازجوها با فشار بیشتری شروع به بازجویی کردند. سرانجام گفتم که احمد احمد هستم. مأمورین خوشحال از موفقیت خود به منوچهری بی سیم زدند و گفتند که اسمش احمد احمد است. منوچهری گفت: «اِاِا... من دیدم این... شده قیافه‌اش آشنا به نظر می‌آید، ای کاش همان‌جا می‌کشتمش...»

پس از شناسایی من پرونده سوابق را آورده و گفتند وضعیت تو برای ما کاملاً مشخص است. آن یکی دوستت که بود؟ بدون اینکه ذکری از نام واقعی او ببرم، گفتم: «میثم.» شهرت او را پرسیدند. گفتم که من فقط می‌دانم که نامش میثم است. آنها طوری وانمود کردند گویی که او کشته شده است. خود نیز یقین داشتم که او کشته شده است، زیرا هنگام تیراندازی یك زن فریاد کشید «(... جوان مردم را کشتید...)»! چون خود زنده بودم فکر می‌کردم که این میثم است که کشته شده است. از این مسئله خیلی ناراحت بودم و عذاب وجدان داشتم و تاحدی خود را مسئول مرگ وی می‌دانستم. فکر می‌کردم اگر تسلیم شده بودم، شاید او الان زنده مانده بود.

میثم زنده است

ساواکیها بـه نوبـت نگهبانی می‌دادنـد. هـر روز صبـح، سـاعت ۸، هـر چهـار نفـر دور هـم جمـع می‌شـدند و روی نیمکتـی کـه در راهـرو بیمارستان بـود، بـا هـم صحبـت می‌کردنـد. حـدود یـك مـاه پس از حادثـه، یـك روز کـه در اتـاق بـاز بـود، صـدای آنهـا را شنیدم. یکـی گفـت: «... سـه تـا شلیـك کـرد، کـه یکـی‌اش نزدیـك بـود بـه مـن بخـورد... دکتـر منوچهـری کـه تـو ماشـین نشسـته بـود وقتـی فـرار او را دیـد، پـای چپـش را زد، مـن هـم بلنـد شـدم و پـای راسـتش را زدم، دیـدم افتـاد... ولـی رفیقـش فـرار کـرد...». او تـا گفـت رفیقـش فـرار کـرد، گـل از گلـم شـکفت. گویـی دنیـا را بـه مـن دادنـد. گفتـم خدایـا شـکرت. او در ادامـه گفـت: «... وقتـی او داشـت فـرار می‌کـرد، بچه‌هـای مدرسـه ریختنـد بیـرون، مـا دنبالـش دویدیـم، ولـی او خـودش را بـه خیابـان ری رسـاند، مـا از فاصلـه دور دسـت راسـتش را زدیـم. نمی‌دانـم یـك ژیـان از کجـا رسـید، و او پریـد تـوی آن و در رفـت، مـا او را تعقیـب کردیـم. در نارمـك ژیـان را گیـر آوردیـم. دیـدم کـه طـرف در رفتـه اسـت. راننـده ژیـان را پاییـن کشـیده و حسـابی زدیـم تـا همدسـتش را معرفـی کنـد. او می‌گفـت مـن بـی تقصیـرم، مـن فقـط یـك كارمنـدم. داشـتم می‌رفتـم خانـه کـه او بـا زور چاقـو مـرا وادار بـه ایـن کار کـرد. دیدیـم راننـده بیچـاره را هـم زخمـی کـرده اسـت. پشـتش پـر از خـون شـده اسـت. جالـب اینکـه بیسـت تومـان هـم بـه داخـل ماشـینش انداختـه بـود...!»[1] بـا شـنیدن حرفهـای ایـن

---

۱ ـ حـاج علـی حیـدری در زنـدان اویـن بـرای احمـد چنیـن تعریـف می‌کنـد: «... میثـم وقتـی بـه خیابـان ری می‌رسـد، دسـتش تیـر می‌خـورد. جلـو یـك ژیـان را می‌گیـرد و چاقویـی را درآورده و بـر گـردن راننـده می‌گـذارد و او را تـا نارمـك می‌بـرد، در آنجـا چاقـو را درآورده و روی گـردن او می‌گـذارد. راننـده کـه ترسـیده بـود می‌گویـد کـه تـو هـر جـا کـه خواسـتی بردمـت، مگـر مسـلمان نیسـتی، چـرا می‌خواهـی مـرا بکشـی؟! میثـم می‌گویـد مـن نمی‌کشـمت فقـط گردنـت را خـراش می‌انـدازم و ایـن بـه نفعـت اسـت....»)

ساواكی، خیلی خوشحال شدم و خیالم راحت شد.

پس از كسب اطلاع از زنده ماندن میثم، شروع كردم مسائل درستی را از انحراف سازمان مجاهدین و به‌دروغ از خودم و میثم برای آنها گفتم. علت حمل اسلحه را خطر حمله مجاهدین و ترور توسط آنها ذكر كردم. گفتم فكر نمی‌كردم كه شما مأمور باشید حدس می‌زدم كه از شاخه نظامی سازمان هستید. به خاطر همین درگیر شدم. وگرنه من خیلی مدت است كه از مبارزه دست كشیده‌ام.

یك روز منوچهری آمد و گفت: «چه شد احمد؟ خانه‌های تیمی كه شما در آن بودید چنان فساد كردند، چنین كردند.» من

آقای مهندس محمد توسلی برای ما نوشت: «شهید مجید توسلی در ۹ اردیبهشت ماه سال ۱۳۵۵ در محل قرار با آقای احمد احمد در مقابل مدرسه رفاه، توسط مأموران ساواك محاصره و با وجود زخمی شدن از ناحیه شانه، با استفاده از یك وانت و تهدید راننده، از محل فرار می‌كند و به منزل آقای مهندس مهدی رضایی، واقع در خیابان سمنگان نارمك می‌رود. بلافاصله با تغییر قیافه با استفاده از چادر و پوشش، و در حال خونریزی دست از آنجا خارج می‌شود. راننده وانت، موضوع را به پلیس اطلاع می‌دهد و در فاصله كوتاهی منزل آقای مهندس رضایی و مغازه خواربار فروشی مرحوم حاج آقای رضایی پدر مهدی رضایی محاصره می‌شود؛ ولی آنها با خونسردی همه چیز را انكار می‌كنند و پلیس اثری از او پیدا نمی‌كند. شهید مجید خود را به منزل مهندس هاشم صباغیان می‌رساند. پس از مشورت به منزل مهندس عباس توسلی واقع در حوالی حسینیه ارشاد می‌رود. از چند پزشك آشنا فقط دكتر طلوعی قبول مسئولیت كرده و در منزل با عمل جراحی گلوله را از دست وی خارج و چند نوبت آن را پانسمان می‌كند. برای مدتی هم آقای مهندس میرحسین موسوی و همسر وی خانم زهرا رهنورد در منزل خود واقع در خیابان سهروردی، از مجید مراقبت می‌كنند. شهید مجید پس از بهبودی نسبی آنجا را ترك و مجددا به خانه مخفی خود مراجعت كرد. بعدها معلوم شد یكی از خانه‌های امن وی منزل آقای سیدعلی‌اكبر ابوترابی در قم بوده و شهید سیدعلی اندرزگو نیز با او ارتباط داشته است. مجموعه اطلاعات پراكنده نشان می‌دهد كه شهید توسلی حدود پاییز سال ۱۳۵۶ در یك درگیری در خیابان احمدآباد مشهد به شهادت می‌رسد و در قبرستان عمومی مشهد در قطعات گمنام دفن شده است. زیرا كارت شناسایی او جعلی بوده و ساواك پی به ماهیت واقعی‌اش نمی‌برد.»
واحد تاریخ شفاهی ـ دفتر ادبیات انقلاب اسلامی

هم تأیید کردم و گفتم به‌خاطر همین مسائل، از آنها جدا شدم. شروع کردم مقداری از نحوه تغییر ایدئولوژی برای او صحبت کردم. گفتم که من دو تا دشمن دارم، شما برای من دشمن بودید ولی خب ماهیتتان مشخص است، ولی اینها(سازمان) ما را فریب دادند. ندانستیم که ماهیتشان چیست؟ ماری بودند که ما خود در آستینمان پرورش دادیم. اگر من به دست هر یك از دو دشمنم، از بین می‌رفتم بهشتی می‌شدم. البته اینها(سازمانیها) خطرناك‌تر از شما هستند.

بوی تعفن و مقاومت

پانزده روز یا بیشتر در بیمارستان شهربانی بستری بودم، ولی همچنان درد می‌کشیدم. کار ویژه‌ای برای معالجه‌ام جز تزریق چند آمپول مسکن صورت نداده بودند. گلوله‌ها هنوز در بدنم بود. بدنم در تب می‌سوخت. زخمهایم بوی چرك گرفته بود. روزی به دکتر جواد هیئت[1] ـ رئیس بخش جراحی بیمارستان ـ

---

۱ ـ دکتر جواد هیئت به سال ۱۳۰۴ در شهر تبریز متولد شد. تحصیلات ابتدایی را در دبستان رشدیه تبریز، تحصیلات متوسطه را در دبیرستان نظام تهران، رشته پزشکی را در دانشگاه تهران و دوره‌های تخصصی جراحی عمومی و قلب را در دانشگاه پاریس گذراند. وی قبل‌از پیروزی انقلاب به مدت دوازده سال مجله دانش پزشکی را منتشر می‌کرد و رئیس بخش جراحی بیمارستان دادگستری بود. دکتر هیئت از سال ۱۳۴۲ تا سال ۱۳۷۵ در بیمارستان شهربانی به‌عنوان جراح، مشاور جراحی رئیس بخش جراحی فعالیت کرد. او اکنون عضو آکادمی جراحی پاریس و استاد دانشگاه آزاد است. و از سال ۱۳۵۸ مجله ترکی ـ فارسی وارلیق را منتشر می‌کند. وی تاکنون مؤلف بیش از سه جلد کتاب جراحی، و نیز کتابهایی در زمینه تاریخ فلسفه، ترکولوژی به‌زبان فارسی و ترکی، تاریخ ادبیات آذربایجان، تاریخ زبان و لهجه‌های ترکی ـ فارسی، تاریخ ادبیات شفاهی، مقایسه‌اللغتین است. وی نخستین جراح قلب باز در ایران است.

دکتر جواد هیئت برای ما گفت: «... من از اول به مسائل اجتماعی و جنبی علاقه داشتم و از سیاست فرار می‌کردم، دوست داشتم به مانند حکمای قدیم، حکیم باشم و فلسفه، ادبیات و تاریخ بدانم. تنها یك پزشك ساده نباشم. خداوند به من عمری داد که در کنار جراحی ـ چون تفریح و سرگرمی دیگری نداشتم ـ شروع به

گزارشی می‌رسد که بوی تعفن در طبقه ما پخش شده است. او بـرای بازرسـی می‌آیـد و پـس از جستجو متوجـه می‌شـود کـه بـو از اتاقی است کـه مـن در آن بـودم. وقتـی او می‌خواهـد وارد اتـاق شـود، مأموریـن جلـو او را می‌گیرنـد و می‌گوینـد کـه ورود شـما ممنـوع اسـت؛ ولـی او بـه زور وارد می‌شـود.

دکتـر هیئت بر بالین مـن آمـد. ملحفـه را کنـار زد. دیـد کـه بـوی تعفـن بـه خاطـر عفونـت زخمهـای پشـت مـن اسـت. گفـت ملحفـه را عـوض و زخمهـا و اتـاق را ضدعفونـی کننـد. ملحفـه بـه زخمهـا چسـبیده بـود. وقتـی پرسـتار آن را می‌کشـید، بـوی آب چـرک و کثیـف درفضـا پخـش می‌شـد. مـن از شـدت درد، لـب و دهانـم را می‌گزیـدم. هیئت کـه اوضـاع را اسـفبار دیـد، بـر سـر پرسـتارها داد زد کـه ایـن چه‌وضعـی اسـت؟ آنهـا گفتنـد اینهـا (ساواکیها) نمی‌گذارنـد مـا ملحفه‌هـا را عـوض و زخمهـا را پانسـمان کنیـم. دکتـر مأموریـن را ملامـت کـرد و گفـت: «مگـر می‌خواهیـد او بمیـرد؟ اینجـا بیمارسـتان اسـت، اگـر می‌خواهیـد او را بکشـید از اینجـا ببریـدش.» بعـد دسـتور داد بـه مـن نوالژیـن بزننـد و نظافـت و پانسـمان کننـد.

پرسـتاران دسـتور دکتـر هیئت را موبه‌مـو اجـرا کـرده و بعـد بـا برانـکارد مـرا بـه حمـام و دستشـویی بـرده برگرداندنـد. قرصهـای نوالژیـن را بـه مـن خوراندنـد. دکتـر گفتـه بـود تـا قرصهـای نوالژیـن را بـه او بخورانیـد و در اختیـار خـودش نگذاریـد. می‌ترسـید کـه مـن آنهـا را جمـع کـرده و خودکشـی کنـم. او خواسـت کـه بـرای عمـل، وقتـی معیـن کننـد کـه بـا مخالفـت مأموریـن مواجـه شـد. هیئت بـر سـر آنهـا فریـاد زد: «اینجـا زنـدان یـا پـادگان نیسـت، اینجـا بیمارسـتان اسـت. فقـط مـن دسـتور می‌دهـم...!» مأموریـن بـا بی‌سـیم کسـب تکلیـف کردنـد. دسـتور رسـید کـه هـرکاری دکتـر هیئت می‌گویـد،

____

آموختن و تتبع در فلسفه، تاریخ، زبان‌شناسی و اسلام‌شناسی کردم...»

انجام دهید.[1]

قسمتی از شکستگی پای من کج جوش خورده بود. آن هم شاید به دلیل وزنه هایی بود که اشتباهی به پایم بسته بودند. چند روز بعد مرا به اتاق عمل بردند و پای راستم و لگنم را عمل کردند و چند قطعه پلاتین هم کار گذاشتند؛ ولی پای چپم را به

---

[1] ـ آقای دکتر جواد هیئت در گفتگویی با واحد تاریخ شفاهی ـ دفتر ادبیات انقلاب اسلامی در این زمینه گفت: سال ۵۵ بود که آقای احمد احمد را به بیمارستان شهربانی آوردند. البته ما آن‌موقع آنها[مبارزین] را به اسم نمی‌شناختیم و تنها معرف آنها شماره تخت ایشان بود. احمد زانو و استخوانهای ران و لگنش تیر خورده، شکسته و مجروح شده بود. او در بخش جراحی بستری شد ولی تحت‌نظر متخصصین و جراحان ارتوپد بود. و ویزیت و معالجه‌اش بر عهده آنها بود. از این‌رو من تنها مریضهای بخش خودمان را هر روز و نیز احمد را بر حسب نیازش ویزیت می‌کردم. روزی وارد بخش شدم، دیدم بوی عفونت می‌آید. پی‌گیری کرده و علت را پرسیدم. گفتند احتمالاً از اتاق شماره فلان و تخت شماره فلان است. وارد اتاق شدم، دیدم بله بو از این اتاق است. مریض را معاینه کردم، دیدم پشتش چرک و عفونت کرده است. من ناراحت و عصبانی شدم. به پرسنل‌پرخاش کردم که چرا این‌طور شده؟ آنها گفتند که ما بی‌تقصیریم. هر وقت می‌خواهیم به او برسیم، مأمورین ممانعت کرده و برایمان مشکل می‌تراشند. من ناچار شدم با مأمورین کمیته مشترک درگیر شوم. لذا به آنها توپیدم. از کار خود نمی‌ترسیدم زیرا علاوه بر مریضها که بعد از خدا به من امید داشتند، مأمورین و افسران نیز به تخصص و کار من احتیاج داشتند. با فریاد به مأمورین گفتم: «اینجا مریض تحت‌نظر ماست و ما مسئولش هستیم، بعد از اینکه او را از اینجا بردید هر کاری که دوست داشتید انجام دهید. ولی اینجا ما باید وظیفه‌مان را انجام دهیم.» به نرسها هم دستور دادم که هر روز پانسمانش کنند.

بعد از این جریان وضعیت اصلاح شد. سرلشکر دکتر حسین مختاری ـ رئیس بیمارستان ـ آمد و لبهای مرا بوسید و گفت: «دکتر! قربانتان بروم، خدا شما را حفظ کند. تو می‌توانی این حرفها را بزنی، من نظامی‌ام و نمی‌توانم این حرفها را بزنم. اگر این کار را نمی‌کردی اینجا آلوده می‌شد.»

دکتر هیئت گفت: «برای ما بیمار عزیزترین کس است، تا زمانی که بیمار است، فارغ از اینکه این بیمار هم‌عقیده ما، هم‌وطن ما و... باشد یا نباشد. چه‌دوست، چه دشمن فرقی نمی‌کند. بیمار ضعیف است. وظیفه الهی و انسانی ما حکم می‌کند که به مریض بدون در نظر گرفتن موقعیت او برسیم.»

پزشکان فرانسوی شعار می‌دادند: «من نمی‌دانم تو کیستی و از کجا می‌آیی، تو درد داری، بنابراین به من نزدیک شو.»

خاطـر همـان کجـی و قوسـی کـه داشـت عمـل نکردند.[1]

پـس از عمـل جراحـی، دو سـه روزی در تـب مـی‌سـوختم و درد می‌کشـیدم و هـر شـش سـاعت یـك آمپـول نوالژیـن پنـج سی‌سـی بـه مـن تزریـق می‌کردنـد. در یکـی از ایـن شـش سـاعتها، پرسـتاری هنـگام خـارج کـردن هـوا از سـرنگ، مقـداری از مایـع آمپـول را روی گـچ دیـوار ریخـت. پـس فـردا کـه دوبـاره شـیفت کاری آن پرسـتار بـود و بـرای تزریـق آمـد، گفـت: «مـن نمی‌دانـم تـو چـه هسـتی؟ آنجـا را ببیـن.» جایـی را کـه قطـرات نوالژیـن ریخته بـود نشان داد. دسـت روی آن کشـید ولـی پـاک نشـد. گفـت: «ببیـن ایـن همین‌طـور در رگ رسـوب می‌کنـد.» مـن کـه این‌طـور دیـدم گفتـم: «دیگـر نوالژیـن نمی‌زنـم!» او تبسـمی کـرد و رفـت.

شـب سـاعت ۱۰، خانـم پرسـتار دیگـری آمـد تـا آمپـول ترزیق کنـد. گفتـم: لازم نـدارم. او نبضـم را گرفـت و گفـت: «می‌میریهـا!» گفتم: «بمیـرم هـم، نمی‌زنـم!» بـا تنـدی گفـت: «مـن حوصلـه نـدارم، بـرای مـن ادای قهرمانهـا را درنیـاور، ببیـن اگـر الان بخواهـی برایت می‌زنـم ولـی بعـد کـه دردت شـروع شـد، وسـط شـب، نمی‌آیـم. چـون می‌خواهـم بـروم بخوابـم.» گفتـم: «نیـا!» بـا تعجـب پرسـید: «راسـتی نمی‌زنـی؟» گفتـم: «نمی‌زنـم.» او رفـت و مـن ملحفـه را رویـم کشـیدم تـا بخوابـم.

چنـد سـاعتی گذشـت، حـدود سـاعت ۱ بعـد از نیمـه شـب درد بـر مـن مسـتولی شـد و تـب تمـام وجـودم را فراگرفـت. بدنـم خیـس عـرق شـد. از شـدت درد بی‌اختیـار اشـك از چشـمانم می‌ریخـت، ملحفـه

---

[1] ـ پـای آقـای احمـد پـس از پیـروزی انقـلاب اسـلامی دوبـاره عمـل جراحـی شـد و درصـدی از سـلامت خـود را بازیافـت، ولـی همچنـان عـوارض جراحـت گلوله‌هـا و معلولیـت در بـدن وی پیداسـت. هنـوز دو گلولـه در پاهـای وی وجـود دارد کـه امـکان خـارج نمـودن آنهـا نیسـت. در ایامـی کـه بـرای مصاحبـه بـه حضـورش می‌رفتیـم، وی بـه دلیـل شـدت درد و تألـم ناشـی از همیـن عـوارض و معلولیـت، گاه چنـان زمیـن گیـر می‌شـد کـه قـادر بـه ایسـتادن نبـود و چهاردسـت و پـا حرکـت می‌کرد.

را روی سرم کشیدم تا درد و اشک را پنهان کنم. حالت عجیبی بود، هم درد داشتم و هم احساس زیبای نزدیکی به خدا.

قطرات اشک تخت را کمی خیس کرد. یک دفعه شنیدم کسی صدایم می‌کند: «تخت ۶۲» ملحفه را کنار زده چشمم را باز کردم. دیدم همان خانم پرستار است که می‌گفت دیگر نمی‌آید. گفت: «به خدا من جدی نگفتم، شوخی کردم، تو هر وقت بخواهی و صدا کنی من آمپولت را می‌زنم...» و شروع به دلجویی کرد. از او تشکر کردم و گفتم: «نه! من خودم نمی‌خواهم بزنم.» با خود می‌گفتم آخرش مرگ است که من از خدا آن را می‌طلبم. پرستار که جدی بودن مرا در تصمیم دید گفت: «من می‌روم ولی هر وقت زنگ بزنی می‌آیم.»

حدود ۷۵ روز سنگ وزنه از پایم آویزان بود و اذیتم می‌کرد، ولی به ناچار آن را تحمل می‌کردم. پای چپم را از بالای زانو سوراخ کرده بودند تا مفتولی را از آن رد کرده و وزنه‌ای را آویزان کنند. روزی به دکتر معالج گفتم: «من از اینجا پایم را نمی‌توانم حرکت دهم، فکر می‌کنم اشتباه سوراخ شده است.» چند روز بعد او به همراه سه نفر دیگر آمده و گفتند که می‌خواهیم پایت را عمل کنیم. آنها بدون بی هوشی ناحیه دیگری را سوراخ کردند. من تمام این صحنه‌ها را می‌دیدم و از شدت درد فریاد می‌کشیدم و فحش می‌دادم. چند نفر پایم را نگهداشته و دکتر آن را سوراخ می‌کرد. من هم داد می‌کشیدم. بالاخره سوراخ را در ناحیه مورد نظر خود ایجاد کرد و وزنه‌ای دیگر از آن آویزان کردند.

دردِ آن هنگام، آن روز و آن شب، قابل گفتن نیست. من خیس عرق بودم و اشک از چشمانم جاری بود. به دلیل اینکه پای چپم کج جوش خورده بود، دوباره مرا به اتاق عمل بردند، درحالی که از نظر قوای بدنی نیز خیلی ضعیف و رنجور شده بودم. قبل

از عمل مرا به حمام بردند. در آنجا پوست خشك شده پاهایم مثل پوست تخم مرغ جدا می‌شد.

در این عمل، استخوان ران را كه به لگن متصل می‌شد دوباره عمل كردند. كمی وضعش بهتر شد ولی سالم نشد. بعد از عمل، كار فیزیوتراپی شروع شد. برای زخم نشدن و عفونت نكردن پشتم، مدام آن را با الكل شستشو می‌دادند و پودر می‌زدند. در رفت و آمدهایی كه برای فیزیوتراپی داشتم، متوجه شدم چهار اتاق انتهایی سالن بخش جراحی را كه در یكی از اتاقهایش من بودم، پاراوان كشیده و روی آن نوشته بودند: «بخش بیماران روانی ـ ورود ممنوع»!!

ماه رمضان در بیمارستان

حدود پنج ماه از بستری شدن من در بیمارستان شهربانی می‌گذشت. به ماه مبارك رمضان نزدیك می‌شدیم كه ساواك، از بیمارستان خواست مقدمات نقل و انتقال من به زندان را فراهم كند. بیمارستان نظر داد كه من هنوز خوب نشده‌ام و نیاز به طول درمان بیشتری دارم. آنها گفتند همین قدر كه او روی چوب بایستد كافی است. من متوجه برنامه آنها شدم. از اینكه در آستانه ماه رمضان این تصمیم عملی می‌شد، دلگیر شدم. از خدا خواستم كه زمینه‌ای فراهم كند تا من یك ماه دیگر در آنجا بمانم. می‌خواستم با خیال راحت روزه بگیرم. فكر می‌كردم پس از خروج از بیمارستان، تحت آزار و شكنجه قرار خواهم گرفت و یا اعدامم خواهند كرد.

سرپرستار آن بخش از بیمارستان، خانم بسیار موقر، مؤدب و محترمی به نام خانم مصلحی[1] بود، كه نسبت به وضع من خیلی

---

1 ـ خانم پروین مصلحی از كادرهای متعهد و متخصص سرپرستار بیمارستان شهربانی بود كه در مهر ۴۴ استخدام و در مهر ۷۴ بازنشسته شد. وی از سال ۱۳۴۷

حساس بود. مدام سفارش مرا به پرستاران و پزشکان می‌کرد. خودش هم مراقب وضعیت درمانم بود. یکبار هنگام ویزیت صبحگاهی به پزشک معالجم گفت: «این تخت ۶۲ قهرمان درد کشیدن است. هرچه درد هست کشیده، ولی هیچ وقت نوالژین نزده است. برایش درد کشیدن عادی است.»

تصمیم گرفتم ناراحتی‌ام را با او در میان بگذارم. روزی نزدیکیهای ظهر که روی ویلچر از فیزیوتراپی برمی‌گشتم او را دیدم، او جلو آمد و پس از سلام از وضع پاهایم پرسید. گفتم: «بد نیست، ولی ای کاش هیچ وقت خوب نمی‌شد!»

دید من کمی غمگین و نگرانم. مرا به اتاقم برد و پرسید: «چرا؟ چی شده؟ چته؟»، گفتم: «هیچچی مرا دارند می‌برند که بکشند، درحالی که من دوست داشتم یک ماه دیگر اینجا بمانم و روزه بگیرم. بعد هر بلایی که می‌خواهند بر سرم بیاورند.» گفت: «می‌خواهی بمانی! خاطرجمع باش من نمی‌گذارم که ببرندت.» یک مقدار هم عصبانی شد و بعد تند بیرون رفت. مثل اینکه درصدد انجام کاری بود. من باورم نمی‌شد و در حیرت بودم. از آنجا که لباسم را به خاطر زخمها و جراحتها، پاره کرده بودند، لباس مناسبی نداشتم. مأمورین می‌خواستند همان لباس بیمارستان را به تنم کنند و ببرند، که دیدم خانم مصلحی به همراه یک پزشک ارتوپد از راه رسیدند. شروع کردند به اصطلاح ویزیت من. بعد دکتر ارتوپد نوشت که بیمار باید پانزده جلسه دیگر، یک روز در میان فیزیوتراپی شود. یکی از مأمورین تماس گرفت و ضمن ارسال گزارش شرح‌حال بیمار، کسب تکلیف کرد. گویا آنها نیز نظر پزشک را پذیرفتند، زیرا مأمور گفت که مانعی ندارد. به این ترتیب من یک ماه دیگر در بیمارستان ماندگار شدم.

____

تا ۱۳۵۸ مسئول سرپرستاری بخش جراحی بیمارستان شهربانی بود.

مـرد مسنـی بـه نـام بندعلـی آنجـا بـود. از او خواهـش کـردم تـا مـرا بـه حمـام ببـرد. او نیـز بعـد ازظهـر همـان روز مـرا بـه حمـام بـرد و شستشـویم داد. روی تخـت هـم ملحفـه تمیـز کشیـد، بـرای تشکـر بـه او دو قوطـی کمپـوت دادم.[1]

مـاه رمضـان آن سـال مصـادف بـا شهریور مـاه بـود و مـن وضـع ضعیـف و رنجـوری داشـتم. بـا ایـن حـال نیـت کـرده و روزه گرفتـم. پرسنـل کـه روحیـات و عبادتهـای مـرا می‌دیدنـد، خیلـی نسبـت بـه مـن توجـه نشـان می‌دادنـد، مثلاً بـرای وضـو آب می‌آوردنـد و لگـن زیـر دسـت و صورتـم می‌گرفتنـد.

خانـم مصلحـی روز اول مـاه رمضـان آمـد و گفـت: «چطـور روزه می‌گیـری؟»، گفتـم: «ناهـارم را بـرای افطـار و شـامم را بـرای سـحر نگـه مـی‌دارم.» او مسئـول تقسیـم غـذا را صـدا کـرد و گفـت: «بـه تخـت ۶۲ بـه جـای یـك روز در میـان، هـر روز یـك قوطـی کمپـوت می‌دهـی و غـذای شـبش را داغ، هنـگام افطـار بدهیـد و غـذای ظهـرش را هـم در سـحر داغ کنیـد و بـرای او بیاوریـد.»

بـا سفارشهـای خانـم مصلحـی، وضـع مـن خـوب شـد. او بـه ایـن ترتیـب خـود را در ثـواب روزه مـن سهیـم کـرد. بـه طـوری کـه پـس از آن در هـر مـاه مبـارك رمضـان، بـه یـاد او می‌افتـم و برایـش دعـا می‌کنـم.[2] مـاه رمضـان آن سـال ماننـد مـاه رمضـان سـال ۵۲ کـه در

---

1 ۱ ـ خانـم پرویـن مصلحـی در مـورد آقـای بندعلـی گفـت: «مـرد بسیـار محتـرم و خوبـی بـود کـه مـن بـه او خیلـی ارادت داشـتم. او از نظـر طبقه‌بنـدی شغلـی در سطـح کارگـر بیمارسـتان بـود و مـرد بسیـار پـاك، شـریف و درسـتی بـود. انسـان امیـن و مـورد اعتمـاد.»

2 ـ خانـم پرویـن مصلحـی گفـت: «بیمـار بـا هـر فکـری، ایـده‌ای و عقیـده‌ای کـه آنجـا بـود، بـرای مـا فقـط یـك بیمـار محسـوب می‌شـد و مـا کاری بـه اینکـه چه‌هسـت و کـه هسـت نداشـتیم؛ فقـط وظیفـه پرسـتاری خـود را انجـام می‌دادیـم... امیـدوارم خداونـد ایـن خدمـت ناچیـز مـا را قبـول کنـد. مـن هیـچ ادعایـی نـدارم و اگـر کاری هـم کـردم جـزء وظایـف شغلـی‌ام بـود. لبـاس پرسـتاری کـه در تنـم بـود بـه مـن حکـم می‌کـرد کـه این‌جـور باشـم...»

زنـدان کمیتـه مشـترك بـودم، برایـم خیلـی جالـب و درس‌آمـوز بـود. حـال بسـیار خـوب و معنـوی ای داشـتم.

یـك روز عصـر کـه در اتـاق بـاز بـود فـردی از جلـو اتـاق گذشـت، بـه محـض دیـدن مـن صورتـش را برگردانـد. در همـان نـگاه اول قیافـه او برایـم آشـنا آمـد. پـس از کمـی فکـر، بـه یـاد آوردم کـه او فرامـرز ـ یکـی از بچه‌هـای محلـه عباسـی ـ اسـت.

چنـد روز بعـد، درحالـی کـه روی ویلچـر بـه طـرف دستشـویی می‌رفتـم، متوجـه شدم کسـی چـرخ را هـل می‌دهـد. طـوری حرکـت می‌کـرد تـا مـن چهـره‌اش را نبینـم. وقتـی از دستشـویی برگشـتم قیافـه او را دیـدم. گفـت: «احمـد آقـا! مـن خائـن نیسـتم! مـن مـزدور نیسـتم! مـن ارتشـی هسـتم، به‌اجبـار بـه کمیتـه آمـده‌ام، اگـر قـرض و بدهـکاری نداشـتم از کمیتـه می‌آمـدم بیـرون.» گفتـم: «ناراحـت نبـاش، بـه اینهـا هـم نگـو کـه مـرا می‌شناسـی.» بـا اینکـه خانـواده‌ام مدتها از وضعیت مـن بـی اطـلاع بودنـد، ولـی چـون فکـر می‌کـردم کـه اعـدام یـا تیربـاران خواهـم شـد، از او نخواسـتم کـه حـال و وضعـم را بـه خانـواده‌ام اطـلاع دهـد.

دیدار با مهدی بخارایی

در بیمارسـتان وقتـی بازجوهـا مطمئـن شـدند عکسـی کـه در اختیارشـان بـود، متعلـق بـه مـن نیسـت و مـن بـه خاطـر اختلافـات درون گروهـی و مخالفـت بـا مارکسیسـت شـدن سـازمان، از آنهـا جـدا شـده‌ام؛ همچنیـن بـه خاطـر دسـت‌یابی بـه پرونـده بازجوییهـا و سـوابق زندانـم، در برخوردهـا معتدل‌تـر و نرم‌تـر شـدند. نسـبت بـه برخـی رفـت و آمدهـای مـن در بیمارسـتان سـخت نمی‌گرفتنـد.

حـدود سـه مـاه از بسـتری شـدن مـن در بیمارسـتان می‌گذشـت. روزی بـه آنهـا گفتـم کـه از تنهایـی خسـته شـده‌ام. آنهـا مـرا بـه اتـاق

دیگـری منتقـل کردنـد تـا از یکنواختـی خـارج شـوم. در ایـن اتـاق مهـدی بخارایی بستری بـود. مـن او را قبـل از عضویـت و همکاریـم در سازمان می‌شناختم و در قرارها، بـا او آشـنا شـده بـودم. مهـدی بخارایـی هـم حـدود هفـت مـاه جلوتـر از مـن در درگیری‌ای، چنـد تیـر بـه شکمش خـورده بـود، در یکـی دو عملـی کـه روی او شـده بـود، قسـمتهایی از انـدام داخلیـش ازجملـه یکـی از کلیه‌هـا و قسـمتی از معـده و رودهایـش را خـارج کـرده بودنـد. شـکم او سـوراخ بـود.

بـه غیـر از مهـدی، یک‌نفر اصفهانی ریزجثـه هـم در آنجـا بـود کـه گاهـی خـود را بـه حالـت غـش می‌زد. آخـرش هـم نفهمیـدم کـه حالـت غـش او راسـت بـود یـا دروغ. تقریبـا مـن و مهـدی فقـط بـا هـم صحبـت می‌کردیـم و آن اصفهانـی، بـا مـا صحبتـی نمی‌کـرد. فقـط حرفهـای مـا را می‌شـنید. البتـه او را بـه شـدت کتـک زده بودنـد.

جالـب اینکـه روبـه روی همیـن اتـاق، اشـرف ربیعی[۱] همسـر شـهید علی‌اکبر نبـوی نوری، بسـتری بـود کـه مهـدی او را بـه مـن شناسـاند و نشـان داد. مـن بارهـا دیـدم کـه اشـرف، هیـچ حساسیتی نسـبت بـه درمانـش توسـط مـردان نداشـت و خیلـی بـا آنهـا راحـت بـود. وی بـر اثـر انفجـار نارنجـك از ناحیـه باسـن، زخمـی شـده بـود کـه خیلـی زود

---

۱ ـ اشـرف ربیعـی در سـال ۱۳۵۰ هنگامـی کـه دانشـجوی دانشـگاه صنعتـی شـریف بـود، ازطریـق خلیـل طباطبایـی بـا سـازمان ارتبـاط برقـرار کـرد. بـه دنبـال دسـتگیری طباطبایـی در سـال ۵۱ بازداشـت شـد. وی در سـال ۵۲ از طریـق علی‌اکبر نبـوی نـوری مجـددا بـه سـازمان مرتبـط شـد و فعالیـت سیاسـی و مخفـی خـود را شـدت بخشـید. در اواخـر سـال ۵۲ ربیعـی و نبـوی هـر دو دسـتگیر و بـه شـدت شـکنجه شـدند. ایـن دو پـس از آزادی بـا هـم ازدواج کردنـد و بـه فعالیـت مبارزاتـی خـود ادامـه دادنـد. اشـرف در اردیبهشـت سـال ۵۵ بـر اثـر انفجـار در خانـه پایگاهـی قزویـن، بـه شـدت زخمـی و بـه دسـت کمیتـه مشـترك دسـتگیر و ابتـدا بـه بیمارسـتان و بعـد بـه زنـدان منتقـل شـد. او بـه همـراه نبـوی نـوری پـس از انحـراف ایدئولوژیـك از سـازمان جـدا شـده و خـود دسـت بـه تشـکیل یـك گـروه انقلابـی زدنـد. نبـوی نـوری در اسـفند ۵۵ در یـك درگیـری مسـلحانه شـهید شـد. او در سـال ۵۷ از زنـدان آزاد شـد و در تیرمـاه ۵۸ بـا مسـعود رجـوی ازدواج کـرد. سـرانجام در ۱۹ بهمـن مـاه سـال ۱۳۶۰ در درگیـری بـا نیروهـای حزب‌الله بـه همـراه موسـی خیابانـی در خانـه تیمـی بـه هلاکـت رسـید.

درمـان شـد. مـن چنـد بـار بـا او در راهـرو مواجـه شـدم، ولـی او مـرا نمی‌شـناخت. جالـب بـود، مـن شـهید نبـوی نـوری را می‌شـناختم و او را هـم خیلـی قبـول داشـتم، ولـی انتظـار نداشـتم کـه بـا چنین کسـی ازدواج کـرده باشـد. اشـرف بـدون حجـاب و بـدون روسـری خیلـی راحـت جلـو سـاواکیها و پرسـنل بیمارسـتان، راه می‌رفـت و نشسـت و برخاسـت می‌کـرد. دیـدن آن صحنه‌هـا در شـرایط آن زمـان بـا توجـه بـه نسـبتی کـه بـه عنـوان همسـر نبـوی نـوری داشـت، برایـم غیرمنتظـره بـود. البتـه بخارایـی بـه مـن گفـت کـه هم‌تیمـی آنهـا بـوده و اشـرف در آن خانـه، به‌صـورت افراطـی، حجابـش را حفـظ می‌کـرد. دیـدم کـه مهـدی بارهـا بـه او اعتـراض کـرد. یکبـار هـم این اعتراضهـا بـه اشـرف برخـورد و گریـه کـرد. حتـی دو سـه روز هـم روسـری به‌سـر کـرد، ولـی بعـد دوبـاره بـه همـان حـال برگشـت.

بخارایـی برایـم حادثـه‌ای را تعریـف کـرد کـه چندیـن روز ذهـن و روانـم را آزار می‌داد. او گفـت کـه در یکـی از شـبها پرسـتاران آمدنـد و پـرده‌ای را در این اتـاق نصـب کردنـد. دقایقـی بعـد کسـی را آوردنـد و روی آن تخـت انداختنـد. مـن نفهمیـدم کـه او کیسـت. او تمـام شـب را خرخـر می‌کـرد و هرلحظـه احتمـال می‌دادم کـه بمیـرد. مـن ناتـوان بـودم و قدرتـی بـرای رفتـن و دیـدن و یـا کمکـش نداشـتم. نزدیکیهـای سـحر بـود کـه صـدای خرخـر وی قطـع شـد. فهمیـدم کـه تمـام کـرده اسـت. آن شـب، مـن تـا صبـح چشـم بـر هـم نگذاشـتم. صبـح کـه شـد وقتـی پرسـنل آمدنـد، دیدنـد کـه مـرده اسـت. پـرده را جمـع کردنـد. تـا او را دیـدم، جـا خـوردم و اشـك از چشـمانم جـاری شـد، او کسـی نبـود جـز صدیقـه رضایـی.[1] خیلـی غمگیـن و متأسـف

---

۱ ـ صدیقـه رضایـی، نخسـتین زن مقتـول مجاهدیـن مارکسیسـت، خواهـر کوچـك بـرادران رضایـی بـود. او از ۱۳۵۲ زندگی نیمـه مخفـی اختیـار کـرد و در فـرار اشـرف دهقانـی عضـو چریکهـای فدایـی خلـق مشـارکت داشـت. از آن پـس (۱۳۵۳) بـه زندگـی کامـلاً مخفـی روی آورد و قبـل از سـال ۱۳۵۴ تغییـر ایدئولـوژی داد و مارکسیسـت شـد. او در پاییـز ۱۳۵۴ بعـد از هشـت مـاه فـرار و اختفـاء، بـر سـر قـرار لـو رفتـه بـا زری

شــدم، مـن قبـلاً از او خواسـتگاری کـرده بـودم و قصـد داشـتم بـا او ازدواج کنـم. از نحـوه حـرف زدن و رفـت و آمـد ساواکیها و مأمورین مشـخص بـود کـه هنـوز او را نمی‌شناسند. مهـدی ادامـه داد، کـه صدیقه، سیانور خـورده بـود و کـف از دهانش می‌آمـد. مأمورین از مـن پرسیدند کـه او را می‌شناسی؟ گفتـم نه. مسئله‌ای کـه پیـش از مـرگ او، مهـدی بخارایـی را متأسـف و متألـم کـرده بـود، مطلبی بـود کـه می‌گفـت صدیقـه پیراهـن آسـتین کوتـاه بـه تـن داشـت و دامنی کوتـاه پوشـیده بـود. پزشکها پـس از معاینـه گفتنـد او پنـج یـا شـش ماهـه حاملـه اسـت کـه سیانور بچـه‌اش را نیـز کشته اسـت.[1]

مهـدی بخارایـی می‌گفت کـه مـن نمی‌دانـم چـه شـده و چـرا اینهـا این‌طـور شـده‌اند. او خیلـی از وضعیـت ظاهـر و قیافـه آرایـش کـرده صدیقـه، اظهـار ناراحتـی می‌کـرد. گاهـی هـم شـرایط او را توجیـه می‌کـرد و می‌گفـت کـه شـاید او بـرای فریـب سـاواك، ایـن طـور لبـاس پوشـیده و بـرای تقیـه ایـن کار را کـرده اسـت. شـاید بـا کسـی رسـمی و شـرعی ازدواج کـرده کـه حاملـه بـوده اسـت.

نمی‌دانـم کـه گفته‌هـای او چقـدر از روی صداقت بـود، چـرا کـه او

نادرخانـی، در خیابـان بهـار بـه محاصـره سـاواك افتـاد و بـا خـوردن سیانور خودکشی کـرد.

۱ ـ کتـاب تاریـخ سیاسـی معاصـر ایـران بـه نقـل از مجلـه آینـدگان ۵۷/۱۱/۱۰ بیـان می‌کنـد:

«پـدر رضاییها در مـورد قتـل فرزنـد چهارمـش ـ صدیقـه ـ می‌گویـد: صدیقـه وقتـی برمی‌گـردد می‌بینـد کـه محلـه تحـت کنتـرل مأمورین اسـت و برمی‌گـردد پیـش یکـی از دوستانش. مـا دیگـر صدیقـه را ندیدیـم. بعد از هشـت مـاه زندگی مخفیانـه، یکـی از دوسـتان صدیقـه بـه نـام زهرا را بـه علتـی دسـتگیر کردنـد. زهرا هنگـام بازجویـی می‌گویـد کـه مـن بـا صدیقـه رضایـی روابطـی داشـتم و همیشـه همدیگـر را می‌بینیـم اگـر نبینیـم بـه هـم تلفـن می‌زنیـم. تلفـن زهرا را بـه کمیتـه اتصـال می‌دهنـد. تصادفـا صدیقـه تلفـن می‌زنـد، قـرار می‌گذارنـد کـه در خیابـان بهـار همدیگـر را ببیننـد. صدیقـه سـر سـاعت می‌رسـد و تـا زهرا را در ماشـین همـراه چنـد مأمـور می‌بینـد و وقتـی مأمورین بـه او نزدیـك می‌شـوند؛ بـا کپسـول سیانور خودکشـی می‌کنـد تـا بـه دسـت مأمورین نیفتـد...»

خـود بعدهـا بـه منافقیـن پیوسـت و عهـده دار تـدارکات نظامـی سـازمان شـد. پـس از پیـروزی انقـلاب دسـتگیر، محاکمـه و اعـدام شـد.

اشـرف ربیعـی زودتـر از مـا خـوب شـد و او را گویـا بـه زنـدان بردنـد. مـرا هـم پـس از چنـد روز بـه اتـاق خـودم برگرداندنـد. البتـه بعدهـا بـه ایـن نتیجـه رسـیدم کـه انعطـاف مأموریـن بـرای انتقـال مـن بـه آن اتـاق، شـاید بـه خاطـر ایـن بـوده کـه صحبتهـای مـا را شـنود کننـد.

زندان اوین

فـردای روز عیـد فطـر گفتنـد کـه بـرای انتقـال بـه زنـدان آمـاده شـوم. مـن ابتـدا خانـم مصلحـی را صـدا کـرده و از کمکهایـش در ایـن مـدت، بهخصـوص بـه خاطـر فراهـم کـردن زمینـه مانـدنم در بیمارسـتان در یـک ماهـه رمضـان؛ تشـکر کـردم و برایـش خیلـی دعـا کـردم.

قبـل از حرکـت، فرامـرزی[۱] ـ شـکنجه گـر سـاواک ـ آمـد و بـه مأموریـن گفـت کـه چشـمهای او را نبندیـد و از پلهـا و اتوبانهایـی کـه احـداث شـده برویـد تـا او ببینـد کـه ایـن کشـور چقـدر پیشرفـت کـرده و عمـران و آبادانـی یافتـه اسـت. او هفـت مـاه در بیمارسـتان بـوده و از هیـچ چیـز خبـر نـدارد.

مـن بـا پـای علیـل قـادر بـه راه رفتـن نبـودم و بایـد بـا عصا جابـه جـا میشـدم. قبـل از حرکـت نقشـهای کشـیدم. بـه خیـال اینکـه اعـدام خواهـم شـد. تصمیـم گرفتـم کـه بـا دسـتهای بسـته بهسـر راننـده بکوبـم و تعـادل ماشـین را بـه هـم بزنـم. یـا تصـادف و یـا چـپ مـی کردیـم، بـه ایـن ترتیـب بـا خـودم چنـد مأمـور خائـن را هـم نابـود مـی کـردم. بـرای مـن فرقـی نمـی کـرد کـه اعـدام شـوم و یـا در تصـادف و بـا ایـن عمـل شـهادت طلبانـه کشـته شـوم؛ ولـی ظاهـرا آنهـا فکـر مـرا خوانـده بودنـد. زیـرا مـرا در صندلـی عقـب و بیـن خـود

---

۱ ـ فرامرزی پس از پیروزی انقلاب اسلامی دستگیر، محاکمه و اعدام شد.

نشاندند و دستهایم را زیر پای چپم دستبند زدند که دیگر قادر به هیچ کاری نباشم.

طبق خواسته فرامرزی، مرا از بزرگراه پارک وی(شهید چمران) و از روی پلها به طرف اوین بردند. درحالی که من حواس و فکرم به این بود که چطور پایم را از میان دو دستم بیرون بکشم. پس از اینکه از پل اول اوین گذشتیم آنها چشمم را بستند، خب معلوم بود که مرا به اوین می‌برند.

زندان اوین، آن موقع ده راهرو و صد سلول داشت. وقتی وارد می‌شدی در سمت چپ، سلولها قرار داشت و در سمت راست فقط دیوار بود. این دیوار، دیوار پشت سلولهای جلویی بود. همه راهروها به یک راهرو بزرگ و اصلی ختم می‌شد.

مرا در همان حال، چشم بسته مستقیم بردند و داخل یکی از سلولهای بند ۲۰۹ انداختند و چشم‌بند و دستبندم را باز کردند. تمام وسایل مورد احتیاج ازجمله پتو و توالت فرنگی، داخل سلول فراهم بود. من تا آن روز توالت فرنگی ندیده بودم. روی سنگ توالت در پلاستیکی ای قرار داشت که من ابتدا فکر کردم که میز است. مانند بسیاری از زندانیان، با آزمایش و خطا فهمیدم که توالت است. روی در سلول، دریچه‌ای بود که از بیرون باز و بسته می‌شد. نگهبان از طریق آن داخل سلول را کنترل می‌کرد. در ابتدا هر بار که می‌خواستم از توالت استفاده کنم، می‌دیدم که نگهبان از دریچه به داخل نگاه می‌کند، لذا منصرف می‌شدم. سرانجام طاقت نیاوردم، تصمیم گرفتم که کار خودم را بکنم. از پیراهنم به عنوان مانع و حجاب استفاده کردم و احتیاجم رفع شد. برای بار دوم نیز نگهبان کار خود را تکرار کرد و من باز از توالت، منصرف شدم. با آن پای علیلم آمدم سر جایم نشستم. بعد به خود گفتم، مگر تو بچه عباسی نیستی، بگذار آنقدر نگاه کند تا جانش درآید. لذا برخاسته و بدون توجه به نگاههای

نگهبان رفتم و...

نگهبان دیگر از رو رفت و از آن روز به بعد کسی این کار را تکرار نکرد. آنها می‌خواستند به این ترتیب مرا شکنجه روحی و جسمی دهند که من، خود را به بی‌خیالی زده و بر آنها پیروز شدم.

روزی سه بار (صبح، ظهر و شب) وقتی زنگی به صدا درمی‌آمد، باید زندانیان ظرف غذا را شسته شده، جلو در می‌گذاشتند. در اولین صبح زندان، صدای اذان به گوشم رسید. گویا اذان از مسجد دانشگاه ملی (شهید بهشتی) که تازه ساز بود پخش می‌شد. به این ترتیب من در تمام مدتی که در این زندان بودم، نمازهای صبح را اول وقت می‌خواندم. البته دانشگاه ملی دارای ساعت شماطه دار بود که زنگ می‌زد و ساعت را به ما خبر می‌داد. روزها از پی‌هم می‌گذشت، یکنواخت و یک‌شکل. کمی از نظر فیزیکی وضعم بهتر شد. مأمورین مرتب برای بازجویی به سراغم می‌آمدند ولی دست‌خالی برمی‌گشتند.

از آنجا که کف زندان بتونی بود و بر دیوارهایش سیمان تگری زده بودند، دیگر به سختی می‌شد به آن مشت زد و علامت (مورس) برای سلول مجاور فرستاد. در گذشته به‌راحتی با ضربه زدن، امکان ارسال مورس بود؛ ولی این‌بار کار با دشواری روبه‌رو شده بود و دستهایم زخمی می‌شد. با این‌حال من با استفاده از چوبهای نیم‌سوخته کبریت که سیگاریها دور می‌انداختند، شروع به نوشتن و کشیدن جدول مورس کردم. در این جدول حروف الفبا به چهار بخش در ردیفهای یک تا هشت تقسیم می‌شد. با تعداد ضربات جدول را می‌خواندیم. مثلاً سه ضربه پشت سر هم بعد فاصله و بعد شش ضربه دیگر، به بخش سوم جدول و حرف ششم آن، که حرف ((غ)) بود، اشاره داشت.

شب که می‌شد صدای این ضربات از سلولها شنیده می‌شد.

مأموریـن هـم قضیـه را فهمیـده بودنـد و هـر کسـی را کـه دسـتش زخم بـود، تنبیـه می‌کردنـد. بعد از مدتـی دریافتیم کـه از دهنـه لولـه کـف دستشـویی، صـدا منتقـل می‌شـود. بـه ایـن ترتیـب راه ارتباطـی دیگـری نیـز بـا سـایر سـلولها پیـدا کردیـم. بـا قاشـق بـه کـف دستشـویی می‌زدیـم و بعـد منتظـر شـده جـواب می‌شنیدیم.

بـا گذشـت زمـان، بیمـاری تشـنج، کـه در زنـدان و شـکنجه‌های قبل بـه آن مبتـلا شـده بـودم، دوبـاره بـه سـراغم آمـد. تشـنج و معلولیت پاهـا، زندگـی را برایـم سـخت کـرده بـود. بـا تشـدید ایـن وضعیت، مأموریـن آمدنـد و مـرا چشـم بسـته بـه بهـداری زنـدان بردنـد. در بهـداری حالـم بدتـر شـد، زیـرا بـه قـرص و دارو حسـاس بـودم و کار درمـان بـا سـختی مواجـه شـد. بـا زور و اصـرار فقـط می‌توانسـتم قـرص مسـکن بخـورم.

بند ۱ اوین

در اواسـط بهمـن مـاه، مأموریـن آمدنـد و بـدون اینکـه مطلبـی بگوینـد، چشـمهایم را بسـتند و بـا خـود بردنـد. حـدس می‌زدم کـه ایـن بـار تیربـاران خواهـم شـد. زیـر لـب شـهادتین می‌گفتـم.

در جایـی چشـم‌بند را از چشـمهایم برداشـتند. دیـدم زندانیهـای دیگـری در رفت و آمـد هسـتند. بـا هـم حـرف می‌زننـد و بـه مـن، بـه عنـوان تـازه وارد نگاه مـی کننـد. پرسـیدم اینجـا کجاسـت؟ گفتنـد کـه بنـد ۱ اویـن اسـت. تعجـب کـردم کـه مـرا از سـلول انفـرادی درآورده و بـه بنـد عمومـی آورده‌انـد. بـه محـض اینکـه زندانبانهـا تنهایـم گذاشـتند، دیـدم کسـی بـه طـرفـم می‌آیـد. رحیـم بنایـی ناگهـان در آغوشـم گرفـت. او از همـان گـروه مارکسیسـتی جریـان بـود کـه در سـال ۵۲ ـ ۵۱ در همیـن زنـدان بـا او آشـنا شـده بـودم. بنایـی بـا حالـت تعجـب گفـت: «ای بابـا! احمـد! تویـی؟! کجایـی مـرد؟! می‌گفتـند کـه کشـتنت! شـهید شـدی! چـی شـد؟!...» خلاصـه او از دیـدن مـن

حسابی جا خورده و در حیرت بود. دستم را گرفت و به اتاق بزرگی در سمت چپ برد. دیدم سبیل تا سبیل مارکسیستها روی تشکها نشسته‌اند. رحیم با صدای بلند گفت: «این احمد احمد است، از آن زندانیها و مبارزهای قدیم، شایع کرده بودند که کشته شده ولی حالا زنده زنده است...» من همان جا نشستم. از اینکه از انفرادی رها شده بودم، خوشحال بودم ولی در اینجا نمی‌دانستم که تکلیفم با این مارکسیستها چیست؟ آنها به گرمی از من استقبال کردند. آنها هرچه داشتند، چای، میوه، کشمش و... برای پذیرایی آوردند. واقعا آنها خیلی محبت کردند. نمی‌دانستم که چه کنم. مجبور شدم از خشکبار بخورم، ولی از خوردن میوه و چای اجتناب کردم. رحیم بنایی همچنان از من تعریف می‌کرد. و البته گفت که احمد مسلمانی جدی است تا به دوستانش بفهماند که زیاد برای صرف چای تعارف نکنند. او می‌دانست که من آنها را نجس می‌دانم. برای همین هیچ وقت با دست خیس با من مصافحه نمی‌کرد.

در همین حال و هوا یکی از جلو اتاق رد شد. نیم‌رخ او در یک نگاه برایم آشنا آمد، لنگان به بیرون اتاق رفتم و صدا زدم: «حاجی!»، او برگشت. مرا دید. پس از مکثی کوتاه، جلو آمد و مرا در آغوش گرفت و گفت: «احمد اینجا آمدی چه‌کار؟!» گفتم: «الان مرا به اینجا آوردند، نمی‌دانستم که باید کجا بروم. از در که وارد شدم رحیم بنایی دستم را گرفت و آورد اینجا، دور از ادب بود که طور دیگری برخورد کنم.» گفت: «اینجا دو قسمت است، یکی برای مسلمانها و یکی هم برای مارکسیستها. حالا پاشو خودت را جمع و جور کن که برویم.» به نزد بنایی و دوستانش برگشتم و خداحافظی کردم. آنها اصرار داشتند که زمان بیشتری نزدشان بمانم. گفتم که بعدا بهتان سری می‌زنم. حاج مهدی عراقی مرا به اتاقی برد. دیدم بَه بَه، بیشتر علما

آنجا هستند. مرحوم طالقانی، هاشمی رفسنجانی، منتظری، کروبی، مهــدوی کنــی، موسـوی خویینی‌هـا، مرحـوم لاهوتـی، سـالاری، انواری، شهید حقانی و از غیر روحانیها مدرسی‌فر و حـاج مهـدی عراقی. برایـم خیلی جالب بـود کـه روحانیـون همـه در ایـن بنـد جمع هسـتند. آنها پرسیدند کـه چـه اتفاقی برایـم افتـاده اسـت؟ مـن چـون حـدس مـی‌زدم و می‌ترسیدم کـه در اتاقهـا میکروفـون و دسـتگاه شـنود کار گذاشتـه باشـند، بـدون اشـاره بـه میثـم و ارتبـاط بـا شـهید اندرزگـو، گفتـم: «هیچـی! در خیابـان مشغول قـدم زدن بـودم کـه صـدای ایسـت شـنیدم. توجـه نکـردم و پا به‌فرار گذاشـتم، ولـی آنها مـرا تعقیب کـرده و زدنـد.» امـا در فرصتی مناسب، تمـام مطالـب را بـرای شـهید عراقی شـرح دادم و از جدایـی خـود بـا فاطمـه و آنچـه کـه در سـازمان روی داده بـود، سـخن گفتـم. اشـاره کـردم کـه شـهید اسـلامی شـرایط خوبـی بعـد از جدایـی از سـازمان برایـم فراهـم کـرد.
مـن بـه اتاقـی رفتـم کـه عبـاس مدرسی‌فر[1] و آیت‌اللـه منتظری

---

۱ ـ عبـاس مدرسی فـر، فرزنـد محمدعلـی بـه سـال ۱۳۱۷ در تهـران متولـد شـد. وی از شـاگردان و همکـاران شـهید صـادق امانی محسـوب می‌شـد. او پـس از تـرور حسنعلی منصـور دسـتگیر و در تاریـخ ۱۳۴۳/۱۱/۲۰ به‌اتهـام توطئه علیـه امنیـت کشـور و برهم زدن اسـاس حکومـت بـه حبـس ابـد محکـوم شـد. وی بعدهـا صاحب افکار انحرافـی و الحـادی شـد و بـه دامـن منافقین غلتیـد و اکنـون در خـارج از کشـور به‌سـر می‌بـرد. آقای اسدالله بادامچیان در مورد عباس مدرسی فر چنین می‌گوید:
«او جـزء شـورای مرکـزی اولیـه هیئتهـای مؤتلفـه بـود. وی قبـل از ارتبـاط بـا مؤتلفه جوانی ژیگول بـود و مقید بـه مبانی اسـلامی نبـود. ولـی از زمانـی کـه بـا شـهید حاج صـادق امانی آشـنا شـد، تحـت تأثیـر او قـرار گرفـت و تحـول عمیقـی در روحیه‌اش پدیـد آمـد و بـه شـدت و بـه حـد افراطـی مذهبـی شـد. سـر می‌تراشید، محاسـن بلند می‌کـرد و قبـای پالتویـی بلنـد می‌پوشـید و انگشـتر عقیـق و فیـروزه بـه دسـت می‌کـرد. مدرسـی حتـی عکسـهای گذشـته‌اش را سـوزاند تـا عکسـی از آن تاریـخ برایـش بـه یـادگار نمانـد. او بـه دنبـال ایـن تحـول و انقـلاب، تحصیـل دروس دینـی را در محضـر مرحـوم سیدعلـی شـاهچراغی آغـاز کـرد.
مدرسـی‌فر در جریـان اعـدام انقلابـی حسنعلی منصـور دسـتگیر و بـه حبـس ابـد محکـوم شـد. او در زندان قصـر بـا پرویـز نیکخواه رفیـق شـد و بـه تدریـج از او تأثیـر گرفـت و از نظر مذهبی دچـار تزلـزل شـد. مدرسی در زمانی کـه در زندان کرمانشاه

و شــهید حــاج مهــدی عراقــی آنجــا بودنــد. برنامه‌هــای عــادی در زنــدان از ســر گرفتــه شــد. هــر روز بعــد از ناهــار و نمــاز تا ســاعت ۳ بعدازظهــر استراحــت می‌کــردم. بیــن روز دو تا ســه ســاعت زندانیهــا بــه حیــاط می‌رفتنــد. علمــا و روحانیــون چــون زیــاد اهــل ورزش نبودنــد، کمتــر بــه حیــاط می‌رفتنــد؛ ولــی ســایر دوستان کــه می‌دانستنــد مــن ورزشــکارم، کمــک می‌کردنــد تا مــن با عصــای زیربغــل بــه حیــاط بــروم. آنهــا ورزش می‌کردنــد و مــن تماشــا.

علــی حیــدری و محســن رفیق‌دوست هــم در ایــن مــدت بــه زنــدان افتادنــد. آنهــا در قســمت پاییــن بودنــد و ارتباطــی با مــا نداشتنــد. گویــا آقــای حیــدری مــرا در حیــاط دیــده بــود. خوشــحال شــده و از طریــق شــهید حقانــی، برایــم پیغــام فرستــاد کــه رفیقت[میثــم] زنــده اســت. من کــه از صحبــت ساواکیهــا در بیمارستان متوجــه زنــده مانــدن او شــده بــودم، بعــد از پیــام حاج علــی حیــدری خیالــم کامــلاً راحــت شــد.[۱]

پــس از دریافــت ایــن پیــام، افــراد هم‌بنــدم گلایــه داشتنــد کــه چــرا موضــوع را بــه مــا نگفتــی؟ برایشــان توضیــح دادم کــه مــن مطمئــن نیستــم، اینهــا همــه جــا میکروفــون و دوربیــن کار گذاشتــه‌اند. لزومی

در تبعیــد به‌ســر می‌بــرد، بی‌دیــن شــد؛ گرچه همچنــان بــه مبــارزه شــدیدا معتقــد بــود و محکــم و مقــاوم ایستــاد و با رژیــم ســازش نکــرد. هنگامــی کــه شــهید صــادق اسلامــی و آقــای عالــی مهر از ملاقــات او در کرمانشــاه بازگشتنــد، شــهید اسلامــی بــه مــن گفــت: «بــه نظــرم مدرسی تغییــر کــرده اســت. حالــش یك حال دیگــری بــود.» بعدهــا معلــوم شــد کــه افــکار او دوبــاره دستخــوش تغییــر شــده اســت. مدرسی وقتــی کــه بــاز بــه زنــدان بازگشــت، تحــت تأثیــر افــکار ســازمان مجاهدیــن خلــق منافقیــن قــرار گرفــت و بــه آنهــا پیوســت. او پــس از آزادی از زنــدان مسئــول خزانــه داری ســازمان منافقیــن شــد. پــس از بــروز حــوادث ســالهای ۶۰ و ۵۹ بــه خــارج از کشــور گریخــت و گویــا الان در فرانســه اســت.»

(آرشیو واحد تاریخ شفاهی ـ دفتر ادبیات انقلاب اسلامی)

۱ ـ آقــای علــی حیــدری در خاطرات خــود در ایــن زمینــه می‌گویــد: «مــن از شــهید اندرزگــو پرسیــدم کــه از میثم چــه خبــر؟ گفــت: «او حالــش خــوب اســت، بــرای دوا و درمــان فرستادیمــش مشــهد، خــوب شــده اســت.» مــن ایــن خبــر را وقتــی در اویــن بــودم، از طریــق شــهید حقانــی بــه احمــد رساندم.»
آرشیو واحد تاریخ شفاهی ـ دفتر ادبیات انقلاب اسلامی

نداشت که به همه اعلام کنم. شب نیز در اتاق به شهید حقانی گفتم: «حاج آقا، ببین گوش من تا دهنم چقدر فاصله دارد؟! چرا شما موضوع را میان جمعیت اعلام کردی؟» گفت: «آنها از خودمانند.» گفتم: «خودی باشند، ولی اینجا شنودکار گذاشته‌اند.»

روزها خیلی سخت و مشقت بار، با دلتنگیهای فراوان و دردهای پنهان و صداهای فروبلعیده از پی هم می‌گذشت. خفتن و زیستن برایم ممکن نبود. از عاقبت و انجام خود اطلاعی نداشتم، مدتی طولانی از دستگیری‌ام می‌گذشت، نه دادگاهی و نه بازجویی‌ای!

در هجدهم اسفند ماه ۵۵ بعد از گذشت بیش از ده ماه، در مطبوعات خبر دستگیری مرا در یک درگیری اعلام کردند.[1] با اعلام این خبر مطمئن شدم که دیگر اعدام و تیرباران نخواهم شد؛ چرا که بخشی از جامعه به وضعیتم حساس می‌شوند. پس از رهایی از این فکر، تنها نگرانی فردی‌ام سرنوشت فاطمه بود. نمی‌دانستم که او کجا و در چه وضعیتی است. آرزو می‌کردم که سالم در بیرون از زندان بودم و برای نجات او کاری می‌کردم، ولی افسوس!

آیت‌الله منتظری و آیت‌الله طالقانی در اوین

من با آیت‌الله منتظری و مدرسی فر در یک اتاق بودیم، شخصیت آقای منتظری و اخلاق و رفتارش خیلی خاص بود. او شکنجه و ناملایمتهای بسیاری کشیده و سختیهای زیادی را در زندان تحمل کرده بود. به سبب هم اتاق بودن از نزدیک شاهد برخی اعمال و رفتارهای او بودم. آقای منتظری شخصیتی ساده و بی‌آلایش داشت. از این رو گاهی افراد برای انبساط خاطر با

---

۱ ـ «(... احمد احمد از اعضای سازمان مجاهدین خلق در یک درگیری دستگیر شد. وی یکی از اعضای سابق حزب ملل اسلامی بود.» مطبوعات ۱۳۵۵/۱۲/۱۸

او هم کلام می‌شدند. او با لهجه شیرین نجف‌آبادی برای آنها صحبت می‌کرد. او مسائل و حدود را برای خودش خیلی سخت و برای دیگران راحت می‌گرفت. در برابر شکنجه‌ها، مقاومت کم نظیری از خود نشان داده بود و من می‌دیدم که وی با سعه‌صدر، به سؤالات افراد که حتی گاه بی‌مورد بود، پاسخ می‌گفت. شخصیت روحانی و معنوی او در زندان برای ما مایه دلگرمی بود.

او سعی می‌کرد که به دستورات اسلام دقیق عمل کند، گرچه این دقت افراطی، گاه موجب دردسرها و وسوسه‌های زیاد در او می‌شد. آقای منتظری در زندان پیشتاز رعایت احکام و مسائل اسلامی بود. من به خاطر معلولیت پاهایم در انجام صحیح برخی احکام مشکل داشتم و قادر به انجام برخی کارهای شخصی مانند لباس شستن هم نبودم. به یاد دارم که مرحوم حجت‌الاسلام لاهوتی، در این کار خیلی به من یاری می‌رساند و اغلب لباس مرا به زور می‌گرفت و همراه با لباسهای خود می‌شست. این درحالی بود که سایر رهبران و مسئولین گروهها و سازمانهای غیرمذهبی برای انجام این‌گونه کارهایشان به افراد زیردست خود دستور می‌دادند. آقای منتظری هم با اینکه مسن بود و قدرت بدنی خوبی هم نداشت، ولی هیچ وقت حاضر نمی‌شد که لباسش را دیگری بشوید.

به یاد دارم که قسمت پایین دیوارهای اتاقی که ما در آن بودیم به خاطر تماس پاهای زخمی، مجروح و شکنجه شده با آن، خونی و چرکی بود، اما قسمت بالایی آن تمیز و سفید بود. چون زندان عمومی بود، با زدن میخ در دیوارهای مقابل هم و بستن طناب لباسهایمان را روی آن آویزان و خشک می‌کردیم. طنابها را هم با نخهای زیلوهای کف اتاق بافته بودیم. بچه‌ها برای آب کشیدن لباسهای یکدیگر و چلاندن آنها با هم مشکلی نداشتند؛

ولـی آقـای منتظری بـا اینکـه فرتـوت و ناتـوان بـود، اجـازه ایـن کار را هـم نمی‌داد و لباسهایش را آبـدار آویـزان می‌کـرد و ظرفـی هـم می‌گذاشت تـا آب چکیـده از لبـاس در آن بریـزد. گاهـی کـه ایـن لباسـها آویـزان بـود و مـا اسـتراحت می‌کردیم، یـك دفعـه بـا وزش ناگهانـی بـاد، لباسـها تـكان می‌خـورد و بـه دیـوار مالیـده می‌شـد. حـاج آقـا هـم می‌رفت آنهـا را برمی‌داشـت و وقتـی می‌دیـد کـه مـا متوجـه او نیسـتیم، دوبـاره می‌بـرد و آب می‌کشـید. بخشـی از زمانهـای آقـای منتظری صـرف ایـن گونـه سـخت گیریها می‌شـد. آخـر یـك روز بـه او گفتم: «حاج آقا ایـن چه‌کاری است؟ چرا وقتی لباست به دیـوار می‌خورد می‌روی آب می‌کشی؟» او جـواب بسـیار خوبـی بـه مـن داد، گفت: «شـما می‌خواهیـد ببینیـد اسلام چه‌می‌گویـد یا اینکـه منتظری چه می‌گویـد؟» گفتـم: «خب، اول اسـلام.» گفـت: «اسـلام می‌گویـد پاك اسـت. حـالا شـما بـه مـن چـه کار داریـد، آن مشکل خـودم اسـت.» گاهـی اوقـات مـن حتی لباسـم را روی سـنگ توالـت فرنگـی می‌انداختـم تـا خشـك شـود، ولـی ایشـان لباسـهایش را روی دسـتانش نگه‌می‌داشـت تـا خشـك شـود. یك‌مرتبـه او بـه سـختی بیمـار شـد. هرچـه بـه مسئولین زنـدان و زندانبانهـا می‌گفتیـم کـه ایشـان مریـض اسـت و بایـد او را بهـداری ببریـد، کسـی بـه حرفمـان توجـه نکـرد.[1]

مـا بـرای روزنامـه خوانـدن بعدازظهرهـا سـاعت ۳ تا ۴/۵ بـه اتـاق آیت‌اللـه طالقانـی می‌رفتیـم، آیت‌اللـه منتظـری بعضـی مواقـع دیـر

---

۱ ـ در ادامـه همیـن بحـث، آقـای احمـد بـرای چـاپ دهـم ایـن کتـاب افزود: «لـذا بـه نـزد آیت‌اللـه طالقانـی رفتـم و شـرح بیمـاری آقـای منتظـری و بی‌اعتنایـی زندانبانهـا را گـزارش کـردم.

آقـای طالقانـی گفـت: بـرو بـه آنهـا بگـو مـن بـا رئیـس زنـدان کار دارم. رفتـم و پیغـام را رسـاندم. طولـی نکشـید کـه تهرانـی و منوچهـری آمدنـد. آقـای طالقانـی بـه آنهـا گفـت: آیت‌اللـه منتظـری مریـض اسـت دسـتور بدهیـد کـه بـه بهـداری اعزامـش کننـد. آنهـا بلافاصلـه ترتیـب انتقـال حـاج آقـا را بـه بهـداری دادنـد.»

می‌آمـد. بـه‌طـوری کـه دیگـر بچه‌هـا خبرهـا را خوانـده بودنـد و او خـود شـروع می‌کـرد بـه خوانـدن خبرهـا. وقتـی بـه خبـر جالبـی برمی‌خـورد، آن را بـا همـان لهجـه شـیرین بـرای دیگـران بلنـد می‌خوانـد. تمـام «اَز»هـا را «اِزِ» می‌گفـت و بچه‌هـا می‌خندیدنـد و می‌گفتنـد: «آقـا ایـن خبـر کـه دسـت دوم اسـت.» یـا «خبـر سـوخته اسـت.»

در اسـفند سـال ۵۵ مختصـری از محاکمـه و کارهـای پشـت پـرده گـروه هدفیهـا در روزنامه‌هـا منعکـس شـد. در رأس افـراد ایـن گـروه سیدمهدی هاشـمی بـود[1] کـه جنایـات کثیفـی از جملـه قتـل مرحـوم حجت‌الاسـلام شـمس‌آبادی[2] را مرتکـب شـدند. آیت‌اللـه منتظـری از ایـن واقعـه و فجایـع خیلـی متأثـر شـده بـود و چنـد بـار بـه مـا گفت: «ایـن شـمس آبـادی را بـی گنـاه کشـته‌اند، او شـخصیتی نبـود کـه بایـد کشـته می‌شـد، بـه خـدا قسـم اگـر سـید مهـدی را بکشـند خونـش هـدر اسـت.»[3]

---

۱ ـ سـیدمهدی هاشـمی، بـه سـال ۱۳۲۳ در قهدریجـان اصفهـان متولـد شـد. وی در دهـه ۵۰ گروهـی بـه نـام هدفیهـا تشـکیل داد. هدفیهـا در چارچوب اهـداف خـود چهار نفـر از جملـه سـید ابوالحسـن موسـوی شـمس‌آبادی را بـه قتـل رسـاندند. هاشـمی در پی‌گیـری ایـن قتلهـا، شناسـایی، دسـتگیر و بـه اعـدام محکـوم گردیـد. او بـا پیـروزی انقـلاب اسـلامی از زنـدان آزاد شـد. وی بـا سوءاسـتفاده از موقعیـت خـود در واحـد نهضتهـای آزادیبخـش سـپاه پاسـداران انقـلاب اسـلامی، مرتکـب آدمربایـی، قتـل، نگهـداری اسـناد محرمانـه دولتـی و جعـل اسـناد شـد. از ایـن رو دسـتگیر و بـه اعـدام محکـوم شـد.

۲ ـ سـید ابوالحسـن شمس‌آبـادی، بـه سـال ۱۳۲۶ هجـری قمـری در اصفهـان در خانواده‌ای روحانـی متولـد شـد. او تحصیـل علـوم دینـی را از سـنین کودکـی آغـاز کـرد و در ۲۵ سـالگی بـرای ادامـه تحصیـل بـه نجـف اشـرف رفـت. پـس از دوازده سـال تحصیـل و اسـتفاده از مباحـث علمـای بـزرگ به‌اصفهـان بازگشـت و بـه تدریـس و اقامـه نمـاز جماعـت پرداخـت و عهده‌دار نمایندگـی مالـی آیت‌اللـه خویـی شـد. وی بـا انجمـن ضـد بهاییـت همـکاری می‌کـرد و بـه فعالیتهـای عـام المنفعـه ماننـد تأسـیس انجمـن مـددکاری امـام زمانعـج، آموزشـگاه نابینایـان و سـاخت مسـاجد در روسـتاها می‌پرداخـت.

۳ ـ مواضـع آیت‌اللـه منتظـری پـس از پیـروزی انقـلاب اسـلامی نسـبت بـه سیدمهدی

خواندن نماز جماعت تبعات شدید سیاسی و تنبیهی داشت. از این رو دوستان نماز را تنهایی می‌خواندند یا اینکه نماز جماعت را فقط داخل اتاق خود برگزار می‌کردند. من نیز نماز را به آقای منتظری اقتدا می‌کردم. ایشان مخالف بود، ولی منتظر می‌شدم تا او نماز را شروع کند و بعد به او می‌پیوستم. او چند بار به من گفت که آقا تو چرا می‌آیی نماز جماعت می‌خوانی؟ جواب می‌گفتم که حاج آقا شما نمازت را بخوان. می‌گفت که اینجا قدغن است. می‌گفتم که حالا حاج آقا اگر یک نفر هم می‌تواند بخواند، بگذارید بخواند.

عباس مدرسی‌فر ـ دیگر هم اتاقی ما ـ خیلی آقای منتظری را اذیت می‌کرد و سؤالات و حرفهای بی ربطی به او می‌گفت. من خیلی به او نصیحت می‌کردم که چنین نکند، ولی فایده نداشت. نشانه‌هایی از انحراف در مدرسی‌فر پیدا بود که آیت‌الله طالقانی با دریافت این نشانه‌ها، او را در جلسات و مباحث دعوت نمی‌کرد و به او محل نمی‌گذاشت. به یاد دارم که مدرسی‌فر به آقای منتظری می‌گفت که چرا شما در قنوت می‌گویید: «ربّ زدنی علماً و الحقنی بالصّالحین» و نمی‌گویید «ربّ زدنی علماً و عملاً والحقنی بالصالحین». حاج آقا هم که منظور او را می‌فهمید، مدارا می‌کرد و می‌گفت: «نماز ما علمایی است، عمل ندارد!» من یکبار به حاج مهدی عراقی گفتم: «حاجی اگر این مرد (مدرسی) این جوری دری وری بگوید، با همین پای لنگم او را کتک مفصلی خواهم زد. از انفرادی هم باکی ندارم.» حاجی گفت: «خُب اخلاقش این طور است، منظوری ندارد. باید تحملش کرد.»

آیت‌الله طالقانی هم که مراحل بازجویی و دادگاه را طی کرده بود و محکومیتش را می‌گذراند، به جهت شخصیتی که داشت،

____

هاشمی دستخوش تغییر شد و روند معکوس به خود گرفت.

از اقتـدار خاصـی برخـوردار بـود. همـه بـه او احتـرام می‌گذاشـتند. وقتـی می‌خواسـت رؤسـای زنـدان را ببینـد، فقط پیغـام می‌فرسـتاد و آنهـا خـود بـرای دیـدن او می‌آمدنـد. مـن یکبـار دیـدم کـه منوچهری و تهرانـی ملعـون، آمدنـد و در حضـور آقـا خیلـی مـؤدب ایسـتادند و آقـا حرفـش را زد و آنهـا سرشـان را بـه نشـانه تأییـد تکـان دادنـد.

رفتـار مرحـوم طالقانـی بـه نحـوی بـود کـه موافـق و مخالـف، همـه بـه او احتـرام می‌گذاشـتند. بـه یـاد دارم کـه در همـان ایـام دختـر وی، اعظـم نیـز دستگیـر شـد و در بهـداری بسـتری بـود. آقـا چندین مرتبـه بـرای ملاقـات و دیـدن وی رفت. آقـای طالقانـی حتـی مراقب شـأن و مقـام آقـای منتظـری بـود. در زنـدان مرحـوم طالقانـی را «آقـا» و منتظـری را «شـیخ منتظـری» صـدا می‌کردنـد.

وضـع پاهایـم چـون گذشـته بـود و همچنـان بـرای سـایر دوسـتان موجـب زحمـت و دردسـر بـودم. پزشـکان زنـدان نظـر دادنـد کـه پاهایـم بهبـود پیـدا نمی‌کنـد و بایـد آنهـا را قطـع کـرد. آیت‌اللـه طالقانـی کـه پـدر مـا بـه مفهـوم واقعـی کلمـه در زنـدان بـود، خیلـی پی‌گیـر درمـان پاهایـم شـد و از مسئولین زنـدان خواسـت کـه فکـری بـه حالـم کننـد. آنهـا گفتنـد کـه راهـی نیسـت و بایـد پاهـا را قطـع کـرد. آقـا مخالفـت کـرد. مـن خـودم هـم مخالـف بـودم. آقـا یـك روز منوچهـری را خواسـت و گفـت: «مـن تحـت شـرایطی حاضـرم کـه پـای احمـد را ببریـد و آن اینکـه مـن دکتـری از بیـرون زنـدان معرفـی کنـم کـه بـه اینجـا بیایـد و پـای احمـد را معاینـه کنـد، اگـر او نظـر شـما را تأییـد کـرد، پایـش را ببریـد. هرچـه هـم خرجـش باشـد خـودم می‌پـردازم.» ولـی آنهـا زیـر بـار ایـن پیشـنهاد نرفتنـد و پـای مـن بـه همیـن شـکل معلـول مانـد.

دوسـتان تألمـات روحـی مـرا بـه خاطـر دغدغه‌هایـی کـه از فاطمـه داشـتم لحظـه بـه لحظـه بـه آقـای طالقانـی گـزارش می‌دادنـد. تـا اینکـه یـك روز آقـای طالقانـی مـرا خواسـت و گفـت کـه آقـای احمـد

تو باید از زنت جدا شوی، تا زمانی که او در بیرون و تو در زندان هستی وضع همین طور هست و چون وابستگی به او داری، نگران سرنوشت و وضعیتش هستی. بهتر است که طلاق بگیرید و بعد خود صیغه طلاق مرا با فاطمه که غایب بود، خواند و آقایان مهدوی کنی، خوئینی‌ها و کروبی و... شاهد بر این فصل بودند.

وجود مرحوم طالقانی در زندان برای ما واقعا نعمت بود. با پشتوانه و تکیه گاهی چون او به آینده امیدوار می‌شدیم. با طلاق توانستم کمی از آلام و دغدغه‌هایم را نسبت به وضعیت مبهم و نامعلوم فاطمه بکاهم و کمتر نگران او باشم، چرا که او خود این راه را برگزید.

روز به یاد ماندنی ملاقات

روزهای ملاقات در زندان، برای دوستان حال و هوای خاصی داشت. آنها با دیدن اعضای خانواده خود برای صبر و ادامه‌راه، روحیه می‌گرفتند. از این رو دوستان به من می‌گفتند که بگذار به خانواده ات اطلاع دهیم تا به ملاقاتت بیایند، ولی من چون احساس می‌کردم که اعدام خواهم شد، نمی‌پذیرفتم.

نوه آیت‌الله طالقانی، دختر اعظم خانم، که حدود پانزده سال سن داشت، مرتب برای ملاقات مادر و پدربزرگش می‌آمد. آقا در یکی از ملاقاتها مرا به او معرفی کرد تا شاید نوه‌اش خبر زنده و زندانی بودنم را بیرون از زندان پخش کند. یکبار هم مرحوم طالقانی گفت: «آقای احمد بگذار اطلاع دهند، تا خانواده و بچه هایت بیایند تو را ببینند. خدا را چه دیدی، یک سیب را به هوا می‌اندازی هزار چرخ می‌خورد تا به زمین بیفتد. تو از کجا می‌دانی که می‌کشندت!»

من هم پذیرفتم و منتظر فرا رسیدن روز ملاقات شدم. مدام در این اندیشه بودم که پدر و مادر پیرم، با دیدن سر و وضع من

چه عکس‌العملی خواهند داشت. و من چه باید بکنم؟ از فاطمه برای آنها چه بگویم؟ و...

روز موعود فرا رسید. آن روزها در محوطه زندان چادر برزنتی می‌کشیدند و خانواده‌ها با زندانیان ملاقات می‌کردند. مأمورین زیربغل مرا گرفته و به محوطه بردند و روی یك نیمکت نشاندند... دقایقی بعد در زندان باز شد. پدر و مادرم به سراغم آمدند. مادرم حال عجیبی داشت. چادرش را به زیر بغل زده و با شتاب زنانه خاصی به سویم می‌آمد. شرمنده بودم که نمی‌توانستم پیش پای آنها بایستم و یا به استقبالشان بروم. هنگامی که نزدیك رسیدند من همچنان روی نیمکت نشسته بودم، مرا در آغوش گرفتند. مادرم هق هق گریه می‌کرد. پدرم بهت زده بود. دقایقی در سکوت و اشك گذشت. پدرم با دستمالش قطرات اشك را از گونه چروك شده‌اش ورمی‌چید، مادرم گوشه چارقدش را به صورت مهربانش گرفته بود و هق هق باران غم می‌بارید.

آنها در وهله اول به خاطر جو، فضا و شوق دیدار متوجه معلولیتم نشدند. پرسیدند که احمد چه شده؟ گفتم: «هیچی درگیر شدیم و به خیر گذشت.» پدرم هنوز بر اثر آن شوك وارد شده در سال ۵۲ توسط یکی از مأمورین منوچهری، دستانش می‌لرزید و بدنش لقوه داشت. مادرم گفت که مادرزنم و فرزندانم، دم درِ زندان و داخل ماشین هستند. آنها را به داخل راه نداده بودند، از گروهبانی که در آن اطراف بود خواهش کردم که برود و ترتیبی دهد تا آنها هم برای ملاقات بیایند.

او گفت که ساواك گفته مادرزنت[1] را راه ندهند ولی بچه‌ها می‌توانند برای ملاقات شما بیایند. پدرم برای آوردن بچه‌ها

---

۱ ـ مادرزن احمد تحت کنترل و مراقبت ساواك بود و چندین بار نیز به او مراجعه و بهخاطر احمد و فاطمه او را مورد بازجویی قرار داده بودند. آنها مطمئن بودند که او با داماد و دخترش رابطه دارد و از موقعیت آنها مطلع است.

رفت. دقایقی بعد دخترانم را دیدم که دنبال پدربزرگشان کودکانه می‌دویدند. وقتی که نزدیك شدند، پدرم به زهرا و مریم گفت: «بروید پیش باباتون!» آنها حدودا سه ساله بودند. با تردید نگاهم می‌کردند که یعنی مگر ما بابا داریم؟!، من هم نمی‌توانستم بلند شوم و دنبالشان بروم، آنها کم‌کم و با تردید جلو آمدند و من بغلشان گرفتم و بوسیدمشان.

لحظاتی بعد، بچه‌ها صمیمی شدند و شروع به‌سر و صدا و شلوغ بازی کردند و از سر و کولم بالا رفتند. یك دفعه آنها زیر نیمکت رفته و عصای چوبی را بیرون کشیدند. مادرم با دیدن این صحنه، زد زیر گریه که احمد اینها (عصاها) مال توست؟ گفتم که هیچی نیست. گریه نکن! پاهایم درد می‌کند، موقتی است. گفت: «نه احمد، شکنجه‌ات کرده‌اند.» گفتم: «نه ننه شکنجه نکردند.» بالاخره، در برابر اشکهای مادرم مقاومتم را شکستم و اعتراف کردم و گفتم که در درگیری تیر خورده‌ام. او را متقاعد کردم که مسئله‌ای نیست. مادرم در آخرین لحظات سراغ فاطمه را گرفت، گفتم از زمانی که دستگیر شده‌ام از او خبری ندارم.

ملاقات با خانواده‌ام بویژه فرزندانم مرا نسبت به زندگی امیدوار کرد. و از آن پس با روحیه‌ای مضاعف به استقبال مشکلات و حوادث رفتم.

در یکی از روزهای ملاقات، نوه آیت‌الله طالقانی، آناناس هدیه آورده بود. هیچ یك از ما ازجمله هاشمی رفسنجانی، موسوی خویینی‌ها و مهدوی کنی و ... به خاطر زندگی ساده و طلبگی که داشته‌اند، نمی‌دانستند که این میوه را چطور بخورند. یکی می‌گفت باید گاز زد و دیگری می‌گفت که مثل خربزه قاچش کنید. سرانجام هم ندانستیم که چه باید بکنیم؟ آن را به پرولترهای مارکسیست دادیم و آنها خوردند و ما فهمیدیم که باید آن را چطور خورد.

آزادی و توهم بایکوت

دفعات قبلی که در زندان بودم، با وجود آن همه کتك، شکنجه و بازجویـی و دادگاه، چشـم امیـد بـه آزادی و ادامـه راه و مبـارزه داشتم. امـا ایـن بـار زنـدان فـرق بسیاری بـا دفعـات قبلـی داشـت، نه شـکنجهای، نـه بازجویـی و نـه دادگاهـی و نـه کُورسـوی امیـدی. از نظـر روحـی و روانـی بـه هـم ریختـه و افسـرده بـودم. از نظـر جسـمانی نیـز خیلـی تحلیـل رفتـه و از ناحیـه پا صدمـات جـدی دیـده و معلـول بـودم. بلاتکلیفـی و بیخبـری از سرنوشـتم و بیاطلاعـی از وضعیت فاطمـه، تمـام فکـر و ذهنـم را اشـغال کـرده و آزارم میداد.

در ایـن مـدت چنـد بـار مـرا بـه زیرهشـت بردنـد، ولـی از تهدیـد، شـکنجه و کتـك خبـری نبـود. فقـط بـه اصطلاح نصیحتـم میکردنـد و گاهـی در صحبتهایشـان وعـده آزادی میدادنـد. مـن علـت ایـن نـوع برخـورد را نمیدانسـتم و در هالـهای از ابهـام دسـت و پـا میزدم. تـا اینکـه متوجـه شـدم از طـرف صلیب سـرخ جهانـی و کمیتـه حقـوق بشـر، تحت حمایـت هسـتم. بعدهـا حـاج آقا محمـد مهرآییـن بـه مـن گفـت: «در آن زمـان، مـن بـرای معالجـه در انگلسـتان بهسـر میبـردم. خبـر رسـید کـه احمـد درگیـر و دسـتگیر شـده اسـت. از ناحیـه پـا دچـار معلولیـت شـده و قـرار اسـت پاهایـش را قطـع کننـد. ناخنهایـش را کشـیدهاند و شـکنجههای سـخت بـر او وارد می‌کننـد. از ایـن رو دانشـجویان مسـلمان خـارج از کشـور در انگلسـتان، بـا ایـن تفاصیـل اسـم تـو را بـه صلیـب سـرخ دادنـد و آنهـا درصـدد بودنـد تـا تـو را یافتـه و بـا تـو مصاحبـه کننـد و وضعیـت را پیگیـری کننـد و بهبـود بخشـند.» مـن در آن زمـان اطلاعـی از ایـن اقدامـات دوسـتان در خارج از کشـور نداشـتم. بـه همیـن خاطـر رفتـار سـاواك برایـم سئوالبرانگیز بـود.

گویـا صلیبسـرخ پـس از اطـلاع از وجـود مـن، بـه سـاواك

مراجعه و درخواست ملاقات می‌کند. به همین دلیل ساواك بنای خوش‌رفتاری و نرمخویی را با من گذاشت تا چهره كریه خود را منطقی جلوه دهد. این کارها مقدمه‌ای بود تا من در دیدار با صلیب سرخ، از رفتارهای خوب(!) و انسان دوستانه(!!) آنها بگویم.

اوایل فروردین یا اردیبهشت ۵۶، چهار نفر از صلیب سرخ جهانی به همراه یك مترجم و پزشك، به سراغم آمدند. آنها می‌خواستند گزارشی از وضعیتم تهیه کنند. ساواك خواست که این ملاقات زیرهشت باشد. من گفتم آنجا نمی‌آیم، اگر می‌خواهند به اتاقم بیایند.

آنها به اتاقم آمدند، همه را بیرون کرده و در را بستند. حتی بی‌حضور مأمورین شروع به صحبت کردند. ابتدا قول دادند مطالبی را که از من می‌شنوند، نزد خودشان نگهدارند و به ساواك انتقال ندهند. آنها تمام قسمتهای بدنم، چشمها، گوشها، بینی و دهان و... را معاینه کرده و ضربان قلبم را گرفتند. کمر و بدنم را نگاه کردند. ظاهرا دنبال کشف آثار شکنجه و ضربات شلاق بودند. به آنها گفتم که شما آن موقع که مرا شکنجه می‌کردند، کجا بودید؟ شما زمانی به سراغم آمدید که محل و آثار این زخمها و شکنجه‌ها بهبود یافته است. الان از پا فلجم و چون معلولم، دیگر شکنجه‌ام ندادند. جریان درگیری و معلولیت و نارساییهای درمان و عمل جراحی را برای آنها تشریح کردم. مترجم حرفهایم را برای آنها ترجمه می‌کرد. پزشك همراه نیز نقاط مختلف پاهایم را معاینه و نگاه کرد و نکات مهم را یادداشت می‌کرد.

در قبال سئوال صلیب سرخیها مبنی بر شکنجه‌ام، گفتم که در این نوبت از زندان، شکنجه نشدم ولی ای کاش شما سال ۵۱ و ۵۲ مرا در زندان می‌دیدید که تا سرحد مرگ، شکنجه‌ام

می‌دادند. گفتم شما اگر دنبال یافتن آثار شکنجه هستید، بروید سراغ آقای لاهوتی. (مشخصات اسمی و ظاهری لاهوتی را به آنها دادم.) درحالی که شب قبل، لاهوتی را از آنجا برده بودند.

فعالیت صلیب سرخ در آن سالها، تا حدودی ساواک را در برخی موارد، به انفعال کشانده بود. درنتیجه زندانیان رنگها را از شیشه‌های زندان زدوده و درون اتاقها دیده می‌شد. روزنامه و کتاب وارد سلولها و بندها می‌شد. از شدت فشارها و شکنجه‌ها کاسته شده بود. ولی در بیرون زندان عکس این قضایا بود. ساواک با شدت و حدت بیشتری دنبال سیاسیون و مبارزان بود و سعی می‌کرد آنها را در کوچه و خیابان بزند و بکشد تا پایشان به زندان نرسد و درد سرشان کمتر شود.

مدتی پس از ملاقات با صلیب سرخ در تاریخ ۵۶/۴/۱۲. یک روز مأمورین آمده و مرا به زیرهشت بردند و در آنجا کت و شلواری به من دادند و گفتند که بپوش و با ما بیا. در دل گفتم خدایا این بار دیگر مرا کجا می‌برند. بعد چشمهایم را بسته و حرکت کردیم. دو احتمال وجود داشت؛ اعدام یا ملاقات با یکی از مسئولین مملکتی. سه ماشین پیشاپیش هم حرکت می‌کردند.

موقع حرکت ماشین، علاوه بر بسته بودن چشمها و دستهایم، مأمورین سرم را نیز به پشت صندلی جلویی خم کرده بودند. در نقطه‌ای متوقف شدیم. چشمم را که باز کردند، دیدم در میدان ۲۴ اسفند (انقلاب) هستم. مرا از ماشین پیاده کردند و چوبهای زیربغلم را نیز دادند. کمی با بی‌سیم صحبت کردند و بعد خود سوار ماشین شده و پوزخندی زدند و رفتند.

در بهت و حیرت بودم. نمی‌دانستم کار آنها چه معنایی دارد. فکر می‌کردم کار آنها یک جور شوخی و سرگرمی و تمسخر است. دقایقی که گذشت، اطرافم را نگریستم تا شاید آنها را ببینم، ولی خبری نبود. کار آنها واقعا برایم بی معنی بود. تا چند

لحظه پیش فکر می‌کردم که به سوی جوخه اعدام می‌روم و حال آزاد و رها بودم! به کار آنها مشکوك بودم. فکر کردم ممکن است مرا در خیابان بزنند و بعد بگویند که در حین فرار کشته شد.

دلم شور می‌زد. چند قدمی به این طرف و آن طرف رفتم تا مطمئن شوم که تعقیبم نمی‌کنند. حدود بیست دقیقه که گذشت، دستم را جلو یك سواری بلند کردم. ایستاد. مردد بودم، تصور می‌کردم که ماشین ساواك است، به هرحال سوار شدم، به چهارراه لشکر که رسیدیم از راننده خواستم که سر کوچه بایستد تا برایش پول بیاورم. او کمی به من و چوبهای زیر بغلم نگاه کرد و بعد راه افتاد و رفت.

وقتی به در خانه رسیدم، مادرم با شنیدن صدای من، سراسیمه به سوی حیاط و در آمد. باورش نمی‌شد که من بازگشته‌ام. کمی مکث کرد و بعد دور و اطراف را نگاهی کرد و مطمئن شد که کسی دنبالم نیست. بعد شروع به ابراز احساسات کرد و مرا به‌داخل خانه برد.

مادرم از رهایی من هیجان زده بود اما من غم‌زده و افسرده به مسائلی که بر سرم آمده بود، می‌اندیشیدم. مادرم گفت: «احمد حالا که آزاد شدی چرا ناراحتی؟» نمی‌توانستم برای او توضیح دهم. می‌خواستم علت آزادیم را بدانم. خیلی نگران بودم. در این فکر بودم که مردم درباره من چه خیال می‌کنند؟ اینکه او با ساواك ساخت و آزادش کردند!! و یا اینکه او قربانی یك توطئه شده است. با این نگاه که «آن کس که حساب پاك است، از محاسبه چه باك است.» خود را دلداری می‌دادم.

مادرم بدون اطلاع من، به فامیل و دوستان زنگ زد و خبر آزادیم را به آنها داد. شب ساعت ۹ بود که زنگ تلفن به صدا درآمد. وقتی گوشی را برداشتم، صدای حاج مهدی ـ برادرم ـ

را شـنیدم. خبرهـا سـریع منتقـل شـده بـود! بـه حـاج مهـدی گفتـم: «مگـر تـو مبـارز نیسـتی چـرا تمـاس گرفتـی؟ الان ردت را می‌گیرنـد! بیشـتر از سـه دقیقـه صحبـت نکـن.» گفـت: «نـه بابـا! بـی خیـال ایـن حرفهـا، آنهـا نمی‌تواننـد مـرا پیـدا کننـد. فـردا هـم بهـت زنـگ می‌زنـم!» گفتـم: «داداش خیلـی بـی عقلـی!» گفـت: «نگـران نبـاش، بگـو ببینـم کـه چـی شـد و چـی گذشـت.» مـن نیـز خیلـی سربسـته و در یکـی دو جملـه بـرای او وقایـع را گفتـم.

آن شـب را تـا صبـح پلـك بـر هـم نگذاشـتم. بـه آنچـه کـه گذشـته بـود فکـر می‌کـردم. بـه اینکـه چطـور شـد سـامان زندگیـم از هـم پاشـیده شـد؟ و آتـش بـر بوسـتان آرزوهـا و امیدهایـم افتـاد؟ و اینکـه آیـا بـا ایـن همـه ظلـم همچنـان برقـرار خواهـد مانـد یـا کـه مبـارزات و زحمـات ثمـر خواهـد داد؟

نغمه‌های امید

شکست توطئه

تحلیل من این بود که ساواک درصدد ایجاد جنگ روانی و شکستن و خرد کردن من است. آنها با چندین بار زندان، شکنجه و بازجویی نتوانسته بودند مرا تسلیم خود کنند و یا از پای درآورند. ساواک به این نتیجه رسیده بود که ماندن من در زندان، مایهٔ صبر، امیدواری و روحیه برای سایر زندانیان است. همچنین باعث تحریک روحیه انتقامجویی مبارزین بیرون از زندان می‌شود. به همین علت در نقشه‌ای حساب شده مرا آزاد کردند تا به دو هدف برسند. هدف اول اینکه مرا دچار عذاب وجدان، بحران روحی و روانی کنند و نیز برای دوستانم، این تصور واهی را ایجاد کنند که احمد با ساواک سازش کرده است. در هدف دوم، ساواک به دنبال شناسایی افرادی بود که با من ارتباط برقرار می‌کردند. لذا من خیلی نگران اطلاع و ارتباط دوستانم بودم. نمی‌خواستم که آنها در دام توطئه ساواک گرفتار شوند. راضی بودم که حلق آویز شوم ولی دوستانم آسیبی نبینند.[1]

شاید فردای روز آزادی بود که زنگ خانه را زدند. مادرم پس از گشودن در، آمد و گفت: «احمد! یکی دم در است و می‌گوید که رفیق توست، من هم نمی‌شناسمش!» احتمال اینکه او ساواکی

---

[1] ـ دکتر منوچهری در زندان اوین به آقای سیدمحمد کاظم موسوی بجنوردی گفته بود: «کاظم! بلایی سر احمد آوردیم که دیگر نه راه پس دارد و نه راه پیش!». آقای بجنوردی می‌پرسد: «چه کار کردید؟» منوچهری می‌گوید: «بدون محاکمه آزادش کردیم!!»

باشد وجود داشت، ولی چاره‌ای نبود و کاری از دستم برنمی‌آمد. خواستم که او را به درون خانه راه دهد. لحظاتی بعد در ناباوری تمام، شهید حاج مهدی عراقی را در مقابلم دیدم. جلو آمد و سخت مرا در آغوش کشید و سر و رویم را بوسید. پس از اطلاع از وضعیت پاهایم، پرسید: «احمد! چی شده؟ کی دادگاهی شدی؟» اندوهگین گفتم: «من نه دادگاهی شدم و نه بازجویی و نه بازپرسی رفتم!» دوباره پرسید: «چطور آزاد شدی؟»، گفتم: «خودم هم نمی‌دانم، ولی شما از کجا فهمیدید؟» گفت: «عصر همان روز که تو آزاد شدی، بچه‌های بازار همه فهمیدند.» گفتم: «تو یک مبارز هستی، الگوی مایی، حتما این را هم می‌دانی که شاید آزادی من یک تله و دام باشد، چرا احتمال ندادی که من با ساواک سازش کرده باشم؟ چرا احتیاط نکردی؟» گفت: «احمد! ما به تو ایمان داریم، من همه فکرها را کرده‌ام، نگران نباش. الان هم که آمدم به خاطر این بود که حدس زدم در چنین توهمی گرفتار شوی و نیز می‌دانم که وضع مالیت هم خوب نیست، هفده هزار تومان که پیش صاحب مغازه پاساژ گذاشته بودی گرفتم و برایت آوردم.» او توضیح داد که بچه‌های سازمان چند مرتبه برای گرفتن این مبلغ اقدام کرده‌اند که با دخالت حاج علی‌اکبر پور استاد، ناکام مانده‌اند!

قبل از خداحافظی، از حاج مهدی خواهش کردم که اجازه ندهد تا بچه‌ها به منزلم بیایند و ناخواسته در دام ساواک گرفتار شوند. او گفت که ما حساب کار خودمان را داریم و بی‌گدار به آب نمی‌زنیم. تو نگران نباش. و تأکید کرد که خواست اصلی ساواک این است که ما تو را بگذاریم و بایکوتت کنیم. ولی کور خوانده‌اند.

جالب بود. از فردای آن روز، بچه‌های حزب ملل اسلامی، حزب‌الله و هیئتهای مؤتلفه از جمله شهید صادق اسلامی،

ابوالحسـن فلاحتی، احمـد روحی و رمضـان سـلطانی و... بـه دیدنم
آمدند. جالب‌تر اینکه منزل ما به محل و کانون جلسـات دوستان
تبدیـل شـد و مباحـث داغ سیاسـی بیـن آنهـا در می‌گرفـت و مـن
نیـز بـه ایـن طریـق از تنهایـی بیـرون آمـدم و آرامـش خاطـری یافتـم.
دوستانم بـار دیگـر با ذکاوت و زیرکی تمـام، توطئه ساواك را خنثی
و داغ بایكـوت را بـر دل خـود فروختـگان رژیـم گذاشـتند.

دیدار باآیت‌الله خامنه‌ای

روز پنجشـنبه، یـك هفتـه بعـد از آزادی؛ دوسـت همیشـگی و یـار
وفـادار روزهـای سـخت و تنـگ زندگـی ام، شـهید حـاج محمـد صادق
اسـلامی بـه سـراغم آمـد. دیدن او چـون یـك بـرادر برایـم فـرح بخش
و زیبـا بـود. مـن او را از همـه دوسـتانم بیشـتر دوسـت می‌داشـتم، برایـم
ارزش فـوق العـاده‌ای داشـت. امـا ایـن بـار از دیـدار بـا او نگـران بـودم.
راضـی نبـودم کـه وی بـا آمدنـش بـه نـزد مـن بـه خطـر بیافتـد، پـس
از سـلام و علیـك و احوالپرسـی، نگرانیـم را از دیـدار او ابـراز کـردم.
او گفـت: «احمـد نگـران نبـاش، مـا حسـاب همـه چیـز در دسـتمان
اسـت. تلـه‌ای در کار نیسـت و تو آزاد شـده‌ای. وضع تغییـر کـرده و
الان خـود مـردم، دیگـر در صحنـه هسـتند.»
صحبتهای او چـون گذشـته برایـم موجب آرامـش و مایه امیدواری
بـود. کمـی از اخبـار زنـدان برایـش گفتـم. او نیـز از شـرایط و اوضـاع
و احـوال جامعـه گفـت و خبـر داد کـه آهنـگ مبارزه خیلـی تنـد شـده
اسـت و بیـداری مـردم گسـترش یافتـه اسـت و زندانیهـا مرتـب آزاد
می‌شـوند. در پایـان گفـت: «آقـا سـیدعلی می‌خواهـد تـو را ببینـد.»
مـن دادم رفـت بـه آسـمان. گفتـم: «آخـر حاجـی! چـرا مراقبـت
نمی‌کنیـد؟ نـه! مـن نمی‌آیـم، آقـا بـه خطـر می‌افتـد!» گفـت:
«احمـد! بـی خـودی نگرانـی، سـاواك همیـن را می‌خواهـد کـه مـا
تـو را تنهـا بگذاریـم و تـو را داغـان کنـد. تـو اگـر می‌خواسـتی مـا را

لـو بدهـی، همـان موقـع کـه در زنـدان بـودی، ایـن کار را می‌کـردی. ضمنـا گیریـم کـه سـر و کلـه ساواك هـم پیـدا شـد. می‌گوییـم کاری نکرده‌ایـم، دوسـتمان از زنـدان آزاد شـده، بیمـار اسـت، خودمـان دعوتـش کردیـم تـا ببینیـم، تـو هـم نگـران هیچ‌چیـز نبـاش...»

صحبتهـای حـاج صـادق آب سـردی بـود کـه روی آتـش جانـم ریختـه شـد و روح زخمـی‌ام را التیـام داد. از حرفهـای وی دریافتـم کـه بچه‌هـای مؤتلفـه دربـاره مـن بحـث مفصلـی داشته‌اند و بـه ایـن نتیجـه رسیده‌اند کـه ساواك، درصـدد خـرد کـردن مـن اسـت تـا بـه ایـن طریـق از صحنـه مبـارزه حذفـم کننـد. بـه همیـن خاطـر عـزم خود را جـزم می‌کننـد تـا بـار دیگـر کمکـم کننـد.

بـه حـاج صـادق گفتـم: «بـا آمـدن مـن آقـا بـه خطـر می‌افتـد. اجازه بدهیـد کـه پیشنهادتان را رد کنـم.» گفـت: «آقـا خـودش گفته کـه بیایـی، وعـده مـا روز یکشـنبه بعـد از نمـاز مغـرب و عشـا، بیـا خانه مـا.»

در عیـن نگرانـی، بـرای دیـدار بـا آقـا لحظـه شـماری می‌کـردم. روز موعـود فرارسـید. بـا تشـویش و اضطـراب چوبهایـم را برداشته و زیربغـل زدم. بـرای افزایـش ضریـب ایمنـی، چنـد ماشـین عـوض کـردم تـا بـه خیابان ایـران و منـزل شهید اسلامی رسیدم. ایـن منـزل مـأوای قدیمـی‌ام بـود. در گذشـته هـرگاه بـه خطـر می‌افتـادم و یـا تحت‌تعقیـب قـرار می‌گرفتـم، بـه آن پناهنـده می‌شـدم. دیـدم در خانه بـاز اسـت، در زدم و وارد راهـرو شـدم. دو اتـاق بـزرگ در دسـت راسـت راهـرو ـ کـه در گذشـته در یکـی از آنها بیتوتـه می‌کـردم ـ قـرار داشـت. کنـار در اتـاق حداقـل بیسـت جفـت کفـش بـود، حـدس زدم کـه جلسـه و هیئتـی برپاسـت.

یااللـه گفتـه و وارد اتـاق شـدم. سـلام دادم، یـك دفعـه همـه بلنـد شـدند و مـرا در آغـوش گرفتـه و دیـده بوسـی کردنـد. طـوری که چـوب زیربغلـم رهـا شـد و بـه زمیـن افتـاد. در همیـن حـال و هـوا ناگهان

خـود را در کنـار آقـا دیـدم، مصافحـه و معانقـه کردیـم. او مـرا کنـار دسـت خـود نشـاند و گفـت: «چـه شـده، احمـد!؟» و مـن هـر آنچـه کـه دل تنگـم می‌خواسـت گفتم(امـا مختصـر)؛ از درگیـری بـا سـاواک، مسـائل بیمارسـتان، زنـدان و فاطمـه... در آخـر هـم احسـاس تألـم و ناراحتـی از نحـوه آزادی کـردم. گفتـم کـه صلیـب سـرخ در زنـدان بـه سـراغم آمـد. اظهـار سـردرگمی و حیـرت از رفتـار سـاواک کـردم. آقـا گفـت: «از نظـر روحـی خیلـی داغـان شـده‌ای!» گفتـم: «بلـه، حـاج آقـا ایـن طـوری شـد و مـن واقعـا علـت آزادیـم را نمی‌دانـم.»

آقـا پرسـیدند: «چـه کسـانی بـه دیدنـت آمده‌انـد؟» گفتـم: «اولیـن نفـر حـاج مهـدی عراقـی بـود، بعـد بچه‌هـای حـزب ملـل اسـلامی». فرمودنـد: «بارك‌اللـه بـه بچه‌هـای حـزب ملـل اسـلامی؛ نُـب پـس آمدنـد و تـو را از تنهایـی و ناراحتـی بیـرون آوردنـد. حتمـا گفتنـد کـه نگـران نباشـی زیـرا اگـر قـرار بـود لوشـان بدهـی، خـب قبـلاً لـو مـی‌دادی و دسـتگیر می‌شـدند و...»

گفتـم: «حـاج آقـا در هرحـال هنـوز فکـر می‌کنم کـه ایـن یـك تلـه اسـت.» گفتنـد: «کار از ایـن حرفهـا گذشـته، حـالا کـه آمـدی بیرون، خواهـی دیـد کـه چـه خبـر اسـت. مبـارزه بـه اوج خـودش نزدیـك می‌شـود. دیگـر اصـلاً بحـث گـروه و دسـته و مـن و تـو نیسـت، مـردم خودشـان بـه حرکـت درآمده‌انـد. تـو هـم اصـلاً در فکـر ایـن حرفهـا نبـاش! همیـن کـه آزادی، خـدا را شـکر کـن، مانـدن و نفـس کشـیدن خـودش شـکر فـراوان دارد.»

در پایـان آقـا اسـتمالتی کـرد و از وضـع پاهایـم پرسـید. مـن هـم ناحیـه هایـی را کـه تیـر خـورده بـود، نشـان دادم و گفتـم کـه اذیتـم می‌کننـد، و اشـاره کـردم کـه در زنـدان آیت‌اللـه طالقانـی اجـازه نـداد کـه پاهایـم را قطـع کننـد. در آخـر آقـا گفتنـد: «احمـد! اگـر خیلـی نگرانـی، بگویـم اندرزگـو تـو را بیـرون بـبـرد.» گفتـم: «حـاج آقـا بـرای اندرزگـو دردسـر می‌شـود، مـن پـای درسـت و حسـابی بـرای راه

رفتـن، دویـدن و مخفـی شـدن نـدارم.» گفتنـد: «شـما بـه ایـن کارهـا و امـور فکـر نکنیـد، فقـط بگـو کـه آیـا می‌خواهـی بـروی؟» گفتـم: «نـه آقـا! نمی‌خواهـم بـروم، دلـم تـو همیـن جـا در مملکتـم اسـت. اگـر قـرار اسـت بمیـرم می‌خواهـم در کشـور خـودم باشـم.»

دیـدار و صحبتهـای آقـا، دلگرمـی وافـر و آرامـش خاطـر وسـیعی بـه مـن داد کـه در پرتـو آن، روزهـای بعـد را بـه خوبـی سـپری کـردم. بچه‌هـای مؤتلفـه بـا ایـن کار، برایـم بـه اصطلاح سـنگ تمام گذاشـتند و دسـتم را در خطرناک‌تریـن پیچهـای راه زندگـی گرفتنـد. آن دیـدار و آن برخـورد پدرانـه روحیـه مـرا کامـلاً دگرگـون و از افسـردگی خارجـم کـرد و حملـه گازانبـری سـاواک را عقیم گذاشـت.[1]

فرش فروشی

سـه هفتـه پـس از آزادیـم، روزی حـاج یوسـف رشـیدی ـ از دوسـتان حـزب ملـل اسـلامی ـ تمـاس گرفـت و گفـت: «احمـد! نبایـد در خانـه بمانـی. بایـد کار کنـی، مـن مغازه‌ای نزدیـك امام‌زاده معصـوم علیه‌السـلام ـ دو راهـی قپـان گرفته‌ام، بیـا بـرو بنشـین آنجـا.»

گفتـم: «یوسـف مـن کـه پـا نـدارم. نمی‌توانـم ایـن طـرف و آن طـرف بـروم. گفـت: «دکان بـرای داداشـم هسـت و مـن شـریك تو هسـتم و بـا تـوام، نگـران نبـاش، تـو فقـط بنشـین، کار بـه کار هیچـی هـم نداشـته بـاش.» گفتـم: «ای بابـا!، در دکانـت را می‌بندنـد. خـودت و داداشـت را هـم از نـون خـوردن می‌اندازنـد.» گفـت: «تـو چـه کار داری، بیـا بـرو! حداقلـش ایـن اسـت کـه بـرای خـود محملـی داری، در آنجـا می‌توانـی بـا بچه‌هـا تمـاس بگیـری.» گفتـم: «باشـد، ولـی بایـد اول آنجـا را ببینـم.»

مغـازه در خیابـان عبیـد زاکانـی در حوالـی امام‌زاده معصـوم

---

۱ ـ آقـای احمـد سـخنان آیت‌اللـه خامنـه‌ای را در ایـن دیـدار نقـل بـه مضمـون بیـان می‌کـرد.

علیه‌السلام بود که به مبلغ چهارصد تومان در ماه اجاره کرده بودند. وقتی که زوایای مختلف مغازه را دیدم، پیشنهاد حاج یوسف را پذیرفتم، هنگام بازگشت از آنجا، به صورت غیرمنتظره موتورسواری جلویم توقف کرد و گفت: «من می‌رسانمت!». فهمیدم او ساواکی است و تا اینجا هم تعقیبم کرده است. او مرا تا در منزل برد و به خاطر اینکه به او شک نکنم، پانزده ریال هم کرایه گرفت.

دوستی داشتم به نام حمید حاجیها،[1] جوانی حدودا ۲۲ ساله، بسیار فعال و پرکار، که نشیب و فراز زندگی من برایش خیلی جالب بود، از این رو همیشه احترامم می‌کرد. خیلی علاقه داشت که کاری برایم انجام دهد. پدر وی تاجر بود و در میدان قیام مغازه داشت، به همین خاطر از وضع مالی خوبی برخوردار بودند. حمید وقتی دریافت که قرار است کار جدیدی شروع کنم، ما را به یک کارخانه پتوبافی معرفی کرد. به صاحب کارخانه گفت: «احمد، از دوستان من است، مدتی در زندان بود و حالا بهش کار نمی‌دهند، شما به اعتبار من به او پتو بدهید و فاکتورش را هم برای من بفرستید.» حمید آدرس مغازه را گرفت. یک روز هم چند تخته فرش ماشینی که آن موقع حدود شصت هزار تومان می‌ارزید، آورد و داخل مغازه ریخت. به این ترتیب او دستمایه اولیه فرش فروشی را برای ما تهیه کرد. من هیچ گاه محبت این شهید بزرگوار را از یاد نمی‌برم.

درحالی شروع به کاسبی کردم که هنوز الفبای کاسبی در این صنف از جمله شناخت فرشهای مختلف، تبلیغ و راه جلب مشتری را نمی‌دانستم. به همین جهت با مشکلات زیادی مواجه

---

۱ ـ سردار حاج حمید حاجیها در عملیات کربلای ۴، فرمانده گردان بود. او به همراه سه نفر از همرزمان خود برای جلوگیری از پیشروی پاتک دشمن، پشت تیربار نشسته و می‌جنگد تا بچه‌ها عقب نشینی تاکتیکی کنند. آنها تا آخرین فشنگ می‌جنگند و بعد هر چهار نفر به شهادت می‌رسند.

شـدم. ایـن حرفـه جدیـد آب و نانـی بـرای مـا بـه ارمغان نیـاورد. فقـط دل حـاج یوسـف رشـیدی و سـایر دوستان را آرام کـرد کـه مـن بـه اجتمـاع بازگشـته‌ام و نیـز شهید حاجیها خشـنود شـد از اینکـه کاری برایـم انجـام داده است.

نتوانسـتم بـه خاطـر عـدم تجربـه کافـی و مهـارت لازم، در ایـن کار توفیقـی بـه دسـت آورم. همـان زمـان حـدود بیسـت هـزار تومـان ضـرر کـردم. مـردم فقیـری بـه مـا مراجعـه مـی‌کردنـد. فرشها را بـه صـورت اقسـاط مـی‌خریدنـد کـه گاه مـدت تقسـیط طولانـی مـی‌شـد و گاه خریـدار قـادر بـه پرداخـت اقسـاط خـود نمی‌شـد و مـا هـم بـه آنها سـخت نمی‌گرفتیـم. از طرفـی گاهـی هـم فروشـی داشـتیم کـه بـه دلیـل سـود ناچیـزش چشـمگیر نبـود. پـس از مدتی هـم درد پاهـای من عـود کـرد. مبـارزه مردمـی هـم شـدت مـی‌گرفـت و دیگـر نتوانسـتم بـه مغـازه بـروم. حـاج یوسـف هـم شکسـته و بسـته مـی‌آمـد. تأخیـری هـم در پرداخـت کرایـه پیـش آمـد و مالـك حکـم تخلیـه مغازه را گرفت. بـا وجـود ایـن همـه مشـکل، دیگـر قـادر بـه ادامـه همـکاری نبودیـم، درنتیجـه کرکـره مغـازه را بـرای همیشـه پاییـن کشـیدیم.

ازدواج مجدد

از همـان روزهـای اول آزادی، در نشسـت و برخاسـتها و آمد و شـدها، گوشـم بـرای شـنیدن یـك خبـر تیـز بـود. خبـری کـه از وضعیـت و سـرانجام فاطمـه حکایـت کنـد. گاهـی کـه تنهـا مـی‌شـدم، بـه او و آنچـه کـه بـر سـرمان گذشـت خیلـی فکـر مـی‌کردم. برخـی دوستان و آشـنایان کـه متوجـه سرگشـتگی و افسـردگی‌ام بودنـد، دلداریـم مـی‌دادنـد.

مادرزنـم بیشـتر از همـه بـه دیدنـم مـی‌آمـد و از فاطمـه هـم هیـچ نمی‌گفـت. حـدس مـی‌زدم کـه او خبـری از دختـرش دارد ولـی مهر سـکوت بـر لبانـش زده بـود. صبـر کـردم تا حجم رفـت و آمدهـا کمتر

شــود. مــادر زنــم کــه فــردی مؤمنــه و آگاه و روشــن ضمیــر بــود، به خاطــر تربیــت فرزندانــی مبارز همیشــه مــورد شــك و ظن ســاواك بــود. او همچنــان ســکوت می‌کــرد. بــه تدریــج فهمیــدم کــه ســکوت او بــه خاطــر کشــته شــدن فاطمــه اســت. بــا فهمیــدن این راز غــم ســنگینی بر دلــم نشســت. بــرای ســبك کــردن خــود، در دل شــب بــه راز و نیــاز بــا خــدا می‌نشســتم، نمی‌دانســتم کــه این راز و فــراق را بــا کــه بگویــم و از کــه نشــان گــم شــده‌ام را بگیــرم. گــم شــده‌ای کــه دیگــر هیــچ وقت پیــدا نمی‌شــد. گــم شــده‌ای کــه در شــبی بارانــی در جاده مــه آلــود زندگــی محــو شــد. او رفــت و تنهــا دو یــادگار (دوقلوهــا) و خاطراتــش بــرای مــن مانــد. او رفــت، امیــد کــه ســبك بــال پرکشــیده باشــد. امیــد کــه از دروازه توبــه گذشــته و بــه شــهر رحمــت خداونــدی وارد شــده باشــد. امیــد...

شــاید مادرزنــم دردش بزرگ‌تــر و غمــش ســنگین‌تر از مــن بــود، چــرا کــه، تنهــا دختــر خــود را در ایــن راه از دســت داد، ولــی آنچــه تســلی خاطــر او بــود دو دختــر بــه یــادگار مانــده از فاطمــه بــود.

بعدهــا دربــاره علــل و نحــوه مــرگ او جســتجو کــردم ولــی بــه نتیجــه مشــخصی نرسیدم. این راز همچنــان ســر بــه مهر مانــد. اخبــار مختلــف بــود. یکــی می‌گفــت ســازمان او را بــه خاطــر دیدگاههــای انتقادیــش، تصفیــه کــرده اســت. دیگــری نیــز می‌گفــت کــه او بــه بن بســت رســیده و خودکشــی کــرده اســت. بــه هرحــال مهــم ایــن بــود کــه فاطمــه بــه ماهیت انحرافــی ســازمان پــی بــرد و جانــش قربانی این آگاهــی شــد.[1]

---

۱ ـ آقــای احمــد در شــکواییه‌ای کــه در اوایــل ســال ۵۹ بــه دادستانی کل انقــلاب تســلیم کــرد. آورده اســت:
«... طبــق اطــلاع کســب شــده از منابع گوناگــون، همسرم بعــد از جدایــی از مــن، بــه خانــه تیمــی شــخص دیگــری می‌رود و بعــد از چنــدی کشــته می‌شــود. او را کــه در خانه آن شــخص مخالفتهایــی بــا ســازمان داشــته، جهــت آرام کــردن بــه کادر رهبــری ارتقــا می‌دهنــد و تقی شــهرام، کثیف‌تریــن افــراد روزگار او را بــه خانه تیمــی خــود می‌بــرد،

تا شاید با ارتقای مقام او را بازهم بفریبد. ولی او دیگر گول حرفهای پوچ و توخالی آنها را نمی‌خورد و به مخالفت هرچه بیشتر می‌پردازد و تقی شهرام که وضع را این چنین می‌بیند، او را می‌کشد و وانمود می‌کند که خودکشی کرده و هیچ خبری حتی از جسد او در دست نیست و معلوم نیست، این از خدا بی‌خبر جسد او را چگونه از بین برده، ناگفته نماند که این منافقان کثیف برای از بین بردن مدارک جرم به هر جنایتی دست می‌زنند[...]. من به‌عنوان یك مسلمان ضمن دادخواهی از طرف همه شهدای مسلمانی که به‌دست این جنایتکاران شهید شده‌اند، از محضر دادستان کل انقلاب اسلامی ایران استدعا دارم محل دفن مرحومه شهیده فاطمه فرتوك‌زاده را معلوم فرمایند.»

آقای احمد در فرازی از خاطرات بعد از پیروزی انقلاب اسلامی به دیدار خود با محمدتقی شهرام می‌پردازد. در این دیدار که آقای احمد احمد به‌عنوان شاهد حضور داشته بحث شدیدی میان این دو سر می‌گیرد که ابتدا تقی شهرام هر نوع شناختی از احمد و همسرش را رد می‌کند ولی به تدریج مطالبی را درست و یا نادرست اعتراف می‌کند. تقی شهرام در سلول شماره ۱۶ بند ۳۱۳ زندان اوین به احمد چنین می‌گوید: «شاپورزاده خودکشی کرد... رفته به مسگرآباد و خودش را به درون چاه انداخته است.»

احمد و دوستانش در کمیته انقلاب اسلامی پس از این دیدار تمام چاهها و خرابه‌های مسگرآباد را جستجو می‌کنند ولی جسدی با مشخصات همسر احمد نمی‌یابند. احمد خود بر این نظر می‌باشد: «فاطمه در اواخر سال ۵۵ با کادر مرکزی سازمان به‌شدت اختلاف پیدا می‌کند. سازمان او را تصفیه و از بین برد و جسدش را در یکی از چاههای جنوب شهر تهران مفقود کرد.» احمد گفت خبر دیگری حکایت می‌کند که فاطمه توسط ساواك دستگیر، شکنجه و کشته شده است. ولی من بعد از پیروزی انقلاب وقتی که تهرانی ـ جلاد معروف کمیته مشترك ـ دستگیر شد، نامه‌ای به او نوشتم و مشخصات اسمی و ظاهری فاطمه را ذکر کردم و عکسی هم فرستادم و پرسیدم که آیا از وضعیت او اطلاعی داری؟ و تهرانی در جواب نوشته بود: «برادر احمد احمد! تو شاید خیلی مرا نشناسی، اما من تو را می‌شناسم، در سال ۵۲ بازجویت بودم و تو را به خاطر مبارزاتی که داشته‌ای تحسین می‌کنم. ما مشخصات و عکس او را برای دستگیری به مأمورین دادیم، ولی او هیچ وقت دستگیر نشد و بالتبع ما او را نه شکنجه کردیم و نه کشتیم. این حرفها را در وضعی می‌گویم که گفتن یا نگفتن آن هیچ نفعی به حالم ندارد و از جرمم نمی‌کاهد.»

با مطالعه پرونده خانم فاطمه فرتوك‌زاده به شماره ۱۱۹۷۴۲ در مرکز اسناد انقلاب اسلامی مشخص شد که ساواك هیچ نشان و رد و شناخت دقیقی از او به دست نیاورده است، و آنچه که تنها درباره مرگ او موجود است اعترافات از شنیده‌های حسین روحانی عنصر معلوم الحال و معدوم است که به هیچ روی قابل اتکاء و استناد نیست. در این پرونده آمده است: «... فاطمه فرتوك‌زاده فرزند ابوالقاسم...

روزهـا خیلـی سـخت و غمنـاك از پـی هـم می‌گذشـت و مـن در دریـای تنهایـی غوطه‌ور بـودم. معلولیـت پاهایـم زندگی را هـم بـرای مـن و هـم بـرای اطرافیانـم بویـژه مـادرم، طاقت‌فرسـا كـرده بـود. مـادرم پیـر و فرتـوت شـده و دیگـر قـادر بـه انجـام كارهـای مـن نبـود. گاهـی اوقـات دیگـر بـه اسـتیصال می‌افتـادم.

در ایـن اوضـاع و شـرایط بحرانـی، بـار دیگـر دوسـتانم بـه كمكـم آمدنـد و بحـث ازدواج را مطـرح كردنـد. مرحـوم ناصـر نراقـی دو دختر بـه مـن معرفـی كـرد كـه بـا اولـی بـه توافـق و تفاهـم نرسـیدیم. در مورد دومـی گفـت: «احمـد تـو بایـد ازدواج كنـی.» گفتـم: «آخـر ناصر آقـا! نمی‌توانـم، نـه پولـی، نـه كاری، پـای معلـول هـم كـه قوزبالای قـوز اسـت.» گفـت: «اگـر یكـی پیـدا شـود كـه تمـام ایـن شـرایط را بپذیـرد و بخواهـد بـا تـو بـا همیـن حـال و وضـع ازدواج كنـد چـه نظـری داری؟» گفتـم: «چنیـن كسـی پیـدا نمی‌شـود، اصلاً مـن چـه

<hr>

نـام مستعار، طاهـره و بعدهـا sh.z، شاپورزاده... او پـس از مدتـی در جمع سرشاخه وارد شـد و در تابسـتان ۱۳۵۵ مسـئولیت جمـع چـاپ به‌عهـده‌اش قـرار گرفـت. ایـن مسـئولیت را تـا انحـلال جمـع چـاپ اواخـر تابسـتان برعهـده داشـت و بعـد از آن تـا یـك‌دوره از مسـئولیتش اطلاعـی در دسـت نیسـت... در زمسـتان سـال ۵۵ طـی یـك نشسـت انتقـادی كـه مركزیـت در مسافرخانه تشكیل داد، فاطمـه فرتوك‌زاده و محسن طریقـت هـر دو مـورد انتقـاد قـرار گرفتنـد. فرتـوك‌زاده پـس از اتمـام ایـن جلسـه، مـدارك و سـلاحش را در خانـه باقـی گذاشـته و فقـط یـك نارنجـك بـا خـود بـرده و در گوشـه خرابـه‌ای در خیابـان انوشیروان دادگـر (بعثـت) دسـت بـه خودكشـی می‌زنـد...».
در همین زمینه آقای احمد برای چاپ دهم این كتاب افزود:
«همـه مطالبی كـه راجـع بـه خودكشـی همسـرم عنوان می‌كردنـد بی‌پایه و اساس بـوده اسـت. چـرا كـه آنهـا ادعـا می‌كردنـد كـه فاطمـه بـه تنهایـی بـه خیابـان انوشیروان رفتـه، اقـدام بـه خودكشـی كـرده اسـت. اگـر او تنهـا بـوده چـه كسـی می‌توانسـته اسـت بـر ایـن امـر شـهادت دهـد؟! آنهـا كـه چنیـن ادعایـی داشـتند وقتـی مـورد پرسـش واقـع می‌شـدند كـه چـه كسـی چنیـن حرفـی بـه شـما زده اسـت، می‌گفتنـد: سـازمان.
مـن و بـرادر فاطمـه (دكتـر فرتـوك‌زاده) حتـی بـه سـراغ پزشـك قانونـی رفتیـم، تمـام اسـامی مرگ‌ومیرهـای آن مـاه و آن سـال را بررسـی كردیـم، هیـچ مدركـی دال بـر صحـت گفته‌هـا و ادعاهـای آنهـا نیافتیـم. پـس از پرس‌وجوهـای فـراوان و سـر زدن بـه هـر جـای ممكـن، تنهـا نتیجـه‌ای كـه بـه دسـتم آمـد، ایـن بـود كـه سـازمان فاطمـه را كشـته و جسـدش را نیـز از بیـن بـرده اسـت.»

دارم کـه او بخواهـد بـا مـن ازدواج کنـد؟» گفـت: «افتخـار او ایـن است کـه بـا فـرد مبـارزی مثل تـو کـه معلـول و زخـم خـورده مبـارزه است ازدواج کنـد. او می‌خواهـد بـه ایـن ترتیـب بـرای خـود سهمی در ایـن فعالیتهـا و مبـارزات فراهـم کنـد.» گفتـم: «ناصر آقـا مـن دو تـا بچـه دارم.» گفـت: «ایـن خانـم عشقش ایـن است کـه بیایـد و دستی بـه‌سر و روی ایـن دو تـا بچـه بکشـد و افتخـار مـادری آنهـا را پیـدا کنـد.» پرسیـدم: «ایـن دختـر کیسـت؟». گفـت: «خواهـر حمیـد خانمحمـد!». دلـم آرام شـد. احمـد شیرینی[1] نیـز دامـاد ایـن خانـواده بـوده و خـود و همسـرش در ایـن وصلـت مـرا یـاری کردنـد.

مـن بـا خانـواده خانمحمـد از قبـل آشـنا بـودم و بـه اعتبـار صحبتهـای ناصر نراقـی و حـاج احمـد شیرینی، پیشـنهاد آنهـا را قبـول کردم.

وقتـی بـرای خواسـتگاری رفتیـم، پـدر و مـادر خانـم خانمحمـد، مخالفتـی نداشـتند ولـی خیلـی هـم موافـق نبودنـد. آرامش قلبـی نسبـت بـه ایـن امـر نداشـتند. البتـه حـق بـا آنهـا بـود، مـن نـه کار، نـه پـول، نـه قـد و قامـت سالـم(!) و نـه خیلـی چیزهـای دیگر نداشـتم. در ایـن میـان نقـش خانـم مریـم مصلحت جو ـ همسـر مرحوم ناصر نراقـی ـخیلـی سـازنده بـود. او خیلـی پـا درمیانـی کـرد. صحبتهـای صریـح و سریعـی بـا دختـر خانـم و خانواده‌اش صـورت داد و گفـت کـه احمـد

---

۱ ـ آقـای احمـد شیرینی بـه سـال ۱۳۲۱ در همـدان در خانواده‌ای متدیـن و مذهبی متولـد شـد. وی در دبیرستان بـا هـادی شمس‌حایری هم‌کلاس بـود و توسـط او بـه حـزب ملـل اسـلامی دعـوت شـد. شیرینی پـس از کشـف حـزب در مهر ۱۳۴۴، دستگیر، محاکمـه و زندانـی شـد. او پـس از گـذر از زندانهـای شهربانی، جمشیدیه و قصـر در تاریـخ ۱۳۴۶/۸/۶ از زنـدان آزاد شـد. پـس از آزادی از زنـدان بـا کمکهـای مالـی و حمایـت و پشـتیبانی از مبارزیـن و زندانیـان سیاسـی، همچنـان در خط مبـارزه بـا رژیـم منحـوس پهلـوی باقـی مانـد. از ویژگیهـای مختـص وی، ارتباطـات گسـترده و حمایتـی او و بـا زندانیـان سیاسـی در بنـد و مبارزیـن بـود. کـه بـا کمـک همسـرش اعلامیه‌هـا، جـزوات و اخبـار را بـه آنهـا می‌رسـاند. او پـس از آزادی از زنـدان بـه مـدت پانـزده سـال بـه کار در بـازار پرداخـت و در ایـن مـدت خانـه‌اش محـل امنـی بـرای مخفـی شـدن افـراد و مبارزیـن بـود. گفتنـی اسـت پـس از پیـروزی انقـلاب اسـلامی در سـال ۱۳۶۱ منـزل مسـکونی وی بـا نارنجـک هـدف گروهـك منافقیـن قـرار گرفـت.

از پا آسیب دیده و باید با عصا به این‌طرف و آن‌طرف برود. این ازدواج، ازدواج با یك معلول است و همسر او باید جانشین و عامل خیلی از کارها و اموری باشد که او نمی‌تواند انجام دهد. خانم خانم‌محمد جواب می‌دهد: «من اصلاً به خاطر اینکه او در راه مبارزه، معلول شده است می‌خواهم با او ازدواج کنم، من که نتوانستم مستقیم در مبارزات باشم، شاید به این طریق سهم خود را در این راه ادا کنم، کارهای او را انجام می‌دهم و سعی می‌کنم که حداقل جای مادر برای دو دختر باشم. این برای من افتخار است. نگران روزی هم نیستم، آنکه دست ما نیست، دست خدا است...»

همه دوستان، آشنایان و فامیل دست به دست هم داده و ازدواج ما را سامان و سازمان دادند. پس از ازدواج با وجود علاقه خانم برای نگهداری زهرا و مریم، خانواده فرتوك‌زاده خواستند آنها را پیش خودشان نگهدارند تا به این طریق، تسلی‌خاطر و تسکینی بیابند و به گونه‌ای خلأ وجودی فاطمه را پر کنند. دوقلوها هم در این مدت، بیشتر به آنها عادت کرده بودند، من نیز احساس کردم حال که این خانواده زخم و سیلی خورده‌اند و تنها دخترشان را از دست داده‌اند؛ بهتر است دخترانم پیش آنها بمانند. البته برای کسب رضایت من و خانم خانم‌محمد، چند نفر پادرمیانی کردند. ازجمله حاج یوسف رشیدی و عباس دوزدوزانی.

حرکتهای مردمی

ابتکار دوستان هیئتهای مؤتلفه و حزب ملل اسلامی در برقراری ارتباط با من، پس از آزادی و حمایت گسترده معنوی آنها، موجب شد تا از خطر بریدگی نجات پیدا کنم و دوباره، به صحنه‌های مبارزه بازگردم. به دنبال همان صحبت آیت‌الله خامنه‌ای («... مردم خودشان به حرکت درآمده‌اند...»)، بهترین صحنه مبارزه

را در میـان مـردم بـدون هیـچ وابسـتگی بـه گـروه، جنـاح و سـازمانی دیـدم.

سـال ۵۷، نقطـه اوج فعالیتهـای مردمـی انقـلاب بـود. مـن نیـز خـود را چـون قطـرهای در ایـن اقیانـوس متلاطـم رهـا کـردم. آنچـه کـه برایـم جالـب و مشـهود بـود، حضـور گسـترده جوانـان و نوجوانـان پرشـور و حـرارت در صحنههـای مختلـف بـود. در ایـن سـال حـرف آخـر را مـردم میزدنـد نـه گـروه و دسـته. در میـان اقـوام، فعالیـت فرزنـدان خواهـرم بیشـتر نمـود داشـت. آنهـا عاشـقانه بـه اسـتقبال خطـر میرفتنـد و در ایـن راه شـب و روز نمیشـناختند. آنهـا مـن و حـاج مهـدی را الگـوی خـود قـرار داده و سـعی میکردنـد، در فرصتهـای مختلـف پیـش مـا آمـده و از تجربیـات مـا اسـتفاده کننـد. آنهـا بـه دفعـات آمـده و میگفتنـد: «دایـی! مـردم را دارنـد میزننـد، بگـو از کجـا اسـلحه تهیـه کنیـم. چطـور کوکتـل مولوتـف بسـازیم و ...». مـن نیـز بـا طیـب خاطـر مطالـب و دانستههایـم را بـه آنهـا انتقـال میدادم. بـا مشـاهده فعالیـت ایـن جوانـان و مـردم قلبـم مالامـال از امیـد بـه پیـروزی شـده بـود.

بـا اینکـه پاهایـم تحـرك لازم را نداشـتند ولـی بـه هـر نحـوی کـه شـده بـود خـود را بـه مسـجد و جمـع مـردم محلـه میرسـاندم و در کارهـا بـا آنهـا مسـتقیما مشـارکت میکـردم.

تظاهـرات مـردم، شـکوه و جلـوه خاصـی داشـت، از اینکـه بـه دلیـل نقـص عضـو قـادر بـه حضـور مسـتمر در تظاهـرات و راهپیماییهـا نبـودم در حسـرت میسـوختم. در شـب اول مـاه محـرم، بـا شـنیدن اولیـن بانـگ «اللـه اکبـر» لنـگ لنگـان بـا موتورگازی بـه سـوی مـردم عاشـق شـتافتم و بـه صفـوف آنـان پیوسـتم. وقتـی از نزدیـك دریـای خروشـان امـت را دیـدم، اشـك از چشـمانم جـاری شـد و بـاور کـردم کـه ایـن مـوج شکسـتنی نیسـت. در آن روز فرزنـدان امـام و امـت انقلابـی، بـدون هـراس و بـا بیباکـی مثالزدنـی در برابـر دژخیمـان شاهنشـاهی

سینه سپر کرده و شعار سر می‌دادند: «مرگ بر شاه».

پس از حضور در این راهپیمایی، خانه نشینی و هدایت و مشاوره به جوانان را کافی ندانسته، در سایر راهپیماییها حاضر می‌شدم. برای سهولت کار و جابه جایی آسان، موتور گازی‌ای خریدم و چوبهای زیربغلم را به کنار آن بستم تا به این طرف و آن طرف بروم.

تمام شبهای محرم سال ۵۷ آکنده از فریادهای «الله اکبر»، «درود برخمینی» و «مرگ بر شاه» بود که از گوشه گوشه شهر به آسمان برمی‌خاست. در همین راهپیماییها بود که محمد مظاهری دوست عزیزم در حزب ملل اسلامی، به درجه رفیع شهادت نایل آمد و خاطره‌اش را برای همیشه در دلم به یادگار گذاشت.

در نیمه دوم سال ۵۷، به دلیل پیوستن قاطبه کارگران و کارمندان به صفوف انقلابیون و گسترش اعتصابها، چرخهای برخی کارخانه‌ها و سازمانها از حرکت باز افتاد و برخی هم کند شد. از این رو تهیه ارزاق عمومی و مایحتاج اولیه برای خانواده‌ها سخت و دشوار شد. در این شرایط آسیب‌پذیری خانواده‌های ضعیف بیشتر بود. از این‌رو با کمک تنی چند از دوستان وهم‌محلیها، تعاونی و ستادی را در مسجد محل تشکیل دادیم. سوخت، ارزاق و مایحتاج اولیه را تهیه و بین اهالی توزیع می‌کردیم؛ برادری، هم‌دلی، هم‌دردی، گذشت و ایثار از ویژگیهای خاص این دوره بود. گاهی خانواده‌ای که کمی وضع مالیش خوب بود، از سهم خود به نفع خانواده‌های تهی‌دست می‌گذشت. برخی متمکنین نیز کمکهای مالی و مادی خوبی از طریق این ستاد به مردم می‌کردند. به دلیل وضع خاص جسمانی‌ام، کار جمع آوری و تهیه مواد و لوازم به عهده سایر دوستان و کار اداری و اداره تعاونی به عهده من بود. در تعاونی صحنه‌های زیبا و بی‌بدیلی از گذشت و ایثار مردمی به نمایش درآمد که خیلی عبرت‌آموز

بود. خانواده‌ای را دیدم که از سهمیه نفت خود، در آن زمستان سخت، گذشت و به استفاده از زغال بسنده کرد.

انقلاب رو به اوج و رژیم رو به افول بود. سخن‌رانیهای داغی بر منابر و مساجد و هیئتها می‌شد. کاباره‌ها و عشرتکده‌ها و اماکن فساد یکی پس از دیگری تعطیل و یا به آتش کشیده می‌شد. تظاهرات، راه‌پیماییها و اعتصاب رو به گسترش بود. مساجد و دانشگاهها کانون هدایت مبارزات مردمی بود. دانشجویان از حاضر شدن بر سر کلاسها و امتحانات خودداری می‌کردند. من لنگ لنگان با آن جسم ضعیف و نحیف، نفس نفس زنان به دنبال مردم می‌دویدم...

شاه رفت و قلب مردم بویژه خانواده‌های شهدا مملو از امید و خوشحالی شد. مردم نیز شادی کردند و این نعمت را به درگاه خداوندی شکر گفتند.

شمارش معکوس آغاز شد، مردم برای ورود حضرت امام لحظه‌شماری می‌کردند. چه انتظار گران و سختی. برای کوتاه شدن دوره انتظار، شعارها علیه بختیار تغییرجهت داد: «بختیار! بختیار! نوکر بی‌اختیار». «وای به‌حالت بختیار اگر امام فردا نیاد»... و سرانجام در ۱۲ بهمن‌ماه، ماه شب چهارده در آسمان آبی ایران نمایان شد. کوچه و خیابانها آب‌زده و جارو شد و برکناره و وسط آنها گلهای لاله و شقایق چیده شد تا قدوم امام را مبارک بدارد.

پاهای علیلم همچنان وبال گردنم بود و مرا از حضور در خیلی از صحنه‌ها باز می‌داشت. یکی از صحنه‌ها، مراسم استقبال از امام بود. به‌ناچار از تلویزیون برنامه ورود حضرت امام را تعقیب می‌کردم، که ناگهان پخش برنامه قطع شد. دیگر نتوانستم طاقت بیاورم، پاهای شلم را جمع‌وجور کرده چوب زیربغلم را همراه برداشته و با موتورگازی زدم بیرون. شهر از جمعیت موج

می‌زد. با این‌حال از چهارراه لشکر تا میدان ۲۴ اسفند (انقلاب) آمدم. تراکم جمعیت مرا از رفتن بازداشت. به مردم التماس می‌کردم: «برادر! خواهر! بروید کنار، من نمی‌توانم راه بروم، راه را باز کنید، تا من با موتور رد شوم.» ولی فریاد و صدای من در التهاب و هیجان مردم گم می‌شد. از موتور پیاده شده و آن را به یک تیر چراغ‌برق قفل و زنجیر کردم و با چوب زیربغل راه افتادم.

شاید تا قبل از قطع پخش مستقیم برنامه ورود حضرت امام، خیابانها این‌طور شلوغ نبود. ولی با این کار نابخردانه، مردم احساساتی شده عکس‌العمل انقلابی نشان دادند و چنین به کوچه و خیابان ریخته و سراسیمه به‌طرف فرودگاه در حرکت بودند.

با ازدحام شدید مواجه بودم، در خیابان آیرنهاور(آزادی)، فشار جمعیت مرا داغان می‌کرد. در همان‌لحظه ماشین حامل امام که آقای رفیقدوست راننده آن بود، از جلو ما گذشت و من لحظه‌ای کوتاه چهره مبارک امام را دیدم. دیگر نمی‌توانستم جلوتر بروم، چرا که امکان زمین خوردن و آسیب زیاد بود، مردم بی‌توجه به اطراف به من تنه می‌زدند. دیگر سرپا نگهداشتن خودم ممکن نبود. لذا مسیر آمده را برگشتم؛ دیدم که مادر و پدر و همسرم نیز به دریای خروشان امت پیوسته‌اند.

انفجار نور

پس‌از ورود حضرت امام، مدرسه رفاه، مرکز هدایت و رهبری نهضت شد. گرچه من ناتوان از هم‌پایی با سایر دوستانم بودم، ولی احساس کردم که نباید نشست و از بار مسئولیت شانه خالی کرد. شاید بتوان با همین‌حال، کار کوچکی صورت داد. به طرف مدرسه رفاه رفتم. جلو مدرسه، مردم ازدحام کرده بودند. حرکت سخت و گاه ناممکن بود. آنچه که برایم در نگاه اول

خیلی جالب بود، حرکتهای تبلیغاتی گروه مسعود رجوی و موسی خیابانی و اعضا و هواداران سازمان به‌اصطلاح مجاهدین بود. در آنجا افراد مختلفی را دیدم چون شهید حاج‌مهدی عراقی، ابراهیم یزدی، عباس‌آقا زمانی (ابوشریف)، جواد منصوری و ... در این میان دیدار مجدد ابوشریف برایم جالب بود. او به‌تازگی وارد کشور شده بود. به من گفت: «احمد! هر یك از بچه‌های انقلابی و مبارز، پیر و جوان را كه می‌شناسی معرفی كن، کار زیاد است. به بچه‌های مطمئن نیاز داریم.» اداره كلاس آموزش نظامی و دفاعی تحت‌نظر او بود. به‌غیر از وی، جواد منصوری، محمد منتظری و عباس دوزدوزانی نیز هر یك عهده‌دار وظایف و مسئولیتهایی بودند. افراد را برای کارهای نظامی آماده می‌کردند و با پاس و گشتهای انتظامی، منطقه اطراف مدرسه را تحت‌حفاظت و امنیت خود داشتند. از من کاری برنمی‌آمد، فقط در محیط مدرسه حضور داشتم و دوستان هر کاری را كه با وضعیت جسمانی من مناسب بود، احاله کرده و من با جان و دل آنها را انجام می‌دادم ازجمله کارهای اداری و نوشتاری.

پنجشنبه، ۱۹ بهمن، همافرها به دیدن حضرت امام آمدند. من پس از دیدار، همان‌شب به منزل مادرزنم در سرآسیاب دولاب، خیابان باغچه‌بیدی رفته بودم. فردای آن روز، جمعه، ساعت حدود ۱۰ صبح از آنجا خارج شدم، به سه‌راه سلیمانیه رسیدم، در ضلع شمالی آن، خیابان فرح‌آباد (پیروزی) خیلی شلوغ بود. مردم به پادگان فرح‌آباد حمله کرده و یك تانك را هم در خیابان به آتش کشیده بودند. اوضاع عجیبی بود، خیابان را دود و آتش و سنگ فراگرفته بود. به‌سمت در بزرگ پادگان رفتم، مردم به صف ایستاده بودند. پرسیدم: «چه خبر است؟» گفتند: «کسانی که برگ خاتمه‌خدمت دارند می‌توانند اسلحه بگیرند.» باورم نمی‌شد، مگر چنین امری ممکن بود؟! چرا سلاحها را

در اختیار مردم می‌گذارند؟ جواب دادند که دیشب گاردیها به همافرها حمله کرده و با آنها درگیر شدند و اسلحه‌خانه پادگان را در دست گرفتند. مردم هم به کمک همافرها آمده و به‌پادگان حمله کرده و آنجا را از دست گاردیها گرفتند. کسانی که مردم را تسلیح می‌کردند خود همافرها بودند و به هر کسی که کارت پایان‌خدمت داشت، سلاح می‌دادند. من سریع خود را به اولین باجه‌تلفن سالم(!) رساندم و با مدرسه رفاه تماس گرفتم، ندانستم که چه کسی پشت خط است. گفتم: «برادر می‌دانی چه‌خبر است؟... خیانت.» گفت: «خیانت! چه‌خیانتی؟» گفتم: «دارند به مردم اسلحه می‌دهند، دارند آشوب می‌کنند.» گفت: «مردم خودشان اسلحه می‌گیرند، برای جنگ با گاردیها نیاز به اسلحه دارند.» بعد گفت که هیچ توطئه‌ای هم نیست، با دست‌خالی که نمی‌شود با گاردیها جنگید.

پس از نیم‌ساعت دوباره به صحنه برگشتیم، دیدم تمام پشت‌بامهای اطراف را با کیسه‌های شنی و خاک، سنگر بسته‌اند. در همین میان مینی‌بوسی از راه رسید. تعدادی با چوب و چماق از داخل آن بیرون آمدند. در میان آنها هادی غفاری بود. او درحالی که سلاح خودکار یوزی در دست داشت، پیشاپیش مردم حرکت می‌کرد. دقایقی بعد زد و خورد میان گارد و مردم آغاز شد. این حرکت مردم نفس عوامل رژیم را به‌شماره انداخته بود.

درهای زندانهایکی پس از دیگری گشوده می‌شد. پادگان لویزان هنوز مقاومت می‌کرد. ما هم به فعالیت خود در مسجد محل ادامه می‌دادیم. خبر رسید که بچه‌ها نیاز به کمک دارند. چند نفر جمع شده چند اسلحه با خود برداشتند و به طرف لویزان حرکت کردیم. نزدیک لویزان، دیدیم مردم، دسته‌دسته به‌طرف پادگان درحرکتند. وقتی به‌پادگان رسیدم، صدای چند شلیک هوایی را شنیدم. دیدم مردم را دارند از پادگان بیرون می‌کنند و در

را می‌بندند. پرسیدم: «چه شده؟» گفتند: «دیر آمدید! بچه‌ها پادگان را گرفتند، می‌خواهند از هرج‌ومرج جلوگیری کنند.» گفتم: «الحمدلله!» و بعد رادیو، تلویزیون سقوط کرد. صدایی در فضای ایران طنین‌انداز شد:

«توجه! توجه! این صدای انقلاب ایران است. صدای ملت ایران.»

سخن آخر

آقـای احمـد، ایـن مبـارز خسـتگی‌ناپذیر، پـس از گـذر دالانهـای تنـگ و تاریـك و راههـای پرپیچ‌وخم و خطرنـاك، سـرانجام جسـم شكسـته، نحیـف و رنجـور خـود را به‌سـاحل پیـروزی رسـاند. گرچـه بهـای بسـیار سـنگینی بـرای آن پرداخـت؛ ولـی بـا چشـیدن قطـره‌ای از شـهد شـیرین پیـروزی، تمـام خسـتگی از تنـش بیـرون رفـت. او بـا پیـروزی انقـلاب از تب‌وتـاب نیفتـاد و در مصدرهـای گوناگـون منشـاء خدمـت شـد. از جملـه مسئولیت دبیرخانـه كمیتـه مركـزی مستقـر در مجلس شـورای اسـلامی، مسئولیت روابـط عمومـی زنـدان اویـن و بعـد بـه آمـوزش و پـرورش بازگشـت و به‌تربیـت نیروهـای مؤمـن و انقلابـی پرداخـت كـه هـر یـك در جنـگ و بعـد از آن موجـب بركاتـی بـرای نظـام جمهـوری اسـلامی شـدند.

او پـس از پیـروزی انقـلاب اسـلامی به‌خاطـر پایمـردی و اعتقاد راسـخش در راه حـق و نهضـت امـام خمینـی، همچنان مـورد حقـد و كینـه منافقیـن بـود. یكبار منـزل مسكونیـش مـورد هجـوم منافقین قـرار گرفـت و در آتـش كینـه و انتقـام آنهـا سـوخت.

وی ماههـای متمـادی نیـز به‌جبهه‌های دفـاع مقـدس شـتافت. او پـس از بازنشسـتگی بـه توصیـه رهبـر معظم انقـلاب حضـرت آیت‌الله خامنـه‌ای كـه بـه وی فرمـوده بـود: «احمـد! وقـت نشسـتن نیسـت.» مجـددا بـه صحنـه بازگشـت و در كنـار دوسـت قدیمـی خـود آقـای محمـد مهرآییـن بـرای مدتـی كوتـاه در تربیـت بدنـی بنیـاد جانبـازان مشـغول خدمـت شـد.

در وصف تمام رنجها، محنتها، سختیها، هجرها و مجاهدتهای این پیر مبارز و جان بر کف، تنها می‌توان این وعده الهی را بارها و بارها تکرار کرد: ((والذین جاهدوا فینا، لنهدینهم سبلنا.))

بازتاب

انتشار خاطرات احمد احمد در دو چاپ اول و دوم، بازتابها و واکنشهای متفاوت و بسیاری درپی داشت. پس از توزیع چاپ اول و به فاصله کمتر از یک هفته، تماسهای بسیاری با دفتر ادبیات انقلاب اسلامی گرفته شد که غالب آنها توأم با احساس همدردی و تأثیر و تأثر خوانندگان همراه بود. از تماسهای جالب برای ما، تماس دوستان قدیمی احمد احمد بود که می‌خواستند دوست قدیمی و فراموش شده خود را بیابند. احمد، خودچندین بار به ما گفت که با انتشار این کتاب، آرامش زندگی‌اش به هم ریخته است و در مسجد، خیابان و خانواده، مدام از او توضیح و پاسخ بیشتری می‌طلبند. همچنین از سوی مراکز و مؤسسات مذهبی، علمی و فرهنگی برای سخن‌رانی دعوت می‌شود. او می‌گوید: «من که اهل این حرفها [سخن‌رانی و شرکت در جلسات] نبودم و نیستم، با این کار زندگی عادی من به هم ریخته است.»

***

روزنامه کیهان در اقدامی ارزشمند تمامی مطالب کتاب را از تیر تا آبان ماه ۱۳۸۰ به صورت پاورقی منتشر کرد. این اقدام بازتابهای خاص خود را داشت.

ما از ارائه تمامی اقبالها و نظریاتی که در طول انتشار پاورقی مزبور منعکس می‌شد چشم‌پوشی کرده فقط به طرح چند نمونه از آنها بسنده می‌کنیم:

«از پاورقی کیهان در مورد خاطرات آقای احمد احمد تشکر

می‌کنم. من با اینکه نزدیك به پنجاه سال دارم و اوضاع و احوال دوره ستم‌شاهی را به یاد دارم، ولی وقتی این خاطرات را می‌خوانم نگاه روشن‌تر و دقیق‌تری به شرایط آن زمان پیدا می‌کنم و قطعا این خاطرات برای جوانها و کسانی که مسائل و محدودیتها و ظلم دوران طاغوت را درك نکرده‌اند مفید و مؤثر است.»

(تاجیك ـ کیهان ۸۰/۸/۲)

«من فکر می‌کنم با این خاطراتی که از آقای احمد احمد منتشر کردید، همه مطالب گفته نشده است، ناگفته‌هایی هم هست که در این میان جا دارد از ایشان پرسیده شود؛ شناخت اوضاع و احوال بعد از انقلاب، گروههای سیاسی و تغییراتی که در سرنوشت بعضی از شخصیتهای مطرح در خاطرات ایشان، در بعد از پیروزی انقلاب به وجود آمده نکات قابل توجهی است که باید مورد تأمل و دقت نظر قرار گیرد.»

(عبدالله رحمانی ـ کیهان ۸۰/۸/۱۶)

«از شما به خاطر حسن‌سلیقه‌ای که در چاپ سلسله خاطرات احمد احمد به خرج دادید تشکر می‌کنم. با این‌که بیش از بیست سال از زمان وقوع این خاطرات گذشته است، ولی هنوز درس‌آموز است و می‌تواند برای نسل جوان آموزنده باشد. جهت اطلاع بیشتر عرض می‌کنم در زمان جنگ در منطقه عملیاتی فاو همین آقای احمد احمد به عنوان یك نیروی ساده در داخل سنگرها به رزمندگان اسلام خدمت می‌کرد.»

(حسین همدانی ـ کیهان ۸۰/۸/۲۴)

٭٭٭

اما دفتر نمایندگی مقام معظم رهبری در دانشگاه الزهرا، در نکوداشت روز معلم (اردیبهشت ۸۰) ضمن برگزاری مجلس بزرگداشت این روز، کتاب خاطرات احمد احمد را در میان

دانشجویان آن دانشگاه به مسابقه گذاشت که نزدیك به پانصد دانشجو در این مسابقه شرکت کردند، و تعدادی از آنها در روز مراسم، یادداشتها و نوشته هایی ارائه کردند که مطالعه گزیده تعدادی از آنها خالی از لطف نیست:

جناب آقای احمد! زندگی‌نامه‌تان را که همراه با به تصویر کشیدن صحنه‌های تاریخی قبل از انقلاب، از جمله به خاك و خون کشیده شدن جوانان و نیز عبرتها و درسهای فراوان بود، مطالعه کردم. تازه فهمیدم که این انقلاب مرهون زحمات چه کسانی است و چه کسانی آن را بنیاد نهادند، و در راه مبارزه برای آن از همه چیز خود گذشتند. ... و با این کارشان درس ایثار و عشق به ما آموختند. عشقی که تاکنون مخفی و دور از دسترس بوده است.

... من تاکنون درسهای بسیاری گرفته‌ام اما در مرحله ظهور و رؤیت و نیز عمل به آن نرسیده بودم، که در این کتاب به آن رسیدم و دیدم. دیدم زندگی را، استقامت را شجاعت و ایثار و ایمان به خدا را...

وقتی به یاد آن شکنجه‌ها و سختیها می‌افتم، می‌گویم خدا را شکر که من جای شما نبودم، چرا که با اولین شکنجه‌ها، راهی را در پیش می‌گرفتم که نه دنیای آن پیدا بود و نه آخرت آن.

سمیه طالبی ـ دانشجوی رشته فقه و حقوق

برادر و پدر مبارز و انقلابییم! سلام، سلام بر شما الگوی مقاومت و ایثار در زندانهای رژیم شاه، سلام بر شما ستاره درخشان مبارزه علیه ظلم... با خواندن کتاب خاطراتت دو حال اندوه و شادی بر من مستولی شد، اندوه از آن جهت که وجود با ارزشی چون شما تاکنون در جامعه مغفول مانده و ناشناخته است و اما شادی‌ام به خاطر احساس افتخار بود، افتخار به داشتن چنین مبارزان نستوهی، و باز غمگین شدم وقتی به این اندیشیدم که در

جامعه بسیارند کسانی که نمی‌دانند این انقلاب با چه زحماتی به دست آمده است.

وقتی از مبارزات و شجاعتهایت در کتاب می‌خواندم، اشك در چشمانم جمع می‌شد که چطور این همه زحمت و رنج را متحمّل می‌شوید. وقتی در ذهن خود زحمات و شکنجه‌های شما را در زندان تجسم می‌کردم، از خود شرمنده می‌شدم که چرا ما به خوبی، قدر این انقلاب را نمی‌دانیم...

شما و امثال شما همچون ستارگانی هستید که در طول تاریخ خواهید درخشید و از پرتو نور خود، دنیا را روشن خواهید کرد و به غفلت‌زدگان و از خدا بی‌خبران خواهید فهماند که وعده الهی حق است و پیروزی از آن اوست. امیدوارم که از رنجها و زحمات طاقت‌فرسایی که به عشق خدا و ائمه و در راه او متحمّل شدید خسته نباشید.

قطره کوچك: هما کَهْنه

***

با سلام ـ می‌خواستم از آقای احمد بپرسم که چطور حاضر شدید برای سازمان اختلاس کنید (اشاره به ص ۳۲۰ کتاب) مگر نه آنکه از آنهایی که اختلاس کردید، دست شما را در روزهای سخت و بحرانی گرفتند، آیا این است راه و رسم قدردانی؟! و باز می‌خواستم بپرسم با توجه به کارهای مشکوك سازمان مجاهدین خلق، از جمله جداسازی زنان از شوهرانشان چرا شما دقت بیشتری نکردید تا همسرتان امروز در کنار شما باشد؟[1]

---

۱ ـ برای اطلاع بیشتر این خواهر نکته‌بین، باید گفت که مجموع شرایط و اقتضائات روز، آدمی را در وضعیتی قرار می‌دهد که لاجرم به اولویت‌بندی در برنامه‌ها، تکالیف و وظایف و در آخر تصمیم‌گیری و اجرا می‌کشاند که شاید خیلی دل به رضای انجام آن ندارد. از این‌رو برای دریافت حال و روح احمد احمد و جستن چرایی کارها و تصمیمات وی باید شرایط و اقتضائات آن روز احمد را با توجه به هدف و مقصدی که پیش‌رو داشت درك و تجسم کرد و بعد پرسید که

علی‌رغم این سؤالات من واقفم که شما امتحان سختی را از سر گذرانده‌اید و الحمدلله پیروز از آن بیرون آمده‌اید و می‌توان مصداق آیه «والذین جاهدوا فینا لنهدینهم سبلنا» را در این امر دید.

و البته جای تشکر از نویسنده محترم (آقای محسن کاظمی) و دیگر همکاران وی برای تهیه متن جذاب و لحن شیرین کتاب باقی است.

پیر عزیزآباد ـ دانشجوی رشته علوم اجتماعی «پژوهشگری»

***

جناب آقای کاظمی ـ به دوش گرفتن این بار، بار بیان چنین محتوای عظیمی، به راستی که سنگین است و الحق که حضرت‌عالی خوب از عهده بیان آن برآمده‌اید. نه آن‌چنان گزارش‌وار که سر انسان به دوران افتد و نه آن‌چنان شعارزده که عقل را خسته کند. نه آن‌چنان پراحساس که منطق را بیازارد، و نه آن‌چنان خشک که قلب را راهی در آن نباشد. حقا که دست مریزاد. به این امید که قلم شما بار دیگر امانت حرفهای دل مبارز دیگری را نیز عهده‌دار شود و از عهده برآید، ان شاءا...

حسینی

***

استاد بزرگ جناب احمد ـ رشادت و سترگی شما در برابر تمامی مصایب و سختها مرا وادار به نواختن آهنگی در شکوه وجود شما می‌کند. در کالبد انقلاب، هنوز صدای نفسهایی به گوش می‌رسد که صبر را پیشه خود ساخته‌اند. شما شکوفا شدن خود را به رخ نکشیدید، ولی مهد حرکت کسانی شدید که امروزه

اگر ما جای این مبارز بودیم، چه می‌کردیم؟
کاظمی

در جاده‌ای باشکوه و پر از خاطرات شیرین هستند... آموختنیها را در کتاب شما این چنین آموختم که: جوشش یك چشمه و حرکت یك نهر، آن‌چنان نیاز به ایثار دارد که حتی باید جان خود را گذارد و به وادی دیگر شتافت و آنجا صبر را هجی کرد تا واژه‌های آن حتی در سنگ ذهن کسانی چون من، که هرگز با چنان واقعیتی ملموس نبودیم، برجای ماند.

باغبان شمایید و امثال شما، پس به باغ سبز در حال رشد خود هم نگاهی بیندازید و اگر لازم بود به کمك آن باغبان سبزی که من و شما او را به خوبی می‌شناسیم، شاخه‌های زائد ما را هرس کنید، تا نور، یك‌بار دیگر بر سیمای آفتاب ندیده ما نیز لبخند بزند. ... من امیدوارم که روزی باقی آن باغبانان را چنان بشناسم که خود نیز روزی باغبانی ورزیده برای باغ خود باشم.

به امید آن روز، از طرف دختر شما زهرا قنبری ـ دانشجوی رشته تاریخ

***

خاطرات احمد احمد، غبار از خاطرات برخی علاقه‌مندان به فعالیتهای سیاسی برگرفت و یادها و یادمانهای فراموش شده در ذهن ایشان را به بازخوانی فراخواند. «مرثیه‌ای برای گمشدگان تاریخ» یکی از این بازخوانیهاست که در روزنامه کیهان به تاریخ ۱۳۸۰/۴/۶ با امضاء محفوظ به چاپ رسید:

مرثیه‌ای برای گمشدگان تاریخ

هان ای دل عبرت‌بین از دیده نظر کن هان
ایوان مداین را آئینه عبرت دان

خواندن «خاطرات احمد احمد» که به همت دفتر ادبیات

انقلاب اسلامی حوزه هنری در سال ۷۹ منتشر شده خاطره از یاد رفته‌هایی را در ذهنم بیدار کرد. بدون شك تمامی این كتاب خواندنی و جذاب است. خواننده را چنان همراه خود به سالهای دور می‌برد و به دنبال خودمی کشاند که به سختی می‌توان آن را بر زمین گذاشت، اما بخش پایانی کتاب حکایت دیگری دارد. داستان غم‌انگیز خانواده‌ای که به دام تشکیلات مافیایی «مجاهدین خلق» گرفتار می‌آید و زنی که از همسر و فرزندانش جدا می‌شود و در تاریکی تاریخی از نظرها ناپدید می‌گردد، بدون اینکه حتی گوری از خود باقی بگذارد؛ زنی به نام «فاطمه فرتوك‌زاده» همسر جوان احمد احمد.

از این زنها در تاریخ سازمان مجاهدین خلق ایران، فراوان می‌توان یافت؛ کسانی که در برابر اهدای جان و مال و همسر و فرزند و تمامی زندگی؛ آنچه به دست آورده‌اند گمنامی و فراموشی بوده است؛ کسانی که حتی به دریافت لقب «شهید» از سوی سازمان مفتخر نشده‌اند.

احمد احمد که از بنیان‌گذاران گروهی به نام «حزب‌الله» است، با پیوستن این گروه به مجاهدین خلق در اوایل دهه پنجاه، ناخواسته با آنان همراه می‌شود و در آن سازمان جای می‌گیرد. او که تازه ازدواج کرده، به دستور سازمان راه زندگی مخفی را در پیش می‌گیرد و همراه همسر و دو فرزند خردسال دوقلویش در خانه تیمی سکنی می‌گزیند. «فاطمه» همسر او که با آگاهی از سابقه مبارزات احمد و به جهت علاقه‌مندی به مبارزه با رژیم پهلوی، به عقد او در آمده، هیچ شکایتی از این نحوه زندگی ندارد و حتی با مهارتی که در اجاره خانه و پیدا کردن خانه امن کسب کرده، به سرعت با این شیوه زندگی و هماهنگ و همگام می‌شود.

او که زنی ساده‌دل و بی‌تجربه است، انحرافات سازمان را که

مرحله به مرحله عیان و آشکار می‌شود، درنمی‌یابد؛ درست برخلاف احمد که با دقت و تیزبینی و به علت تجربه و پختگی که در این راه به دست آورده، عمق انحراف مجاهدین را درمی‌یابد و زمانی که تسلط گروه مارکسیست شده تقی شهرام بر سازمان آشکار می‌گردد، پس از درگیریها و بحثهای فراوان با شهرام و دیگران، از آنان جدا می‌شود. این در حالی است که فاطمه در خانه امن سازمان می‌ماند؛ خانه امنی که احمد نشانی از آن ندارد. احمد از هم تشکیلاتیهای خود در حالی جدا می‌شود که اعضای تیم او از جمله فاطمه به همراه یکی از دخترانش به خانه امن جدیدی می‌روند. پس از آن احمد دیگر همسرش فاطمه را نمی‌بیند.

بعد از انقلاب، وقتی محمدتقی شهرام به دست یکی از دوستان احمد دستگیر می‌شود، تنها اطلاعات مبهمی در مورد فاطمه می‌دهد. او در بازجوییها و صحبتهایش با احمد، یک‌بار اقرار می‌کند که فاطمه تسویه و کشته شده و جسدش را در چاههای جنوب شهر انداخته‌اند، و بار دیگر می‌گوید که چون فاطمه، مارکسیسم را نمی‌پذیرد به او دستور داده می‌شود تا خود را سر به نیست کند ـ در یکی از چاههای مسگرآباد ـ و او چنین کرده است...

پایان کار فاطمه بالاخره روشن نمی‌شود، اما آنچه به خوبی روشن است اینکه فاطمه در تاریکی تاریخ خشونت‌بار مجاهدین گم و محو شده و هیچ نشانی از او به دست نمی‌آید. فاطمه را تقی‌شهرام، تسویه می‌کند و گروه رجوی نیز پس از انقلاب، نامی از او به میان نمی‌آورد.

بلافاصله پس از انقلاب و حتی در همان روزهای انقلاب، انجمن دانشجویان مسلمان مشهد، تصاویر شهدای سازمان مجاهدین خلق ایران را با آیه «فضّل‌اللّه المجاهدین علی‌القاعدین

اجرا عظیما» به چاپ رساندند. در میان این عکسها، تصویر هر شخصی که نسبتی با سازمان داشت مشاهده می‌شد، از جمله کسانی که مارکسیست شده بودند. یکی از این افراد «صدیقه رضایی» خواهر رضاییها بود. «محبوبه افراز» و «محبوبه متحدین» هم در آن میان دیده می‌شدند.

آنچه که برای من، به عنوان دانش‌آموزی که علاقه‌اش به سازمان مجاهدین خلق، از سالها قبل از انقلاب به صورت غیرمستقیم ـ آشنایی با کسانی که بعدها فهمیدم با مجاهدین در ارتباط بوده‌اند ـ و در روزهای انقلاب و پس از آن، به صورت مستقیم پیوسته در حال فزونی بود، جلب توجه می‌کرد، این بود که مدتی بعد این فهرست از سوی سازمان مورد تسویه و پاکسازی قرار گرفت. طی اطلاعیه‌ای که در تاریخ ۱۳۵۸/۱/۷ به‌چاپ رسید، سازمان اعلام کرد که پس از ضربه اپورتونیستهای چپ‌نما در سال ۱۳۵۴، افرادی کشته شده‌اند که سازمان فقط ۲۵ نفر از آنها را به عنوان شهید به رسمیت می‌شناسد. در این فهرست تنها نام سه زن یعنی «فاطمه امینی»، «زهرا گودرزی» و «بهجت تیفتکچی» به چشم می‌خورد. سال بعد نیز وقتی «انجمن دانشجویان مسلمان» ارگان دانشجویی سازمان تقویمی منتشر کرد، تنها نام این سه زن، به عنوان شهید (در تاریخ شهادتشان) آمده بود.

به دلیل آشنایی که با کسانی همچون «محبوبه افراز» داشتم، همیشه این سئوال برایم مطرح بود که پس بقیه چی؟ همیشه به این سئوال من از سوی تشکیلات جوابی کلی و مبهم داده می‌شد: باقی همه مارکسیست شده بودند. اما آنچه را که امروز از سرنوشت بعضی از آنان می‌دانم، با آنچه که از دیروز می‌دانسته‌ام، وقتی در کنار یکدیگر می‌گذارم، می‌بینم که تعدادی از این افراد در حقیقت قربانی جریان کودتای مارکسیستی بوده‌اند و با این همه،

آنها نیز توسط گروه رجوی کنار گذاشته شده‌اند. حتی در مورد کسانی که تغییر ایدئولوژی داده بودند نیز اطلاعات درستی به هواداران داده نمی‌شد. به عنوان مثال هرگز عاقبت «صدیقه رضایی» برای من روشن نشد و مطالبی که به تازگی درباره او و در کتاب احمد احمد خواندم، بسیار برایم تازه و تکان دهنده بود.

احمد احمد طی آخرین درگیری‌اش از ناحیه پا به شدت مجروح و در بیمارستان شهربانی بستری می‌شود. در آنجا او افراد مختلفی را می‌بیند از جمله «مهدی بخارایی» را، که این شخص پس از انقلاب به گروه رجوی می‌پیوندد و پس از حضور در فاز نظامی سازمان، اعدام می‌شود. مهدی بخارایی روزی گریان نزد احمد احمد می‌رود و می‌گوید: «امروز جسد صدیقه رضایی را دیدم که بر سر قرار دستگیر شده و با سیانور خودکشی کرده بود. قرار بود ما با هم ازدواج کنیم.» اما آنچه برای بخارایی تکان دهنده بود، این است که صدیقه رضایی با دامن کوتاه و بلوز آستین کوتاه، در حالی که باردار است، دستگیر می‌شود و این، حتی برای کسی مثل بخارایی، تکان دهنده است. این حقایق هرگز در نشریات و کتب سازمان به چاپ نرسید ـ چون من خواننده قهار تمامی آنچه توسط سازمان به چاپ می‌رسید، بودم ـ و در هیچ سخن‌رانی یا جلسه و تشکیلاتی گفته نمی‌شد.

و اما در فهرستی که به آن اشاره شد، نامی از فاطمه فرتوک‌زاده ـ همسر احمد احمد ـ دیده نمی‌شود؛ علی‌رغم آنکه شهرام اعتراف می‌کند که او به خاطر ایستادگی در برابر جریان اپورتونیستی، توسط آنها کشته شده است.

«محبوبه متحدین» در ۱۸ بهمن سال ۱۳۵۵ کشته می‌شود. نام او نیز از فهرست شهدای سازمان حذف شده است، اما هم‌چنان، پس از انقلاب مورد استفاده سازمان قرار می‌گیرد.

«محبوبـه افـراز»[1] زنـی میانسـال و مدیـر دبسـتان رفـاه بـود؛ زنـی موقـر و سـنگین و در عیـن حـال در مواجهـه بـا والدیـن دانش‌آمـوزان، بسـیار افتـاده و محجـوب. دیـدن نـام و تصویـر او در روزهـای انقلاب در فهرسـت شـهدای سـازمان، مـرا واداشـت تـا بـه دنبـال سرنوشـت او بـروم. دانسـتم کـه حیـن مبـارزه در کنـار رزمنـدگان «ظفـار» کشـته شـده اسـت. نـام او هـم، هم‌چنـان کـه اشـاره شـد بعدهـا مـورد، پاک‌سـازی قـرار گرفـت.

در سـالهای اولیـه پـس از انقـلاب معلمـی داشـتم کـه محبوبـه افراز را می‌شـناخت. او تأکیـد می‌کـرد کـه محبوبـه هرگـز مارکسیسـت نشـده، و اتفاقـا از ایـن مسئله بـرای بحـث و جـدل بـا مـن در سـر کلاس ـ زیـرا کـه بـه عنـوان هـوادار سـازمان در مدرسـه شـناخته شـده بـودم ـ اسـتفاده می‌کـرد. او می‌گفت: «افـراز را بـه ظفار فرسـتادند، زیـرا مارکسیت نشـد و هرگـز تـن بـه کودتـای مارکسیسـتها نـداد. آخـر ایـن پیـر زن را چـه بـه جنـگ مسـلحانه؟! او را فرسـتادند تـا کشـته شـود.»

جالـب اینکـه احمـد احمـد در خاطراتـش اشـاره می‌کنـد کـه «بارهـا تقـی شـهرام بـه مـن گفـت: اگـر جریـان تغییـر ایدئولـوژی برایـت جـا نمی‌افتـد، بیـا تـا تـو را بـه ظفار بفرسـتم تـا در جریـان عمـل قـرار بگیـری و مسـائلت حـل شـود.»؛ یعنـی بـروی تـا بمیـری و از دسـت خلاص شـویم!

اینهـا همـه در زمـان گذشـته اتفـاق افتاده‌انـد. اگـر هـواداران ساده‌دل و دانش‌آمـوزان کـم سـن و سـالی همچـون مـن در آن سـالها بـه ایـن اطلاعـات دسترسـی داشـتند آیـا اتفـاق می‌افتـاد آنچـه در سـالهای اولیـه پـس از انقـلاب اتفـاق افتـاد؟ آیـا سـی خـرداد ۱۳۶۰، و فاجعـه هفتـم

____

۱ ـ «رفعـت افـراز» صحیـح اسـت. محبوبـه، خواهـر رفعـت اسـت کـه در پاییـز سـال ۱۳۵۷ در پاریـس بـه دسـت سـازمان مجاهدیـن خلـق کشـته شـد.

تیر و هشتم شهریور و مهر ۱۳۶۰ آن‌چنان خونین روی می‌داد؟ آنچه پس از سال ۱۳۵۴ ـ و نیز قبل از آن ـ به وقوع پیوست، پس از انقلاب نیز تکرار شد؛ داستان غم‌انگیز جوانان و نوجوانانی که بازیچه امیال سیاسی مشتی قدرت‌طلب قرار گرفتند. امروز به واقع می‌توان از خود پرسید که این ماجرا و این تاریخ را آیا توان تکرار مجددی نیست؟

امضاء محفوظ

***

«زمانه» ماهنامه اندیشه و تاریخ سیاسی ایران معاصر نیز در دومین شماره خود (آبان ۱۳۸۱) نقدی بر این کتاب منتشر کرد. مقاله مهرداد سلیمانی چنین است:

خاطرات احمد احمد

«خاطرات احمد احمد» عنوان بیست‌وششمین مجموعه خاطراتی است که توسط دفتر ادبیات انقلاب اسلامی حوزه هنری و به کوشش محسن کاظمی به چاپ رسیده است. این کتاب در هر کدام از فصول هشتگانه خود به بخشی از زندگی پرفراز و نشیب و سراسر مبارزه احمد احمد پرداخته و در لابه‌لای سطور خود آموزه‌های فراوانی را به خواننده ارزانی می‌دارد. یاد و خاطره آن نویسنده مبارز، متعهد، توانا و ماندگار برای همیشه تاریخ گرامی باد.

امروزه تاریخ شفاهی با استفاده از شیوه‌ها و ابزارهای نوین به عنوان روش تحقیقی مناسب و ارزشمند نزد محققین حوزه تاریخ در غرب، جایگاه شایسته‌ای یافته که در کنار منافع ثانویه به عنوان یک منبع دست اول شناخته می‌شود. از آنجا که تاریخ شفاهی مهم‌ترین منبع تحقیق میدانی محسوب می‌شود مورد اعتماد بوده

و نظر تاریخ‌نگاران را به خود جلب کرده است.

خاطره‌نویسی به خودی خود زیر مجموعه تاریخ شفاهی به شمار می‌رود که مانند دیگر زیرمجموعه‌ها از قبیل بیوگرافیها مورد توجه محافل آکادمیك می‌باشد. استفاده از روایتهای شفاهی در عرصه وقایع‌نویسی و تاریخ‌نگاری ایران معاصر تمهیدات لازم را برای تحلیلهای جدی، منصفانه و علمی پدیده‌های اجتماعی بویژه انقلاب اسلامی فراهم می‌آورد. امروزه تاریخ شفاهی به بخشی اطلاق می‌شود که محقق برای بررسی یك موضوع مشخص با گروهی به مصاحبه می‌پردازد.

حال آنکه این گونه نوشته‌ها نه تنها به صورت گروهی به دست نیامده بلکه به یك موضوع واحد هم اشاره ندارند و در حقیقت فاقد دو ویژگی تاریخ شفاهی می‌باشند. با این حال همان‌گونه که اشاره گردید خاطره‌نویسی را از اجزای تاریخ شفاهی می‌دانیم. چنین روایاتی از تاریخ انقلاب اسلامی اخیرا گوشه‌های بیشتری از کتاب فروشیها را به خود اختصاص داده است و هر روزه بر تعداد آنها افزوده می‌شود. «خاطرات احمد احمد» از آن جمله به شمار می‌رود. نویسنده کتاب را در ذیل هشت فصل با عناوین بغضهای ترکیده، عرصه‌های جدید، بارش در کویر، ارمغان سفر، بوی سیب، حصار در حصار، تندر و نغمه‌های امید به رشته تحریر در آورده است. داستان شرح دربدریها، سختیها، تحمل مصایب، کسب تجارب انقلابی و فراز و فرودهای زندگی انسان مقاومی می‌باشد که تمام زندگی‌نامه‌اش خواندنی و ستودنی است. این دفتر با یادداشت یك صفحه‌ای احمد احمد آغاز می‌گردد.

کاظمی در گام اول با عنوان اولین آموزه‌ها به زبان خود احمد به پیشینه خانوادگی او می‌پردازد: «به سال ۱۳۱۸ در روستایی نزدیك اسلام‌شهر در حومه تهران به دنیا آمدم. پدرم کشاورز و مادرم خانه‌دار بود خانواده‌ای مذهبی، متدین و زحمتکش داشتم.»

احمـد از دوران کودکـی، نوجوانـی، تحصیـل در دبستان و دبیرستان یـاد می‌کنـد. اولیـن تجربـه زنـدان او محصـول دوره دبیرستان و در اعتـراض بـه سیاسـت ناعادلانـه آمـوزش و پـرورش می‌باشـد. وی ضمـن تشـریح وضعیـت خـود بـه گروههـای سیاسـی اعـم از حـزب تـوده و... می‌پـردازد.

او کـه شـاید در اعتصـاب معلمـان در سـال ۱۳۴۰ شـرکت داشـته و در جریـان قتـل دکتـر خانعلـی نیـز بـوده اسـت بـروز چنیـن اتفاقاتـی را بـه عنـوان درس عبرتـی می‌دانـد کـه بـر بینـش سیاسـی‌اش مؤثـر بـوده اسـت ورود او بـه تربیـت معلـم و انتخـاب شـغل معلمی محصـول چنیـن تجربـه‌ای اسـت. وقتـی زلزلـه شهرسـتان بوییـن زهـرا در سـال ۱۳۴۱ را تشـریح می‌کنـد نـه تنهـا بـه تأثیـر شـرایط سـخت زندگـی مـردم بـر خـود اشـاره دارد بلکـه بـه صـورت غیرمسـتقیم از وضعیـت اجتماعـی و سیاسـی آن دوره نیـز خبـر می‌دهـد. در فصـل بعـدی بـا عنـوان بغض‌هـای ترکیـده بـه اولیـن آشـنایی‌اش بـا امـام خمینـی (ره) و تقلیـد از ایشـان اشـاره کـرده و از ابتـدای ورودش بـه محافـل دینـی، اجتماعـی و سیاسـی می‌گویـد. ورود بـه انجمـن ضدبهاییـت در شـکل‌گیری ذهنیـت دینـی، سیاسـی و اجتماعـی او تأثیـر عمیقـی می‌گـذارد.

هرچنـد کـه در ابتـدا دچـار افـراط و تفریط‌هـای فکـری اسـت امّـا ورودش بـه عرصه‌هـای سیاسـی و دینـی از وی فـولادی آبدیـده می‌سـازد. او از تاریـخ انقـلاب اسـلامی کـه در بسـتر آن نضـج یافتـه بـه سـرعت می‌گـذرد امّـا در خـلال آن بـه انجمـن حجتیـه، جریـان مسـیحی و میسـیونری، هیئت‌هـای مؤتلفـه اسـلامی، حـوادث خـرداد ۱۳۴۲، ملاقـات بـا امـام خمینـی (ره) و بسـیاری دیگـر از رخدادهـای ابتـدای دهـه ۱۳۴۰ هـ.ش کـه در بطـن آنهـا حضـوری فعـال داشـته اسـت، می‌پـردازد.

زمانـی کـه احمـد از اشـخاص و یـا برخـی رخدادهـا سـخن می‌گویـد، نویسـنده کتـاب بـه مناسبت مطلـب اشاراتـی را در پاورقـی

می‌آورد که نه تنها به درك خواننده كمك كرده بلکه با این آشنایی مختصر موضوع را بهتر پیگیری می‌کند. برای مثال وقتی نام شهید مهدی عراقی به میان می‌آید در ذیل آن بیوگرافی مختصری به صورت پاورقی آورده شده است.

نخستین فعالیت رسمی احمد از ورود به حزب ملل اسلامی ـ تأسیس ۱۳۴۰ هـ.ش آغاز می‌گردد. وی با رویکردی جامعه‌شناختی به تشریح پذیرش رسمی خود در حزب مذکور پرداخته که به همراه مطالب پانویس كتاب اطلاعات ذی‌قیمتی را از طلوع و افول حزب ملل اسلامی به دست می‌دهد.

***

اولین تجربه‌های سخت زندان و دستگیری او همزمان با مبارزاتش در این حزب می‌باشد. وی تجارب فراوانی را با آمد و شد از این زندان به آن زندان و هم‌صحبتی و آشنایی با مبارزان دیگری همچون محمد پیران، محمدجواد حجتی کرمانی، کیوان مهشید، عباس دوزدوزانی و... به دست آورد که بعدها هر کدام به راهی رفته و سرنوشتی خاص پیدا کردند.

آشنایی با گروههای کور مبارزه، کسب اطلاعاتی از تجارب زندانیان دیگر نظیر حاج مهدی عراقی و ابوالقاسم سرحدی‌زاده، خودسازیهای انقلابی از طریق پاسداشت احکام دین مانند برگزاری نماز جماعت در زندان، کسب اطلاعات سیاسی و اجتماعی و... همه و همه در همین فرصت تحمیلی به دست آمد. رویارویی با چپ‌گرایان و حاملان ایدئولوژی مارکسیستی در زندان که ایدئولوژی دینی را به چالش گرفته بودند، سرفصل جدید و مهمّی را در مبارزات سیاسی او گشود.

«بارش در کویر» عنوان فصل بعدی است که با ورودش به حزب‌الله به عنوان یك تشکیلات جدید سیاسی با مشی

مسلحانه، آغاز می‌گردد. او سفر سعید محمدی فاتح به خارج از کشور و درسهایی از ناپختگی سیاسی وی را ترسیم می‌کند و از ورودش به خدمت سربازی سخن رانده و از تجاربش در این عرصه می‌گوید.

سالهای ابتدایی دهه ۱۳۵۰ هـ.ش همزمان با شکل‌گیری جشنهای ۲۵۰۰ ساله شاهنشاهی، سالهای اوج مبارزات علیه رژیم پهلوی بود. تشدید فعالیتهای احمد در این دوران از قبیل: تغییر شغل جهت پوشش فعالیتهای سیاسی، دربدریها، مشقتها، تهیه اسلحه، پیدا کردن دیگر دوستان همفکر و بازداشت مجدد در فصلی با عنوان ارمغان سفر آمده است؛ «... و چند لحظه بعد در اتاقم را کوبیدند، با حالت خواب‌آلودگی بلند شدم تا در را باز کنم یکی گفت «بله، احمد هست، خودشه!!» زندان قزل‌قلعه می‌رویم. زندان قزل‌قلعه دیگر برای من یک مأوای قدیمی بود..» و سپس داستان شکنجه‌های مرگبار در آن زندان، از اتاق عمل، اتاقی که بازجویان از زندانی بازجویی می‌کردند و در صورت استنکاف زندانی از اعتراف او را تا سرحد مرگ با وسایل مختلف شکنجه می‌دادند... گفتم: «به من اجازه بدهید نماز بخوانم.» گفت: «مگر تو نماز هم می‌خوانی؟! شماها که دین ندارید! وطن ندارید...! کسی که وطن ندارد، دین ندارد... » بالاخره اجازه دادند که به دستشویی بروم، از درد به خود می‌پیچیدم و سرم حسابی گیج می‌رفت. خمیده خمیده در حالی‌که دستهایم روی شکمم بود... نزدیک بود که آفتاب بزند. با لباس خونین و کثیف نمی‌دانم که در کدام جهت به نماز ایستادم... بلافاصله پس از نماز، پاهایم را به تختی بستند و مجددا... سلسله اعصاب من براثر آبهای سردی که به رویم ریخته می‌شد بسیار صدمه دید و ضعیف گردید، امّا شکنجه‌ها همچنان ادامه یافت تا اینکه دیگر از حالت یک انسان عادی خارج شدم... کارد به استخوانم

رسیده بود... دیگر تحمل این وضع را نداشتم. مدتها بود که صدای روح‌انگیز و دلنواز اذان را نشنیده بودم... اجازه دادند که زیر سایه نماز بخوانم... نمی‌دانم که در سجده کدام رکعت از نماز خوابم برد... دوباره مرا به دستشویی بردند. در آنجا یک نصفه تیغ ریش‌تراش دیدم... در جیب گذاشتم... در این فکر بودم که اگر شکنجه و آزار را دوباره از سر گرفتند، با تیغ رگ دستم را بزنم و خود را راحت کنم.

انگیزه این افکار ناشی از اعتقاد به عدم افشای گروه است...» باز سلول شماره ۲۱ در بند زندان ماه صلابت و مقاومت، رمضان فرا می‌رسد و سخن‌رانی هاشمی رفسنجانی زندانی سلول مقابل، یعنی سلول ۱۷ سخن‌رانی در سلول انفرادی و پس از آن انتقال به زندان اوین و بازجویی مجدد و زیارت محمد حنیف‌نژاد. «... بعدها شنیدم که حنیف در دادگاه تجدیدنظر کتاب قانون را پرت کرده و به عکس شاه کوبیده است. دادگاه هم برآشفته و حکم اعدام وی را صادر می‌کند.»

سپس احمد نقشه ناکام فرار را شرح می‌دهد و پس از بازگشت مجدد به زندان قزل‌قلعه می‌گوید «... اتوبوس همچنان خیابانهای شهر را می‌پیمود از مسیر حرکت فهمیدم که به طرف زندان قصر می‌رویم... وارد قصر شدیم و پس از انجام مراحل اداری مرا به زندان شماره ۴ بردند... در برنامه ورزش بیشتر به دنبال پینگ‌پنگ و والیبال بودم و در مسابقات ورزشی که گاهی صحنه رویارویی دو جریان ایدئولوژی (اسلامی. مارکسیستی) بود شرکت می‌کردم...» و باز زندان قزل‌حصار «.. در قزل‌حصار مسلمانها در اقلیت بودند بدین‌خاطر از برخورد مستقیم و تعارض با مارکسیستها و حتی مجاهدین خلق اجتناب می‌کردند... ما برای پرهیز از نجاست مارکسیستها تا مدتی برنامه‌ها را به شکلی پیاده می‌کردیم که تحویل و تقسیم غذا بر عهده بچه‌های مسلمان

باشــد...» و ســرانجام آزادی در ۲۷ خــرداد ۱۳۵۲.

ایــن همــه تــلاش و مقاومــت در مقابــل ساواك شــاه بــرای محفوظ مانــدن حزب‌اللــه بــود امّــا افســوس! آن ســوی دیگــر در بیــرون از زنــدان، همگرایــی حزب‌اللــه بــا ســازمان مجاهدیــن خلــق و نیــز در اقلیــت قــرار گرفتــن حزب‌اللــه در ســالهای اســارت احمــد و همچنیــن ضعــف ســازمان مجاهدیــن خلــق بــه واســطه ریــزش نیــرو و دســتگیریهای گســترده اعضــای آن، دو جریــان را بــه طــرح ادغــام واداشــت کــه کنــاره‌گیــری برخــی افــراد از حزب‌اللــه و ورود برخــی دیگــر بــه ســازمان و ارتقــای مراتــب ایشــان را بــه همــراه داشــت.

***

در ســالهای ابتدایــی دهــه ۱۳۵۰ هــ.ش مسئولیتهای احمــد بیشــتر می‌شــود. او بــا فاطمــه فرتوك‌زاده، دختــر محجبه و مؤمن و در عیــن حــال علاقه‌منــد بــه سیاســت و مبــارزه ازدواج می‌کنــد.

«ســیب» عنــوان فصــل بعــدی اســت کــه آن را از مــاه عســل در زنــدان آغــاز می‌کنــد، ماجــرای فراهــم شــدن ســیب بــرای یــك زندانــی در ایــن دوران بســیار زیبــا، جالــب و شــنیدنی اســت. در بخش بعــدی «حصــار در حصــار» فصــل جدیــدی از زندگــی احمــد رقــم می‌خــورد. آغــاز همراهــی وی بــا ســازمان مجاهدیــن خلــق، زندگــی در خانــه تیمــی همــراه زن و فرزنــد و مطالعــه الفبــای مارکسیسم، زردهــای ســرخ، مبــارزات «چــه گــوارا» در تیمــی پنــج نفــره. زندگــی غیرطبیعی، تــوأم بــا مشــقت و بــه دور از اخــلاق و دیانــت در خانــه تیمــی درسهای آموزنــده‌ای در مــورد مشــی ســازمان مجاهدیــن بــه همــراه داشــت.

احمــد بــا ارائــه گزارشــی دربــاره اخــلاق سیاســی ســازمان، حاکمیت سانترالیســم دموکراتیــك، نــگاه ابزارگونــه آن تشــکل بــه اعضا و ســلب اختیــار و آزادی از آنهــا، نفــرت خاصــی از ســازمان در خواننــده ایجاد می‌کنــد. بویــژه در فصلهــای پایانــی کــه بــا تفســیری از تخریب زندگــی

خصوصی خـود و جدایـی همسرش از وی بـه یـک دِرام سیاسـی پایان می‌دهـد. بـد نیسـت بـه دو مـورد از ایـن فضاحـت اشـاره کنیـم. «سـازمان یـک مرتبـه نیـز تکلیـف کـرد مبلغ کلانـی را برایـش تهیـه کنـم چـون در تهیـه آن بـا مشکل مواجـه شـدم پیشـنهاد اختـلاس را بـه مـن دادنـد. بـا توجیـه اینکـه ایـن عمـل نوعـی مصـادره است. دلیـل آنهـا را پذیرفتـه و بـا تقلـب در وزن آهن‌پـاره و اوراق قرضـه، توانسـتم مبلغ ۲۷۰/۰۰۰ ریـال مصـادره کـرده و بـه سـازمان تحویـل نمایـم.»

***

«پـس از مدتـی حبیـب (رابـط سـازمانی) بـه پرویـز (هـم تیمـی احمـد) گفت تـو بـه همسرت خیلـی وابسته هسـتی و ایـن بـرای ادامه راه تـو و سـازمان مخاطره‌آمیـز است. اگـر در آینـده بـا مشکلی مواجه شـوی ایـن وابسـتگی تـو را در موضع ضعف قـرار خواهـد داد. در نتیجه لطمـه و آسـیب بـه سـازمان حتمـی است. حبیـب در روزهـای بعد به طـرح چنیـن مباحثـی بـا پرویـز پرداخـت و بعـد از طـرف سـازمان بـه او دسـتور داد کـه بـا یکـی از دختـران سـازمان دوسـت شـده و او را سـوار ماشـین ب.ام.و آلبالویـی رنـگ خـود کـرده و هـر روز در محـل سـکونت خـود تـردد کنـد.

پرویـز در اطاعـت از سـازمان تـن بـه ایـن کار داد و بـه ایـن ترتیـب، دوسـتان و آشـنایان و همسـایگان چندیـن مرتبـه او را بـا آن دختـر دیـده و خبـرش را بـه همسر پرویـز رسـاندند. موضوع بـه جایـی کشـید کـه سـازمان سفری را بـه شـمال و سـواحل دریـای خـزر بـرای پرویـز و آن دختـر ترتیـب داد. از آنجـا عکسـی هـم تهیـه کـرد و در جیـب کـت پرویـز گذاشت.

همسـر پرویـز نیـز بـه ایـن عکـس دسـت یافـت و بـا توجـه بـه شـنیده‌های قبلـی، کانـون گـرم و محبت‌آمیـز خانـواده از هـم پاشـید. ایـن ابتـدای بدبختـی پرویـز بـود. او کـه از وضع مالـی خوبـی برخـوردار

بـود و صحبـت مغـازه رنـگ فروشـی در خیابـان بـوذر جمهـری بـود. بـه تدریـج ثـروت، خانـه، اتومبیـل و اعتبـار و کسـب خـود را از دسـت داد.»

و امّا شنیدنی‌تر داسـتان زندگـی فاطمـه فرتوک‌زاده اسـت کـه زنـی کامـلاً معتقـد، مذهبـی، یـاری مهربـان و همسـری همـراه بـود. «مـن در مدتـی کـه بـا او زندگـی کـردم انگیـزه‌ای جـز اعتقـاد و دیانـت در ایـن راه از او ندیـدم... گاهـی کـه بـه بیـرون از خانـه می‌رفـت از او می‌خواسـتم اسـلحه‌ای نیـز بـا خـود بـردارد، ولـی نمی‌پذیرفـت و می‌گفـت کـه مـن بایـد حواسـم بـه چـادرم باشـد و آن را حفـظ کنـم نمی‌توانـم بـا دسـتهایم هـم اسـلحه حمـل کنـم و هـم چـادرم را نگهـدارم...» در ایـن خانـه تیمـی مسئولیت فرتوک‌زاده یافتـن خانـه بـرای تیمهـای دیگـر اسـت کـه در ایـن راه بـه تجربـه‌ای بـزرگ دسـت می‌یابـد و همیـن امـر باعـث می‌شـود کـه سـازمان بـرای انتقـال تجـارب وی در خانه‌یابـی بـرای تیمهـای دیگـر سـازمانی او را فراخوانـی کنـد.

«... بـا شـروع کیدهـا و ترفندهـای سـازمان، فاطمـه بـه تدریـج از مـن فاصلـه گرفـت... (او) بـا قـرار گرفتـن در ایـن گردونـه (سـپردن مسئولیت‌به وی) شـخصیت کاذبـی یافـت و صدماتـی خـورد کـه دیگـر امـکان جبـران آن وجـود نداشـت.» تـا آنکـه احمـد از تغییـر ایدئولـوژی سـازمان و دگماتیسـم حزبـی باخبـر می‌شـود. او بـه دلیـل تجـارب ارزشـمندی کـه در کـوران مبـارزه کسـب نمـوده متوجـه خیانتـی می‌شـود کـه سـازمان نسـبت بـه اعضـای متدیـن خـود روا داشـته اسـت. کودتـای ایدئولوژیکـی در حـال شـکل‌گیری می‌باشـد.

ولـی آیـا همسـر او کـه تنهـا توشـه‌اش صداقـت و دیانـت بـوده و از تـداوم تجربـه کافـی مبـارزه برخـوردار نیسـت می‌توانـد آینـده را پیش‌بینـی کنـد؟ آیـا او می‌توانـد خـود را از گردابـی کـه در آن وانهـاده شـده اسـت، نجـات دهـد! بـا گذشـت زمـان آیـه «فضّل‌اللّه المجاهدیـن علـی القاعدیـن اجـر عظیمـا» بـر بـالای آرم سـازمان

کوچك و کوچك‌تر گردید و در نهایت در اطلاعیه نظامی سازمان که خبر از عملیات ترور دو مستشار امریکایی می‌داد، محو گردید. به دنبال آن ترورهای درون گروهی آغاز می‌شود.

مجید شریف واقفی که متوجه انحراف ایدئولوژیك تعدادی از اعضا می‌شود و علیه این حرکت اعتراض می‌کند به همراه مرتضی صمدیه لباف در سر قراری با نمایندگان کادر رهبری اکثریت به ضرب گلوله از پای درمی‌آید و آنها جسدش را در بیابانی متلاشی کرده و می‌سوزانند. به نحوی که قابل شناسایی نمی‌باشد و مرتضی صمدیه لباف نیز که در صحنه درگیری مضروب گردیده به دام ساواك شاه می‌افتد.

مقاومت اعضای متدین گروه در مقابله با کودتای ایدئولوژیك سازمان و تغییر ایدئولوژی به ماتریالیسم دیالکتیك نتیجه‌ای جز سرکوب نمی‌دهد.

رهبران سازمان اعتقاد دارند اسلام نمی‌تواند جوابگوی نیازها باشد و تنها مارکسیسم علم مبارزه است... . «من به خاطر خدا و اسلام قیام کرده‌ام و حالا باید به خاطر اینها دست از اسلام برداشته و مارکسیست شوم. همه چیز را از دست رفته می‌دیدم. با خود می‌گفتم: احمد چه شد آن همه زندان؟، شهادت محمد مفیدی و باقر عباسی؟ چه شد آن همه شکنجه و آزار؟ چه شد آن همه تبعید و حرمان و دربدری؟ آرمان و ایده‌آلی که دنبالش بودی؟ چه شد؟...»

و چه تأسف‌بار است حکایتی که از دیالوگ خود باتقی شهرام دارد بویژه آنکه احساس می‌کند همه‌چیز را از دست داده، حتی همسرش را. «ایرج وسط اتاق طنابی کشید، روی آن چادری انداخت و آن را به دو قسمت کرد..» او (منظورم تقی شهرام است که بنا بود برای دیدن احمد بیاید) و ایرج در آن طرف و من و خسرو و پرویز در این طرف چادر نشستیم. جالب بود که

شاپورزاده (فرتوك‌زاده همسر احمد) در وسط نشست به نحوی که هر دو طرف را می‌دید... و این نشانه‌ای غمبار برای من بود. چرا که دلیلی بود بر این مطلب که شاپورزاده او را از قبل می‌شناسد و شاید هماهنگی فکری و نظری پیش از این بین آنها به وجود آمده است.

با اولین جملات او را شناخته و فهمیدم محمدتقی شهرام است... در این بین ایرج با دخترم مریم که طفلی بیش نبود بازی می‌کرد و به این طرف و آن طرف می‌دوید و پیدا بود که بین آنها صمیمیتی هست. با مشاهده این صحنه‌ها عمق فاجعه را درك کرده و فاتحه همه چیز را خواندم.» (ص ۳۴۴)

احمد از سوی شهرام متهم به خرده بورژوازی مرفه و اپورتونیست می‌شود که نه طبقه پرولتر (کارگر) را می‌شناسد و نه شعور مبارزه دارد. احمد به خوبی متوجه می‌شود در چه گردابی افتاده است. حالا می‌داند که به وی دروغ گفته‌اند. او را از خانه و کاشانه و زندگی رانده‌اند، خروج از سازمانی جهنمی به منزله پرتاب شدن به دامن ساواك شاه است. نه راه پس وجود دارد و نه راه پیش. احمد روزی به حبیب می‌گوید: «تو که با ما بودی، همه مسلمان بودیم، نماز می‌خواندیم، اینها که می‌گویند تو هم مارکسیست شده‌ای. گفت: من از قبل مارکسیست بودم. گفتم: ولی تو با ما نماز می‌خواندی، قرآن و نهج‌البلاغه تفسیر می‌کردی. گفت: نماز من نماز سیاسی بود. من از سال ۱۳۵۲ مارکسیست شده بودم. با شنیدن این جملات بیشتر و بیشتر در خود فروشکستم. دلم برای همسرم و سایر کسانی که صادقانه پا به این راه گذاشته بودند، می‌سوخت. کسانی که با دنیایی از عشق و امید خانه و کاشانه‌شان را ترك کرده بودند اینك چنین در گرداب مکر و فریب سازمان اسیر شده‌اند.»

هضم بسیاری از مسائل کنونی انقلاب از قبیل استحاله جریانات

انقلابی و اسلامی در پس درک چنین تجربه تاریخی آسان به نظر می‌رسد. همچنین می‌توان به حضور افراد و جریاناتی پی برد که در آن مقطع دقیقا شناسایی نشدند و در کوران پیروزی انقلاب به بدنه نظام متصل شده و با نفوذ فرصت‌طلبانه در کمین نشستند. (ص ۳۵۹) هنگامی که احمد از جدال خود با شیطان می‌گوید ارزش هر رکعت و حتی هر کلمه از نماز را در انسان هزاران برابر می‌کند. «ایرج روزی گفت: برای امتحان هم که شده بیا و پنج روز نماز نخوان، بعد بیا با ما بحث کن. آن وقت خواهی دید که مارکسیسم تنها راه پیروزی است... وسوسه‌های ایرج در من اثر کرد و روزی که بچه‌ها بودند تصمیم گرفتم به پیشنهاد او عمل کنم. من که نماز را در اول وقت می‌خواندم تصمیم گرفتم که برای مدتی آن را کنار بگذارم. دقایق از پی هم گذشت، به اذان ظهر نزدیک می‌شدیم. در فکر غوطه می‌خوردم.

اذان شد و با اینکه وضو داشتم برای نماز برنخاستم. لحظه به لحظه نگرانیم بیشتر می‌شد. ساعتی گذشت و اضطراب و تشویش تمام فکر و ذهنم را گرفت. عقربه‌ها به سرعت به پیش می‌تاختند. احساس می‌کردم در حال فرو افتادن به قعر جهنم هستم. دلشوره‌ام شدید و شدیدتر شد... کار از اضطراب و دل‌آشوبی گذشت و به نقطه بحرانی رسیدم. وضعیت کسی را داشتم که گویی فرزند یا عزیزی را از دست داده باشد. بدنم گُر گرفته بود.

می‌سوخت... دیگر آرام و قرار نداشتم. با گامهایی تند طول و عرض اتاق را در هم ضرب می‌کردم. عرق از سر و صورتم می‌بارید. حس عجیبی بود و حال غریبی داشتم. ساعت از پنج عصر گذشت، چون مجنون شیدایی شدم. از دلم آتش زبانه می‌کشید و چشمانم مانند رعد می‌درخشید همچون مرغی در قفس خود را به در و دیوار آهنین می‌کوفتم. شاید این همه به

خاطر وضویـی بـود کـه داشـتم. سـاعت را نـگاه کـردم. فرصت چندانـی نبـود تـا ظهـر قضـا شـود. ناگهـان عقربه‌هـا ایسـتادند. مـن تمـام آن فکـر و اندیشـه‌های موهـوم را بـر زمیـن گذاشـتم و گریـان پیـش دویـدم و «اللهُ‌اکبـر»... آنچنـان کـه فکـر کـردم نـه تنها خانـه بلکـه زمیـن و زمـان بـه خـود لرزیـد. می‌گریسـتم و می‌خوانـدم ایّـاک نعبـد... از چشـمانم ماننـد ابـر بهـاری اشـک می‌باریـد. آن همـه آتـش فروکـش کـرد. سـردم شـده بـود و براثـر شـدت سـرما بـه خـود می‌لرزیـدم، ضجـه مـی‌زدم، نالـه می‌کـردم... بـه حـال سـجده در خـاک بـودم کـه پرویـز صدایـم کـرد. دیـدم کـه زیـر پایـم کامـلاً خیـس شـده اسـت...» (ص ۳۶۰)

احمـد احمـد بـه جدایـی از همسـر و فرزنـدش نیـز اشـاره می‌کند کـه چگونـه اعضـای مارکسیسـتِ سـازمان، سرنوشـت بـدی را بـرای او رقـم زدنـد. احمـد می‌گویـد: «فاطمـه نیـز راهـی را رفـت کـه مـن از همـان ابتـدا، از آن می‌ترسـیدم. او بـه نقطـه‌ای می‌اندیشـید کـه بـا مانـدن در سـازمان می‌توانـد از جـان فرزندانـش دفـاع کنـد.» (ص ۳۷۵) اینکـه در پـس ایـن ماجراهـای اعضـای مؤتلفـه اسـلامی بـه چنیـن فـردی پذیـرش داده و او را تحویـل می‌گیرنـد، نکتـه قابـل توجهـی خواهـد بـود. در اینجـا احمـد از شـهید اندرزگـو شـهید اسـلامی و کمکهـای آنهـا بـه خـود یـاد نمـوده و پـس از آن بـه شـرح درگیـری و دسـتگیری دوبـاره خویـش می‌پـردازد. در صفحـات بعـد از اشـرف ربیعـی، صدیقـه رضایـی، مهـدی بخارایـی، عبـاس مدرسـی‌فر، آیت‌اللـه منتظـری، آیت‌اللـه طالقانـی یـاد کـرده و خاطـرات شـیرینی از آنهـا تعریـف می‌کنـد. همچنیـن از صیغـه طلاقـی کـه آیت‌اللـه طالقانـی در غیـاب فاطمـه خوانـد و طـلاق او را در زنـدان از احمـد گرفـت. احمـد در فصـل نغمه‌هـای امیـد بـه شکسـت یـك توطئـه می‌پـردازد. آنـگاه از دیـدار بـا آیت‌اللّـه خامنـه‌ای می‌گویـد کـه او را از کشـته شـدن فاطمـه خبـردار می‌کنـد و بـا ایـن خبـر غـم سنگینی

بر دلش می‌نشیند.

احمد در پایان ذکر خاطرات خود از حضور مردم در صحنه انقلاب و با ذکر این جمله تلخی ناشی از زندگی غمبار خود را در کام خواننده به شیرینی مبدل می‌سازد که: «صدایی در فضای ایران طنین‌انداز شد: توجه! توجه! این صدای انقلاب ایران است. صدای ملت است.» (ص ۴۷۳)

***

در روزهای پایانی سال که در حال تدوین بازتابهای خاطرات احمد احمد بودیم نامه‌ای خطاب به احمد احمد به دستمان رسید که حاوی نکات جالبی بود. متن آن نامه چنین است:

باسمه تعالی

جناب آقای احمد احمد

«با سلام و تحیّت»

خاطرات تلخ و شیرین زندگی پرفراز و نشیب جنابعالی، که به حق باید آن را حداقل بخشی از تاریخ مجسم دوران قبل از پیروزی انقلاب اسلامی به حساب آورد در کتاب بسیار بسیار زیبا و جذّاب «خاطرات احمد احمد» به قلم جناب آقای محسن کاظمی مطالعه کردیم و سخت تحت‌تأثیر آن واقع شدیم؛ در این باب، اولاً خداوند عالم را شاکریم که بالاخره افراد باهمت و باانگیزه در میان قشر فرهنگی ما یافت می‌شوند که از سر سوز و درد نسبت به انقلاب اسلامی بر آن می‌شوند تا با مسئولیت الهی ـ انقلابی خود این خلاء جدّی ـ یعنی نگارش تاریخ انقلاب (قبل و بعد آن را) به سبک و سیاق جوان پسند و در قالب رمان، خاطره و... پر نمایند و با قلمی بسیار زیبا و روان به نگارش در آورند که در این میان کتاب مذکور را باید از جمله کتابهای بسیار موفق در موضوع یاد شده به شمار آورد، به نحوی که به

نظر می‌رسد کمتر کسی است که کتاب فوق را جهت مطالعه به دست بگیرد و مقداری از آن را بخواند و عطش خواندن او را فرا نگیرد، جوری که تا تمام نکند، زمین نگذارد، که البته این مهمّ بخشی مرتبط با محتوی و همچنین نحوه نگارش مطلب است ولی به نظر می‌رسد تمام مطلب همین نباشد و دلایلی باطنی و پشت‌پرده نظیر نیّت، طهارت و بالاخره اخلاص گوینده و نگارنده به نحو بسیار جدی در آن دخیل است چرا که هم در باب نظری (معارف) و هم در زمینه عملی (تجارب زندگیهای اجتماعی و فردی ما) به اثبات رسیده است که عنصر اخلاص در تأثیر و ماندگاری آثار، نقش بسزایی دارد.

ثانیا با مطالعه کتاب مذکور، نه تنها متوجه حداقل قسمتی حساس از تاریخ قبل از انقلاب شدیم و با گروهها و سازمانها و تشکلهای پیدا و ناپیدای آن روزگار آشنا گشتیم، بلکه از آن مهم‌تر به نحو بارزی متوجه زحمات طاقت‌فرسا و بعضا غیرقابل تحمّل از سوی نیروهای مخلص اسلامی ـ انقلابی گذشته شدیم.

شکنجه‌هایی که شما از آنها یاد کرده‌اید و آنها را متحمّل شده‌اید، شاید کمتر کسی است که بتواند در مقابل کمتر از یك دهم آن صبر نماید و بر سر راه و هدف خویش مردانه ثابت قدم باشد، مگر آنان که چون شما از ایمانی مستحکم و هدفی والا برخوردار باشند تا در سایه «استقامو»ی خود مصداق «تتنزل علیهم الملائکه» گردند.

ثالثا خاطرات شما ثابت می‌نماید که این انقلاب حتی اگر فقط قبل از پیروزیش را در نظر بگیریم و از زحمات و تلاشهای بی‌امان و بی‌دریغ پس از پیروزی آن هم چشم‌پوشی کنیم، حقیقتا باد آورده نیست که به دست باد حوادث و جریانات بی‌ریشه‌ای که بر سر مسیر آن واقع می‌شود، قرار گیرد و متزلزل شود.

رابعا با آن درد و رنج و سختیهای غیرقابل تصوری که شما و

امثـال شـما متحمـل شـدید، وظیفـه آنـان کـه ایـن انقلاب را بـا آن پیشـینه پـردرد و داغ امّا پرافتخـار تحویـل می‌گیرنـد چقـدر سـنگین اسـت، کـه کوچکترین سسـتی و اهمـال و غفلتـی واقعا عذابـی سـخت در پیشـگاه خداونـد بـزرگ و بنـدگان او در دنیـا و آخـرت بـه دنبـال خواهـد داشـت.

خامسـا در خاطـرات شـما از افـراد و اشـخاص زیـادی یـاد شـده است کـه از طریـق پاورقیهـای مفیـد جنـاب نگارنـده، امـکان آشنایی بـا زندگـی قبـل و بعـد از انقـلاب آنـان مهیّـا شـده اسـت، در میـان ایـن اشـخاص افـرادی هسـتند کـه بـا تحمّـل سـختیها و رنجهـای طاقت‌فرسـای زندانهـای مخـوف نظـام شاهنشـاهی، در بعـد از پیـروزی انقـلاب برخـی بـه مقامـات و مسئولیتهای خطیـر در متن نظام رسیدند، برخـی شـهید شـدند و برخـی اعـدام گشـتند و یـا بـه خـارج از کشـور گریختنـد، تأمـل در ایـن موضـوع، ایـن مطلـب را در خواننـده تداعـی می‌کنـد کـه واقعا بحـث «عاقبت بـه خیـری و حسـن عاقبت» در زندگـی فـردی انسـانها، یـك بحـث کامـلاً جـدی اسـت و رمـز اینکه چـرا فـلان عالـم جلیل‌القـدر در پاسـخ بـه سئوال «اگر یـك دعـای مسـتجاب داشـته باشـید چـه می‌خواهیـد؟»، عاقبـت بـه خیـری را مطـرح می‌کننـد، درمی‌یابیـم.

و یـا اینکـه حضـرت امـام عظیم‌الشـأن انقـلاب، در ارزیابـی شـخصیت افـراد فرمودنـد: «ملاك وضعیـت فعلـی افراد است»، بـه چـه دلیـل اسـت. بـه همیـن جهـت بـه نظـر می‌رسـد، بـا دقـت و توجـه جدی‌تـر بایـد در نمازهـا، از درگاه الهـی «اهدنـا الصـراط المسـتقیم» را طلـب نمـود چـرا کـه بـرای هدایـت، فقـط نبایـد بـه هدایـت شـدن بسـنده کـرد، کـه بـر هدایـت مانـدن، خـود اهمیتـی صـد چنـدان دارد و ایـن بـه نوعـی در خاطـرات شـما آشـکار گردیـده اسـت.

گرچـه منطقـا موضـوع عاقبت بـه خیـری یـا عاقبت بـه شـری بـه دلیـل آنکـه ذره‌ای ظلـم از ناحیـه پـروردگار جهـان در حـق هیچ‌یـك

از موجودات عالم اعمال نمی‌شود، بازتاب اعمال و افکار ریز و درشت و پیدا و پنهان خود انسانهاست و این خود انسانها هستند که سرنوشت خیر و شر خود را رقم می‌زنند که این مطلب در خاطرات شما به شرط آنکه با دقت مطالعه شود آشکار است.

جناب آقای احمد احمد، به نظر می‌رسد آدمهای بزرگ با کارهای بزرگی که در زندگی انجام می‌دهند بزرگ نمی‌شوند چرا که دانه درشتها در منظر همه انجام می‌دهند، بلکه آن کارهای ریز و به عبارتی ریزه کاریهاست که بزرگان را بزرگ کرده است.

افرادی که در خاطرات شما از آنها یاد شده است و برخی متأسفانه دچار عاقبت به شری شده‌اند، بعضا دچار اشتباهاتی ناشی از برخی صفت یا صفات رذیله بوده‌اند، صفات رذیله‌ای که قدرت آن را دارد که در صورت نپرداختن به آن جهت رفع کردن، روزی، ولو در بلند مدّت، گریبانگیر آدمها شود و او را هرچند در اوج مقامات دنیوی باشد به حضیض ذلت دنیا و آخرت بکشاند. که از تمام این موارد به خداوند بزرگ پناه می‌بریم.

در پایان با امید به انتشار و نشر هرچه بیشتر و بالنده‌تر چنین آثار مفید و ارزشمندی از سوی دست‌اندرکاران مراکز فرهنگی، از خداوند بزرگ توفیق و سلامت جنابعالی را که سند زنده تاریخ انقلاب هستید و وجود و حضورتان زداینده هرگونه توهم تصنعی بودن مطالب چنین کتابهایی است، برای اسلام انقلاب، حفظ و در دنیا و آخرت به نحو احسن و اکمل مأجور فرماید.

والسلام ـ فرزند شما الف ـ صاد

اسفند ماه ۸۱

اسناد و تصاویر

[سند شماره ۱]

[سند شماره ۲]

[سند شماره ۳]

بِسْمِ اللهِ الرَّحْمٰنِ الرَّحیم

وَ اِذا حَکَمْتُمْ بَیْنَ النّاسِ اَنْ تَحْکُمُوا بِالْعَدْل
اِنَّ اللهَ نِعِمّا یَعِظُکُمْ بِهِ اِنَّ اللهَ کانَ سَمیعاً بَصیراً

اِنَّ الحَیاةَ عَقیدةٌ وَ الجِهاد
زندگی یعنی عقیده و پیکار در راه آنت

دوست عزیزم! آیا تصور می‌کنی همانطور که میدانی تا چند
روز دیگر تکلیف ما معیّن خواهد شد؟ یاران این در این
حمله خطر نباید به انتظار درشته ایش، به همگی سرِ حال
باشیم و مترسیم خیرها جا نبی بعنوان یادگار بنویسیم
امیدوارم که مورد قبول واقع گردد و همین مقدار
را اینجه برید

۴۲/۳/۱۳

[سند شماره ۴]

[سند شماره ۵]

تاریخ ۲ / ۴ ماه / ۱۳۵۰

جلسه اول

مصاحبه با

بازجوئی از احمد رضا احمدی

ص ۱

س ـ مشخصات کامل خود را بیان کنید؟

ج ـ احمد فرزند حسن شهرت احمدرضا احمدی متولد ۱۳۱۸ در تهران ساکن تهران، خیابان شاه و خیابان ... پلاک ۱۵ ـ شغل حسابدار کارخانه ... ـ تحصیلات دیپلم متوسطه رشته ریاضی ـ مجرد ـ مسلمان.

س ـ هدف سابقه کیفری یا کیفری خود را شرح دهید؟

ج ـ در ۲۵ مهر ۱۳۴۴ به اتهام عضویت در حزب ملل اسلامی بازداشت شدم و در دادگاه دو درجه یک سال زندان محکوم شدم ... و سپس برنده دو سال مسئول شدم و در بیزدهم آبان ۱۳۴۶ از زندان آزاد شدم.

س ـ مسافرتهای خود به داخل و خارج از کشور نام ببرید؟

ج ـ به شهرهای قم و مشهد و سالهای اخیر مسافرت کرده‌ام، به خارج از کشور تاکنون مسافرت نکرده‌ام.

س ـ دوستان و رفقای خود را در داخل و خارج از کشور نام ببرید؟

ج ـ ۱ ـ احمد هادی عباسی ... مهندس الکترو ... خیابان پلاک ۱۹ این نبش ...
۲ ـ محمد غفاری ... ۱ ـ ... خیابان ...
۳ ـ ایرج حقیقت ...

س ـ ایدئولوژی سیاسی شما چیست؟

ج ـ اگر نظر شما درباره بعضی از افکار و ... عقیده و ... را قبول دارم، ولی ... من مسلمان و ... و دیگر عقیده و ... ندارم.

س ـ نظرتان نسبت به ... گذشته و حال چه چیز است؟ ... برگشته و حال را درباره ... است.

ج ـ راجع به ... حاکم کنون نظر خصوصی ندارم، ولی شما را به یکی از مراجع من ...

س ـ ... نظر ... مهمترین خبری ... و محدث آن کیست؟

ج ـ مرجع من حضرت آیت‌الله میلانی ...

تاریخ   /   /   ۱۳۵۰

مرحله اول

مصاحبه با

بازجویی از احمد شهرت احمد   ص ۲

... هم خطا فرد من است و من هم تابع اثر آن هستم.

س ـ شخصی به حسن رضای یا غلامحسن رضای برای شما اسم یا خبر؟ آیا صحبت شنیده کی ـ گفتگو با وی آشنا شده‌اید؟

ج ـ من این شخص را نمی‌شناسم.

س ـ با محمد بهنامی چه آشنایی دارید. آیا او را دیده سلام می‌کنی. با وی آشنا شده‌اید؟

ج ـ محمد بهنامی هم با این شخص بالاتر نمی‌شناسم.

س ـ چگونه آشنایی خود را با سیدمحمدی شرح دهید؟ او را در چه محل و به چه وسیله می‌کنی. با وی آشنا شده و روابط دوستی شما با وی در چه حدودی است؟

ج ـ سیدعلی آزادی از زمانی که من بوسیله برادرم دکتر ... که به قطب‌سازی محمدی مشغول کار بشوم. در اوایل با سیدمحمدی که مورد سرپرستی کارخانه و سرپرست صاحب کارخانه بود و آشنا شد و من هم ... در آنجا مشغول کار بودیم. دوستی ما با او آنجا شروع شد و در چه کسی دوستی شمول مانند یا دوستان آن است.

س ـ آیا در حال حاضر هم با او رفت و آمد دارید یا خیر؟

ج ـ خیلی کم.

س ـ بیشتر توضیح دهید. شما او را هر روز یا هفته یا ماه ملاقات می‌کنید؟

ج ـ من به شما از او هم بیشتر بنده نیم که هر اتفاقی هفته یک بار قدما در چرا این ببینم.

س ـ از قرار اطلاع مدت مدتی است که او کلاً آن است. دارد آیا ایشان را مصمم راه سفر آیا خیر؟

ج ـ به من این تذکر را دیگران هم با برادرم صحبت کرد و برای دیدن این نزدیکی آشتی را این گرید دید. دوره فنی مربوط ... از قطب‌س از این مانع خارج از این آن شریه.

س ـ آیا شما سیدا این که سیدمحمدی در حال حاضر در کدام کشور است دارید؟

ج ـ من فقط این آمده است که به ایران آمده و در کارخانه فردی آن مشغول کار است.

تاریخ ۲۷ / ۴ ماه / ۵۰ ۱۳

جلسه اول

ص ۳

مصاحبه با

بازجوئی از احمد شهرت احمد

س - چه مدت است به ایران آمده و در این مدت چند بار و در چه محل‌هائی و به چه مدتی با وی ملاقات داشته‌اید در خصوص چه مسائلی صحبت نموده‌اید؟

ج - دو شب را در تهران [illegible] بودم و ایشان پس از اینکه مدتی بود آمده بودند منزل ما آمدند و پس از احوالپرسی در باره [illegible] کوه‌پیمائی [illegible] که [illegible] داشته [illegible] رفتند و صحبت با [illegible] وضع [illegible] و [illegible] کارخانه‌های عظیم صنعتی بود که ایشان میگفتند از نزدیک دیده‌اند

س - کدام لیست و کتب و تعهدات مالیه چه کسانی در اختیار شما گذارده بود و به چه جهت؟

ج - قبلاً از رفتن به خارج [illegible] چند ماه پیش از رفتن [illegible] که من [illegible] و کمکهائی هم [illegible] تکرره میبردم

س - با وجود صحبت آمد و ملاقاتهای فوق الذکر چطور است از ذکر نام سعید محمدی جزو دوستان و آشنایان خودداری کرده‌اید؟

ج - چون اولاً سعید محمدی جزو دوستان [illegible] شما [illegible] نسبت مدتی پس از بیرون آمدن از کارخانه خیلی خیلی کم می‌ایشان را می‌بینیم ثانیاً [illegible] موقعیت مهمتر [illegible] چیز بعیدی نباشد

س - آخرین باری که سعید محمدی را قبل از مسافرت خارج از کشور دیدید ~~[illegible]~~ چه مدت قبل از مسافرت بود و در موقع مسافرت [illegible] ذکر کرده‌اید؟

ج - مدتش برایم دقیقاً معلوم نیست زیرا [illegible] رفتن ایشان [illegible] نمایشگاه [illegible] بود من [illegible] بودم [illegible] می‌دانم که [illegible] در نمایشگاه [illegible] شرکت کنند و سعید آنجا هم [illegible] به آنطوریکه برادرش میگفته در آلمان [illegible] دستگاههای [illegible] سازمان [illegible] ببینید

س - ~~[illegible]~~ آیا همکاری در طول اقامت سعید محمدی هیچ گونه مکاتبه‌ای با وی نداشتید؟ نه

ج - نه فقط به [illegible] برادرش از ایشان گاهی [illegible] تلفن میکردند یا من [illegible] تلفن میکردم باخبر میشدیم

س - در بازرسی از منزل سعید محمدی نامه‌ای بدست آمده که در پشت آن نوشته شده که: این نامه را به محمد آقا بدهیم پست کند و [illegible] از محمد محمدی برادر سعید [illegible] اظهار داشت که این نامه را شما به او داده [illegible] تا به آدرس سعید پست کند و او این نامه را پست کرده آیا این مطلب درست است [illegible] یا خیر؟

۰۲۶۲۳-۳۷

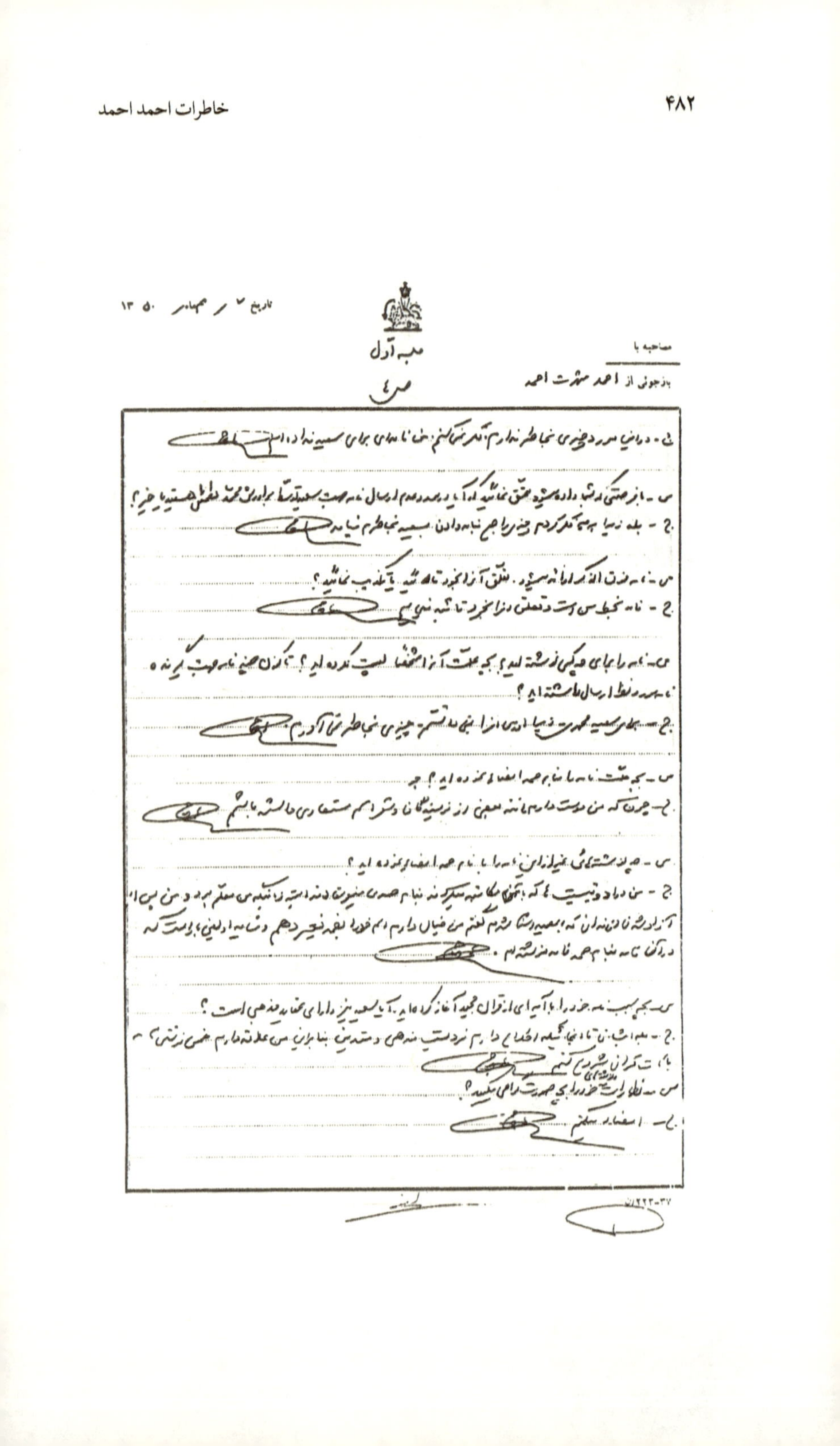

تاریخ ۳ / مهرماه / ۱۳۵۰

مصاحبه با

بازجوئی از احمد مشهدت احمد

محبس اول

[متن دست‌نویس — پرسش و پاسخ بازجویی، خوانا نیست]

[سند شماره ۶]

ریاست محترم دادرسانی ارتش

محترماً بررسی مالی می‌ریسم بنجاب طولی

حاجی سرائی نبرزندی دارم به نام احمد احمد

حدود هفت ماه است که بدون گناه بازداشت
شده در زندان است و هنوز

به من که مادرش هستم ملاقات نداده‌اند

از آن مقام محترم تقاضای ملاقات
با پسرم را دارم خیلی ناراهم خدا سازای

خیر عنایت نمایید

داودی

درس ـ میدان راه‌آهن خیابان جعفری‌کریمه مدنی پلاک ۱۵
۴۰۱-۶۶-۲۸۸۱

[سند شماره ۷]

اداره دادرسی
نیروهای مسلح شاهنشاهی

ستاد بزرگ ارتشتاران

فرار مجرمیت

شماره ۳۲۶   تاریخ ۵۰/۲/۹   صفحه ۱

مشخصات متهمان / بازداری	ردیف دفتر ثبت پرونده‌های قضائی ۱۱۷۳	نزد واحد پرونده کیفری کلاسه ۴۰۱–۶۶–۳۸۸۱	تعداد برگ‌های رسیده ۳۳ برگ
بازداری	نام و نام خانوادگی مشهد جاباری		سرهنگ دادستان

سجیه - دادستان محترم ارتش - مشخصم پرونده ما رجاس کلاسه ۴۰۱/۶۶/۳۸۸۱ – کمیسیون رسیده طی واحد برگ پیوست به پارت آنی صادر رشد رشد در قرار نهائی آنی مینمایند .

الف ۰ مشاره محترم غیر ارتشی احمد احمد فرزند حسین دارای شناسنامه شماره ۲ صادره از شهران متولد ۱۳۱۸ در مصلحان شید با یاری ، میزا تحصیلات دیپلم با شسی شغل حسابدار ارطریزبانی صدا با شس ، شهران خیابان شرو میرشهیدیم اراه عباسی خیابان جعفری کوه مدنی پلاک ۵۰۱ دارای پرونده محکومیت کیفری بازداشت از تاریخ ۵۰/۴/۹ ۰۰

ب – عضویت اتهام . عضویت در دسته و جمعیتی کهسرا بر رویه آن امنیت با امنیت مشروحه اما ایران است .

ت – گرید بنکار مشخصات قضائت . مثل میرد ۰ در تاریخ ۴۴/۷/۲۵ با نام ده سویت در حزب ملل اسلامی با رد امنت و تحصید نیمب واقع و بعد ۱۲ سال به س مجرد محکوم و پس از گذشت ۲ سال مشمول عفو بخشودگی گردید مود رتاریخ ۴۶/۸/۱۱ از یوریفت بازداشت بعمل آمده نامبرده پس ازادی آزرند ان مجدد ۱۴ بازند انیان ازاد شده وابسته بحرب طلا اسلامی ارتباط برقرار نمود و جلسات تشکیه و مکاتباتی پانام مستعار با خارج نمود با سی . در تمام این نامه ها قطعه با نام اردا داشته در رد بین دسته ای کمرا بروریه این نند پتها سلیات نشمشروطه اپرا نباشد همین رنود ماستئ سعید محمدی در رگ کارخانه قوان متارن پدر رسید شده و یا همد وست کرده بد دوبخشهائی در باروعیت اهرابوا سرائیل مینود ۱۱ند وجریت مسافرت سعید محمدی بهارد و گاه الفتح نا سای از عباس آقا زمانی گرفته پیممید داره دارد که سد در هنگام مسافرت در المان با حسین زمانی تماس گرفته تاویسایل اعزام اورا به - اردوگاه الفتح فراهم ناوی بتواند علیه اسرائیل وارد جنگ شود و پس از مسافرت سعید محمدی بهالمان با نام مستعار محمد ترکی ( ) با وی مکاتبه نمود است .

د – تا دره بازریس ۰ با تو جه به محتویات پرونده ورا اظهارات متهم و نذا رهنمائی سازمان اطلاعاتو امنیت کشو اتهام انتسابی مبرز و مسلم بوده و منطبق است با بند ۱ ماده ۱ ماده دین علیها منهتوا استقلال مملکتکه با ستثنا ماده مدگو رد یا رد ماده ۵ ۲ قانون مبازا تمحرمی قرار مجرمیت م با مبرده بالا را صا در واءلا بهمید ارد ۰۰

ث – تاریخ رسمت وقوع بره – جرمهتشمر از سالهای ۴۸ تا ۵۰ شهران

بازپرس شعبه ۷ دادستانی ارتش – سرهنگ جاباری

* درموقع صدور کیفر حوامت به مفاد بند ۱ ماده ۱۳ قانون استخدام نیرو های مسلح شاهنشاهی وبند د ماده ۱۱ اصلاح قانون کیفر عمکانی تورید ۱۳۹۱ فرماید ۱۴

[سند شماره ۹]

ریاست محترم دادگاه، دادیاران محترم، دادستان محترم (؟)

[سند شماره ۱۰]

بنامی دگان اعلیحضرت همایون شاهنشاه آریا ...

ستاد بزرگ ارتشتاران

اداره دادرسی نیروهای مسلح شاهنشاهی

شماره ....
تاریخ ....   صفحه اول

دادنامه

مرجع رسیدگی   دادگاه عادی شماره ۳ تهران

هیئت دادرسان : بریاست ـ سرهنگ ستاد حسن صفاکیش ـ   دکارمندی : افسران مشـــــروجه زهیر ـ

۱ ـ سرگرد قضائی رضا رادان ـ

۲ ـ سروان قضائی محسن مهدوی

۳ ـ

۴ ـ

در تاریخ ۴۴/۳/۱/۵۰ بمنظور رسیدگی به پرونده اتهامی احمد احمد که باتهام عضویت در دستـه و جمعیتی که مرام و رویهٔ آن ـ صد پنجاه سلطنت مشروطه ایران است تحت پیگرد میباشد تشکیل و خلاصه کیفرخواست در مورد متهم که در تاریخ ـ ۴۴/۷/۲۰ باتهام عضویت در حزب ملل اصلاحی بازداشت گیمسرد پده ـ پس از تحمل کیفر وآزاد دا یا زندان در باره ـ باافراد مشکوکی تماسهائی برقرار که در نتیجه پیگیری مأمورین د وباره دستگیر و پرونده با اداره دادرسی ـ نیروهای مسلح شاهنشاهی ارسال و شعبه هفت با زیرسی ارجاع پس از انجام تحقیقات لازم منجر بصدور قرار مجرمیت ـ وکیفرخواست مورخ ۵۱/۲/۱۹ میگردد سپس پرونده جهت رسیدگی طی شماره ۱ ـ ۲۸۸۱ ـ ۶۶ ـ ۲۰۱ مورخ ۵۱/۲/۲۳ ـ ازطرف اداره مربوطه با بین دادگاه احاله و هیئت دادرسان پس از انجام تشر بملاحظه قانونی وتشکیل یکجلسه مقدماتی ـ جهت بررسی یکجلسه رسمی دادرسی راستماع بیانات اصحاب دعوی واعلام کفایت مذاکرات وختم دادرسی درفیاب ـ متهم پرونده وبشور پرداخته وبشرح زیر مبادرت بصدور رای مینماید ـ

ـ رای شماره ۲۰/ ـ مورخ ۵۱/۳/۱۴ ـ دادگاه عادی ۳۰ تهران ـ

هیئت دادرسان پس از بررسی ومداقه در محتویات اوراق پرونده وصورتجلسه دادگاه پس از اجرا مواد ماده ۳۰۹ قانون ـ دادرسی وکیفرارتش با توجه بمحتویات پرونده و اظهارات متهم و پنگه بشرح اوراق ۲۸ و ۱۷ بعنوان سپاهی از متهم مترق ـ گردیده وراساً عمل مجرمانه انجام نداده مأستود را آن قسمت که سبب شده است از استاد سعید محمد ی فاتح به حسین رضائی ـ معرفی که در نتیجه سعید محمد ی فاتح توانسته است بملسطین جهت لی دوره چر یکی ببرود عطش ر است لیتی با ماده ۵ ـ قانون مجازات مقد مین دانسته لذا متهم احمد احمد فرزند حسین را با استناد ماده مهقانون مجازات مقد مین طبط ضمــــنت ـ واستنلا ل مملکتی مصوب خرداد ۱۳۱۰ ورعایت ماده ۲۵ قانون مجازات عمومی با تعا ی آراء بخش سال حبس خاله یسی ـ با احتساب بازداشت قبلی محکوم مینمایند ـ (متهم از تاریخ ۵۰/۴/۹ بازدا شت میباشد) این رای حضوریه در حضمـــ رسی داد گاه قرائت وابلاغ کردید در رجد ود قانون قابل تجد یدنظرخواهی میباشد ٪

دادریان

رئیس دادگاه عادی شماره ۳ تهران سرهنگ ستاد حسن صفاکیش

۱ ـ سرگرد قضائی رضا رادان ـ   دادستان ـ سروان قضائی ـ

۲ ـ سروان قضائی محسن مهدوی ـ   وکیل مدافع ـ سرهنگ بازنشسته کیـ

[سند شماره ۱۱]

بنام نامی بندگان اعلیحضرت همایون شاهنشاه آریامهر

ستاد بزرگ ارتشتاران

اداره دادرسی نیروهای مسلح شاهنشاهی

دادنامه دادگاه

تهران، تجدید نظر شماره ۳

شماره ۵۲   تاریخ ۵۱/۴/۶   شعبه یکم

مرجع رسیدگی: دادگاه تجدید نظر شماره ۳ تهران

بقیه دادنامه دادگاه

ستاد بزرگ ارتشتاران

اداره دادرسی نیروهای مسلح شاهنشاهی

□ سری □ □ نجدیه نظر شماره ۳ تهران

□ ماهی / ۰   شماره ۵۲   تاریخ ۵۱/۴/۶ صفحه دوم

ـ را به دو سال حبس تأدیبی با احتساب بازداشت قبلی (متهم از تاریخ ۵۰/۴/۹ تاکنون در بازداشت میباشند)

محکوم مینمایند. این رأی غیر قطعی بوده. در مجضر رسیدگی دادگاه با حضور اصحاب دعوی قرائت و ابلاغ کسر دهید

که در حدود قانون قابل مرجامخواهی میباشد. ٪

رئیس دادگاه تجدیدنظر شماره ۳ تهران سرهنگ ستاد حبیب الله رئوفی

دادرسان

۱ ـ سرهنگ پیاده ستاد عبدالمجید براین   ۲ ـ سرهنگ پیاده احمد حکیمی

۳ ـ سرهنگ پیونده فتح اله اسمعیلی   ۴ ـ سرهنگ پیاده محمدرضا صالح

دادستان دادگاه. سروان قضائی افراخته

وکیل مدافع سرهنگ بازنشسته کشوری

متهم غیابا نشئی احمد احمد فرزند حسین

[سند شماره ۱۲]

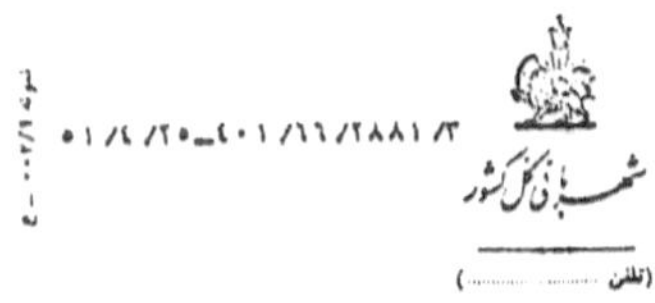

از اداره دادرسی نیروهای مسلح شاهنشاهی

به تیمسار ریاست سازمان اطلاعات و امنیت کشور

موضوع: پرونده اتهامی فهرارتنس احمد احمد فرزند حسین

رئیس اداره دادرسی نیروهای مسلح شاهنشاهی — سپهبد فخرذی رئیس

جانشین سرلشکر طبرسی

[سند شماره ۱۳]

اداره دادرسی نیروهای مسلح شاهنشاهی

شناسنامه قضائی

ستاد بزرگ ارتشتاران

عکس

محل تولد	تاریخ تولد	محل صدور	شماره شناسنامه	نام – نام خانوادگی
تهران (نازی‌آباد)	۱۳۱۸	تهران زیبا	۲	احمد احمد

تعداد اولاد	وضع تأهل	نام – نام خانوادگی
—	☐ عائل ☒ مجرد	حسین احمد معلم

محل اقامت: دانشگاه تهران، ... خیابان ...

شغل: ...

تابعیت: ایرانی

علائم مشخصه: —

تاریخ ارتکاب جرم: —

نوع ارتکاب: اقدام علیه امنیت کشور

شماره و تاریخ حکم قطعی صادره: ۵۲ – ...، ۵۱

محکومیت: دو سال حبس تأدیبی

بازداشت قبلی: ...

باقیمانده محکومیت:

اجراء: ۵۰/۱/۶

خاتمه کیفر: ۵۲/۳/۲۷

نام و امضاء دادستان / فرمانده:

[سند شماره ۱۴]

شهربانی کل کشور

(تلفن: ....)

از : اداره زندانها

به : تیمسار ریاست اداره دادرسی نیروهای مسلح شاهنشاهی   تاریخ: ۷ - ۱۰ - ۵۱   شماره: ۴ - ۱ ، ۲ ، ۷ - ۷ -

موضوع : زندانی احمد احمد فرزند حسین   پیوست: ....

عطف پیشماره ۶ / ۲۸۸۱ / ۶۶ / ۴۰۱ - ۵۱ / ۱۰ / ۱۹ برابر رای شماره ۶۹ / ۳۱۹ / ۱۲ - ۳ / ۷ / ۵۱ بدوایره تامی سپاه زندانیان مورد بحث بعلت عدم رعایت مقررات داخلی انضباطی میبود و بعد از ته شبانه روز حبس مجرد تنبیه و حکم نیز درباره آنان اجرا مرده بده است. و

رئیس اداره زندانها - سرتیپ سفید ...
از طرف - سرهنگ ...

[سند شماره ۱۵]

ریاست اداره دادرسی نیروهای مسلح
شاهنشاهی (دادستانی)
ساواک

نخست وزیری
سازمان اطلاعات و امنیت کشور

شماره ....
تاریخ ....
پیوست ....

درباره .... احمد احمد ٭ فرزند حسین ....
عطف به ۴۰۱/۶۶/۲۰ - ۵۱/۷/۱۲

خواهشمند است دستور فرمائید از نتیجه» اقدامات تهیه درزمینه انتقــــال
نامبرده بالا بیکی ازنزد انهای خارج ازمرکزمعمول گردیده» این سازمان را
آگاه سازند .

رئیس سازمان اطلاعات و امنیت کشور- ارتشبد نصیری
از طرف

[سند شماره ۱۶]

شهربانی کل کشور

(تلفن   )

از: کانون کاردآموزش قزل‌قلعه
به: تیمسار ریاست اداره دادرسی ارتش
موضوع: آزادی زندانی

شماره: ۴۴۲۰/۷۵۶۲۴/۹۴۰۰۲-۱۲۷
تاریخ: ۲۸/۳/۵۲
پیوست:

بازگشت پیرو نامه شماره ۴۰۱/۴۶/۲۸۸۱/۳ ۵۱/۴/۲۵ برابر گزارش متصدی وابسته زندانی احمد نام خانوادگی احمد نام پدر حسین توقیفی شماره ۴۰۱/۴۶/۲۸۸۱/۳ به موجب نامه شماره ۹۷/۴/۲۸ فوق در روز ۲۷/۳/۵۲ از زندان آزاد شده‌است.

رئیس دایره سرهنگ ۲ حاجیان
از سوی سرگرد هوشمند

گیرنده

ریاست دایره بایگانی فنی اداره کل زندانها بانضمام عین اثر انگشت چپ و کارت عکس برای نگهداری در پرونده زندانی.

[سند شماره ۱۷]

اطلاعیه سیاسی ـ نظامی شماره ۲۱

درباره :

اعدام انقلابی

سرتیپ جنایتکار رضا زندی پور

رئیس کمیته مشترک ساواک و شهربانی

اطلاعیه سیاسی ـ نظامی شماره ۲۲

درباره :

اجرای حکم انقلابی

اعدام مستشاران امریکائی

این است پاسخ ما به کشتار وحشیانه فرزندان

انقلابی خلق در زندانهای شاه جنایتکار

احسان‌الله محبوب ــ محمدباقر صنوبری

محمدباقر صنوبری ــ کیوان مهشید

محمدتقی فلاحی – احمد (روز جمعه)

علی اکبر رنجبری(سنجری) – احمد احمد

احمد و پیمان غفوری

محمدرضا علامه زادگی

سیدمحمد دوری طاطایی (قمی)

سیدمحمد در مدافگانی – مهدوی مکایی آوین

سیدمحمد کاظم موسوی بجنوردی

محمد پیران ـ حسن حامد عزیزی

محمدتقی عابدی

اصغر فرنیکی – رضوان سلطانی

علیرضا سپاسی آشتیانی ـ هادی شمس حایری

محمدجواد حجتی کرمانی

مرحوم قفوری – حاج حبیب قفوری

انزلیها

محمدباقر صنویری – علی‌اصغر اهل‌کسب

حسن طباطبایی

عباسعلی مظاهری

حسن شریف ـ کیوان مهشید

آلمان اول

با انقلابیون مخالف نظام

ابوالقاسم و محمد سیدعلیخان زاده

مجید نریمانی تبریزی (شهید)

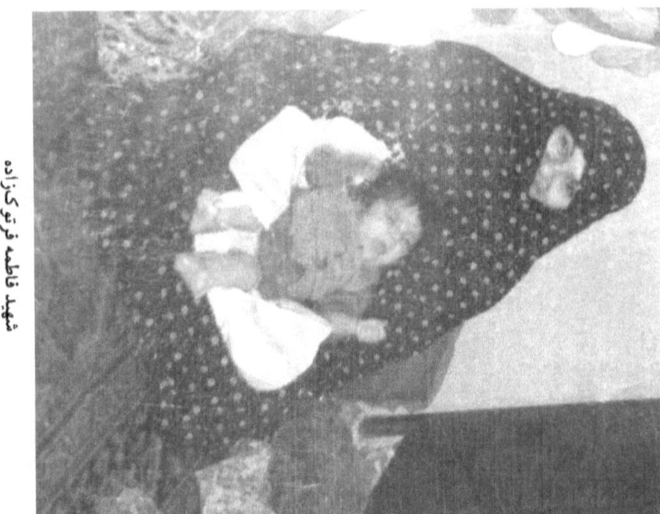

شهید فتاح زنده‌کرده

احمد احمد

احمد و دخترانش

احمد و دو فرزندش

Soore Mehr Publishing House

Center for literary Creations

Memories Of Ahmad Ahmad

Compiled By Mohsen Kazemi

Published by H&S Media with copyright of
Soore Mehr
2014 Print on-demand
ISBN: 978 - 600 - 175 - 802 - 7
All right reserved. No reproduction without writter
permission from publisher.

Soore Mehr Publishing House

Add: No 23, Rasht St.,Hafez Ave.,Tehran 15815-
1144,Iran
www.iricap.com
Tel: +98 2161942
Fax:+98 2166469951

Memories Of Ahmad Ahmad

Compiled By:
Mohsen Kazemi

2014